임원경제지

유예지 2

추천사

역자의 노고에 경의를 표한다

《유예지》를 읽으면서 고전 번역이란 게 정말 고난도의 연구 결과라는 생각이 들었다. 저술하신 풍석 할아버님의 노고는 말할 것도 없거니와, 200년 시공을 넘어 현대 대중을 위해 그 내용을 풀어 전달하자니 번역 한 줄 주석 하나에 괸 역자·주석자의 땀방울이 한 말씩이다. 감사의 말씀을 전한다.

— 서영석(국채보상운동 기념사업회 공동대표)

필독해야 할 서예 입문서!

《유예지》〈글씨[書筏]〉은 한문 서체의 발전사이자 서법의 정화라 할 만하다. 이 자체만으로도 훌륭한 고급 서예 입문서이다. 필독을 권한다.

— 을곡 김재천(한국서예협회 운영·제정분과 위원장)

글쓰기 뗏목과 그림 그리기 통발이라!

〈글씨[書筏]〉와 〈그림[畫筌]〉, 글쓰기 뗏목과 그림 그리기 통발이라! 제목부터 많은 생각을 하게 된다.《금강경》독송 소리가 들리고, 장자가 수레바퀴를 깎고 있구나. 풍석 선생이《임원경제지》에서 보여주려 한 길[道]이 보이는 듯하다.

— 조남호(국제뇌교육종합대학원대학교 국학연구원 원장)

서화의 기본이 담긴 주옥같은 저술!

조선 선비들이 어릴 적부터 배우고 평생 갖고 놀던 서화의 기본이 꽉 짜여 담긴 책이다. 이런 주옥같은 저술이 이제야 출간된다니, 우리 문화인들부터 크게 각성해야 할 문제다. 만시지탄이지만, 꼭 한번 읽어봐야 할 책이다.

— 이순익(전 주성대 중국어과 교수·문화이모작 문화기획가)

우리 전통화의 멋과 맛을 담다

《유예지》의 〈그림[畫筌]〉은 말 그대로 '그림 그리기'의 모든 것을 담은 책이다. 총론부터 구도 잡는 법, 제목 잡기와 낙관, 붓과 먹, 채색법, 인물과 동식물, 산수 그리는 법에 이르기까지, 그림 그리는 데 필요한 모든 물고기들(지식)을 생생하게 담고 있다. 그냥 읽어도 우리 전통화의 멋과 맛을 느끼기에 충분하지 않은가!

— 이명훈(소설가 · 전통문물 칼럼니스트)

전통화 기법을 집대성한 그림 교과서!

《유예지》의 〈그림[畫筌]〉은 조선 후기에 풍석 선생이 우리 한자 문화권의 전통화 기법을 체계적으로 집대성한, 그림 교과서이다. 단지 가문의 자녀만을 교육하기 위해 쓰신 걸까? 보면 볼수록 풍석 선생의 노고에 감읍할 뿐이다.

— 김보현(민화연구가)

행간에 흐르는 옛 선비들의 마음가짐

"큰 글자는 작은 글자처럼 써야 하고, 작은 글자는 큰 글자처럼 써야 한다."는 글귀가 마음에 와닿는다. 붓글씨 쓸 때의 이 좌우명처럼, 옛 선비들의 마음가짐도 이러하지 않았을까 싶다. 요즘 같은 부박한 시대를 살아가는 데 필요한 교훈이다.

— 자구 변흥섭(JBS 방송국장)

우리 조상님들에게 배움이란 무엇이었는지 엿보다

규남 하백원 할아버지와 풍석 선생은 이용후생 정신으로 백성에게 필요한 실용 지식을 구하는 데 깊이 공감하고 같이하셨다. "배움은 정신끼리의 만남을 중요하게 여긴다.(學貴神會)"는 말씀이 마음을 울린다. 그렇다! 우리 조상님들에게 배움이란 그런 것이었다.

— 하상래(규남박물관 이사장)

임 원 경 제 지
유예지2

교양·기예 백과사전

풍석 서유구 지음 임원경제연구소 옮김

풍석문화재단

이 책은 ㈜DYB교육 송오현 대표 외 수많은 개인의 기부 및 문화체육관광부의 지원으로 완역 출판되었습니다.

임원경제지 유예지 2

지은이　풍석 서유구

옮기고 쓴 이　**임원경제연구소**[심영환(권3), 조송식(권4), 고연희(권5), 정명현(권3, 5)]
교감·표점·교열·자료조사 : 민철기, 정정기, 김현진, 김수연, 강민우, 이유찬, 황현이, 유석종, 최시남(이상 권3~5), 김광명(권4)
원문 및 번역 최종 정리 : 정명현
교정 및 윤문 : 박정진
자료정리 : 고윤주
감수 : 최원경(권3), 정선용(권3), 서진희(권5)

펴낸 곳　**풍석문화재단**
펴낸이 : 신정수
진행 : 진병춘　진행지원 : 허지영
편집제작총괄 : 장익순
편집 : 지태진　디자인 : 이솔잎　자료조사 : 조문경
전화 (02) 6959-9921　E-mail pungseok@naver.com
재단 홈페이지 www.pungseok.net

펴낸 날　초판 1쇄 2017년 12월 29일
ISBN　979-11-960046-3-7 94030

* 표지 그림 : 강희언, 《사인휘호》(한국데이터진흥원)
* 사진 사용을 허락해 주신 국립중앙박물관, 국립민속박물관, 한국데이터진흥원, 선문대학교박물관 여러분께 감사드립니다.

#《유예지》 2권 해제

1.《유예지》의 육예(六藝)와 〈글씨[書筏]〉, 〈그림[畫筌]〉[1]

《유예지》는 서유구《임원경제지》의 제13지에 해당한다.《유예지》의 '유예(游藝)'는《논어》의 "예에서 노닐다[游於藝]"에서 유래하는데, 여기서 예는 육예(六藝)를 가리킨다. 육예에는 두 가지 해석이 있다. 하나는 고대 주나라 때 귀족 자제들이 익히는 교육 내용으로서 육예, 즉 예(禮)·악(樂)·사(射)·어(御)·서(書)·수(數)이고, 다른 하나는 육경(六經)으로서 육예, 즉《시》·《서》·《예》·《악》·《역》·《춘추》이다. 주나라 때의 교육 내용이었던 육예는 기예(技藝)와 밀접하였다. 그런데 무사 대신 문사가 요구되는 시대의 변화에 따라 육경(六經)으로 대체되면서, 육예는 전통적인 육예와 육경이라는 두 가지 의미를 갖게 되었다. 특히 육경이 한대(漢代) 이후 전통적인 교육 내용으로서 육예를 전유하면서부터, 전통적인 육예는 단순한 기예 수준으로 전락하였다. 사대부에게 육경은 우선적으로 추구하는 본(本)이 되었고, 전통적인 육예는 부수적인 말(末)이 된 것이다.

이러한 흐름 속에서 서유구는《유예지》의 '예(藝)'가 육경이 아니

1 〈글씨[書筏]〉와 〈그림[畫筌]〉이라는 제목은 이후에 〈서벌〉과 〈화전〉으로 쓰기로 한다. 다른 화론서와의 비교를 용이하게 하기 위해서다.

라 전통적인 육예임을 밝히고 그것은 '기능(技能)'이라고 주장한다. 서유구에게 육예인 예·악·사·어·서·수는 '기능의 조목[技能之目]'이고 '유(游)'는 "물고기가 물에서 노닐 듯 그 속에서 늘 눈으로 보고 익혀야 하는 것"[2]이기 때문에, 육예는 일상생활에서 숙련되게 익혀야 할 것으로 되돌아갔다. 서유구는 이러한 입장에서 한발 더 나아간다. 그는 〈자연경실기(自然經室記)〉에서 "도가 깃들어 있는 것이 바로 경이 있는 곳이다. 도(道)라는 것은 뒤섞여 무엇이든 하지 않은 것이 없고, 빽빽해서 어디에든 깃들지 않은 것이 없다. 기와와 벽돌에도 있고, 오물에도 있으며, 심지어 벼루나 책상, 그리고 청동기와 같은 종류에도 있다."[3]고 하였다. 도는 성인들의 기록에만 있는 것이 아니라 기와 벽돌, 그리고 오물 등 일상생활 속의 어느 곳에라도 깃들어 있다는 것이다. 따라서 서유구에게 육예는 숙련된 기능으로만 그치는 것이 아니라 기예를 통해 그 속에 깃든 도를 익히는 방편이 되었다. 《장자》에서 말하듯, "기예가 도(道)로 나아갔다."[4]

육예를 숙련하여 일상생활에서 자유롭게 되는 것, 이것은 조선 말기 김정희가 추구한 학문과 예술의 일치, 즉 학예일치(學藝一致)의 구현으로 볼 수 있지 않을까? 그렇다면 일상생활에서 기예를 숙련되게 다룰 수 있으려면 먼저 그것을 체계적으로 법식화하여 생활화할 수 있게 해야 할 것이다. 그러면 임원의 처사는 누구나 "묵히기도 하고 닦기도 하고 쉬기도 하고 노닐기도 하면서"[5] 자유롭게 될 수 있다.

《유예지》 권3 〈서벌(書筏)〉과 권4와 권5 〈화전(畫筌)〉에서 다루는

2 〈유예지 서문〉.

3 "道之所在, 卽經之所在也. 道之爲物也, 紛乎其無不爲也, 密乎其無不寄也. 在於瓦甓, 在於屎溺, 而況乎研几鼎彝之屬邪."(서유구, 〈自然經室記〉, 《楓石全集》)

4 리쩌허우 지음, 조송식 옮김, 《화하미학》, 아카넷, 2016, 206쪽.

5 〈유예지 서문〉.

글씨와 그림은 육예 중 서(書)에 해당하는 것이다. 〈서벌〉과 〈화전〉은 청대 달중광(笪重光)의 《서벌(書筏)》과 《화전(畫筌)》의 영향을 받았다고 볼 수 있다. '화전'의 '전(筌)'은 물고기를 잡는 통발이라는 의미로, 《장자(莊子)》 〈외물(外物)〉에서 "통발은 물고기를 잡기 위한 것이니 물고기를 잡으면 통발은 잊어야 한다.(筌者所以在魚, 得魚而忘筌.)"고 한 것에 연원을 두었다. 여기서 통발인 '전'은 고기를 잡는 도구이자 방편이기에 목적이 아닌 법식, 법도 등의 의미를 지닌다. 서벌(書筏)의 '벌(筏)'도 뗏목이란 의미로, 역시 바다를 건너는 방편이기에 '화전'의 '전'과 그 속뜻이 같다. 특이하게도 중국 명청 시대 화론의 저술을 보면 《공안절선생화결(龔安節先生畫訣)》, 《석촌화결(石村畫訣)》, 《취소재화결(醉蘇齋畫訣)》 등이나 《산수화식(山水畫式)》과 같이 '화결(畫訣)'이나 '화식(畫式)'이 들어간 제목이 많다. 이 '결(訣)'이나 '식(式)'은 법도, 법식의 의미와 같다. 따라서 '화전'은 화결이나 화식처럼 그림을 이해하는 방법이나 비결을 의미한다. 그러나 다른 의미로도 해석이 가능하다. 서유구는 〈유예지 서문〉에서 글씨는 육서(六書)를 가르치는 것인데, 갑자기 익힐 겨를이 없으므로 서화로 대신한다고 하였다. 그렇다면 글씨와 그림은 육예의 '서'를 대신하여 육예를 실천하는 방편이 되는 것이다. 또 하나는 앞에서 말했던 기예를 통해 도에 나아갈 수 있다는 적극적인 의미 부여이다. 다시 말하여 도에 이를 수 있는 방편인 글씨와 그림이라는 의미로 '서벌'과 '화전'을 이해할 수 있다는 것이다.

서유구는 임원의 일상생활에서 서(書)의 육서를 대신하는 방편으로 글씨와 그림을 제시하였지만, 《유예지》 권3 〈서벌〉과 권4, 5의 〈화전〉 가운데 가장 역점을 둔 것은 권4의 〈화전〉이다. 이곳에서 서유구의 육예에 대한 견해를 추론할 수 있을 뿐 아니라, 그림을 비롯한 예술 일반에 대한 태도를 살필 수 있다.

2. 우리나라 화론서(畫論書)와 《유예지》 〈화전〉

동아시아에는 '화론(畫論)'이라는 분야가 있다. 이것은 영어로 'theory of art', 즉 미술 이론을 뜻하지만, 다루는 범위는 서양의 미술 이론보다 광범위하다. 그것은 그림의 정의와 창작을 다루는 총론, 그림의 비평과 감상을 다루는 품등론, 화가의 일생과 작품 성향을 다루는 화가전, 산수화·화조화·인물화 등과 같은 그림의 형식적 분류를 다루는 화과론(畫科論), 수장·표구·감정 등을 다루는 수장론(收藏論) 등으로 이루어져 있다. 중국에서는 이미 847년 장언원(張彦遠, 815~907)의 《역대명화기(歷代名畫記)》에서 이러한 문제를 포괄적으로 다룬 이래로, 송나라 곽약허(郭若虛, 생졸년 미상)의 《도화견문지(圖畫見聞志)》와 등춘(鄧椿, 북송 말에서 남송 초기 활약)의 《화계(畫繼)》를 거치면서 화론 연구가 정착되었고, 이후 많은 저술서가 나왔다.

중국의 영향을 많이 받았던 조선시대를 포함한 우리나라에도 과연 화론이 있었던가? 많은 사람들이 회의를 품는다. 조선에는 정선(鄭敾, 1676~1759)이나 김홍도(金弘道, 영·정조에서 순조 연간 초기 활동)와 같은 뛰어난 화가와 작품이 있었으니 그림에 관한 이론이 왜 없었겠는가? 그러나 여기서 묻는 것은 이론의 대상이 아니라 학술적 체계성을 말하는 것이다. 물론 조선시대에도 화론은 있었다. 조선 초기 신숙주(申叔舟, 1417~1475)의 《보한재집(保閑齋集)》 〈화기(畫記)〉에 나타난 그림의 정의, 강희맹(姜希孟, 1424~1483)의 〈이파(李坡)에게 주는 편지글〉에서 소식(蘇軾, 1037~1101)의 '우의어물(寓意於物)'과 '유의어물(留意於物)'에 대한 독창적인 해석, 조선 중기 윤두서(尹斗緖, 1668~1715)의 〈기졸(記拙)〉에 나오는 화도(畫道), 남태응(南泰應, 18세기 초 활동)의 《청죽만록(聽竹謾錄)》에 실린 김명국(金明國, 생몰년 미상)·윤두서·이징(李澄, 1581~?) 세 화가의 비교 비평 등이 있다. 조선 후기에 와서는 성해응(成海應, 1760~1839)의 《서화잡지(書畫雜誌)》나 남공철(南公轍, 1760~1840)의 《서화발미(書畫跋尾)》와 같이 문집에서 그림에 대한 이론과 설명을 독립적인 영역으로 다루고 있는 것은 화론의 발전을 말해 준다.

다만 아쉬운 점은 이러한 저서들이 주로 편지글이나 제발, 제화시, 그리고 화가전과 그림에 대한 풍격을 인상적으로 기술하는 것에 치우치고, 내용도 단편적이며 체계적이지 못하다는 것이다. '우리나라에 화론이 있었던가?'라는 반문은 그림에 대한 전면적인 내용을 다루는 체계적 이론이 없음을 의미한다. 서유구의 《임원경제지》에서 그림을 다루는 두 부분, 즉 《유예지》의 〈화전〉과 《이운지》의 〈골동품과 예술작품 감상(하)〉 "명화(名畫)"가 중요한 이유는, 이들이 바로 조선시대의 본격적인 화론이기 때문이다. 이는 박은순의 지적대로 "조선시대 내내 서화에 관하여 이처럼 포괄적이고 체계적인 기록은 찾아보기 힘든", "조선시대 화론으로서는 기념비적인 저술"[6]이며, 우리나라 화론의 유무에 대한 회의를 한순간에 일소할 수 있는 저술이다. 《유예지》의 〈화전〉과 《이운지》의 〈골동품과 예술작품 감상(하)〉 "명화(名畫)"는 각각 《유예지》와 《이운지》에 나누어 실려 있지만, 하나로 종합하면 우리나라에서 가장 방대하고 체계적인 화론이다.

《유예지》의 〈화전〉과 《이운지》의 〈골동품과 예술작품 감상(하)〉 "명화(名畫)"는 그 내용을 크게 다섯 가지로 정리할 수 있다.

6 박은순, 〈서유구의 서화 감상학과 《임원경제지》〉, 한국학연구소 편, 《18세기 조선 지식인의 문화의식》, 한양대학교 출판부, 2001, 416쪽, 445쪽.(서유구 지음, 정명현·민철기·정정기·전종옥 외 옮김, 《임원경제지 : 조선 최대의 실용백과사전》, 씨앗을뿌리는사람, 2012, 1285쪽에서 재인용)

첫째, 그림의 감상, 비평, 창작의 원리를 기술
둘째, 구도, 필묵, 채색, 제목, 낙관 등을 기술
셋째, 인물, 의관, 산수임목, 화과조수, 계화, 이격 등 화과(畫科)를 기술
넷째, 매화 치기, 대나무 치기, 난 치기의 이론 및 기법을 제시
다섯째, 서화의 수장, 감식, 감상, 표구, 품평을 포괄하는 이론을 기술

첫째에서 셋째까지는 그림의 일반론, 품등론, 화과론에 해당하는 것으로 《유예지》 권4 〈화전〉의 내용이고, 넷째는 대나무 치기·매화 치기·난 치기에 대한 이론과 실제 창작에 관련된 《유예지》 권5 〈화전〉의 내용이다. 다섯째는 수장에 관련된 전반적인 이론으로서, 《이운지》의 〈골동품과 예술작품 감상(하)〉 "명화(名畫)"에 기록되어 있다. 본 해제는 이 중 권4 〈화전〉에 해당하는 첫째에서 셋째에 이르는 내용을 중심으로 다룬다.

1) 《유예지》 〈화전〉과 중국 화론

서유구는 많은 서적에서 내용을 발췌하여 〈화전〉을 구성하였는데, 그것은 아래의 표에서 보듯 37종의 서적과 238개의 출전 인용문으로 되어 있다. 좀 더 구체적으로 분석하면, 중국 7개 시대의 33종 서적에서 234회, 일본의 1종 서적에서 1회, 조선의 2종 서적에서 2회, 그리고 시대와 저자를 알 수 없는 《만가휘요(萬家彙要)》 1종에서 1회 인용하였다. 이것으로 보면 〈화전〉의 내용은 절대적으로 중국의 서적을 바탕으로 하여 저술하였음을 알 수 있다. 앞에서 말한 것처럼 우리나라에는 체계화된 화론과 용어가 없었기에 조선 후기에 청(淸)과의 학문적 교류를 통해 들어온 중국 화론서에 전적으로 의지한 것은 당연해 보인

다. 인용된 중국의 화론서들은 오늘날 보아도 중요성이 높은 서적들이다.

인용한 분량으로 보면 '소나무 그리는 법'에서 "松葉宜厚"(공현《화결》)와 같이 4자로 짧게 인용한 것이 있는 반면에, '산수의 배치'에서 중국 오대 형호(荊浩)의《산수부(山水賦)》전 문장에 해당하는 328자나 되는 것도 있다. 인용 횟수를 보면, 청대 방훈의《산정거화론》(67회)이 가장 많이 인용되었고, 이어서 공현의《화결》(51회), 그 뒤로 청대 달중광의《화전》(19회), 송대 곽약허의《도화견문지》(16회), 명대 심호의《화주(畫麈)》(14회), 당대 왕유의《화학비결(畫學秘訣)》(9회), 명대 동기창의《논화쇄언(論畫瑣言)》(9회) 순으로 인용되었다. 청대 달중광의《화전》과 곽약허의《도화견문지》는 인용 횟수는 각각 19회와 16회이지만, 분량으로 보면《산정거화론》보다는 적지만《화결》보다 많다. 또한 명대 모일상의《회묘》는 인용 횟수가 5회에 불과하지만《회묘》의 내용이 거의 다 인용되었기에 서유구가 중시한 서적 중 하나라 볼 수 있다. 또한 왕유의《화학비결》(9회)도 거의 전 내용이 인용되어 그 중요성을 알 수 있다.

〈표 1〉《유예지》〈화전〉에 실린 인용서, 인용 횟수 및 글자 수

번호	시대	저자	책명	비고	인용 횟수	글자 수
1	南齊	謝赫	《古畫品錄》		1	50
2	唐	段成式	《酉陽雜俎》		2	63
3		王維	《畫學秘訣》		9	644
4		張彦遠?	《名畫記》	《歷代名畫記》?	1	65
5	五代	荊浩	《山水賦》		1	328
6	宋	沈括	《夢溪筆談》		4	555
7		趙希鵠	《洞天淸錄》		5	351
8		郭熙	《林泉高致》		4	521
9		郭若虛	《圖畫見聞志》		16	2,024
10		米芾	《畫史》		1	27
11		何薳	《春渚紀聞》		1	73
12		曾慥	《古今秘苑》		1	119
13		沈作喆	《寓簡》		1	91
14	元	湯垕	《畫鑑》	湯氏《畫論》, 湯垕《畫說》	5	371
15	明	陶宗儀	《輟耕錄》	《南村輟耕錄》	1	568
16		茅一相	《繪妙》		5	248
17		沈顥	《畫麈》		14	729
18		高濂	《遵生八牋》		2	331
19		莫是龍	《畫說》		3	318
20		董其昌	《論畫瑣言》		9	668
21		湯若望	《遠鏡說》	Johann Adam Schall von Bell	1	113
22		楊愼	《丹鉛總錄》		1	28
23		朱彝尊?	《書名俟考》	《明詩綜》?	1	31
24	淸	張潮	《虞初新志》		1	93
25		彭士望	《彭躬菴魏集評》		1	21
26		方薰	《山靜居畫論》		67	3,502
27		龔賢	《畫訣》		51	1,752
28		笪重光	《畫筌》		19	2,601
29		王士禎	《池北偶談》		2	54
30			《香祖筆記》		1	50
31		王原祁?	《書畫譜》	《佩文齋書畫譜》?	1	26
32		李調元	《淡墨錄》		1	38
33		魏禧	《魏叔子集跋》		1	76
34	日本	寺島良安	《和漢三才圖會》		1	156
35	조선	朴趾源	《熱河日記》		1	203
36		미상	《菊史小識》		1	26
37	미상	미상	《萬家彙要》		1	184
합 계			37종		238	17,098

2) 《유예지》 권4 〈화전〉 구성의 체계성과 그 고유성

'체계성'으로 규정되는 서유구의 화론의 특징은 먼저 〈화전〉의 구성에서 나타난다. 아울러 이 구성에서 나타나는 체계의 고유성은 그 영향을 받은 중국의 화론과 비교하면 분명해진다. 《유예지》 권4 〈화전〉은 다음과 같이 총 13개의 항목으로 되어 있다.

> ① 총론(總論) ② 위치(位置) ③ 제목 달기[命題, 명제] ④ 배우는 법[師法, 사법] ⑤ 붓과 먹[筆墨, 필묵] ⑥ 채색[傅染, 부염] ⑦ 낙관(落款) ⑧ 인물(人物) ⑨ 의관(衣冠) ⑩ 산수, 숲과 나무[山水、林木, 산수임목] ⑪ 꽃과 열매, 새와 짐승[花果、鳥獸, 화과조수] ⑫ 계화(界畫) ⑬ 이격(異格)[7]

이 구성은 성격과 내용에 따라 크게 세 가지로 분류할 수 있다. 하나는 ①~⑦로서 그림의 일반론이며, 다음은 ⑧~⑪로서 화과(畫科)론에 해당한다. 나머지가 ⑫ 계화와 ⑬ 이격인데, 계화는 요즘 설계도면처럼 자와 컴퍼스를 사용하여 건물을 정확하게 그리는 것이며, 이격은 일반적인 화풍에서 벗어난 이색 화풍을 말한다. 계화도 일반적인 산수화의 화풍과 다른 별개의 것이어서 이격과 합해 이색 화풍으로 볼 수 있다.

〈화전〉의 전체적인 구성을 보면, 중국 명대 화론인 모일상(茅一相)의 《회묘(繪妙)》, 심호의 《화주(畫麈)》, 그리고 북송 시대 곽약허의 《도화견문지》 등 3종의 저서가 그 기반을 이룬다. 먼저 그림의 일반론

---

7 이후에는 다른 화론서와의 용이한 비교를 위해 제목을 한자음대로 표기하기로 한다.

만을 보면, 형식적으로 심호의 《화주》의 영향을 많이 받았다. 《화주》는 총 13항목으로 이루어졌다. 《화주》에는 앞부분에 그림의 근원을 말하는 '표원(表原)', 산수화의 남북종론(南北宗論)을 말하는 '분종(分宗)', 그림의 풍격을 말하는 '정격(定格)' 등 3항목이 있고, 이어서 필묵, 위치, 쇄색(刷色, 채색하는 것), 명제, 낙관, 임모(臨摹, 사승의 임모) 등 6항목이 기술되고 있는데, 이 《화주》의 6항목이 〈화전〉에서 각각 ⑤ 필묵, ② 위치, ⑥ 부염, ③ 명제, ⑦ 낙관 ④ 사법과 겹친다. 그리고 그 내용도 〈화전〉에서 많이 인용되었다. 그런데 《화주》의 영향을 받았지만, 서유구는 특이하게도 항목 배열을 다르게 하였다. 《화주》에서는 '필묵'이 '위치' 앞에 있지만, 〈화전〉에서는 '위치'가 '필묵'보다 앞서 있다.

그림의 일반론 중 가장 중요한 것은 〈화전〉 맨 앞에 놓인 총론이다. 총론은 모두 10가지 작은 항목, 즉 ① 육법(六法), ② 일필화(一筆畫), ③ 삼품(三品), ④ 삼취(三趣), ⑤ 사병(四病), ⑥ 육요(六要), ⑦ 육장(六長), ⑧ 사필(四必), ⑨ 팔격(八格), ⑩ 십이기(十二忌)로 구성되어 있다. 이것은 명대 모일상(茅一相)이 저술한 《회묘(繪妙)》의 구성과 많은 점에서 일치한다. 《회묘》는 서유구가 거의 모든 내용을 《임원경제지》에 기술할 정도로 큰 영향을 미친 저서인데, 그 구성 항목은 다음과 같다.

> ① 육법삼품(六法三品) ② 삼병(三病) ③ 육요(六要) ④ 육장(六長) ⑤ 팔격(八格) ⑥ 십이기(十二忌) ⑦ 관화지법(觀畫之法) ⑧ 고금우열(古今優劣) ⑨ 분본(粉本) ⑩ 상감호사(賞鑑好事) ⑪ 견소(絹素) ⑫ 고금필법(古今筆法) ⑬ 용필득실(用筆得失)

이 중 《회묘》의 ①~⑥은 〈화전〉의 "총론"에 기술되어 있고, ⑦~⑬은 《이운지》의 〈골동품과 예술작품 감상(하)〉에 실려 있다. 먼저 《회묘》

의 ①~⑥과 〈화전〉의 "총론"을 서로 비교하여 보면, 《회묘》의 ① 육법삼품(六法三品)이 〈화전〉에서 ① 육법(六法)과 ③ 삼품(三品)으로 나뉘어 있고, 《회묘》의 ② 삼병(三病)은 〈화전〉에서는 이 '삼병'에다 원대 황공망이 가장 기피하여야 할 것으로서 들었던 '첨(甛)'을 방훈의 《산정거화론》에서 인용하고 이를 합하여 '사병'으로 만들었다. 그다음으로 ③ 육요(六要), ④ 육장(六長), ⑤ 팔격(八格), ⑥ 십이기(十二忌)는 〈화전〉의 "총론"과 순서가 바뀌었을 뿐 거의 같은 명칭이고 내용도 거의 같다.

그다음 《회묘》에 없는 〈화전〉의 항목으로서 ② 일필화(一筆畫), ④ 삼취(三趣), ⑧ 사필(四必)을 들 수 있다. ② 일필화는 《도화견문지》에서 서예의 일필서(一筆書)의 영향을 받은 일필화를, ④ 삼취는 명나라 고렴이 《준생팔전》에서 주장한 천취(天趣), 인취(人趣), 물취(物趣)의 삼취를 말하는데, 이를 총론에 합치시켰다. ⑧ 사필은 송나라 곽희의 《임천고치》에서 인용한 당대(唐代) 유종원(柳宗元)의 문장에 근거하였다. 유종원은 문장을 지을 때 기필코 주의해야 할 것으로 4가지를 제시하였는데, 서유구는 이를 뽑아 '사필' 항목으로 만든 것이다. 일반적으로 화론에서 이를 사필로 다루는 경우가 없지만, 서유구는 그 중요성을 인식하여 스스로 '사필' 항목으로 만들었다. 이처럼 서유구는 중국의 화론을 참조하여 기술하였지만, 다른 한편으로 필요에 따라 새로운 항목을 만든 것이다.

다음으로 ⑧~⑪에 이르는 화과론(畫科論)의 구성이다. 이는 일반적으로 곽약허가 저술한 《도화견문지》의 영향을 받았다. 곽약허는 《도화견문지》에서 화품(畫品)을 중심으로 기술하는 전통적인 품등론에서 벗어나 화과(畫科)를 중심으로, 즉 인물문(人物門), 산수문(山水門), 화조문(花鳥門), 잡화문(雜畫門) 등 4과로 나누어 화가의 전기와 작품의 특징을 간략하게 기술하였다. 인물문은 인물화, 산수문은 산수화,

화조문은 화조화의 영역을 묶어 그에 해당하는 화가와 작품을 다루고, 잡화문은 물소, 낙타, 호랑이, 개와 토끼, 용과 물, 바다와 어류 등 기타 여러 종류의 그림을 묶어서 하나의 항목으로 만든 것이다.

이에 반해 〈화전〉에서 화과론은 ⑧ 인물(人物), ⑨ 의관(衣冠), ⑩ 산수임목(山水林木), ⑪ 화과조수(花果鳥獸)로 구성되었다. 여기서 인물과 의관은 사실 하나의 항목에 속한다. 의관은 인물이 착용하는 모자와 옷을 다룬 것으로 "인물"에 속하는 내용인데, 서유구는 이를 인물과 분리하여 독립된 항목으로 만든 것이다. 이는 서유구의 항목 구성의 고유성을 보여 준다. ⑩ 산수임목은 산수에 부수적으로 따르는 임목을 첨가하여 하나로 만들었고, ⑪ 화과조수에는 화조 외, 《도화견문지》의 잡화문에 속했던 소, 호랑이, 용, 말 등 가축과 짐승, 과실나무를 포함시켰기 때문에, 《도화견문지》의 화조문과 잡화문을 합쳐 하나의 항목으로 만들었다고 볼 수 있다. 이러한 것들로 볼 때, 서유구의 〈화전〉에서 화과의 구성은 《도화견문지》에서 크게 벗어나지 않는다. 더욱이 서유구의 고유성을 보여 주는 "의관"도 《도화견문지》에 근거를 두고 있는 것이다. 그것은 《도화견문지》 권1 〈모두 16가지 일[總十六事]〉 중 5번째 '그림의 제작과 법식[敍制作楷模]'에서 먼저 인물을 그리는 방식을 논하고, 이어서 옷주름[衣紋]과 숲과 나무[林木], 산과 바위[山石] 그리는 방식 등을 서술하고 있는 데서 '옷주름[衣紋]'을, 그리고 7번째 '의관 제도의 차이[論衣冠異制]'에서 의관 제도의 차이를 서술하고 있는 데서 '의관'을 각각 취한 뒤 이 둘을 합쳐 하나의 항목 "의관"으로 구성한 것이다.

〈화전〉에서 마지막으로 나타나는 특이한 구성은 ⑫ 계화(界畫)와 ⑬ 이격(異格)의 설정이다. 계화는 건물, 누각, 가옥을 자와 컴퍼스와 같은 측량 도구를 사용하여 정밀하게 그리는 것이다. 이와 같은 그림을 그리려면 수치 계산의 정확성이 필요하고 제도의 법도에 맞아야 하며, 무엇보다 옛날 궁전의 제도를 알아야 한다. 〈화전〉 "계화"에서는 《도화견문지》 권1 '그림의 제작과 법식'에 나오는 부분을 기본으로 하고, 원대 탕후(湯垕)의 《화감(畫鑑)》과 청대 방훈의 《산정거화론》에서 각각 하나씩 인용하였다. 특이한 점은 조선 후기 때 청을 통해 들여온 태서화(泰西畫, 서양화)를 계화에 넣은 것이다. 이는 서양화를 대하는 서유구의 태도를 보여 준다.

이격은 앞에 놓인 ⑤ 필묵(筆墨)과 ⑥ 부염(傅染) 이외에 특이한 화풍으로 그린 그림을 말한다. 여기에는 윤곽을 그리지 않고 선염으로 그리는 몰골도(沒骨圖), 산수화를 점으로 그린 점족화(點簇畫), 나선 문양 지문으로 그린 지두화(指頭畫), 손톱이나 침으로 그린 공화(拏畫), 먹을 뿌려 그린 발묵화(潑墨畫), 필선으로만 그린 백묘화(白描畫), 버드나무목탄으로 초고를 그리는 '후필화(朽筆畫)' 등을 기록하였다. 이 중에서 '몰골도'는 《도화견문지》와의 관련성을 보여 준다. '몰골도'에서는 송대 심괄(沈括)의 《몽계필담(夢溪筆談)》과 방훈의 《산정거화론》에서 각각 하나씩 인용하고 있지만, 《도화견문지》 권6 '북송·후촉·남당·요·고려 모두 32가지 일[北宋、後蜀、南唐、大遼、高麗總三十二事]'에서 19번째 항목으로 '몰골도'가 놓여 있기 때문이다. 몰골도의 내용은 《도화견문지》와 《몽계필담》의 것이 모두 같지만, 《몽계필담》의 것이 유서(類書)의 성격에 맞는 원론적인 것으로 보인다. 그래서 서유구가 《도화견문지》보다 《몽계필담》을 선택한 것 같다. 이외 서양화와 함께 조선 후기에 청나라에서 유입되어 일부 화가가 그렸던 '지두화'를 다루는 부분에서 조선 후기 최북(崔北)을 예로 기록해 놓은 것은, 중국 화론서 위주로 기록한 〈화전〉에서 매우 특이한 점이다.

3) 〈화전〉의 체계성과 고유성을 통해 본 서유구 화론의 특징

서유구는 심호의 《화주》, 모일상의 《회묘》, 곽약허의 《도화견문지》를 통해 〈화전〉의 큰 틀을 구상하면서 자신의 관점을 가미하여 체계적인 화론을 구성하였다. 따라서 〈화전〉과 이들 3권의 화론서 사이의 연관성을 비교하여 부각되는 구성상의 특이점과 그 항목에 기술된 내용을 중점적으로 살펴보면 서유구 화론의 특징이 드러난다. 그것은 크게 3가지로 정리할 수 있다.

첫째는 조선 후기 남종화의 유입과 성행의 이론적 배경이 되는 남북종론에 대한 태도이다. 서유구의 〈화전〉이 심호가 지은 《화주》의 영향을 전적으로 받았음에도, 〈화전〉에서는 《화주》에서 산수화의 남북종론을 말하는 '분종(分宗)'을 수용하지 않았다. 심호의 《화주》와 함께 남북종론을 주장한 동기창의 《논화쇄언》과 막시룡의 《화설(畫說)》도 서유구는 각각 9차례와 3차례 인용하고 있기 때문에 서유구가 남북종론을 몰랐다고 보기는 어렵다. 그럼에도 서유구가 〈화전〉에서 남북종론을 언급하지 않은 것은 무엇 때문일까?

그것은 〈화전〉에서 큰 비중을 차지하는 ⑩ 산수임목을 남종화의 입장에서 기술한 것과 연결될 수 있다. 이것은 "산수임목"에서 많은 분량을 차지하는 달중광의 《화전》, 공현의 《화결》, 방훈의 《산정거화론》과 관련된다. 이 세 저술은 거의 모든 내용이 〈화전〉에 인용되었다. 이 중 공현은 '금릉팔가(金陵八家)'에 해당하여 정통파에서 비켜나 있지만, 달중광과 방훈은 동기창의 남북종론을 추존한 청초 남종정통파를 계승한 화가이자 이론가이다. 특히 달중광의 《화전》에는 청초 남종정통파인 '사왕오운[四王吳惲, 왕시민(王時敏)·왕감(王鑑)·왕원기(王原祁)·왕휘(王翬)·운수평(惲壽平)·오역(吳歷)]' 중 왕휘와 운수평이 그 중요한 내용에 해석을 붙였다. 왕휘와 운수평은 해석을 붙이기 이전인

1680년에 달중광을 방문하고 《화전》의 원고를 보면서 서로 당·송·원·명의 여러 화가 작품을 토론한 적이 있는데, 달중광은 그 토론 내용이 모두 이 《화전》과 일치한다고 밝혔다. 당연히 남종화의 입장에서 서술한 달중광의 《화전》과 방훈의 《산정거화론》에는 남북종론이 기술되지 않았다. 서유구 역시 남종화의 입장에서 서술했기에 굳이 남북종론을 내세워 그림의 종파를 주장할 필요가 없었을 것이다.

남종화의 입장과 관련하여 생각해 볼 필요가 있는 것이 남종화의 시조인 왕유(王維, 699 추정~761 추정)에 대한 서유구의 태도이다. 서유구는 〈이운지 서문〉에서 청복(淸福)을 누릴 수 있는 임원의 이상적 모습으로 3가지를 들었는데, 그중 하나가 왕유의 '망천(輞川)' 별장이다. 서유구가 왕유를 얼마나 중시했는지 알 수 있는 대목으로, 이는 〈화전〉에서도 나타난다. 서유구는 〈화전〉에서 왕유의 저술이라 전해지는 《학화비결(學畫秘訣)》(서유구는 《화학비결(畫學秘訣)》로 적었다)의 전문을 6차례에 걸쳐 나누어 게재함으로써 왕유의 중요성을 보여 주었다.

둘째는 〈화전〉의 항목 순서에서 "위치"가 차지하는 중요성이다. "위치"는 화육법(畫六法)에서 5번째 '경영위치'에 해당한다. 동기창 이후 명청 시대에는 주로 필묵의 형식미를 강조하여 화론서에 '필묵'을 '위치' 앞에 놓는 경우가 많았다. 서유구는 〈화전〉의 "위치"에서 《산정거화론》의 내용을 인용하면서 "일반적으로 그림을 그리는 사람은 필묵에 관심을 많이 두지만 구도와 위치(位置)를 소홀히 하는 경우가 잦다."고 하여 구도의 중요성을 강조하였지만, 《산정거화론》의 내용이 위치를 소홀히 다루었던 당시 경향을 비판한 것이지 위치가 필묵보다 더 중요하다는 것은 아니다. 방훈은 《산정거화론》 시작에서 그림의 기운생동을 주장하고 기운생동에는 필과 먹 두 종류에서 나오는 기운이 있음을 주장함으로써 필묵의 중요성을 강조하였다. 서유구는 이러한 사실을 알면서도 〈화전〉에서 "총론"을 처음으로 놓고 그다음 두 번째와 세 번째에 각각 "위치"와 "필묵"을 놓은 것이다.

서유구의 "위치"에 해당하는 내용이 특이하다. 물론 일반적으로 경영위치에 해당하는 구도에 관련된 내용도 있지만 이는 "위치"의 뒷부분에서 부수적으로 다루고 있고, "위치"의 맨 앞부분에서 더욱 강조한 것은 산수에 투영된 유교의 윤리적 질서이다. "그림에는 손님과 주인의 관계가 있는데, 손님이 주인을 압도하도록 해서는 안 된다." "자연에서 임금과 신하가 서로 부르고 반응하는 모습을 먼저 관찰해야 한다. 어떤 곳에서는 산이 임금이 되고 나무가 신하로서 보필하며, 어떤 곳에서는 나무가 임금이 되며 산이 신하로서 보필한다. 이렇게 관찰한 뒤에 붓을 사용하여 먹을 칠한다." 서유구는 작품을 구상할 때 먼저 주산과 객산, 산과 나무 사이의 임금과 신하 관계, 즉 유교의 윤리적 질서를 강조하고 있는 것이다. 이는 "산수임목"의 '산수의 배치'에서 "주봉(主峰)은 높게 솟아야 가장 좋고, 객산(客山)은 주봉에게 달려가는 듯해야" 하고, "주봉(主峰)과 객봉(客峰)이 서로 인사하는 듯한 산의 형세를 분간하고, 권위와 품위가 있는 여러 산봉우리를 배열한다."거나, '나무 그리는 여러 기법'에서 나무를 그릴 때에도 "나무들이 크게 무리를 이룬 곳에서는 작은 나무를 곧바르게 세워서 그려 넣어도 괜찮다. 이는 마치 공자(孔子) 문하의 제자들 중에서 어른들 속에 어린이가 섞여 서 있는 모습과 같다."라고 강조한 것과도 연결된다. 이러한 것은 서유구가 자신이 처한 조선시대의 조선성리학적 환경에서 벗어나서 생각할 수 없었기 때문이 아닌가 한다.

셋째는 서유구의 명물학(名物學)적 태도와 관련된 것이다. 조선 후기에는 북학사상의 영향으로 청나라에서 유행하던 고증학과 명물학(名物學)이 유입되었다. 특히 명물학은 서유구에게 집요한 탐구의 대상이었으며 일상의 여러 문제를 해결하는 학문의 기초로서 강조한 분야이기도 하다. 명물학은 자연물이나 인공물의 개개 사물의 이름을 정확히 고증함으로써 그 사물의 특성, 활용법 등의 지식으로 나아갈 수 있게 하는 분야다. 서유구의 이러한 태도는 〈화전〉에서도 엿볼 수 있다. 그것이 특히 부각되는 곳은 "의관"과 "계화"의 독립적인 항목 설정과 그 내용이다. "고대로부터 의관의 제도는 거듭 변경되었기 때문에, 일을 가리키고 형태를 그려 내는 그림에서는 반드시 시대를 구분해야 한다." "그림을 구상하고 구도를 잡을 때에는 마땅히 시대를 상세하게 분별해야 한다."고 강조하였다.

"계화"에서도 법식과 명물을 강조한다. "집과 나무를 그릴 때에는 수치 계산[折算]에 오차가 없고", "송대 초기의 곽충서(郭忠恕), 왕사원(王士元)과 같은 화가들은 건축물을 그릴 때, 네 모서리를 많이 드러내고, 두공(斗栱)을 포작(鋪作)에 따라 하며, 앞면과 뒷면을 분명하게 하여 법도를 잃지 않았다." "한(漢)나라의 궁전과 오(吳)나라의 궁전, 들보와 기둥[梁柱], 두공, 차수(叉手)와 체목(替木), 숙주(熟柱)와 타봉(駝峯), 방경(方莖)과 액도(額道), 포간(抱間)과 앙두(昂頭), 나화(羅花)와 나만(羅幔), 암제(暗制)와 작막(綽幕), 호손두(猢猻頭)와 호박방(琥珀房), 귀두(龜頭)와 호좌(虎座), 비첨(飛簷)과 박수(撲水), 박풍(膊風)과 화폐(化廢), 수어(垂魚)와 야초(惹艸), 당구(當鉤)와 곡척(曲脊) 등을 모른다면, 무엇에 근거하여 집과 나무를 그리겠는가?" "계화의 경우 공교하면서 법도에 맞지 않는 것이 없다." 이러한 것을 고려한다면 서유구에게 "계화는 잘 그리기 어려운" 것이다.

4) 〈화전〉 독해에서 발전시켜야 할 문제

《임원경제지》가 대부분 중국의 문헌에서 발췌하여 분류하고 정리한 백과사전 일종의 유서(儒書)이기 때문에 문항 구성과 체계에서 서유구의 고유성이 있다고 하더라도, 여전히 〈화전〉에는 서유구의 고유한 내용이 없다고 할 수 있을지도 모른다. 그러나 〈화전〉을 읽으면서 서유구의 생각을 음미해야 할 것이 있다. 그것은 소제목 아래 기술되는 표제어인데, 특히 "위치"부터 나오는 표제어가 눈길을 끈다. 그것은 소제목처럼 용어로 구성된 것이 아니라 간단한 문장으로 되어 있다. 가령 "위치"에 한정한다면, 여기에는 5가지의 표제어와 그 표제어를 추출한 중국 화론의 발췌 내용이 있다. '그림에는 손님과 주인 관계가 있다', '그림에는 임금과 신하 관계가 있다', '그림은 구도[章法]가 중요하다', '먼저 뜻을 세워 위치를 정한다', '멀고 가까움의 표현' 등의 표제어는 탕후의 《화감》, 심호의 《화주》, 방훈의 《산정거화론》을 읽고 발췌하여 표제어를 만들었다 할지라도, 어디까지나 서유구가 스스로 작성한 것이다. 따라서 이러한 표제어를 중심으로 분석해 나가면 서유구의 고유한 화론이 형성될 수도 있을 것이다. 아울러 인용한 중국의 화론에서 어떻게 이러한 표제어를 설정하였는지 인용문과 서로 관련시켜 읽으면서 서유구의 의식의 흐름을 살펴보면 〈화전〉이 우리에게 한층 흥미롭게 다가온다. 그것은 서유구의 일상적인 독서법이지 않을까?

서유구 화론의 고유성을 규명하는 과정에서 두 가지를 함께 고려해야 할 것 같다. 〈화전〉과 《유예지》·《임원경제지》의 관계이다. 〈화전〉은 《유예지》의 한 부분이고, 《유예지》는 《임원경제지》 16지 중 하나이다. 그렇다면 〈화전〉은 《유예지》와 《임원경제지》에서 어떤 의미를 가질까? 예를 들어 그림과 육예(六藝)의 관계라든지, 임원의 삶에서 그림의 의미 등을 구체적으로 살펴볼 때, 앞에서 말한 서유구의 고유성이 분명하게 나타날 것이다.

다른 하나는 남종화와의 관계이다. 조선 중기에 유입된 남종화는 조선 후기에 성행하였다. 앞에서 언급하였듯이 서유구의 〈화전〉은 남종화의 입장에서 서술되었다. 비록 〈화전〉이 출판되지 않아 그 성과를 널리 공유하지 못해 당시 남종화에 끼친 〈화전〉의 영향을 규명할 수 없다고 할지라도, 역으로 당시에 성행한 남종화풍은 서유구에게 어떤 영향을 미쳤을지, 또한 서유구는 당시 이러한 남종화 화풍을 어떻게 생각하였을지를 함께 고찰하면 서유구 〈화전〉의 내용이 더욱 구체성을 갖게 될 것이다. 이러한 문제 해결은 아울러 서유구 화론의 고유성이 얼마나 현실적인가 하는 문제를 검토하는 작업이기도 하다.

일러두기

- 이 책은 풍석 서유구의 《임원경제지》를 표점, 교감, 번역, 주석, 도해한 것이다.
- 저본은 정사(正寫) 상태, 내용의 완성도, 전질의 구성 등을 고려하여 고려대학교 도서관 소장본으로 했다.
- 현재 남아 있는 이본 가운데 서울대학교 규장각한국학연구원, 일본 오사카 나카노시마 부립도서관, 미국 UC버클리대학교 아사미(淺見)문고, 한국은행 소장본을 교감하고, 교감 사항은 각주로 처리했으며, 각각 규장각본, 오사카본, 버클리본, 한국은행본으로 약칭했다.
- 교감은 대교(對校)와 타교(他校)를 중심으로 하고, 교감 사항은 각주로 밝혔다.
- 번역주석의 번호는 일반 숫자(9)로, 교감주석의 번호는 네모 숫자(⑨)로 구별했다.
- 원문에 네모 칸이 쳐진 注, 農政全書 등과 서유구의 의견을 나타내는 案, 又案 등은 원문의 표기와 유사하게 네모를 둘렀다.
- 원문의 주석은 【 】로 표기했다.
- 서명과 편명은 번역문에는 각각 《》 및 〈〉로 표시했고, 원문에서는 모두 서명부호(《 》)로 통일했다.
- 표점 부호는 마침표(.), 쉼표(,), 물음표(?), 느낌표(!), 쌍점(:), 쌍반점(;), 인용부호(“”, ‘’), 가운뎃점(·), 모점(、), 괄호(( )), 서명 부호(《 》)를 사용했고 인명, 지명, 건물명 등 고유명사에는 밑줄을 그었다.
- 字, 號, 諡號 등으로 표기된 인명은 성명으로 바꿔서 옮겼다.

차례

유예지 권제4 遊藝志 卷第四

그림(화전)【상】畫筌【上】

유예지 권제5 遊藝志 卷第五

그림(화전)【하】 畫筌【下】

임원경제지 95

유예지 권제3

遊藝志 卷第三

조선시대 필통, 붓, 벼루(국립민속박물관)

글씨(서벌)[1]

書筏

1. 총론 總論

1) 여러 서체의 기원 各體緣起

황제(黃帝)의 사관 창힐(倉頡)[2]은 4개의 눈을 가진 신명(神明)으로 여러 물상(物象)을 관찰하여 처음으로 '고문(古文)'을 만들었다. 고문이란 과두(科斗)문자[3]를 말한다.

黃帝史倉頡四目神明, 觀察衆象, 始爲"古文". 古文者, 科斗是也.

주(周)나라 선왕(宣王, ?~BC 782) 때의 사주(史籀)[4]는 고문을 고쳐 대전(大篆)[5]을 만들었는데, 이것을 주문(籀文)이라고 한다.

周宣史籀變古文而爲"大篆", 是謂籀文.

진(秦)나라는《시(詩)》와《서(書)》를 불태우

秦焚《詩》、《書》, 丞相李斯始

---

1 글씨(서벌) : 독자를 글씨[書]의 세계로 인도해 줄 뗏목[筏]이라는 의미. 뗏목은 강을 건너는 데 필요하지만 강을 건너고 나면 버려야 하는 수단임. 청나라 달중광(笪重光, 1623~1692)의 서예론인《서벌(書筏)》에서 가져왔다.

2 창힐(倉頡) : ?~?. 황제(黃帝)의 좌사(左史). 새와 짐승의 발자국을 본떠서 처음으로 문자를 만들었다고 전한다. 장회관(張懷瓘)은 창힐은 눈이 4개이고 신명과 통하여 위로는 규성의 둥글고 굽은 형세를, 아래로는 거북 문양과 새 발자국의 상징을 관찰하고 아름다운 모양을 널리 채집하여 글자를 만들었다고 하였다.(頡首四目, 通於神明, 仰觀奎星圓曲之勢, 俯察龜文鳥跡之象, 博采衆美, 合而爲字, 是曰古文.《書斷·古文》)

3 과두(科斗)문자 : 모양이 머리가 굵고 끝이 가늘어 올챙이를 닮은 문자.

4 사주(史籀) : 주선왕(周宣王)의 태사(太史) 주(籀).《설문해자(說文解字)》에 따르면 사주가 학동들에게 글자를 가르치기 위해《사주편(史籀篇)》을 지었다고 한다.

5 대전(大篆) : 진(秦)나라에서 주문(籀文)을 고쳐 소전(小篆)을 만든 다음 주문을 대전(大篆)으로 불렀다.《설문해자》는 표제어가 소전이지만 주문도 실려 있다.

고, 승상(丞相) 이사(李斯)[6]가 처음으로 주문을 고쳐 '소전(小篆)'을 만들었는데, 이를 옥저(玉箸)[7]라 부른다.

變籀文而爲"小篆", 是名玉箸.

옥리(獄吏) 정막(程邈)[8]이 새로운 서법을 만들어 빠르고 쉽게 쓰도록 하니, 이것을 '예서(隷書)'[9]라 부른다.

獄吏程邈刱作新書法, 務徑促[1], 是名"隸書".

---

6 이사(李斯) : ?~BC 208. 진시황(秦始皇)의 천하통일을 돕고, 법가(法家)의 정책을 실시하여 군현제(郡縣制)를 정비하고 분서갱유(焚書坑儒)로 사상의 통일을 도모하여 중앙집권제의 기틀을 다졌다. 도량형·음률·수레바퀴의 폭을 통일하는 데 공헌하였으며, 특히 자서(字書)인 《창힐편(倉頡篇)》을 짓고, 소전(小篆)을 만들어 문자를 통일하였다.

7 옥저(玉箸) : 글자 모양이 옥젓가락같이 좌우가 대칭이며, 양쪽으로 내리는 필획이 긴 문자. 옥저전(玉筯篆)이라고도 한다.

8 정막(程邈) : ?~?. 섬서성(陝西省)의 옥리(獄吏)로, 진시황에게 죄를 지어 운양(雲陽)의 옥에 10년 동안 갇혔다. 옥에서 대전(大篆)과 소전(小篆)을 연구하여 예서(隸書) 3천 자를 지어 진시황에게 아뢰었고, 이를 토대로 후대의 해서·초서·행서가 발전하였다.

9 예서(隸書) : 전서(篆書)를 신체(新體)로 만든 글자. 관아나 개인에게 딸려 잡일을 하던 도예(徒隸)들이 주로 이용하거나 혹은 도예 출신이 만들었다고 해서 붙인 이름이다.

예서체로 쓴 동한(東漢)의 《석문송(石門頌)》[《중국서법사(中國書法史)》]

예서체로 쓴 곡운(谷雲) 김수증(金壽增, 1624~1701)의 《곡운구곡담기(谷雲九曲潭記)》(국립중앙박물관)

[1] 促 : 저본에는 "保". 《珊瑚鉤詩話》에 근거하여 수정.

후한(後漢)의 왕차중(王次仲)[10]이 처음에 '팔분(八分)'[11]을 만들었는데, 이것이 해서(楷書)[12]를 쓰는 법이 되었다.

後漢 王次仲初作"八分", 是爲楷法.

10 왕차중(王次仲) : ?~?. 후한 장제(章帝, 57~88) 때 파책(波磔)이 없는 옛 글자의 형태를 변화시켜 장식적인 파책이 있는 팔분(八分)을 만들었다고 전한다.

11 팔분(八分) : 전서(篆書)에서 나와 간단한 서체로 변모하였고 아직 파책이 없다. 고예(古隸)라고도 한다.

12 해서(楷書) : 글자체가 단정하여 모범이 될 만한 정서(正書)를 말한다. 이보다 조금 더 흘려 쓴 행서(行書)나 많이 흘려 쓴 초서(草書)와 대비된다.

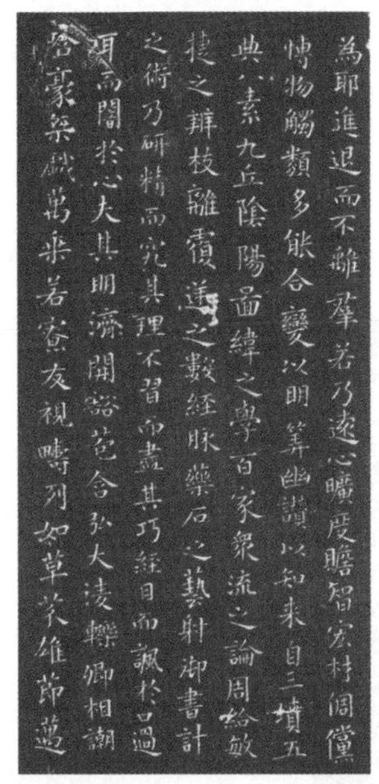

하후담(夏侯湛, 265~316)의 《동방삭화찬(東方朔畫讚)》을 해서체로 쓴 왕희지의 글씨(국립중앙박물관)

조선 제14대 왕 선조(宣祖, 1552~1608)의 해서 어필(御筆)(국립중앙박물관)

해서를 쓰는 법이 변해서 행서(行書)[13]와 초서(草書)[14] 楷法之變, 行、草生焉. 張伯

---

13 행서(行書) : 흘림의 정도가 해서와 초서의 중간에 있는 서체. 해서와 초서가 성행한 뒤에 둘의 장점을 흡수하여 형성되었으므로 알아보기도 쉽고 쓰기도 쉽다.

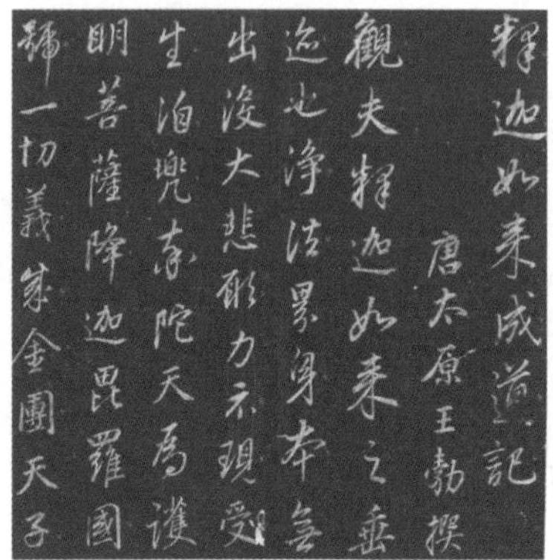

동기창(董其昌)의 행서
《석가여래성도기(釋迦如來成道記)》
(국립중앙박물관)

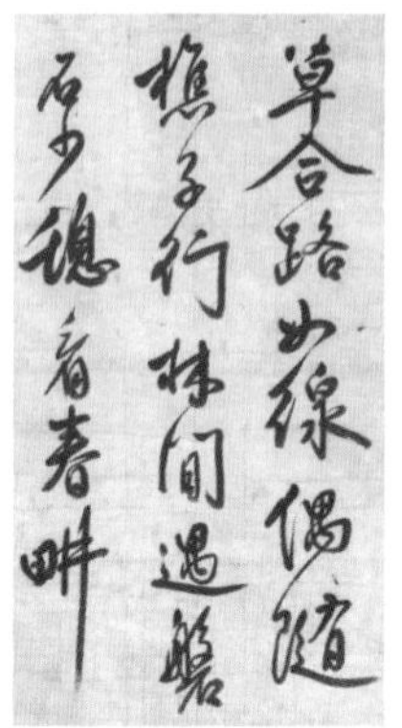

이광사(李匡師, 1705~1777)가 남송(南宋)의
시인 육유(陸游, 1125~1210)의 《산록(山麓)》을
행서체로 쓴 작품으로, 빠른 붓놀림과 글씨의 획에 깃든
힘으로 글씨가 살아 움직이는 듯한 생동감과 흥취가 느껴진다.
(국립중앙박물관)

14 초서(草書) : 자유롭게 흘려서 빠르게 쓰는 서체. 필획을 간략하게 만들고 구조를 단순화시켜 모양은 둥글고 쓰기에는 빠르고 편하여, 편이성과 예술성이 가미된다. 빠르므로 속기가 필요한 관청에서 사용하고, 예술성이 높으므로 시인 묵객들이 그림이나 술과 함께 즐기며 애용하였다.

초서로 쓴 회소(懷素, 725~785)의 《고순첩(苦筍帖)》(《중국서법사》)

가 생겨났는데, 장지(張芝)[15]와 왕희지(王羲之)[16] 등이 잘 썼다. 이것이 고금에 두루 유행한 서체이다.

英、王右軍之徒善之. 此古今通行之書體也.

전서(篆書) 쓰는 법에 또 '무서(繆書)'[17]가 있으니, 어디서 유래했는지 모른다. 무서는 부절(符節)과 인신(印信)에 새길 글씨에 쓰는데, 치밀하게 얽히고설킨 모양을 취했다.

篆法, 又有"繆書"者, 不知所起, 用以書符印, 取綢繆糾纏之象.

전서 중에 또 '도해(倒薤)'[18]가 있으니, 이에 대해서는 세상에 다음과 같이 전한다. 무광(務光)[19]이 탕(湯) 임금의 선양(禪讓)을 사양하고서 청령(淸泠)이라는 언덕에 살았다. 그곳에서 염교를

有"倒薤"者, 世傳務光辭湯之禪, 居淸泠之陂, 植薤而食, 淸風時至, 見葉交偃像爲此書, 以寫道經.

---

15 장지(張芝) : ?~192. 자는 백영(伯英)이고, 돈황 주천(酒泉) 사람이다. 초서 중에서도 이어지지 않고 독립된 글자로 쓰는 장초(章草)에 능했고 초성(草聖)으로 추앙받았다.

16 왕희지(王羲之) : 생졸년은 303~361, 321~379 등 여러 설이 있다. 우군장군을 지내 흔히 왕우군(王右軍)이라 칭한다. 글씨는 후한의 장지(張芝)와 위(魏)나라의 종요(鍾繇)를 추앙하여 이를 집대성하였고, 글씨로 유명하여 아들 왕헌지(王獻之)와 함께 이왕(二王)이라 불리며 서예 전통의 조종(祖宗)으로 오랫동안 존경받았다.

17 무서(繆書) : 인장을 새길 때 쓰는 서체. 무전(繆篆) 또는 모인전(摹印篆)이라고도 한다.

중국 한대(漢代)의 인장. 전서체로 '황후지새(皇后之璽)'라 쓰여 있다.(《중국서법사》)

18 도해(倒薤) : 염교잎이 거꾸로 선 듯한 전서체. 도해전(倒薤篆)·금해(金薤)라고도 한다.

19 무광(務光) : 하(夏)나라 은자(隱者)로, 은(殷)나라 탕왕이 하나라 마지막 왕인 걸(桀)을 정벌하고 왕위를 그에게 넘겨주려 하자 여수(廬水)에 투신하였다.

심어 먹다가 시원한 바람이 때때로 불어올 때 잎이 엇갈려 눕는 형상을 보고 이 서체를 만들어서 도가(道家)의 경전을 필사했다고 한다.

또 '조서(鳥書)'[20]가 있으니, 주(周)나라 사일(史佚)[21]이 만들었으며, 상서로운 붉은 참새와 붉은 까마귀를 묘사하여 깃발에 썼는데, 새가 날아오르는 모양을 취했다.

有"鳥書"者, 周 史佚所作[2], 寫赤雀、丹烏之祥, 以書旂幡, 取飛翔之狀.

또 '현침(懸針)'[22]이 있으니, 한(漢)나라 조희(曹喜)[23]가 만들었으며, 바늘 끝처럼 가늘게 뻗는 기세를 본떠서 《오경(五經)》의 편목(篇目, 편명)에 썼는데, 경전의 뜻을 꿰뚫었다는 뜻을 취했다.

有"懸針"者, 漢 曹喜所作, 象針鋒纖抽之勢, 以書《五經》篇目, 取貫穿經指之義.

또 '수로(垂露)'[24]가 있으니, 이것도 조희가 만들었으며, 하늘거리는 풀과 나무에 이슬이 맺힌 형상을 취했다. 이들 전서는 모두 새로운 뜻을 드러냈다.

有"垂露"者, 亦喜所刱, 取草木婀娜垂露之象. 皆出新意.

---

20 조서(鳥書): 필획의 끝을 새의 머리 모양으로 만든, 장식성이 강한 서체. 조전(鳥篆)이라고도 한다.

21 사일(史佚): 주(周)나라 3대 임금 성왕(成王)의 사관(史官).

22 현침(懸針): 바늘이 매달린 듯 세로획 끝이 뾰족한 전서체.

23 조희(曹喜): ?~?. 후한 말기 서예가. 이사(李斯) 이후 전서(篆書)의 일인자로 알려져 있다. 전하는 글씨는 없고, 저서로 《필론(筆論)》이 있다.

24 수로(垂露): 이슬을 드리운 듯 세로획 끝을 둥글린 전서체.

[2] 所作: 저본에는 "作所". 《說郛·珊瑚鉤詩話》에 근거하여 수정.

또 '비백(飛白)'[25]이 있으니, 예서(隸書)에서 나왔다. 한나라 영제(靈帝, 156~189)가 홍도문(鴻都門)[26]을 설립할 때, 채옹(蔡邕)[27]이 일꾼이 흙질하다가 글자를 쓰는 것을 보고 가슴이 벅차올라, 집으로 돌아온 뒤 글자를 만들어 궁전의 편액에 썼다.

有"飛白"者, 生于隸法, 漢靈帝施理鴻都門, 蔡邕見役人以堊成字, 心有悅焉, 歸而作之, 用以題宮殿門榜.

또 '산예(散隸)'[28]가 있으니, 예서의 서체를 조금 변화시켰으며, 진(晉)나라 황문시랑(黃門侍

有"散隸"者, 小變隸體, 晉黃門郎衛巨山所作也.

25 비백(飛白) : 빗자루로 쓴 듯 획이 갈라지고 나는 듯한 서체.

비백체(飛白體)[《건륭어제삼십이체전서성경부(乾隆御製三十二體篆書盛京賦)》]

26 홍도문(鴻都門) : 사부(辭賦)와 서화(書畫)를 애호한 한나라 영제가 문학과 예술을 가르치기 위해 설립한 고등교육기관.

27 채옹(蔡邕) : 132~192. 후한의 학자이며 서예가. 전서와 예서에 능했고, 특히 예서에 조예가 깊어 이를 토대로 비백을 창시하였다. 유가 경전을 돌에 새긴 희평석경(熹平石經)을 남겼고, 저서로 전서를 다룬《전세(篆勢)》가 있다.

28 산예(散隸) : 필봉 전체에 먹을 먹여서 산필(散筆)로 쓰는 예서.

郎) 위항(衛恒)[29]이 만들었다.

또한 위항은 '충서(蟲書)'도 잘 썼다고 한다. 어떤 사람은 충서는 바로 새나 벌레의 모양을 모방한 글씨라 한다. 하지만 내 생각에 조서(鳥書)는 따로 참새와 까마귀를 상서롭게 여겨 오로지 새의 형상에서 따왔으므로, 조서에 맞서 별도로 '충전(蟲篆)'이 있을 것이다. 손빈(孫臏)이 방연(龐涓)을 고목(古木) 아래에서 참수한 경우에도 손빈은 충서(蟲書)로 써서 걸었다.[30] 지금 사람들이 벌레의 모양을 전하여 쓰는 것은 아마 이러한 법이 남아 있어서 그럴 것이다. 《산호시화(珊瑚詩話)[31]》[32]

又云兼善"蟲書". 或云蟲書卽蟲鳥之書. 予疑鳥書自謂雀烏之祥, 專作禽鳥之象, 當別有"蟲篆". 如孫臏斬龐涓于古木之下, 作蟲書以揭之. 今人傳寫蟲蛾之狀, 殆其遺法耶! 《珊瑚詩話》

29 위항(衛恒) : 252~291. 서진(西晉)의 서예가. 글씨는 고문(古文)·초서(草書)·예서(隷書)를 잘 썼다. 아버지 위관(衛瓘)이 용필(用筆)에 있어서 본인은 장지(張芝)의 힘줄[筋]을 얻은 반면, 위항은 장지의 뼈대[骨]를 얻었다고 평가했다. 저서로 《사체서세(四體書勢)》가 있다.

30 손빈(孫臏)이……걸었다 : 손빈은 방연(龐涓)과 동문수학한 사이로 양혜왕(梁惠王) 밑에서 같이 벼슬하다가 방연의 시기로 죄인이 되었다. 제위왕(齊威王)에게 의탁한 후에 제나라 장군 전기(田忌)를 보좌하여 양혜왕을 모시는 방연과 두 번 대결하여 모두 이겨 복수에 성공하였다. 밤에 방연의 군대를 유인하여 나무에 "방연은 이곳에서 죽게 된다.(龐涓死於此樹之下)"는 글씨를 써놓고 방연이 글을 읽으려고 불을 밝히자 화살을 비 오듯 날려 끝내 자살하게 만들었다. 이 글씨가 충서였다.

31 산호시화(珊瑚詩話) : 북송 소흥(紹興) 연간(1131~1162)에 사농승(司農丞)을 지낸 장표신(張表臣)이 지은 시화(詩話). 시화에 그치지 않고 다양한 분야의 잡다한 소문과 자질구레한 이야기도 실어서 자료적 가치가 크다. 흔히 《산호구시화(珊瑚鉤詩話)》로 불리며, '산호구'는 문채(文彩)가 산호로 만든 고리처럼 화려하다는 데서 땄다.

32 《珊瑚鉤詩話》 卷上.

장회관(張懷瓘)[33]은 《서단(書斷)》에서 대전(大篆)·주문(籒文)·팔분(八分)·예서(隸書)·초서(草書)·장초(章草)[34]·비백(飛白)·행서(行書)를 통틀어 '팔체(八體)'라 하며, 왕희지는 이 모두에서 신품(神品)에 든다고 했다.[35] 그런데 왕희지가 술에 취하여 몇 글자를 쓴 적이 있는데, 글자의 점과 획이 용의 발톱[龍爪]과 같았다. 이런 일 뒤에 드디어 용조서(龍爪書)가 있게 되었으니, 이는 과두(科斗)·옥저(玉筯)·언파(偃波)[36]와 같은 종류이다. 여러 서예가의 서체는 모두 52종이다. 《상서고실(尚書故實)[37]》[38]

張懷瓘《書斷》曰, 篆、籒、八分、隸書、草書、章草、飛白、行書, 通謂之"八體", 而右軍皆在神品. 右軍嘗醉書數字, 點畫類龍爪, 後遂有龍爪書, 如科斗、玉筯、偃波之類. 諸家共五十二般.《尚書故實》

옥저전(玉筯篆)은 이사(李斯)가 만들었는데,

玉筯篆, 李斯作, 李陽冰善此

33 장회관(張懷瓘) : ?~?. 당(唐)나라의 서예가. 한림공봉(翰林供奉)으로 황제의 아들들에게 서예를 가르치며, 《서단(書斷)》 등을 저술하여 서예를 배우는 기본을 보여 주었다. 글씨는 해서·행서·팔분·소전·초서 등을 잘 썼다. 스스로 해서와 행서는 우세남(虞世南)·저수량(褚遂良)에 비교하였고, 초서는 수백 년 이래 독보적이라고 자부하였으나 남아 있는 글씨가 없다.

34 장초(章草) : 후한(後漢)의 장제(章帝, 재위 75~88) 때에 두도(杜度)가 초서를 잘 썼는데, 장제가 이를 칭찬했기에 장초라고 했다는 설과 장주(章奏, 신하가 임금에게 올리던 글)에 초서를 써서 유래했다는 설이 있다.

35 왕희지는……했다 : 장회관은 《서단(書斷)》에서 아름다움과 기교가 아닌 기운과 골기를 근거로 고금의 뛰어난 서예가를 신품(神品)·묘품(妙品)·능품(能品)의 삼품(三品)으로 분류하였다. 본문과 달리 왕희지는 예서·행서·장초·비백·초서에서 신품에, 고문에서 묘품에 올라 있다.

36 언파(偃波) : 판서(板書)용으로 쓰는 서체로, 글자가 파도처럼 이어진 모양이라 이렇게 부른다. 조명(詔命)을 반포할 때 썼다.

37 상서고실(尚書故實) : 당나라 이작(李綽)이 지은 잡설류 저작. 신원 미상의 장상서(張尚書)라는 사람의 진술을 근거로 비근한 일과 오래된 소문을 수록하고 서화(書畫)와 비첩(碑帖) 중에 귀한 자료를 다수 수록하여 자료 가치가 높다.

38 《尚書故實》(《叢書集成初編》 2739, 8쪽) ; 《說郛》 卷87下 〈書斷〉 卷第四 "八體".

이양빙(李陽冰)[39]이 잘 썼다. 이 서체는 지금도 쓴다. 기자(奇字)[40]는 견풍(甄豊)[41]이 정하였다. 대전(大篆)은 사주(史籀)가 고문(古文)을 변화시켜 만들었다. 소전(小篆)은 호무경(胡毋敬)[42]이 만들었다. 상방대전(上方大篆)[43]은 정막(程邈)이

體, 至今用之. 奇字, 甄豊定. 大篆, 史籀變古文爲此體. 小篆, 胡毋敬作. 上方大篆, 程邈飾[3]李斯之法.

---

39 이양빙(李陽冰) : ?~?. 당나라 서예가로, 글씨는 진나라 이사(李斯)의 역산비(嶧山碑)와 필자 미상의 오계찰묘지(吳季札墓誌)를 배워 일가를 이루었다. 전서(篆書)를 잘 써서 이사를 능가하는 명성을 누렸다. 그의 글씨는 《이씨삼분기(李氏三墳記)》, 《이정명병서(怡亭銘幷序)》, 《반야대기(般若臺記)》 등이 있다. 문자학을 깊이 연구하여 《설문해자(說文解字)》 30권을 교정하였고, 서법에 관한 책인 《한림금경(翰林禁經)》을 저술하였다.

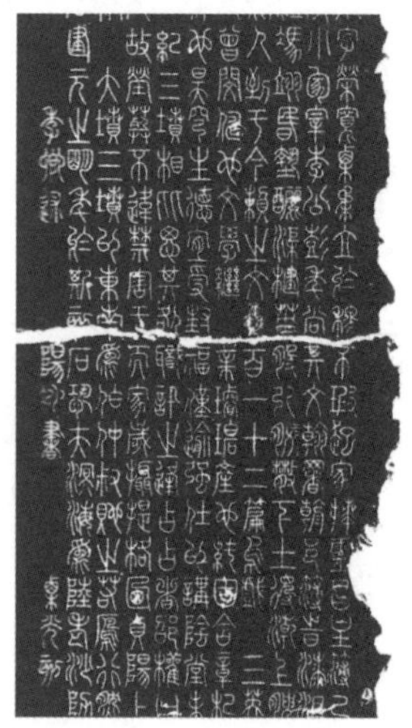

이양빙의 《삼분기(三墳記)》[《서법(書法)》]

40 기자(奇字) : 고문(古文)을 고쳐서 만든 육서(六書)의 하나.

41 견풍(甄豊) : ?~10. 한나라 왕망(王莽, BC 45~23)의 심복으로서, 왕망의 명으로 고문 · 기자 · 전서 · 예서 · 무전(繆篆) · 조충서(鳥蟲書)를 정리하였다.

42 호무경(胡毋敬) : ?~?. 진(秦)나라 태사령(太史令)을 지냈다. 고금의 문자를 널리 공부하여 《박학편(博學篇)》을 지었다.

43 상방대전(上方大篆) : 도장에 많이 쓰이는 서체로, 획을 여러 번 구부려 쓴다고 하여 구첩전(九疊篆)이라고도 한다.

[3] 飾 : 《震澤長語 · 字學》에는 "師".

이사(李斯)의 서법을 꾸며서 만들었다.

분서(墳書)[44]는 주나라 매씨(媒氏)[45]들이 남녀의 결혼 증서에 썼다. 수서(穗書)[46]는 신농(神農)이 상당군(上黨郡)에 좋은 벼이삭이 생겨났기 때문에 만들었다.

墳書, 周媒氏配合男女書證. 穗書, 神麗因上黨生嘉禾作.

도해전(倒薤篆)은 선인(仙人) 무광(務光)이 염교가 바람에 눕는 모습을 보고 만들었다. 유엽전(柳葉篆)[47]은 위관(衛瓘)[48]이 만들었다. 지영전(芝英篆)[49]은 진준(陳遵)[50]이 영지버섯이 한(漢)나라 궁전에서 났기 때문에 만들었다. 전숙전(轉宿篆)[51]은 사성(司星, 별자리를 관측하는 관리) 자위(子韋)[52]가 만들었다.

倒薤篆, 仙人務光見薤偃風作. 柳葉篆, 衛瓘作. 芝英篆, 陳遵因芝生漢殿作. 轉宿篆, 司星子韋作.

수로전(垂露篆)은 조희(曹喜)가 만들었다. 수

垂露篆, 曹喜作. 垂雲轉篆,

44 분서(墳書) : 남녀가 혼인할 때 신표로 오가던 문서에 사용한 전서체. 글자 사이가 빽빽하여 전서(塡書)라고도 한다.

45 매씨(媒氏) : 중매를 담당한 관직으로, 《주례(周禮)》에 보인다.

46 수서(穗書) : 양두산(羊頭山)에 하나의 줄기에서 여덟 싹이 난 벼가 있었는데, 염제(炎帝) 신농씨(神農氏)가 이를 보고 기이하게 여겨 만든 서체. 가화서(嘉禾書)라고도 한다.

47 유엽전(柳葉篆) : 획의 모양이 버들잎 같은 전서체. 위관이 3대에 걸친 연구 끝에 만들었다.

48 위관(衛瓘) : 220~291. 위(魏)의 상서랑(尙書郎)을 지냈고, 진(晉)의 상서령(尙書令) · 태보(太保) · 녹상서사(錄尙書事)에 이르렀다. 글씨는 장지(張芝)를 배웠고 아버지 위기(衛覬)의 글씨를 이어 신묘한 경지에 이르렀으며, 초서를 잘 썼다.

49 지영전(芝英篆) : 영지버섯의 모양을 본떠 만든 전서체.

50 진준(陳遵) : ?~?. 한나라 서예가로, 글씨는 전서와 예서를 잘 썼다.

51 전숙전(轉宿篆) : 형벌을 주관하는 형혹성(熒惑星, 화성)이 경공의 덕에 감복하여 세 번 자리를 물린 것을 보고 만든 전서체. 연꽃이 아직 피지 않은 모습을 본떴다.

52 자위(子韋) : 춘추시대 송나라 경공(景公, ?~BC 469) 때 천문을 담당한 관리.

운전전(垂雲轉篆)[53]은 황제(黃帝)가 경운(慶雲)[54]이 나타나자 만들었다. 벽락전(碧落篆)[55]은 당(唐)나라 한왕(韓王) 이원가(李元嘉)[56]의 아들 이선(李譔)[57]이 만들었다. 용조전(龍爪篆)은 왕희지(王羲之)가 자기가 쓴 비(飛) 자에서 용의 발톱을 보고 만들었다.

黃帝因慶雲見作. 碧落篆, 唐韓王元嘉子李譔作. 龍爪篆, 羲之見飛字龍爪作.

조적서(鳥跡書)는 창힐(蒼頡)이 새의 발자국을 살펴보고 비로소 문자를 지었다. 조충전(雕蟲篆)[58]은 노(魯)나라 추호(秋胡)의 아내[59]가 봄에

鳥跡書, 蒼頡觀鳥跡, 始製文字. 雕蟲篆, 魯秋胡妻春居翫蠶作. 科斗書, 源出古文,

53 수운전전(垂雲轉篆): 하늘에 드리운 구름과 같은 전서체. 수운전(垂雲篆)·수운서(垂雲書)라고도 한다.

54 경운(慶雲): 상서로운 구름. 경성(景星)·감로(甘露)·기린(麒麟) 등과 함께 경사나 태평성대를 상징하는 징조의 하나.

55 벽락전(碧落篆): 강주(絳州) 용흥궁(龍興宮)에 있는 당나라 벽락비(碧落碑)에 쓰인 전서체.

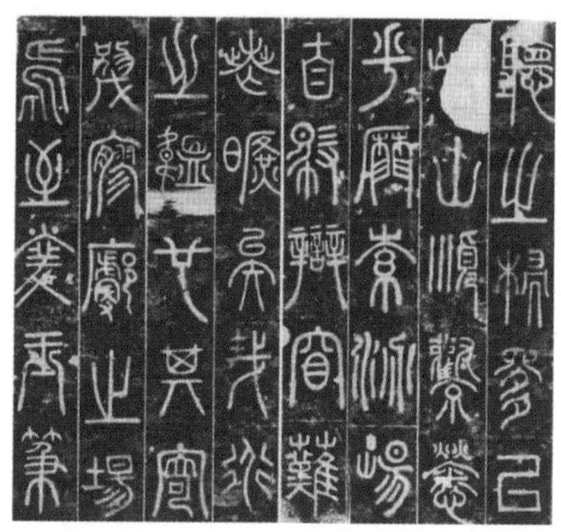

벽락전. 당나라의 비석 중에서도 고격(古格)을 갖춘 중요한 글씨로 평가된다.(국립중앙박물관)

56 이원가(李元嘉): 619~688. 당나라 고조(高祖, 566~635)의 열한 번째 아들. 정관(貞觀) 10년(636)에 한왕에 봉해지고 노주도독(潞州都督)에 제수되었다.

57 이선(李譔): 황국공(黃國公)에 봉해졌고, 사별한 어머니를 위해서 벽락비를 건립했다.

58 조충전(雕蟲篆): 누에를 세심하게 관찰하여 만든 벌레 모양의 전서체.

59 추호(秋胡)의 아내: 정숙한 아내의 표상. 먼 곳으로 벼슬살이를 떠난 추호를 기다리며 누에치기에 전념하였고, 자기를 외간 여자로 잘못 보고 유혹한 남편을 꾸짖었다.

누에를 치다가 만들었다. 과두서(科斗書)는 고문(古文)에 기원해서 나왔는데, 어떤 사람은 전욱(顓頊)[60]이 지었다고 한다.

或云顓頊製.

조전(鳥篆)은 사일(史佚)이 붉은 참새와 붉은 까마귀의 두 가지 상서로움 때문에 만들었다. 곡두서(鵠頭書)는 한(漢)나라의 1.1척의 조서(詔書)[61]가 고니[鵠]의 머리와 같은 데서 나왔다. 인서(麟書)[62]는 기린(麒麟)이 잡히자 제자들이 공자(孔子)를 위해 상서로움을 기록하고자 만들었다.[63] 난서(鸞書)[64]는 소호(少皞)[65]가 새[鳥]를 이용하여 관직을 기록하기 위해 만들었다.[66] 구서(龜書)[67]는 요(堯)임금이 헌원씨[軒轅氏, 황제(黃帝)]의 시대에 거북이가 등에 그림을 지고 나

鳥篆, 史佚因赤雀、丹烏二祥作. 鵠頭書, 漢家尺一之簡如鵠首. 麟書, 獲麟弟子爲素王紀瑞作. 鸞書, 少皞以鳥紀官作. 龜書, 堯因軒轅時龜負圖作. 龍書, 太皞獲景龍之瑞作.

---

60 전욱(顓頊): 중국 태고의 오제(五帝)의 하나. 황제(黃帝)의 손자로, 고양씨(高陽氏)라 불렸다.

61 1.1척의 조서(詔書): 한대(漢代)에 천자가 현사(賢士)를 초빙하기 위해 반포한, 조판(詔板)의 길이가 1.1척인 조서.

62 인서(麟書): 기린이 잡힌 일을 기록하기 위해 만든 서체. 공자가 편찬한 《춘추(春秋)》를 말하기도 한다.

63 기린(麒麟)이……만들었다: 《춘추》를 집필하던 공자는 노(魯)나라 애공(哀公) 14년(BC 481)에 "서쪽 들판으로 사냥을 나가서 기린을 붙잡았다(西狩獲麟)"는 말을 듣고 눈물을 흘린 다음 절필(絶筆)했다고 한다.

64 난서(鸞書): 봉황이 날아온 상서를 기록하기 위해서 만든 서체. 봉서(鳳書)라고도 한다.

65 소호(少皞): 중국 태고의 임금. 황제(黃帝)의 아들로, 금천씨(金天氏)라고도 부른다.

66 새[鳥]를……만들었다: 소호가 즉위하자 때마침 봉황이 왔기 때문에 관직명에 봉조씨(鳳鳥氏)·현조씨(玄鳥氏)·청조씨(靑鳥氏)·단조씨(丹鳥氏) 등 조(鳥)를 붙였다.

67 구서(龜書): 낙서(洛書)의 상서로움을 보고 만든 서체. 낙서 그 자체를 이르기도 한다.

온 고사[68]로 인하여 만들었다. 용서(龍書)[69]는 태호(太皞, 복희)가 경용(景龍)[70]의 상서를 얻어서 만들었다.

전도전(剪刀篆)[71]은 위탄(韋誕)[72]이 만들었다. 영락전(纓絡篆)[73]은 유덕승(劉德昇)[74]이 밤에 별자리를 보고 만들었다. 현침전(懸針篆)은 조희(曹喜)가 만들었다. 비백서(飛白書)는 채옹(蔡邕)이 일꾼이 흙질하는 솔로 글자를 쓰는 것을 보고 만들었다. 수전(殳篆)[75]은 백

剪刀篆, 韋誕作. 纓絡篆, 劉德昇夜觀星宿作. 懸針篆, 曹喜作. 飛白書, 蔡邕見人以堊帚字作. 殳篆, 伯氏所職故制此.

---

68 헌원씨(軒轅氏)의……고사 : 낙서는 하우(夏禹) 때에 낙수(洛水)에서 거북이 등에 써 있던 글이므로, 헌원은 하우의 잘못으로 보인다.

69 용서(龍書) : 하도(河圖)의 상서로움을 보고 만든 서체.

70 경용(景龍) : 복희(伏羲) 때에 황하(黃河)에서 하도를 지고 나온 용마(龍馬)를 말한다.

71 전도전(剪刀篆) : 모양이 가위와 같은 전서체.

72 위탄(韋誕) : 179~253. 위단(韋端)의 아들이고 위강(韋康)의 아우이다. 위(魏)나라 문제(文帝) 때 무도군(武都郡)의 태수(太守)를 지냈다. 글씨는 여러 체를 다 잘 썼는데, 특히 제서(題書)를 잘 써서, 후한과 위(魏)나라 궁관(宮館)의 제액(題額) 가운데는 위탄이 쓴 것이 많다.

73 영락전(纓絡篆) : 모양이 구슬을 꿴 관의 장식과 같은 전서체.

74 유덕승(劉德升) : ?~?. 한나라 말기에 행서를 만든 사람으로 알려졌다.

75 수전(殳篆) : 임금의 명을 문관은 홀에, 무관은 창에 기록한 데서 유래한 전서체.

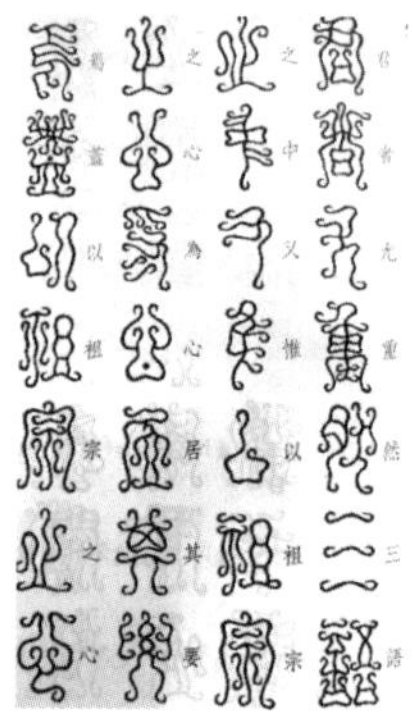

수전[《건륭어제삼십이체전서성경부(乾隆御製三十二體篆書盛京賦)》]

씨(伯氏)[76]의 직책이 홀(笏)과 창[殳]에 글자를 기록하는 것이기 때문에 지었다.

금착서(金錯書)[77]는 위탄(韋誕)이 만들었는데, 금착(金錯)은 옛 돈의 이름이다. 각부전(刻符篆)[78]은 진(秦)나라가 고문(古文)을 훼손하고 팔체(八體)를 정하였는데,[79] 그중의 하나이다. 종정전(鍾鼎篆)[80]은 삼대[三代, 하(夏)·상(商)·주(周)]에 이 서체를 종(鍾)과 정(鼎, 솥의 일종)에 새겼다.《진택장어(震澤長語)[81]》[82]

金錯書, 韋誕作, 古錢名也. 刻符篆, 秦壞古文定八體, 此其一. 鍾鼎篆, 三代以此體刻鍾鼎.《震澤長語》

2) 진서(眞書, 해서)·예서·팔분의 같은 점과 다른 점

論眞、隸、八分同異

지금 민간에서 예서라 말하는 글씨는 다만 옛 사람들의 팔분서(八分書, 팔분)일 뿐이다. 처음에 전서의 글자를 좇아 예서로 변할 때 전서를

今世俗謂之隸書者, 只是古人之八分書. 謂初從篆文變隸, 尙有二分篆法, 故謂之八

76 백씨(伯氏) : 주나라 관직으로 보이나《주례(周禮)》에는 보이지 않는다.

77 금착서(金錯書) : 금착전(金錯錢)에 새겨진 서체. 금석에 새겼기에 금착서라 한다는 설도 있다.

78 각부전(刻符篆) : 부절(符節) 위에 새기는 전서체.

79 진(秦)나라가……정하였는데 : 진나라가 정한 8가지 서체는 대전(大篆)·소전(小篆)·각부(刻符)·충서(蟲書)·모인(摹印)·서서(署書)·수서(殳書)·예서(隸書)이다.

80 종정전(鍾鼎篆) : 종이나 솥을 주조할 때 새겨 넣은 전서체.

81 진택장어(震澤長語) : 명(明)나라 왕오(王鏊, 1450~1524)가 은퇴 후 만년에 편찬한 수필록. 문장(文章)·음률(音律)·음운(音韻)과 서예론을 포함한 자학(字學) 등 다양한 방면에 대해 자유롭게 썼다. 왕오는 독서와 시작을 겸하며 노닐다 보니 '진택선생(震澤先生)'이라 불렸다.

82《震澤長語》卷下〈字學〉(《叢書集成初編》222, 38~39쪽).

쓰는 법이 여전히 2/10가 남아 있어서 팔분서라고 하였는데, 뒤에 가서 완전히 예서로 변한 것으로 여겨진다. 곧 지금의 정서(正書, 해서)·장초(章草)·행서(行書)·초서(草書)가 모두 이것이다. 후대의 사람들이 잘못하여 옛날 팔분서를 예서라고 하고, 지금 세상에 쓰는 서체를 정서라고 하는데, 이는 정서라는 글씨가 예서의 정체(正體)인 점을 전혀 몰랐기 때문이다. 그 나머지 행서나 초서도 모두 예서이다.《몽계보필담》[83]

分書, 後乃全變爲隸書, 卽今之正書、章草、行書、草書皆是也. 後之人乃誤爲古八分書爲隸書, 以今時書爲正書, 殊不知所謂正書者隸書之正者耳. 其餘行書、草書皆隸書也.《夢溪補筆談》

유견오(庾肩吾)[84]는 "예서는 지금의 정서(正書)이다."[85]라 했다. 장회관(張懷瓘)은 "예서란 정막(程邈)이 만들었는데, 글자가 모두 참되고 바르므로 진서(眞書)라고도 한다."[86]라 했다. 〈왕희지전(王羲之傳)〉에 "왕희지는 예서를 더욱 잘 썼다."[87]라 했다.

庾肩吾云:"隸書, 今之正書." 張懷瓘云:"隸書云者, 程邈造, 字皆眞正, 亦曰眞書."《王羲之傳》云:"尤善隸書."

《항씨가설(項氏家說)》[88]에 따르면 정형(程

《項氏家說》, 程逈辨隸書,

83 《夢溪補筆談》卷2 〈藝文〉, 21~22쪽.

84 유견오(庾肩吾):487~551. 남조 양(梁)나라 문학가이자 서예이론가이다. 글씨는 초서와 해서를 잘 썼으며, 저서로는《서품(書品)》이 있다.

85 《書品》(欽定四庫全書).

86 《書苑菁華》卷12 〈書論〉 下 "唐張懷瓘六體書論"(欽定四庫全書).

87 《晉書》卷80 〈列傳〉 第50 "王羲之"(欽定四庫全書).

88 항씨가설(項氏家說):송(宋)나라 항안세(項安世, ?~1208)가 여러 경전과 사서를 읽고 쓴 본권 10권(說經篇 7권, 說事篇·說政篇·說學篇 각 1권), 부록 2권(孝經說·中庸臆說 각 1권)의 독서기.

逈)[89]이 예서를 구분해서 "주흥사(周興嗣)의 《천자문(千字文)》에서는 '두고종예[杜藁鍾隸, 두도(杜度)[90]는 고서(藁書),[91] 종요(鍾繇)[92]는 예서]'라 했다."라 했다.[93] 소자운(蕭子雲)[94]은 황제에게 "초서와 예서의 법을 논하자면 왕희지는 종요에게 미치지 못하고, 왕헌지(王獻之)[95]는 왕희지에게 미치지 못합니다."라 아뢰었다.

曰:"周興嗣《千文》, 杜藁、鍾隸." 蕭子雲啓④云:"論草、隸⑤法, 逸少不及元常, 子敬不及⑥逸少."

임개(任玠)[96]가 《오체서(五體書)》[97] 서문에서 "예서는 왕희지·왕헌지·종요·유견오·구양

任玠《五體》序云:"隸則羲、獻、鍾、庾、歐、虞、顏、柳,

89 정형(程逈) : ?~?. 융흥(隆興) 원년(1163년)에 진사가 되었다. 남송(南宋)의 경학자로, 자는 가구(可久), 호는 사수(沙隨)이다. 주희(朱熹)가 그의 설을 많이 채택했으며, 스승의 예로 섬겼다고 한다.

90 두도(杜度) : 후한(後漢) 장제(章帝, 재위 75~88) 때의 명필가로, 초서에 능하였다. 자는 백도(伯度)이다. 일설에는 원명이 두조(杜操)인데 조조(曹操) 때문에 개명하였다고 한다.

91 고서(藁書) : 공문의 초고에 쓰는 글씨.

92 종요(鍾繇) : 151~230. 후한의 서예가로, 자는 원상(元常)이다. 글씨는 유덕승(劉德昇)에게서 배웠으며, 팔분·해서·행서를 잘 썼는데 후대에는 해서의 명수로만 알려졌다.

93 《항씨가설(項氏家說)》에……했다 : 출전 확인 안 됨.

94 소자운(蕭子雲) : 487~549. 남조(南朝) 양(梁)나라의 서예가. 글씨는 왕헌지(王獻之)의 법을 배웠으며, 초서와 예서에 능했다.

95 왕헌지(王獻之) : 348~388. 동진(東晉)의 서예가. 자가 자경(子敬)이다. 어려서 아버지 왕희지에게 서법을 배웠고, 나중에 장지(張芝)의 서체도 취하였다. 초서와 예서에 특히 조예가 깊었다.

96 임개(任玠) : ?~?. 북송의 학자로, 자는 온여(溫如)이다. 《전당시(全唐詩)》에 단구 1수가 실려 있다.

97 오체서(五體書) : 범도(范度, ?~?)가 5가지 서체로 쓴 《천자문》으로, 오체(五體)는 전서(篆書)·팔분(八分)·진서(眞書)·행서(行書)·초서(草書)를 말한다.

④ 書曰……雲啓 : 저본에는 없음. 규장각본·오사카본·《眞珠船·隸書》에 근거하여 보충.

⑤ 隸 : 《眞珠船·隸書》에는 "篆".

⑥ 及 : 《眞珠船·隸書》에는 "得".

순(歐陽詢)[98]·우세남(虞世南)[99]·안진경(顔眞卿)[100]·유공권(柳公權)[101]이 잘 썼고, 팔분서는 전서와 예서의 사이에서 참작했다."라 했다.[102] 《서원(書苑)》[103]에 "채문희(蔡文姬)[104]의 말에 따르면 정막이 만든 예서에서 8분(八分, 8/10)을 떼어 내어 남은 2분(分)을 취하고, 이사(李斯)가 만든 소전(小篆)에서 2분을 떼어 내어 남은 8분을 취하니, 이에 팔분서가 되었다."[105]라 했다.

八分則酌乎篆、隸之間者也." 《書苑》云:"蔡文姬言, 割程隸字八分取二分, 割李篆字二分取八分, 於是爲八分書."

이상의 여러 학자들의 설명을 참고하여 보면 지금 예서라고 부르는 것은 팔분서이고, 옛날에 예서라고 부른 것은 진서와 행서이다.

以諸家參之, 則今之稱隸者八分書, 古之稱隸者, 眞、行書也.

당(唐)나라와 송(宋)나라 초기에는 모두 이러

唐與國初, 並無此誤, 自歐陽

98 구양순(歐陽詢): 557~641. 당(唐)나라 초기의 서예가. 글씨는 왕희지를 배워 일가를 이뤘으며, 특히 해서에 능했고, 초학자가 배우기 쉬운 구체(歐體)는 해서의 모범이 되었다. 고려에서는 사신을 보내 그의 글씨를 청할 정도로 인기가 있었다. 서예이론으로는 《필결(筆訣)》을 남겼다.

99 우세남(虞世南): 558~638. 당나라 초기의 서예가. 글씨는 수(隋)나라 승려인 지영(智永)에게서 배워 왕희지체에 능했다. 구양순·저수량(褚遂良)·설직(薛稷)과 더불어 초당사대가(初唐四大家)로 불리며, 특히 구양순과는 구우(歐虞)로 불리며 어깨를 나란히 하였다.

100 안진경(顔眞卿): 709~784. 당나라 중기에 달필로 이름난 서예가. 왕희지(王羲之)를 배웠으나 강직한 성품을 반영하듯 왕희지의 전아한 서체와 달리 남성적인 박력이 넘치는 자기만의 서체를 드러냈다. 해서·행서·초서 각 서체에 모두 능했고, 안체(顔體)라 부른다.

101 유공권(柳公權): 778~865. 중국 당나라 후기의 서예가. 처음에는 왕희지를 배웠고 나중에는 당대의 뛰어난 필법을 두루 섭렵해 우아하고 강건한 서체를 창조했다. 비문을 많이 쓰고 외국에도 널리 알려졌으며, 안유(顔柳)로 일컬어지며 안진경과 명성을 나란히 하였다.

102 임개(任玠)가……했다: 이 내용은 예를 들어 《옥해(玉海)》 卷45 〈예문(藝文)〉 "소학(小學)" '진사체서세(晉四體書勢)'에 보인다.

103 서원(書苑): 주월(周越)의 《고금법서원(古今法書苑)》을 말한다.

104 채문희(蔡文姬): 177?~249?. 후한의 서예가 채옹(蔡邕)의 딸로, 아버지의 문학(文學)을 전하였다. 원래 이름은 채염(蔡琰)이다.

105 《御定佩文齋書畫譜》 卷1 〈論書一(書體上)〉 "八分書".

한 오해가 없었는데, 구양수(歐陽脩)[106] 이래로 비로소 오해가 생겼다. 그러므로 진관(秦觀)[107]은 드디어 정막이 남겼다는 서첩을 의심하여, 서첩 가운데 소해(小楷)[108]가 들어 있는 것은 마땅치 않다고 여기면서 진서(秦書, 진나라 시대의 글씨)가 아니라고 의심하였다.[109] 이는 대개 먼저 진서가 있었고 나중에 팔분서가 있었음을 진관이 몰랐기 때문에 그런 것이다.

以來始誤. 故少游遂疑程邈帖, 不當爲小楷, 疑非秦書. 蓋不知先有眞書, 後有八分書也.

《법서요록(法書要錄)》[110]에 "정점(丁覘)[111]과 지영(智永)[112]은 같은 시대(남조 말기) 사람으로, 예서를 잘 썼는데, 세상에서 '정진영초(丁眞永草, 정점은 진서, 지영은 초서)'라고 불렀다."[113]라 했다. 《당육전(唐六典)》에 "교서랑(校書郞)과 정자

《法書要錄》云 : "丁覘與智永, 同時善隸書, 世稱丁眞永草." 《唐六典》: "校書郎、正字所掌字體有五 : 一古文, 二大篆, 皆不用. 三小篆, 印璽、

106 구양수(歐陽脩) : 1007~1072. 북송의 정치가·문장가이다. 자는 영숙(永叔)이다. 어려서 당나라 한유(韓愈)의 전집을 읽고 문학에 뜻을 두었다. 고문운동(古文運動)의 영수로 활약했으며, 당송팔대가(唐宋八大家)의 한 사람으로 평가받는다. 왕안석(王安石, 1021~1086)의 신법(新法)에 반대하여 정치적으로 대립하였다.

107 진관(秦觀) : 1049~1100. 북송의 관리이자 학자. 자가 소유(少游)이다. 섬세함과 서정성을 중시하는 완약파(婉約派) 사인(詞人)의 대표이다. 《회해집(淮海集)》에서 정막의 서첩에 대한 의심을 드러냈다.

108 소해(小楷) : 왕희지와 왕헌지 부자가 전범을 보인, 작은 글씨로 쓴 해서.

109 진관(秦觀)은……의심하였다 : 《淮海集》 卷35 〈跋〉 "史籀李斯".

110 법서요록(法書要錄) : 당나라 서예이론가인 장언원(張彦遠, 815?~879)이 장회관의 《서단(書斷)》과 두기(竇臮)의 《술서부(術書賦)》 등 역대의 화론을 모은 책. 총 10권.

111 정점(丁覘) : ?~?. 남조 말기 양나라 서예가로, 서승(書僧)인 지영(智永)과 동시대에 활동했다.

112 지영(智永) : ?~?. 남조 말기 양나라의 서승(書僧). 왕희지의 후손으로, 글씨는 가법(家法)을 전하여 각 서체를 잘했으나, 초서를 특히 잘했다. 왕희지 서법의 전형을 《진초천자문(眞草千字文)》에 담아 전했으며, '영자팔법(永字八法)'을 우세남에게 전했다.

113 《法書要錄》 卷8 〈張懷瓘書斷中〉 "妙品".

(正字)[114]가 관장하는 자체(字體)는 다음과 같은 5가지가 있다. 첫째는 고문(古文)이고, 둘째는 대전(大篆)인데, 지금은 모두 사용하지 않는다. 셋째는 소전(小篆)인데, 인새(印璽, 도장)와 기번(旗幡, 깃발)에 사용한다. 넷째는 팔분(八分)인데, 석경(石經, 돌에 새긴 경전)과 비갈(碑碣, 비석)에 사용한다. 다섯째는 예서(隸書)인데, 전적(典籍)과 표주(表奏, 임금에게 올리는 글) 그리고 관공서와 개인의 문소(文疏, 문건과 상소)에 사용한다."[115]라 했다.

旗幡所用. 四八分, 石經、碑碣所用. 五隸書, 典籍、表奏、公私文疏所用."

곽충서(郭忠恕)[116]는 "소전이 흩어져서 팔분이 생겼고, 팔분이 깨져서 예서가 나왔으며, 예서가 어그러져 행서가 만들어졌고, 행서가 자유롭게 쓰이다가 초서가 오묘해졌다."[117]라 했다. 조명성(趙明誠)[118]은 "팔분을 예서로 오해한 것은 구양수에서 시작했다."[119]라 했다.

郭忠恕云 : "小篆散而八分生, 八分破而隸書出, 隸書悖而行書作, 行書狂而草書聖." 趙明誠云 : "誤以八分爲隸, 自歐陽公始."

앞의 설명들을 하나하나 살펴보면 지금의 진

歷觀前說, 則今之眞書卽是

114 교서랑(校書郎)과 정자(正字) : 궁중의 전적을 교감하고 문장을 다듬는 일을 담당한 직책들로, 교서랑 바로 아래가 정자이다. 당나라의 경우 비서성(秘書省)과 홍문관(弘文館)에 설치하였다.

115 《唐六典》 卷10 〈秘書省〉.

116 곽충서(郭忠恕) : ?~977. 송(宋) 초기의 문인화가. 자는 서선(恕先). 마음이 너그러워 말이나 행동에 거리끼거나 구속됨이 없었으며, 누각이나 정자를 잘 그렸다. 전서와 예서에 능했으며, 계화(界畵)로는 《설제강행도(雪霽江行圖)》를 남겼다.

117 《御定佩文齋書畫譜》 卷2 〈論書二(書體下)〉 "宋郭忠恕論書體".

118 조명성(趙明誠) : 1081~1129. 남송의 금석학자. 자는 덕보(德父)이고, 부인인 여류 문인 이청조(李淸照)와 함께 유물·고서·비각 등을 수집 정리하여 구양수(歐陽脩)의 《집고록(集古錄)》을 모방한 《금석록(金石錄)》을 편찬했다.

119 《金石錄》 卷21 〈跋尾十一〉 "東魏大覺寺碑陰".

서(眞書)가 곧 예서임은 의심의 여지가 없다. 그러나 배우는 사람들이 오히려 가끔씩 잘못된 학설을 이어받아 팔분을 예서라고 하면서 진서를 예서라고 부르는 것을 들으면 도리어 함께 비웃는다. 그러므로 세속에는 진서·초서·예서·전서라는 말이 있게 되었다.[120] 내가 이를 자세히 거론하여 공부하는 사람들에게 알려 준다.《진주선(眞珠船)[121]》[122]

隸書無疑. 而學人猶往往承誤, 謂八分爲隸書, 聞稱眞書爲隸者, 翻共訾笑, 是以俗有眞、草、隸、篆之語. 余詳擧之, 用示蒙學.《眞珠船》

《선화서보(宣和書譜)》[123]에 다음과 같이 말했다. "팔분(八分)을 설명하는 사람은 많다. 그러나 진한(秦漢) 이래 석각(石刻)에는 다만 전서·예서·행서·초서가 있었지, 팔분이라는 것이 어디에 있었는가? 당(唐)나라에 이르러 비로소 팔분이 있게 되는데, 그 전형(典型)은 대개 예서와 비슷하면서도 모서리와 너비를 변화시켜 파세(波勢)[124]를 만들었으니, 어찌 당나라에서 처

《宣和書譜》曰:"爲八分之說者多矣. 然秦、漢以來, 石刻特存篆、隸、行、草, 所謂八分者何有? 至唐, 始有八分書, 其典刑蓋類隸, 而變方廣作波勢, 豈在唐始有之耶? 古今名稱稍異, 今之正書, 乃古所謂隸書; 今之隸書, 乃古

---

120 그러므로……되었다 : 진서가 바로 예서인데도 사람들이 다른 것으로 오해하여 "진서·초서·예서·전서"라고 병칭하는 것을 비판한 것이다.

121 진주선(眞珠船) : 명(明)나라 호시(胡侍, 1492~1553)가 편찬한 8권 193편의 독서록. 경전과 사서의 잡다한 고사와 소설가의 다양한 글들을 자유롭게 모았으며, 서명은 독서는 하나의 뜻을 얻을 때마다 진주선을 얻는 것처럼 귀하게 하라는 뜻에서 따왔다.

122 《眞珠船》 卷2 〈隸書〉(《叢書集成初編》 338, 18~19쪽).

123 선화서보(宣和書譜) : 선화(宣和) 연간(1100~1125)에 북송 휘종의 명으로 서예가와 그 작품을 모으고 품평한 책. 20권에 전서·예서·정서·행서·초서·팔분서 등을 실었다. 그림을 모아 품평한《선화화보(宣和畫譜)》, 유물을 모아 품평한《선화박고도(宣和博古圖)》도 있음.

124 파세(波勢) : 예서의 점획마다 물결 모양이 있으며, 가로획의 끝을 오른쪽으로 빼는 것. 파임 또는 파(波)라고도 한다.

음 생겼겠는가? 옛날과 지금의 명칭이 조금 다르니, 지금의 정서(正書)가 바로 옛날의 이른바 예서(隸書)이고, 지금의 예서가 바로 옛날의 이른바 팔분이다. 당나라에 이르러서 또 예서 중에서 따로 팔분을 만들어 구별하였다. 그렇다면 당나라에서 말하는 팔분은 옛날의 팔분이 아니다."[125] 《진택장어》[126]

所謂八分. 至唐, 又於隸書中別爲八分以別之, 然則唐之所謂八分, 非古之所謂八分也."《震澤長語》

주월(周越)[127]은 《서원(書苑)》에서 "곽충서(郭忠恕)는 '소전이 흩어져서 팔분이 생겼고, 팔분이 깨져서 예서가 나왔으며, 예서가 어그러져 행서가 만들어졌고, 행서가 자유롭게 쓰이다가 초서가 오묘해졌다.'[128]라 했다. 이것으로 예서가 바로 지금의 해서임을 알 수 있다."[129]라 했다. 《진택장어》[130]

周越《書苑》云: "郭忠恕云, '小篆散而八分生, 八分破而隸書出, 隸書悖而行書作, 行書狂而草書聖.' 以此知隸書乃今之眞書也." 同上

동위(東魏)의 대각사비(大覺寺碑)[131] 음기(陰

東魏《大覺寺碑》陰, 題"銀青

---

125 《宣和書譜》 卷20 〈八分書敍論〉.

126 《震澤長語》 卷下 〈字學〉(《叢書集成初編》 222, 38~39쪽).

127 주월(周越): ?~?. 북송의 서예가. 천성(天聖)~경력(慶曆) 연간(1023~1048)에 활약했다. 특히 초서에 뛰어났고, 법첩(法帖)인 《고금법서원(古今法書苑)》[《서원(書苑)》] 10권을 남겼다.

128 《御定佩文齋書畫譜》 卷2 〈論書二(書體下)〉 "宋郭忠恕論書體".

129 출전 확인 안 됨.

130 《震澤長語》 卷下 〈字學〉(《叢書集成初編》 222, 38~39쪽).

131 대각사비(大覺寺碑): 동위(東魏)의 대신이자 저명한 문학가인 온자승(溫子升, 495~547)이 짓고, 한의(韓毅)가 쓴 비문.(《藝文類聚》 卷77 〈內典〉 下 "寺碑" '大覺寺碑'; 《洛陽伽藍記》 卷4 〈城西〉)

記, 비석 뒷면에 새긴 글)에 '은청광록대부 신 한의(銀青光祿大夫臣韓毅)'[132]라고 쓰여 있는 예서는 대개 지금의 해서[楷字]이다. 유견오는 "예서는 지금의 정서(正書)이다."[133]라 했다. 장회관은《육체서론(六體書論)》[134]에서 또 "예서는 정막이 만들었는데, 글자가 모두 참되고 바르므로 진서라고도 한다."[135]라 했다. 당나라 이전부터 모두 해서를 예서라 했는데, 송나라 중기 구양수의《집고록(集古錄)》[136]에서 팔분을 예서로 오해했다.《서계총화(西溪叢話)》[137]

光祿大夫臣韓毅"隸書, 蓋今楷字也. 庾肩吾曰:"隸書, 今之正書也." 張懷瓘《六體書論》亦云:"隸書程邈造, 字皆眞正, 亦曰眞書." 自唐以前, 皆謂楷字爲隸, 歐公《集古錄》誤以八分爲隸書也.《西溪叢話》

옛사람들이 전서·예서·팔분을 중요하게 여기는 까닭은 이 서체들은 기괴하고 변화가 많아, 붓털을 펴서 힘차게 밀면 쇠[鐵]처럼 강경(剛勁)하기 때문이다. 그러므로 초학자로 하여금 먼저 쓰게 하여 그 서체들이 갖고 있는 힘차고 고졸(古

古人所以貴篆、隸、八分者, 以其凶險鬱拔, 詰[7]屈稜側, 伸毫力推, 剛勁如鐵, 使初學先作, 尤引其硬健、蒼古之意.

132 은청광록대부 신 한의(銀青光祿大夫臣韓毅): 한의(韓毅)는 당 현종(玄宗, 재위 712~756) 때 태자빈객(太子賓客)을 역임한 서예가로, 대각사비(大覺寺碑) 음기를 쓸 당시 은청광록대부였다. 당시 품계로 종2품은 광록대부, 정3품은 금자광록대부(金紫光祿大夫), 종3품은 은청광록대부였다.

133 《書品》(欽定四庫全書).

134 육체서론(六體書論): 당나라 장회관(張懷瓘)이 대전·소전·팔분·예서·행서·초서 6가지 서체에 관해 쓴 논문.

135 《書苑菁華》卷12 〈書論〉下 "唐張懷瓘六體書論"(欽定四庫全書).

136 집고록(集古錄): 송나라 가우(嘉祐) 8년(1063) 구양수가 고기명문(古器銘文)·비(碑)·묘지(墓誌)·석각(石刻)·법첩(法帖) 등을 정리하여 편찬한 금석학 저작이나, 거의 소실되고 발문을 정리한《집고록발미(集古錄跋尾)》만 일부 전한다.

137 《西溪叢話》卷下 〈唐以前謂楷字爲隸〉(《西溪叢話·家世舊聞》, 121쪽).

[7] 詰:《圓嶠書訣·書訣前編》에는 "佶".

拙)한 뜻을 더욱 끌어내게 하려는 것이다.

지금 전서와 예서를 쓰는 사람은 중국 사람이나 조선 사람을 막론하고 오직 보기 좋게 꾸미는 데만 주안점을 둔다. 이런 필획은 처음에는 솜으로 싼 듯하고 마지막에는 옷깃을 여민 듯하여 전혀 살아 움직이는 뜻이 없으니, 어디에서 전서와 예서의 법을 취하여 썼다는 말인가?

今之書篆、隸者, 勿論華人、東人, 惟主姿媚, 畫始綿裹, 結如衽束, 全無生活意, 何所取於篆、隸而書之.

왕희지는 "팔분에는 준미파(隼尾波)[138]가 있으니, 수선비(受禪碑)[139]에 이러한 서체가 있다."[140]

右軍云:"八分之隼尾波, 受禪碑有此體." 李衛亦言:"八

138 준미파(隼尾波): 삼국시대 위나라 종요(鍾繇)가 구사한 서체로, 파(波)를 둥글게 거두어 매의 꼬리와 같기 때문에 붙여진 이름이다. 종요의 태산명(泰山銘)과 위문제수선비(魏文帝受禪碑)에 이 서체가 들어 있다.

139 수선비(受禪碑): 한헌제(漢獻帝, 재위 189~220)가 위문제(魏文帝) 조비(曹丕, 재위 220~226)에게 선양한 사실을 기록하여 황초(黃初) 원년(220년)에 건립한 비. 왕랑(王朗)의 문장, 양곡(梁鵠)의 글씨, 종요(鍾繇)의 전자(鐫字, 글자를 새김)로 이뤄졌으므로 삼절(三絶)이라 부른다. 허주(許州) 번성진(繁城鎭)에 있으며, 비액(碑額)에는 전서로 '수선표(受禪表)' 3글자를 양각하였다.

삼국시대 위(魏)나라의 수선비(受禪碑)(국립중앙박물관)

140 《說郛》 卷86上 〈王右軍書衛夫人筆陣圖後〉.

라 했다. 위삭(衛鑠)[141]은 또한 "팔분은 흉험하여 두려워할 만하다."[142]라 했다. 흉험하여 두려워할 만한 것으로는 수선비만 한 것이 없으니, 남겨진 팔분의 서법을 수선비에서 구하면 된다. 그러나 지금 사람들은 혹 전서의 글자에서 취하여 예서의 필세(筆勢)를 만들고서는 이를 억지로 팔분이라 부르니, 이는 매우 제대로 배우지 못한 태도이다.《원교서결》[143]

分凶險可畏." 凶險可畏, 無如受禪, 求八分遺矩, 於受禪可也. 今人乃或取篆字作隸勢, 强名八分, 不學之甚也.《圓嶠書訣》

3) 글씨 배울 때 전념하여 연습하는 것이 중요하다

論學書貴專勤

글씨 배우는 법은 구전심수(口傳心授)[144]가 아니면 그 정수를 얻을 수 없다. 그 요령은 옛사람 묵적(墨迹)에서 필획의 배치와 점획의 간격을 임서(臨書)[145]하여 붓대를 잡으면 붓대가 부서지고, 글씨를 쓰면 종이가 찢어질 정도가 되도록 해

學書之法, 非口傳心授, 不得其精. 大要須臨古人墨迹布置、間架, 握破管, 書破紙, 方有工夫.

---

141 위삭(衛鑠) : 272~349. 진(晉)나라 이구(李矩)의 아내. 자신의 성이 위(衛)씨라 해서 자칭 이위(李衛)라 하였고, 위부인(衛夫人)이라고도 한다. 종요(鍾繇)의 서법에 정통하여 예서를 잘 썼고, 작품으로는《필진도(筆陣圖)》가 전한다. 왕희지의 이모로, 그에게 서법을 가르쳤다.

142 《說郛》卷86上〈筆陣圖(衛夫人)〉.

143 《圓嶠書訣》〈書訣前編〉(규장각한국학연구원 원문DB, 01책 015b, 017b~018a).

144 구전심수(口傳心授) : 입으로 전하고 마음으로 받는다는 뜻으로, 가까이에 거처하며 일상생활을 하는 가운데 시나브로 몸에 배는 가르침을 말한다.

145 임서(臨書) : 법첩(法帖)을 보면서 쓰는 방법으로, 글씨를 배우는 기본 학습 방법이다. 법첩의 전부를 임서하는 것을 '전림(全臨)', 일부를 임서하는 것을 '절림(節臨)'이라 한다.

야 하는 것이니, 그래야 공부를 했다고 할 수 있다.

장지(張芝)[146]는 연못가에서 글씨를 쓸 때 연못 물이 모두 먹물이 되었고, 종요(鍾繇)[147]는 포독산(抱犢山)[148]에 들어가 10년 만에 나왔는데 산의 물과 돌이 다 검어졌다. 조맹부(趙孟頫)[149]는

張芝臨池學書, 池水盡墨; 鍾丞相, 入抱犢山十年, 水石盡黑; 趙子昂國公, 十年不下樓; 巎子山平章, 每日坐衙,

146 장지(張芝) : ?~192. 후한의 서예가로, 자는 백영(伯英)이다. 두도(杜度)와 최원(崔瑗)의 서법을 배웠으며, 장초(章草)에 뛰어나 '초성(草聖)'이라 불렸다. 연못가의 작은 돌에 글씨를 쓰고 물로 씻어내자 연못 물이 까맣게 변했다는 고사가 있으며, 이로 인해 서예를 '임지의 기예[臨池之技]'라고도 한다.

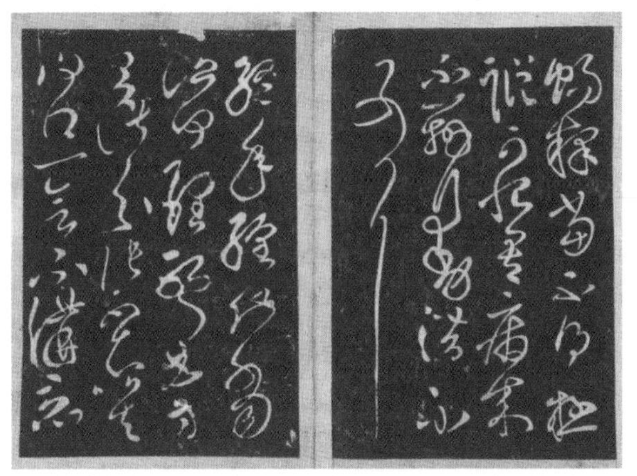

장지의 《종년첩(終年帖)》 1면(왼쪽)과 《관군첩(冠軍帖)》 2면(오른쪽)(국립중앙박물관).
장지의 초서에는 한 글자씩 흘려 쓰는 장초(章草)의 특성이 잘 드러난다.

147 종요(鍾繇) : 151~230. 삼국시대의 서예가로, 자는 원상(元常)이다. 후한 시절에 벼슬을 하여 이후 위나라의 상국(相國)에까지 올랐다. 글씨는 유덕승(劉德昇)에게서 배웠으며, 팔분(八分)·해서·행서를 잘했는데 후대에는 해서의 명수로만 알려졌다.

148 포독산(抱犢山) : 지금의 중국 하남성(河南省) 노지현[盧氏縣] 동남쪽에 있는 산으로, 종요가 이곳에서 스승인 유덕승에게 서예를 배웠다.

149 조맹부(趙孟頫) : 1254~1322. 원나라 때의 관료이자 서화가이며 시호는 문민(文敏), 자는 자앙(子昂), 호는 송설도인(松雪道人)이다. 한림학사·승지 등을 역임했으며 사후에는 위국공(魏國公)에 추증되었다. 서체에 능통했으며, 그 서풍이 한국과 일본에까지 영향을 끼쳤다.

10년 동안 누대에서 내려오지 않았고, 강리기기(康里巎巎)[150]는 날마다 관청에 앉아서 공무가 파한 뒤에 1천 자를 다 쓰고서야 겨우 밥을 먹었다. 옛사람들은 빗자루에 물을 적셔 섬돌에다 글씨 연습을 하거나 탁상에다 썼는데, 탁상과 돌이 모두 움푹 파일 정도였다.《춘우잡술》[151]

罷寫一千字, 纔進膳. 古人以箒濡水, 學書於砌, 或書於几, 几石皆陷.《春雨雜述》

4) 글씨 배울 때는 여러 서첩을 널리 모아야 한다

論學書宜博採諸帖

우리는 글씨를 배울 때 상고시대부터 온갖 서체의 명인들이 남겨 놓은 비문(碑文)들을 모두 수집하여 열람해야 한다. 이런 글씨의 자체(字體)[152]·형세(形勢)[153]·전측(轉側)[154]·결구(結構)[155]를 찾아보면 들짐승과 날짐승이 약동하고, 바람과 구름이 이리저리 옮겨 다니는 듯할 것이며, 사계절이 교대로 바뀌고 해와 달이 뜨고 지는

吾人學書, 當自上古諸體名家所存碑文, 兼收竝蓄, 以備展閱. 求其字體、形勢、轉側、結構, 若鳥獸飛走, 風雲轉移；若四時代謝, 二儀起伏. 利若刀戈, 强若弓矢, 點摘如山頽雨驟, 而纖輕如烟

150 강리기기(康里巎巎) : 1295~1345. 원나라 강리(康里) 사람으로 자는 자산(子山), 호는 서수(恕叟)이고, 기기(巎巎)라는 이름은 원 문종(文宗)이 하사한 것이다. 몽고 출신으로 병부낭중·예부상서·강절행성평장정사(江浙行省平章政事) 등의 직책을 역임했다. 어려서부터 부친과 형인 강리회회(康里回回)에게서 서예를 배웠으며, 후에 해서는 우세남(虞世南)을, 행서는 종요(鍾繇)와 왕희지(王羲之)를 배웠다. 부단한 노력을 통해 씩씩하고 우아한 필획을 터득했으며, 이로 인해 당대 평론하는 사람들은 그의 서예가 조맹부와 함께 각기 남북에서 이름을 떨쳤다고 평가했다.

151 《春雨雜述》〈學書法〉(《叢書集成初編》1622〈春雨雜述〉, 2쪽).

152 자체(字體) : 전서(篆書), 예서(隸書), 해서(楷書)와 같은 글자의 모양을 말한다.

153 형세(形勢) : 영자팔세(永字八勢)와 같이 글자를 쓰는 모양새를 말한다.

154 전측(轉側) : 글씨를 쓸 때 붓을 기울여 둥글게 돌리는 수법을 말한다.

155 결구(結構) : 글자를 이루는 점과 획이 쓰인 짜임새를 말한다.

듯하다. 날카롭기가 칼과 창 같고, 군세기가 활과 화살 같으며, 점이 찍힌 모양은 산이 무너지고 소나기가 오는 듯하고, 가늘고 가벼운 필세는 아지랑이 피는 연기와 같을 것이다. 그리하여 가슴속에는 웅대한 기상이 있게 하고, 필획은 종횡으로 의상(意象)을 표현하게 해야만, 배움이 작은 성공에 얽매이지 않아서 글씨로 거의 당대에 이름이 날만 하다.《준생팔전》[156]

霧遊絲. 使胸中宏博, 縱橫有象, 庶學不窘於小成, 而書可名於當代矣.《遵生八牋》

5) 여러 서체가 서로 맞물려 있다

論各體相入

글씨를 잘 쓰는 사람이 "대전은 소전으로 바뀔 수 없고, 예서는 팔분으로 바뀌는 것을 가장 꺼린다."라 하는 말을 들은 적이 있다.《연북잡지》[157]

嘗聞善書者云:"大篆不得入小篆, 隸書最懼入八分."《研北雜志》

6) 오체(5가지 서체)가 서로 통한다

論五體相通

선비가 쓰는 글자에는 해서·행서·초서·예서·전서 등 5가지의 서체가 있다. 때때로 전서·예서에서 각각 일가를 이룬 사람이 있고, 해서·행서·초서에서 스스로 일가를 이룬 사람이 있는

士人作字, 有眞、行、草、隸、篆五體. 往往篆、隸, 各成一家, 眞、行、草, 自成一家, 以筆意本不同. 每拘於點畫, 無

156 《遵生八牋》卷14 〈論歷代碑帖〉(《遵生八牋校注》, 540쪽).

157 《研北雜志》卷上(《叢書集成初編》2887, 67쪽).

데, 이는 필의(筆意)가 본래 같지 않기 때문이다. 항상 점과 획에 얽매여 마음 가는 대로 자득한 자취가 없는 까닭에 별도로 문호(門戶)를 만들었다. 만약 그 변화에 통달한다면 이 5가지 서체가 모두 붓 끝에 남아 있어 조금도 막힘이 없으니, 이는 오직 그 도를 얻는 데에 달려 있을 뿐이다. 풍채(風采)와 총명이 뛰어난 자로 힘써 공부하고 게으르지 않아 닳아 빠진 붓이 무덤을 이루고 구멍 난 벼루가 산을 이룰 정도로 노력한 사람이 아니라면 이 말을 쉽게 하지는 못할 듯하다.《한묵지》[158]

放意自得之迹, 故別爲戶牖. 若通其變, 則五者皆在筆端, 了無閡塞, 惟在得其道而已. 非風神穎悟, 力學不倦, 至有筆塚硏山者, 似未易語此.《翰墨志》

7) 사체(四體, 4가지 서체)의 요결

四體要訣

전서는 완곡하면서도 거침없는 것을 숭상하고, 예서는 정미하면서도 치밀하고자 하며, 초서는 흐르는 듯 유창한 것을 중요하게 여기고, 해서는 반듯하면서도 간편한 데 힘쓴다. 이 4가지 요결은 '고래가 바닷물을 다 삼켜 산호 가지가 드러났다'[159]고 할 만하다.《묵지쇄록》[160]

篆尙婉而通, 隸欲精而密, 草貴流而暢, 眞務檢而便. 此四訣者, 可謂"鯨呑海水盡, 露出珊瑚枝矣."《墨池瑣錄》

158 《翰墨志》(叢書集成初編》1628〈翰墨志〉, 3쪽).

159 고래가……드러났다: 당나라 때 승려인 함희(含曦)가 쓴《수노동견방불우제벽(酬盧仝見訪不遇題壁)》의 구절로 자신의 진의가 모두 드러났음을 의미한다. 그 전문은 다음과 같다.(長壽寺石壁, 盧公一首詩. 渴讀即不渴, 饑讀即不饑. 鯨呑海水盡, 露出珊瑚枝. 海神知貴不知價, 留向人間光照夜.)

160 《墨池瑣錄》(《叢書集成初編》1631〈墨池瑣錄〉, 4쪽).

2. 대전(大篆)[1]과 소전(小篆)[2] 大小篆

1 대전(大篆) : 주(周)나라 선왕(宣王, 재위 BC 827~BC 782) 때 태사(太史) 주(籒)가 만든 서체로, 점차 변하여 각 나라마다 달라졌다.

춘추시대 비(費)나라의 대전(《중국서법사》)

춘추시대 설(薛)나라의 대전(《중국서법사》)

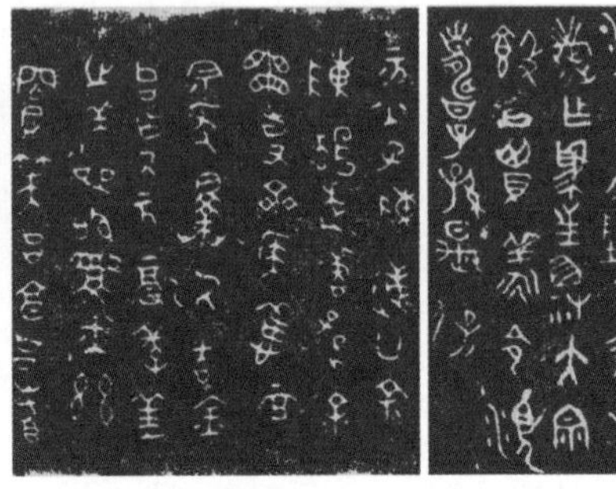

전국시대 초기 제(齊)나라의 대전(《중국서법사》)

2 소전(小篆) : 진시황(秦始皇)이 중국을 통일한 뒤 문자도 통일하기[同文字] 위해 이사에게 명하여 만든 서체. 대전에 비하여 간략하다.

통일 진(秦)나라의 소전(《중국서법사》)

1) 붓 끝은 필획 가운데에 있어야 한다 論鋒在畫中

서현(徐鉉)[3]은 소전(小篆)을 잘 썼는데, 글씨를 햇빛에 비추어 보면 필획의 중심에 한 가닥 진한 먹이 바로 그 가운데 있었다. 꺾어진 곳에도 가운데에 진한 먹이 있어서 치우친 곳이 없었다. 이는 붓 끝이 곧바로 내려와서 치우치지 않았기 때문에 붓 끝이 항상 필획 가운데 있었던 것이니, 이것이 붓을 쓰는 법이다. 서현이 "내가 만년에 비로소 화변법(竵匾法)[4]을 얻었다."고 스스로 말한 적이 있다.【안 ⿰立咼는 화(竵)의 잘못인 것 같다. 《광운(廣韻)》에 "화(竵)는 화(火)와 와(媧)의 반절(半切)이다."[5]라 했고, 《설문해자(說文解字)》에 "바르지 않다[6]는 뜻이다."라 했으며, 《집운(集韻)》에 "음(音)은 화(咼)이고, 뜻은 같다."[7]라 했다.】 일반적으로 소전은 획이 가늘고 길기 때문에 소전의 한 필법인 화변법은 노련한 서예가가

徐鉉善小篆, 映日視之, 畫之中心有一縷濃墨, 正當其中. 至于屈折處亦當中, 無有偏側處, 乃筆鋒直下不倒側, 故鋒常在畫中, 此用筆之法也. 鉉嘗自謂:"吾晚年始得⿰立咼[1]匾之法."【案 ⿰立咼疑竵[2]之訛. 《廣韻》"竵, 火媧切", 《說文》"不正也", 《集韻》"音咼, 義同".】 凡小篆喜瘦而長, 竵[3]匾之法, 非老筆不能也. 《夢溪筆談》

---

3 서현(徐鉉) : 916~991. 남당북송(南唐北宋) 초기의 관리이자 문학가이며, 서예가이다.

4 화변법(竵匾法) : 소전의 한 종류로, 소전의 필법에 예서의 자형을 절충한 서체이다. 글자의 모양이 삐뚤삐뚤한 듯하면서도 반듯함을 잃지 않아야 하기에 쓰기 어렵다.

5 화(竵)는……반절(半切)이다 : 《原本廣韻》 卷1 〈上平聲〉 "十三佳" '竵' ; 《節本康熙字典》 〈午集〉 下 "立部" '竵', 302쪽.

6 바르지 않다 : 《說文解字注》 卷10下 "文三" '竵', 500쪽 ; 《節本康熙字典》 〈午集〉 下 "立部" '竵', 302쪽.

7 음(音)은……같다 : 출전 확인 안 됨 ; 《節本康熙字典》 〈午集〉 下 "立部" '竵', 302쪽.

[1] ⿰立咼 : 《夢溪筆談》에는 "竵".

[2] 竵 : 저본에는 "⿰立咼". 오사카본에 근거하여 수정.

[3] 竵 : 저본에는 "⿰立咼". 오사카본·《夢溪筆談》에 근거하여 수정.

아니면 쓸 수 없다.《몽계필담(夢溪筆談)[8]》[9]

2) 필묵의 마르고 촉촉함

論筆墨燥潤

누약(樓鑰)[10]이 부원(敷原) 왕사임(王思任)[11]에게 "옛사람들의 전자(篆字)에는 어째서 마른 필묵이 없습니까?"라고 물은 적이 있다. 이에 계중이 다음과 같이 말했다. "옛사람들은 글씨를 쓸 때 힘을 팔뚝에 줌으로써 필력(筆力)을 다 쓰지는 않았기 때문입니다. 그런데 지금은 붓에 힘을 주려고 붓 끝을 태워 대머리처럼 만들어 글씨를 쓰기도 하니, 붓을 옮기면 먹이 이미 말라 버리는 것입니다."《연북잡지》[12]

樓大防嘗問敷原 王季中, 云:"古人篆字, 何以無燥筆?" 季中曰:"古人力在掔, 不盡用筆力. 今以筆爲力, 或燒筆使禿而用之, 移筆則墨已燥矣."《研北雜志》

8 몽계필담(夢溪筆談): 중국 송(宋)나라 심괄(沈括, 1031~1095)이 지었다. 은퇴 후 평생 동안 보고 들은 것을 백과사전식으로 분류해 지은 저작이다. 몽계(夢溪)는 만년에 그가 살던 집의 이름이다.

9 《夢溪筆談》卷17, 12~13쪽.

10 누약(樓鑰): 1137~1213. 중국 송대(宋代)의 문인이자 관리이다. 대방(大防)은 자이다. 저서에 《공괴집(攻媿集)》과 《범문정연보(范文正年譜)》 등이 있다.

11 왕사임(王思任): 1576~1646. 중국 명말의 문인화가이자 서법가. 자는 계중(季重), 호는 수동(遂東). 만력 23년(595)에 진사가 되었고, 예부시랑(禮部侍郎)을 역임했다. 명말 서호 주변에서 성행한 시사(詩社)를 중심으로 활약했다. 행서가 훌륭하고 산수화를 잘 그렸으며, 화풍은 미법산수(米法山水)를 기본으로, 예찬(倪瓚)의 풍모도 가미했다 한다.

12 《研北雜志》卷下(《叢書集成初編》2888, 141~142쪽).

3. 해서와 초서　楷、草

1) 永(영) 자의 8가지 필세[1]　永字八勢

① 측세(側勢, 기운점)

側勢第一

이양빙(李陽冰)은 《필결(筆訣)》에서 "측(側)이란 붓을 비스듬히[側] 내려서 먹물이 스며들게 했다가 천천히 반대 방향으로 들어 올리면 모서리가 날카로운 모양으로 만들어지는 운필법이다. 영(永) 자의 머리 부분에 있는 한 점을 찍는 방법이 이것이다."라 했다.

李陽冰《筆訣》曰："側者, 側下其筆, 使墨精暗墜, 徐乃反揭, 則稜利矣. 乃永字頭一點是也."

구결(口訣)[2]에 "먼저 오른 팔뚝을 왼쪽으로 들

口訣曰："先左揭其腕, 次輕

1 永(영) 자의 8가지 필세 : 서예의 기본 운필법(運筆法)의 하나인 영자팔법(永字八法). 영(永)이라는 글자에는 한자의 기본 점획을 이루는 8가지 요소가 모두 들어 있기 때문에 서예의 가장 기초적인 원칙으로 받아들여진다. 측(側), 늑(勒), 노(努), 적(趯), 책(策), 약(掠), 탁(啄), 책(磔)으로 구성되어 있다. 예부터 지금까지 기본 필법을 익힐 때에 가장 중시되어 서법(書法)을 가리키는 말로 쓰이기도 한다.

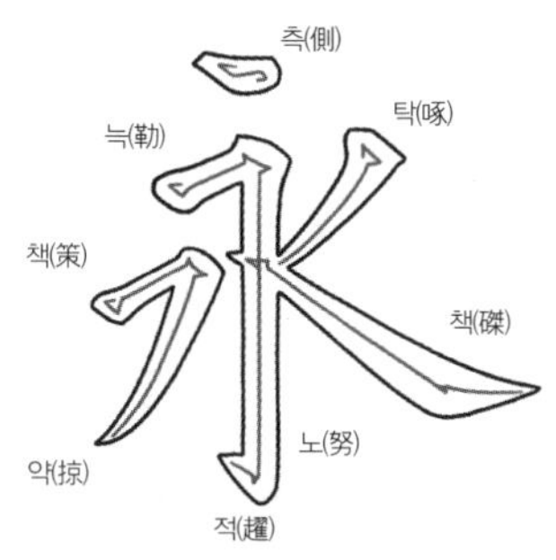

영자팔법의 8가지 기법

2 구결(口訣) : 핵심적인 요점을 구두(口頭)로 전수하기 위한 짧은 내용의 비결.

어 올리고, 그런 다음 가볍게 붓 끝 누르네. 필세(筆勢)의 긴밀함을 취하면 그 세를 타고 붓 꺾고 필세 의지하여 필획 나오지. 붓놀림이 빠르면 법도를 잃고, 붓의 힘이 지나쳐도 속되게 되네."라 했다.

蹲其鋒, 取勢緊則乘機傾剉, 借勢出之, 疾則失中, 過又成俗."

② 늑세(勒勢, 가로그음)

勒勢第二[1]

《필결》에 "늑(勒)이란 영 자의 두 번째 필획으로, 가로획을 쓰는 방법이다. 붓 끝을 눌러 단단하게 하고 책세(策勢, 영자팔법의 다섯 번째 필획) 쓰듯이 썼다가 붓을 들어 올린 후에 거둔다. 이 방법을 기준으로 삼으면 용필(用筆)[3]의 형세가 저절로 드러날 것이다."라 했다.

《筆訣》曰 : "卽是永字第二筆, 橫畫之法. 築鋒而策, 仰筆而後收, 準此, 用筆之形勢自有彰矣."

③ 노세(努勢, 세로그음)

努勢第三

《필결》에 "노(努)란 영 자의 세 번째 필획으로, 세로획을 쓰는 방법이다. 붓을 세워 천천히 가다가 왼쪽으로 접근하면서 필세(筆勢)[4]를 당긴다[近左引勢].【어떤 판본에는 '근좌인세(近左引勢)' 네 글자가 없다.】 필세를 곧게 하려 하지 않는데,

《筆訣》曰 : "努者卽是永字第三筆, 爲努筆之法. 豎筆而徐行, 近左引勢.【一本無'近左引勢'四字.】 勢不欲直, 直則無力矣."

---

3 용필(用筆) : 붓을 사용하는 방법을 말한다. 필법(筆法)이나 운필법(運筆法)이라고도 한다. 서법 3요소 중 하나로, 서법에서 가장 기본적인 단계이다. 이 단계에서는 용봉(用鋒, 붓 끝을 놀리는 방법)이 가장 중요한데, 용봉에는 정봉(正鋒)·중봉(中鋒)·장봉(藏鋒)·역봉(逆鋒)·노봉(露鋒)·측봉(側鋒)·편봉(偏鋒)·순봉(順鋒) 등이 있다. 또 이 중에서는 중봉을 제일 중요시한다.(김광욱 저, 《서예학개론》, 계명대학교출판부, 43쪽 참조)

4 필세(筆勢) : 글씨 획에서 느껴지는 힘.

[1] 二 : 저본에는 "一". 규장각본·오사카본·《居家必用·寫字·神人永字八法》에 근거하여 수정.

곧으면 획에 힘이 없다."라 했다.

구결에 "일반적으로 옆으로 말아 약간 굽히고, 붓을 모아서 주저하듯 달려 나아가네. 곧으면 여러 필세 힘 잃고, 막히면 신기(神氣) 약해져 흩어지네. 노세는 측봉(側鋒)[5]으로 오른쪽을 돌아보는 듯 적세(趯勢, 영자팔법의 네 번째 필획) 쓸 힘을 숨겨 두어 가볍게 들어 올리면서 꺾는다."라 했다.

口訣曰:"凡傍捲微曲, 蹙筆累走而進之. 直則衆勢失力, 滯則神氣怯散. 夫勢須側鋒, 顧右潛趯, 輕挫其揭."

④ 적세(趯勢, 갈고리)

趯勢第四

《필결》에 "적(趯)이란 노세를 쓰다가 붓을 거두면서 뛰어오르듯[趯起] 쓰는 획이다. 적(趯)의 필법은 반드시 꺾고[挫][6] 눌러야[衄][7] 하니,【어떤 곳에서는 "그 필법은 붓을 일찍 돌리는 것이다."라 했다.】 붓을 돌려 붓 끝을 떼고 깊이 생각하여 변화를 주면 신묘한【어떤 본에는 '신묘한' 대신 '먼저의'라 했다.】 자취가 줄어들지 않을 것이다."라 했다.

《筆訣》曰:"卽是努筆下, 殺筆趯起是也. 法須挫衄,【一云:'其法, 早回'】 轉筆出鋒, 佇思消息之, 則神【一作先】蹤不墜矣."

구결에 "방필[傍鋒]로 가볍게 들어 올리며 의지한 필세가 굳세지 않게 하네. 붓은 꺾지 않으니, 만약 꺾으면 필의가 깊지 않네. 적획(趯畫)과

口訣曰:"傍鋒輕揭, 借勢之不勁, 筆不剉, 剉則意不深. 趯與挑一也, 鋒貴於澁出, 適

5 측봉(側鋒): 붓 끝이 한쪽 끝으로 치우친 상태로 획을 긋는 방법.

6 꺾고[挫]: 모서리나 갈고리를 쓸 때 먼저 필봉을 누른 다음 일으켰다가 다시 필봉을 돌려 나오게 하는 운필법.

7 눌러야[衄]: 붓을 세로로 내려서 획을 그었다가 다시 위로 향하게 하는 운필법.

도획(挑畫)이 같으니[8] 붓 끝은 삽필(澁筆)[9]로 나와야 좋고, 필획을 쓸 때는 거꾸로 거두어들이도록 해야 하니, 이른바 도(挑)획을 쓰려다 되돌아간다는 말이다."라 했다.

期於倒取, 所謂欲挑而還置也."

⑤ 책세(策勢, 치침)

《필결》에 "책(策)이란 영 자의 다섯 번째 필획이다. 책(策)의 필법은 처음에 붓 끝을 눌러 단단하게 했다가 들어서 채찍질하듯[策] 쓰되 천천히 붓을 돌려 형태를 이루니, 형태에 의지하여 신묘한 형태를 좇으면 매우 출중할 것이다."라 했다.

策勢第五

《筆訣》曰:"策者卽永字第五筆. 其法, 始築筆而仰策, 徐轉筆而成形, 依形以獲妙, 則逈爾而超[2]群也."

구결에 "붓 들어 올려 붓 끝 숨기고, 횡린수륵(橫鱗竪勒)의 방법[10]으로 쓸 때처럼 팔뚝이 가볍게 솟도록【어떤 본에는 '가볍게 솟도록' 대신 '뛰어오르듯'이라 했다.】 오른쪽으로 들어 올리네. 붓 끝 숨기는 요점은 필세를 다해 오른쪽으로 살짝 빨리 돌리는 데 있지. 무릇 책필(策筆)은 붓

口訣曰:"仰筆潛鋒, 以鱗勒之法, 揭腕趯[3]【一[4]作趯】勢欲右. 潛鋒之要在盡勢暗捷歸于右也. 夫策筆, 仰鋒豎趯, 微勁借勢, 峻傾於掠也."

---

8 적획(趯畫)과……같으니 : 도획(挑畫)은 화살촉이 줄에서 튕겨 나오는 것과 같은 모양의 삐침이다. 세로획의 삐침을 적획이라 하고, 가로획의 삐침을 도획이라 하므로 적획과 도획이 같다고 말한 것이다.

9 삽필(澁筆) : 획이 매끄럽게 나가지 않고 껄끄러운 듯이 침착하면서도 온건하게 나가는 운필법.

10 횡린수륵(橫鱗竪勒)의 방법 : 가로획을 쓸 때는 물고기 비늘처럼 써야 하고[橫鱗], 세로획을 쓸 때는 마소의 굴레처럼 써야 한다[竪勒]는 필법. 이는 모두 더디고 껄끄러움이 있는 필법이다. 한(漢)나라 서예가인 채옹(蔡邕)의 《구세(九勢)》에 나오는 내용이다.

[2] 超 : 저본에는 "起". 오사카본·《居家必用·寫字·神人永字八法》에 근거하여 수정.

[3] 趯 : 저본에는 "趯". 규장각본·오사카본·《居家必用·寫字·神人永字八法》에 근거하여 수정.

[4] 一 : 저본에는 없음. 규장각본·오사카본·《居家必用·寫字·神人永字八法》에 근거하여 보충.

끝 들고 세워서 뛰어오르듯 하는데, 가볍게 힘을 주어 필세에 의지하니 약(掠)획보다 가파르게 기울게 하기 위함이네."라 했다.

⑥ 약세(掠勢, 삐침)

掠勢第六

《필결》에 "약(掠)이란 영 자의 여섯 번째 필획이다. 약(掠)의 필법은 책(策)필에서 왼쪽 아래로 나오면서 붓 끝을 예리하게 하는데, 이때 획 아래쪽이 뭉개지지 않으면 저절로 아름답게 된다."라 했다.

《筆訣》曰:"掠者卽永字第六筆. 法從策筆下左出而鋒利, 下不墜則自然佳."

구결에 "긴 삐침을 '약(掠)'이라 하니 책세(策勢)에 의지해 가볍게 붓 끝을 누르고, 팔뚝을 오른쪽으로 들어 올려 나오는 힘을 빠르게 더하면서 필세를 왼쪽으로 돌리네. 약(掠)의 필법은 껄끄러우면서 굳건한 데 달려 있고, 필의(筆意)는 시원스러우면서도 완곡해야 하는데, 더디게 움직이면 느리고 막혀 상하게 되리. 서(庶) 자와 질(疾) 자 편방, 영(永) 자와 목(木) 자 왼쪽 획이 모두 이것이네. 측봉(側鋒) 써서 왼쪽으로 나오는 획을 약(掠)이라 한다네."라 했다.

口訣曰:"撇過謂之'掠', 借於策勢以輕駐鋒, 右揭其腕[5], 加以迅出, 勢旋於左. 法在澁而勁, 意欲暢而婉[6], 遲留則傷於緩滯. 庶·疾之旁、永·木左皆是也. 夫側鋒左出, 謂之掠."

---

[5] 腕: 저본에는 "法". 《居家必用·寫字·神人永字八法》에 근거하여 수정.

[6] 婉: 저본에는 "腕". 《佩文齋書畫譜·論書·永字八法詳說》에 근거하여 수정.

⑦ 탁세(啄勢, 쪼음)

《필결》에 "탁(啄)이란 영 자의 일곱 번째 필획이다. 탁(啄)의 필법은 측봉으로 빠르게 나아가되, 그 획의 단단함이 쇠나 돌 같으면서도 뭉개지지 않으니, 여기에 신묘함이 있다."라 했다.

구결에 "왼쪽으로 향하는 필세는 부리로 쪼는[啄] 형상이어야 하니, 필획 잇고 붓 끝 눌렀다가 오른쪽에 웅크리네. 이 필세에 의지하여 붓 끝 거두었다가 신속하고 곧게 나아가다 오른쪽으로 붓을 돌리지. 이때 정밀하면서도 거칠게 눌러 빼서 획이 느슨하거나 막히는 부분을 제거해야 하네. 백(白) 자와 조(鳥) 자의 머리 기울어진 획 모두 이것이지. 붓 끝 종이에 닿으면 탁(啄)획을 그어야 하니, 이는 슬며시 움직이면서 부리로 쪼듯이 긋네."라 했다.

啄勢第七

《筆訣》曰："卽永字第七筆也. 其法則側筆而速進, 勁硬若鉄石而不墜, 於斯爲妙矣."

口訣曰："左向之勢, 須盡爲啄, 接筆蹲鋒, 潛蹙於右, 借勢收鋒, 迅直旋右[7], 須精險衄出, 去其緩滯, 白、鳥字頭斜皆是也. 夫筆鋒及紙爲啄, 在潛動[8]而啄之."

⑧ 책세(磔勢, 파임)

《필결》에 "책(磔)이란 영 자의 여덟 번째 필법이다. 책(磔)의 필법은 처음 붓을 댈 때 긴밀하게 눌러 단단하게 하고 붓을 들었다가 곧바로 내려오면서 천천히 나아가면 필세가 그 필획을 펼치

磔勢第八

《筆訣》曰："卽是永字第八筆. 其法, 始入筆緊築而仰, 便下徐行, 勢足以磔開其筆. 或藏鋒、出鋒由重鋒, 緩則其質

---

[7] 右 : 저본에는 "合".《佩文齋書畫譜 · 論書 · 永字八法詳說》에 근거하여 수정.

[8] 動 :《佩文齋書畫譜 · 論書 · 永字八法詳說》에는 "勒".《蘭亭考 · 永字八法》에는 "勁".

기에 충분하다. 책(磔)을 쓸 때 혹 붓 끝을 숨기는 장봉(藏鋒)이나 붓 끝을 드러내는 출봉(出鋒)은 모두 붓 끝이 필선 중앙을 지나는 중봉(重鋒)을 기본으로 삼는다. 중봉이 느리면 그 형체가 살지게 되니 거칠고 껄끄럽게 써서 획이 굳세게 해야 한다. 천천히 나아가는 필세를 한 연후에야 필봉이 펼쳐지니[磔] 장봉(藏鋒)이든 출봉(出鋒)이든 어찌 반드시 한 가지를 고집하겠는가?"라 했다.

肥, 宜以險澁而遒勁, 徐行勢而後磔, 藏鋒、出鋒豈必固也?"

구결에 "오른쪽으로 보내는 파임을 모두 책(磔)이라 하네. 팔뚝을 오른쪽으로 들어서 필세를 따라 긴밀하게 뛰어오르고 방필(傍筆)로 신속하게 필봉을 펼치네. 필세를 다한 후에 가볍게 들어 올렸다가 살짝 거두면 굳건함과 신속함을 얻지. 책세(磔勢) 쓰는 법은 붓 끝은 뛰어올라야 하지만 필세는 거칠고 껄끄럽도록 해야 하니, 필세를 얻은 후에 가볍게 들어 올렸다가 몰래 거둬들이면서 필세를 보존하고, 필세 다하기를 기다린 후 필봉을 펼치네."라 했다. 신인(神人) 《영자팔법(永字八法)》[11]

口訣曰:"右逸之波皆名'磔', 右揭其腕, 逐勢緊趯, 傍筆迅磔, 盡勢輕揭, 潛以暗收, 在勁迅得之. 夫磔法, 筆鋒須趯, 勢欲險而澁, 得勢而輕揭, 暗收存[9]勢, 候其勢盡磔之." 神人《永字八法》

11 《居家必用》甲集〈寫字〉"神人永字八法"(《居家必用事類全集》, 18~20쪽);《佩文齋書畫譜》卷3〈論書〉"永字八法詳說".

[9] 存: 저본에는 "之". 오사카본·《居家必用·寫字·神人永字八法》에 근거하여 수정.

2) 구양순(歐陽詢)[12]의 글씨 쓰는 비결

歐陽書訣

丶획은 높은 봉우리에서 돌이 떨어지는 것처럼 쓴다. 乙획은 높은 하늘에 뜬 초승달처럼 쓴다. 一획은 천 리에 구름이 펼쳐진 것처럼 쓴다. 丨획은 만년 묵은 마른 등나무처럼 쓴다. ㇄획은 고개의 소나무가 꺾여 거꾸로 떨어지면서 절벽에 걸린 듯 쓴다. 𠄎획은 만 균(鈞)의 쇠뇌를 발사하는 것처럼 쓴다. ノ획은 날카로운 검으로 절단한 뿔처럼 쓴다. ㇏획은 하나의 파임을 쓸 때

丶如高峯墜石. 乙[10]如長空新月. 一若千里陣雲. 丨如萬歲枯藤. ㇄如嶺松倒折, 落掛石崖. 𠄎如萬鈞[11]弩發. ノ如利劍截斷之角. ㇏一波常三過筆.

12 구양순(歐陽詢) : 557~641. 당(唐)나라 초기의 서예가. 글씨는 왕희지를 배워 일가를 이뤘으며, 특히 해서에 능했고, 초학자가 배우기 쉬운 구체(歐體)는 해서의 모범이 되었다. 고려에서는 사신을 보내 그의 글씨를 청할 정도로 인기가 있었다. 서예이론으로는 《필결(筆訣)》을 남겼다.

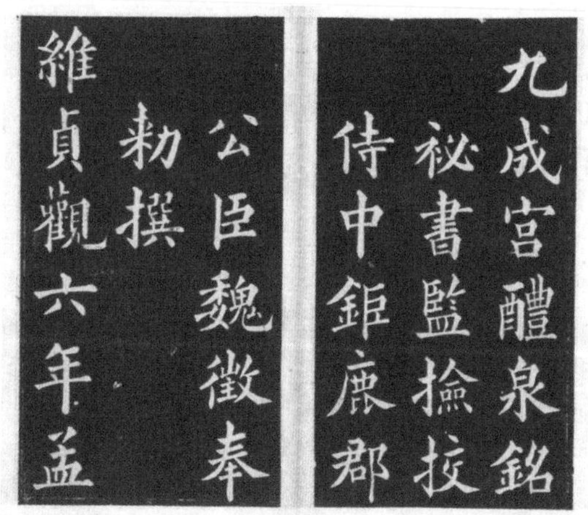

구양순의 《구성궁예천명(九成宮醴泉銘)》(국립중앙박물관). 구양순이 76세(632년) 때 쓴 작품으로, 단정하고 명랑한 서풍과 뛰어난 품격미를 과시하여 예부터 해서(楷書)의 전범으로 칭송되고 있다.

[10] 乙 : 《新編古今事文類聚 · 書法部 · 八訣》에는 "乚".

[11] 鈞 : 저본에는 "匀". 《新編古今事文類聚 · 書法部 · 八訣》에 근거하여 수정.

늘 3번에 걸쳐 꺾어[三過][13] 쓴다.

마음을 맑게 하고 생각을 고요하게 하며, 자신을 단정하게 하고 용모를 바르게 하면 붓을 잡을 때 생각이 떠오르고 글씨를 쓸 때 뜻이 편안해진다. 붓을 잡은 주먹은 비우고, 팔뚝은 곧게 펴고, 손가락은 가지런하게 하고, 손바닥은 비운다. 필의(筆意)[14]는 글씨를 쓰기 전에 정하고, 글자는 생각한 뒤에 써라. 글자의 전체적인 배치를 분간하여, 치우치게 하지 마라. 먹물이 묽으면 글씨의 풍채를 해치고, 너무 진하면 붓털이 종이에서 정체되어 붓이 잘 나가지 않는다. 필획이 살지면 둔해지고, 마르면 뼈가 드러난다. 너무 연약하게 써서 글씨를 해치지 말아야 하니, 기세를 낮추면 기이하게 되지 않는다. 점과 획을 고르게 하여 위아래로 고루 균형 있게 써서 서로 잘 호응하게 해

澄心靜慮, 端己正容, 秉筆思生, 臨池志逸. 虛拳直腕, 指齊掌空, 意在筆前, 文向思後. 分間布置, 勿令側偏. 墨淡即傷神彩, 絶濃必滯鋒毫. 肥則爲鈍, 瘦則露骨. 勿使傷于軟弱, 不得怒降爲奇, 調均點畫, 上下均平, 遞相顧揖. 筋骨精神, 隨其大小. 不可頭輕尾重, 毋令左短右長, 正如人, 上稱下載, 東映西帶, 氣宇融和, 精神灑落. 省此微言, 孰爲不可? 歐陽詢《筆訣》

13 3번에 걸쳐 꺾어[三過] : 하나의 획을 그을 때 붓의 방향을 3번 전환하는 용필법으로 왕희지(王羲之)의 《제위부인필진도후(題衛夫人筆陣圖後)》에서 유래했다.

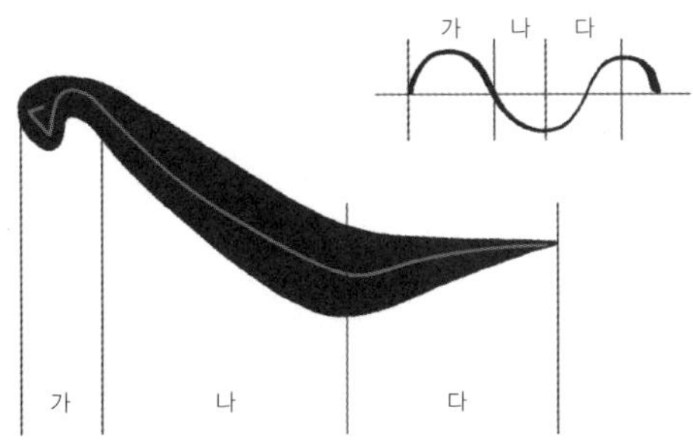

3번에 걸쳐 꺾어[三過] 쓰는 파임획

14 필의(筆意) : 글씨의 조형으로 표현되는 글씨를 쓰는 사람의 생각이나 감정, 사상.

야 한다. 글자의 뼈대와 정신(精神)은 대소(大小)에 따라 하여 머리를 가볍게 하고 꼬리를 무겁게 하지 말고, 왼쪽이 짧고 오른쪽이 길게 하지 마라. 바로 사람의 형상처럼 위에서 무게를 잡으면 아래에서는 받아 주고, 동서로 서로 응하게 하여, 기개(氣概)와 도량(度量)을 융화시키고 정신을 맑고 상쾌하게 하라. 이 은미한 말을 잘 살핀다면 누가 글씨를 잘 쓰지 못하겠는가? 구양순의 《필결》[15]

3) 동기창(董其昌)[16]의 글씨 쓰는 비결

董氏書訣

글자의 전체적인 배치를 분간해서 멀고 가까움을 고르게 한다.【한 글자 내에서 점과 획을 쓸 때 고르게 해야 하고, 여백을 남겨서 획 사이의 간격이 넓고 좁은 정도가 고르지 않게 해서는 안 된다는 말이다. 또 예서(隸書)를 쓰듯이 밀면서 쓰지 말아야 한다.】

分間布白, 遠近宜均.【謂一字之內, 下筆點畫, 須令均平, 勿令留白處, 濶狹相去不等, 又不要如隸書之排.】

세로획을 쓸 때 드리우는 곳마다 거두어 올리지 않는 경우가 없다.【드리우면서 한 획을 그을 때는 내려갔다가 다시 올라가는데, 중간쯤에 이

無垂不縮.【用垂下一筆, 旣下履上, 至中間則垂頭圓, 又謂之"垂露", 如露垂之垂也.】

15 《新編古今事文類聚》別集 卷12 〈書法部〉 "八訣".

16 동기창(董其昌): 1555~1636. 중국 명(明)나라 후기 서예가, 화가. 문인화풍인 남종화(南宗畵)를 정통으로 해야 한다는 상남폄북론(尙南貶北論)을 주장하였다.

르면 획을 드리운 곳의 머리가 동그래진다. 또 이것을 '수로(垂露)'[17]라 하는데 '이슬이 드리우다[露垂]' 할 때의 수(垂) 자와 같다.】

가로획을 쓸 때 나아가는 곳마다 회봉(回鋒)하지 않는 경우가 없다.[18]【파임처럼 기울어진 획을 쓸 때에도 나아갔다가 돌아와야 하니, 한 번에 붓을 빼지 말아야 한다.】

無往不收.【謂波坡處, 旣往當復回, 不要一拔使去.】

17 수로(垂露) : 세로획 아래쪽 끝이 마치 이슬이 드리운 듯 둥근 모양의 획.

18 가로획을……없다 : 처음 붓을 대고 가로획을 쓰기 시작하면서 한 번 회봉하고, 가로획을 마치면서 한 번 회봉한다. 회봉하는 곳은 다음과 같다.

가로획 회봉하는 곳

세로획을 쓸 때 현침(懸針)처럼 쓴다.[19]【곧게 내려쓰면 필획은 정봉(正鋒)[20]으로 내려오면서 필획의 끝이 바늘의 머리가 매달려 있는 듯하다.】

如懸針.【直下筆, 正鋒而下, 末處如針頭之懸.】

절차고(折釵股)[21]처럼 쓴다.【둥글고 강건하면서도 치우치거나 기울지 않게 쓴다.】[22]

如折釵股.【圓健而不偏斜.】

벽탁(壁拆)[23]처럼 쓴다.【용필이 단정한 글자에

如壁拆.【用筆端正寫字有絲

---

19 세로획을……쓴다 : 바늘이 매달린 듯 세로획 끝이 뾰족한 서체. 현침으로 쓴 세로획은 다음과 같다.

현침(懸針)으로 쓴 세로획

20 정봉(正鋒) : 붓을 곧게 세워 붓 끝이 획의 중앙을 지나게 하는 운필법으로, 중봉(中鋒)이라고도 한다.

21 절차고(折釵股) : 비녀 끝부분이 원만하게 휘어지는 모양을 비유한 서예 기법으로, 필획이 꺾이는 부분에서 원활하게 돌고 힘이 있게 내리는 방법이다. 아래는 절차고 기법이 드러난 왕희지의 글씨이다.

절차고 기법으로 쓴 글씨

22 출전 확인 안 됨 ;《居家必用》甲集〈寫字〉"董內直書訣"(《居家必用事類全集》, 23~24쪽).

23 벽탁(壁拆) : 흙담이 자연스럽게 갈라진 모양을 비유한 서예 기법으로, 글자의 전체적인 배치가 꾸밈없이 자연스러운 것이 특징이다.

는 실처럼 연결된 곳이 있다. 단두(斷頭)와 기필(起筆, 글씨를 쓸 때 처음 시작한 부분)에 그 실이 정중앙에 있어 마치 새로 바른 진흙 벽이 터져서 이은 곳이 뾰족한 부분처럼 붓 끝이 중간에 있다.】

牽處, 斷頭起筆, 其絲正中, 如新泥壁拆縫尖處, 鋒在中間.】

옥루우(屋漏雨)[24]처럼 쓴다.【여기에는 두 가지 설이 있다. 한 가지 설은 글씨의 점획이 마치 빈 집에 비가 새서 공중에 물방울 한 점이 떨어지는데, 그 물방울이 둥글고 단정해서 시작과 끝의 자취가 보이지 않는 것 같다는 말이다. 다른 한 가지 설은 초서로 쓰는 글자의 한 획을 곧게 내려 쓸 때 마치 물이 새는 벽에 물 흔적이 흐르면서 아래로 떨어지듯 저절로 그렇게 되어, 획의 처음 부분은 의도해서 쓴 곳이 없고 획 끝부분의 머무는 곳도 둥글어진다는 말이다.】

如屋漏雨.【有兩說 : 一說, 寫字之點, 如空屋漏, 空中水滴一點, 圓正不見起止之跡. 一說, 草字一畫直下, 如漏壁中水痕流而向下, 自然而然, 初無做作, 末處住頭亦圓.】

24 옥루우(屋漏雨) : 빗물이 벽을 타고 흘러내리는 모양을 비유한 서예 기법으로, 글자의 세로획을 곧게 쓰지 않고 좌우로 조금씩 움직이면서 쓰는 방법이다. 옥루흔(屋漏痕)이라고도 한다.

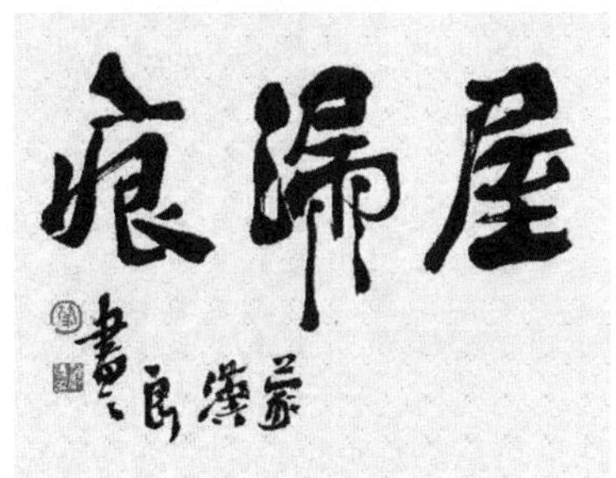

옥루우 기법으로 쓴 글씨

인인니(印印泥)처럼, 추획사(錐畫沙)처럼[25] 쓴다.【저절로 그렇게 되어 시작과 끝의 필적이 보이지 않게 한다.】

如印印泥, 如錐畫沙.【自然而然, 不見起止之迹.】

매번 하나의 파임을 쓸 때는 늘 3번에 걸쳐 꺾어 쓴다.【3번에 걸쳐 꺾어 쓴다는 말은 단지 파임에만 해당되는 게 아니다. 파임과 감는 획 및 가로획[平畫]도 모두 그러하다. 장욱(張旭)[26]의 《논서(論書)》에 "가로획 하나를 그을 때도 종횡으로 형상이 있도록 해야 하니, 단순히 일자로 곧게 써서는 안 된다."라고 하였다.】

每作一波, 常三過折筆.【三折筆, 不特波也. 波與遶之及平畫皆然. 張長史《論書》云: "爲一平畫, 亦須縱橫有象, 不可一直去."】

매번 한 점을 찍을 때는 붓 끝을 숨기고 찍어야 한다.【곧 앞에서 언급한 획 중 옥루우(屋漏雨)를 쓰는 법이다.】

每作一點, 當隱鋒而爲之.【卽前畫屋漏雨法也.】

좌변의 필획이 짧고 획수가 적으면, 반드시 위

左邊短少, 必與上齊.【味字之

25 인인니(印印泥)처럼, 추획사(錐畫沙)처럼 : 인인니는 진흙에 인장을 찍었을 때 도장의 형상이 뚜렷하게 드러나는 모양을 비유한 서예 기법이다. 추획사는 모래 위에 송곳으로 글자를 쓰면 송곳이 지나간 자리에 선이 생기는 모양을 비유한 서예 기법이다. 모두 붓의 움직임에 힘이 있고 글자의 모양이 정확함을 의미한다.

인인니 예시

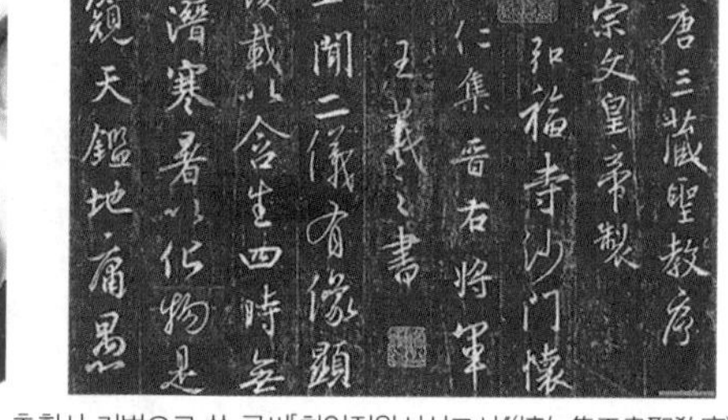

추획사 기법으로 쓴 글씨[회인집왕서성교서(《懷仁集王書聖敎序》)]

26 장욱(張旭) : 675~750. 중국 당대(唐代) 관리이자 서예가. 특히 초서(草書)에 뛰어나, 초성(草聖)이라 불렸다. 대담하고 자유분방한 성품을 따라 광초(狂草)에서 일가(一家)를 이루었다.

를 맞추어 가지런하게 써야 한다.【미(味) 자와 같은 종류를 말한다.】

類】

우변의 획수가 적으면 반드시 아랫부분을 가지런하게 써야 한다.【지(知) 자와 같은 종류를 말한다.】

右邊畫少, 必與下齊.【知字之類】

좌변은 뾰족한 끝을 제거해야 한다.【좌변을 쓰기 시작할 때는 뾰족한 곳이 있어서는 안 된다.】

左欲去吻.【左邊起筆, 要不有觜.】

우변은 모난 어깨를 제거해야 한다.【우변을 쓸 때 가로획에서 세로획으로 꺾는 모서리는 모난 어깨를 노출시켜서는 안 된다. 옛사람들은 이를 '암과(暗過)'[27]라 했다.】

右欲去肩.【右邊轉角, 不要露肩, 古人謂之"暗過".】

과감하게 붓 끝을 꺾어야지, 겁내어 지체하지 않도록 한다.【가로획으로 붓을 대기 시작하는 곳은 붓 끝을 꺾어서 붓 끝이 평평하게 해야 한다. 비록 붓 끝이 뾰족해도 이곳을 평평하게 만들면 칼로 자른 모양과 비슷해져서 글씨의 머리[顔]가 예서체로 쓴 것처럼 되니, 이를 '잠두(蠶頭)'[28]라 한다.】

快意剉鋒, 使不怯滯.【橫畫起筆處, 須剉令筆鋒平. 雖筆尖做令平, 以刀截相似, 顔如隸字, 謂之"蠶頭"也.】

측봉(側鋒)으로 예쁘게 쓰는 일은 진(晉)나라 사람[29]이 말로 전하지 않은 묘법이다.【이것은 무

側鋒取姸, 晉人不傳之妙.【此用無心筆也, 晉人皆用之. 入

---

27 암과(暗過): 붓을 돌려 꺾어 획을 전환할 때 필봉을 감추고 가볍게 지나 획이 꺾이는 모서리 부분이 둥글게 된 상태.

28 잠두(蠶頭): 글씨 획의 끝이 누에머리 모양처럼 꺾인 모양.

29 진(晉)나라 사람: 왕희지(王羲之)를 대표로 한 동진(東晉)의 서예가를 의미하는 듯하다.

심필(無心筆)[30]을 쓰는 방법으로, 진나라 사람이 모두 사용하였다. 붓에 먹물을 묻힐 때는 벼루에서 붓을 옆으로 돌려서 묻혀야 하고, 붓 머리가 둥글고 바르게 되도록 해야만 글씨를 쓸 수 있다. 이는 곧 '조심필(棗心筆)'[31]로, '산탁(散卓)'이라고도 한다. 만약 무심필과 조심필에 양털이 섞여 있으면 부드럽고 힘이 없어 글씨를 쓸 수 없다.】

墨時, 須轉側在硯上入墨, 須取筆頭圓正, 乃可以書. 卽名"棗心筆", 又名"散卓". 若二毫有羊毫雜, 軟而無力, 不堪寫字.】

필력이 세고 근골도 많은 필획이 좋고, 힘이 없고 근골도 없는 필획은 나쁘다. 필력이 세고 근골도 많은 필획이 바른 글씨이고, 힘이 없고 근골도 없는 필획을 '묵저(墨猪)'[32]라 한다.【묵저란 형태가 비슷한 것이 없고, 골기(骨氣)도 부족하며, 또 살찐 돼지처럼 살이 너무 많은 필획을 말한다.】

多力多筋者勝, 無力無筋者病. 多力多筋者是書, 無力無筋者, 謂之"墨猪".【形莫近似, 骨氣不足, 又肉太多如有肉之猪耳.】

팔뚝으로 붓을 부려야지 손목으로 글씨를 써서는 안 된다.【옛사람들의 현완법(懸腕法)[33]으로 글씨를 쓰면 온몸의 힘을 다 쓸 수 있다. 큰 글자는 손을 높이 들어 쓰고, 작은 글자는 왼손으로 오른손을 받치고 쓴다.】

以腕運筆, 不以掌運筆.【古人懸腕, 能盡一身之力也. 大字高懸手, 小字則以左手枕右手書.】

붓을 잡을 때 손가락에 힘을 주고, 손바닥은 텅 비운다.【손가락에 힘을 주면 필획에 힘이 있고,

指欲實, 掌欲虛.【指實則有力, 掌虛則運轉.】

30 무심필(無心筆) : 탄력이 있는 털(주로 족제비 털)을 심으로 하고 부드러운 털(주로 양털)로 그 겉을 감싸 주는 유심필(有心筆)과 반대되는 붓으로, 탄력이 있는 털로 심을 박지 않는 붓을 말한다.

31 조심필(棗心筆) : 붓털의 모양이 대추씨처럼 생긴 붓.

32 묵저(墨猪) : 글씨가 두툼하지만 골기(骨氣)가 부족한 글씨. 반면 글씨가 두툼하지는 않으나 골기가 많은 글씨를 근서(筋書)라 한다.

33 현완법(懸腕法) : 손목에서 팔꿈치까지를 책상에 붙이지 않고 든 채로 글씨를 쓰는 방법.

손바닥을 텅 비우면 붓을 다루기 쉽다.】

글씨를 쓸 때 먹물이 목판에 스며들 정도로 하지 못하면[34] 배우지 않느니만 못하다.【붓을 댈 때는 신중해야 한다.】

書不入木, 不如不學.【下筆重也.】

솜으로 쇠를 싼 듯이 쓰는 법.【필력을 점과 획 안에 감추고 밖으로 모서리를 드러내지 않게 쓴다.】

綿裹鐵法.【力藏在點畫之內, 外不露圭角也.】

침착하면서도 시원시원하게 쓴다.【바쁘다고 빨리 쓰지 말고 여유 있다고 엉기게 쓰지 않는다.】 동기창(董其昌) 《서결》

沈着痛快.【不要忙而疾, 不要緩而癡.】 董內直《書訣》[13]

34 글씨를……못하면 : 왕희지(王羲之)가 글씨를 쓴 목판을 어떤 목수가 대패질하였는데 목판에 먹물이 스며들어 글씨가 그대로 남아 있었다는 고사가 있다. 이후 먹물이 목판에 스며들었다는 뜻의 입목(入木)은 필력이 강함을 나타내는 의미로 쓰인다.

⑬ 확인 안 됨 ; 《居家必用》 甲集 〈寫字〉 "董內直書訣"(《居家必用事類全集》, 23~24쪽).

4)《필진출입참작도》[35]의 7가지 조목

七條《筆陣出入斬斫圖》

① ⼀획은 천 리에 구름이 펼쳐져 실제로 형태가 은은하게 있는 듯이 쓴다.

⼀, 如千里陣雲, 隱隱然其實有形.

【손이 붓을 따른 뒤 힘을 다해 밀어 가면 획마다 모두 이 필의(筆意)가 있다.】

【手從筆後, 盡力推去, 每畫皆有此意.】

② 丶획은 높은 봉우리에서 돌이 떨어져 우당탕 무너지는 듯이 쓴다.

丶, 如高峯墜石, 磕磕然如崩.

【점(點)에는 모서리 3개가 있다. 세상에 글씨 쓰는 사람은 단지 붓을 한 번 내려 곧바로 점을 만들 뿐이지, 붓을 돌릴 줄 모른다. 또는 붓의 위를 돌려 모서리 2개를 만들고 붓의 아래를 돌려 모서리 1개를 만들기도 한다. 그러므로 위는 끌

【點有三稜, 世之書者, 只一下筆便成點, 不知轉筆. 或以筆之上轉作二楞, 筆之下轉作一楞. 故上曳下局, 脆軟頹鈍, 何能力如墜石? 凡作每

35 필진출입참작도 : 곧《필진도(筆陣圖)》이다. 위삭(衛鑠, 위부인)이 글씨를 쓰는 방법과 이론을 설명한 필첩.《필진도》에는 필획론(筆劃論)·필법론(筆法論)·학서론(學書論)이 들어 있어, 예로부터 서예를 배우는 사람들은 이를 기초 이론서로 삼았다.

筆陣圖 晉衛夫人撰
夫三端之妙莫先乎用筆六藝
之奧莫重乎銀鉤昔秦丞相斯
見周穆王書七日興歎患其無
骨蔡尚書邕入鴻都觀碣十旬
不返嗟其出群故知達其源者

《필진도(筆陣圖)》

고 아래는 구부러져 글씨가 가벼워 무너지니 어찌 돌이 떨어지는 듯이 힘을 쓸 수 있겠는가? 일반적으로 획을 그을 때마다 붓 끝을 펼쳐 붓 끝의 양쪽이 나아가는 곳의 길이가 모두 같아야 흠이 없게 된다. 만약 붓 끝의 한쪽을 끌어서 길게 하고 다른 한쪽을 오그려서 짧게 하면 죽은 획이 된다.

畫, 毫端開張, 而端之兩邊所行長短皆同, 方爲無欠. 若一邊曳而長, 一邊蹙而短, 爲死畫矣.

점을 찍는 법은 먼저 붓을 점의 뾰족한 머리 부분이 될 곳에 내리는데, 그 모양이 비록 뾰족하지만, 붓털이 모두 위아래로 펼쳐지면서 고르게 나아가게 하는 것이다. 위쪽으로는 오른쪽 모서리에 이르고 아래쪽으로는 아래쪽 모서리의 절반을 넘으면 그 길이가 오른쪽 모서리와 같아진다. 그런 다음 위쪽은 붓을 멈추고 아래쪽은 다시 끌어당겨서 붓이 위를 향하게 한다. 이 과정에서 좌우의 길이를 헤아리며 붓이 아래쪽 모서리에 이르러 길이가 같아지고 난 뒤에 붓의 좌우측이 점점 줄어들게 하면서 아래 모서리에 이르러 멈춘다.[36]】

作點之法, 先下筆於尖頭也, 形雖尖, 毫皆伸, 上下齊行. 上至右稜, 下至下稜過半, 長短與右稜同, 後上邊則停筆, 下邊則復引筆而上. 度左右至下稜, 長短同而後, 令筆左右漸殺, 至下稜而止.】

③ ノ획(삐침)은 육지에서 무소뿔이나 상아를 베는 것처럼 쓴다.

ノ, 如陸斷犀象.

【붓을 펼쳐서 위아래를 가지런하게 하여 삐치기 때문에 힘을 쓰는 부분이 더욱 붓 끝에 있으니, 붓 끝이 비록 뾰족해도 필세는 둥글게 차서,

【伸筆令上下齊撇, 用力尤在末端, 則端雖尖而勢圓實, 如竹葉之細理, 均出成尖. 東人

36 점을……멈춘다: 이 단락은, 획을 한번에 긋지 않고, 영자팔법(永字八法)의 측세(側勢)와 유사하게 운필하여 획을 긋지만, 오른쪽으로 기울어져 있기 때문에 이러한 방법으로 획을 그어야 한다는 뜻으로 보인다. 하지만 운필의 세부적인 방법은 잘 모르겠다.

붓이 댓잎의 가는 결처럼 고루 나와 뾰족해진다. 그런데 우리나라 사람이 쓰는 편획(偏劃)의 삐침획은 1~2개의 붓털이 유독 나와 보리 까끄라기 같이 획의 끝이 날카로워진다. 일반적으로 노(努, 세로그음)·적(趯, 갈고리) 등의 획은 모두 힘쓰는 부분이 더욱 붓의 말단에 있어서 상단에만 힘을 쓰면 안 된다. 상단에서 가볍게 필획을 던져서 말단을 만드는 것이다.】

偏畫之撇[14], 一二毫獨出, 銳如麥芒也. 凡努、趯等畫, 皆用力尤在末端, 不可只用力於上端. 自上輕擲畫, 而成末端也.】

④ ㇂획(바깥굽은갈고리)은 100균(鈞)[37]의 쇠뇌를 발사하는 듯이 쓴다.

㇂, 如百鈞弩發.

【처음 붓을 내릴 때 노세(努勢)를 만들어 곧게 내려오듯이 쓰고서 곧 필세를 당겨 오른쪽으로 향해 내려와 끝나는 곳[38]에 이른 뒤, 곧바로 적세(趯勢)를 쓴다면 필력이 막히고 주름져서 획이 굳세고 실해질 수 없다. 이렇게 쓴 적세는 반드시 왼쪽이 길게 가고 오른쪽이 짧게 가다가, 마침내 적세에서 오른쪽이 비면서 그 모양이 학의 정수리처럼 되고, 왼쪽에 모서리가 생기기 때문에 모양을 이루지 못하는 것이다.

【始下筆如將作努直下者, 卽引勢向右側, 下至竟處後, 若卽趯之, 筆力窘襞, 不能勁實. 所趯必左行長而右行短, 遂至趯勢虛右, 狀如鶴頂, 而左生楞角, 不成狀矣.

이때는 반드시 아래로 내려와 끝나는 곳에 이른 뒤, 그곳에서 절굿공이로 다듬는 모양처럼 붓을 잠시 흔들면 붓이 중봉이 된다. 이렇게 필세를

須下至竟處後, 從其處搖動乍若擣築狀, 則毫取畫中, 不待移筆勢, 毫端之開張於左

37 균(鈞) : 무게의 단위. 1균은 30근이다.

38 내려와……곳 : 갈고리획을 쓰기 직전의 부분을 이른다.

[14] 撇 : 저본에는 "弊".《圓嶠書訣·書訣前編》에 근거하여 수정.

바꾸지 않고 붓 끝을 좌우로 펼치면 아래위로 자연스럽게 펼칠 수 있어서 힘이 고루 밖으로 향할 것이다. 그런 뒤에 붓을 튕기면 획에 매우 힘이 있고 둥글고 실하여 삐져나오지 않게 된다.】

右者, 自能開張於上下, 而齊力向外矣. 然後挑之甚有力, 而圓實不芒矣.】

⑤ 丨획(세로)은 만 년 된 마른 등나무 모양처럼 쓴다.

丨, 如萬歲枯藤.

【획의 모양이 비록 바르고 곧지만 필력은 더욱 오른쪽에 붙여 붓을 움직여야 한다. 만약 왼쪽으로 조금 향하려는 것을 끌어당기면, 위에서 아래로 긋는 획이 비록 매우 짧더라도 모두 이런 필의(筆意)가 있어 힘이 어그러지지 않게 할 수 있다.】

【形雖正直, 筆力尤着於右邊而運筆. 若稍欲向左者而引之, 自上向下之畫, 雖至短, 皆存此意, 能不力敗.】

⑥ ㇏획(파임)은 무너지는 파도나 번개가 내리치는 듯이 쓴다.

㇏, 如崩浪雷奔.

【처음 붓을 펼쳐 위로 향하다가 곧 붓을 꺾어 오른쪽으로 조금 내려오게 한다. 이때 절대로 붓을 손가락 안쪽으로 당기지 말고, 반드시 손톱 바깥쪽으로 밀어야 붓의 위쪽과 아래쪽이 고르게 나아간다. 이렇게 나아가다가 필획이 가득 차는 곳에 이르면 다시 붓을 꺾어 위를 향해 뽑는다. 그러나 이때 만약 급하게 붓을 뽑으면 획의 위쪽은 짧아지고 아래쪽은 길어져서 획이 되지 않는다. 반드시 필획이 가득 차는 곳에 붓을 머무르면서 아래쪽은 붓을 멈추고 위쪽은 붓을 오므려 다시 왼쪽을 향한다. 이 순간에 붓의 위쪽과 아래쪽을 헤아려 붓 끝의 길이가 같아지고 난 뒤에 가지런히 나아간다. 일반적으로 책받침(辵, 辶)

【始伸筆向上, 便折筆向右稍低, 切勿引筆於指內, 必推之爪外, 上下齊行. 至限滿處, 復折筆向上拔之, 而若率爾拔之, 畫之上邊短, 下邊長, 不成畫. 須留筆於限滿處, 而下邊停筆, 上邊則蹙筆復向左. 度上下可以至尖之長短同而後齊出之. 凡爲辵之波, 皆用此法. 若波在右邊不長者, 初所折筆不可明, 只落筆時勢若向上而無迹, 卽引向右, 乃有力而自有三過意.】

을 쓸 때 파임획은 모두 이 방법을 쓴다. 만약 파임의 오른쪽이 길지 않으면 처음 붓을 꺾는 곳이 분명해질 수 없다. 이때는 다만 붓을 떨굴 때에 필세를 위쪽으로 향하면서도 위로 향한 자취가 없게 하고, 곧 붓을 당겨 오른쪽으로 향하게 해야 필력이 있고 3번에 걸쳐 파임을 쓰는 방법이 생긴다.】

⑦ ㇆획(가로절곡갈고리)은 강한 쇠뇌와 근육 관절처럼 쓴다.

㇆, 如勁弩筋節

【처음에 가로획을 그었다가 획이 끝나는 지점에서 위쪽은 멈추고 아래쪽은 오른쪽을 당겼다가 위로 올려 붓이 좌우로 마주하게 하여서, 마치 별도로 노세(努勢)를 만든 것처럼 한 뒤에 오른쪽에 필의를 가하여 조금 굽혀서 왼쪽으로 향하게 한다. 그러지 않으면 획의 왼쪽은 길어져서 끌리며, 오른쪽은 낮아져서 오므라들기 때문에 획이 되지 않는다. 획이 끝나려는 곳에 이르러 잠깐 붓을 멈추고서 왼쪽만 당겨 아래로 가게 하거나, 왼쪽을 멈추고서 오른쪽만 당겨 아래로 가게 한다. 그리하여 양쪽이 서로 마주하여 위아래가 되고 적세(趯勢)의 끝을 향한 뒤에 붓을 튕긴다. 또는 붓털을 획 가운데에 모아 튕기기도 하는데, 앞에서 논의했던 과(戈)[39] 자에 들어 있는 乚획에

【始作橫畫, 竟筆之上邊則停, 下邊則從右引而上, 令筆左右對立, 如別作努勢而後, 加意於右, 稍屈向左. 不然畫左邊長而曳, 右邊低而蹙, 不成畫. 至將竟處, 乍停筆, 但引左邊至下, 或停左邊, 但引右邊至下, 使兩邊相對爲上下, 而向趯尖然後挑之. 或聚毫畫中而挑, 如向所論戈之爲趯尤好.

39 과(戈) : 선칼도방변[刂]을 쓰는 법.

서 적세를 쓰는 방법으로 하면 더욱 좋다.

일반적으로 하나의 획이 서로 이어지다가 꺾일 때는 비록 꺾이는 곳이 3~4개에 이르더라도 그곳에서 모두 붓을 멈추었다가 다른 획을 쓰는 것처럼 다시 붓 끝을 일으켜야 한다. 그렇게 하여 꺾이는 곳이 비록 끊어서 아래로 가는 노세이더라도 저절로 가로획의 잠두(蠶頭)가 되기에 충분하게 하고, 비록 끊어서 위로 가는 가로획이더라도 저절로 노세의 상단이 되기에 충분하게 하며, 비록 획을 끊어서 적세를 쓰더라도 동시에 저절로 노(努)의 하단이 되기에 충분하게 해야 그 방법을 얻게 된다. 만약 이와 같이 쓴다면 비록 획의 상하가 연속으로 이어지는 데 방해가 되더라도 실제로는 연속되는 곳에 필력이 있게 된다. 혹 연속되는 형세를 만들려다가 꺾이는 곳에서 구별되어야 할 획을 구별되지 않게 섞어 쓰면 획이 군더더기처럼 시들시들해져서 실제로는 연속하는 곳에 필력이 없다.

凡一畫相連屈折者, 雖至三四節, 皆停筆, 更起端如別畫. 使屈折處, 雖截去下之努勢, 自足爲橫畫之蠶頭；截上之橫畫, 自足爲努之上端；截趯勢, 自足爲努之下端, 方爲得之. 若是者, 雖若妨於上下連屬, 實連屬有力. 或欲爲連屬之勢, 屈折處作混淪別樣, 贅累萎弱, 實無力於連屬.

예를 들어 꺾이는 곳이 을(乙) 자처럼 오른쪽으로 돌아가는 경우를 보자. 을(乙) 자를 쓸 때 두 번째 꺾는 곳에서는 곧바로 내려오게 하지 않고 등이 굽은 듯이 비스듬히 굽게 오른쪽을 향하여 내려가면서 점점 가늘게 쓴다. 세 번째 꺾는 곳을 쓰려면 획의 왼쪽을 멈추고 획의 오른쪽을 당겨 아래로 이르게 한다. 이어서 다시 가로획을 쓰기 시작하면서 왼쪽은 위로 오고 오른쪽은 아

若屈折之右轉如乙字者, 乙之第二折, 無令直下, 迤彎向右如背僂, 而下稍細, 將作第三折, 令畫左停, 引畫右至下, 更始作橫畫, 令左爲上, 右爲下, 使回折處得以毫不團綯, 乃漸肥向右行, 用力於下邊, 迤彎如船形, 至竟處

래로 오도록 회전하여 꺾는 곳에서 붓털이 둥글게 꼬이지 않게 한다. 그런 다음 점점 두껍게 오른쪽을 향해 가다가 아래쪽에서 힘을 써서 어선(魚船) 모양처럼 비스듬히 굽힌다. 끝나는 곳에 이르면 붓을 멈추고 (아래쪽에서) 위쪽을 당겨서 왼쪽 아래로 들어갔다가 적세의 끝부분을 향해 양쪽이 가지런하도록 헤아려 튕긴다.】[40]

停筆, 下邊引上邊縮入左下, 度⑮向趯尖兩邊之齊而挑之.】

일반적으로 이상의 점과 획을 쓰는 7가지 법을 반드시 통해야만 배우는 사람이 경지에 들어갈 수 있다. 만약 붓을 밀어 보내거나 펼치는 오묘함을 다 얻을 수 있다면 비록 획의 형상이 변화하더라도 해롭지 않고 글씨를 쓰는 법도를 넘지 않게 될 것이다. 여러 첩(帖)의 점과 획이 비록 크게 보아서는 같더라도 운필의 오묘한 방법은 같지만 획의 형태가 반드시 같지 않은 점이 있다. 따라서 먼저 큰 차원에서 획의 같은 점을 배우고 난 다음에 그 변화에 통달해야 한다.《원교서결》[41]

凡七條點畫之法, 爲學者必由此可以入道. 若能盡得推送、伸展之妙, 雖形狀變化, 不害爲不踰矩. 諸帖點畫, 雖大同, 亦有運筆之妙則同, 而畫形未必同者, 須先學習其大同而後通其變也.《圓嶠書訣》

---

40 예를 들어……튕긴다 : 위의 내용을 도식으로 표현하면 다음과 같다.

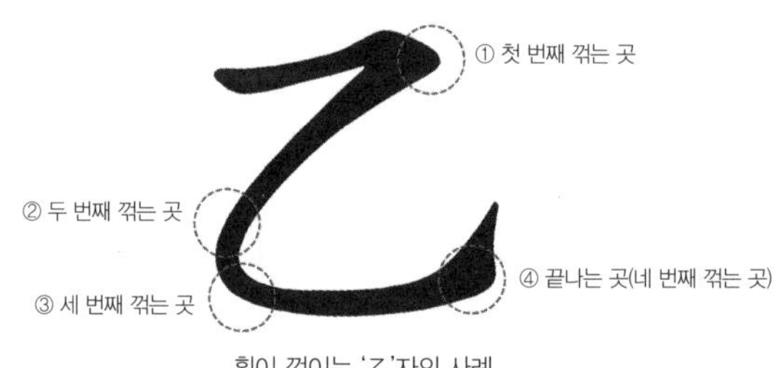

획이 꺾이는 '乙'자의 사례

41 《圓嶠書訣》〈書訣前編〉(규장각한국학연구원 원문자료《圓嶠書訣》006a~008b).

⑮ 度 : 저본에는 "邊". 오사카본·《圓嶠書訣·書訣前編》에 근거하여 수정.

5) 붓 쥐는 법 執筆法

붓 쥐는 방법은 손바닥은 텅 비고 둥글게 쥐면서도 바르게 꽉 쥐는 것이다. 또 "붓을 얕으면서도 단단하게 쥐는 것을 발등(撥鐙)[42]이라 한다. 조화롭고 막힘없게 쥐면서도 얽매이지 말아야 한다."라 했다. 해서(楷書)는 붓 끝에서 2촌을 띄고, 행서(行書)는 3촌, 초서(草書)는 4촌을 띄어 잡는다. 필봉의 3/4을 당겨 1/4을 종이에 대면 필세(筆勢)가 너무 남고, 1/4을 당겨 3/4을 종이에 대면 필세가 너무 부족해지니, 이것이 붓 쥐는 요점이다. 엽(擫)[43]·날(捺)[44]·구(鉤)[45]·게(揭)[46]·저(抵)[47]·거(拒)·도(導)·송(送) 등의 쥐는 법 또한 갖추어야 한다. 그중에서 "엽(擫)은 엄지를 조금 뉘어, 엄지 끝의 손톱과 살이 만나는 곳이 붓대의 옆이 되어야 좋다."라 했고, 또 "힘이 가운데에 모이게 하는 것이 중봉의 방법인데,

執筆之法, 虛圓正緊. 又曰"淺而堅謂撥鐙, 令其和暢, 勿使拘攣." 眞書去毫端二寸, 行三寸, 草四寸, 掣三分而一分着紙, 勢則有餘, 掣一分而三分着紙, 勢則不足, 此其要也, 而擫、捺、鉤、揭、抵、拒、導、送指法亦備, 其曰"擫者, 大指當微側, 以甲肉際當管傍則善", 而又曰"力以中駐, 中筆之法, 中指主鉤, 用力全在於是", 又有扳罾法, 食指拄上甚正而奇健 ; 撮管法撮聚管端, 草書便 ; 提筆法提挈其筆, 署書宜.《春雨雜述》

42 발등(撥鐙) : 서법 용어로 그 유래는 여러 설이 있다. 당(唐)의 임온(林韞)은《발등서(撥鐙序)》에서 "발로 말등자를 얕게 디디면 쉽게 회전할 수 있듯이 붓을 쥘 때도 얕게 쥐면 쉽게 회전하고 움직일 수 있다."고 했으며, 명(明)의 양신(楊愼)은《발등법(撥鐙法)》에서 "발등(撥鐙)은 등(燈)을 다스리는 것과 같으니, 급하게 해서도 안 되고 천천히 해서도 안 된다."라 했다.

43 엽(擫) : 엄지 윗마디로 붓대 뒤쪽 왼편을 누르고 검지와 중지로 붓대를 안정시키는 지법.

44 날(捺) : 왼쪽에서 오른쪽으로 이동하는 파임법. 중지의 작용으로 쓴다.

45 구(鉤) : 중지 상단이 꺾여 붓대의 앞쪽과 양편에 닿는다는 의미로, 갈고리처럼 꺾이는 지법.

46 게(揭) : 약지의 손톱과 살이 있는 곳을 등으로 하여 붓대 뒤쪽과 오른쪽에 대어 버티는 지법. 소지와 함께 힘을 모아 들어 올린다. 격(格)이라고도 한다.

47 저(抵) : 소지를 약지에 바짝 붙여 기세를 표현하는 지법. 게(揭)와 유사하다.

갈고리를 쓸 때 중지가 받쳐 주어야 원활하게 쓸 수 있다."라 했다. 또 반증법(扳罾法)[48]이 있으니, 검지로 위를 받치면 붓이 매우 바르게 되어 획에 특별한 힘이 있다. 촬관법(撮管法)[49]은 붓 끝을 모아 쥐니, 초서 쓰기에 편하다. 제필법(提筆法)은 붓을 모아서 이끌어 쓰니 서서(署書)[50] 쓰기에 알맞다.《춘우잡술》[51]

붓을 쥘 때는 곧게 쥐어야 하고, 자리에 앉을 때는 바르게 앉아야 하니, 비뚤어지게 해서는 안 된다. 붓을 쥘 때는 붓 눕히기를 금하니, 붓이 누우면 그 획이 실했다가 허했다가 하여, 둥글고 굳셀 수 없다. 그러므로 구결에서 "붓 끝을 숨기고 쓴다."[52]라 했다.《춘우잡술》[53]

執筆要直，坐位要正，不可歪邪，執筆忌偃，偃則其畫一實一虛，不得圓勁，故訣曰⑯"隱鋒而爲之". 同上

붓을 느슨하게 쥐면서도 마음과 정력을 붓 끝으로 온전히 집중하는 것, 이것이 긴급한 일이지

執筆疏而心意、精力專注筆端者，是爲緊急，非謂執筆堅

---

48 반증법(扳罾法):검지를 세워 뒤쪽부터 붓에 붙여 쓰는 지법. 고기를 잡는 방법과 유사하여 이런 이름이 붙었다.

49 촬관법(撮管法):붓대의 끝을 다섯 손가락으로 집고 쓰는 지법.

50 서서(署書):지금의 편액(扁額). 진(秦)나라 때 건물 이름을 적은 표식을 서서라 했고 이것이 통용되었다.

51 《春雨雜述》〈書學詳說〉(《叢書集成初編》1622〈春雨雜述〉, 3쪽).

52 붓 끝을……쓴다:《題衛夫人筆陣圖後》.

53 출전 확인 안 됨.

⑯ 故訣曰:저본에는 없음. 규장각본·오사카본에 근거하여 보충.

붓을 단단하게 쥔다는 뜻이 아니다.[54] 옛사람이 "장부(壯夫)처럼 힘 있게 붓을 잡아라."라 했는데 이는 필시 이 문장을 잘못 보았기 때문인 듯하다. 왕헌지(王獻之)가 어려서 글씨 공부를 할 때 아버지 왕희지(王羲之)가 아들의 붓을 당겼으나 빼앗지 못하자, 아들이 글씨로 이름을 크게 떨칠 것을 알았다고 한다.[55] 소식(蘇軾)이 이에 대해 분석하면서 "이는 글씨 쓰는 일이 중요한 것이 아니라 붓을 단단히 쥐어야 한다는 뜻이다."라 했다. 붓을 쥘 때는 반드시 매우 느슨하게 쥐어서 손가락으로 보호하여 지탱하면 될 뿐이다. 마음과 정력을 붓 끝으로 온전히 집중하고 힘을 다하여 획을 그으면 온몸의 혈맥이 관통하여 획이 조화를 이룰 수 있다.

也. 古人云"把筆如壯夫", 必誤見似此文也. 獻之幼時, 羲之掣筆不得, 知其大振. 子瞻辨爲[17]"此非以書貴, 執筆當堅也", 執筆須甚疏, 以指護持而已. 心意、精力專注筆端, 盡力行畫, 則一身血脈貫通, 可成造化.

만약 붓을 단단하게 쥐면 기운이 붓을 쥐는 곳에 다 들어가 힘이 붓 끝에 미치지 못하니, 무슨 힘이 있어 종이 위의 획에 미칠 수 있겠는가? 또 모든 기예에서 뛰어난 재주를 완성하려면, 백정이 소를 해체하듯이[56] 하루 종일 일을 하여도 털 하나 혈맥 하나에서도 거리끼거나 막힘이 없어

若執筆堅, 氣盡執處, 力不及毫端, 有何力可及紙面之畫? 且百藝成上才, 如庖丁解牛, 終日執役, 無一毛一脈之牽碍, 可就極功. 執手堅, 手指痲痛, 身體從而疲勞, 不可終

54 붓을 느슨하게……아니다 : 위부인의 《필진도》의 다음과 같은 원문에 대한 이광사의 해설이기에 이와 같이 쓴 것이다 "執筆有七種, 有心急而執筆緩者, 有心緩而執筆急者. 若執筆近而不能緊者, 心手不齊, 意後筆前者敗 ; 若執筆遠而急, 意前筆後者勝."

55 왕헌지(王獻之)가……한다 : 《晉書》 卷80 〈列傳〉 50 "王羲之", 2105쪽.

56 백정이……해체하듯이 : 《장자(莊子)》 〈양생주(養生主)〉에서 유래한 말로, 전국시대 양(梁)나라의 포정(庖丁)이 소를 잘 해체하는 기술에 문혜군(文惠君)이 감탄했던 일에서 비롯되었다.

[17] 爲 : 《圓嶠書訣 · 書訣前編》에는 "謂".

야만 지극한 공을 성취할 수 있다. 붓을 손으로 단단히 쥐면 손가락이 마비되고 아프며, 몸도 따라서 피로해져 하루 종일 글씨를 쓸 수 없다. 이와 같다면 어찌 더할 나위 없이 훌륭한 효과를 낼 수 있겠는가?[57]

日書也. 如是何能成無上之功?

위삭(衛鑠)이 "해서를 쓸 때는 붓 머리에서 2.1촌 떨어뜨린 곳을 쥐고, 행서나 초서를 쓸 때는 2.2촌 떨어뜨린 곳을 쥔다."라 했으니, 이것이 붓을 쥐는 적절한 방법이다. 해서와 초서를 쓸 때 붓 쥐는 방법은 0.1촌 차이만 날 뿐이다. 여기에서 진(晉)나라 사람들이 행서와 초서를 쓰는 전범을 볼 수 있으니, 해서를 쓸 때보다 신중함이 별반 덜하지 않았다. 붓대를 점점 높은 곳에서 쥐면 필의가 점점 거칠고 제멋대로 된다.

衛夫人曰"眞書去筆頭二寸一分, 行、草書二寸二分", 此執筆之中道也. 眞、草之執筆, 只違一分, 可見晉人行、草之典, 謹不甚減眞書也. 執管漸高, 則意漸粗縱.

당(唐)나라 사람들 이래로 초서가 행서에 대해서, 그리고 행서가 해서에 대해서 정밀성과 신중성에서 크게 차이가 났다. 그러므로 우세남(虞世

自唐人以來, 草之於行, 行之於眞, 精粗謹放懸絶. 故虞伯施曰: "捉管三寸, 眞一行二

57 붓을 느슨하게……있겠는가 : 이상의 두 단락은 《圓嶠書訣》〈書訣前編〉(규장각한국학연구원 원문자료 《圓嶠書訣》 009a~009b)에 나온다.

南)[58]이 "붓대를 잡는 것은 3촌인데, 해서가 1촌이고, 행서가 2촌이고, 초서가 3촌이다."[59]라 했다. 여기에서 옛 법이 변한 점을 볼 수 있다. 다만 큰 글자는 반드시 붓을 매우 높이 잡고 어깨를 들고서 쓴다.

草三." 此見古法之變, 但大字須捉甚高, 懸腕爲之.

우세남이 또 "붓대를 기울이는 경우에는 무디면서 살집이 많은 글자를 쓰면 좋다."[60]라 했고, "붓을 세워 붓 끝을 곧게 하면 말라서 뼈대가 드러난다."[61]라 했는데, 이것은 또 무슨 말인가? 왕희지가 "붓대는 반드시 반듯하게 세워야 한다."[62]라 하지 않았던가? 또 우세남은 기울이지도 세우지도 않은 사이에 붓을 두게 하여 어찌 사람에게

伯施又云"側管則鈍慢而肉多則得矣", 又云"豎筆直鋒, 則乾枯而露骨", 此又何語? 右軍不曰"筆管須卓立"乎? 且使置筆於不側不豎之間. 豈不徒起人惑, 莫適所從邪? 《圓嶠書訣》

58 우세남(虞世南): 558~638. 당나라 초기의 서예가. 글씨는 수(隋)나라 승려인 지영(智永)에게서 배워 왕희지체에 능했다. 구양순·저수량(褚遂良)·설직(薛稷)과 더불어 초당사대가(初唐四大家)로 불리며, 특히 구양순과는 구우(歐虞)로 불리며 어깨를 나란히 하였다.

우세남, 《공자묘당비(孔子廟堂碑)》(국립중앙박물관)

59 《書史會要》 卷9 〈書法〉.

60 《書法正傳》 卷5 〈唐太宗指意〉.

61 《書法正傳》 卷5 〈唐太宗指意〉.

62 《書法正傳》 卷5 〈王右軍筆勢論〉.

의혹을 일으킬 뿐 아니라 그것을 따라가는 것도 못하게 하는가?[63] 《원교서결》

6) 점 찍고 획 긋는 법

點畫法

점(點)은 글자의 눈썹과 눈으로, 전적으로 필획의 호응[顧盻][64]과 표현하려는 정신에 따라 향배(向背)[65]가 생기고 글자에 따라 형태가 달라진다. 가로획과 세로획은 글자의 골격으로, 글자가 굳고 바르며 고르고 정밀하게 하려면 붓놀림을 시작하고 그칠 때 길이를 알맞게 하고 끝맺음을 견실하게 하는 일이 중요하다. 별(丿)과 불(乀)은 글자의 손발로, 늘이거나 줄이는 정도가 일정하지 않고 모양의 변화가 다양하니, 물고기 지느러미나 새 날개와 같이 여유롭게 자득한 형상이 있어야 한다.

點者, 字之眉目, 全藉顧盻精神, 有背有向, 隨字形勢. 橫直畫者, 字之體骨, 欲其堅正勻精, 有起有止, 所貴長短合宜, 結束堅實. 丿、乀者, 字之手足, 伸縮異度, 變化多端, 要如魚翼鳥翅, 有翩翩自得之狀.

'도척(挑剔)'[66]은 글자의 걸음걸이로, 깊고 견

挑剔者, 字之步履, 欲其沈

63 위삭(衛鑠)이……하는가 : 이상의 세 단락은 《圓嶠書訣》〈書訣後編〉 上(규장각한국학연구원 원문자료 《圓嶠書訣》 021b~022a)에 나온다.

64 필획의 호응[顧盻] : '顧盻'는 본래 좌우나 주위를 둘러본다는 의미로, 여기서는 그 뜻을 확장하여 필획 사이의 호응이라는 뜻으로 사용되었다.(《書譜·續書譜》, 106~107쪽)

65 향배(向背) : '향'은 글자 결구의 양 부분이 서로 향하는 것이고, '배'는 양 부분이 서로 등지는 것을 가리키는 말로, 곧 글자체의 좌우 양 부분이 서로 향하고 서로 등지는 형세를 말한다.(곽노봉·홍우기 편역, 《서론용어소사전》, 도서출판 다운샘, 2007, 42쪽)

66 도척(挑剔) : 필봉을 아래에서 위로 들어 올리는 용필법으로, '제획(提劃)'과 같은 말이다.(《書譜·續書譜》, 108쪽)

실해야 한다. 왕희지 등과 같은 진(晉)나라 사람이 쓴 도척은 비스듬하게[斜拂] 쓰거나 옆으로 이끌어 바깥을 향하게[橫引而外] 썼다가,[67] 당나라의 안진경(顏眞卿)[68]과 유공권(柳公權)[69]에 이

實. 晉人挑剔, 或帶斜拂, 或橫引而外, 至顏、柳始正鋒爲之, 正鋒則無飄逸之氣.

---

67 진(晉)나라……썼다가 : 원문의 '斜拂'과 '橫引而外'는 '正鋒'과 상대되는 의미로, 진(晉)나라 사람들이 제획(提劃)과 구획(鉤劃)을 쓰는 용필법을 가리킨다.(《書譜·續書譜》, 108쪽)

68 안진경(顏眞卿) : 709~784. 당나라 때의 서예가. 저수량과 장욱에게서 필법을 익혔으며, 이후 자신만의 웅건하고 넉넉한 서체를 창작하였다. 특히 조맹부·유공권·구양순과 더불어 해서사대가(楷書四大家)로 일컬어질 만큼 해서의 모범이 되었다.

안진경의 《다보탑비(多寶塔碑)》(국립중앙박물관). 44세(752년) 때 쓴 작품으로, 현재 전하는 안진경의 비갈(碑碣) 가운데 가장 이른 시기에 작성되었다.

69 유공권(柳公權) : 778~865. 당나라 때의 서예가로 자는 성현(誠懸)이다. 처음에는 왕희지체를 배우다가 이후 제가(諸家)의 필법을 익혀 자신만의 독특한 서풍을 완성하였다.

유공권의 《욕문첩(辱問帖)》(국립중앙박물관). 안진경의 글씨에 살이 많은 반면, 유공권의 글씨에는 뼈가 많다 하여 '안근유골(顏筋柳骨)'이라 일컬어졌다.

르러서 비로소 정봉으로 썼는데, 정봉으로 쓰면 자유분방한 기운이 없어진다.

'전탑(轉搨)'[70]은 획의 방향이 바뀌는 곳에서 글자를 모나게 만들거나 둥글게 만드는 용필법으로, 해서에서는 모나게 만드는 탑법(搨法)을 많이 사용하고, 초서에서는 둥글게 만드는 전법(轉法)을 많이 사용한다. 탑법을 쓸 때는 필봉이 종이에 약간 머무르도록 해야 하니, 머무르면 힘이 있다. 반면 전법을 쓸 때는 필봉이 종이에서 지체되지 않도록 해야 하니, 지체되면 굳세지 않다. 그러나 해서는 전법을 써야 글씨가 굳세고, 초서는 탑법을 써야 강건해진다는 사실을 알지 않으면 안 된다.

轉搨者, 方圓之法, 眞多用搨, 草多用轉. 搨欲[18]少駐, 駐則有力, 轉不欲滯, 滯則不遒. 然而眞以轉而後遒, 草以折而後勁, 不可不知也.

현침(懸針)은 붓을 지극히 바르게 하여 위에서 아래로 세로획을 쓸 때 먹줄을 당긴 듯이 반듯하게 만드는 필법이다. 만약 아래로 내려쓰

懸針者, 筆欲極正, 自上而下, 端若引繩. 若垂而復縮, 謂之"垂露". 故翟伯壽問於米

70 전탑(轉搨): 붓으로 글자의 방원(方圓)을 쓰는 용필법이다. 전절(轉折)이라고도 한다. 글자의 방향을 바꾸는 곳에서 원필(圓筆)로 지나가는 필법을 전이라 하고, 방필(方筆)로 돈좌(頓挫)를 사용하는 필법을 탑이라 한다.

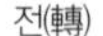
전(轉)

탑(搨)

⑱ 欲: 저본에는 "無".《續書譜·眞書》에 근거하여 수정.

면서 다시 붓 방향을 돌려 움츠리면 이를 '수로(垂露)'라 한다. 그러므로 적기년(翟耆年)[71]이 미불(米芾)[72]에게 "서법은 어떠해야 합니까?"라 묻자, 미불이 "획을 내려쓸 때마다 다시 붓 방향을 돌려 거두어 올리지 않음이 없고, 가로획이 가는 곳마다 회봉(回鋒)하지 않음이 없어야 한다."[73]라 대답했다. 이는 반드시 지극히 정밀하고 지극히 숙련된 이후라야 도달할 수 있는 경지이다. 고인들의 유묵에서 그 한 점 한 획이 모두 유독 뛰어났던 이유는 용필법이 정묘했기 때문이다. 강기의《속서보(續書譜)[74]》[75]

老, 曰"書法當何如?", 曰"無垂而不縮, 無往而不收". 此必至精至熟, 然後能之. 古人遺墨, 得其一點一畫皆蕭然絶異者, 以其用筆精妙故也. 姜白石《書譜》

하나의 파임을 쓸 때 3번에 걸쳐 꺾는 것은 단지 파임을 쓰는 방법을 말한 것이다. 세간에서 간혹 글의 뜻을 잘 살피지 못하여 획마다 3번을 꺾는 자가 있으니 매우 가소롭다. 그러나 비록 필획

三過折, 是但言波法, 世或不察文義, 有每畫作三過屈折者, 甚可笑也. 然雖不可作折筆之勢, 亦宜常存詰曲宛轉

71 적기년(翟耆年) : ?~?. 북송(北宋) 때의 서예가로, 백수(伯壽)는 그의 자이다.

72 미불(米芾) : 1051~1107. 북송(北宋) 때의 서예가이자 화가. 원래 이름은 불(黻)로, 후에 불(芾)로 고쳤다. 자는 원장(元章), 호는 녹문거사(鹿門居士), 양양만사(襄陽漫士), 미로(米老) 등을 썼다. 서예와 그림에 뛰어났고 골동품 감별에도 일가견이 있었으나, 행실이 특이하여 당대 사람들이 미치광이[米顚]라 부르기도 했다.《화사(畫史)》,《보장대방록(寶章待訪錄)》,《서사(書史)》,《보진영광집(寶晋英光集)》,《해악명언(海岳名言)》 등의 저서가 있다.

73 획을……한다 : '붓 방향을 돌려 움츠리고[縮]', '거두어들이는[收]' 필세가 다음 필획과 밀접한 관계가 있다는 뜻이다.(《書譜·續書譜》, 111쪽)

74 속서보(續書譜) : 저자 강기(姜夔, 1154~1221)는 남송(南宋) 시대의 문학가이며 호는 백석도인(白石道人), 자는 요장(堯章)이다. 강기는《속서보》에서 서예의 실용적 목적보다 예술적 가치를 논하였고, 위진 시대 고법으로의 복귀를 주장하였다.

75《續書譜》〈眞書〉(《書譜·續書譜》, 106~110쪽).

을 꺾는 형세는 만들어서는 안 된다 하더라도 굽이지도록 이어지는 형태를 항상 지녀야 하니, 그저 둥글거나 곧게만 써서는 안 된다.

之態, 不可徒爲弦直.

'은봉(隱鋒)'은 단지 점 찍는 법 가운데 전법을 써서 필봉을 감추는 것을 가리킨다. 그런데 세간에서 간혹 획을 그을 때마다 붓털을 뭉쳐 틀어서 모난 각을 분명치 않게 만들고는 그것을 '은봉'이라 하니, 매우 천박하다.

隱鋒, 但指點法之轉藏毫銳, 世或有每畫團挼其筆, 混沌稜角, 而書之曰"隱鋒", 陋之甚也.

'쇠갈고리같이 굽혀 꺾는다.'[76]는 것은 굽히거나 돌려 쓸 때 단단하고 굳센 기세가 쇠갈고리와 흡사하다는 말이다. 그런데 세간에서는 간혹 갈고리 모양만 모사하여 갈고리처럼 둥글게 만들려고 한다. 그렇게 하면 붓털이 새끼줄처럼 꼬여 획을 모나게 꺾거나 둥글게 쓸 수 없고, 힘이 다하고 기운이 느슨해져 획을 제대로 만들지 못한다.《원교서결》[77]

屈折如鋼鉤, 言其屈旋堅剛之勢, 似之也. 或但摹其象, 欲圓廻如鉤, 然則毫如綯絞, 不能折轉, 力盡氣緩, 不成畫矣.《圓嶠書訣》

---

76 쇠갈고리같이……꺾는다 : '𠃌'를 쓰는 법을 가리킨다.《圓嶠書訣》참조.

77《圓嶠集》卷10〈書訣〉(《韓國文集叢刊》221, 556~557쪽).

7) 살진 글씨와 마른 글씨

論肥瘦

황정견(黃庭堅)[78]은 "살진 글씨에는 뼈가 있어야 하고, 마른 글씨에는 살이 있어야 한다."[79]라 했다.《묵지쇄록》[80]

山谷云 : "肥字須要有骨, 瘦字須要有肉."《墨池瑣錄》

용필(用筆)할 때 글씨를 너무 살지게 해서는 안 되니, 너무 살지면 형세가 둔탁해진다. 또 너무 마르게 해서도 안 되니, 너무 마르면 형세가 홀쭉해진다. 붓 끝을 많이 노출하면 필의(筆意)

用筆不欲太肥, 太肥則形濁 ; 又不欲太瘦, 太瘦則形枯 ; 多[19]露鋒芒, 則意不持重 ; 深[20]藏圭角, 則體不精神 ; 不欲上小

---

78 황정견(黃庭堅) : 1045~1105. 중국 북송(北宋)의 서예가. 호는 산곡(山谷). 초서를 주로 썼으며, 초기에는 주월(周越)에게 사사하고, 후에 안진경(顏眞卿), 만년에는 장욱(張旭)에게 배웠다. 서예 작품으로《한식시첩(寒食詩帖)》과《제상좌첩(諸上座帖)》등이 있고, 문집으로는《예장선생문집(豫章先生文集)》과《산곡전집(山谷全集)》이 전한다.

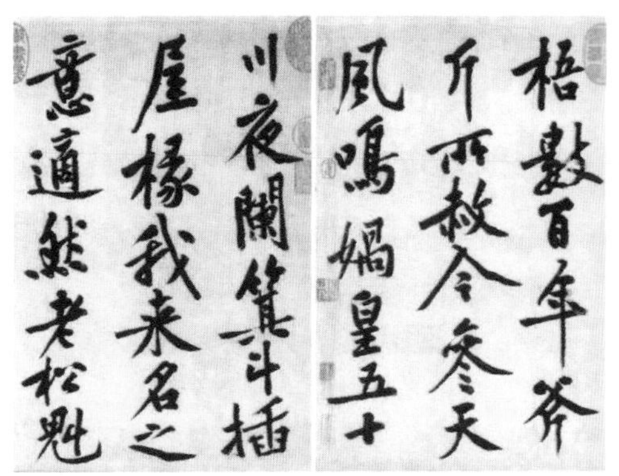

황정견의《송풍각시(松風閣詩)》(《서법》)

79《山谷集》卷6〈別集〉"雜著" '論作字'.

80《墨池瑣錄》卷1(《叢書集成初編》1631, 3쪽).

[19] 多 :《續書譜 · 用筆》에는 "不欲多".

[20] 深 :《續書譜 · 用筆》에는 "不欲深".

가 장중하게 유지되지 못하고, 모서리를 깊이 감추면 결체(結體)[81]에 생기가 없게 된다. 위쪽은 작은데 아래쪽은 크게 해서도 안 되고, 왼쪽은 낮은데 오른쪽은 높게 해서도 안 되고, 앞쪽은 많은데 뒤쪽은 적게 해서도 안 된다.

下大, 不欲左低右高, 不欲前多後少.

당나라 초기 구양순(歐陽詢)의 결체는 비록 서법에 지나치게 얽매여 있지만 용필은 특히 많은 장점을 갖추고 있어서 비록 소해(小楷)[82]라 하더라도 글씨가 상쾌하면서도 깨끗하여 종요(鍾繇)와 왕희지(王羲之)의 글씨를 추구하였으니, 후세 사람이 따라갈 수가 없다.

歐陽率更結體雖太拘, 而用筆特備衆美, 雖小楷而翰墨灑落, 追踵鍾、王, 來者不能及矣.

이에 반해 당나라 후기의 안진경(顏眞卿)과 유공권(柳公權)의 결체는 옛사람과 다른 데다가 용필도 한쪽 편으로 치우쳐 있다. 나는 안진경과 유공권 두 사람이 서법(書法)을 한번 변화시켰다고 평가한다. 수백 년 동안 사람들은 그 서법을 다투어 가며 본받아서 자획(字畫)이 강경하고 고상하게 되었으니 참으로 쓸모없다고 할 수는 없지만 위진(魏晉) 시대의 기풍과 법도는 다 사라졌다. 유공권의 큰 글씨는 편방이 맑고 굳세어[83] 기뻐할 만하고 다시 기묘해졌다. 근세에 이를 본받으

顏、柳結體既異古人, 用筆復溺一偏. 余評二家爲書法之一變, 數百年人爭效之, 字畫剛勁高明, 固不爲無助, 而晉、魏風軌掃地矣. 柳氏大字偏傍, 淸勁可喜, 更爲奇妙. 近世有效之者, 則俗濁不足觀. 故知與其太肥, 不若瘦硬也. 姜白石《書譜》

81 결체(結體) : 한 글자의 전체적인 짜임새나 구도. 결구(結句) 혹은 결자(結字)라고도 한다.

82 소해(小楷) : 글씨를 작으면서 깔끔하게 쓰는 해서체의 한 종류. 종요가 소해의 창시자로 알려져 있다.

83 유공권의……굳세어 : 유공권의 글씨는 힘찬 필력(筆力)이 강조되어 있고, 점과 획이 강건하면서도 날카롭다는 평가가 있다.

려는 사람들이 있으나 속되면서도 탁하여 볼만 한 것이 없다. 그러므로 너무 살지게 쓰기보다는 마르면서도 굳세게 쓴 글씨가 낫다는 것을 알 수 있다. 강기《속서보》[84]

용필은 힘줄과 뼈를 근본으로 삼는다. 힘줄과 뼈는 짧은 시간에 재주나 지혜로 습득할 수 있는 것이 아니므로, 종이 뒤까지 꿰뚫겠다는 마음으로 오랜 세월 공력을 쌓아야만 이룰 수 있다.[85] 지금 사람들은 무게가 있게 획을 운용할 수 없는 데다가 기꺼이 공력을 이루려고도 애쓰지 않는다. 그리하여 연약하면서 꾸밈이 많은 획을 송

用筆以筋骨爲本, 筋骨非暫時以才智襲得者, 以透過紙背之意, 積歲月之功而可成. 今人旣不能沈重運畫, 又不肯著力致功, 乃以輭弱粧飾之畫, 附宋人墨猪之餘套, 强擬雲行雨施, 而以爲運畫當

84 《續書譜》〈用筆〉(《書譜·續書譜》, 113~114쪽).

85 용필은……있다 : 이 부분을 소개하는 비석이 전남 장성의 장성호 문화예술공원에 아래와 같은 모습으로 소개되어 있다. 비석 맨 앞은 "筆法以用筆爲主(필법은 용필을 위주로 한다)"라는, 여기서는 인용되지 않은 글귀로 시작한다.

원교(圓嶠) 이광사(李匡師)의 글씨(장성호 문화예술공원, 변기석 제공)

(宋)나라 사람이 묵저(墨猪)에 썼던 수법에 덧붙여서[86] 억지로 '구름이 흘러가고 비가 내리는[雲行雨施]'[87] 데 견주며 운필하는 획은 이와 같아야 한다고 말하면서 도리어 힘줄과 뼈가 있는 글씨를 비난하려 한다. 이는 근세 사람이 감정에 이끌려 법도를 포기하는 고질적인 병폐이다.[88]

如是, 反欲議筋骨之書. 此爲近世緣情棄道之痼弊也.

대체로 획의 운행에는 모두 다음과 같이 4가지 비결이 있다.

大抵行畫摠有四訣 :

첫째, 마음은 여유로우나 붓은 긴장되게 하면서 천천히 쓰는 것을 중요하게 여겨야 한다. 강기(姜夔)는 "천천히 쓰면서 아름다움을 취하고 빠르게 쓰면서 굳셈을 취하되, 반드시 먼저 빠르게

一, 要意裕筆緊而貴遲. 姜堯[21]章曰 : "遲以取姸, 速以取勁, 必先能速, 然後爲遲. 若專事遲, 則無神氣." 此未必

86 송(宋)나라……덧붙여서 : 여기서 말한 송나라 사람은 북송의 소식(蘇軾)이 대표적인 인물이다. 그의 글씨가 진하고 두툼해서 이를 묵저라고 했다. 이런 용필을 보여 주는 작품 중 하나가 다음의 《황주한식(黃州寒食) 이수(二首)》이다. 이 중 특히 제2수(首)의 앞부분(春江欲入戶로 시작)이 이런 경향을 잘 보여 준다.

소식의 《황주한식(黃州寒食) 이수(二首)》

87 구름이……내리는[雲行雨施] : 《周易正義》 卷1 〈上經乾傳〉 "乾"(《十三經注疏整理本》 1, 25쪽).

88 용필은……병폐이다 : 《圓嶠集選》 卷10 〈書訣〉(한국고전종합DB, 239쪽).

[21] 堯 : 저본에는 "要". 《圓嶠書訣》에 근거하여 수정.

쓸 수 있게 된 뒤에야 느리게 쓴다. 만약 오로지 느리게 쓰기만 하면 신기(神氣)가 없어진다."[89] 라 했다. 그러나 반드시 그렇지만은 않다. 천천히 쓰는 것이 어찌 전적으로 아름다움만을 취하기 위한 것이겠으며, 빠르게 쓴다고 해서 어찌 다 굳세게 되겠는가?

然, 遲豈專取姸, 速何能盡勁哉?

정중하면서 느리게 써야만 힘줄과 뼈가 안으로 온축되고, 신기의 광채가 밖으로 드러나 참으로 굳셈과 신기를 얻는다. 만약 빠르게 써 나간다면, 비록 경쾌하여 굳센 듯하지만 실제로 참된 골기(骨氣)는 없다. 처음 글씨를 배우는 사람은 마음이 정밀하지 못하므로 더욱 세심하면서도 느리고 무게 있게 쓴 다음에야 서도(書道)에 입문할 수 있으니, 어찌 빠르게 쓰기부터 시작할 수 있겠는가?

須沈重遲緩, 則筋骨內蓄, 神彩外彰, 眞得勁且神氣. 若速過, 雖輕快似勁, 而實無眞骨. 初學心粗, 尤當細心遲重, 然後可入道, 豈可自速始?

둘째, 힘을 다하여 밀고 펼치면서 굳센 용필을 중요하게 여겨야 한다. 이양빙(李陽氷)은 영자팔세의 8번째 책세를 설명하면서 오직 붓 끝을 거칠고 껄끄럽게 움직여 돌처럼 굳세게 쓰기만을 말했다. 장욱(張旭)이 전수한 방법 역시 힘줄과 뼈의 험준(險峻)을 주로 해서 종이까지 꿰뚫을 정도로 쓰는 것이다.

二, 要盡力推展而貴勁. 陽氷八訣, 專言險澁其鋒, 遒勁如石. 長史傳授亦主筋骨險峻, 透過紙背.

89 천천히……없어진다:《續書譜》〈遲速〉(《書譜·續書譜》, 164쪽).

손과정(孫過庭)[90]도 "골기를 보존하는 데 힘쓴 뒤에 거기에 굳세고 윤택한 기운을 더한다. 하지만 굳세고 윤택함이 많고 골기가 부족한 획보다는 아름다움[姸媚][91]은 비록 없더라도 몸의 바탕은 남아 있는, 골기가 매우 많지만 굳세고 윤택함이 적은 획이 더 좋다"[92]라 했다. 이로써 서법의 본말을 알 수가 있다.

孫過庭亦曰："務存骨氣, 遒潤加之. 與其遒麗優而骨氣劣, 不若骨氣偏多而遒麗少者之, 姸媚雖闕體質存焉." 此可知書法本末矣.

대개 밀고 펼치지 않으면 험하고 굳센 획으로 들어갈 수 없다. 험하고 굳셈을 주로 하면 참된 기운이 획 안에 쌓여 따뜻하고 윤택한 기색이 저절로 획에 묻어나니, 이것이 이른바 굳세고 윤택

蓋非推展, 則無以入險勁, 主險勁則眞氣積中而溫潤之色自滋畫, 而此所謂遒潤加之也. 是猶殷盤周誥, 非不詰屈

90 손과정(孫過庭) : 648~703. 중국 당나라의 서예가. 왕희지의 서법을 배워 초서를 잘 썼고, 그의 《서보(書譜)》는 체계를 갖춘 최초의 서예 이론서로 알려져 있다.

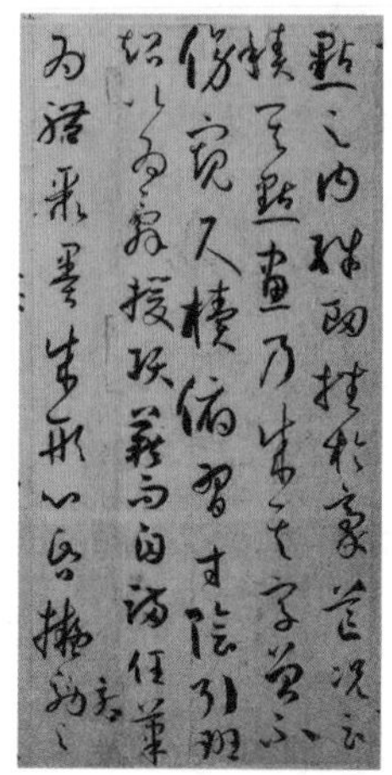

손과정의 글씨

91 아름다움[姸媚] : 아름답고 화려함을 추구하는 서체. 옛 서예가들 중 일부는 왕희지의 서예가 지나치게 '연미'하다고 비평하였다.

92 골기를……좋다 : 《書譜》(《書譜 · 續書譜》, 71쪽).

한 기운을 더한다는 뜻이다. 이는 마치 은반주고(殷盤周誥)[93]의 문장이 난삽하여 뜻을 바로 이해하기 어렵지만 몸에 무젖으면서 점점 이해되는 것과 같다. 이를 어찌 속은 공허하고 겉으로만 화려하게 드러내려 해서 마침내 기운과 힘이 없어진 근세의 문장과 같은 수준에 놓고 말할 수 있겠는가? 그러므로 위삭(衛鑠)이 말한 6가지 용필법에서 정성(情性, 인정과 성질)을 다 갖추어 말하면서, 다만 '필세가 흉험하여 두려워할 만하다'거나 '여기저기로 무성하게 뻗어 나간다'는 등의 말은 있지만 한마디도 아름다움에 대해 언급하지 않은 것은,[94] 이 또한 말단의 폐단을 깊이 방지하려 한 듯하다.

聱牙, 而浹洽滋潤. 豈可與近世文字虛華外彰[22], 遂無氣力者, 同年而語哉? 是以李衛所論, 六種用筆, 備盡情性, 只有凶險可畏、鬱拔縱橫等語, 無一言及於姸媚者, 想亦深防末弊者也.

참으로 골력(骨力)을 얻은 획은 가까이서 보면 글씨가 아주 검어 종이까지 꿰뚫을 듯하고, 멀리서 보면 획이 종이 표면에 불룩 튀어나와 마치 금속활자가 이리저리 섞여 있는 것 같다. 반면 골력을 얻지 못한 획은 가까이서 보면 종이의 표면에 가볍게 떠 있고, 멀리서 보면 마치 풀을 바르며 지나간 듯하여 종이 속으로 쭈글쭈글 들어가

眞得骨力者, 近看則深黑欲透背, 遠視則畫凸紙面, 若金鐵活字交錯; 不得骨力者, 近看則輕浮紙面, 遠視則若以糊抹過, 欲縮入紙[23]底. 畫之眞假, 此無所逃矣.

93 은반주고(殷盤周誥) : '은반'은 《서경(書經)》 〈상서(商書)〉에 있는 "반경(盤庚)" 상·중·하편을, '주고'는 《서경》 〈주서(周書)〉에 있는 "대고(大誥)"·"강고(康誥)"·"주고(酒誥)"·"소고(召誥)"·"낙고(洛誥)" 편을 말한다. 내용이 매우 복잡하여 이해하기 어려운 글을 가리킨다.

94 그러므로……것은 : 위삭의 용필법에 대해서는 위 항목 "《필진출입참작도》의 7가지 조목"에 나온다.

[22] 彰 : 저본에는 "影". 《圓嶠書訣》에 근거하여 수정.

[23] 紙 : 저본에는 없음. 《圓嶠書訣》에 근거하여 보충.

려 한다. 획의 진짜와 가짜는 이처럼 도망칠 곳이 없다.

셋째, 큰 획과 작은 획이 한 글자 안에 서로 섞여 있을 때에도 살진 획과 마른 획을 서로 섞어 써야지, 계산할 때 산가지를 펼쳐 놓듯이[95] 획일적으로 써서는 안 된다. 다만 한결같이 고르게 힘을 쓰는 일을 중요하게 여겨야 하니, 큰 글씨라고 해서 힘을 더하지 않고, 작은 글씨라고 해서 소홀히 하지도 않을 뿐이다. 송(宋)나라 사람들은 "획이 많으면 마른 획을 써야 하고, 획이 적으면 살진 획을 써야 한다."고 했다. 이 역시 큰 글씨는 살지게 쓰고 작은 글씨는 마르게 쓴다는 형식에 구속되어 있을 뿐이니, 필의(筆意)에 따라 써야지 정해진 법칙이 있을 수는 없다.

三, 要大畫小畫, 相雜于一字之內, 亦須肥瘦參錯, 不可均如布算. 但貴用力如一, 不以大而加力, 小而忽之耳. 宋人謂"畫多者宜瘦, 畫少者宜肥." 此亦局束大小肥瘦, 當隨意爲之, 不可有定法.

넷째, 곧은 획과 굽은 획이 서로 적당하게 섞여 있어야 한다. 왕희지는 전서(篆書)와 주문(籒文)을 정밀하게 연구하여 현침(懸針)과 수로(垂露)의 서체를 갖추는 것이 어렵다고 논했다.[96] 이는

四, 要縆直屈曲相間. 右軍論以窮研篆、籒, 備懸針、垂露之體爲難者, 正要畫之端直如懸針篆, 宛曲伸屈如垂露

95 계산할……놓듯이 : 글씨의 획을 그을 때 전체 구도를 생각하지 않고 마치 옛사람이 수를 헤아릴 때 사용하는 산가지와 같이 모두 비슷한 모양으로 써 내려가는 상태를 말한다.

96 왕희지는……논했다 : 왕희지의 필세론(筆勢論) 서두에 나오는 말이다.

바로 현침전(懸針篆)[97]처럼 단정하고 곧은 획을 써야 하고, 수로전(垂露篆)[98]처럼 굽은 획을 써야 한다는 것이다. 이 획들이 서로 섞이면서 자연스럽게 살아 움직여 조작된 느낌이 없도록 하는 것이 중요하다. 만약 이 절묘한 이치를 꿰뚫는다면, 사사롭게 필의를 안배하지 않더라도 붓으로 쓸 때 현침과 수로 2가지 필적이 저절로 생길 것이

篆者, 相錯而天然活動, 無造作之爲貴也. 若透此妙, 則不待私意安排, 筆下自生二者之迹.《圓嶠書訣》

---

97 현침전(懸針篆) : 세로획을 뾰족하거나 날카로운 형태로 쓴 전서.

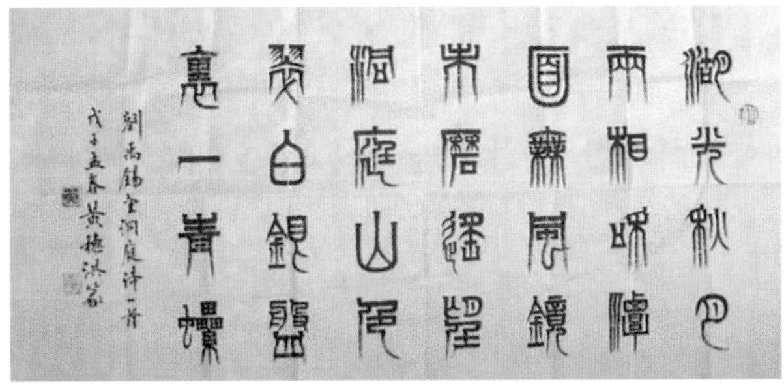

현침전

98 수로전(垂露篆) : 세로획을 둥글거나 원만한 형태로 쓴 전서.

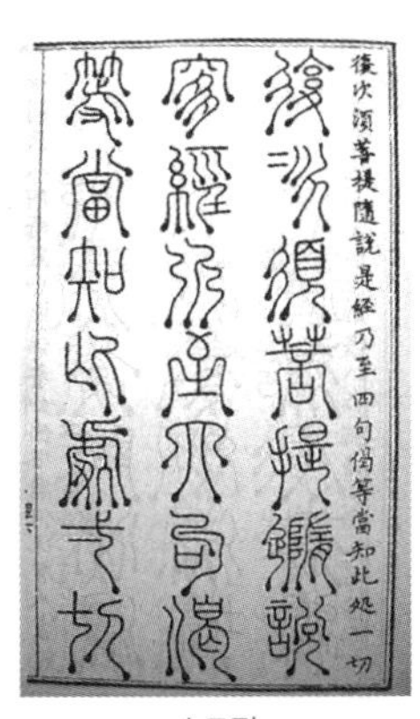

수로전

다.[99] 《원교서결》

8) 용필법(用筆法)

用筆法

이화(李華)[100]는 "용필할 때 손바닥은 비게 하고 손가락에 힘을 주어, 붓을 느리게 이어 가다가 빨리 보내야 한다. 필의는 붓에 앞서 있으나, 글자는 붓 뒤에 있다."라 했다. 《묵지쇄록》[101]

李華[24]云: "用筆在乎虛掌而實指, 緩紉而急送. 意在筆前, 字居筆後." 《墨池瑣錄》

황정견(黃庭堅)은 "마음으로 팔뚝을 부릴 수 있고 손으로 붓을 부릴 수 있다면 글자를 쓰는 대로 그 사람의 필의와 같아진다."라 했다. 《묵지쇄록》[102]

山谷云: "心能轉腕, 手能轉筆, 書字便如人意." 同上

'용필(用筆)은 절차고(折釵股)처럼, 옥루흔(屋漏痕)처럼, 추획사(錐畫沙)처럼, 벽탁(壁坼)처럼 한다'고 했는데, 이 말은 모두 후세 사람의 이론이다. '절차고'란 굽히거나 꺾이는 획을 쓸 때 둥

用筆如折釵股、如屋漏痕、如錐畫沙、如壁坼, 此皆後人之論. 折釵股, 欲其屈折圓[25]而有力; 屋漏痕, 欲其無起止之

99 첫 단락을 제외한 나머지 부분은 《원교서결(圓嶠書訣)》, 규장각한국학연구원 원문DB, 01책 023b~025b에 보인다.

100 이화(李華): 715?~767?. 당(唐)나라의 문인으로, 많은 문장을 남겼으나 대부분 없어지고, 후세 사람이 편찬한 《이하숙문집(李遐叔文集)》과 서법이론인 《이자결(二字訣)》이 전한다.

101 《墨池璅錄》 卷1(《叢書集成初編》 1631, 3쪽).

102 《墨池璅錄》 卷1(《叢書集成初編》 1631, 3쪽).

[24] 華: 저본과 《墨池瑣錄》에는 "萃". 《書法正傳·纂言·李華論書》에 근거하여 수정.

[25] 圓: 저본에는 "員". 《續書譜·用筆》에 근거하여 수정.

글면서도 힘이 있도록 하는 필법이고, '옥루흔'이 란 시작과 끝의 흔적이 없도록 하는 필법이지만, 모두 꼭 이와 같을 필요는 없다.

迹, 皆不必若是.

붓이 바르면 필봉은 감춰지고 붓이 누우면 필봉은 드러난다. 붓이 한번 일어났다가 한번 쓰러지고 한번 어두웠다가 한번 밝아지면 신기(神奇)가 드러난다. 늘 필봉을 획의 가운데에 있도록 하면 획의 좌우에 모두 문제가 없다.

筆正則鋒藏㉖, 筆偃則鋒出, 一起一倒, 一晦一明而神奇出焉. 常欲筆鋒在畫中, 則左右皆無病矣.

그러므로 한 점과 한 획에는 모두 삼전(三轉)[103]이 있고, 일파(一波, 하나의 파임)와 일불(一拂)[104]에는 모두 삼절(三折)[105]이 있고, 한 'ノ(삐침)'에는 또 여러 모양이 있다. 한 점을 찍을 때는 이 점이 획과 서로 호응하게 찍어야 하며, 점을 양쪽으로 찍을 때는 서로가 저절로 호응하도록 찍어야 한다. 세 점일 때는 한 점을 시작하면, 반드시 한 점은 이와 함께 다니며 다른 한 점은 여기에 호응하도록 찍어야 한다. 또 네 점일 때는 한 점을 시작하면, 두 점은 이와 함께 다니며 한 점은 여기에 호응하도록 찍어야 한다.

故一點一畫皆有三轉, 一波一拂皆有三折, 一ノ又有數樣. 一點欲與畫相應, 兩點欲自相應. 三㉗點者, 必一點起, 一點帶一點應; 四點者, 一起, 兩帶一應.

103 삼전(三轉): 글씨를 쓸 때 한 획에서 3번의 굴곡을 주는 서예 기법.

104 일불(一拂): '拂'은 글씨를 쓸 때 필세를 신속하게 운용하는 서예 기법.

105 삼절(三折): 한 획을 그을 때 3번 꺾는 서예 기법. '일파삼절(一波三折)'이라는 파임의 획을 긋는 필법에서 유래하였다가, 후대에는 파임의 획이 아닌 경우에도 운용하였다.

㉖ 鋒藏: 저본에는 "藏鋒".《續書譜·用筆》·《書法離鉤·筆鋒》에 근거하여 수정.(《續書譜》 총서집성초편본은 저본과 같고,《續書譜》와《書法離鉤》 사고전서본은 '鋒藏'으로 되어 있음.)

㉗ 三: 저본에는 "二".《續書譜·用筆》에 근거하여 수정.

《필진도(筆陣圖)》에 "만약 획의 평평하고 곧은 정도가 서로 비슷하여 산가지[算子]처럼 생겼다면 글씨가 아니다."[106]라 했다. 또 '口(위)'와 같은 글자는 그 모서리를 쳐내 넉넉하면서 원만한 아름다움이 있어야 좋다. "마음이 바르면 붓도 바르게 된다."[107]는 말과 "필의는 붓에 앞서 있으나, 글자는 쓰고자 하는 마음 뒤에 있다."[108]는 말은 모두 유명한 말이다. 그러므로 중도를 지켜 쓸 수 없다면, 기교 있게 쓰기보다는 차라리 고졸하게 쓰고, 약하게 쓰기보다는 굳세게 쓰고, 더디게 쓰기보다는 빠르게 쓰는 편이 좋다. 그렇지만 속기(俗氣)를 철저하게 씻어 내고 써야만 빼어난 경지가 저절로 드러날 것이다.

《筆陣圖》云: "若平直相似, 狀如算子, 便不是書." 又如口, 當泯其稜角, 以寬閑圓美爲佳. "心正則筆[28]正", "意在筆前, 字居心後", 皆名言也. 故不得中行, 與其工也寧拙, 與其弱也寧勁, 與其鈍也寧速. 然極須陶洗[29]俗姿, 則妙處自見矣.

중요한 점은 붓을 잡을 때는 힘을 주어 잡고 붓을 부릴 때는 활기가 있도록 하는 것이다. 또 손가락으로 붓을 부려서는 안 되고 늘 팔뚝으로 써야 한다. 붓을 잡는 것은 손이지만 손이 운필을 주관하지 않으며, 운필은 팔뚝에서 하지만 팔뚝은 손으로 붓을 잡고 있는지도 알지 못해야 한다.

大要執之欲緊, 運之欲活, 不可以指運筆, 當以腕運筆. 執之在手, 手不主運; 運之在腕, 腕不知執. 姜白石《書譜》

106 만약……아니다: 왕희지의 《왕우군제위부인필진도후(王右軍題衛夫人筆陣圖後)》에 나온다.(《書法正傳》 卷5 〈纂言〉 上)

107 마음이……된다: 유공권이 한 말로 알려져 있다.(《書法正傳》 卷5 〈纂言〉 上)

108 필의는……있다: 왕희지의 '서법이론[書論]'에 나온다. 위 "용필법" 첫 기사에서 이화는 이 구절을 "意在筆前, 字居筆後"로 바꿔 썼다.(《御定佩文齋書畫譜》 卷5 〈論書〉 5)

[28] 則筆: 저본에는 "筆能". 《續書譜·用筆》에 근거하여 수정.

[29] 洗: 저본에는 "寧". 《續書譜·用筆》에 근거하여 수정.

강기《속서보》[109]

용필할 때, 아주 가는 붓털 끝의 사이에서 돈좌(頓挫)[110]하거나, 무성하게 굽히거나, 돌리다가 꺾거나, 억눌렀다가 피어나게 하거나, 감췄다가 꺼내거나, 드리웠다가 오므리거나, 갔다가 되돌아오거나, 역방향으로 갔다가 순방향으로 오거나, 내려갔다가 올라가거나, 이어받았다가 감싸거나, 둥글게 돌리거나, 뛰어오르거나, 물방울이 스며들 듯하게 하거나, 코피가 맺히는 듯하게 하거나, 구멍을 낼 듯이 물들이거나, 빗자루로 쓸 듯이 어루만지거나, 붓고 뛰거나, 뽑아내고 가리키거나, 휘두르고 흔들거나, 끌고 털거나, 가운데를 비워 떨어지는 듯하거나, 빈 곳에 시렁을 두어 당을 듯하거나, 깊은 곳으로 들어가 끌어당기거나, 거두어들였다가 놓아주거나, 움츠렸다가 펴주거나, 물방울을 가득 뿌려 무성하게 하거나, 말기도 하고 쭈그리기도 하거나, 새기고 쫀 듯이 빽빽하게 하거나, 뒤집고 깎은 듯이 밝아지게 하거나, 북 치고 춤추듯 기이하게 보이도록 쓰기도 한다.

用筆, 毫釐鋒穎之間, 頓挫之, 鬱屈之, 周而折之, 抑而揚之, 藏而出之, 垂而縮之, 往而復之, 逆而順之, 下而上之, 襲而掩之, 盤旋之, 踊躍之, 瀝之使之入, 衄之使之凝, 染之如穿, 按之如掃, 注之趯之, 擢之指之, 揮之掉之, 提之拂之, 空中墜之, 架虛搶之, 窮深掣之, 收而縱之, 蟄而伸之, 淋之浸淫之使之茂, 卷之蹙之, 雕而琢之使之密, 覆之削之使之瑩, 鼓之舞之使之奇.

기쁜 마음을 펼칠 때는 마치 아름다운 광경을

喜而舒之, 如見佳麗, 如遠行

109 《續書譜》〈用筆〉(《書譜·續書譜》, 127~132쪽).

110 돈좌(頓挫) : '돈(頓)'은 가는 획에서 굵은 획으로 바뀔 때 붓을 약간 틀면서 누르는 동작이며, '좌(挫)'는 획이 바뀔 때 쓰고 있던 붓 표면을 바꾸어 주는 동작을 말한다.

본 듯이 하거나, 마치 먼 여행길의 나그네가 고향을 지나치듯이 그 기쁨을 드러낸다. 반면 분노한 마음을 과격하게 쳐낼 때는 마치 칼을 쥐고 창을 붙잡고서 만 명의 기병 사이로 달려 나가듯이 그 씩씩함을 드러낸다.

客過故鄕, 發其怡；怒而奪激之, 如撫劍戟, 操戈矛, 介萬騎而馳之也, 發其壯.

슬퍼하면서 그리워하는 마음을 펼칠 때는 서성이면서 어쩔 줄 몰라 하고, 높은 곳에 올라 옛일을 슬퍼하고, 개연히 탄식하는 소리를 낸다. 즐거워하면서 화합하는 뜻을 펼칠 때는 화서(華胥)[111]에서 노니는 꿈을 꾸고 균천(鈞天)[112]의 음악을 들으면서도 단표누항(簞瓢陋巷)[113]의 즐거움을 함께하는 뜻이 있는 듯이 한다.《춘우잡술》[114]

哀而思也, 低回戚促, 登高弔古, 慨然歎息之聲；樂而融之, 而夢華胥之遊, 聽鈞[30]天之樂, 與其簞瓢陋巷之樂之意也.《春雨雜述》

손은 물처럼 평평하게 하고 마음은 터럭처럼 섬세하게 하며, 팔뚝이 움직여도 손가락은 이를 알지 못하게 쓴다.《증보산림경제》[115]

手平如水, 心細如髮, 腕動而指不知.《增補山林經濟》

---

111 화서(華胥) : 이상향을 가리키는 말. 황제(黃帝)가 낮잠을 자다가 꿈에 화서씨(華胥氏)의 나라에 가서 안락하고 평화로운 이상향을 보았다는 고사에서 유래한다.《열자(列子)》〈황제(黃帝)〉에 나온다.

112 균천(鈞天) : 균천광악(鈞天廣樂)의 약어로, 하늘의 아름다운 음악을 말한다. 춘추시대 진(秦)나라 목공(穆公)이 꿈에 상제(上帝)가 있는 곳에 가서 균천광악을 듣고 감동을 받았다는 고사에서 유래한다.《사기(史記)》〈조세가(趙世家)〉에 나온다.

113 단표누항(簞瓢陋巷) : 청빈함을 즐기는 생활. '한 소쿠리의 밥과 한 표주박의 물[一簞食一瓢飮]'만 먹는 삶 속에서도 즐거움을 잃지 않는 안회(顔回)에 대해 공자(孔子)가 평가한 말에서 유래한다.《논어(論語)》〈옹야(雍也)〉에 나온다.

114 《春雨雜述》(《叢書集成初編》 1622, 3쪽).

115 《增補山林經濟》 卷16 〈雜方〉 "筆訣"(《農書》 5, 238~239쪽).

[30] 鈞 : 저본에는 "匀". 《春雨雜述》에 근거하여 수정.

획을 시작할 때마다 반드시 붓털을 펴서 쓰되 마치 날카로운 칼로 가로로 깎아 내듯이 하며, 조금이라도 군더더기가 굳게 쌓이게 하지 마라. 붓이 종이를 투과할 듯이 하면서 진행해야 하며, 붓은 앞서고 손은 뒤에 오도록 하여 마음을 집중해서 밀고 가라.《원교서결》[116]

每起畫必伸毫下之, 如以利刀橫削, 毋令微有贅累堅築. 筆欲透紙乃行, 令筆先手後, 專心推去.《圓嶠書訣》

옛사람의 필법(筆法)은 전서(篆書)와 예서(隸書)부터 모두 붓대를 곧게 하고 붓털을 펴서 쓰되, 모든 붓털에 힘을 고르게 주어 한 획 안에서 위아래와 안팎의 차이가 없었다. 송(宋)나라와 명(明)나라로 내려오면서 비록 필력이나 정밀함의 차이는 있을지라도 운필(運筆)은 대체로 모두 그러했다.

古人筆法, 自篆、隸皆直管伸毫而書, 使萬毫齊力, 一畫之內無上下、內外之殊. 下逮宋、明, 雖有勁脆、精鈍之差, 運筆大率皆然.

그런데 우리나라는 고려 말 이래로 모두 붓 끝을 눕혀서 단정하게 썼다. 그 결과 획의 위와 왼쪽은 붓털의 예리한 끝으로 칠하기 때문에 먹이 진하면서도 매끄럽게 된다. 반면 획의 아래와 오른쪽은 붓털의 허리가 지나가기 때문에 먹이 엷으면서도 뻑뻑해져 획이 모두 치우치고 말라 완전하지 않다. 붓을 둥글게 뭉친 데다가 손이 붓보다 먼저 가서 당기니 마침내 획이 무디고 느슨해져 힘이 없다. 우리나라에 글씨를 잘 쓰는 사람이 매우 드

吾東則麗末來, 皆偃筆端書. 畫之上與左, 毫銳所抹, 故墨濃而滑; 下與右, 毫腰所經, 故淡而澁, 畫皆偏枯不完. 旣團捘其筆, 又手先於筆而引之, 畫遂鈍緩無力. 東國善藝之絶罕, 盡坐於此. 同上

116 《圓嶠書訣》(규장각한국학연구원 원문DB, 01책 004b).

문 이유는 모두 이 때문이다.《원교서결》[117]

왕희지는 "일반적으로 글씨를 쓰려고 할 때는 먼저 갈아 놓은 먹이 마른 다음에 붓을 물속에 담갔다가 쓰되, 갈아 놓은 먹을 생으로 사용해서 질펀하거나 빽빽하게 해서는 안 된다."[118]라 했다. 또 "용필할 때 먹이 묻는 곳은 불과 3푼이므로 붓을 먹에 깊게 적셔서 붓털이 약해지고 힘이 없어지게 해서는 안 된다."[119]라 했다. 나는 늘 비록 작은 글자를 쓸 때라도 반드시 먹을 아주 많이 갈아 푹 익어서 생먹이 되지 않게 한 다음에 단지 붓을 조절하여 엉기지 않게 해서 쓴다. 대개 먹은 만족할 만큼 충분히 있어야만 필의에 여유가 있다. 요즈음에 중국 사람들은 담묵(淡墨, 엷은 먹)이나 갈필(渴筆)[120] 쓰기를 좋아하고, 우리나라 사람들은 또 대부분이 붓을 깊게 적셔서 붓털이 약해지게 하는데, 이는 모두 용필의 병폐이다.《원교서결》[121]

右軍云:"凡欲書時, 先乾研墨, 安筆水中, 研墨不得生用使浸溽漫溢." 又曰:"用筆著[31]墨, 不過三分, 不得深浸使毛弱無力." 余每雖小字, 必磨墨甚多, 令濃熟不生, 然後但調筆不滯. 蓋墨須滿足, 意乃有餘. 近來中國人好用淡墨、渴筆, 東人又多深浸[32]毛弱, 皆用筆之病. 同上

117 《圓嶠書訣》(규장각한국학연구원 원문DB, 01책 001a).

118 일반적으로……된다: 이 문장은 괄호 안의 한자가 출전(出典)에서 생략되어 인용되어 있다.《書法正傳》卷5〈纂言〉上. "凡欲書時, 先乾研墨, 安筆水中, 研墨(須調)不得生用, (生用即)浸溽漫溜."

119 용필할……된다:《書法正傳》卷1〈翰林要訣〉.

120 갈필(渴筆): 먹을 조금만 묻히거나 쓰는 속도를 빨리 하여 먹이 종이에 많이 스며들지 않게 쓰는 용필법.

121 《圓嶠書訣》(규장각한국학연구원 원문DB, 01책 022a~022b).

[31] 著: 저본에는 "者".《圓嶠書訣》에 근거하여 수정.

[32] 浸:《圓嶠書訣》에는 "漫".

9) 글씨에 서법이 없어서는 안 된다 論書不可無法

세상에 글씨를 논하는 사람 중 대부분이 "글씨에 반드시 서법이 있지 않아도 각자가 일가를 이루었다."고 말하지만 이 말은 한쪽으로 치우쳤다. 이를 비유하자면 서시(西施)[122]와 모장(毛嬙)[123]과 같다. 그들의 용모는 비록 같지 않으나 모두 미인이다. 그러나 손은 손이어야 하고 발도 발이어야 하니, 이것은 바꿀 수 없는 사실이다. 글자를 쓰는 일도 마찬가지다. 비록 글씨의 형태와 기운은 같지 않더라도 약세(掠勢)는 약세여야 하고 책세(磔勢)는 책세다우면서 온갖 방법으로 변화해야 하는데, 이것은 바꿀 수 없는 사실이다. 만약 약세가 약세로 되지 않고, 책세가 책세로 되지 않는다면 설령 글씨에 정신(精神)과 근골(筋骨)이 갖춰졌다 해도, 이는 서시나 모장 같은 사람이 손과 발이 어그러져 끝내 완전한 사람은 되지 못

世之論書者, 多謂"書不必有[33]法, 各自成一家", 此語得其一偏. 譬如西施、毛嬙, 容貌雖不同, 而皆爲麗人. 然手須是手, 足須是足, 此不可移者. 作字亦然. 雖形氣不同, 掠須是掠, 磔須是磔, 千變萬化, 此不可移也. 若掠不成掠, 磔不成磔, 縱具精神筋骨, 猶西施、毛嬙, 而手足乖戾, 終不爲完人. 楊朱、墨翟, 賢辨過人, 而卒不入聖域. 盡得師法, 律度備全, 猶是奴書. 然須自此入, 過此一路, 乃涉妙境, 無[34]迹可窺, 然後

---

122 서시(西施) : ?~?. 춘추시대 월(越)나라의 미녀.

123 모장(毛嬙) : ?~?. 서시와 함께 중국 고대의 대표적 미녀 중 한 명이며, 춘추시대 월(越)나라 왕 구천(句踐)의 후궁으로 알려져 있다.

[33] 有 : 저본에는 "用".《夢溪補筆談·藝文》에 근거하여 수정.

[34] 無 : 저본에는 "能無".《夢溪補筆談·藝文》에 근거하여 수정.

하는 것과 같다. 양주(楊朱)[124]와 묵적(墨翟)[125]도 현명함과 분별력은 보통 사람보다 뛰어났지만 끝내 성인(聖人)의 경지에는 들지 못했다. 물론 모범으로 삼는 서법만을 모두 얻어서 규칙과 법도를 온전하게 갖추기만 한다면 이런 글씨는 오히려 노서(奴書)[126]이다. 그러나 글씨는 여기서부터 입문해야만 하니, 이 하나의 과정을 거쳐야 비로소 신묘한 경지에 이르러 엿볼 만한 필적이 없게 된 뒤에야 신품(神品)에 든다.《몽계보필담》[127]

入神.《夢溪補筆談》

10) 결자(結字)

論結字

진서(眞書, 해서)는 평정(平定)을 좋게 여긴

眞書以平定爲善, 此世俗之

---

124 양주(楊朱) : BC 440?~BC 360?. 춘추시대 위(魏)나라 학자. 양생(楊生) 또는 양자(楊子)라고도 한다. '자신을 소중하게 하고[重己]', '생명을 귀하게 대하라[貴生]'고 주장하였으며, '자기 스스로 쾌락을 느끼면 모든 게 좋을 뿐이니 터럭 하나를 뽑아서 천하가 이롭게 된다고 하더라도 그렇게 할 필요가 없다'는 위아설(爲我說)을 주장했는데, 이는 묵자의 겸애(兼愛)와는 상반된다. 그의 저술은 남아 있지 않으나《맹자(孟子)》·《장자(莊子)》·《순자(荀子)》 등에 부분적으로 전한다. 이들 책에서는 대체로 양주의 사상에 비판적인 평가를 내리고 있으며, 주로 위아주의(爲我主義)의 한계와 맹점을 지적하였다.

125 묵적(墨翟) : BC 480?~BC 390?. 춘추시대 송(宋)나라 학자. 묵적은 사람들에게 '서로를 사랑하라[兼愛]'고 주장하였고, '사회 전체적인 이익의 증대[交相利]'를 말하여 사람들의 민생 문제에 많은 관심을 보였다. 그의 학설은 묵적의 후계자들인 묵가(墨家)가 편찬한《묵자(墨子)》에 전해져 온다. 유가(儒家)에서는 묵적의 주장을 이단이라고 비판하였고, 특히 맹자(孟子)는 묵적이 주장하는 학설의 모순을 지적하면서 자신의 사상과의 차이점을 드러냈다.

126 노서(奴書) : 스스로 수련하면서 자신의 서체를 발전시켜 나가지 않고 남의 서체를 모방하면서 비슷하게 따라 하는 서법.

127 《夢溪補筆談》 卷2 〈藝文〉, 20쪽.

다고 하는데 이는 세간의 주장으로, 당(唐)나라 사람들의 잘못이다. 예부터 지금까지 해서에 솜씨가 있는 사람 중에 종요(鍾繇, 151~230)보다 뛰어난 사람이 없고, 그다음이 왕희지(王羲之, 307~365)이다. 지금 두 대가의 글씨를 살펴보면 모두 자유분방하니[蕭灑縱橫], 어찌 평정(平正)에 얽매이겠는가? 사실 당나라 사람들이 서(書, 글씨)와 판(判, 판단력)으로 관리를 뽑았기 때문에[128] 사대부의 글씨에는 과거제의 습성이 묻어 있었으니, 안진경(顔眞卿, 709~784?)이 《간록자서(干祿字書)》[129]를 만든 것이 이것이다.[130] 더구나 구양순(歐陽詢, 557~641)과 우세남(虞世南, 558~638)과 안진경과 유공권(柳公權, 778~865)

論, 唐人之失也. 古今眞書之妙, 無出於鍾元常, 其次則王逸少. 今觀二家之書, 皆蕭灑縱橫, 何拘平正? 良由唐人以書判取士, 而士大夫字畫類有科擧習氣, 顏魯公作《干祿字書》是也. 矧歐、虞、顏、柳, 前後相望, 故唐人下筆, 應規入矩[35], 無復晉、魏飄逸之氣. 且字之長短、小大、斜正、疏密, 天然不齊, 孰能一之? 謂如"東"字之長, "西"字之短, "口"字之小, "體"字之

---

128 당나라……때문에 : 당나라는 신언서판(身言書判)을 사람을 선발하는 기준으로 삼았는데, 그와 관련된 내용은 다음과 같다. "사람을 고르는 방법에 4가지가 있다. 첫째는 신(身)이니, 용모가 통통하면서 우람해야 한다. 둘째는 언(言)이니, 말이 화려하면서 우아해야 한다. 셋째는 서(書)이니, 해서가 굳세면서 아름다워야 한다. 넷째는 판(判)이니, 논리가 걸출해야 한다."(《신당서(新唐書)》〈선거지(選擧志)〉)

129 간록자서(干祿字書) : 당나라의 안원손(顏元孫)이 지은 자전(字典). 안원손은 안진경의 제부(諸父)이다. 대력(大曆) 9년(774년), 안진경이 호주(湖州) 자사로 있을 때, 이 책을 써서 돌에 새긴 적이 있다.(호주본) 개성(開成) 4년(839년)에 양한공(楊漢公)이 다시 촉(蜀) 지방에서 모각하였다.(촉본) 현재 호주본은 이미 돌이 망가져 글자가 빠져 있고, 촉본이 겨우 남아 있다. 《사고전서총목제요》 참조.

130 안진경(顏眞卿)이……이것이다 : 《간록자서(干祿字書)》는 글자체를 정체(正體), 속체(俗體), 통체(通體)로 구분하였는데, 그 서문에서 글자를 3종류로 구분해 놓은 이유를 다음과 같이 설명하였다. "벼슬살이와 과거는 인간의 급선무이고, 이름에 맞게 실속이 있기를 요구하는 것은 어느 나라나 변하지 않는 법이다. 문장을 살피는 데다가 글씨까지 살펴서 승진과 좌천이 글씨에 달려 있으니, 어찌 글씨를 소홀히 해서야 되겠는가?(夫筮仕觀光, 惟人所急; 循名責實, 有國恒規. 既考文辭, 兼詳翰墨. 昇沈是繫, 安可忽諸?)"

㉟ 應規入矩 : 저본에는 "應矩入規". 《續書譜·眞書》에 근거하여 수정.

은 당나라의 전기와 후기에 서로 이어서 나왔기 때문에 당나라 사람들은 글씨를 쓸 때 그들의 필법을 따라서 본보기로 받아들여 더 이상 위진(魏晉) 시대의 표일(飄逸, 매우 생동감이 넘치는 풍격)한 기풍이 없었다. 또 글자의 길이와 크기, 기울기와 소밀(疏密)함은 원래 일정하지 않은데, 누가 획일화할 수 있겠는가? 이는 예를 들어 '동(東)' 자처럼 길쭉하거나, '서(西)' 자처럼 짧거나, '구(口)' 자처럼 작거나, '체(體)' 자처럼 크거나, '붕(朋)' 자처럼 비스듬하거나, '당(黨)' 자처럼 반듯하거나, '천(千)' 자처럼 성기거나, '만(萬)' 자처럼 빽빽한 글자를 말한다. 획이 많은 글자는 가늘게 써야 하고, 획이 적은 글자는 살지게 써야 한다. 위진 시대의 서법이 고상했던 이유는 사실 글자 각각이 자신의 참모습을 다 드러냄으로 말미암아 거기에 사심이 끼어들지 않았기 때문이다.

大, "朋"字之斜, "黨"字之正, "千"字之疏, "萬"字之密. 畫多者宜瘦[36], 畫少者宜肥. 魏、晉書法之高, 良由各盡字之眞態, 不以私意參之耳.

어떤 사람은 방정(方正)한 글씨만 좋아하여 구양순과 안진경의 글씨에만 전념하는 반면에, 어떤 사람은 균원(勻員)[131]한 글씨에만 힘써서 우세남과 지영(智永)의 글씨만을 본받는다. 어떤

或者專喜方正, 極意歐、顏; 或者惟務勻員, 專師虞、永. 或謂體須精[37]匾則自然平正, 此又有[38]徐會稽之病; 或云

131 균원(勻員): 균형이 잡혀 있으면서 가득 차고 윤택한 느낌.

[36] 瘦: 저본에는 "疏". 《續書譜·眞書》에 근거하여 수정.

[37] 精: 저본에는 "少". 《續書譜·眞書》에 근거하여 수정.

[38] 有: 저본에는 없음. 《續書譜·眞書》에 근거하여 보충.

사람은 서체가 정편(精匾)[132]해야만 자연스레 평정(平正)하게 된다고 하는데, 여기에도 서호(徐浩)[133]의 결점[134]이 있으며, 어떤 사람은 소산(蕭散)[135]해지고자 하면 자연스레 세속의 때가 묻지 않는다고 하는데, 여기에도 왕헌지(王獻之)의 풍격만 있는 것이다. 그러니 어찌 서법의 미학을 충분히 다 표현하였다고 할 수 있겠는가. 강기 《속서보》[136]

欲其蕭散則㊴自不塵俗, 此又有王子敬之風. 豈足以盡書法之美哉! 姜白石《書譜》

글씨의 신비스럽고 고아한 운치는 비록 마음으로 터득하는 것이나, 서법은 반드시 공부에 바탕을 두어야 한다. 나는 세상 사람들이 글자를 쓰면서 나누어 구성하는 데 일정한 법칙이 없음을 늘 걱정했었다. 일반적으로 글자 중에는 2개나 3개, 4개 글자가 합쳐져서 한 글자가 된 경우가 있으니, 이때는 글자마다 쪼개어 보아야 한다. 만약 이들의 글자 획수가 서로 비슷하면 글자 크

書之神韻, 雖得於心, 然法度必資講學. 常患世之作字, 分制無法. 凡字有兩字、三四字合爲一字者, 須字字可拆㊵. 若筆畫多寡相近者, 須令大小均停. 所謂筆畫相近, 如殺字乃四字合爲一, 當使乂、木、几、乂四者大小皆均. 如

132 정편(精匾) : 붓놀림에 능숙하여 글씨가 오밀조밀함.

133 서호(徐浩) : 703~782. 중국 당나라 중기 사람. 자는 계해(季海). 나중에 회계군공(會稽郡公)에 봉해졌으므로 사람들이 서회계(徐會稽)라 불렀다. 글씨는 아버지 서교(徐嶠)에게서 전수받았다. 해서를 잘 써서 스스로 일가를 이루었다.

134 서호(徐浩)의 결점 : 중국의 글씨 논평서에 대체로 서호의 해서와 행서에 대해서 "참으로 능숙한 맛은 많지만, 필의와 취향은 없다.(固多精熟, 無有意趣.)"라고 평하기도 하였다. 여기서 말하는 서호의 결점은 이를 두고 하는 말인 듯하다.

135 소산(蕭散) : 행동거지, 정신, 풍격이 자연스러워 얽매이지 않음.

136 《續書譜》 〈眞書〉(《書譜·續書譜》, 100~103쪽).

㊴ 則 : 저본에는 "故". 《續書譜·眞書》에 근거하여 수정.

㊵ 拆 : 저본에는 "折". 《夢溪筆談·書畫》에 근거하여 수정.

기가 균형이 맞도록 해야 한다. 글자 획수가 서로 비슷하다는 말은, 예를 들어 살(殺) 자는 4개 글자가 합쳐져서 한 글자가 된 경우로, 이를 구성하는 우(又)와 목(木)과 궤(几)와 예(乂) 4개 글자의 크기가 모두 균형이 맞도록 해야 한다. 또 미(未) 자는 2개 글자가 합쳐진 사례로, 이를 구성하는 토(土)와 소(小) 2개 글자의 크기와 길이가 모두 균형이 맞도록 해야 한다. 반면에 글자 획수가 서로 크게 차이 나면 억지로 균형이 맞도록 해서는 안 된다. 획이 적은 글자가 왼쪽에 있으면 윗부분을 가지런하게 하고, 획이 적은 글자가 오른쪽에 있으면 아랫부분을 가지런하게 한다. 예를 들어 구(口)와 금(金)으로 구성되었다면 이는 글자 획수가 다른 경우이니, 금(唫) 자는 윗부분을 가지런하게 하고, 구(釦) 자는 아랫부분을 가지런하게 한다. 또 예를 들어 상(上)과 소(小)와 우(又)로 구성되었거나 구(口)와 위(胃)로 구성되어 3개 글자가 합쳐진 글자는 글자 획수가 다른 경우이니, 이를 합친 숙(叔) 자는 아랫부분을 가지런하게 해야 하고, 위(喟) 자는 윗부분을 가지런하게 해야 한다. 이와 같은 유형을 몰라서는 안 된다.《몽계필담》[137]

未字乃二字合, 當使土與小二者大小、長短皆均. 若筆畫多寡相遠, 卽不可强牽使停. 寡在左, 則取上齊; 寡在右, 則取下齊. 如從口從金, 此多寡不同也, 唫卽取上齊, 釦則取下齊. 如從上、小從又, 及從口從胃三字合者, 多寡不同, 則叔當取下齊, 喟當取上齊. 如此之類, 不可不知.《夢溪筆談》

137 《夢溪筆談》卷17〈書畫〉.

조맹부(趙孟頫)는 글씨를 논하면서 다음과 같이 말했다. "서법(書法)은 용필(用筆)을 제일로 삼으나 결자(結字)에도 공을 들여야 한다. 결자는 시대에 따라 다른 이론이 전해졌으나 용필은 오랜 세월이 흘러도 바뀌지 않는다. 왕희지(王羲之)의 자세(字勢)[138]는 옛 법이 한 차례 변한 것인데, 그 걸출한 기상은 자연스러움에서 비롯하였으므로 예부터 지금까지 모범으로 여긴다. 그런데 이를 계승한 남조 제(齊, 479~502)나라와 양(梁, 502~557)나라 사람들의 결자가 옛 법이 아닌 것은 아니나 고상한 기운이 부족하니, 이는 또 붓을 든 사람들에게 달려 있는 것이다. 그러니 옛 법도를 끝까지 놓쳐서는 안 된다."《연북잡지》[139]

趙子昂論書云:"書法以用筆爲上, 而結字亦須用工, 蓋結字因時相傳, 用筆千古不易. 右軍字勢, 古法一變, 其雄秀之氣出于天然, 故古今以爲師法. 齊、梁間人結字非不古, 而乏俊氣, 此又在乎其人. 然古法終不可失也."《硏北雜志》

글자는 점과 획을 바탕으로 하여 결구(結構, 결자)에서 완성되니, 비록 필획으로 나타내려는 뜻을 터득한다 해도 결구가 저속하면 또한 칭찬할 만하지 않다. 이는 집을 지을 때 좋은 재목(材木)을 위주로 하는데, 비록 좋은 재목이 있어도 집의 짜임새가 조잡하면 또한 큰 집을 완성하지 못하는 것과 같다. 무릇 결구는 엄밀(嚴密)을 기

字以點畫爲本而成於結構, 雖得畫意, 結構卑俗, 亦不足稱. 是猶作室, 以材木之美爲主, 雖有美材, 堂構淺陋, 亦不成巨室也. 夫結構, 以嚴密爲體, 以欹疏鬱拔爲用. 以其蒼勁拔俗, 故雖自有宏闊軒

138 자세(字勢): 글자의 필세와 필법.

139 《硏北雜志》 卷上(《叢書集成初編》 2887, 95쪽).

본[體]으로 삼고, 의소울발(欹疏鬱拔)[140]을 응용[用]으로 삼는다. 결구가 창경발속(蒼勁拔俗)[141]하기 때문에 자연스레 굉활헌탈(宏闊軒脫)[142]한 묘리가 있지만, 사실은 엄밀함을 지극히 한 것이다. 옛날 법서(法書, 법첩)에는 전서와 예서와 해서와 초서를 막론하고 그렇지 않은 글자가 없다. 만약 처음부터 엄밀하지 않으면 글씨가 그저 널찍하고 커지기만 하니, 요즘 유행하는 《필진도(筆陣圖)》나 《곽태비(郭泰碑)》[143] 같은 종류는 위작(僞作)에서 벗어날 길이 없다.《원교서결》[144]

脫之妙, 實則至嚴密. 古法書無論篆、隸、眞、草, 無字不然. 若初不嚴密, 徒爲闊大, 卽今行《筆陣圖》、《郭泰碑》之類, 無所逃僞者也.《圓嶠書訣》

11) 큰 글자와 작은 글자

論大小字

일반적으로 큰 글자는 작은 글자처럼 써야 하고, 작은 글자는 큰 글자처럼 써야 한다.《해악명언》[145]

凡大字要如小字, 小字要如大字.《海岳名言》

세상 사람들은 대부분 큰 글자를 쓸 때 힘을

世人多寫大字時, 用力捉筆,

140 의소울발(欹疏鬱拔) : 굴곡지며 엉성한 듯하면서 치밀하고 탈속적임.

141 창경발속(蒼勁拔俗) : 고아하면서도 힘이 있고, 탈속하여 자유로움.

142 굉활헌탈(宏闊軒脫) : 광활하고 초탈하다.

143 곽태비(郭泰碑) : 후한의 채옹(蔡邕, 133~192)이 쓴 비문(碑文). 채옹이 곽태의 비문을 쓰고서 "내가 천하의 비명을 많이 썼지만, 곽태를 위해 쓴 비문만큼은 부끄럽지 않다."라고 한 일화가 유명하다.

144 《圓嶠書訣》〈書訣前編〉(규장각한국학연구원 원문DB, 01책 011a).

145 《海岳名言》(《叢書集成初編》 1628 〈海岳名言〉, 2쪽).

써서 붓을 꽉 잡지만, 그럴수록 글자는 근골과 기세가 점점 더 없어져서 붓 끝을 찐 떡처럼 둥글게 만드니 몹시 우습다. 큰 글자는 작은 글자처럼 써야만 붓 끝의 기세가 완전해지며, 절대로 고심해서 쓰지 않아야 좋아진다.《해악명언》[146]

字愈無筋骨神氣, 作圓筆頭如蒸餠, 大可鄙笑. 要須如小字, 鋒勢備全, 都無刻意做作乃佳. 同上

황정견(黃庭堅)은 "큰 글자는 조밀하도록 틈이 없게 쓰기가 어렵고, 작은 글자는 공간이 넓도록 여유 있게 쓰기가 어렵다."라 했다.《묵지쇄록》[147]

山谷云 : "大字難於結密而無間, 小字難[41]於寬綽而有餘."《墨池瑣錄》

쌍구법(雙鉤法)[148]으로 글씨를 쓸 때는 견고하도록 해야 하니, 오로지 팔을 움직여 글자 쓰는 법을 익히도록 노력해야 한다. 끊임없이 오랫동안 연습하면 또한 팔꿈치를 움직여 작은 글자를 쓸 수 있다.《증보산림경제》[149]

雙鉤要堅固, 專以運腕作字爲工夫. 久習不已, 則亦能運肘作細字.《增補山林經濟》

글씨를 처음 배우는 사람은 먼저 글자를 크게 쓰도록 한다는 말은, 대개 마음이 거친 사람으로 하여금 쉽게 필력을 힘차게 펼치도록 하기 위해

所謂初學先大書, 蓋欲使心粗者易爲畫力之伸展勁健. 然實則初學亦須入精密. 若

146 《海岳名言》(《叢書集成初編》 1628 〈海岳名言〉, 2쪽).

147 《墨池瑣錄》 卷1(《叢書集成初編》 1631 〈墨池瑣錄〉, 3쪽).

148 쌍구법(雙鉤法) : 붓을 잡는 방법의 하나로 단구법(單鉤法)과 대조되는 방법. 엄지를 밖으로 향하게 하면서 붓대를 눌러 주고, 검지와 중지는 안으로 향하면서 갈고리처럼 굽힌다. 약지는 밖으로 들어 올리고, 소지는 약지 아래쪽에 붙여서 움직임을 도와주는 역할을 하여 다섯 손가락이 모두 작용할 수 있도록 하여야 한다. 쌍포(雙苞)라고도 한다.

149 《增補山林經濟》 卷16 〈筆訣〉(《農書》 5, 239~240쪽).

[41] 難 : 저본에는 "能".《墨池瑣錄》에 근거하여 수정.

서다. 그러나 사실은 글씨를 처음 배우는 사람도 글씨를 정밀하게 쓰도록 해야 한다. 만약 크게 쓰기만 했다가 이것이 익숙해져 습관이 되면, 결국 평생토록 글씨를 정밀하게 쓰지 못하는 화근이 된다. 지금 사람들은 반드시 어린아이에게 글씨를 손이나 말박[斗]만 한 크기로 먼저 쓰게 하는데, 어린아이의 팔 힘과 손힘이 미치지 못하여 어쩔 수 없이 부드럽고 느슨한 획을 겨우 끌어다가 끝까지 채우게 해서 어린아이의 재능을 다 망쳐버린다.《원교서결》[150]

徒太大, 狃作習性, 終爲平生不精密之病根. 今人必令小兒先作如手如斗, 使其腕手不逮, 不得已而以脆緩之畫, 僅引充限, 盡斲其材.《圓嶠書訣》

12) 골격

論骨格

글자는 골격(骨格)이 있어야 하고, 살은 힘줄을 싸야 하고 힘줄은 살 속에 감춰져야 서첩이 비로소 수려하고 윤기가 난다. 글자 배치는 온건하되 저속하지 않고, 험준하되 괴이하지 않고, 노쇠하되 마르지 않고, 윤기 있으나 살지지 않아야 한다. 골격의 변화는 형태를 중요하게 여기고 고(苦)를 중요하게 여기지 않으니, 고에서 노(怒)가 생기고, 노에서 괴(怪)가 생기기 때문이다. 형태를 중요하게 여기고 조작을 중요하게 여

字要骨格, 肉須裹筋, 筋須藏肉, 帖乃秀潤生. 布置穩不俗, 險不怪; 老不枯, 潤不肥. 變態貴形不貴苦, 苦生怒, 怒生怪; 貴形不貴作, 作入畫, 畫入俗, 皆字病也.《海岳名言》

150 《圓嶠書訣》〈書訣前編〉(규장각한국학연구원 원문DB, 01책 04b~05a).

기지 않으니, 조작이 획에 들어가면 획은 저속되기 때문이다. 이는 모두 글자의 병폐이다.《해악명언》[151]

세상 사람들은 파도치듯 필력이 웅건한 것만을 근골로 여기지만, 그렇게 하지 않아도 저절로 근골이 있다는 사실을 알지 못한다.《해악명언》[152]

世人但以怒張爲筋骨, 不知不怒張自有筋骨焉. 同上

13) 글씨는 활동적이어야 한다

論書要活動

글씨는 줄마다 활법(活法, 얽매이지 않고 변화하는 서법)이 있어야 하고, 글자마다 생동감을 추구해야 한다.《묵지쇄록》[153]

行行要有活法, 字字要求生動.《墨池瑣錄》

14) 글자 배치

論布置

위 글자는 아래 글자에 대해서, 왼쪽 행의 글씨는 오른쪽 행의 글씨에 대해서 점획의 기울기나 짜임의 밀도에 각각 마땅함이 있다. 위 글자와

上字之於下字, 左行之於右行, 橫斜疎密, 各有[42]攸當. 上下連延, 左右顧矚, 八面四

151 《海岳名言》(《叢書集成初編》 1628 〈海岳名言〉, 3쪽).

152 《海岳名言》(《叢書集成初編》 1628 〈海岳名言〉, 2쪽).

153 《墨池瑣錄》 卷1(《叢書集成初編》 1631 〈墨池瑣錄〉, 3쪽).

[42] 有: 저본에는 "布".《春雨雜述》에 근거하여 수정.

아래 글자가 연달아 이어지고, 왼쪽 글자와 오른쪽 글자가 서로 돌아보아 사방팔방으로 마치 진(陣)을 펼치고 있는 듯이 글씨를 써야 한다. 그러면 서로 뒤엉켜서 어지럽게 싸우는데도 어지럽지 않으며, 한데 뭉뚱그려 있어서 형체가 원만하여 깨뜨릴 수 없다.[154]

方, 有如布陣, 紛紛紜紜, 鬪亂而不亂, 渾渾沌沌, 形圓而不可破.

옛날 왕희지가 쓴 《난정서(蘭亭序)》[155]는 글자 하나하나가 아름다움을 다 발휘한 데다 배치마저 더욱 좋아 이른바 "한 획에 1푼을 더하면 너무 길어지고, 1푼을 빼면 너무 짧아진다."라 했다. 글자가 물고기의 지느러미나 새의 날개, 꽃의 꽃술이나 나비의 더듬이처럼 자연스러우면서도 찬연하게 각각 제자리에 머무르고, 이리저리 굽고 꺾인 획이 뜻대로 이루어져 털끝만 한 사이에도 그야말로 유감이 없다. 요사이에는 조맹부가 그 뜻

昔右軍之敍《蘭亭》, 字既盡美, 尤善布置, 所謂"增一分大長, 虧一分太短." 魚鬣鳥翅, 花鬚蝶芒, 油然粲然, 各止其所, 縱橫曲折, 無不如意, 毫髮之間, 直無遺憾. 近時趙文敏深得其旨, 而詹逸菴之於署書亦然. 今欲增減其一分, 易置其一筆、一點、

154 그러면……없다: 《손자병법(孫子兵法)》〈병세(兵勢)〉 第五에 나오는 구절이다.

155 난정서(蘭亭序): 중국 동진(東晋) 왕희지(王羲之)의 행서첩(行書帖). 영화(永和) 9년(353) 3월 3일 회계산음(會稽山陰) 난정에서 명사 41명이 모여 유흥을 즐기며 시를 지었고, 이 시집의 서(序)를 왕희지가 지었는데 이를 《난정서》라 한다.

당나라 풍승소(馮承素, 627~649)의 왕희지 《난정서》 모본(중국 베이징고궁박물원 소장)

을 깊이 얻었으며, 첨희원(詹希元)[156]의 서서(署書)에서도 그러하다. 지금 한 획에 1푼을 더하거나 빼서 붓질이나 점이나 획을 한번 바꾸어 놓으려 하면 털끝만큼을 높이거나 낮추는 사이에 글자의 너비가 달라지면서 아름다움과 추함이 현격하게 차이가 나게 된다. 글씨를 배우는 자들은 정밀하고 은미한 곳을 살펴 터득해야 한다.

一畫, 一毫髮高下之間, 濶隘偶殊, 妍醜逈異, 學者當視其精微得之.

이를 총괄하여 논하자면 다음과 같다. 글씨를 쓸 때, 한 글자를 모두 잘 쓰려고 하면서도 반드시 그중 점이나 획 하나를 점과 획을 쓰는 방법의 서법을 위주로 마치 아름다운 돌이 좋은 옥을 품은 듯이 써서 사람들로 하여금 감상하게 한다면 무어라 형언할 수 없을 것이다. 또 한 편의 글씨를 모두 다 잘 쓰려고 하면서도 반드시 그중 한두 글자를 봉우리에 오르고 정상에 나아가게 하여 마치 물고기와 새의 무리에 용과 봉황이 있는 듯이 써서 그 글자를 위주로 하고 사람들로 하여금 감상하게 한다면 무어라 형언할 수 없을 것이다. 이것이 바로 종요와 왕희지의 서법이 모두 진선진미하게 된 이유이다.《춘우잡술》[157]

統而論之：一字之中, 雖欲皆善, 而必有一點畫鉤、剔、披、拂主之, 如美石之韞良玉, 使人玩繹, 不可名言；一篇之中, 雖欲皆善, 必有一二字登峯造極, 如魚、鳥之有鱗、鳳以爲之主, 使人玩繹, 不可名言. 此鍾、王之法, 所以爲盡善盡美也.《春雨雜述》

156 첨희원(詹希元)：?~?. 호는 희암(逸菴). 중국 명대의 관리로 홍무(洪武) 연간(1368~1398)에 중서사인(中書舍人)을 역임했다. 일암(逸菴)은 그의 호이다. 그의 글씨는 명필로 유명했으며, 특히 건물이나 문액(門額)에 주로 쓰는 서서(署書)를 잘 썼다.

157 《春雨雜述》〈書學詳說〉(《叢書集成初編》 1622 〈春雨雜述〉, 3~4쪽).

글자 배치는 조심스럽게 하되, 글씨는 대담하게 써라.《묵지쇄록》[158]

小心布置, 大膽落筆.《墨池瑣錄》

15) 먼저 해서를 배워야 한다

論先學正書

사대부가 서법(書法)에서 반드시 먼저 해서를 배우는 까닭은 해서에 팔법(八法, 영자팔법)이 모두 갖추어져 획들이 서로 붙어 있지 않기 때문이다. 해서를 배우면 기울어진 글자라도 바르게 읽을 수 있으며, 글자 본래의 형체를 바꾸지 않으니, 이는 대개 예서가 아직 남아 있는 풍습이다. 만약 해서의 서법을 이미 통달하면 행서와 초서를 넘나들며 붓을 마음대로 놀려도 자연스럽게 이런 글자를 쓰는 2가지 법이 극진하게 이루어져 빛나는 손놀림과 오묘한 글자의 형체에 흠이 전혀 없다. 하지만 이와 반대로 하면 세상의 풍조에 휩쓸리기 때문에 안목 있는 사람들의 눈에 들지 못할 것이다.《한묵지》[159]

士於書法必先學正書者, 以八法皆備, 不相附麗. 至側字亦可正讀, 不渝本體, 蓋隸之餘風. 若楷法既到, 則肆筆行、草間, 自然於二法臻極, 煥手妙體, 了無缺軼. 反是則流於塵俗, 不入識者指目矣.《翰墨志》

158 《墨池瑣録》(《叢書集成初編》 1631 〈墨池瑣録〉, 2쪽).

159 《翰墨志》(《叢書集成初編》 1628 〈翰墨志〉, 4쪽).

16) 해서와 초서를 겸하지 않을 수 없다

論正、草不可不兼

이전 사람들은 대부분 해서에 능통해진 뒤에야 초서를 썼으니, 대개 이 2가지 서법은 겸하지 않을 수 없다. 해서는 단아하고 장중하며 점획을 빽빽하게 얽어 글자의 형체를 만들기 때문에, 마치 대신(大臣)이 관을 쓰고 칼을 차고서 낭묘(廊廟, 조정)에 근엄하게 서 있는 모습과 같다. 반면에 초서는 뛰어오르는 교룡이나 날아오르는 봉황과 같아서 순식간에 펼쳐지는 필력으로 훌륭한 재능을 드러내어 호협(豪俠)한 움직임을 보이면서도 끝내 진면목을 잃지 않는다. 글씨를 배우는 사람은 반드시 해서와 초서라는 2가지 서체를 알아야 하니, 둘 중에 하나라도 빠뜨려서는 안 된다.《한묵지》[160]

前人多能正書而後草書, 蓋二法不可不兼有. 正則端雅[43]莊重, 結密得體, 若大臣冠劍, 儼立廊廟; 草則騰蛟起鳳, 振迅筆力, 穎脫豪舉, 終不失眞. 學書者, 必知正、草二體, 不當闕一.《翰墨志》

17) 해서와 초서의 체제

論眞草體製

해서와 행서와 초서의 서법은 그 근원이 충전(蟲篆)과 팔분(八分)과 비백(飛白)과 장초(章草) 등에서 나왔다. 둥글고 굳세고 고풍스럽고 담박함은 충전에서 나왔고, 점획이 물결치듯 일어남

眞、行、草書之法, 其源出於蟲篆、八分、飛白、章草等, 圓勁古淡, 則出於蟲篆; 點畫波發, 則出於八分; 轉換向

160 《翰墨志》(《叢書集成初編》 1628 〈翰墨志〉, 2쪽).
[43] 雅 : 저본에는 "嚴". 《翰墨志》에 근거하여 수정.

은 팔분에서 나왔고, 점획의 전환과 향배(向背)는 비백에서 나왔고, 간편하고 통쾌함은 장초에서 나왔다. 그러나 해서·초서와 행서는 각각의 체제가 있다. 구양순(歐陽詢)과 안진경(顔眞卿)은 해서의 서법으로 초서를 썼지만, 반면에 이옹(李邕)[161]과 이건중(李建中)[162]은 행서의 필법으로 초서를 썼다. 옛사람들도 해서를 전공한 사람이 있고, 초서를 전공한 사람이 있고, 행서를 전공한 사람이 있으니, 서법을 잘 겸비할 수 없는 것이 참말이구나! 혹자는 "초서 1,000자가 행서

背, 則出於飛白 ; 簡便痛快, 則出於章草. 然而眞·草與行, 各有體製, 歐陽率更、顔平原輩, 以眞爲草 ; 李邕、李西臺, 以行爲草, 亦以古人有專工正書者, 有專工草書者[44], 有專工行書者, 信乎! 其不能兼美也. 或云 : "草書千字, 不抵行書十字, 行書十字, 不抵眞書一字." 意以爲

---

161 이옹(李邕) : 678~747. 중국 당대(唐代)의 서법가. 해서와 행서에 뛰어났으며, 왕희지(王羲之)와 왕헌지(王獻之)의 필법을 본받아 개성 있는 글씨를 썼다. 저서로는《이북해집(李北海集)》이 전한다.

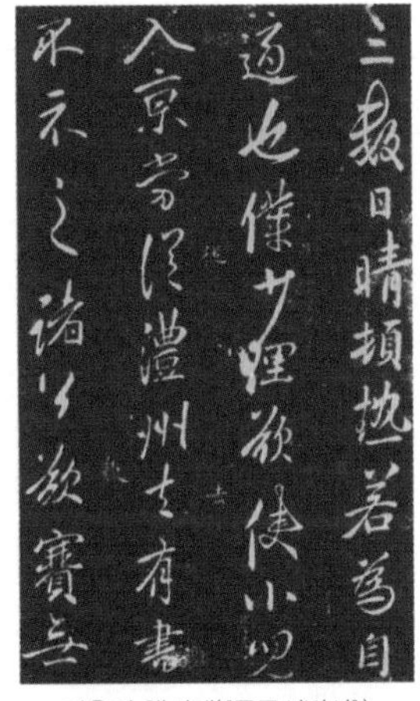

이옹의 행서체(《중국서법사》)

162 이건중(李建中) : 945~1013. 중국 북송의 정치가이자 서법가. 저서로《서집(書集)》30권이 있다. 서법에 관해서는 모든 방면에서 뛰어났지만, 특히 행서를 잘 썼고, 기본적으로 당나라 서풍(書風)의 영향을 받았다고 한다.

[44] 有專工草書者 : 저본에는 없음.《續書譜》에 근거하여 추가.

10자에 미치지 못하고, 행서 10자가 해서 1자에 미치지 못한다."라 했다. 이는 초서는 배우기가 매우 쉽지만 해서는 매우 어렵다고 여긴 것이다. 그러니 어찌 참으로 글씨를 안다고 할 수 있겠는가? 대체로 글씨를 쓸 때에 옛사람을 그대로 모방하면 신기(神氣)가 부족하고, 주경(遒勁, 붓의 힘이 굳셈)에만 힘쓰면 글씨의 속기(俗氣)가 없어지지 않으니, 충분히 연습하고 여러 서체를 두루 겸비하고 통달하여 마음과 손이 서로 호응하게 해야만 글씨에 오묘함이 깃든다. 강기 《속서보》[163]

草㊺至易, 而眞至難, 豈眞知書哉? 大抵下筆之際, 盡倣古人, 則少神氣, 專務遒勁, 則俗病不除, 所貴熟習兼通, 心手相應, 斯爲妙矣. 姜白石《書譜》

18) 초서 쓰는 여러 방법

草書諸法

만약 초서를 배우려면 또 다른 방법이 있다. 처음엔 천천히 쓰다가 마지막에 급히 쓰면 글자의 형체가 용과 뱀의 모습과 같아서 서로 걸리고 이어져 끊어지지 않는데, 점획의 꺾임과 기울기에 기복이 있게 해야 한다. 용필(用筆)도 가지런히 수평으로 하거나 크고 작음을 한결같이 하지 않는다. 매번 한 글자를 쓸 때 점을 찍어야 하는 곳이 있으면 우선 나머지 점획을 다 쓴 뒤에 점을

若欲學草書, 又別有法. 須緩前急後, 字體形勢, 狀等龍蛇, 相鉤連不斷, 仍須稜側起復. 用筆亦不得使齊平大小一等, 每作一字. 須有點處, 且作餘字摠竟, 然後安點, 其點須空中遙擲筆作之.

163 《續書譜》〈總論〉(《書譜·續書譜》, 1쪽).

㊺ 爲草 : 저본에는 "草爲".《續書譜》에 근거하여 수정.

찍어야 하며, 그 점은 허공에 붓을 멀리 던지듯이 찍는다.

초서에도 전서(篆書)·팔분(八分)·고예(古隷)가 서로 섞여 있으니, 글씨를 급히 써서 먹이 종이에 스며들지 못하게 해서는 안 된다. 만약 글씨를 급히 쓰려는 마음을 먹으면 글씨에 담긴 생각이 얕아지고 붓은 종이를 그대로 지나쳐 버린다. 오직 장초(章草) 및 장정서(章程書)[164]와 행압서(行押書)[165] 등의 글씨를 쓸 때에만 이러한 필세를 적용하지 않고, 격석파(擊石波)[166]의 필세를 적용할 뿐이다. 격석파는 파임이 없다.《왕우군서필진도후(王右軍書筆陣圖後)》[167]

其草書亦復須篆勢、八分、古隷相雜, 亦不得急令墨不入紙. 若急作意, 思淺薄而筆卽直過, 惟有章草及章程、行押等, 不用此勢, 但用擊石波而已, 其擊石波者, 缺波也.《王右軍書筆陣圖後》

초서의 필법은 옛사람들이 급히 서두르면서 간편하고 쉽게 글씨를 쓰기 위해 사용했다. 어려운 획은 덜어 내고 번거로운 획은 생략하고 중복된 획은 없애 단순하게 만들었으니, 참으로 창힐(蒼頡)[168]과 사주(史籒)[169]가 만든 글자의 자취가

草書之法, 昔人用以趣急速而務簡易, 刪難省煩損複爲單, 誠非蒼史之蹟. 但習書之餘, 以精神之運, 識思超妙, 使點畫不失眞爲尙. 故梁武

164 장정서(章程書): 종요(鍾繇)가 창안한 서체의 한 종류로, 팔분(八分)을 말한다.《서법원(書法苑)》에 "종요의 서체는 3가지가 있는데, 첫 번째가 명석(名石)으로 정서(正書)이고, 두 번째가 장정(章程)으로 팔분서(八分書)며, 세 번째가 행압(行押)으로 행서(行書)이다.(鍾繇有三體, 一曰名石, 謂正書; 二曰章程, 謂八分書; 三曰行押, 謂行書.)"라 했다.

165 행압서(行押書): 종요가 창안한 서체의 한 종류로, 행서(行書)를 말한다.

166 격석파(擊石波): 미상.

167《王右軍書筆陣圖後》(사고전서).

168 창힐(蒼頡): ?~?. 황제(黃帝) 시대의 사관(史官)으로, 문자를 만들었다.

169 사주(史籒): ?~?. 주(周) 선왕(宣王) 때의 사관으로, 명필로 유명했다.

아니다. 다만 초서를 쓰면서는 정신을 움직여 생각을 오묘하게 해서 점획이 해서의 필획을 잃지 않는 것이 좋다. 그러므로 양(梁) 무제(武帝)[170]는 "초서는 창힐이 만든 조적(鳥跡)[171]의 필의를 잃지 않았지만 다만 어찌 조리(皁吏)[172]들이 글씨를 쓸 수 있었겠는가?"라 했다.《한묵지》[173]

謂"赴急書, 不失蒼公鳥跡之意, 顧豈皁吏所能爲也?"《翰墨志》

옛날 사람들은 초서를 논할 때 "장지(張芝)는 처음부터 끝까지 이어 가며 글씨를 썼는데, 행이 끊어지면 다시 연속해서 썼다. 글씨가 구불구불 휘감겨 있다가 낚아채는 듯이 끌어당기고, 날

昔人論草書, 謂"張伯英以一筆書之, 行斷則再連續. 蟠屈挐攫, 飛動自然, 筋骨心手相應, 所以牽情運用, 略無留

170 양(梁) 무제(武帝) : 464~549. 남조 양나라의 초대 황제로, 문학에 뛰어났고, 서예에 일가를 이루었다. 저서로는 명나라 때 편집된《양무제어제집(梁武帝御製集)》이 전한다.

171 조적(鳥跡) : 황제 시대에 창힐이 새의 발자국을 보고 만든 문자. 훗날 전서(篆書)의 기원이 되었다.

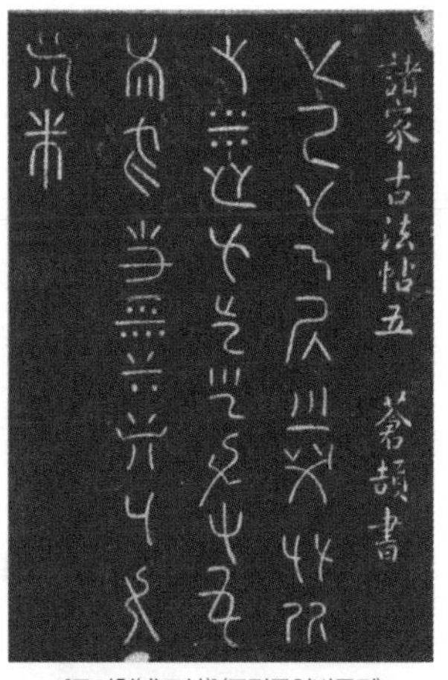

《무기첩(戊己帖)》(국립중앙박물관)

172 조리(皁吏) : 지방관청의 잡무를 담당하던 하급 관리.

173 《翰墨志》(《叢書集成初編》 1628 〈翰墨志〉, 4쪽).

아 움직이는 듯한 모습이 자연스러워 근골과 마음과 손이 서로 호응하므로 감정에 끌려 운용할 때에 조금도 막힘이 없었다."라 했다. 그러므로 그를 칭찬하는 사람들은 "손가락을 움직여 글씨를 쓸 때에는 마치 화살이 활에서 발사되듯이 써서 천둥마저도 칠 겨를이 없고 번개조차도 따라올 수 없었다."라 했다. 이는 모두 처음으로 초서를 시작한 뜻을 극도로 말한 것이다. 후세에 혹자는 "바빠서 초서로 글씨를 쓸 겨를조차 없다."라 했는데, 어찌 초서의 본뜻이라 할 수 있겠는가? 바로 말이 달리는 듯이 붓을 움직여 종이에 구름과 안개가 피어올라야 좋을 뿐이다. 《한묵지》[174]

礙." 故譽者云:"應指宣事, 如矢發機, 霆不暇激, 電不及飛." 皆造極而言創始之意也. 後世或云:"忙不及草者." 豈草之本旨哉? 正須翰動若馳, 落紙雲煙, 方佳耳. 同上

초서의 서체는 마치 사람이 앉고 눕고 걷고 서고, 읍을 하며 몸을 낮추고 성을 내며 다투고, 배를 타고 말을 달리고, 노래하며 춤을 추며 펄쩍펄쩍 뛰는 듯이 일체의 변화에 호응하여 구속되지 않는다. 또 한 글자의 서체에도 대체로 변화가 많고, 시작과 호응이 있으며, 이와 같이 시작하면 이와 같이 호응해야 하는 각각의 도리가 있다. 왕희지(王羲之)의 글씨는 희지(羲之) 자, 당(當) 자, 득(得) 자, 심(深) 자, 위(慰) 자가 가장 많다.

草書之體, 如人坐臥行立, 揖遜忿爭, 乘舟躍馬, 歌舞擗踊, 一切應變, 非苟然者. 又一字之體, 率有多變, 有起有應, 如此起者, 當如此應, 各有義理. 右軍書羲之字、當字、得字、深字、慰字最多. 多至數十字, 無有同者, 而未嘗不同也, 可謂"所欲不踰矩

174 《翰墨志》(《叢書集成初編》 1628 〈翰墨志〉, 4쪽).

많게는 수십 자에 이르는데, 하나라도 같은 글자가 없지만 같지 않은 적도 없으니, "하고픈 대로 해도 법도를 넘어서지 않았다."라 할 수 있다. 강기《속서보》[175]

矣." 姜白石《書譜》

초서를 배울 때는 먼저 장지(張芝)와 황상(皇象)[176]과 삭정(索靖)[177] 등의 장초(章草) 쓰는 서법을 익히면 결체(結體)가 평정해지고 글씨를 쓰는 근원이 생긴다. 그런 뒤에 왕희지(王羲之)를 모방

學書草, 先當取法張芝、皇象、索靖等章草, 則結體平正, 下筆有源. 然後倣王右軍, 申之以變化, 鼓之以奇

175 《續書譜》〈草〉(《書譜·續書譜》, 3쪽).

176 황상(皇象) : ?~?. 중국 삼국시대 오(吳)나라의 관리이자 서예가로, 시중(侍中)과 청주자사(青州刺史)를 지냈다. 초서(草書)에 가장 뛰어났고, 팔분(八分)과 소전(小篆)에서도 일가를 이루었다. 예서(隸書)와 전서(篆書)를 결합하여 고졸(古拙)하면서도 강렬한 필치의 서체를 구사했다.

177 삭정(索靖) : ?~?. 중국 서진(西晉) 시대의 서예가. 초서와 팔분에 뛰어났고 준엄한 필법을 구사했다. 《인소원법첩(隣蔬圓法帖)》, 《월의첩(月儀帖)》, 《희홍당법첩(戲鴻堂法帖)》, 《출사표(出師表)》 등의 작품이 전해진다.

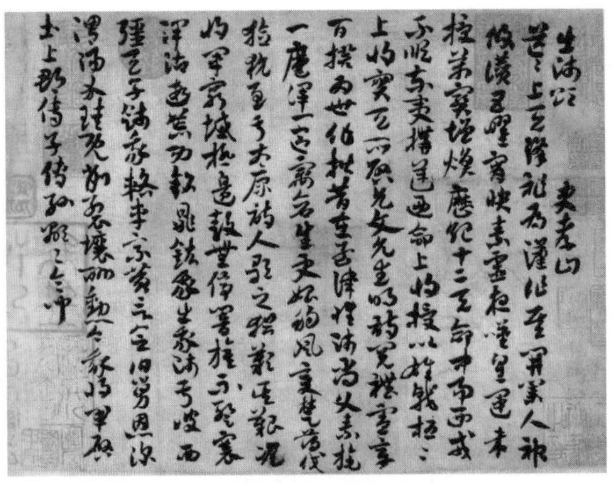

삭정의 《출사송(出師頌)》(《서법》)

하되, 변화를 주어 뻗어 나가고, 기이하고 독특한 기법으로 고취시켜야 한다. 만약 여러 서예가의 글씨를 두루 배우면 글자마다 기복이 있고, 붓놀림에도 오류가 많다. 이어져야 할 획은 도리어 끊어지고, 끊어져야 할 획은 도리어 이어져 글씨의 향배(向背)를 알지 못하고, 시작과 끝[起止]을 깨닫지 못하며, 글씨의 전환(轉換)을 깨우치지 못하여 마음대로 붓을 놀리고, 붓이 가는 대로 모양을 내어 잘못이 뒤섞이지만 도리어 신기하다고 여긴다.

崛. 若泛學諸[46]家, 則字[47]有工[48]拙, 筆多失誤[49], 當連者反斷, 當斷者反續, 不識向背, 不知起止, 不悟轉換, 隨意用筆, 任筆賦形, 失誤[50]顚錯, 反爲新奇.

왕헌지(王獻之) 이후로도 이미 이와 같았는데 하물며 지금 세상에 있어서랴! 그러나 가슴속의 운치가 고상하지 않으면 기억하는 필체가 아무리 많더라도 속기(俗氣)를 씻어 낼 수 없다. 만약 풍모와 정신이 세속을 초탈하면[蕭散] 글씨가 곧 남을 능가할 것이다. 강기 《속서보》[178]

自大令以來, 已如此矣, 況今世哉! 然而襟韻不高, 記憶雖多, 莫湔塵俗. 若使風神蕭散, 下筆便當過人. 同上

178 《續書譜》〈草〉(《書譜·續書譜》, 3쪽).

[46] 諸 : 저본에는 "法". 《續書譜》에 근거하여 수정.

[47] 字 : 저본에는 없음. 《續書譜》에 근거하여 추가.

[48] 工 : 《續書譜》에는 "二".

[49] 誤 : 저본에는 "悟". 《續書譜》에 근거하여 수정.

[50] 誤 : 《續書譜》에는 "悟".

당(唐)나라 이전에는 독초(獨草)[179]가 많았고 이어져도 두 자를 넘지 않았다. 계속해서 수십 자를 끊어지지 않게 잇는 기법을 '연면초(連綿草)' 또는 '유사초(遊絲草)'[180]라 부른다. 이 기법은 비

自唐以前, 多是獨草, 不過兩字屬連[51]. 累數十字不斷, 號曰"連綿"、"遊絲". 此[52]雖出於古人, 不足爲奇, 更成大

179 독초(獨草) : 서법의 일종으로, 글자마다 독립적으로 쓰인 초서를 말한다.

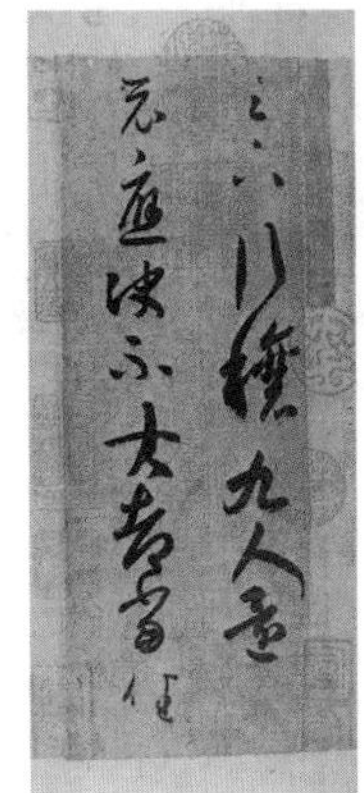

왕희지의 독초[《왕희지서법수찰전집(王羲之書法手劄全集)》, 일본 도쿄국립박물관]

조선 권상하(權尙夏, 1641~1721)의 독초(국립중앙박물관). 권상하의 초서는 강하고 힘찬 필세가 돋보이며, 독특한 붓놀림과 글자 획에 맞춰 필선의 굵기에 변화를 주는 필법이 인상적이다.

180 연면초(連綿草) 또는 유사초(遊絲草) : 필획의 맥락을 실줄기처럼 이어 끊어지지 않게 써 내려가는 초서의 서법.

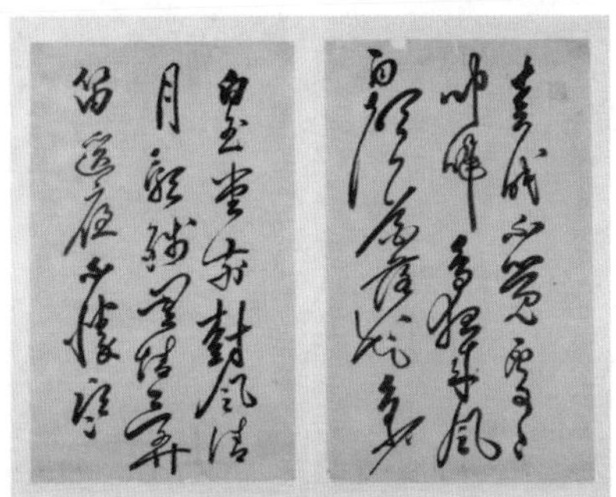

조선 17대 임금 효종(孝宗, 1619~1659)이 봉림대군(鳳林大君) 시절에 쓴 연면체 글씨(국립중앙박물관)

[51] 屬連 : 저본에는 "連屬". 《續書譜》에 근거하여 수정.

[52] 此 : 저본에는 없음. 《續書譜》에 근거하여 추가.

록 옛사람에게서 나왔지만 기이하다 할 수 없으며, 곧 큰 폐단이 되었다. 옛사람들이 초서를 쓸 때는 지금 사람들이 해서를 쓰듯이 했으니, 어찌 글자에 구차함이 있었겠는가? 옛사람들은 글자가 서로 연결되는 곳을 단지 이어 붙이기만 하여 그 필획은 모두 경쾌하고 아무리 글씨에 많은 변화를 주어도 법도를 어지럽힌 적이 없었다. 장욱(張旭)과 회소(懷素)[181]의 초서가 규범을 가장 벗어났다고 하지만, 이 법도를 잃지 않았다. 근대에 황정견(黃庭堅)이 스스로 "회소의 삼매초서(三昧

病. 古人作草, 如今人之作眞, 何嘗苟且? 其相連處, 特是引帶. 其筆[53]皆輕. 雖變化多端, 而未嘗亂其法度. 張顚、懷素, 最號野逸, 而不失此法. 近代山谷老人, 自謂"得長沙三昧草書之法", 至是又一變, 流至于今, 不可復觀. 唐太宗云: "行行若縈春蚓, 字字若綰秋蛇." 惡無骨

181 회소(懷素): 725~785. 중국 당대(唐代)의 승려이자 서예가로, 장사(長沙) 출신이다. 장욱을 계승하여 광초(狂草)로 이름을 떨쳤으며, 작품으로는 《자서첩(自敍帖)》, 《성모첩(聖母帖)》, 《장진율공첩(藏眞律公帖)》 등이 전한다.

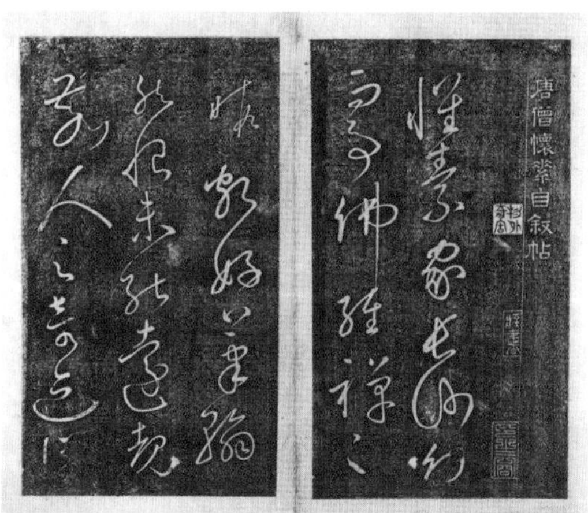

회소의 《자서첩(自敍帖)》(국립중앙박물관). 변화와 흥취, 그리고 기운이 뛰어나면서 자유분방한 초서의 풍격이 잘 드러나 있어, 회소의 글씨 중에서도 초서 예술의 최고 경지로 평가된다.

[53] 引帶……其筆: 《續書譜》에는 저본에 없는 "嘗考其字 是點畫處皆重 非點畫處 偶相引帶"가 있음.

草書)[182]를 쓰는 법을 얻었다."라 했으니, 이 시점에 이르러 다시 한 번 초서의 서법이 변했고, 유풍이 지금에 이르렀지만 다시 볼 수가 없다. 당나라 태종(太宗)은 "항(行)마다 봄의 지렁이가 꿈틀거리는 듯하고, 글자마다 가을 뱀이 얽힌 듯하네."라 했는데, 이는 글자에 뼈대가 없다고 싫어한 것이다.

也.

대개 용필(用筆)에는 느린 획이 있고 급한 획이 있으며, 필봉이 있는 획이 있고 필봉이 없는 획도 있으며, 위 글자를 잇거나 아래 글자를 끌어당기는 글자가 있다. 문득 천천히 가다가도 빨라지기도 하고, 더러는 뻗어 나가다 다시 거두기도 한다. 느릿느릿 옛 법도를 따르기도 하고, 급히 써서 기이함을 드러내기도 한다. 필봉을 드러내면 글씨에 담긴 정신이 빛나고, 필봉을 드러내지 않으면 그 기미(氣味)가 담긴다. 가로획과 비스듬한 획, 굽은 획과 곧은 획, 갈고리와 둥그렇게 얽힌 획은 모두 필세를 위주로 한다. 그러나 서로 획을 이으려 하지 않는데, 연결하면 속기에 가까워진다.

大概用筆, 有緩有急, 有鋒有無鋒, 有承接上文, 有牽引下字, 乍徐還疾, 或[54]往復收, 緩以倣古, 急以出奇；有鋒則以耀[55]其精神, 無鋒則以含其氣味；橫斜曲直, 鉤環盤紆, 皆以勢爲主. 然不欲相帶, 相帶則近於俗.

가로획은 너무 길게 써서는 안 되는데, 너무 길

橫畫不欲太長, 太長則轉換

182 삼매초서(三昧草書) : 회소의 초서 서법을 말한다. 당나라 이조(李肇)는 《당국사보(唐國史補)》에 "장사(長沙) 태생의 스님인 회소(懷素)는 초서(草書)를 좋아하여 스스로 초성삼매(草聖三昧)를 얻었다(長沙僧懷, 素好草書, 自言得草聖三昧)."라 했다.

[54] 或 : 《續書譜》에는 "忽".

[55] 耀 : 《續書譜》에는 "燿".

면 붓을 돌릴 때 더뎌진다. 곧은 획은 너무 많이 쓰면 안 되는데, 너무 많으면 글씨의 신기(神氣)가 둔해진다. 날(捺, 파임)획으로 ㄟ획을 대신하고, 발(發)로 辶획을 대신하지만 날획으로도 한다. ノ획은 중간에 쓴다. 뜻이 다하면 세로획을 현침(懸針)으로 갈무리하는데, 뜻이 다한 뒤에 필의(筆意)가 다시 생기면 수로(垂露)로 갈무리하느니만 못하다. 강기《속서보》[183]

遲；直畫不欲太多, 太多則神癡. 以捺代ㄟ, 以發代辶辶, 辶亦以捺代之, 唯ノ則間用之. 意盡則用懸針, 意盡須[56]再生筆意, 不若用垂露耳. 同上

초서는 침착하게 꺾는 기법을 체(體)로 삼고, 변화하며 끌어당기는 기법을 용(用)으로 삼는다. 둘 중에 하나라도 빠뜨릴 수 없다.《춘우잡술》[184]

草書, 以沈著頓挫爲體, 以變化牽掣爲用. 二者, 不可缺一.《春雨雜述》

초서는 둥근 획은 있지만 나뉘는 획은 없고, 곧은 획은 있지만 비스듬한 획은 없다.《묵지쇄록》[185]

草書, 有圓無分, 有直無橫.《墨池瑣錄》

초서는 장초(章草)에서 시작되었는데, 장초의 곡절(曲折)은 모두 해서와 같다. 그러므로 필획이 펴지고 기세가 꺾이지 않는다. 지금 초서를 배

草始於章草, 曲折[57]皆如眞書. 故畫輒伸而不挼. 今欲學[58]草, 筆之向上向右時, 手

183 《續書譜》〈草〉(《書譜·續書譜》, 3~4쪽).

184 《春雨雜述》〈草書評〉(《叢書集成初編》 1622 〈春雨雜述〉, 2쪽).

185 《墨池瑣録》(《叢書集成初編》 1631 〈墨池瑣録〉, 2쪽).

[56] 須 : 저본에는 "則".《續書譜》에 근거하여 수정.

[57] 曲折 :《圓嶠書訣》에는 "今見章草曲折".

[58] 學 : 저본에는 "向".《圓嶠書訣》에 근거하여 수정.

우려면 붓이 위나 오른쪽으로 향할 때 손과 손가락을 모두 바깥으로 던지는 듯이 하고, 아래나 왼쪽으로 향할 때 손과 손가락을 모두 안으로 당기는 듯이 해야 한다. 이때 손과 손가락이 누였다가 세워지고 이리저리 뒤집히는 모습이 마치 검무(劍舞)를 추는 모습과 같다. 붓을 돌려서 꺾을 때는 붓 끝이 항상 곧게 펴지도록 해야 필세의 의취(意趣)를 넉넉하게 할 수 있다. 이와 같다면 비록 한 번에 여러 글자를 쓰더라도 필세가 옹색해지거나 빙빙 돌며 머뭇거리는 근심이 없다.《원교서결》[186]

指皆向外擲之；向下向左，指皆向內掣之. 手指偃仰翻覆，如劍舞狀. 回折之際，筆端得以常無不伸，意趣可以寬綽. 雖一筆累字，無窘竭盤躄之患.《圓嶠書訣》

19) 글자 쓸 때는 전서(篆書)를 대략 살펴야 한다

論作字宜略攷篆文

글자를 쓸 때는 반드시 전서를 대략 살펴서 점획의 내력과 선후의 순서를 알아야만 한다. 예를 들면 좌(左)와 우(右)가 같지 않고, 자(剌)와 각(刻)이 서로 다르며, 왕(王)과 옥(玉), 시(示)와 의(衣), 진(秦)·봉(奉)·태(泰)·춘(春)에 이르기까지 형상은 같지만 몸체와 결은 다른바, 그 본

作字者，亦須略考篆文，須知點畫來歷先後. 如左·右之不同，剌、刻之相異，王之與玉[59]，示之與衣，以至秦、奉、泰、春，形同體異理殊，源本旣同[60]，斯不浮矣. 孫過

186 《圓嶠書訣》(〈奎章閣本〉, 14b쪽).

[59] 王之與玉：《續書譜》에는 "主之與王".

[60] 形同……旣同：《續書譜》에는 "形同理殊, 得其源本".

원을 얻어야만 글씨의 획이 뜨지 않는다. 손과정(孫過庭)은 집(執)·사(使)·전(轉)·용(用)의 필법을 제시하였다. 집(執)은 글씨의 천심(淺深)과 장단(長短)이고, 사(使)는 글씨를 종횡(縱橫)으로 펼치고 끌어당김[牽掣]이고, 전(轉)은 갈고리나 고리처럼 구불구불함[盤紆]이고, 용(用)은 점획의 향배(向背)를 말한다. 이것이 어찌 괜히 그런 것이겠는가? 강기《속서보》[187]

庭[61]有執、使、轉、用之法, 執謂淺深[62]長短, 使謂縱橫牽掣, 轉謂鉤環盤紆, 用謂點畫向背, 豈偶然哉? 姜白石《書譜》

20) 성(性)과 공(功)

論性功

공력은 있지만 본성이 없으면 글씨에 신묘한 기운이 생기지 않고, 본성은 있지만 공력이 없으면 글씨에 신묘한 기운이 견실하지 않다.《묵지쇄록》[188]

有功無性, 神彩不生; 有性無功, 神彩不實.《墨池瑣錄》

187 《續書譜》〈用筆〉(《書譜·續書譜》, 4쪽).

188 《墨池瑣録》(《叢書集成初編》 1631 〈墨池瑣録〉, 2쪽).

[61] 過庭:《續書譜》에는 "氏".

[62] 淺深:《續書譜》에는 "深淺".

4. 배우는 법　師法

1) 임모·경황·향탑　論臨摹、硬黃、響搨

임(臨)이란 종이를 옆에 놓고 그 글자의 크기·먹의 농도·글씨의 모양과 기세를 직접 보고 배우는 방법이다. '깊은 못을 마주한다[臨淵]'[1]라 할 때의 '임(臨)' 자와 같은 뜻이다. 모(摹)란 얇은 종이를 글씨 위에 덮고 그 글씨의 굴곡과 맵시 등의 용필을 따라 써 보는 방법이다. 경황(硬黃)이란 종이를 뜨거운 다리미 위에 놓고 황랍을 골고루 발라 투명하게 만든 종이인데, 이 종이를 글씨 위에 놓고 보면 글씨가 베개 양 귀의 두둑한 모서리처럼 확실하게 나타나 세밀한 부분까지 반드시 드러난다. 향탑(響搨)이란 종이를 글씨 위에 덮고 밝은 창문으로 가져가서 빛에 비추어 모사하는 방법이다.《유환기문》[2]

臨謂置紙在傍，親觀其大小、濃淡、形勢而學之，若"臨淵"[1]之臨. 摹謂以薄紙覆上，隨其曲折、婉轉用筆. 硬黃謂置紙熱熨斗上，以黃[2]臘塗勻，儼如枕角，毫釐必見. 響搨謂以紙覆其上，就明窗牖間，映光摹之.《游宦紀聞》

1 깊은……마주한다[臨淵]: "如臨深淵, 如履薄冰"이라는 《시경(詩經)》〈소아(小雅)〉"절남산(節南山)" '소민(小旻)'에 나오는 표현이다.

2 《游宦紀聞》 卷5(《游宦紀聞·舊聞證誤》, 40쪽).

[1] 淵: 저본에는 "泣".《游宦紀聞》에 근거하여 수정.

[2] 黃: 저본에는 없음.《游宦紀聞》에 근거하여 보충.

2) 이름난 글씨 임서(臨書)[3]하기 論臨名書

이름난 글씨를 임서할 때는 종이와 붓을 아끼지 않으면서 공부가 정밀하고 익어 오래되어야 자연스러워진다. 먼저 골체(骨體)를 본받고, 뒤에 정신(精神)을 다한다. 글씨에는 피부와 피가 있어야 하고, 힘과 근육이 있어야 한다. 글씨의 피와 피부는 붓의 옆면과 끝으로 만들어 내는 글씨 안팎의 구분이고, 힘과 근육은 글씨의 세밀한 부분을 만들어 내는 신묘한 선이니, 가는 실이 왔다 갔다 하면서 글씨의 굵은 선과 얇은 선을 확실하게 드러낸다. 원본 위에 놓고 쓰는 방법이 먼저이고 원본 옆에 놓고 모사하는 방법이 다음이니, 원본과 연습할 종이를 겹쳐서 함께 걸고 빛에 비추어 모사하는 일을 빠뜨려서는 안 된다. 모사할 때는 등불로 그림자를 취하듯이 대조하여 모방하고, 거울에 모습을 비추듯이 부족한 부분을 채우며, 서(瑞)가 모(瑁)에 딱 들어맞듯이 부합시키고,[4] 이전의 도끼자루를 보고 새 도끼자루를 만들 듯이[5] 비교하여 같게 하며, 70명 제자가

凡臨名書, 無吝紙筆, 工夫精熟, 久乃自然. 先儀骨體, 後盡[3]精神, 有膚有血, 有力有筋. 其血其膚, 側鋒內外之際; 其力其筋, 毫髮生成之妙, 絲來綫去, 脈絡分明. 描搨爲先, 傍摹次之, 雙鉤映擬, 功不可闕. 對之倣之, 如燈取影; 塡之補之, 如鑑照形; 合之符之, 如瑞之於瑁也; 比而似之, 如睨伐柯察而象之; 詳視而黙記之, 如七十子之學孔子也. 愈近而愈未近, 愈至而愈未至. 切磋之琢磨之, 治之已精, 益求其精, 一朝豁然貫通焉. 忘情筆墨之間, 和調心手之用, 不知物我之有間, 體合造化而生成

3 임서(臨書) : 글씨를 따라 쓰는 일.

4 서(瑞)가……부합시키고 : 서(瑞)와 모(瑁)는 천자와 제후가 각각 지니는 신표(信標)이다. 제후가 지니는 서를 천자의 모에 합하여 신원을 확인한다.

5 이전의……듯이 : "匪媒不得"이라는 《시경(詩經)》 〈빈풍(豳風)〉 "벌가(伐柯)"에 나오는 구절을 다르게 한 표현이다.

[3] 盡 : 저본에는 "畫". 《春雨雜述·評書》에 근거하여 수정.

공자를 따라 배우듯이[6] 자세히 살펴서 묵묵히 기억해야 한다. 원본에 가까워졌다 생각할수록 더욱 가까워진 적이 없고, 경지에 이르렀다 생각할수록 더욱 이른 적이 없는 법이다. 부지런히 절차탁마(切磋琢磨)[7]하여 배움이 이미 정밀해졌는데도 더욱 그 정밀함을 구하면 어느 날 아침에 문득 활연관통(豁然貫通)[8]의 경지에 이르러 있을 것이다. 필묵 사이에 묻혀 사람 사이의 정(情)을 잊고, 마음과 손을 쓰는 방법이 조화를 이루며, 사물과 나 사이를 인지하지 못하면서 나와 필묵이 일치하여 조화를 부려 글씨를 이루어 낸 뒤에야 글씨 배우기의 경지에 이르렀다고 할 수 있다. 《춘우잡술》[9]

之也, 而後爲能學書之至爾. 《春雨雜述》

3) 옛 글씨를 본받아 속기(俗氣)를 없앤다

論師古去俗韻

선비가 글자를 쓸 때, 쓰기를 연습하는 노력을 조금이라도 한다면, 점획이 곧 제자리를 잡아, 담벼락에 얼굴을 대고 손이 가는 대로 쓰는 부끄러움은 없을 것이다. 앞사람들이 쓴 글자가 환히 빛

士人於字法, 若少加臨池之勤, 則點畫便有位置, 無面墻信手之愧. 前人作字煥然可觀者, 以師古而無俗韻. 其不

---

6 70명……배우듯이 : "如七十子之服孔子也"라는 《맹자(孟子)》 〈공손추(公孫丑)〉 上에 나오는 표현이다.

7 절차탁마(切磋琢磨) : "如切如磋, 如琢如磨"라는 《시경(詩經)》 〈위풍(衛風)〉 "기욱(淇奧)"의 구절이다.

8 활연관통(豁然貫通) : 환하게 통하여 이치를 깨달음.

9 《春雨雜述》 〈評書〉(《叢書集成初編》 1622 〈春雨雜述〉, 4쪽) ; 《文穀集》 卷15 〈說〉 "書學詳說".

나 볼만한 까닭은 옛 글씨를 본받아 속기가 없기 때문이다. 배우지 않으면서 근거 없이 판단하려는 자세를 다 쓸어 없애야 한다.《한묵지》[10]

學臆斷, 悉掃去之.《翰墨志》

4) 글씨를 배울 때는 친필[眞蹟]로 해야 한다

論學書須眞蹟

돌에 새긴 글씨로 배워서는 안 된다. 자기가 써서 사람을 시켜 돌에 새기게 하면 이미 자신의 글씨가 아니기 때문이다. 그러므로 반드시 친필을 봐야 그 흥취를 알 수 있다.《해악명언》[11]

石刻不可學, 但自書使人刻之, 已非己書也. 故必須眞蹟觀之, 乃得趣.《海岳名言》

5) 임서는 정신적 교감이 중요하다

論臨書貴神會

옛사람의 글씨를 임서할 때는 먼저 그 큰 뜻을 알아야만 하니, 처음부터 끝까지 천천히 감상해야 한다. 용필법을 보면서 글씨를 어디에서 일으키고 어디에서 맺어서 줄였는지를 살피고, 체세(體勢, 필세)와 법도(法度)를 하나하나 몸소 그 자리에 있으면서 직접 본 듯이 해야 한다. 이처럼 오래 감상한 뒤에야 붓을 댈 수가 있다. 붓을 댈 때도 원본과 완전히 똑같이 쓰려 하지만 말고, 감

臨古人書者, 須先得其大意, 自首至尾, 從容玩味. 看其用筆之法, 從何起搆作, 何結殺, 體勢法度, 一一身處其地, 而彷彿如見之. 如此旣久, 方可下筆. 下筆之時, 亦須勿求酷似, 且須汍瀾容與, 且合且離. 神游意會, 久而習

10 《翰墨志》(《叢書集成初編》 1628 〈翰墨志〉, 4~5쪽).

11 《海岳名言》(《叢書集成初編》 1628 〈海岳名言〉, 2쪽).

정을 이입해 보기도 하고 한가로이 살피기도 하며, 원본과 합치되게 써 보기도 하고 다르게 써 보기도 해야 한다. 이렇게 정신이 노닐고 뜻이 모여 오래도록 익히면서 그 대강을 터득하고 여기에 윤색을 더하면 곧 형체와 정신까지 이어받을 수 있을 것이다.《증보산림경제》[12]

之, 得其大槩, 而加以潤色, 卽是傳神手矣.《增補山林經濟》

6) 임서할 때는 태아가 형체를 갖추듯이 한다

論臨字如人結胎

사람들이《성교서(聖教序)》[13]를 배울 때 한 점 한 획도 기어코 그 글씨들과 닮게 하려고 하는 모습을 보면 나는 가소롭다. 글자를 임서하는 것은 사람이 아이를 배듯이 해야 한다. 1개월에서 10개월 사이에 먼저 배태하여 태아의 윤곽을 갖추고, 뒤에 모양과 뼈대를 붙이며, 팔다리와 온갖 구멍을 일시에 다 갖추어야지, 오늘 눈 하나를 갖추고 내일 입 하나를 갖추는 방식이 아니다. 만약 반드시 점을 똑같은 점으로 찍고 획을 똑같은 획으로 그으려 할 경우, 하면 할수록 더욱 본뜻에서 멀어질 것이다. 이것이 소식(蘇軾)이 말한 대나

余見人學《聖教序》者, 一點一畫, 必求肖合, 余笑之. 臨字如人結胎, 一月至十月. 先具胚郛, 後傳形骸, 四肢百竅, 一時畢具, 非今日具一目, 明日具一口也. 若必點點畫畫, 求之愈遠矣. 此子瞻言畫竹之意, 惜乎! 人未有悟者.《增補山林經濟》

12 《增補山林經濟》卷16〈雜方〉"筆訣"(《農書》5, 238쪽).

13 성교서(聖教序) : 당태종(唐太宗)이 현장(玄奘)에게 불전(佛典)을 번역하라 이르고 이에 직접 지은 서문이다. 이후 왕희지의 글씨를 집자(集字)하여 비석에 새겼는데, 전하는 왕희지의 행서 중에서 가장 정확한 것으로 유명하다.

무를 그리는 뜻이다.[14] 사람들이 이런 이치를 깨닫지 못하니 안타깝도다! 《증보산림경제》[15]

14 이것이……뜻이다 : 대나무를 그리고자 할 때 마음속에 이미 대나무가 완성되어 있다는 "흉중성죽(胸中成竹)"을 의미한다. 소식은 문동(文仝, 1018~1079)의 대나무 그림에 대한 제발(題跋)을 쓰면서 흉중성죽이나 토기골락(兎起鶻落, 토끼가 내닫고 송골매가 떨어진다는 뜻으로 단번에 그린다는 의미) 같은 개념을 창출해 냈다. 제발은 《東坡全集》 卷36 〈文與可畫篔簹谷偃竹記〉에 보인다.

15 《增補山林經濟》 卷16 〈雜方〉 "筆訣"(《農書》 5, 238쪽).

5. 기타 雜纂

1) 붓은 활이나 칼과 같다 論筆似弓、刀

붓은 끝이 길고 탄력 있으며 둥글어야 한다. 끝이 길면 먹을 머금은 채 움직일 수 있고, 탄력이 있으면 힘이 있고, 둥글면 매끄럽다. 내가 예전에 3가지 물건(활·칼·붓)을 논평한 적이 있는데, 그 쓰임이 달라도 이치는 서로 같았다. 좋은 활은 당기면 천천히 왔다가 놓으면 빨리 나가니, 세상에서 이를 '게전(揭箭)'이라 한다. 좋은 칼은 칼날을 누르면 휘었다가 놓으면 처음처럼 곧게 돌아오니, 세상에서 이를 '회성(回性, 탄성)'이라 한다. 붓 끝도 이와 같아야 한다. 만약 붓 끝을 한 번 당기면 휘어져 다시 펴지지 않는다면 어떻게 사람의 뜻대로 글씨를 쓰겠는가. 그러므로 길지만 탄력이 없는 붓 끝은 길지 않은 것만 못하고, 탄력이 있는데 둥글지 않은 붓 끝은 탄력이 없는 것만 못하다. 대개 종이와 먹은 모두 서법에 도움을 주는 재료이다. 강기《속서보》[1]

筆欲鋒長勁而圓, 長則含墨, 可以運動, 勁則有力, 圓則研美. 余嘗評三物, 用不同, 理相似. 良弓引之則緩[1]來, 舍之急往, 世俗謂之"揭箭". 好刀按之則屈, 舍之則勁直如初, 俗謂之"回性". 筆鋒亦欲如此, 若一引之後已曲而不復挺, 又安如人意耶? 故長而無勁, 不如勿長; 勁而不圓, 不如勿勁. 蓋紙墨[2], 皆書法之助也. 姜白石《書譜》

1 《續書譜》〈用墨〉(《書譜·續書譜》, 134쪽).

[1] 緩: 저본에는 없음. 《續書譜·用墨》에 근거하여 보충.

[2] 紙墨: 《續書譜·用墨》에는 "紙筆墨".

2) 초서용 붓

論草書筆

옛날 사람들은 스스로 초서(草書)용 붓을 만들었는데, 모두 길고 가는 털을 써서 늘어지는 획을 쓰는 데 편리하게 했다.《한묵지》[2]

昔人自製草書筆, 悉用長毫, 以[3]利縱捨之便.《翰墨志》

3) 옛사람의 먹 사용법

論古人用墨

옛사람들은 새벽에 일어나 반드시 먹물을 진하게 갈고 벼루에 가득 채워 하루 쓸거리로 삼았다. 다 쓰지 못하면 버리고 다음 날 일찍 다시 만들었기 때문에 벼루가 반드시 크고 깊었다. 해서·초서·전서·예서는 모두 진한 먹을 사용했고, 행서와 초서의 경우 붓이 지나간 곳이 비록 실오라기 같더라도 그 먹 또한 진하였다.《동천청록(洞天清錄)[3]》[4]

古人晨起, 必濃磨墨汁滿研[4]池中, 以供一日之用. 用不盡則棄去, 來早再作, 故池必大而深. 其眞、草、篆、隸, 皆用濃墨, 至行、草過筆處, 雖如絲髮, 其墨亦濃.《洞天清錄》

구양순(歐陽詢)은 "먹이 묽으면 문채를 상하고, 너무 진하면 붓 끝 털이 막힌다."라 했다.《묵

歐陽詢云: "墨淡則傷神彩, 太濃則滯鋒毫."《墨池瑣錄》

---

2 《翰墨志》(《叢書集成初編》 1628 〈翰墨志〉, 4쪽).

3 동천청록(洞天清錄): 중국 송(宋)나라 조희곡(趙希鵠)이 지었다. 악기·그릇·문방구 등 옛 기물[古器]을 분류하고 설명한 내용을 담고 있다.

4 《洞天清錄》〈古今石刻辨〉(《叢書集成初編》 1552, 20쪽).

[3] 以: 저본에는 "似".《翰墨志》에 근거하여 수정.

[4] 研:《洞天清錄·古今石刻辨》에는 "硯".

지쇄록》[5]

4) 붓과 먹 사용법

論用筆墨

왕희지(王羲之)는 《필세도(筆勢圖)》[6]에서 다음과 같이 말했다. "약한 종이에 쓸 때는 강한 붓을 사용하고, 강한 종이에 쓸 때는 약한 붓을 사용한다. 강약(强弱)이 이와 같지 않으면 어그러져 쓸 수가 없다. 붓에 먹을 묻힐 때는 먹이 붓의 3/10 이상을 머금지 않게 한다. 붓을 먹에 깊게 적셔서는 안 되니, 그러면 털이 약해져서 필세가 없기 때문이다."《묵지쇄록》[7]

王羲之《筆勢圖》云:"書虛紙, 用强筆; 書强紙, 用弱筆. 强弱不等, 則蹉跌不入用. 用墨著[5]墨不過三分, 不得深浸, 毛弱無勢."《墨池瑣錄》

5) 벼루 제도

論硏製

옛 서화는 선이 모두 둥글었는데, 대개 기물에 영향을 받았기 때문이다. 진(晉)나라와 당(唐)나

古書畫皆圜, 蓋有助于器. 晉、唐皆鳳池硏, 中心如瓦

5 《墨池瑣録》 卷1(《叢書集成初編》 1631 〈墨池瑣録〉, 2쪽).

6 필세도(筆勢圖):《제필진도후(題筆陣圖後)》이다. 왕희지의 스승인 위부인(衛夫人)이 지은 《필진도병서(筆陣圖並書)》라는 글에 대해 왕희지가 다시 쓴 것으로 글씨 쓰는 법에 대해 설명했다.

7 《墨池瑣録》 卷1(《叢書集成初編》 1631 〈墨池瑣録〉, 2쪽).

[5] 著: 저본에는 "者". 《墨池瑣録》에 근거하여 수정.

라는 모두 봉지연(鳳池硏)[8]으로, 벼루의 중심이 기와의 오목한 부분과 같았기 때문에 '연와(硏瓦)'라 했다. 예를 들어 하나의 막새기와[花頭瓦]에 삼발을 단 모양과 같은 벼루가 있다. '나(螺)'라고 부르는 먹[螺墨, 螺子墨]을 조갯가루[蛤粉] 풀 듯이 물에 담아 놓고 사용했기 때문에[9] 이 또한 오목한 벼루를 쓴 것이 분명하다. 붓을 한번 뽑을 때 벼루의 오목한 모양을 따르면 붓 끝이 이미 둥글어지니, 서화의 선이 어찌 둥글게[圜] 되지 않겠는가. 송(宋)나라에 와서야 처음으로 벼루의 중심을 숫돌처럼 평평하게 만들었기 때문에, 붓을 한번 벼루에 뽑을 때 붓 끝이 좁게 모여 글자도 좁아졌다.《화사(畫史)[10]》[11]

凹, 故曰"硏瓦", 如以一花頭瓦安三足爾. 墨稱"螺", 製必如蛤粉, 此又明用凹硯也. 一援筆因凹勢鋒已圓, 書畫安得不圜. 本朝硏始心平如砥, 一援筆則褊, 故字亦褊.《畫史》

8 봉지연(鳳池硏): 중국 강서성 무원현(婺源縣) 나문산(羅紋山) 일대에서 채굴된 돌로 만든 벼루. 석질이 치밀하고 곱고 단단하며, 색이 영롱한 푸른빛을 띠어 널리 유행하였다.

봉지연으로 추정되는 중국 벼루

9 나(螺)라고……때문에: 먹을 갈지 않고 물에 담가만 놓으면 먹이 풀렸다.

10 화사(畫史): 중국 송(宋)나라 미불(米芾)이 지었다. 명화 품평 및 그림의 표구·소장 방법 등이 실려 있다.

11 《畫史》〈唐畫〉(《叢書集成初編》 1647, 47쪽).

6) 큰 글자 쓸 때의 먹 사용법

書大字用墨法

큰 글자를 쓸 때는 송연묵(松烟墨)[12]을 사용하였는데, 쓸 때마다 글자에 광채가 없고 먹이 쉽게 벗겨질 우려가 있었다. 우연히 태일궁(太一宮)[13]에 있던 어떤 고사(高士)가 부적을 쓰는 데 사용하는 먹의 비결을 얻어 시험해 보았더니 과연 효과가 좋았다. 그 방법은 황명교(黃明膠, 소가죽을 달여 만든 아교) 0.5냥 정도를 물 1작은 사발에 넣어 5/10가 되도록 달이는 것인데, 찌면 더욱 효과가 좋다. 예를 들어 송연묵을 갈 때라고 하면, 앞의 달인 아교물을 현각(蜆殼, 가막조개 껍데기) 2개 분량만큼 넣고 오색빛을 띨 때까지 먹을 간 다음 여기에 다시 아교물을 더한다. 먹이 검고 진해져 글씨를 쓸 수 있으면 그친다. 만약 붓이 막히는 느낌이 있으면 생강 자연즙 조금을 넣거나 아교를 녹일 때 조각(皁角, 쥐엄나무 열매)을 진하게 달인 물 몇 방울을 넣어도 좋다. 《유환기문》[14]

書大字用松烟墨, 每患無光彩[6]而墨易脫. 偶得太一宮一高士書符用墨訣試之, 果妙. 其法以黃明水膠半兩許, 用水一[7]小盂, 煎至五分, 蒸化尤妙. 如磨松墨時, 以膠水兩蜆殼, 研至五色見浮采, 再添膠水, 俟墨濃可書則止. 如覺滯筆, 入生薑自然汁少許, 或溶膠時, 入濃皁角水數滴亦可. 《游宦紀聞》

---

12 송연묵(松烟墨) : 소나무를 태운 그을음으로 만든 먹이다. 솔먹 또는 숯먹이라고도 한다.

13 태일궁(太一宮) : 우주 일체를 주관하는 신인 태일신(太一神)을 제사 지내던 궁으로, 태을궁(太乙宮)과 같다.

14 《游宦紀聞》 卷1(《游宦紀聞 · 舊聞證誤》, 7쪽).

[6] 彩 : 저본에는 "采". 《游宦紀聞》에 근거하여 수정.

[7] 一 : 저본에는 없음. 《游宦紀聞》에 근거하여 보충.

7) 종이와 붓

論紙筆

글씨는 종이와 붓의 조화가 중요하다. 종이와 붓이 좋지 않으면 글씨에 능숙하더라도 잘 쓸 수 없다. 이는 빨리 달리는 말에 비유할 수 있으니, 말이 빠르더라도 진흙 속을 달린다면 그 말이 잘 달릴 수 있겠는가?【이는 조맹부(趙孟頫)의 말이다】《연북잡지》[15]

書貴紙筆調和. 若紙筆不佳, 雖能書, 亦不能善也. 譬之快馬, 行泥淖中, 其能善乎?【右趙子昂語】《硏北雜志》

8) 글씨 쓰는 이가 살아 있게 해야 할 9가지

翰林九生法

첫째, 붓을 살아 있게 하라. 한 종류의 털만으로 심지를 만들면 부드러우면서도 다시 튼튼해진다.

一, 生筆 : 純[8]毫爲心, 軟而復健.

둘째, 종이를 살아 있게 하라. 종이를 상자에서 새로 꺼내면 윤택하고 매끄러워 글씨를 쓰기가 쉬우니, 종이가 곧 먹을 받아들인다. 만약 바람과 볕에 오래 노출되었다면 종이가 말라 버려서 사용하기가 어렵다.

二, 生紙 : 新出篋笥, 潤滑易書, 卽受其墨, 若久露風日, 枯燥難用.

셋째, 벼루를 살아 있게 하라. 사용할 때만 벼루에 물을 담아 두었다가 다 쓰면 말려야지, 벼루에 먹물이 스며들게 해서는 안 된다.

三, 生硏 : 用則貯水, 畢則乾之, 不可浸潤.

---

15 《硏北雜志》 卷下(《叢書集成初編》 2888, 197쪽).

[8] 純 : 저본에는 "鈍". 《巖棲幽事》에 근거하여 수정.

넷째, 물을 살아 있게 하라. 새로 길어 온 물을 써야 한다는 뜻이다. 물은 오래 두면 안 되니, 오래 둔 물은 사용하기에 적당하지 않다.

四, 生水 : 義在新汲, 不可久停, 停不堪用.

다섯째, 먹을 살아 있게 하라. 필요할 때마다 바로 갈아야 한다. 먹이 너무 많으면 엉겨서 둔해진다.

五, 生墨 : 隨要隨[9]研, 多則泥鈍.

여섯째, 손을 살아 있게 하라. 붓을 오래 잡아 피로해진 팔뚝은 제어가 안 된다.

六, 生手 : 携執勞腕則無准.

일곱째, 정신을 살아 있게 하라. 정신을 모으고 조용히 생각해야지 조급해서는 안 된다.

七, 生神 : 凝神靜思, 不可煩燥.

여덟째, 눈을 살아 있게 하라. 숙면과 적당한 활동이 조화를 이뤄야 분명하게 보인다.

八, 生目 : 寐息適寤分明.

아홉째, 경치를 살아 있게 하라. 날씨가 맑고 밝아서 사람의 마음이 느긋해지고 기뻐야 글씨를 쓴다 말할 수 있다.《암서유사(巖棲幽事)[16]》[17]

九, 生景 : 天氣淸朗, 人心舒悅, 乃可言書.《巖棲幽事》

16 암서유사(巖棲幽事) : 중국 명(明)나라 진계유(陳繼儒)가 지었다. 꽃 접붙기 · 나무 심기 · 분향(焚香)하기 · 차 끓이기 등 산림(山林)에서 사는 소소한 일을 기록하였다.

17 《巖棲幽事》(《叢書集成初編》 687, 4쪽) ; 《分隸偶存》 卷上 〈作書法〉.

[9] 隨 : 《巖棲幽事》에는 "隱".

9) 준순비(逡巡碑)[18] 만드는 법 　逡巡碑法

쇳가루와 좋은 식초를 섞어 백지 위에 쓰고 먹을 종이 뒤에 칠하여 마르면 쇳가루를 털어 낸다. 황점(黃占, 밀랍)으로 문질러 광을 내면 비석으로 뜬 탁본과 비슷해진다.《고금비원》[19]

鐵屑、好醋調, 寫白紙上, 將墨塗紙背, 候乾拂去鐵屑, 以黃占揩⑩光, 卽似碑本.《古今秘苑》

아교와 백반으로 종이 위에 글자를 쓴 뒤 마르면 감기름에 먹을 갈아 칠한다.《고금비원》[20]

以膠、礬, 寫字紙上, 候乾, 却用柿油, 磨墨塗之. 同上

10) 잘못 쓴 글자 지우는 법 　取錯字法

만형자(蔓荊子, 순비기나무 열매)【2푼】·용골(龍骨, 큰 포유동물의 뼈화석)【2푼】·남분(南粉, 미상)【3푼】·백초상(白草霜, 솥검정)【2푼】·작분(雀糞, 참새 똥)【10알】을 함께 갈아서 가루 낸 뒤, 지우고자 하는 글자에 먼저 물로 점을 찍은 다음 약을 종이 위에 뿌리고 마르기를 기다려 털어 내면 그 글자가 저절로 벗겨진다.《고금비원》[21]

蔓荊子【二分】、龍骨【二分】、南粉【三分】、白⑪草霜【二分】、雀糞【十粒】, 共研爲末, 如欲去紙上字者, 先用水點之, 次將藥摻向紙上, 候乾拂去, 其字自脫.《古今秘苑》

---

18 준순비(逡巡碑) : 짧은 시간 안에 비석으로 탁본을 뜬 듯이 만든 글씨.

19 《古今秘苑》〈1集〉 卷1 "逡巡碑", 1쪽.

20 《古今秘苑》〈1集〉 卷1 "逡巡碑", 1쪽.

21 《古今秘苑》〈1集〉 卷1 "起字法", 2쪽.

⑩ 揩 :《古今秘苑·逡巡碑》에는 "開".

⑪ 白 : 저본에는 없음.《古今秘苑·起字法》에 근거하여 보충.

유예지 권제3 끝

遊藝志卷第三

임원경제지 96

유예지 권제4

遊藝志 卷第四

그림(화전)[1]【상】

畫筌【上】

1. 총론 總論

1) 6가지 법(육법) 六法

그림에는 6가지 법이 있다. 첫째 기운생동(氣韻生動)[2]이 이것이고, 둘째 골법용필(骨法用

畫有六法 : 一, 氣韻生動是也 ; 二, 骨法用筆是也 ; 三,

---

1 그림[畫筌] : 원문 화전(畫筌)은 청대 달중광(笪重光)의 《화전(畵筌)》을 따랐다. '화전'의 '전(筌)'은 물고기를 잡는 통발이라는 의미로, 《장자(莊子)》 〈외물(外物)〉에서 "통발은 물고기를 잡기 위한 것이니 물고기를 잡으면 통발은 잊어야 한다.(筌者所以在魚, 得魚而忘筌.)"고 한 것에 연원을 두었다. '화전'은 두 가지 의미로 해석할 수 있다. 하나는 그림인 '화'와 통발인 '전'을 동격으로 병치한 것으로 보고 그림을 통발로 해석하는 것이다. 이는 명대 이전까지 주로 사용된 의미로, 그림을 자연의 이치나 화가의 정신을 표현하는 방편으로 이해한다. 다른 하나는 달중광과 서유구의 경우처럼 그림의 화법, 즉 '그림을 그리거나 이해하는 방법'으로 해석할 수 있다. 서유구는 화전을, 육예의 하나인 서(書)에 해당하는 그림을 임원에서 배우고 익히는 방법으로서 서술하였다. 화전을 '그림'으로 번역한 것은 본뜻과 다르지만 제목으로서의 의미를 강조하여 폭넓게 해석하였다.

2 기운생동(氣韻生動) : 기운이 생동하게 그리기. 중국회화의 미학 원칙으로 손꼽히는 말이다. 여기서 기운은 예술작품이 갖는 생생한 정취(情趣) 내지 생명감을 말한다. 기(氣)는 원래 생명을 형성하는 원질(原質)·정기(精氣)·생기(生氣)를 말하고, 운(韻)은 조화로운 소리·음조로서 본래는 음악에서 사용하는 용어이지만 일반적으로 정취(情趣)·격조(格調)·풍격(風格) 등의 의미로 사용하고 있다. 이와 관련하여 운(韻)은 육조시대에 인물 비평과 관련하여 '신운(神韻)'·'체운(體韻)'·'정운(情韻)'·'아운(雅韻)'·'고운(高韻)'·'풍운(風韻)' 등의 말이 많이 사용되었다. 기운(氣韻)도, 예를 들어 북위(北魏)의 정도충(鄭道忠)의 묘지명에 "기운이 편안하고 부드러우며 인격이 온아(溫雅)하다."고 한 것처럼 인물 비평에 사용되고 있다. 이로부터 문학작픔·예술작품의 비평에서도 이 용어가 사용되었다. 생동(生動)은 기운을 구체적으로 설명하는 말이다. 생기가 넘치고 약동한다는 말로서, 기운이 갖추어져 있는 것이다.
기운생동에서 주체가 무엇이냐에 따라 역사적으로 크게 3단계로 발전하였다. 첫째, 위진시대에서 당나라 말기까지는 인물화가 중심이었기 때문에, 작품에 묘사된 인물의 기운생동을 말하였다. 즉 작품에 묘사된 인물이 얼마나 생동적이냐 하는 것이다. 이것을 객관적 기운론이라 한다. 둘째, 북송에서 명나라 말기까지로, 이 경우 기운은 산수화에 해당하는 것으로 화가 자신의 기운이 산수화에 생동감 있게 반영되고 있느냐 하는 것이다. 북송 곽약허(郭若虛)는 《도화견문지(圖畫見聞志)》 〈논기운비사(論氣韻非師)〉에서 "인품이 이미 높으면 기운이 생동하지 않을 수 없고, 기운이 이미 높으면 생동에 이르지 않을 수 없다."고 하였는데, 이처럼 작가의 인품과 작품의 생동을 일치시켜 논의하고 있다. 이것을 주관적 기운론이라 한다. 셋째, 명나라 말기부터 청나라 말기까지로, 예술적 기운론이라 한다. 여기에서 기운은 작품에서의 인물의 기운도 아니며, 작가의 기운도 아니라 바로 작품에서 필묵·구도·색채 등의 생동감을 말한다.

筆)[3]이 이것이고, 셋째 응물상형(應物象形)[4]이 이것이고, 넷째 수류부채(隨類賦彩)[5]가 이것이고, 다섯째 경영위치(經營位置)[6]가 이것이며, 여섯째 전이모사(傳移模寫)[7]가 이것이

應物象形是也；四, 隨類賦[1]彩是也；五, 經營位置是也；六, 傳移模寫是也.《古畫品錄》

3 골법용필(骨法用筆)：형상을 묘사할 때 필치를 적절하게 사용하기. 즉 골(骨)의 힘이 강력하게 나타나도록 용필하는 것을 말하는 것으로, 조형의 기교이다. 골법은《사기(史記)》〈회음후열전(淮陰侯列傳)〉에 "귀천(貴賤)은 골법에 있고, 슬픔과 기쁨은 얼굴빛에 있다."라든가,《후한서(後漢書)》〈마원전(馬援傳)〉에 "말의 골법을 본다."라든가, 왕충(王充)의《논형(論衡)》〈골상편(骨相篇)〉에 "오직 천명에 골법이 있는 것뿐만 아니라 성격에도 골법이 있다."라는 언급처럼, 본래는 사람과 말 등에 관한 관상학적인 용어로 사용하였는데, 후에는 서예 예술의 필법과 그것을 그대로 받아들인 회화 예술의 필법에서도 사용하였다.

4 응물상형(應物象形)：사물의 형태에 따라 대상을 충실하고 사실적으로 그리기. 응물상형을 비롯하여 아래의 '수류부채'·'경영위치'는 표현의 기교이다. 상형은 육서(六書) 중 하나인 '상형'과 같은 것으로, 형태를 모사하는 것을 말한다. 응물도 상형과 유사한 표현이다. 삭정(索靖)의〈초서세(草書勢)〉에는 이와 유사한 용어로 유물상형(類物象形)이라는 말이 있다.

5 수류부채(隨類賦彩)：사물의 종류에 따라 정확하고 필요한 색을 칠하기. 또는 앞의 응물상형에서 응물과 상형이 같은 의미로 쓰인 것처럼 수류도 부채와 같은 의미라고 볼 수 있다.

6 경영위치(經營位置)：소재의 취사선택과 화면의 구도를 잘 잡기. 경영은 집을 지을 때 토지를 측량하여 터를 잡는 일을 말한다. 그러나 여기에서는 화면 구성을 가리킨다. 위치는 위치를 정하여 설정하는 것으로, 역시 구도 잡는 행위를 말한다.

7 전이모사(傳移模寫)：고인의 뛰어난 회화를 잘 모사하기. 기술의 습득을 가리킨다. 이것의 구체적인 예로는 고개지(顧愷之)의《위진승류화찬(魏晉勝流畫贊)》의 내용을 참조할 수 있다.

[1] 賦：저본에는 "傳".《古畫品錄》에 근거하여 수정.

다.[8] 《고화품록(古畫品錄)[9]》[10]

사혁(謝赫)[11]이 말한 육법(六法)의 정밀한 이론은【안 남제 사혁이 《고화품록(古畫品錄)》을 저술하였다.】 영원히 변하지 않는 것이다. 그러나

謝赫六法精論【案 南齊謝赫著《古畫品錄》】, 萬古不移. 然骨法用筆以下五法可學,

8 사혁의 육법(六法)에는 두 가지 연구 방향이 있다. 하나는 사혁의 "一氣韻生動是也, 二骨法用筆是也, 三應物象形是也, 四隨類賦彩是也, 五經營位置是也, 六傳移模寫是也."를 어떻게 끊어 읽을 것인가이다. 일반적으로 "첫째 기운생동이 이것이고, 둘째 골법용필이 이것이고, 셋째 응물상형이 이것이고, 넷째 수류부채가 이것이고, 다섯째 경영위치가 이것이며, 여섯째 전이모사가 이것이다."와 같이 기운생동·골법용필·응물상형·수류부채·경영위치·전이모사 등을 한 개념어로 이해하여 읽는다. 이는 당말(唐末) 장언원(張彥遠)에 의해 시작되었다. 이와는 달리 "첫째가 기운인데 생동이 이것이고, 둘째가 골법인데 용필이 이것이고, 셋째가 응물인데 상형이 이것이며, 넷째가 수류인데 부채가 이것이고, 다섯째가 경영인데 위치가 이것이며, 여섯째가 전이인데 모사가 이것이다."라고 읽어야 한다는 주장이 있다. 이럴 경우 예를 들어 기운은 개념어이고 생동은 그것의 서술어가 된다. 이러한 경향은 중국에서는 전종서(錢鍾書)가 대표적 인물이고, 일본에서는 나카무라 시게오(中村茂夫)가 그 예이다.

다른 하나의 연구 방향은 화육법의 기원에 대한 것이다. 사혁의 《고화품록》에서 보았듯이 사혁은 화육법에 대해 어떠한 설명 없이 기술하고 있다. 그렇다면 이 화육법은 그 당시 아주 일반적 개념이었을 터인데 사혁 이전에는 화육법을 언급한 사람이 없다. 여기에서 두 가지 연구 방향이 나타난다. 하나는 일본의 기무하라 세이오(金原省吾)와 미국의 토마스 먼로(Thomas Munro)가 대표적인 인물인데, 이들은 그 당시에는 인도에서 불교가 유입되어 유행하고 있었기 때문에 이 화육법도 인도의 육지(六支, sadanga)에 근원을 두고 있다고 한다. 이에 대한 반대 견해로 중국의 서복관(徐復觀)의 주장을 들 수 있다. 그는 《중국예술정신》의 〈기운생동의 해석〉에서 인도의 육지(六支) 중 기운생동에 해당하는 제3과 제4에는 중국의 기운생동과 같은 풍부함이 없다고 하면서 기와 운의 분석에 초점을 두고 있다. 한편 갈로(葛路)는 비록 사혁 이전에 화육법이란 용어를 쓴 경우는 없다 하더라도 문학의 《문심조룡(文心雕龍)》에서 육관(六觀)·육의(六義)라는 것이 있기 때문에 육법도 이와 함께 중국의 자생적 이론이라고 하였다.

9 고화품록(古畫品錄) : 남제(南齊) 사혁(謝赫)의 중국화론서. 532~549년 사이에 저술되었다. 서론에서 "그림이란 것은 도덕적 권계(勸戒)를 밝히고 인간 업적의 높임과 낮춤을 나타내지 않는 것이 없다.(圖繪者, 莫不明勸戒, 着升沈)"는 사회적 효능을 말하였다. 이어서 인물화의 창작과 품평의 기준인 '화육법(畫六法, 6가지 법)'을 주장하였고, 아울러 이 법칙에 근거하여 삼국시대 오나라 조불흥(曹不興) 및 그 이후 화가 27명을 육품(六品, 6가지 품등)으로 분류하여 논하였다.

10 《古畫品錄》(《中國書畫全書》 1 〈古畫品錄〉, 1쪽).

11 사혁(謝赫) : ?~?. 중국(中國) 남제(南齊)의 화가(畫家). 인물화를 섬세한 필치로 잘 그렸으며, 사혁이 주장한 육법은 이후 중국회화이론에 큰 영향을 끼쳤다.

골법용필 이하의 5가지는 배울 수 있지만, 첫째인 기운생동에서의 기운과 같은 것은 반드시 선천적으로 아는 데에 달려 있기 때문에, 정밀한 재주로는 절대로 얻을 수 없고, 또한 오랜 세월 노력하여도 도달할 수 없다. 마음속으로 뜻이 통하고 정신이 회통하여, 그렇게 되는 줄도 모르는 사이에 그렇게 되는 것이다.

如其氣韻必在生知, 固不可以巧密得, 復不可以歲[2]月到, 默契神會, 不知然而然也.

예로부터 내려온 기이한 작품들을 감상해 보니, 대개 높은 관직에 있으면서 재주가 뛰어난 사람, 산속에 은둔한 명사들이 인(仁)에 의지하고 예(藝)에 노닐며,[12] 깊은 이치를 찾으면서, 고상하고 우아한 감정을 한결같이 그림에 의탁한 것이었다. 인품이 이미 높으면 기운이 높지 않을 수 없고, 기운이 이미 높으면 생동함에 이르지 않을 수 없으니, 이른바 '신령스러워지고 또 신령스러워서 정밀해질 수 있다.'고 하는 것이다.

竊觀自古奇迹, 多是軒冕才賢、巖穴上士, 依仁遊藝, 探賾[3]鉤深, 高雅之情, 一寄於畫. 人品旣高, 氣韻不得不高, 氣韻旣高, 生動不得不至, 所謂"神之又神而能精焉".

일반적으로 그림에 반드시 기운이 넘쳐야 비로소 이것을 세상의 보배라 할 수 있다. 그러지 않으면 아무리 정교한 의도를 모두 표현했다 하더라도 그 그림은 화공들의 일과 똑같을 뿐이어서 비록 그림이라고 말하여도 그것은 그림이 아

凡畫必周氣韻, 方號世珍. 不爾, 雖竭巧思, 止同衆工之事, 雖曰畫而非畫. 故楊氏不能受[4]其師, 輪扁不能傳其子. 繫乎得自天機, 出於靈府

---

12 인(仁)에……노닐며 : 《논어(論語)》〈술이(述而)〉의 "도에 뜻을 두고, 덕에 근거하며, 인에 의지하고, 예에서 노닌다.(志於道, 據於德, 依於仁, 游於藝.)"에서 나왔다.

[2] 歲 : 저본에는 "氣". 《圖畫見聞志·叙論·論氣韻非師》에 근거하여 수정.

[3] 賾 : 저본에는 "頤". 《圖畫見聞志·叙論·論氣韻非師》에 근거하여 수정.

[4] 受 : 저본에는 "授". 《圖畫見聞志·叙論·論氣韻非師》에 근거하여 수정.

니다. 그러므로 양씨(楊氏)[13]가 자기 스승의 가르침을 전수받을 수 없었고, 윤편(輪扁)[14]이 자기 아들에게 수레바퀴 만드는 기술을 전해 줄 수 없었다. 기운은 천기(天機, 우주의 조화가 일어나는 도의 작용)로부터 얻어 마음[靈府]에서 깨달아 나오기 때문이다.《도화견문지(圖畫見聞志)[15]》[16]

也.《圖畫見聞志》

13 양씨(楊氏) : ?~?. 누구인지 정확하지 않다. 일설에는 양주(楊朱)를 가리키기도 하고,(米田水 譯注,《圖畫見聞志·畫繼》, 湖南美術出版社, 2000) 북제(北齊)의 양자화(楊子華)나 수나라의 양계단(楊契丹), 당나라 양혜지(楊惠之) 중 하나를 가리킬 수 있다고 하기도 한다.(鄧白 注,《圖畫見聞志》, 四川美術出版社, 1986)

14 윤편(輪扁) : ?~?. 춘추시대 제(齊)나라 사람. 이름은 편(扁)이며 수레바퀴를 잘 만들어 윤편(輪扁)이라 불렀다. 위와 관련하여《장자(莊子)》〈천도(天道)〉에 다음과 같은 내용이 나온다. "윤편이 말했다. '……바퀴를 깎을 때 천천히 하면 미끄러워 고정되지 않고, 빨리 하면 빽빽하여 들어가지 않습니다. 느리지도 않고 빠르지도 않게 하는 것은 손에서 얻어 마음으로 반응하는 것입니다. 이는 입으로 말할 수 없는 것으로, 그 사이에는 오묘한 이치가 있어서 신이 저의 아들에게 깨우쳐 줄 수도 없고 신의 아들 또한 저에게서 그것을 받을 수 없습니다.'(輪扁曰, ……斫輪, 徐則甘而不固, 疾則苦而不入, 不徐不疾, 得之於手而應於心. 口不能言, 有數存焉其間, 臣不能以喩臣之子, 臣之子亦不能受之於臣.)"

15 도화견문지(圖畫見聞志) : 6권으로 되어 있다. 저자 곽약허(郭若虛)는 태원(太原, 지금 강서성에 속한다) 사람이며, 송 인종과 곽황후의 증손이다. 희녕 3년(1070)에 공비고사(供備庫使)가 되었고, 요(遼)에 사신으로 갔다. 이 책은 장언원의《역대명화기》의 후속으로, 오대에서 희녕 7년에 이르기까지 기록하고 있다.

16《圖畫見聞志》卷1〈叙論〉"論氣韻非師"(《中國書畫全書》1, 468쪽).

2) 일필화(一筆畫)[17]

一筆畫

일반적으로 그림에서 기운은 자유로운 마음에 근본하고, 정신의 표현[神彩]은 용필(用筆)[18]에서 나타나기 때문에, 용필의 어려움을 단연 알 수 있다. 그러므로 장언원(張彦遠)[19]은 왕헌지(王獻之)[20]만이 일필서(一筆書)[21]를 쓸 수 있고, 육탐미(陸探微)[22]만이 일필화를 그릴 수 있다고 하였

凡畫, 氣韻本乎遊心, 神彩生於用筆, 用筆之難, 斷可識矣. 故愛賓稱惟王獻之能爲一筆書, 陸探微能爲一筆畫.

17 일필화(一筆畫) : 붓질이 끝나고 다시 먹을 묻혀 이어 그렸어도, 단번에 한 호흡으로 그린 그림과 같이 기세가 서로 이어져 흐르는 그림을 말한다.

18 용필(用筆) : 붓을 사용하거나 움직인다는 뜻이나, 붓을 사용하는 태도, 기법, 정신 등을 포괄하는 다의적인 의미를 갖는다.

19 장언원(張彦遠) : ?~815?. 당말(唐末)의 미술이론가로, 애빈(愛賓)은 그의 자이다. 《역대명화기(歷代名畫記)》를 저술했다.

20 왕헌지(王獻之) : 344~386. 동진(東晉)의 서예가로, 자경(子敬)은 그의 자이며 왕희지의 일곱째 아들이다. 관직이 중서령(中書令)에 이르렀기에 대령(大令)이라 부르기도 했다. 글씨를 잘 썼고, 어려서는 부친 왕희지를, 후에는 장지(張芝)의 필법을 익혀서 일가를 이루었다. 특히 행서를 잘하였으며, 일기(逸氣)가 뛰어난 글씨를 창출하여 남조(南朝) 초기의 사대부 사이에 유행하였다. 부친과 함께 이왕(二王)이라 칭하며, 왕희지를 대왕(大王)이라 한 것에 대하여 그를 소왕(小王)이라 한다.

21 일필서(一筆書) : 앞에서 언급된 일필화와 같이, 기세가 서로 이어져 흐르는 글씨를 말한다.

22 육탐미(陸探微) : ?~?. 육조시대 송(宋)의 화가. 명제(明帝, 재위 465~473) 때 시종(侍從)이 되었다. 인물화를 잘하였다. 당(唐)의 장회관(張懷瓘)이 인물화 분야에서 "장승요(張僧繇)는 육(肉)을 얻었고, 육탐미는 골(骨)을 얻었으며, 고개지(顧愷之)는 신(神)을 얻었는데, 모두 고금의 뛰어난 화가이다."고 평가했을 만큼, 그는 육조 인물화가의 삼대 거장 중 한 사람이다. 사혁의 《고화품록》에서는 그를 제 일품에 올려놓았다.

다.[23]

이것은 한 편의 문장과 하나의 사물의 형상에 한정되는 것이 아니라, 작품 전체를 일필로 한 것처럼 해야 성취될 수 있다. 이는 바로 그림의 처음부터 끝까지 필치가 조리 있으면서 서로 연결되어 이어지고 기맥이 끊어지지 않는다는 것이다. 이것이 뜻이 붓보다 앞서 있고 붓이 뜻과 일치하여 움직여, 그림이 끝나도 뜻이 거기에 머물러 있으며 형상이 정신에 따라 완전해지는 이유이다. 무릇 마음이 스스로 충족된 뒤에 정신이 한가하고 뜻이 안정된다. 정신이 한가하고 뜻이 안정되면, 생각이 마르지 않고 끝없이 이어지며 이에 따라 필치가 막히지 않고 자연스럽게 이어진다.《도화견문지》[24]

無適一篇之文、一物之像而能一筆可就也, 乃是自始及終, 筆有朝揖, 連綿相屬, 氣脈不斷. 所以意存筆先, 筆周意內, 畫盡意在, 像應神全. 夫內自足然後神閑意定, 神閑意定, 則思不竭而筆不困也.《圖畫見聞志》

---

23 그러므로……하였다 : 이 문장은 장언원의《역대명화기》〈논고육장오용필(論顧陸張吳用筆)〉에 다음과 같이 나온다. "옛날 장지(張芝)는 최원(崔瑗)과 두도(杜度)의 초서법을 배워, 한편으로는 그것을 바탕으로 하면서 다른 한편으로는 이를 변화시켜 오늘날의 초서를 완성하였다. 그 글씨의 형체와 기세가 일필(一筆)로 이루어졌으며, 기맥이 이어지듯 서로 통하고 행을 바꾸어도 기세가 끊어지지 않았다. 오직 왕헌지만 그 깊은 뜻을 밝혔기 때문에 왕헌지의 글씨에서 행의 첫 글자는 기세가 종종 앞 행의 끝 글자와 연결되었다. 세상 사람들은 그것을 일필서(一筆書)라고 부른다. 그 후에 육탐미가 또한 일필화(一筆畫)를 만들었는데, 그 필치가 끊임없이 변화하면서 연결되었다. 그러므로 글씨와 그림의 용필은 법이 같다는 것을 알겠다.(昔張芝學崔瑗、杜度草書之法, 因而變之, 以成今草. 書之體勢, 一筆而成, 氣脈通連, 隔行不斷. 唯王子敬明其深旨, 故行首之字, 往往繼其前行. 世上謂之一筆書. 其後陸探微亦作一筆畫, 連綿不斷, 故知書畫用筆同法.)"

24《圖畫見聞志》卷1〈叙論〉"論用筆得失"(《中國書畫全書》1, 468~469쪽).

3) 3가지 품등(삼품)[25] 三品

기운생동이 천연에서 나와 사람들 중 어느 누구도 그 교묘함을 평가할 수 없는 것을 '신품(神品)'이라 하고, 붓과 먹을 다룸이 월등히 뛰어나고 채색이 적절하며 뜻이 넘치는 것을 '묘품(妙品)'이라 하며, 그 모양새를 비슷하게[形似] 하면

氣韻生動出於天成, 人莫窺其巧者, 謂之"神品"; 筆墨超絶, 傳染得宜, 意趣有餘者, 謂之"妙品"; 得其形似而不失規矩者, 謂之"能品". 茅氏

25 3가지 품등(삼품) : 중국회화를 품평하는 3가지 등급으로, 품등론의 일종이다. 중국의 품등론에 대한 것은 다음과 같다. 중국예술론에서 품등론은 창작론·기법론과 함께 육조시대부터 발전하기 시작하였다. 그 발생은 한말(漢末) 이후 발전한 인물 품조(品藻)의 영향을 받은 관료 등용법인 구품중정법(九品中正法)에 기인한다. 그러나 화론에서 최초의 품등론인 사혁의 《고화품록》에서는 화가를 9등급이 아니라 6등급으로 분류하고 있다. 당에 와서 이사진(李嗣眞)은 《속서품(續書品)》에서 서예가를 상·중·하로 나누고 다시 각각을 상·중·하로 나누는 9등급으로 품등하였으며, 또 이 9등급 위에 일품을 설정하여 여기에 이사(李嗣)·장지(張芝)·종요(鍾繇)·왕희지(王羲之)·왕헌지(王獻之) 등 다섯 서예가를 올려놓았다. 또한 이 《속서품》의 서문에 "《화평(畫評)》을 저술함에 이르러 일품의 등급에 오른 화가는 네 사람이다."고 한 것을 볼 때 화품에서도 서품에서와 같이 9등급 위에 일품을 설정한 것으로 보인다. 이와 달리 성당(盛唐) 시기의 장회관(張懷瓘)은 그의 저서 《화단(畫斷)》에서 신품(神品)·묘품(妙品)·능품(能品) 3단계로 나누었다. 이것을 북송 유도순(劉道醇)이 《성조명화평(聖朝名畫評)》에서 사용하고 있으며, 원대 하문언(夏文彦)과 명대 왕세정(王世貞)도 이를 따르고 있다. 만당(晩唐) 시기의 주경현(朱景玄)은 《당조명화록(唐朝名畫錄)》에서 장회관의 영향을 받아 화가를 신품·묘품·능품으로 나누고 이를 각각 상·중·하로 나눈 전통적인 9등급을 계승하였다. 다만 그는 이사진과는 달리 일품을 최고의 등급에 놓은 것이 아니라, 전통적인 화법 즉 화육법에 적용되지 않는 새로운 화풍을 일품이라 하고, 이것을 신품·묘품·능품의 등급과 별도로 설정하여, 여기에 왕흡(王洽)·이영생(李靈省)·장지화(張志和) 세 화가를 언급하였다. 당말 장언원은 《역대명화기》에서 전통적인 9등급의 품등법을 계승하면서도 그의 새로운 용어로 대체하여 이 등급 각각의 특징을 기록하고 있다. 즉 상품의 상은 자연(自然), 상품의 중은 신(神), 상품의 하는 묘(妙), 중품의 상은 정(精), 중품의 중은 근세(勤細)로 하는 다섯 등급을 세웠다. 그리고 이들의 관계를 자연을 잃으면 신이 되고, 신을 잃으면 묘가 되며, 묘를 잃으면 정이 되고, 정에서 결함이 있는 것은 근세가 된다고 하였다. 오대(五代) 황휴복(黃休復)은 《익주명화록(益州名畫錄)》에서 주경현의 신품·묘품·능품·일품의 분류법을 계승하여 일격·신격·묘격·능격으로 나누었다. 그러나 그는 주경현과 달리 일품에 해당하는 일격을 신격 위에 올려놓아 일격을 최고의 품등으로 설정하고, 이것의 특징으로 자연에서 얻은 것이라 하였다. 이후에는 품등의 발전이 더 이상 없고 신품·묘품·능품의 분류법이 정착되어 사용되고 있다. 이와 관련하여 더 상세한 해설로서, 한정희, 〈중국의 회화비평〉, 《한국과 중국의 회화》, 학고재, 1999를 참고 바람.

서도 법도를 잃지 않는 것을 '능품(能品)'이라 한다. 모일상(茅一相)[26] 《회묘(繪妙)[27]》[28]

《繪妙》

4) 3가지 요소(삼취)

三趣

나는 그림을 천취(天趣)·인취(人趣)·물취(物趣)로 논의한다. 천취는 정신이 이것이고, 인취는 생동이 이것이며, 물취는 형사(形似)[29]가 이것이다. 무릇 정신은 형사 너머에 있지만, 형사는 정신과 기운 안에 있다. 형사가 생동하지 않으면 그 잘못은 판박이처럼 되고, 생동이 형사에서 벗어나면 그 잘못은 형사가 추상적으로 되는 것이다. 그러므로 형사 너머에서 정신과 기운을 구하되, 형사 안에서 생동하는 뜻[生意]을 취해야 한다. 생동하는 정신[生神]은 멀리 바라보며 얻기 때문에 천취가 되며, 형사는 가까운 곳을 보며 얻기 때문에 인취가 된다.

余論畫, 以天趣、人趣、物趣取之. 天趣者, 神是也; 人趣者, 生是也; 物趣者, 形似是也. 夫神在形似之外, 而形在神氣之中. 形不生動, 其失則板; 生外形似, 其失則疏.

26 모일상(茅一相): 명(明)나라 사람으로, 1550~1553년에 태어나 1619~1622년에 죽었다. 자세히 알려진 바가 없다. 학자이자 정치가인 모곤(茅坤, 1512~1601)의 조카로서 《다구도찬(茶具圖贊)》을 저술하였고, 《흠상속편(欽賞續編)》·《시결(詩訣)》을 편집하였다.

27 회묘(繪妙): 명(明)나라 모일상(茅一相)이 지은 화론서이다. 《회묘》는 《흠상속편》에 수록된 것으로, 원래는 명(明)나라 강백보(康伯父)가 저술한 것이다. 이 책은 원래 세 부분으로 되어 있지만, 모일상의 《회묘》는 그 일부분, 즉 육법삼품(六法三品)·삼병(三病)·육요(六要)·육장(六長)·팔격(八格)·십이기(十二忌)·관화지법(觀畫之法)·고금우열(古今優劣)·분본(粉本)·상감호사(賞鑑好事)·견소(絹素)·고금필법(古今筆法)·용필득실(用筆得失) 등 13칙만을 수록하였다.

28 《繪妙》〈六法三品〉(《中國書畫全書》 4, 818쪽).

29 형사(形似): 대상의 외형을 닮게 그리는 화법 또는 그림.

그러므로 그림을 펼쳐 걸어 놓고 멀리 바라볼 때 산천이 험준하고 가파른 요소만 갖추었을 뿐 안개 낀 언덕의 윤택함이 없거나, 숲의 나무가 층층이 쌓여 있기만 할 뿐 나부끼는 바람이 없거나, 인물이 시체처럼 뻣뻣하거나 벽처럼 서 있기만 할 뿐 말하며 시선을 두거나 걸으며 자세를 바꾸는 듯한 자태가 없거나, 꽃과 새가 아름다운 광채 나는 깃과 털, 비단이 모여 있는 듯한 화려한 모습을 갖추기만 할 뿐 새가 나는 듯하거나 지저귀는 듯하거나 꽃의 향기가 풍기는 듯하거나 꽃이 촉촉한 듯한 느낌이 들지 않는다면, 모두 그것을 '정신이 없다'고 말한다. 그러나 이 4가지에서 정신을 지적할 만한 것이 없다 하더라도, 작품을 감상할 때 엄연히 형사가 갖춰졌다면, 이것은 물취를 얻었다고 말한다. 인취 속에서 정신과 기운, 생동하는 뜻이 약동할 수 있다면, 천취(天趣)가 비로소 충분히 갖춰질 수 있다는 것이다.《준생팔전(遵生八牋)[30]》[31]

故求神氣於形似之外，取生意於形似之中．生神取自遠望，爲天趣也；形似得於近觀，爲人趣也．故圖畫張掛，以遠望之，山川徒具峻削，而無烟巒之潤；林樹徒作層疊，而無搖動之風；人物徒肖尸居壁立，而無言語顧盼[5]、步履轉折之容；花鳥徒具羽毛文彩，顔色錦簇，而無若飛、若鳴、若香、若濕之想，皆謂之"無神"．四者無可指摘，玩之儼然形具，此謂得物趣也．能以人趣中求其神氣、生意運動，則天趣始得具足．《遵生八牋》

30 준생팔전(遵生八牋)：명나라 고렴(高濂)이 저술한 수필집. 〈청수묘론전(清修妙論牋)〉·〈사시조섭전(四時調攝牋)〉·〈기거안락전(起居安樂牋)〉·〈연년각병전(延年却病牋)〉·〈음찬복식전(飮饌服食牋)〉·〈연한청상전(燕閒清賞牋)〉·〈영단비약전(靈丹秘藥牋)〉·〈진외하거전(塵外遐擧牋)〉 등 8조목으로 나뉜다.

31 《遵生八牋》卷15〈燕閒清賞牋〉"論畫"(《遵生八牋校注》, 553쪽).

[5] 盼：저본에는 "眄". 오사카본·《遵生八牋·燕閒清賞牋中》에 근거하여 수정.

5) 4가지 병폐(사병)[32]

四病

그림을 그리는 데에는 3가지 병폐가 있는데, 모두 용필과 관련된다. 첫째는 '판박이처럼 되는 것'이고, 둘째는 '필치가 각지는 것'이며, 셋째는 '필치가 엉키는 것'이다.

畫有三病, 皆繫用筆. 一曰"版", 二曰"刻", 三曰"結".

판박이처럼 되는 것은 팔의 힘이 약하고 필치가 둔탁하며, 필선이 오고 가며 이루는 형상을 완전히 틀리게 하며, 물체의 모습이 편평하여 필치가 원만하게 이루어질 수 없는 것이다.

版者, 腕弱筆癡, 全虧取與, 物狀平編, 不能圓混也.

필치가 각지는 것이란 붓을 움직이는 가운데 의혹이 일어나 마음과 손이 서로 어긋나면서 획을 구부리는 곳에서 함부로 각이 생기는 것이다.

刻者, 運筆之中疑, 心手相戾, 句畫之際, 妄生圭角也.

필치가 엉키는 것이란 붓을 움직이고자 하지만 붓이 움직이지 않고, 붓질이 흩어져야 하지만 흩어지지 않아, 사물을 모사할 때 필치가 엉기고 막힌 듯하여 자연스럽게 뻗어 나가지 못한 것이다.《도화견문지》[33]

結者, 欲行不行, 當散不散, 似物凝礙, 不能流暢也.《圖畫見聞志》

진간(陳衎)[34]은 다음과 같이 말하였다. "황공

陳衎云: "大癡論畫, 最忌曰

---

32 4가지 병폐(사병): 모두 필력에 관련된 것으로, 북송 곽약허가 주장한 '세 가지 병폐'에 청나라 방훈(方薰)이 주장한 첨(甜)을 더하였는데, 이는 서유구가 스스로 정의한 것으로 보인다.

33 《圖畫見聞志》卷1 〈叙論〉"論用筆得失"(《中國書畫全書》1, 469쪽).

34 진간(陳衎): ?~?. 명나라 복건성(福建省)의 유명한 장서가(藏書家).

망(黃公望)[35]이 그림을 논하면서 가장 기피해야 할 것은 '첨(甜)'이라고 하였다.[36] 첨이란 색이 짙고 화려하며 부드러우면서 완숙한 것을 말한다. 일반적으로 속되고, 진부하고, 판박이처럼 된 것은 사람들이 모두 아는데, 첨에 대해서는 기피해야 한다는 것을 모를 뿐만 아니라 또한 좋아하기까지 한다. 이것은 황공망이 처음으로 지적하였

'甜'. 甜者穠郁而輭熟之謂. 凡爲俗爲腐爲版, 人皆知之, 甜則不但不知⑥忌, 而且喜之. 自大癡拈出, 大是妙諦."《山靜居畫論》

35 황공망(黃公望) : 1269~1355. 원(元)대의 화가. 자는 자구(子久), 호는 대치(大癡) 또는 일봉(一峰)이다. 젊었을 때 하급관리로 지냈다. 은둔하여 만년에 그림을 그리기 시작했다. 동원(董源, 오대 말 북송 초의 화가)과 거연(居然, 동원의 제자)의 화법을 배웠고 80세 전후에 화격이 뛰어난 작품을 그렸다고 한다.

황공망의 《쾌설시청도(快雪時晴圖)》(베이징 고궁박물원)

36 황공망(黃公望)이……하였다 : 황공망은 《사산수결(寫山水訣)》에 "그림을 그리는 대요(大要)는 사(邪)·첨(甜)·속(俗)·뢰(賴) 네 가지를 제거하는 것이다.(作畫大要, 去邪甜俗賴四箇字)"라 하였다. 《사산수결》에는 첨에 대한 의미가 설명되어 있지 않았다가 명대에 와서 속(俗)과 함께 사용하면서 '첨속(甜俗)'의 제거를 문인화에서 중요시하게 되었다. 명말 동기창(董其昌)은 "사인(士人)이 그림을 그릴 때에는 초서(草書)·예서(隸書)·기자(奇字) 등을 쓰는 법으로써 그려야 한다. 나무는 철사를 구부린 것처럼, 산은 모래에 선을 긋는 것처럼 해서 달콤하거나 세속적인 규범을 제거해야만 사기(士氣)가 된다. 그러지 않으면 비록 법식을 엄연히 갖춘다 하더라도, 직업화가의 잘못된 세계로 떨어져, 다시는 어떤 약으로도 고칠 수 없다. 법식의 속박을 벗어날 수 있다면, 이는 곧 그물을 뚫고 나온 물고기가 될 것이다.(士人作畫, 當以草隸奇字之法爲之. 樹如屈鐵, 山如畫沙. 絶去甜俗蹊徑, 乃爲士氣. 不爾縱儼然及格, 已落畫史魔界, 不復可求藥矣. 若能解脫繩束, 便是透網鱗也.)"고 하면서 첨속의 제거는 서예적 필법으로 가능하고 이것은 바로 사기(士氣)가 되는 것이라 하였다.

⑥ 知 : 《山靜居畫論》에는 "之".

는데, 매우 오묘한 비결이다."[37] 《산정거화론(山靜居畫論)[38]》[39]

6) 6가지 요점(육요)[40]

六要

기운이 힘을 겸비한 것이 첫째고, 격식과 체제가 모두 완숙한 것이 둘째이며, 변화가 이치에 맞는 것이 셋째이고, 채색에 윤택이 있는 것이 넷째이며, 붓의 움직임이 자연스러운 것이 다섯째이고, 스승을 배우되 단점을 버리는 것이 여섯째이

氣韻兼力一也, 格制俱老二也, 變異合理三也, 彩繪有澤四也, 去來自然五也, 師學捨短六也.《繪妙》

---

37 황공망(黃公望)이……비결이다 : 이 문장은《사상노설(槎上老舌)》;《御定佩文齋書畫譜》卷16〈論畫〉6 "明陳衎論畫"에 나온다.

38 산정거화론(山靜居畫論) : 청대 방훈(方薰)의 화론서. 내용은 크게 네 부분, 즉 그림에 대한 일반적 이론, 각종 화법에 대한 논술, 역대 화가에 대한 비평적 기술, 명화에 대한 기록 등으로 나뉘는데, 첫 부분이 가장 정치하다.

39 《山靜居畫論》上(《叢書集成初編》1644〈山靜居畫論〉, 13쪽).

40 6가지 요점(육요) : 두 가지 학설이 있다. 첫째는 본문으로, 북송(北宋) 유도순(劉道醇)이《성조명화평(聖朝名畫評)》에서 그림을 감식하는 비결로서 제시한 것이다. 나머지 하나는 오대(五代) 형호(荊浩)가《필법기(筆法記)》에서 창작 방식으로 주장한 것인데, 그 내용은 다음과 같다. "기(氣)는 마음과 몸이 일체가 되어 마음이 붓을 따라 움직이며, 사물의 형상을 잡아내는 데 막힘이 없는 것이다. 운(韻)은 인위적인 필치를 드러내지 않으면서 형태를 그리고, 격식을 갖추면서 속되지 않는 것이다. 사(思)는 그림의 전체적인 틀을 짜고, 생각을 집중하여 사물을 형상화하는 것이다. 경(景)은 대상을 계절과 요인에 따라 다듬고, 그 오묘함을 찾아내고 그 본질을 창안해 내는 것이다. 필(筆)은 법칙에 따른다 하더라도 그 운용이 변화무쌍하면서 뜻에 일관되어야 하며, 대상의 본질을 나타내는 것도 형태를 나타내는 것도 아닌 것이다. 또한 마음의 움직임에 따라 나는 듯 움직이는 듯해야 한다. 묵(墨)은 사물의 높고 낮음을 훈염(暈淡)으로 표현하고 사물을 옅고 깊게 나타내는 것인데, 이 때 문채가 자연스럽게 이루어져야 하며, 붓으로 이루어지지 않은 듯하여야 한다.(氣者, 心隨筆運, 取象不惑; 韻者, 隱迹立形, 備儀不俗; 思者, 刪撥大要, 凝想形物; 景者, 制度時因, 搜妙創眞; 筆者, 雖依法則, 運轉變通, 不質不形, 如飛如動; 墨者, 高低暈淡, 品物淺深, 文彩自然, 似非因筆.)"

다.《회묘》[41]

7) 6가지 장점(육장)[42]

六長

거칠고 치졸한 데에서 필치를 살피는 것이 첫째이고, 치우치고 껄끄러운 데에서 재주를 살피는 것이 둘째이며, 세밀하고 정교한 데에서 힘을 살피는 것이 셋째이고, 파격적이고 괴이한 데에서 이치를 살피는 것이 넷째이며, 먹이 없는 데에서 선염(渲染)[43]을 살피는 것이 다섯째이고, 평범하게 그려진 데에서 장점을 살피는 것이 여섯째이다.《회묘》[44]

麤鹵求筆一也, 僻澀求才二也, 細巧求力三也, 狂怪求理四也, 無墨求染五也, 平畫求長六也.《繪妙》

41 《繪妙》〈六要〉(《中國書畫全書》 4, 818쪽).

42 6가지 장점(육장) : 여기에도 두 가지 학설이 있다. 하나는 본문에 해당하는 것으로, 북송 유도순이 《성조명화평》에서 주장했다. 다른 하나는 청대 왕욱(王昱)이 《동장논화(東庄論畫)》에서 다음과 같이 주장한 설이다. "그림에는 6가지 장점이 있다. 기운과 골격이 예스럽고 우아하며, 정신과 운치가 뛰어나며, 붓의 놀림에 인위적 흔적이 없으며, 먹의 사용이 정밀하게 채색되도록 하며, 구도에 변화가 있으며, 채색이 고상하고 화려한 것이 이에 해당한다. 6가지 중 하나라도 갖추지 않으면 끝내 훌륭한 화가가 될 수 없다.(畫有六長 : 氣骨古雅, 神韻秀逸, 使筆無痕, 用墨精彩, 布局變化, 設色高華是也. 六者一有未備, 終不得爲高手.)"

43 선염(渲染) : 종이에 물을 먹이고 마르기 전에 그려 번지게 하는 기법. 번짐법으로 순화. 색의 배치라는 뜻으로도 쓰인다.

44 《繪妙》〈六長〉(《中國書畫全書》 4, 818쪽).

8) 4가지 필수사항(사필)[45]　　四必

유종원(柳宗元)[46]은 문장 짓는 방법을 잘 논의하였다.[47] 나는 이것이 문장에 그치지 않는다고 생각한다. 비결이 있는 모든 일은 모두 이와 같이 해야 하는데, 하물며 그림에 있어서랴? 일반적으로 하나의 경치를 그린 그림은 그 크기나 분량으로 평가해서는 안 된다. 첫째, 반드시 정신을 집중하고 정밀하게 쏟아 우주의 정신과 하나가 되도록 해야 하는데, 정밀하지 않으면 정신이 우주의 정신과 일치하지 않기 때문이다. 둘째, 반드시 정신은 우주의 정신과 함께 그림을 완성해야 하는데, 정신이 우주의 정신과 함께해서 완성하지 않으면 정밀함이 밝혀지지 못하기 때문이다. 셋째, 반드시 엄중하게 하여 삼가야 하는데, 엄중하

柳子厚善論爲文. 余以爲不止於文, 萬事有訣, 盡當如是, 況於畫乎? 凡一景之畫不以大小、多少, 必須注精以一之, 不精則神不專; 必神與俱成之, 神不與俱成則精不明; 必嚴重以肅之, 不嚴則思不深; 必恪勤以周之, 不恪則景不完.

---

45 4가지 필수사항(사필) : 그림에 반드시 갖춰야 할 4가지. 이는 서유구 자신이 규정한 항목인 것 같다.

46 유종원(柳宗元) : 773~819. 당대(唐代)의 문장가로, 자후(子厚)는 그의 자. 당송팔대가 중 한 사람으로, 문장은 한유(韓愈)와 겨루며, 시는 왕유(王維) 맹호연(孟浩然)에 버금간다고 한다.

47 유종원(柳宗元)은……논의하였다 : 이에 대해서는 유종원의 《답위중립논사도서(答韋中立論師道書)》에 잘 나타나 있다. "그러므로 나는 매번 문장을 지을 적에, 감히 경솔한 마음으로 그것을 다룬 적이 없으니, 그것이 빨라 침착하지 못할까 두려워했기 때문이요, 감히 나태한 마음으로 그것을 쉽게 대한 적이 없으니, 그것이 모호하여 잡되게 될까 두려워했기 때문이요, 교만한 기운으로 그것을 지은 적이 없으니, 그것이 방자하여 빼기게 될까 두려워했기 때문이다. 글을 억제함은 문장이 오묘해지기 바람이요, 드러냄은 문장이 밝아지기를 바람이요, 성글성글하도록 함은 문장이 통하기를 바람이요, 아껴서 씀은 문장이 절제되기를 바람이요, 격하게 발함은 문장이 맑아지기를 바람이요, 굳게 간직함은 문장이 장중하기를 바람이다. 이것은 내가 저 도(道)를 돕고자 하기 위함이다.(故吾每爲文章, 未嘗敢以輕心掉之, 懼其剽而不留也; 未嘗敢以怠心以易之, 懼其弛而不嚴也; 未嘗敢以昏氣出之, 懼其昧沒而雜也; 未嘗敢以矜氣作之, 懼其偃蹇而驕也. 抑之欲其奧, 揚之欲其明, 疏之欲其通, 廉之欲其節, 激而發之欲其淸, 固而存之欲其重. 此吾所以羽翼夫道也.)"

지 않으면 생각이 깊어지지 않기 때문이다. 넷째, 반드시 신중히 노력하여 주밀하게 해야 하는데, 신중하지 않으면 경치가 완전하지 않기 때문이다.

그러므로 나태한 기운에 찌든 상태에서 억지로 그리는 자는 그 필치가 나약하여 결단성이 없는데, 이것은 정신을 집중하고 정밀하게 쏟지 못한 병폐이다. 혼미한 기운에 찌든 상태에서 흐리멍덩하게 그리는 자는 그 형상이 분명하지 않고 제멋대로여서 시원스럽지 못한데, 이것은 정신이 우주의 정신과 함께 완성하지 못한 폐단이다. 가벼운 마음으로 붓을 휘갈겨 그리는 자는 그 형태가 누락되고 생략되어 원만해지지 않는데, 이것은 엄중하지 못한 폐단이다. 거만한 마음으로 소홀히 그리는 자는 그 양식이 소원하고 경솔하여 가지런하지 못한데, 이것은 신중히 노력하지 않은 폐단이다.

故積惰氣而强之者, 其迹軟懦而不決, 此不注精之病也; 積昏氣而汨之者, 其狀黯猥而不爽, 此神不與俱成之弊也; 以輕心挑之者, 其形脫略而不圓, 此不嚴重之弊也; 以慢心忽之者, 其體疏率而不齊, 此不恪勤之弊也.

그러므로 결단성이 없으면 분해법(分解法)[48]을 잃고, 시원스럽지 못하면 소쇄법(瀟灑法)[49]을 잃으며, 원만하지 못하면 체재법(體裁法)[50]을 잃고, 가지런하지 못하면 긴만법(緊慢法)[51]을 잃는

故不決則失分解法, 不爽則失瀟灑法, 不圓則失體裁法, 不齊則失緊慢法, 此最作者之大病也.《林泉高致》

48 분해법(分解法) : 계절 · 시간 · 날씨 · 공간적 분위기 등을 잘 분별하여 그림이 당차도록 만드는 화법.

49 소쇄법(瀟灑法) : 화폭의 공간을 답답하지 않고 확 트이게 함으로써 상쾌하고 깔끔한 느낌을 주는 화법.

50 체재법(體裁法) : 체제에 맞춰 다듬어서 그림의 틀을 갖추게 하는 화법.

51 긴만법(緊慢法) : 형상과 형상, 획과 획 사이에 긴장과 이완을 적절하게 안배하는 화법.

다. 이것이 화가들의 가장 큰 병폐이다.《임천고치(林泉高致)[52]》[53]

9) 8가지 품격(팔격)[54]

八格

그림에는 8가지 품격이 있다. 돌은 오래되면서 윤택해야 하고, 물은 담백하면서 밝아야 하며, 산은 가파르고 험준해야 하며, 샘은 시원스러워야 하며, 구름과 안개는 나타났다가 사라지게 해야 하며, 들길은 굽어 돌아가야 하며, 소나무는 누워서 용과 뱀이 싸우는 듯해야 하며, 대나무는 바람과 비를 감추는 듯해야 한다.《회묘》[55]

畫有八格：石老而潤, 水淡而明, 山要崔嵬, 泉宜灑落, 雲烟出沒, 野逕迂回, 松偃龍蛇, 竹藏風雨.《繪妙》

52 임천고치(林泉高致) : 북송 곽희(郭熙) 및 그 아들 곽사(郭思)의 합작인 화론서. 청대의 사고전서본에는 〈산수훈(山水訓)〉·〈화의(畫意)〉·〈화결(畫訣)〉·〈화제(畫題)〉·〈화격습유(畫格拾遺)〉·〈화기(畫記)〉 6편으로 되어 있는데, 일반적으로 통용되는 책에는 〈화기〉가 없다. 앞의 4편은 곽희의 작품이고 곽사의 부주(附註)가 있다. 이 중 〈산수훈〉이 중요한 장이다. 여기서 산수를 그리는 본뜻은 '임천의 뜻'을 표현하여 "고답적으로 아득히 노닐면서 마음의 뜻을 즐겁게 한다."는 것에 있다고 주장하였다. 산수화가는 "몸소 산천에 가서 취해야" 하고 "마음껏 유람하고 풍부하게 보아서", "가슴속에 하나하나 나열되어 있어야" 하며, "멀리서 보아서 그 기세를 취하고, 가까이서 보아서 그 바탕을 취해야" 한다고 하였다. 또한 대상의 특징을 찾아 개괄하여서 '갈 만한 곳(可行)'·'바라볼 만한 곳(可望)'·'유람할 만한 곳(可遊)'·'거주할 만한 곳(可居)'의 경치를 그려야 하며, 아울러 사계절을 분별하고 흐림·맑음·아침·저녁의 경치와 변화를 그려 내야 한다고 하였다. 이와 함께 평원(平遠)·고원(高遠)·심원(深遠)의 삼원법(三遠法)을 제시하였다. 또한 그림을 배울 때 한곳에 국한되는 것을 반대하고 종합적으로 배우고 감상해서 일가를 이루어야 한다고 주장하였다. 곽사는 뒤의 두 편을 편찬하였다. 〈화격습유〉는 곽희의 평소의 진적을 기록하였고, 〈화기〉는 곽희가 신종(神宗, 재위 1068~1085) 때 총애를 받은 사실을 기술했다.

53 《林泉高致》〈山水訓〉(《中國書畫全書》1, 498쪽).

54 8가지 품격(팔격) : 이는 원래 북송 한졸(韓拙)이 《산수순전집(山水純全集)》에서 제시하였다.

55 《繪妙》〈八格〉(《中國書畫全書》4, 818쪽).

10) 12가지 금기(십이기)[56] 十二忌

그림에는 12가지 금기가 있다. 첫째는 배치가 빽빽하여 막힌 것이고, 둘째는 원근이 분명하지 않은 것이며, 셋째는 산에 기맥(氣脈)이 없는 것이며, 넷째는 물에 수원으로부터의 흐름이 없는 것이며, 다섯째는 경계에 평이함이나 험준함이 없는 것이며, 여섯째는 길에 나오고 들어감이 없는 것이며, 일곱째는 바위가 한 면만 표현되는 것이며, 여덟째는 나무에 사방으로 뻗은 가지가 적은 것이며, 아홉째는 인물이 움츠리고 있는 것이며, 열째는 건물이 뒤섞여 있는 것이며, 열한째는 선염에 알맞음을 잃은 것이며, 열두째는 채색에 법도가 없는 것이다.《회묘》[57]

畫有十二忌：一曰布置迫塞, 二曰遠近不分, 三曰山無氣脈, 四曰水無源流, 五曰境無夷險, 六曰路無出入, 七曰石止一面, 八曰樹少四枝, 九曰人物傴僂, 十曰樓閣錯雜, 十一曰滃淡失宜, 十二曰點染無法.《繪妙》

56 12가지 금기(십이기) : 원대 요자연(饒自然)의 〈회종십이기(繪宗十二忌)〉로, 산수화에서 피해야 할 12가지 폐단을 말한다. 요자연의 〈회종십이기〉는 본래 그의 《산수가법(山水家法)》에 실린 내용이나, 책은 산실되고 이 내용만 전해지기 때문에 〈회종십이기〉라 불린다.

57 《繪妙》〈十二忌〉(《中國書畫全書》 4, 818쪽).

2. 위치 位置

1) 그림에는 손님과 주인 관계가 있다 畫有賓主

그림에는 손님과 주인의 관계가 있는데, 손님이 주인을 압도하도록 해서는 안 된다. 산수화를 예로 들면 산수가 주인이면, 구름과 안개·나무와 바위·인물·날짐승과 가축·건물 등이 모두 손님이다. 또 1척이나 되는 산이 주인이면, 일반적으로 손님은 원근과 수치계산이 반드시 고르게 정해져야 하는 것을 말한다. 인물이 주인이 되면 손님은 모두 원근과 높이에 따라 풍경으로 배치하여 주인과 손님의 관계를 미루어 짐작할 수 있도록 해야 한다. 탕후(湯垕)[1]《화론(畫論)[2]》[3]

畫有賓主, 不可使賓勝主. 謂如山水, 則山水是主, 雲烟、樹石、人物、禽畜、樓觀皆是賓, 且如一尺之山是主, 凡賓者遠近、折算須要停均. 謂如人物是主, 凡賓者皆隨遠近、高下布景, 可以[①]意推也. 湯氏《畫論》

1 탕후(湯垕) : ?~?. 원대(元代)에 활약한 문인. 자가 군재(君載), 호가 채진자(采眞子)이다. 고고(考古)에 매우 뛰어나서 천력(天曆) 원년(1328)에 감화박사(鑒畫博士) 경중(敬仲) 가구사(柯九思)와 함께 그림에 대해 토론하여《고금화감(古今畫鑒)》을 지었다. 이 책은 오화(吳畫)·진화(晉畫)·육조화(六朝畫)·당화(唐畫)·오대화(五代畫)·송화(宋畫)·금화(金畫)·원화(元畫) 등 시대별로 나누어 논술하였는데, '원화'에는 공개(龔開)와 진림(陳琳) 두 화가만을 열거하였다. 고려 불화 등 외국의 그림과 잡론(雜論)도 기술하였다. 유명한 화가 작품을 평론하고 필묵의 특징을 열거하였으며 진위를 판별하는 방식은 대체적으로 북송 미불(米芾)의《화사(畫史)》와 비슷하다.

2 화론(畫論) : 탕후(湯垕)가 지은《고금화감(古今畫鑒)》뒤에 부록으로 첨부된〈잡록(雜錄)〉으로,〈논화(論畫)〉라고도 한다. 23조항으로 구성되어 있고, 감상과 소장 등의 문제를 약술하였다.

3 《古今畫鑒》〈雜論〉(《中國書畫全書》3, 902쪽).

① 可以 : 저본에는 "不可".《古今畫鑒·雜論》에 근거하여 수정.

2) 그림에는 임금과 신하 관계가 있다 畫有君臣

자연에서 임금과 신하가 서로 부르고 반응하는 모습을 먼저 관찰해야 한다. 어떤 곳에서는 산이 임금이 되고 나무가 신하로서 보필하며, 어떤 곳에서는 나무가 임금이 되며 산이 신하로서 보필한다.

先察君臣呼應之位, 或山爲君而樹輔, 或樹爲君而山佐.

곽희의 《조춘도》(타이베이 고궁박물원). 작품 한가운데 위에 우뚝 솟은 주산(主山)을 중산으로 객산(客山)들이 대각선으로 교차하듯 아래로 내려오면서 마치 조정에서 신하가 군주에게 예를 갖추는 모습을 하고 있다.

이렇게 관찰한 뒤에 붓을 사용하여 먹을 칠한다. 만약 목탄[朽炭][4]으로 밑그림을 그릴 때, 생

然後奏管傅墨. 若用朽炭, 躊躇更易, 神餒氣索, 愈想愈

4 목탄[朽炭] : 밑그림을 그릴 때 쓰이는 버드나무나 오동나무로 만든 숯.

각을 머뭇거려 임금과 신하의 관계를 변경하면 정신이 쇠약해지고 기운이 고갈되어, 생각할수록 작품 수준이 떨어지게 된다.《화주(畫麈)[5]》[6]	劣.《畫麈》

3) 그림은 구도[章法][7]가 중요하다 畫貴章法

일반적으로 그림을 그리는 사람은 필묵에 관심을 많이 두지만 구도와 위치(位置)[8]를 소홀히 하는 경우가 잦다. 옛날 사람이 그린 자연에서 생동감이 끝없이 일어나고 때때로 새로운 뜻이 나오며 처음 보는 세계를 따로 연 것은 모두 가슴 속에서 먼저 구도와 위치의 오묘함이 이루어졌기 때문임을 지금 사람들은 알지 못한다. 이러한 이치는 문장을 지을 때 구상과 구성을 한결같이 새롭고 기발하게[警][9] 해야 문장이 아름다워지	凡作畫者, 多究心筆墨, 而於章法、位置往往忽之. 不知古人邱壑生發不已, 時出新意, 別開生面, 皆胸中先成章法、位置之妙也. 一如作文在立意、佈局新警乃佳. 不然綴辭徒工, 不過陳言而已.《山靜居畫論》

5 화주(畫麈) : 명대(明代) 심호(沈顥, 1586~1661)가 저술한 화론서. 표원(表原) · 분종(分宗) · 정격(定格) · 변경(辨景) · 필묵(筆墨) · 위치(位置) · 쇄색(刷色) · 점태(占苔) · 명제(命題) · 낙관(落款) · 임모(臨摹) · 칭성(稱性) · 우감(遇鑒) 등 13조목으로 나누어 그림 그리는 법을 논하였다.

6 《畫麈》〈位置〉(《中國書畫全書》 4, 815쪽).

7 구도[章法] : 그림의 짜임새. 그려진 부분인 실(實)과 여백인 허(虛), 경물이 빽빽하고 소원한 밀(密)과 소(疏)나 멀고 가까운 원근 등이 서로 어우러져 이루는 그림의 짜임새를 포괄한다. 오늘날 용어로 '구도'에 적합하다.

8 위치(位置) : 화육법(畫六法)에서 "경영위치(經營位置)"에 해당하는데, 주로 경물의 상하, 주빈의 관계에 따라 배치하는 것을 말한다. 앞에 나온 장법과 함께 일반적으로 구도라고 번역하지만 약간 차이가 있다.

9 기발하게[警] : 경(警)은 경책(警策)의 준말로, 문장 전체를 생동감 있게 하는 중요하고 기발한 문구라는 뜻이 있다.

는 것과 같다. 그러지 않으면 문장 구사에 기교만 있어 진부한 말에 불과해질 뿐이다.《산정거화론》[10]

4) 먼저 뜻을 세워 위치를 정한다

論先立意以定位置

그림을 그릴 때는 반드시 먼저 뜻을 세워 위치를 정해야 한다. 뜻이 기이하면 위치도 기이해지고, 뜻이 높으면 위치도 높아지고, 뜻이 요원하면 위치도 요원해지고, 뜻이 깊으면 위치도 깊어지고, 뜻이 예스러우면 위치도 예스러워지고, 뜻이 평범하면 위치도 평범해지고, 뜻이 속되면 위치도 속되게 된다.《산정거화론》[11]

作畫必先立意以定位置. 意奇則奇, 意高則高, 意遠則遠, 意深則深, 意古則古, 庸則庸, 俗則俗.《山靜居畫論》

10 《山靜居畫論》上(《叢書集成初編》1644 〈山靜居畫論〉, 4쪽).

11 《山靜居畫論》上(《叢書集成初編》1644 〈山靜居畫論〉, 15쪽).

5) 멀고 가까움의 표현

論遠近

곽희(郭熙)[12]는 "먼 산에는 주름[皴][13]이 없고, 먼 강에는 파도가 없으며, 멀리 있는 사람은 눈이 없다."[14]고 말하였다. 나(심호) 또한 "먼 산에는 평평함은 있어도 굽음은 없고, 먼 강에는 흘러가는 물은 있어도 흘러오는 물은 없으며, 먼 곳의

郭河陽云: "遠山無皴[2], 遠水無波, 遠人無目." 余亦云: "遠山有平無曲, 遠水有去無來, 遠人宜孤不宜侶."《畫麈》

12 곽희(郭熙): 1023~1085. 북송대의 화가. 자는 순부(淳夫)이고 하양(河陽)은 그의 출신 지명을 따서 부른 호칭이다. 신종(神宗) 때에 궁정화가로 등용되었으며, 궁중전각의 벽화와 병풍 그림을 거의 다 그렸다. 곽희의 산수화론에는 아들 곽사(郭思)가 그 말을 기록한 《임천고치(林泉高致)》가 있는데, 지금까지 알려진 판본에 빠진 〈화기(畫記)〉가 근년에 베이징과 대만에서 잇달아 발견되어 곽희 연구에 큰 진전을 보았다. 〈화기〉는 관아와 궁중의 작품을 순차적이고 구체적으로 기록하고, 신종의 두터운 비호와 함께 곽희가 어떻게 화려하게 활약하였는지 알려 준다. 현재 알 수 있는 곽희의 활약은 이 신종(神宗) 연간에 한정되고, 다음 철종(哲宗) 대에는 이미 80세의 고령에 이르렀기 때문에 문헌에서는 기록이 드물다. 곽희는 원래 이성(李成, 919~967: 북송의 화가)파의 화가로, 이성의 양식을 기조로 해서 오대 이래의 산수화를 널리 집대성하고, 동시에 궁정화가의 입장에서 더 보편적인 산수화 양식을 확립하였다. 《임천고치》는 이러한 그의 그림 세계를 이론적 형태로 보여 준 것인데, 실제 작품으로 표현된 것이 현존하는 《조춘도(早春圖)》이다.

곽희의 《수색평원도(樹色平遠圖)》(메트로폴리탄미술관)

13 주름[皴]: 입체감을 의미한다. 추(皴)는 준법(皴法)의 준(皴)과 같다. 준법은 동양화에서 산이나 바위 등 사물의 입체감을 표현하는 기법이다.

14 먼 산에는……없다: 이 문장은 본래 곽희의 《임천고치(林泉高致)》가 아니라 왕유(王維, 699?~ 759)의 《산수론(山水論)》에 있던 내용이다.

[2] 皴: 《畫麈·位置》에는 "皴".

사람은 한 사람만 그려야지 짝이 있어서는 안 된다."고 말하겠다. 《화주》[15]

15 《畫麈》〈位置〉(《中國書畫全書》 4, 815쪽).

3. 제목 달기 命題

1) 제목이 있는 그림과 없는 그림 論有題無題

곽희는 "그림을 그릴 때 먼저 제목을 정해야 상품(上品)이고, 제목이 없으면 그림을 완성할 수 없다."[1]라 했지만, 이 말은 고지식한 견해[膠柱][2]에 가깝다. 이는 옛날 사람이 시를 지을 때 시에 제목이 없으면 바로 제목을 달되 '무제'라 제목을 달아선 안 된다고 한 것에 비유할 수 있다. 만약 시 짓기 전에 제목을 정한다면, 그 시는 자연스럽지 못하고 인위적이게 된다.

郭熙云"作畫先命題爲上品, 無題便不成畫", 此語近于膠柱. 譬古人作詩, 或有詩無題, 卽命題, 不可以"無題"題之. 若題在詩先, 其響不之天而之人乎!

서성원(徐聲遠)[3]은 "편히 쉬면서 시 짓기를 끊으면 시상이 저절로 이른다. 이때 시상은 손을 휘저어도 떠나지 않으면서, 마침내 시구를 얻어 시

徐聲遠云:"宴坐絶詩, 詩將自至. 麾之不去, 得句成篇." 題與無題, 於詩何有?

1 곽희의 이 문장은 확인이 안 된다. 다만 황공망의 《사산수결》에 "먼저 제목을 정한 뒤 그림을 그린다. 제목이 없으면 그림을 완성할 수 없다. ……먼저 제목을 정하는 것을 상품이라 말한다.(先立題目, 然後著笔. 若無題目, 便不成畵. ……先命題目, 此謂上品.)"라는 문장이 있다.

2 고지식한 견해[膠柱] : 교주고슬[膠柱鼓瑟, 기러기발(현악기의 줄을 떠받치는 받침대)을 아교로 붙여 놓고 거문고를 탄다]의 준말로, 고지식하여 조금도 변통이 없다는 뜻이다.

3 서성원(徐聲遠) : ?~?. 명대 말기 이유방(李流芳, 1575~1629)이 '호구(虎丘)'를 노래하면서 "친구 서성원 시(友人徐聲遠詩)"라고 하는 것을 봐서 이유방과 같은 시대에 활동한 시인으로 보이나 확실하지 않다.

를 완성한다."[4]고 하였으니, 제목이 있고 없고가 시에 무슨 관련이 있겠는가?

훌륭한 화가의 작업에는 사물의 배치가 있어도 실은 배치가 없으며, 배치가 없어도 실은 배치가 있다. 형상이 있는 것에는 반드시 뜻을 집착할 필요가 없으며, 뜻이 있는 곳에는 반드시 형상을 고집할 필요가 없다. 제목 붙이는 이치는 기이한 견해와 관련이 없고, 그 일은 머리를 쓰는 것과도 관계가 없다. 이러한 것에 조금이라도 집착하면 이는 인위와 자연을 가르는 것인데, 어찌 제목을 달려고 하는가. 어떤 사람은 그림 그리는 데서 벗어나 마음을 즐겁게 하면서 시어를 펼쳐 놓고 언어를 다듬어 제목을 붙이는데, 이것은 진실로 안 될 것도 없다.《화주》[5]

良工繪事, 有布置而寔無布置, 無布置而寔有布置；象之所有不必意, 意之所有不必象. 理不離于異見, 事不闕乎慧用, 此中一著些子, 便判人、天, 何暇命題? 或者脫局賞心, 攄詞拈語, 固無不可.《畫麈》

스스로 붙인 제목이 뛰어나지 않으면 옛것을 사용하느니만 못하다. 옛것을 사용해도 해결되지 않으면 제목이 없느니만 못하다. 제목과 그림은 서로의 해설이 되니, 이 중에 조금이라도 어긋나면 그 차이가 그림 전체에서 어찌 천 리만 어긋

自題非工, 不若用古. 用古非解, 不若無題. 題與畫互爲注脚, 此中小失, 奚翅千里? 同上

4 출전을 알 수 없어, 서성원(徐聲遠)의 인용문이 어디까지인지 확인할 수 없다. 유검화(兪劍華)의《中國書畫全書》에서는 "宴坐絶詩……於詩何有"까지로 보았고, 반운고(潘運告)의《明代畵論》에서는 "宴坐絶詩, 詩將自至"까지로 한정하였다. 그러나 전체적인 문맥을 볼 때, 서성원의 인용은 시상이 자연스럽게 떠올라 시가 창작되는 ""宴坐絶詩, 詩將自至. 麾之不去, 得句成篇."까지로 보고, "題與無題, 於詩何有"는 심호가 이를 바탕으로 제목의 유무가 시를 짓는 데 관련이 없음을 설명하는 것으로 보는 것이 자연스러워 보인다.

5《畫麈》〈命題〉(《中國書畫全書》4, 815쪽).

날 뿐이겠는가? 《화주》[6]

2) 제목을 달 때 자신을 표현해야 한다 論命題必拈己分

옛날부터 뛰어난 사람은 당시에 뜻을 얻지 못하면 어부나 나무꾼으로 은둔해 세상에 나오지 않았지만, 부드러운 붓에 뜻을 의탁하여 시[有韻語, 운율이 있는 말]와 그림[無聲詩, 소리 없는 시]을 통해 세월을 보내곤 했다. 그러므로 붓을 펼치고 경치를 구성할 때, 그 시와 그림에는 자기의 모습을 표출하지 않음이 없었던 것이다.

古來豪傑不得志于時, 則漁耶、樵耶隱而不出, 然嘗托意于柔管, 有韻語、無聲詩借以送日, 故伸毫構景, 無非拈出自家面目.

하지만 오늘날 사람들은 어부·나무꾼·농부·목동을 그릴 때, 제목이 이러한 뜻을 전달하지 못하고 촌스러운 사람이나 미천한 사람을 그리면서 낚싯줄을 잡느라 몸을 굽히고 도끼질을 하느라 몸을 숙이는 모습으로 그리기 때문에 여유롭고 자득한 운치가 조금도 없어진다. 이것은 그림을 아는 사람으로 하여금 깜짝 놀라게 한다. 《화주》[7]

今人畫漁、樵、耕、牧, 題不達此意, 作個穢夫、傖父, 傴僂于釣絲, 戚施于樵斧. 略無坦迫自得之致, 令識者絶倒. 《畫麈》

6 《畫麈》〈命題〉(《中國書畫全書》 4, 815쪽).

7 《畫麈》〈命題〉(《中國書畫全書》 4, 815쪽).

3) 제목과 용필은 서로 어울려야 한다

論命題、用筆相發

일반적으로 그림에서 제목이 새로우면 용필이 옛 법을 따라야 하며, 반면에 제목이 예스러우면 용필이 새로운 뜻을 나타내야 한다. 그리는 의도가 기이하고 심오하면 고르고 바른 용필로 의도를 표현해야 하며, 반면에 그리는 의도가 평범하면 색다른 정취로 의도를 표현해야 한다. 이것이 이른바 "진부한 것을 새로운 것으로 변화시킨다."라고 하는 것이다.《산정거화론》[8]

畫凡命圖新者, 用筆當入古法；圖名舊者, 用筆當出新意. 圖意奇奧, 當以平正之筆達之；圖意平淡, 當以別趣設之, 所謂"化臭腐爲神奇矣".《山靜居畫論》

8 《山靜居畫論》上(《叢書集成初編》1644〈山靜居畫論〉, 15쪽).

4. 배우는 법 師法

1) 여러 대가의 법을 배운다 師諸名家

나는 평원(平遠)[1] 산수를 그리는 데에는 조영양(趙令穰)[2]을 배웠고, 중첩된 험준한 산을 그릴

畫平遠, 師趙大年, 重山疊嶂, 師江貫道. 皴法用董源麻

1 평원(平遠) : 평원(平遠)은 산수화 시점 방식의 하나로, 약간 높은 곳에서 먼 곳을 비스듬히 내려다보는 것을 말한다. 곽희(郭熙)는 《임천고치(林泉高致)》에서 "가까운 산에서 먼 산을 바라보는 것을 평원이라 한다.(自近山而至遠山謂之平遠)"라 하였다. 이성(李成)은 겨울의 평원 경치를 잘 그려 '한림평원(寒林平遠)'이라 불렸다.

2 조영양(趙令穰) : 1070?~1100?. 북송(北宋) 때의 화가로, 자는 대년(大年)이다. 송 태조(太祖)의 5대손으로 철종(哲宗) 때 활동했다. 문장을 잘하였고 글씨에 뛰어났으며 소식(蘇軾)·미불(米芾)과 친교가 있었다. 개봉과 낙양 교외의 경물을 많이 그렸으며 평원의 경치를 채색으로 잘 그렸다.

조영양의 《호장청하도권(湖莊淸夏圖卷)》(미국 보스턴미술관)
오른쪽 근경에서 강을 따라 원경으로 자연스럽게 이어지면서 평원 산수를 이룬다.

때에는 강삼(江參)[3]을 배웠다. 준법(皴法)[4]은 동원(董源)[5] 皮皴及《瀟湘圖》點子皴.

3 강삼(江參) : ?~?. 남송(南宋) 때의 화가로, 자는 관도(貫道)이다. 산수는 동원(董源)과 거연(巨然)을 배웠으며 필묵은 정세하고 윤택하였다. 강남 경치를 수묵으로 잘 그렸는데, 강가 평원의 맑고 아득한 운치를 깊이 얻었다.

강삼의 《천리강산도(千里江山圖)》(타이베이 고궁박물원). 산이 중첩되어 험준한 산세를 이루고 있다.

4 준법(皴法) : 산수화에서 산이나 바위의 주름을 그려 입체감을 표현하는 필법을 말한다.

5 동원(董源) : ?~962?. 오대(五代) 남당(南唐)의 화가로, 자는 숙달(叔達)이다. 중주(中主) 이경(李璟)의 아래에서 북원부사(北苑副使)가 되었으므로 동북원(董北苑)으로 불린다. 당대(唐代) 왕유(王維)의 수묵 계통과 이사훈(李思訓)의 채색 계통을 본받았으며, 현재는 수묵 계통만이 전해지고 있다. 후세에 영향이 지대한 화가 가운데 하나로, 원말사대가(元末四大家) · 오파(吳派)를 거쳐 명말(明末) 동기창(董其昌)의 남북종론(南北宗論)에 이르러 사실상 남종화(南宗畫)의 개조가 되었다.

동원의 《한림중정도(寒林重汀圖)》[일본 효고현(兵庫縣) 구로카와 고문화연구소(黑川文化研究所)]. 근경과 중경의 토산에 마피준법이 보인다.

의 마피준(麻皮皴)[6]과 《소상도(瀟湘圖)》[7]의 점자준(點子皴)[8]을 사용하였다.

나무는 동원·조맹부(趙孟頫)[9] 두 화가의 법을

樹用北苑、子昂二家法, 石用

6 마피준(麻皮皴) : 준법(皴法)의 한 가지로 피마준(皮麻皴)이라고도 한다. 삼의 올이 흐트러지듯이 경쾌하게 운필하여 다소 거친 느낌을 주며, 대체로 토산(土山)을 묘사할 때 많이 쓰인다. 오대(五代)의 동원(董源)에서 비롯되었으며, 원말(元末)의 황공망(黃公望)에 의해 완벽하게 정리되어 남종화의 화결(畫訣)로 받아들여졌다.

7 소상도(瀟湘圖) : 현대 중국의 호남성(湖南省) 동정호(洞庭湖)의 남쪽에 있는 소수(瀟水)와 상수(湘水)가 합류하는 주변을 소상(瀟湘)이라 하는데, 옛날부터 뛰어난 경치로 인해 시인과 묵객들이 아끼던 장소였다. 이 주변의 뛰어난 자연 경관을 주제로 그림이 많이 그려졌는데, 이를 통칭하여 소상도라 한다. 북송(北宋) 이성(李成) 화파의 문인화가 송적(宋迪)이 가우(嘉祐) 8년(1063)에 이곳을 방문하여 그림을 그린 이후 산수화의 주제가 되었다는 설과, 송적 이후 11세기 말에서 12세기 초에 나타난 회화 제재였다고 하는 두 설이 있다. 특히 어슴푸레한 안개와 더불어 펼쳐지는 소상의 자연을 8개의 주제로 나누어 그린 작품을 《소상팔경도(瀟湘八景圖)》라고 한다.

8 점자준(點子皴) : 준법의 일종으로, 점을 찍어 나타내는 방법을 말한다.

9 조맹부(趙孟頫) : 1254~1322. 원대의 화가로, 자는 자앙(子昂), 호는 송설도인(松雪道人)이다. 원대(元代)에 벼슬하여 집현직학사(集賢直學士)·집현시강학사(集賢侍講學士) 등을 거쳐 한림원학사승지(翰林院學士承旨)에 이르렀다. 시·글씨·그림에 뛰어났고 글씨·그림에서 복고주의를 주장하여 후대의 문인들에게 큰 영향을 미쳤다.

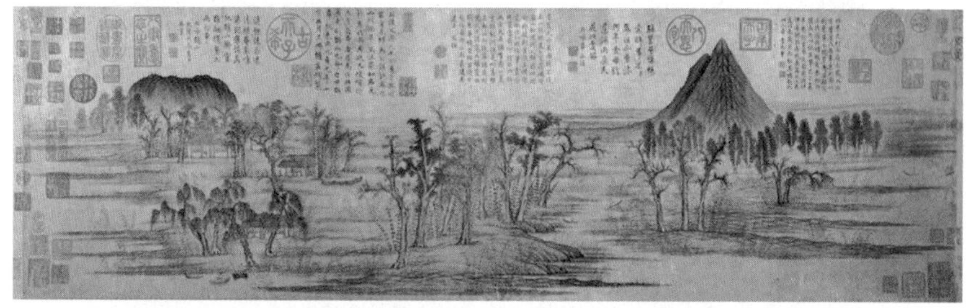

조맹부의 《작화추색도(鵲華秋色圖)》(타이베이 고궁박물원). 이 그림에는 동원의 영향을 받아 중국 남방의 나무를 묘사하는 수지법이 시행되고, 또한 근경의 토파(土坡)에는 피마준이 표현되었다.

사용했고, 바위는 이사훈(李思訓)[10]의 《추강대도도(秋江待渡圖)》 및 곽충서(郭忠恕)[11]의 설경 그림에서의 방식을 사용했다. 이성(李成)[12]의 화법	大李將軍《秋江待渡圖》及郭忠恕雪景. 李成畫法有小幀水墨及著色青綠, 俱宜宗之.

10 이사훈(李思訓) : 653~718. 당대(唐代)의 화가로, 자는 건견(建見)이다. 고종(高宗) 때 양주(揚州) 강도령(江都令)에 부임되었으며, 종정경(宗正卿)·우무위대장군(右武衛大將軍) 등을 역임하였다. 금벽산수와 청록산수에 뛰어났으며, 북종화(北宗畫)의 시조로 평가된다. 우무위대장군을 지낸 것으로 인해 대이장군(大李將軍)이라 불렸다.

11 곽충서(郭忠恕) : ?~977. 오대(五代)와 북송 초기의 화가로, 자는 서선(恕先) 또는 국보(國寶)이다. 문장·글씨·그림에 뛰어났으며 글씨는 전서·주서(籀書)·예서·해서·팔분서 등을 모두 잘하였다. 그림은 산수·옥목(屋木)·반거(盤車) 등을 잘 그렸다. 자와 컴퍼스 등을 사용하여 그리는, 세세하고 정밀한 계화(界畫)를 잘하였다.

이사훈의 《강범누각도(江帆樓閣圖)》
(타이베이 고궁박물원)

곽충서의 《명황피서궁도(明皇避暑宮圖)》
(타이베이 고궁박물원)

12 이성(李成) : 919~967. 북송(北宋) 때의 화가로, 자는 함희(咸熙)이다. 전란을 피해 영구(營邱, 지금의 중국 산동성 임치현)로 옮겼기 때문에 이영구라고 불렸다. 관동(關同), 범관(范寬) 등과 함께 화북의 산수화 양식에 큰 영향을 미쳤다. 이후 그의 화풍이 곽희(郭熙)에게 계승되어 이곽파(李郭派)를 이룬다.

에는 작은 화폭의 수묵과 착색청록(著色靑綠)[13]이 있는데, 그것을 모두 본받아야 한다. 특히 그것들을 집대성하여 저절로 자신의 창의력[機軸][14]을 나타내야 한다. 막시룡《화설(畫說)[15]》[16]

集其大成, 自出機軸. 莫氏《畫說》

조영양이 평원산수를 그리면 꼭 왕유(王維)[17]의 것과 같아서, 용묵이 빼어나고 윤택하며 작품이 자연스럽게 완성되었으니, 진실로 송나라 사

趙大年畫平遠絶似右丞, 秀潤天成, 眞宋之士大夫畫. 此一泒又轉爲雲林, 雖工緻不

13 착색청록(著色靑綠) : 여러 가지 색으로 채색한 산수화. 먼 산은 군청 계열로, 앞쪽의 주산은 녹청 계열로 채색하는 것이 일반적이다. 산 정상이나 산주름이 있는 능선에는 녹청 위에 다시 군청을 덧칠하는 경우가 많다. 금니(金泥)를 함께 사용하는 경우도 있어 금벽산수(金碧山水)라고도 불린다. 이사훈과 이소도(李昭道) 부자에 의해서 양식적으로 완성되었다.

14 창의력[機軸] : 기축(機軸)은 물건의 가장 긴요하고 핵심적인 곳을 가리키는 말로, 여기서는 창의적인 예술 창작을 가능케 하는 근원적인 힘을 의미한다.

15 화설(畫說) : 명대 막시룡이 저술한 화론서로 모두 15측(어떤 판본은 16측)이며, 산수화의 남북종론(南北宗論)이 실려 있다. 동기창의《화안(畫眼)》과《화지(畫旨)》에 이《화설》의 문장이 들어가 있다. 우안란(于安瀾)은 후인이 동기창의 문장을 편찬하면서 잘못 들어갔다고 하였고, 어떤 이는 막시룡의 문장이 산실되어 동기창의 문장을 기록하여 의탁하였다고 하였다.

16 《畫說》(《中國書畫全書》 3, 997쪽).

17 왕유(王維) : 701?~761. 당대(唐代)의 화가로, 자는 마힐(摩詰)이다. 시서화에 뛰어나고, 그림에서는 산수를 가장 잘하였다. 소식(蘇軾)은 "마힐의 시를 음미하면 시 속에 그림이 있고, 마힐의 그림을 감상하면 그림 속에 시가 있다."라 하여 그의 시화일치의 경지를 높이 평가하였다. 그가 살았던 망천(輞川)을 묘사한《망천도(輞川圖)》가 유명하며, 역대 화가들이 이를 모사했다. 현재 남아 있는《강산설제도(江山雪霽圖)》에서 왕유의 화풍을 엿볼 수 있다. 남종화(南宗畫)의 시조로 평가된다.

왕유의《강산설제도(江山雪霽圖)》[일본 교토 오가와가(小川家)]

대부의 그림이다. 이 일파가 또 예찬(倪瓚)[18]에게 전했는데, 예찬은 세밀하게 그리는 데서는 조영양에게 대적할 수 없지만, 거칠게 대강대강 그리고 예스러운 맛이 있는 것은 그보다 뛰어나다.

敵[1], 而荒率蒼古勝矣.

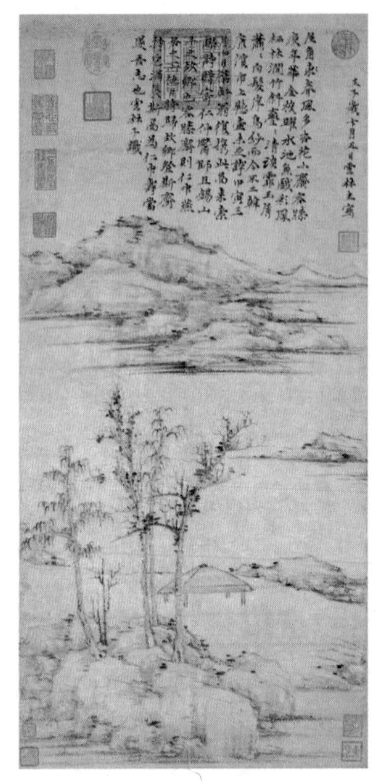

예찬의 《용슬재도(容膝齋圖)》(타이베이 고궁박물원)

18 예찬(倪瓚) : 1301~1374. 원대(元代)의 화가로, 자는 원진(元鎭), 호는 운림(雲林)·환하자(幻霞子)·형만민(荊蠻民)이다. 강소성(江蘇省) 무석(無錫)의 부호 집안에서 태어나 청비각(淸秘閣)·운림당(雲林堂)·소간선정(蕭間仙亭)·주양빈관(朱陽賓館)·설학동(雪鶴洞) 등의 건물을 지었다. 청비각에는 서적 수천 권과 유명한 거문고 등이 진열되어 있었고 그 주변에 소나무·난초·대나무·국화 등을 심었다고 한다. 그의 집에는 다양한 사람들이 모여 글씨와 그림, 시주(詩酒)를 즐겼다. 원나라 말에는 혼란한 세상을 피해 가산을 모두 버린 후 간아(簡雅)라 평가되는 자신의 양식을 확립하였다.

[1] 雖……敵 : 저본에는 "雲林工緻不皴". 《畫禪室隨筆》·《畫眼》에 근거하여 수정.

지금 나는 평원산수 및 부채 위의 소경(小景)[19]을 그리면서 한결같이 이 두 화가를 으뜸으로 삼는다. 사람들에게 끝없이 작품을 완미하게끔 하여서, 맛 외에 맛을 느끼면 괜찮을 것이다.《논화쇄언(論畫瑣言)[20]》[21]

今作平遠及扇頭小景, 一以此二人爲宗, 使人玩之不窮, 味外有味可也.《論畫瑣言》

2) 그림은 한 대가에게서만 배우기를 피해야 한다

論畫忌專學一家

사람이 그림을 배우는 일은 글씨 배우기와 다르지 않다. 지금 종요(鍾繇)·왕희지(王羲之)·우세남(虞世南)[22]·유공권(柳公權)[23](의 서법)을 취해서 오랫동안 익히면 반드시 그 비슷한 경지에 들어갈 것이다. 뛰어난 사람이나 명석한 선비

人之學畫無異學書. 今取鍾、王、虞、柳, 久必入其彷佛.[2] 至於大人、達士, 不局於一家, 必兼收幷攬, 廣議博考, 以使我自成一家, 然後爲得.

---

19 소경(小景) : 산수화의 유파 중 하나로 인물이 중심이 되고 산수가 배경이 되는 산수화를 말한다. 북송(北宋) 초기 혜숭(惠崇)에서 시작되었기 때문에 혜숭소경(惠崇小景)이라고도 한다.

20 논화쇄언(論畫瑣言) : 명나라 말기 동기창이 저술한 화론서.《화지(畫旨)》로 더 잘 알려져 있는데, 원래는 동기창의 문집인《용대집(容臺集)》4권에 실려 있던 것이다. 주로 자신의 그림과 옛 그림에 대한 제발이 많으며, 화법(畫法)·품평(品評)·감상(鑑賞) 등을 논하였다.

21《畫禪室隨筆》卷2〈畫訣〉(《中國書畫全書》3, 1015쪽) ;《畫禪室隨筆》卷2〈畫訣〉(欽定四庫全書).

22 우세남(虞世南) : 558~638. 당대(唐代)의 서예가로, 자는 백시(伯施)이다. 그의 서예는 지영(智永)의 법도를 받고 왕희지의 전통을 계승하였다. 구양순(歐陽詢)·저수량(褚遂良)·설직(薛稷) 등과 함께 당나라 초기의 사대 서예가로 불린다.

23 유공권(柳公權) : 778~865. 당대(唐代)의 서예가로, 자는 성현(誠懸)이다. 용필이 힘차고 구조가 짜임새가 있으며 골력이 뛰어나 후세에 큰 영향을 끼쳤다. 왕희지, 안진경, 구양순을 배웠는데, 특히 안진경과 함께 '안유(顏柳)'라 불렸다. 당 목종(穆宗)이 용필에 대해 질문하자 "용필은 마음에 달려 있으니, 마음이 바르면 붓이 바르다.(用筆在心, 心正則筆正)"라 대답하였다.

[2] 久……佛 : 저본에는 "久必入其".《林泉高致》에 근거하여 보충.

는 대가 한 사람에 국한하지 않고 반드시 여러 대가들의 장점을 아울러 받아들여 함께 운용하며 넓게 의논하고 따져서, 자신이 스스로 일가를 이루었다고 한 뒤에야 터득했다고 생각했다. 지금 산동성(山東省) 일대의 선비는 오직 이성(李成)의 화법만 배우고, 섬서성(陝西省) 일대의 선비는 오직 범관(范寬)[24]의 화법만을 임모한다.

今齊、魯之士惟摸營邱，關、陝之士惟摸范寬.

이성의 《교송평원도(喬松平遠圖)》(개인 소장)
이성의 고향인 산서성에는 평야 지역이 많아 이성의 작품에는 평원 지역을 그린 것이 많다.

범관의 《계산행려도(谿山行旅圖)》(타이베이 고궁박물원)
범관의 고향인 섬서성에는 험준한 산세가 많아 이성과 달리 범관의 작품에는 고원산수가 많다.

24 범관(范寬) : ?~1027?. 북송(北宋) 때의 화가로 자는 중립(中立) 또는 중정(中正)이다. 성격이 너그러워서 범관(范寬)이라 불렸다. 산속에 들어가서 항상 자연 경치와 마주하였다고 한다. 특히 사실적인 묘사에 뜻을 두어 사생수(寫生手)라 불리기도 하였다. 현존하는 작품은 《계산행려도(溪山行旅圖)》가 유일한데, 11세기 초기 산수화의 표준으로 평가받는다.

이렇게 한 지역에서 한 사람을 배우는 것도 답습이라고 생각한다. 하물며 산동성·섬서성 지역은 땅의 넓이가 수천 리나 되는데, 모든 지역의 사람들이 한 지역만을 따라 답습할 수 있겠는가? 한 사람만 오로지 배우는 일을 옛날부터 병폐로 여겼으니, 이것이 바로 "하나의 음률에서 나와 즐겨 들을 수 없다."는 것이다. 음악을 즐겨 듣지 않는 사람을 비난해선 안 되는 이유는 음률이 거의 구태의연하기 때문이다. 사람의 귀와 눈이 새것을 좋아하고 옛것을 싫어하는 것은 천하의 똑같은 감정이다. 그러므로 내가 뛰어난 사람이나 명석한 선비가 대가 한 사람에 국한하지 않는다고 생각한 이유는 이 때문이다.《임천고치》[25]

一己之學, 猶爲蹈襲, 況齊、魯、關、陜, 幅圓數千里, 州州縣縣, 人人作之哉? 專門之學, 自古爲病, 正謂"出于一律, 而不肯聽"者, 不可罪不聽之人, 迨由陳迹.[3] 人之耳目喜新厭故, 天下之同情也. 故予以爲大人、達士不局於一家者此也.《林泉高致》

오로지 대가 한 사람만 임모한다면 그 사람과 더불어 그림을 논할 수 없고, 오로지 대가 한 사람만 좋아한다면 그 사람과 더불어 그림 감상하는 법을 논할 수 없다.《화주》[26]

專摸一家, 不可與論畫 ; 專好一家, 不可與論鑑畫.《畫塵》

처음 그림을 시작하면 대가 한 사람(의 화법)만을 배워서 마음으로 깨달아 이를 자유롭게 손으로 구사해야 한다. 그런 뒤에 널리 다른 화법에

始入手, 須專宗一家, 得之心而應之手, 然後旁通曲引以知其變, 泛濫諸家以資我用.

---

25 《林泉高致》〈山水訓〉(《中國書畫全書》1, 497~498쪽).

26 《畫塵》〈筆墨〉(《中國書畫全書》4, 816쪽).

[3] 不……迹 : 저본에는 "不可罪不聽, 由跡".《林泉高致》에 근거하여 보충.

통하여 두루 응용하면서 그 변화를 알고, 또 여러 화가(의 화법)를 섭렵하여 자신의 화법 사용에 바탕으로 삼아야 한다.《산정거화론》[27]

《山靜居畫論》

3) 배움에는 정신의 깨달음이 중요하다

論學貴神會

옛사람의 작품을 임모하는 것은 작품을 마주하여 그대로 그리는 데에 있지 않고 정신의 깨달음에 있다. 눈으로 보고 마음으로 깨달으면서 세속적인 먼지 하나라도 들어가지 않아야 고인의 작품과 비슷하면서도 비슷하지 않고, 비슷하지 않으면서도 비슷하게 되어 인위적인 생각이 끼어들지 못한다.《화주》[28]

臨摹古人, 不在對臨而在神會. 目意所結, 一塵不入, 似而不似, 不似而似, 不容思議.《畫麈》

나는 언젠가 "왕희지 부자의 글씨가 남조(南朝)의 제나라(479~502)·양나라(502~557)에 이르러 갑자기 맥이 끊어졌다가, 당나라 초기부터 우세남·저수량의 무리들이 그 법을 변화시키고 나서야 왕희지 부자의 서법에 맞지 않은 듯하면서도 들어맞게 하여, 왕희지 부자 서법의 정신이 거의 되살아난 것 같았다."라 말한 적이 있다. 하지만 이 말을 쉽게 이해하기는 매우 힘들다. 대개

余嘗謂"右軍父子之書, 至齊、梁而風流頓盡, 自唐初虞、褚輩一變其法, 乃不合而合, 右軍父子殆如復生", 此言大不易會, 蓋臨摹最易, 神會難傳故也.

27 《山靜居畫論》(《叢書集成初編》 1644, 4쪽).

28 《畫麈》(《中國書畫全書》 4, 815쪽).

모사하기는 아주 쉽지만 그 정신의 깨달음은 전달하기 어렵기 때문이다.

거연(巨然)은 동원을 배웠고, 미불(米芾)도 동원을 배웠고, 황공망도 동원을 배웠고, 예찬(倪瓚)도 동원을 배웠다.

巨然學北苑, 元章學北苑, 黃子久學北苑, 倪迂學北苑.

거연의 《추산문도도(秋山問道圖)》(타이베이 고궁박물원)

미불의 《춘산서송도(春山瑞松圖)》(타이베이 고궁박물원)

황공망의 《부춘산거도(富春山居圖)》(타이베이 고궁박물원)

거연, 미불, 황공망은 한결같이 동원을 배웠지만 스스로 자신의 세계를 구축하였는데, 이들은 역사적으로 서로 계승하면서 남종화의 계보를 형성한다.

그들은 한결같이 동원만을 배웠을 뿐이지만, 각각은 동원을 배운 것이 서로 같지 않았다. 만약 속인에게 동원을 배워 그리도록 하였다면, 그들의 그림은 한결같이 임모본과 같았을 것이다. 그와 같이 한다면 어떻게 세상에 전할 수 있겠는가? 막시룡《화설》[29]

學一北苑耳, 而各各不相似. 使俗人爲之, 一與臨本同, 若之何能傳世也? 莫氏《畫說》

4) 자연을 배운다

論師天地

동원은 강남의 진경산수를 밑그림으로 삼았고, 황공망은 우산(虞山)[30]에 은거하였기 때문에 우산을 그렸는데, 이들의 준법과 색이 모두 같았다. 게다가 날마다 붓과 벼루를 주머니에 담고 다니다가 구름이나 나무의 자태를 보면 끊임없이 모사하였다. 심지어 곽희는 갑자기 솟아오르는 실제 구름을 취하여 산의 기세를 그렸는데[31] 뛰어나다고 더욱 칭송받았다. 따라서 옛사람의 밑그림이 대자연[大塊]과 내 마음에 있기 때문에, 뛰어난 안목을 가진 사람은 자연스레 알 수 있지만,

董源以江南眞山水爲稿本, 黃公望隱虞山, 卽寫虞山, 皴色俱肖. 且日囊筆硏, 遇雲姿樹態, 臨勒不捨. 郭河陽至取眞雲驚湧, 作山勢, 尤稱巧絶④. 應知古人稿本在大塊內、吾心中, 慧眼人自能覷著, 又不可撥置程派, 作漭蕩生涯也.《畫塵》

29 《畫說》(《中國書畫全書》 3, 998쪽).

30 우산(虞山) : 지금 중국의 강소성(江蘇省) 상숙현(常熟縣)의 서북쪽에 있는 산이다. 오목산(烏目山)이라고도 한다.

31 솟아오르는……그렸는데 : 곽희의 운두준법(雲頭皴法)을 표현한 말이다. 운두준법이란 산이나 언덕의 형태를 뭉게구름처럼 표현하는 화법이다.

④ 絶 : 저본에는 "賊".《畫塵》에 근거하여 수정.

또 법도를 버려두고서 방탕한 생활을 해서는 안 된다는 사실을 알아야 할 것이다. 《화주》[32]

화가가 옛사람을 스승으로 삼는다면, 이미 그 자체로 가장 좋은 것이다. 그러나 이것을 뛰어넘으려면 자연을 스승으로 삼아야 한다. 매일 아침에 구름의 기운이 변화하는 것을 보면, 그 모습이 그림 속의 산과 꼭 닮았다. 산속을 걸어갈 때, 기묘한 나무를 보면 반드시 사방에서 그것을 관찰해야 한다. 나무는 왼쪽에서 볼 때 그릴 만하지 못하여도 오른쪽에서 보면 그릴 만한 것이 있다. 나무의 앞과 뒤도 마찬가지이다. 보는 눈이 성숙하면 자연스럽게 자연의 정신을 전하게[傳神][33] 된다. 정신을 전하는 것은 반드시 형체를 통해서 해야 하는데, 나무의 형체와 화가의 마음과 손이 조화를 이루고 몰입해서 서로를 잊게 되는 것이 정신이 의탁된 경지이다. 나무에 어찌 그림에 들어갈 만하지 않은 것이 있겠는가? 다만 화가[畫史]는 비단 화폭에 그것을 담아 그릴 때 무성하고 빽빽하게 하면서도 너무 복잡하지 않게 표현해야 하며, 빼어나게 하면서도 썰렁하지 않게 해야 한다. 이것은 바로 한집안의 식구와 같은 것이

畫家以古爲師, 已自上乘, 進此當以天地爲師. 每朝起看雲氣變幻, 絶近畫中山. 山行時, 見奇樹, 須四面取之. 樹有左看不入畫, 而右看入畫者, 前後亦爾. 看得熟, 自然傳神. 傳神者必以形, 形與心手, 相湊而相忘, 神之所托也. 樹豈有不入畫者? 特畫史收之生絹中, 茂密而不繁, 峭秀而不寒, 卽是一家眷屬耳. 莫氏《畫說》

32 《畫麈》(《中國書畫全書》 4, 815쪽).

33 정신을 전하게[傳神] : '전신(傳神)'은 대상의 본질이나 참모습을 그려 내는 것을 의미한다. 처음에는 인물화에 사용되었으나 송대 이후 산수화나 화조화에서도 사용되었다.

다. 막시룡《화설》[34]

그림을 타고나게 잘 그리는 사람은 밝은 창과 깨끗한 책상에서 경치와 사물을 묘사한다. 이때 때로는 아름다운 산수를 보았던 것이 마음속에서 일어나 경치가 펼쳐지며 붓 끝에 자연스러운 정취[天趣]가 저절로 있게 된다. 이름난 꽃과 꺾어진 나뭇가지의 경우 그 생동하는 정취를 보면, 꽃의 자태가 고요하고 잎과 나뭇가지가 꺾이고 구부러지며, 해를 향해 조용히 웃고 바람을 맞아 기울어지며, 안개를 머금고 비를 맞으며, 처음 핀 꽃들이 쇠잔하여 떨어진다. 이러한 여러 모습들이 화려한 화폭에 그려져 자신도 모르게 완성되면, 그 작품은 바로 인위적인 경지를 초월할 수 있다. 만약 자연스런 생동을 법으로 삼지 않고 한갓 화폭 위에 겉모습만 그린다면, 그것은 결국 속품(俗品, 세속적인 작품)이 된다.《준생팔전》[35]

人能以畫自工, 明牕淨几, 描寫景物. 或睹佳山水處, 胸中便生, 景象布置, 筆端自有天趣. 如名花、折枝, 觀其生趣, 花態綽約, 葉梗轉折, 向日舒笑, 迎風欹斜, 含煙弄雨, 初開殘落, 種種態度, 寫入采素, 不覺學成, 便得出人頭地. 若不以天生活潑者爲法, 徒竊紙上形似, 終爲俗品.《遵生八牋》

5) 임모하기

論摸臨

임모라는 것은 원본을 책상 위에 놓고, 그 옆에다 흰 비단을 마련하여 원본의 필치를 본떠 그

臨者, 謂以元本置案上, 於傍設絹素, 象其筆而作之. 繆工

34 《畫說》(《中國書畫全書》 3, 997쪽).

35 《遵生八牋》 卷15 〈燕閑淸賞箋〉 中 "賞鑒收藏畫幅"(《遵生八牋校注》, 213쪽).

리는 일을 말한다. 솜씨가 없으면 결코 임모를 해서는 안 되니, 비단을 그림 위에 놓고 모사하다가 먹이 약간이라도 짙게 되면 원본에 스며들어 가 바로 원본의 정신을 잃게 되기 때문이다.《동천청록(洞天淸錄)[36]》[37]

決不能如此[5], 則以絹加畫上摸之, 墨稍濃則透元本, 頓失精神.《洞天淸錄》

옛 그림을 임모할 경우에는 먼저 옛사람의 정신과 생명이 있는 곳을 깨달아서 이를 음미하고 사색하여, 마음으로 깨달은 뒤 붓을 대어 임모한다. 여러 번 임모하다 보면, 곧 임모할 때마다 기존 관점이 바뀌는 효력이 나타난다. 만약 비슷하게만 될 때에는 화책을 덮고 임모하는 것을 바로 잊어버려야 한다. 비록 하루 종일 모사해도 전혀 고인과 통하지 않기 때문이다.《산정거화론》[38]

臨摸古畫, 先須會得古人精神命脈處, 玩味思索, 心有所得, 落筆摸之. 摸之再四, 便見逐次改觀之效, 若徒以彷彿爲之, 則掩卷輒忘, 雖終日摸彷, 與古人全無相涉.《山靜居畫論》

옛사람의 작품을 모사할 때, 처음에는 오직 비슷하지 못할까 걱정하다가, 시간이 지나면 다만 너무 비슷해질까 걱정한다. 비슷하지 않으면 옛사람의 화법을 다 구사하지 못한 것이고, 너무 비슷하면 자신의 화법이 되지 않은 것이다. 법과 자

摸彷古人, 始乃惟恐不似, 旣乃惟恐太似. 不似則未盡其法,太似則不爲我法. 法我相忘, 平淡天然, 所謂"擯落筌蹄", 方窮至理. 同上

36 동천청록(洞天淸錄) : 중국 남송 조희곡(趙希鵠)이 저술한 문인의 취미 생활에 관한 서책으로 전 1권이다. 고금(古琴), 고현(古硯), 고종정이기(古鍾鼎彝器), 괴석, 연병(硯屛), 필격, 수적, 고한묵진적(古翰墨眞跡), 고금석각, 고화 등 열 부분에 걸쳐 그의 감식법을 기록하였다.

37 《洞天淸錄》(《叢書集成初編》 1552, 29쪽).

38 《山靜居畫論》(《叢書集成初編》 1644, 6쪽).

[5] 如此 : 저본에는 "此摸".《洞天淸錄》에 근거하여 수정.

신을 서로 잊고 작품 양식이 평담(平淡)하고 자연스러운 것이 이른바 "통발과 올무를 버린"[39] 경지로, 비로소 화법의 지극한 이치를 다한 것이다.《산정거화론》[40]

옛사람의 그림을 모사하는 것은 또한 글씨를 모사하는 것과 같이, 화선지에 법도대로[41] 밀랍을 칠해서 모사해야 한다.《산정거화론》[42]

古人摸畫, 亦如摸書, 用宣紙法蠟之, 以供摸寫. 同上

방 안에서 거울을 비추어 글씨와 그림을 그리는 법은 먼저 문과 창을 모두 닫아 깜깜하게 한다. 문이나 창에 구멍 하나를 뚫는데, 그 크기는 전경(前鏡)의 크기만 하게 한다. 전경【전경은 서양의 망원경으로, 유리로 만든다. 평평한 것 같으면서 평평하지 않은 둥근 거울을 통구경(筒口鏡)이라 하는데, 바로 이른바 '볼록렌즈[中高鏡]'·'전경'이다.】을 꺼내어 구멍에 설치하고, 깨

室中照鏡描書畫法, 全閉門窓. 務極幽暗, 或門或窓開一孔, 大小與前鏡稱[6]. 取出前鏡.【前鏡, 卽泰西望遠鏡, 用玻瓈製之, 一似平非平之圓鏡, 曰筒口鏡, 卽所謂"中高鏡"也, "前鏡"也.】[7] 置諸孔眼, 以白淨紙, 如法對置內

---

39 통발과……버린:《장자(莊子)》에 "물고기를 잡으면 통발을 잊어버려야 하고, 토끼를 잡으면 그물을 잊어버려야 한다.(得魚而忘筌, 得兎而忘蹄)"라 하여, 목적을 달성한 후에는 그 수단을 잊어버려야 한다고 하였는데, 이를 인용한 것으로 보인다. 고화 모사는 전통적인 기법을 배우는 과정으로, 기법을 익혔으면 더는 여기에 얽매일 필요가 없다는 뜻이다.

40 《山靜居畫論》(《叢書集成初編》 1644, 6쪽).

41 법도대로: 당나라 사람들이 위진시대 사람의 글씨를 임모할 때 사용한 '경황(硬黃)'법을 말하는 듯하다. 종이를 뜨거운 다리미 위에 놓고 황납(黃蠟)을 고르게 칠해 종이를 단단하게 만들고 종이 면을 투명하게 만들었는데 이를 경황이라 한다. 이것으로 글씨를 임모하였다.

42 《山靜居畫論》(《叢書集成初編》 1644, 6쪽).

[6] 大小與前鏡稱: 저본에는 "小與前稱".《遠鏡說》에 근거하여 수정.

[7] 前鏡……前鏡也.:《遠鏡說》에는 없음.

끗한 종이를 방 안에 적절한 거리에 마주 놓으면 전경이 바깥을 비추는데, 그것에 따라 글씨와 그림을 모사한다. 밖에서 전경을 비추면 그 형상이 종이 위에 조금도 틀리지 않게 생기는데, 이를 모사하여 그린다.《원경설(遠鏡說)[43]》[44]

室, 則鏡照諸外而以所摸書畫. 自外對鏡, 則影入紙上, 絲毫不爽, 摸而畫之.《遠鏡說》

43 원경설(遠鏡說) : 독일의 예수회 선교사인 아담 샬(1591~1666. Johann Adam Schall von Bell, 湯若望)의 저서로, 망원경의 원리와 구조, 나아가 천문의 모습을 소개하였다. 조선에는 인조 9년(1631)에 연경으로 사신을 간 정두원(鄭斗源)에 의해 소개되었다.

44 《遠鏡說》(《叢書集成初編》 1308, 30쪽).

5. 붓과 먹 筆墨

1) 그림에 붓 자국이 없다 論畫無筆跡

그림에 붓 자국이 없다고 하는 말은 먹이 흐리고 모호해서 분명하게 알아볼 수 없는 상태를 말하는 것이 아니다. 이것은 바로 글씨 잘 쓰는 사람이 장봉(藏鋒)[1]을 해서 송곳으로 모래에 선을 긋고[錐畫沙][2] 도장을 진흙에 찍는 것[印印泥][3] 같이 할 뿐이다. 글씨의 장봉은 붓을 잡아 '침착하면서도 통쾌하게 하는[沈着痛快]'[4] 데에 달려 있다. 사람이 글씨를 잘 써서 붓 잡는 법을 알 수

畫無筆跡, 非謂其墨淡模糊而無分曉也. 正如善書者藏筆鋒, 如錐畫沙印①印泥耳. 書之藏鋒在乎執筆沈著痛快, 人能知善書執筆之法, 則能知名畫無筆跡之說. 故古人如王大令②, 今人如米③元章, 善書必能畫, 善畫必能書, 實

---

1 장봉(藏鋒) : 글씨를 쓸 때, 붓 끝을 필획 가운데 숨겨, 시작할 때와 정지할 때 뾰쪽한 붓 끝이 밖으로 나오지 않는 필법을 가리킨다. '은봉(隱鋒)' 또는 '무봉(無鋒)'이라고도 한다. 장봉으로 쓰는 필획은 기세가 안으로 함축되어 힘있고 침착하며 무기력한 병폐가 없어, 혼후(渾厚)하고 원만하고 윤택한 느낌을 준다. 당나라 서호(徐浩)의 《논서(論書)》에 "용필의 기세는 특히 장봉해야 한다. 장봉하지 않는다면 글씨에 병폐가 있게 된다.(用筆之勢, 特須藏鋒, 鋒若不藏, 字則有病.)"라는 구절이 있다.

2 송곳으로……긋고[錐畫沙] : 필선을 강하게 하여 붓 끝을 감추는 필법. 안진경의 《장장사십이의필법기(張長史十二意筆法記)》에 "저수량이 '용필은 반드시 진흙에 도장을 찍고 모래에 긋는 것과 같아야 한다.(褚河南曰, 用筆當須如印泥畫沙.)'라 했다."는 말이 있다. '錐畫沙'의 '畫'은 음을 '획'으로 읽는다.

3 도장을……것[印印泥] : 앞의 "송곳으로……긋고[錐畫沙]"와 대를 이루는 말이다.

4 침착하면서도……하는[沈着痛快] : 침착은 가라앉아 안정된 모양이고, 통쾌는 심정이 느긋하고 거리낌이 없는 모양이다. 왕승건(王僧虔)의 《고래능서인명(古來能書人名)》에 "오나라 사람 황상(皇象)은 초서를 잘하는데 세상 사람들은 그의 글씨가 침착하고 통쾌하다고 한다.(吳人皇象能草, 世稱沈着痛快.)"에서 처음으로 나온다. 후에는 시문 등의 평에도 사용되고 있다.

① 印 : 저본에는 없음. 《洞天淸錄集·古畫辯》에 근거하여 보충.

② 王大令 : 《洞天淸錄集·古畫辯》에는 "孫太古".

③ 米 : 저본에는 "朱". 규장각본·오사카본·《洞天淸錄集·古畫辯》에 근거하여 수정.

있다면, 유명한 그림에 붓 자국이 없다는 말을 이해할 수 있을 것이다. 그러므로 옛사람으로서 왕헌지(王獻之)[5]와 같이, 그리고 오늘날 사람으로서는 미불(米芾)[6]과 같이, 글씨를 잘 쓰면 반드시 그림을 잘 그릴 수 있고, 그림을 잘 그리면 반드시 글씨를 잘 쓸 수 있는데, 그림과 글씨는 실제로는 같은 일이기 때문이다.[7] 《동천청록집》[8]

一事耳.《洞天淸錄》

---

5 왕헌지(王獻之) : 344~386. 동진(東晉)의 서예가. 자가 자경(子敬)이고 낭야(瑯琊) 임기(臨沂, 지금의 산동성) 사람이며 왕희지의 일곱째 아들이다. 관직이 중서령(中書令)에 이르렀기 때문에 대령(大令)이라 부르게 되었다. 글씨를 잘 썼고, 어려서는 부친 왕희지를, 후에 장지(張芝)의 필법을 익혀서 일가를 이루었다. 특히 행서를 잘 썼으며, 일기(逸氣)에 뛰어난 글씨를 창출하여 남조 초기의 사대부 사이에 유행했다. 부친과 함께 이왕(二王)이라 칭하며, 왕희지를 대왕(大王)이라 한 것에 대하여 그를 소왕(小王)이라 한다.

6 미불(米芾) : 1051~1107. 중국 북송(北宋)의 서예가 및 화가로, 자가 원장(元章)이고, 처음 이름은 불(黻)이며, 호는 양양만사(襄陽漫士) · 해악외사(海岳外史) 등이다. 원래 산서성 태원(太原) 출신이지만 호북성(湖北省) 양양(襄陽)으로 이주했고, 다시 윤주[潤州, 강소성 진강(鎭江)]에 정착했다. 휘종 때 서화박사(書畵博士)가 되고 곧 예부원외랑(禮部員外郎)이 되었으며, 그 때문에 미남궁(米南宮)이라 부른다. 또 기괴한 행동을 많이 하여 미전(米顚)이라고도 부른다. 글씨는 행서와 초서를 잘 썼고, 채양(蔡襄) · 소식(蘇軾) · 황정견(黃庭堅)과 함께 송사가(宋四家)라 불린다. 그림은 산수를 잘 그렸고, 세밀하게 그리지 않고 수묵을 즐겨 사용했는데, '묵희'를 추구한 그의 화풍을 미가산수(米家山水)라 한다. 저서로 《화사(畫史)》·《서사(書史)》·《보장대방록(寶章待訪錄)》·《보진영광집(寶晉英光集)》이 있다.

7 실제로는……때문이다 : 이것은 일반적으로 서화동원론(書畵同源論)과 서화용필론(書畵用筆論)을 가리킨다.

8 《洞天淸錄集》〈古畫辯〉(《叢書集成初編》1552〈洞天淸錄集〉, 28~29쪽).

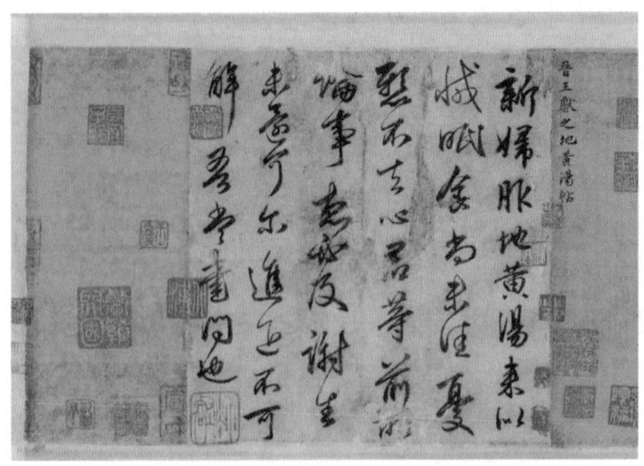

왕헌지의 《지황탕첩(地黃湯帖)》[일본 도쿄 다이토구(台東區) 서도박물관(書道博物館)]. 왕헌지 작품의 모본인 《지황탕첩》은 "地黃湯"이란 약의 복용을 언급한 초서 편지글이다. 편지 첫 부분 "新婦服地黃湯" 6자는 행서로 써 있는데, '新婦'는 비교적 완만한 속도로 침착하게 썼다. '服' 자 이후는 점자로 활달하게 쓰다가 2항부터 매우 자유분방하게 썼다. 필획은 서로 연결되고 자연스럽게 안배되었으며 경중의 변화에 따른 운율감이 충만하다. 먹색은 짙고 옅음, 마르고 윤택함이 서로 잘 어울려 있다. 전체 작품이 부드럽고 시원한 느낌을 준다.

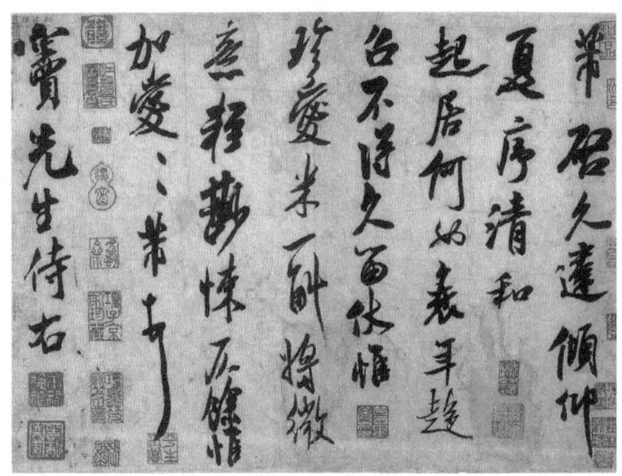

미불의 《청화첩(晴和帖)》(타이베이 고궁박물원). 미불의 대표적인 서예 작품으로, 만년의 친구 두(竇) 선생에게 보낸 편지글이다. 오랫동안 만나지 못한 두 선생에 대한 흠모의 감정을 표현하였다. 전체적으로 시원스럽고 초월적이면서, 격정적이지도 엄숙하지도 않으며, 용필이 비교적 함축적으로 사용되어, 그의 다른 작품에 비해 약간 온화한 느낌을 준다. 그러나 필획의 경중은 때때로 대비가 되며, 글자의 조형은 약간 한쪽으로 기울어진 느낌을 주면서 작품에 생동감을 넘치게 한다.

2) 용필에 대한 여러 기술 用筆雜述

시원스럽게 붓을 사용하는 법은 붓을 끌로 도려 파듯, 풀을 베어 내듯, 누르거나 꺾는 데 달려 있다. 큰 붓이든 작은 붓이든 관계없이 그림에서 모두 이와 같다. 세상에서는 "붓을 거칠게 사용한다."라 한다. 그러나 하나는 시원스러움이고 다른 하나는 속기(俗氣)[9]임을 분별해야 한다. 《산정거화론》[10]

運筆蕭灑, 法在挑剔頓挫, 大筆細筆, 畫皆如此, 俗謂之"鬆動". 然須辨得一種是蕭[4]洒, 一種是習氣. 《山靜居畫論》

기운과 격식은 기이해야 하고, 필법은 바르게 해야 한다. 기운 및 격식과 필법이 모두 바르면 쉽게 평평하고 판박이처럼 되고, 이와 반대로 기운 및 격식과 필법이 모두 기이하면 험준하고 거칠어지기 쉽다. 앞 시대 사람이 "파격적이고 기이한 데에서 이치를 살피고, 거칠고 치졸한 데에서 필치를 살핀다."[11]라 한 말은 이 때문이다. 《산정거화론》[12]

氣格要奇, 筆法須正. 氣格筆法皆正, 則易入平版. 氣格筆法皆奇, 則易入險惡. 前人所以"有狂怪求理, 鹵莽求筆"之謂. 同上

---

9 속기(俗氣) : 세속적인 기운. 일반적으로 법식에 지나치게 의존하거나 대상을 세밀하고 화려하게 그려 화가의 마음 표현이 무색해지는 경우를 말한다.

10 《山靜居畫論》 上(《叢書集成初編》 1644 〈山靜居畫論〉, 12쪽).

11 파격적이고……살핀다 : 북송 유도순(劉道醇)이 《송조명화평(宋朝名畫評)》에서 주장한 '육장(六長)' 중 넷째와 첫째에 해당한다. "鹵莽求筆"은 "麤鹵求筆"로 되어 있다. 본서 "총론" '6가지 장점(육장)' 참조.

12 《山靜居畫論》 上(《叢書集成初編》 1644 〈山靜居畫論〉, 15쪽).

[4] 蕭 : 《山靜居畫論 · 上》에는 "瀟".

3) 그림과 글씨는 법이 같다 論畫書同法

필치에는 중봉(中峯)[13]과 측봉(側峯)[14]이라는 서로 다른 사용이 있고, 또한 의식적인 사용과 무의식적인 사용이 서로 도와 완성되어야 한다. 붓을 돌리고 꺾어[轉折][15] 흐르듯 움직이면 물고기가 파도를 헤엄쳐 달리는 것 같고, 붓의 점이 차례로 뒤섞이면 매가 꽃을 치고 날아가는 것과 같다. 불(拂)[16]은 기울어진 산맥에서 분리되어 나온 형세를 이루고, 책(磔)[17]은 가로누운 언덕을 표현하도록 꺾어진 필치가 되며, 탁(啄)[18]의 필치는 그림자를 소원하게 할 수 있고, 책(策)[19]의 필치는 쓸 때마다 기세를 움직이게 해야 한다. 바위

筆有中峯側峯之異用, 更有著意無意之相成. 轉折流行, 鱗游波駛, 點次錯落, 隼擊花飛. 拂爲斜胍之分形, 磔作偃坡之折筆, 啄毫能令影疏, 策穎每敎勢動. 石圓似弩之內擫, 沙直似勒之平施.

---

13 중봉(中峯): 붓을 움직일 때 붓 끝이 항상 점과 획 안에 있어 조금도 옆으로 기울어짐이 없게 하는 방법. 그어진 선은 원만하고 고르며 유창하다. 정봉(正鋒) 또는 이봉(裏鋒)이라고도 한다.

14 측봉(側峯): 붓을 사용할 때 붓이 앞 방향이나 왼쪽으로 기울어져 붓 끝이 자연스럽게 노출되는 방법. 그어진 선은 비교적 네모지고 둔하며 엄숙한데, 변화가 많은 비백(飛白) 효과를 쉽게 표현할 수 있다. 출봉(出鋒), 노봉(露鋒)이라고도 한다.

15 돌리고 꺾어[轉折]: 필법의 종류. 송나라 강기(姜夔)의 《속서보》에 "전절(轉折)이라는 것은 방원의 법이다. ……절(折)은 행필이 약간 머물려고 하는 필법인데, 머물면 힘이 있다. 전(轉)은 행필이 정체하지 않으려 하는 필법인데, 정체하면 힘차지 못하다.(轉折者, 方圓之法. ……折欲少駐, 駐則有力, 轉欲不滯, 滯則不遒.)"라 했다.

16 불(拂): 붓 끝을 사용하면서 매우 빨리 왼쪽으로 스쳐 지나가는 필법. 서예에서 별(撇)의 필획이다. 약(掠)이라고도 한다.

17 책(磔): 영자팔법 중 하나로서, 살을 가르는 듯한 우측 아래 획을 말한다. 영자팔법에 관한 자세한 내용은 《유예지》 권3의 〈서예〉를 참조 바람.

18 탁(啄): 영자팔법 중 하나로서, 우측의 위 짧은 삐침을 말한다.

19 책(策): 영자팔법 중 하나로서, 좌측 위에서 위로 향해 기울어진 획을 말한다.

가 둥근 것은 노(弩)[20]의 안쪽으로 눌린 부분과 같으며, 모래에 곧게 그은 선은 평평하게 펼쳐진 늑(勒)[21]과 같다.

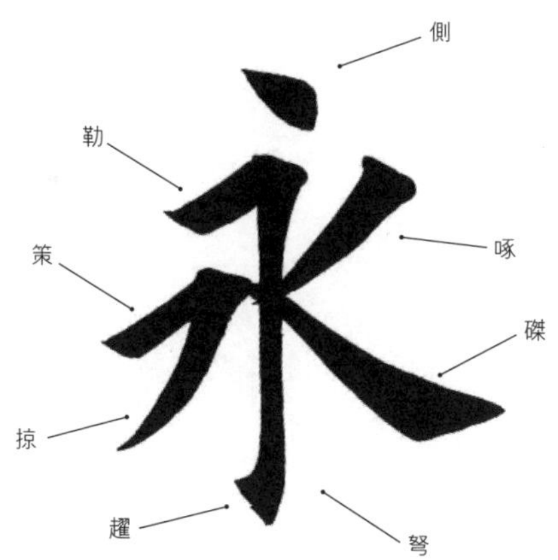

영자팔법의 불(拂), 책(磔), 탁(啄), 책(策), 노(弩), 늑(勒)의 필법을 사용하여, 산수화에서 기울어진 산맥의 형세, 가로누운 언덕, 그림자, 산의 기세, 둥근 바위, 모래 등을 표현한다. 이는 서화용필동법(書畵用筆同法)의 일종이다.

그러므로 점과 획이 맑고 진실하게 된 것은 화법이 원래 서법과 통하기 때문이며, 또한 정신이 초월적이고 뛰어난 것은 그림의 마음이 문학의 마음과 합치하기 때문이다. 달중광 《화전(畫筌)[22]》[23]

故點畫清眞, 畫法原通於書法, 風神超逸, 繪心復合於文心. 笪氏《畫筌》

21 늑(勒) : 영자팔법 중 하나로서, 윗부분의 수평으로 그어진 획을 말한다.

22 화전(畫筌) : 청대 달중광이 저술한 회화이론서이다. 장절을 나누지 않고 변려문으로 산수화의 이론과 기법, 인물화와 화조화에 관해 서술하였다. 청대 최고의 이론서 중 하나로 꼽힌다.

23 《畫筌》(《中國書畫全書》 8, 695쪽 ; 《叢書集成初編》 1642 〈畫筌〉, 9쪽).

4) 용묵(用墨)[24]에 대한 여러 기술 用墨雜述

용묵은 다른 것이 아니라 오직 뜻의 사용이 맑고 깨끗함에 달려 있다. 뜻이 맑고 깨끗하면 용묵이 스스로 생동할 수 있으니, 필법의 고고하고 오묘한 경지는 사람에게 달려 있다. 강기(姜夔)[25]는 "인품이 높지 않으면 먹의 사용[落墨][26]에 법이 없다."[27]라 했다.《산정거화론》[28]

用墨無他, 惟在潔淨, 潔淨自能活潑, 涉[5]筆高妙, 存乎其人. 姜白石曰:"人品不高, 落墨[6]無法."《山靜居畫論》

묵법에서의 농담(濃淡)은 먹이 정밀하고 신비하며, 변화가 생동하는 것일 뿐이다. 그림 한 폭 안에도 청색·황색·자주색·비취색이 있어 기운

墨法濃淡, 精神變化, 飛動而已. 一圖之間, 青黃紫翠, 靄然氣韻. 昔人云"墨有五色者

---

24 용묵(用墨): 용필(用筆)의 상대적인 화법 용어로서 그림을 그릴 때 먹을 쓰는 방법을 말한다.

25 강기(姜夔): 1154~1221. 중국의 송대 서예이론가이자 시인이며 음악가. 파양[鄱陽, 지금 강서성 파양(波陽)] 사람으로 자는 요장(堯章), 호는 백석도인(白石道人)이다. 고종(高宗) 소흥(紹興) 연간(1131~1162)에서 이종(理宗) 단평(端平) 연간(1234~1236) 사이에 살았다. 일생 동안 벼슬에 나가지 않고 자연에 은거하면서 생을 마쳤으며, 범성대(范成大)·양만리(楊萬里)와 교류했고 음악에 정통했다. 저서로《속서보(續書譜)》·《백석도인시집(白石道人詩集)》·《백석도인가곡(白石道人歌曲)》등이 있다.

26 먹의 사용[落墨]: 낙묵(落墨)은 먹을 떨어뜨리는 기법을 뜻하나, 여기에서는 이일화(李日華)의 문장에 근거하여 "먹의 사용[用墨]"으로 해석하였다.

27 인품이……없다: 이일화(李日華)가 저술한《죽란논화(竹嬾論畫)》에는 "강기가 글씨를 논하면서 '인품이 높아야 한다.'라 말하고, 문징명이《미불의 화법으로 그린 산[米山]》에 스스로 제발하면서 '인품이 높지 않으면 먹의 사용에 법이 없다.(姜白石論書曰, 須人品高. 文徵老自題其米山曰, 人品不高, 用墨無法.)'라 하였다."라는 문장이 있다. 그런데 강기의《속서보(續書譜)》에 "풍신이라는 것은 첫째로 인품이 높아야 한다.(風神者, 一須人品高.)"라 한 문장은 있어도 "人品不高, 落墨無法."라 한 것은 없는 것을 보아서, 아마도 이일화가 말한 문징명의 "人品不高, 用墨無法."이 강기의 이론으로 잘못 기술된 것이 아닌가 한다.

28《山靜居畫論》上(《叢書集成初編》1644〈山靜居畫論〉, 6쪽).

[5] 涉: 저본에는 "陟".《山靜居畫論·上》에 근거하여 수정.

[6] 墨: 저본에는 "筆".《山靜居畫論·上》에 근거하여 수정.

이 왕성하니, 옛사람은 이를 "먹에 오색(五色)이 있다."[29]라 했다.《산정거화론》[30]

也". 同上

그림을 그릴 때 먹을 옅은 것에서 짙은 것에 이르기까지 점차 농도를 더해야 하는 것이 진실로 일반적인 방법이다.[31] 그러나 옛날 사람 그림에는 그림을 그릴 때 처음부터 짙게 하거나 옅게 해서 단번에 완성했던 것이 있고, 또 전체 그림에 옅은 먹을 사용하다가 나무 끝이나 언덕 기슭에서 갑자기 초묵(焦墨)[32]으로 된 여러 필치를 사용하였는데, 이러한 그림에서 색다른 정신을 느낀다.《산정거화론》[33]

作畫自淡至濃, 次第增添, 固是常法, 然古人畫有起手落筆隨濃隨淡成之, 有全圖用淡墨, 而樹頭坡脚, 忽作焦墨數筆, 覺異樣神彩. 同上

먹을 사용할 때, 짙은 먹은 혼탁하고 둔하게 해

用墨濃不可癡鈍, 淡不可模

29 먹에……있다 : 이와 유사한 표현을 한 사람으로서 당말의 장언원이 있다. "일반적으로 천지의 음양이 화육해서 만물의 이미지가 다양하게 출현한다. 이러한 조화의 활동은 말로 표현할 수 없으며, 자연의 기교는 저절로 발생한다. 초목이 번성하여 꽃이 피는 것은 붉거나 초록인 안료의 색채를 기다리지 않고서도 자연적으로 그러하다. 비양하는 구름과 눈은 연분(鉛粉, 하얀 안료)의 색을 기다리지 않고서도 저절로 희며, 산은 푸른 안료의 색을 기다리지 않고서도 자연스럽게 푸르며, 봉황은 다섯 색을 기다리지 않고서도 저절로 다섯 색을 가지고 있다. 따라서 먹을 사용하여 다섯 색이 갖추어진다.(夫陰陽陶蒸, 萬象錯布, 玄化亡言, 神工獨運. 草木敷榮, 不待丹碌之采 ; 雲雪飄颺, 不待鉛粉而白 ; 山不待空靑而翠, 鳳不待五色而綷. 是故運墨而五色具.)"(《歷代名畫記》〈論畫體工用搨寫〉)

30 《山靜居畫論》上(《叢書集成初編》1644 〈山靜居畫論〉, 6쪽).

31 그림을……방법이다 : 이러한 입장은 원나라 황공망(黃公望)의 《사산수결(寫山水訣)》에 나온다. "그림을 그릴 때 먹의 사용이 가장 어렵다. 그러나 옅은 먹을 먼저 사용하되 겹치게 칠하여 볼만한 곳에 이르게 한 뒤에 초묵(焦墨)과 짙은 먹[濃墨]을 사용하여 밭두렁 길의 멀고 가까움을 분명히 한다.(作畫用墨最難, 但先用淡墨, 積至可觀處, 然後用焦墨濃墨, 分出畦徑遠近.)"

32 초묵(焦墨) : 짙고 마른 먹. 황공망(黃公望)의 《사산수결(寫山水訣)》에서 언급한 대로, 옅은 먹[淡墨]이나 적묵(積墨)을 사용한 뒤 마지막 완성 단계에서 강조를 위하여 쓴다.

33 《山靜居畫論》上(《叢書集成初編》1644 〈山靜居畫論〉, 6쪽).

선 안 되고, 옅은 먹은 모호하게 해선 안 되고, 젖은 먹은 흐리거나 혼탁하게 해선 안 되며, 마른 먹은 껄끄럽거나 막히게 해선 안 된다. 정신이 허(虛)와 실(實)[34] 모두에 이르도록 해야 한다.《산정거화론》[35]

糊, 濕不可溷濁, 燥不可澀滯. 要使精神虛實俱到. 同上

화가는 용필을 어렵게 생각하지만, 용묵이 더 어려운 줄을 모른다. 이성(李成)의 나무 그리는 법에는 먹을 짙고 두껍게 스며들게 하면서 깎아 놓은 철과 같은 모습이 많고, 소나무를 그릴 경우 서늘하게 그늘이 생기게끔 무성하게 한다. 예찬(倪瓚)에 대해 석묵(惜墨)[36]이라는 언급이 없지만, 그의 그림에는 모두 '먹 자국[墨華]'[37]이 담백하고 침착하며 기운이 저절로 넘친다.《산정거화론》[38]

畫家以用筆爲難, 不知用墨尤不易. 營邱畫樹法多漬墨濃厚, 狀如削鐵, 畫松欲凄然生陰. 倪迂無惜墨稱, 畫皆墨華淡沈, 氣韻自足. 同上

34 허(虛)와 실(實) : 화면에서 빈 곳이나 필묵이 드문 곳을 허(虛)라 하고, 많이 그려진 곳을 실(實)이라 한다.

35《山靜居畫論》上(《叢書集成初編》1644〈山靜居畫論〉, 6쪽).

36 석묵(惜墨) : '먹을 금처럼 아낀다[惜墨如金]'의 준말. 이성의 작품에 대한 언급이다. 방훈(方薰)은 예찬에게는 먹을 아꼈다는 언급이 없다고 했지만, 청나라 전두(錢杜)는《송호화억(松壺畫憶)》에서 "예찬은 먹을 금처럼 아꼈다."라 했다.

37 먹 자국[墨華] : 묵화(墨華)는 본래 먹이 꽃 피듯 번지는 흔적을 뜻하나, 여기에서는 먹 자국으로 해석했다.

38《山靜居畫論》上(《叢書集成初編》1644〈山靜居畫論〉, 8쪽).

5) 용필과 용묵을 함께 논한다

合論筆墨

산의 후미지고 텅 빈 곳에는 필치로 빈 공간을 채우며, 나무 그림자가 흐릿할 때에는 먹으로 안개를 이룬다. 필법 속에 먹을 사용하는 것은 교묘해야 하고, 묵법 속에 붓을 사용하는 것은 재능이 있어야 한다. 먹은 붓을 근골로 삼고, 붓은 먹을 정신으로 삼는다. 붓에 물기가 마를 때 먹은 검어지며 가루가 된다. 먹이 번질 때 붓은 조화롭게 변화한다. 사람들은 창필(搶筆)[39]의 느슨함만 알지 느슨하면서도 느리거나 무기력하지 않음을 모르고, 사람들은 파묵(破墨)[40]의 껄끄러움만 알지 껄끄러워도 마르지 않는다는 것을 모른다. 먹을 기울여 뿌리면[41] 기세가 무너지는 구름과 같고, 먹의 흐름을 정지시키면 색이 가늘게 부서진 비단과 같다. 달중광《화전》[42]

山隈空處，筆入虛無，樹影微時，墨成烟霧. 筆中用墨者巧，墨中用筆者能. 墨以筆爲筋骨，筆以墨爲精英. 筆渴時墨焦而屑，墨暈時筆化而鎔. 人知搶筆之鬆，不知鬆而非懈，人知破墨之澀，不知澀而非枯. 墨之傾潑，勢等崩雲，墨之沈凝，色同碎錦. 笪氏《畫筌[7]》

39 창필(搶筆) : 서예에서 붓의 사용이 한곳으로 모인 곳에서부터 경사지며 위로 급히 나가는 기법을 말한다. 영자팔법의 '책(策)'과 유사하다.

40 파묵(破墨) : 용묵의 일종으로, 먼저 담묵을 사용한 뒤, 농묵으로써 담묵의 모호하고 분명하지 않은 곳을 파괴하는 기법이다.

41 먹을……뿌리면 : 먹을 기울여 쏟는 것으로, 발묵을 말한다.

42 《畫筌》(《中國書畫全書》 8, 695쪽 ;《叢書集成初編》 1642 〈畫筌〉, 9쪽).

[7] 筌 : 저본에는 "論".《畫筌》에 근거하여 수정.

6) 용필과 용묵의 만남

論筆墨相遭

용필과 용묵이 서로 만나기가 가장 어렵다. 경계를 정하여 준법(皴法)[43]을 할 때 먹의 맑거나 탁함은 용필에 달려 있으며, 준법을 하고 기세를 표현할 때 기세가 숨거나 드러나는 것은 용묵에 달려 있다.《화주》[44]

筆與墨最難相遭, 具境而皴之, 淸濁在筆, 有皴而勢之, 隱現在墨.《畫麈》

7) 미불의 용묵

米氏用墨

미불은 왕흡(王洽)[45]의 발묵을 사용하면서 파묵·적묵(積墨)[46]·초묵을 섞어 사용했기 때문에 조화롭고 온후하여 음미할 맛이 있었다.《화주》[47]

米襄陽用王洽之潑墨, 參以破墨·積墨·焦墨, 故融厚有味.《畫麈》

---

43 준법(皴法) : 산수화에서 입체감과 음양을 표현하는 기법으로, 10가지 정도의 방법이 있다. 한국에서는 정선(鄭敾)이 빗자루로 쓸어 내리는 듯한 화법을 구사하였다.

44 《畫麈》〈筆墨〉(《中國書畫全書》 4, 814쪽).

45 왕흡(王洽) : ?~804. 중국 당대의 화가로, 왕묵(王默)이라고도 한다. 평소에 자연과 벗하여 살았다. 어려서 정건(鄭虔)에게서 필법을 전수받았고 후에 항용에게서 그림을 배웠다. 산수·송석(松石)·잡수(雜樹)를 잘 그렸다. 성격이 호탕하고 자유분방하며 술을 좋아하여 그림을 그릴 때마다 먼저 술을 마시고 매우 취한 뒤에 비단 위에 먹물을 뿌려 놓고 붓을 휘두르거나 쓸어 내니, 먹이 짙고 옅은 것이 그 형상에 따라 산이 되고 바위가 되고 구름이 되고 물이 되었다. 손이 호응하면서 생각도 이어져 자연스럽게 생동하니 먹의 흔적이 보이지 않았다. 발묵법은 왕흡에서 시작하여, 이로 인해 왕묵(王墨)이라는 별호를 가지게 되었다. 윤주[潤州, 지금 강소성 진강(鎭江)]에서 죽었다.

46 적묵(積墨) : 용묵의 일종으로, 산수화에서 먹을 사용할 때 담백한 것에서 짙게 하면서 점차적으로 선염하는 방법을 말한다.

47 《畫麈》〈筆墨〉(《中國書畫全書》 4, 814쪽).

미불의 《운기루도(雲起樓圖)》(미국 프리어미술관). "미불의 구름 낀 산[米氏雲山]"의 전형적인 대표작으로, 비가 내리는 강남 지방 산과 구름의 경치를 묘사하였다. 명대 동기창이 쓴 "운기루도(雲起樓圖)"라는 제목이 있다. 기법적으로 강남의 동원(董源)과 거연(巨然)의 전통을 채용하여, 먹의 태점과 훈염으로 둥근 산을 그렸는데, 산의 형상이 안개 속에서 오묘하게 융합되면서 독특한 서정적인 운치를 풍긴다. 본문의 내용대로 왕흡(王洽)의 발묵을 사용하면서 파묵과 적묵(積墨)을 섞어 사용하였다는 것을 느낄 수 있다.

8) 먹색이 비단에 스며드는 법 墨色入絹法

주상선(朱象先)[48]이 젊었을 때, 자신이 그린 그림의 필치에 항상 앞 시대 사람의 깊고 아득하며 윤택한 정취가 없음을 걱정했다. 하루는 아계견(鵞溪絹)[49]에다 작은 산을 그렸는데, 생각 같지 않아서 급히 물로 씻어 없애고 그 이유를 생각했다. 씻어 낸 비단 위에 먹을 두세 번 칠해 선염하자 바로 그 이유를 깨닫게 되었다. 그 후 그림을 그릴 때 그린 형상을 물로 다시 씻어 없애거나, 고운 돌로 비단을 문질러 먹색이 비단 올에 스며들어 가도록 한 경우가 많았다. 《춘저기문(春渚紀聞)[50]》[51]

朱象先少時畫筆, 常恨無前人深遠潤澤之趣. 一日於鵞溪絹上作小山, 覺不如意, 急湔去之, 疑其[8]故, 墨再三揮染, 卽有悟見. 自後作畫, 多再滌去, 或以細石磨絹, 令墨色著入絹縷.《春渚紀聞》

48 주상선(朱象先) : ?~?. 중국 송대의 화가로, 자는 경초(景初) 또는 승초(昇初)이고 호는 서호은사(西湖隱士)이며 송릉[松陵, 지금 강소성 오강(吳江)] 사람이다. 산수는 처음에는 동원(董源)과 거연(巨然)을 배웠지만 나중에 새로운 세계를 열었다. 필력이 간결하면서 고상하며, 용묵이 윤택하다. 소성(紹聖) 연간(1094~1097)과 원부(元符) 연간(1098~1100) 사이에 활동했다.

49 아계견(鵞溪絹) : 중국의 사천성(四川省) 염정현(鹽亭縣) 아계(鵝溪)에서 생산되는 비단. 당나라 때 공물로 사용되었고, 송나라 때 서화에서 중시되었다.

50 춘저기문(春渚紀聞) : 북송 시대 하원(何薳)이 저술한 필기집(笔记集)으로 전 10권이며, 앞 5권을 《잡기(雜記)》라 하였다. 도교의 기이한 일이나 민간의 기이한 이야기 등을 기술하여, 북송 시대 문인들의 미신에 대한 생각이나 민간의 풍습을 이해할 수 있다.

51 《春渚紀聞》 卷5 〈精藝同一理〉.

[8] 疑其 : 《春渚紀聞》에는 없음.

6. 채색

傅染

1) 수묵

論水墨

왕유(王維)가 "수묵이 최고다."[1]라 말한 것은 진실로 그러하다. 그러나 붓을 잡아 그릴 때 수묵을 하고 색을 칠한다고 생각해선 안 된다. 다만 작업의 마지막 단계[2]에 이르러 먹의 기운이 왕성하면 색을 칠해도 괜찮다.《화주》[3]

右丞云"水墨爲上", 誠然. 然操筆時, 不可作水墨刷色想. 直至了局, 墨韻既足, 則刷色不妨.《畫麈》

2) 채색

論設色

채색을 오묘하게 하는 것에는 정해진 법식이 없고, 색을 오묘하게 섞는 것에도 정해진 방식이 없다. 혜안이 있는 사람은 그것을 임기응변으로 잘 처리하는 경우가 많았다. 일반적으로 채색할 때는 활용하는 법을 깨달아야 한다. 오묘하게 활용하는 것은 마음의 움직임에 따라 손이 작용하

設色妙者無定法, 合色妙者無定方, 明慧人多能變通之. 凡設色須悟得活用, 活用之妙, 非心手熟習不能. 活用則神彩生動, 不必合色之工, 而自然姸麗.《山靜居畫論》

---

1 수묵이 최고다:《山水訣》.

2 마지막 단계: 원문의 "요국(了局)"을 옮긴 것으로, 본래는 결말이라는 뜻이나, 여기에서는 작업의 마지막 단계를 말한다.

3 《畫麈》〈刷色〉(《中國書畫全書》 4, 815쪽).

는 것을 완숙하게 익히지 않으면 할 수 없는 것이다. 채색을 오묘하게 활용하면 정신이 생동하게 표현되니, 색을 잘 배합하려고 고집하지 않아도 자연스럽게 아름다워진다.《산정거화론》[4]

송대 화원에서 임모한 장승요(張僧繇)[5]의 작품을 본 적이 있는데, 채색이 깊고 두꺼워서 마치 그릇 위에 상감[鑲嵌][6]한 것 같았다. 작품에 깊고 차분하며 온후하고 조화로운 기운이 많았는데, 이를 통해 또한 장승요의 화법을 생각해 볼 수 있다.《산정거화론》[7]

曾見宋院摸本僧繇畫, 設色深厚, 如器上鑲嵌, 畫多深沈渾穆之氣, 亦可想見僧繇畫法矣. 同上.

4 《山靜居畫論》上(《叢書集成初編》1644〈山靜居畫論〉, 10쪽).

5 장승요(張僧繇) : ?~?. 중국 남북조시대 양(梁)의 화가로, 오(吳, 지금 강소성 소주) 출신이다. 일설에 절강성 오흥 출신이라고도 한다. 천감(天監) 연간(502~518)에 무릉왕국시랑(武陵王國侍郎)·직비각(直秘閣)·지화사(知畫史)가 되었으며, 후에 우군장군(右軍將軍)·오흥태수(吳興太守)를 역임했다. 도석인물화에 뛰어났고, 위부인(魏夫人)《필진도(筆陣圖)》의 서법을 화법에 취했으며, 장가양(張家樣)이라는 독자적인 양식을 만들었다.

6 상감[鑲嵌] : 상감(象嵌). 금속이나 도자기, 목재 따위의 표면에 여러 가지 무늬를 새겨서 그 속에 같은 모양의 금·은·보석 등을 박아 넣는 기법. 여기에서는 색을 두껍게 칠해 화면이 들쑥날쑥한 것을 말한다.

7 《山靜居畫論》上(《叢書集成初編》1644〈山靜居畫論〉, 13쪽).

장승요(張僧繇)의 《오성이십팔숙진형도(五星二十八宿眞形圖)》(부분)(일본 오사카시립미술관). 당나라 양령찬(梁令瓚)이 임모한 작품으로 장승요의 화풍을 알 수 있는 작품이다. 오성은 금성, 목성, 수성, 화성, 토성을 말하며, 이십팔숙은 천(天)을 동쪽 청룡(青龍), 서쪽 백호(白虎), 남쪽 주작(朱雀), 북쪽 현무(玄武)의 4궁(宮)으로 나누고 다시 각 궁을 7숙(宿)으로 나눈 명칭이다. 이 작품은 토성에 해당하는 진성(鎭星)을 그린 것으로, 황소의 등 위에 책상다리를 하고 있는 여윈 노인으로 묘사하였다. 커다란 코와 구근 모양의 이마, 덥수룩한 수염, 검푸른 피부 등은 서역의 수행자임을 나타내 준다. 황소는 선염을 통해 입체적으로 표현하였는데, 당나라 장회관(張懷瓘)이 고개지(顧愷之)는 신(神)을, 육탐미(陸探微)는 골(骨)을, 장승요는 육(肉)을 잘 그렸다고 하였는데, 이 육(育)의 의미를 알 수 있게 한다.

채색은 깊거나 옅게 하는 것이 어려운 것이 아니라, 채색을 서로 조화롭게 하는 것이 어렵다. 조화로우면 정신과 기운이 생동하나, 그렇지 않으면 형상의 흔적이 사물과 비슷해도 작품에 생동하는 기운이 없게 된다.《산정거화론》[8]

設色不以深淺爲難, 難於彩色相和, 和則神氣生動, 不則形跡宛然, 畫無生氣. 同上

인물은 옛날에 채색을 진하게 하는 경우가 많았다. 당나라의 오도현만이 천강(淺絳)[9]과 표청(標青)을 쓰는 방법을 얻었으며, 송나라와 원나

人物古多重設色, 惟道子有淺絳標青一法. 宋、元及明人多宗之, 其法讓落墨處, 以色

8 《山靜居畫論》上(《叢書集成初編》1644 〈山靜居畫論〉, 13쪽).

9 천강(淺絳) : 옅은 보라색에 가까운 붉은색.

라 및 명나라 사람들이 그 방법을 많이 배웠다.[10] 그 방법은 먹이 칠해진 곳에 옅은 색을 색칠하도록 하는 것인데[讓],[11] 여기에서 정신적 운치가 높고 오묘함을 깨달았다.《산정거화론》[12]

染之, 覺風韻高妙. 同上

색채에서 승부를 다투면 도리어 산수의 참모습을 잃고, 붓과 먹에서 특별한 기법을 탐하면 자연[林壑][13]의 경계가 나빠지는 경우가 많다.【괴이하고 편벽된 형상은 그리기 쉬워도 그려 놓고 한번 보면 더 이상 여운이 없으나, 평범한 경치는 잘 그리기 어려워도 잘 그린 것은 자주 보아도 싫증이 안 난다.】[14] 먹은 파묵을 사용해야 운치가 생기며, 색은 순색을 사용해야 색을 사용한 흔적

丹青競勝, 反失山水之眞容; 筆墨貪奇, 多造林壑之惡境. 墨以破用而生韻, 色以淸用而無痕. 輕拂軼於穠纖, 有渾化脫化之妙; 獵色難於水墨, 有藏青藏綠之名. 蓋青綠之色本厚, 而過用則皴淡全無; 赭黛之色本輕, 而濫設則墨

10 당나라의……배웠다 : 곽약허의《도화견문지(圖畫見聞志)》〈논오생설색(論吳生設色)〉에 "일찍이 오도현이 그린 벽화와 두루마리나 축화를 본 적이 있는데, 붓 쓰는 것이 웅장하고 힘이 있으며, 채색은 간결하고 담백했다. 간혹 벽화에 채색을 덧칠한 것이 있는데, 대부분 후대 사람들이 장식적으로 꾸며 놓은 것이다. 지금의 화가들 중에 가볍게 채색을 하는 것을 '오장'이라 한다.(嘗觀所畫牆壁、卷軸, 落筆雄勁, 而傅彩簡淡. 或有墻壁間設色重處, 多是後人裝飾. 至今畫家有輕拂丹青者, 謂之吳裝.)"라 했다.

11 하는 것인데[讓] : '讓'을 현대 중국어에서 사역의 의미인 '하게 하다'로 해석했다. 이것은 오도현이 칠한 것이 아니라 제자들에게 칠하도록 한 것이다.《역대명화기》 9권 〈적염(翟琰)〉에 "적염(翟琰)이란 사람은 오도현의 제자다. 오도현은 그림을 그릴 때마다 붓으로 초고를 그리면 바로 가 버리고 적염과 장장(張藏)으로 하여금 채색하도록 한 경우가 많았지만, 채색의 농담에 마땅함을 얻지 않음이 없었다.(翟琰者, 吳生弟子也. 吳生每畫, 落筆便去, 多使琰與張藏布色, 濃澹無不得其所.)"라 했다.

12 《山靜居畫論》上(《叢書集成初編》1644 〈山靜居畫論〉, 12쪽).

13 자연[林壑] : 임학(林壑)은 본래 숲과 골짜기를 가리키나, 여기에서는 넓은 의미로 산수나 자연을 가리킨다.

14 괴이하고……난다 :《화전》에서는 이 문장의 뒤에 "괴이하고 편벽된 형상은 그리기 쉬워도 그려 놓고 한번 보면 더 이상 여운이 없으나, 평범한 경치는 잘 그리기 어려워도 잘 그린 것은 자주 보아도 싫증이 안 난다.(怪僻的形象易作, 作了一覽無餘; 尋常的景象難工, 工者屢觀不厭.)"는 내용이 이어진다. 서유구는 인용하면서 이 부분을 생략했지만 내용 이해에 도움이 된다는 판단으로 부기해 둔다.

이 없어진다. 붓을 가볍게 스치는 기법은 진하고 섬세하게 칠하는 기법보다 훨씬 좋은데, 여기에는 혼연히 조화하고 변화하는 오묘함이 있기 때문이다. 또 색을 추구하는 것은 수묵만으로 그리는 것보다 어려운데, 그래서 '청색을 감춘다[藏靑]'거나 '녹색을 감춘다[藏綠]'[15]는 명칭이 있다. 대체로 청색과 녹색은 본래 두꺼워서, 지나치게 사용하면 준(皴)의 담백함이 완전히 없어진다. 또 자색(赭色)과 대색(黛色)은 본래 경쾌하지만, 함부로 사용하면 먹빛이 다 가려진다.

光盡掩.

거칠고 떠서 지면에 스며들지 않으면 비록 바깥은 짙게 칠해도 가운데는 비어 있는 반면에, 선염이 점점 깊어지면 곧 가볍게 두루 퍼져 색[肉][16]이 곱다. 간색(間色)[17]을 사용하여 변화를 준다면, 어찌 색 하나에 있는 많은 변화를 알겠는가. 반면에 색 하나에서 밝고 어두움을 분간하되 색 없는 곳의 영묘함[虛靈][18]을 알아야 한다. 진하게 해야 하는데 도리어 담백하게 하면 정신

麤浮不入，雖濃郁而中乾；渲暈漸深，卽輕匀而肉好. 間色以免雷同，豈知一色中之變化；一色以分明晦，當知無色處之虛靈. 宜濃而反淡，則神不全；宜淡而反濃，則韻不足. 學山樵之用花靑，每多齷齪；仿一峯之喜淺絳，

15 청색을……감춘다[藏綠] : 장청(藏靑)은 석청색 일종이고 장록(藏綠)은 석록색 일종이다. 그러나 여기에서는 색이 드러나지 않게 사용한다는 의미에 따라 장(藏)을 '감춘다'로 해석했다.

16 색[肉] : 당나라 장회관은 고개지는 신(神)을 얻었고 육탐미는 골(骨)을 얻었으며 장승요는 육(肉)을 얻었다고 했다. 여기에서 신은 정신, 골은 골격, 육은 외형을 의미한다. 이 문장에서는 육을 먹의 외형, 즉 색이라 해석했다.

17 간색(間色) : 정색(正色)과 상대되는 말로 잡색(雜色)이라고도 한다. 혹은 두 종류의 원색을 섞어 만든 색을 말한다.

18 영묘함[虛靈] : '虛靈'은 허령불매(虛靈不昧)의 준말로, 주희는 마음을 허령불매로 정의했다. 그 뜻은 마음은 안이 비어 있지만 그 작용은 오묘하며 밝다는 것이다. 여기에서는 여백의 미에 비유하여 말했다.

이 온전하지 않고, 담백해야 하는데 도리어 진하게 하면 운치가 부족하다. 화청(花青)[19]을 사용한 왕몽(王蒙)[20]의 화법을 배워 그리면 매번 화청의 사용이 자연스럽지 못한 경우가 많고, 엷은 붉은색 일종인 천강(淺絳)을 즐겨 사용하는 황공망의 화법을 모방하면 또한 그가 사용한 청강과 똑같아지기 쉽다.

亦涉扶同.

왕몽의 《태백산도(太白山圖)》(부분)(랴오닝박물관). 왕몽이 만년에 그린 것으로, 절강성(浙江省) 은현(鄞縣) 태백산(太白山) 천동사(天童寺) 및 그 주변 경치를 그렸으며, 특히 천동사 앞 20리 오솔길의 송림(松林)을 중점적으로 묘사하였다. 송림 너머에는 먼 산들이 중첩되었고, 송림 앞으로는 계곡물이 흐르며, 사람들이 그 사이를 왕래하고 있다. 용필은 자유로우면서도 윤택이 있고, 채색은 단아하다. 특히 송림은 화청(花靑)으로 소나무의 무성함을 잘 드러내고 있으며, 근경과 원경의 나무를 간간이 주사(朱砂)를 사용하여 그렸는데, 이는 화청과 잘 어울려 작품 전체를 생동하게 한다. 왕몽의 화청산수의 특징을 잘 보여 준다.

19 화청(花青) : 안료의 일종으로, 전청(靛青, 쪽으로 만든 검푸른 물감)을 침전시켜 위의 맑은 부분을 모아서 만든다.

20 왕몽(王蒙) : ?~1385. 중국 원대의 화가. 자는 숙명(叔明) 호는 황학산초(黃鶴山樵)이며 절강성(浙江省) 오흥(吳興) 사람이다. 조맹부의 외손이다. 원말에 이문(理問)의 직책에 있었지만, 병란이 일어나자 황학산(黃鶴山)에 은거했다. 명조(明朝)가 된 후 산동성 태안(泰安)의 지주(知州)에 임명되었는데, 승상 호유용(胡儒庸)의 음모 사건에 연좌되어 투옥되었고 옥중에서 죽었다. 원말사대가의 한 사람인 예찬의 작품이 필묵이 적고 간아(簡雅)한 반면에, 왕몽의 작품은 필묵을 많이 사용하여 주산(主山)을 아래에서 쌓아 올라가는 것처럼 수윤(秀潤)하게 묘사했다.

황공망(黃公望)의 《천지석벽도(天地石壁圖)》(베이징 고궁박물원). 황공망 천강산수(淺絳山水)의 대표작으로, 중국 고대 산수화의 발전에서 중요한 위치를 차지하는 전형적 작품이다. 소주(蘇州) 오현(吳縣)에 있는 천지산(天池山)의 풍경을 그렸는데, 천지산은 영암산(靈巖山), 천평산(天平山)과 함께 서로 한 맥으로 연결되며, 산봉우리의 거대한 바위가 우뚝 솟아 멀리서 보면 연꽃처럼 보여 '화산(華山)'이라 불린다. 산 한쪽의 움푹 들어간 곳에는 오랜 세월 동안 물이 고여 만들어진 천지(天池)가 있어서 천지산(天池山)이라고도 한다.

화면은 고원과 심원의 구도 방법을 사용하였다. 근경에는 언덕과 계곡이 있고 긴 소나무가 무성하며, 산길이 구불구불하게 이어져 주봉(主峰)으로 향하고 있다. 화면 중앙에는 산봉우리가 중첩되어 있고, 천지가 오른쪽 위에 있는데 그 양쪽에 절벽이 서로 대치하고 있다. 주봉 양 측면에는 구름이 자욱하여 그림의 허(虛)와 실(實)이 잘 조화를 이루게끔 한다. 필법은 창윤(蒼潤)하고 소박하면서 변화가 많으며, 산과 바위에는 피마준법을 사용하였다. 채색은 천강법을 사용하면서 옅은 붉은색을 많이 사용하되 묵청(墨靑)과 묵록(墨綠)을 함께 선염하여, 따스한 색과 차가운 색이 서로 도와주면서 산의 색과 햇빛의 따사로움을 잘 표현하고 있다.

《이운지》 '논화' 뒤에 실린 중국의 "송·원 이후의 그림"에는 이와 유사한 《천태석벽도(天台石壁圖)》라는 황공망의 작품이 실려 있으며, 김정희(金正喜)의 《완당선생전집(阮堂先生全集)》 권3 《여권이재돈인(與權彝齋敦仁)》에는 이 《천지석벽도(天地石壁圖)》에 대한 상세한 설명이 기록되어 있다.

따라서 고심스럽게 구상을 하여, 모방한 화가의 화법이 있는 듯 없는 듯하면서 근본적으로 의중에서 융화되어 변화함을 알게 한다. 또한 주색과 황색을 서로 섞어, 어떤 것은 뛰어나고 어떤 것은 기괴하게 하면서 어느 것이든 형상 밖에서 사유하도록 한다. 달중광《화전》[21]

乃知慘淡輕營, 似有似無, 本於意中融變; 卽令朱黃雜沓, 或工或誕, 多於象外追維. 笪氏《畫筌》

3) 색 혼합법

和彩法

봉숭아색으로 분홍색 일종인 도홍색(桃紅色).【연지(胭脂)[22]를 연분(鉛粉)[23]과 섞는데, 연지가 연분보다 분량이 많다.】

桃紅,【胭脂和鉛粉, 脂多於粉.】

분홍색보다 색이 약간 짙고 선명한 수홍색(水紅色).【연분을 연지와 혼합한다.】

水紅,【鉛粉和胭脂】

엷은 보라색 일종인 분자색(粉紫色).【화청을 수홍에 넣어 섞는다.】

粉紫,【花青入水紅內】

붉은 청색 일종인 강청색(絳青色).【화청을 연지에 넣어 섞는다.】

絳青,【花青入胭脂內】

난초 꽃색[蘭花色].【연분·등황(藤黃)[24]·화청

蘭花,【鉛粉、藤①黃、花青

21 《畫筌》(《中國書畫全書》8, 695쪽).

22 연지(胭脂): 잇꽃과 주사를 원료로 만든 붉은색 안료.

23 연분(鉛粉): 납을 가공하여 만든 알칼리성 탄산연의 백색 안료.

24 등황(藤黃): 동남아시아에서 키가 15~18cm 정도로 자라는 해등나무의 껍질에 끌로 구멍을 내어 흘러내리는 누런 즙을 굳힌 황색 안료.

① 藤: 저본에는 "螣". 《古今秘苑·畫山水人物設色法》에 근거하여 수정.

이 세 가지 색을 잘 섞는다.】

三[2]味和】

난초 줄기색[蘭莖色].【등황을 화청과 섞는데, 화청이 주가 된다.】

蘭莖,【藤[3]黄和花青, 青爲君.】

녹즙색[汁綠色].【앞의 난초 줄기색과 같이 사용하여 나뭇잎 색을 만든다.】

汁綠,【同前用作樹葉色】

아황색(蛾黄色).[25]【연분을 등황과 섞는다.】

蛾黄,【鉛粉和藤[4]黄】

금빛을 띤 누런색[金黄色].【등황을 대자석(代赭石)[26]과 섞는다.】

金黄,【藤[5]黄和赭石】

달빛과 같은 흰색[月白色].[27]【연분을 화청과 섞는다.】

月白,【鉛粉和花青】

찻잎과 같은 색[茶葉色].【대자석과 등황을 먹과 섞는다.】

茶葉[6],【赭石、藤[7]黄和墨】

오래된 구리와 같은 검붉은 빛을 띤 누런색인 고동색(古銅色).【대자석과 연지를 먹과 섞는다.】

古銅,【赭石、胭脂和墨】

쥐색[鼠色].[28]【대자석과 연분을 먹과 섞는다.】

鼠色,【赭石鉛粉和墨】

나무뿌리색[樹根色].【대자석을 먹과 섞는다.】

樹根.【赭石和墨】《古今秘苑》

---

25 아황색(蛾黄色) : 엷은 누른색인 담황색(淡黄色)을 말한다. 중국 청나라 이두(李斗)의 《양주화방록(揚州畫舫錄)》〈초하록(草河錄)〉 상(上)에 "늙어 가는 누에[蛾]의 색과 같다."라 했다.

26 대자석(代赭石) : 물고기 알 모양의 돌기가 돋아 있는 어두운 갈색이나 회흑색의 광물. 짙은 홍색 안료로 쓰인다. 자석(赭石)은 줄임말이다.

27 달빛과……흰색[月白色] : 옛날 사람들은 달빛은 순백색이 아니라 엷은 남색을 띤다고 생각했다.

28 쥐색[鼠色] : 쥐의 털과 같은 색. 짙은 잿빛이다.

[2] 三 : 저본에는 "二".《古今秘苑·畫山水人物設色法》에 근거하여 수정.

[3] 藤 : 저본에는 "臆".《古今秘苑·畫山水人物設色法》에 근거하여 수정.

[4] 藤 : 저본에는 "臆".《古今秘苑·畫山水人物設色法》에 근거하여 수정.

[5] 藤 : 저본에는 "臆".《古今秘苑·畫山水人物設色法》에 근거하여 수정.

[6] 葉 : 저본에는 "裝".《古今秘苑·畫山水人物設色法》에 근거하여 수정.

[7] 藤 : 저본에는 "臆".《古今秘苑·畫山水人物設色法》에 근거하여 수정.

《고금비원(古今秘苑)[29]》[30]

연단색(燕檀色).[31]【화가가 배합한 색에는 단자(檀子)[32]가 있는데, 단자는 은주(銀朱)[33]를 오래된 먹과 살짝 섞고 연지를 혼합하기 때문에 '연단'이라 한다.】《단연총록(丹鉛總錄)[34]》[35]

燕檀.【畫家合色, 有檀子, 用銀朱, 淺入老墨, 胭脂合[8]之, 故曰"燕檀".】《丹鉛總錄》

연보라색 일종인 담자색(淡紫色).【호분(胡粉)[36]에 연지 약간을 섞기 때문에, '연지 계통'이라 한다.】

淡紫.【胡粉加胭脂少許, 謂之"胭脂之具".】

옅은 황색인 담황색(淡黃色).【호분에 자황(雌黃)[37]을 섞기 때문에, '자황 계통'이라 한다.】

淡黃.【胡粉加雌黃, 謂之"雌黃之具".】

옅은 붉은색인 담홍색(淡紅色).【호분에 주색(朱色) 약간을 섞기 때문에, '주색 계통'이라 한다.】

淡紅.【胡粉加朱少許, 謂之"朱之具".】

---

29 고금비원(古今秘苑): 송대 증조(曾慥)가 고금의 비술(秘術)을 저술한 서적으로, 의약, 천문, 지리, 인사 등을 거론하고 있으며, 실용적 가치가 매우 뛰어나다.

30 《古今秘苑》1集 卷1 〈畫山水人物設色法〉, 2쪽.

31 연단색(燕檀色): 옅은 붉은색 안료의 일종으로 단자(檀子)·자단(紫檀)이라고도 한다.

32 단자(檀子): 옅은 붉은색 안료.

33 은주(銀朱): 수은을 태워서 만든 붉은색. 보통 주묵(朱墨)으로 사용한다. 은주(銀硃)라고도 한다.

34 단연총록(丹鉛總錄): 명나라 양신(楊愼, 1488~1559)의 문인(門人)인 양좌(梁佐)가 양신이 편찬한 여러《단연록(丹鉛錄)》을 모아 중복된 것을 정리하여 간행한 책이다. 단연(丹鉛)은 옛날 죄인의 호적을 붉은 글자로 쓰고 납으로 묶은 것을 지칭하는 것으로, 양신이 자신을 비유한 말이다.

35 《丹鉛總錄》卷4 〈燕檀〉.

36 호분(胡粉): 석회의 원료가 되는 백색 안료.

37 자황(雌黃): 비소(砒素)와 유황(硫黃)의 화합물로, 맑고 고운 황색 안료.

[8] 合: 저본에는 "命".《丹鉛總錄·燕檀》에 근거하여 수정.

전나무 껍질색[檜皮色].【호분을 주색과 먹에 혼합하고 또 자토(紫土, 자주색 흙)를 섞기 때문에, '주묵(朱墨) 계통'이라 한다.】	檜皮.【胡粉和朱與墨, 又加紫土, 謂之"朱墨之具".】
연분홍의 복숭아색[桃色].【호분에 단(丹)과 면(綿)과 연지를 섞는다.】	桃色.【胡粉加丹與綿、胭脂.】
연두색 일종의 옅은 파색[淺蔥].【호분을 나청(螺青)[38] 약간과 섞는다.】	淺蔥.【胡粉和螺青少許】
옅은 검푸른 참색(黲色).【호분을 연지와 나청과 함께 섞는다.】	黲色.【胡粉和胭脂與螺青】
옅은 녹색인 천녹색(淺綠色).【호분을 백록(白綠)과 섞는다.】	淺綠.【胡粉和白綠】
조금 검은빛을 띤 갈색인 다갈색(茶褐色).【호분을 주묵과 섞고 그 위에 자황을 칠한다.】	茶褐.【胡粉和朱墨, 其上塗雌黃.】
옅은 감색인 담시색(淡柹色).[39]【호분을 황토와 섞는다.】	淡柹.【胡粉和黃土】
쥐색(鼠色).【호분을 먹과 섞는다.】	鼠色.【胡粉和墨】
후엽색(朽葉色).[40]【주색 계통 위에 자황을 칠한다.】	朽葉色.【朱之具上, 塗雌黃.】
푸른 다갈색인 청다색(青茶色).【옅은 청색 위에 자황을 사용한다.】	青茶.【淺青色上, 用雌黃.】
붉은 먹색인 주묵색(朱墨色).【주색과 먹을 쓰	朱墨色.【朱與墨也, 不用粉

38 나청(螺青) : 푸른 안료의 일종.

39 담시색(淡柹色) : 시색(柹色)은 잘 익은 감의 빛깔과 같은 붉은색을 말한다.

40 후엽색(朽葉色) : 썩은 나뭇잎과 같은 색으로 등색(橙色)을 말한다. 적갈색이다.

되, 분말 아교를 사용하지 않는다.】《화한삼재도회[41]》[42]

膠.】《和漢三才圖會》

붉은색의 일종인 비홍색(緋紅色).【은주와 자화(紫花)[43]를 섞는다.】

緋紅.【用銀朱、紫花合】[9]

도홍색(桃紅色).【은주와 연지를 섞는다.】

桃紅.【用銀朱、胭脂合】

붉은색의 일종인 육홍색(肉紅色).[44]【연분을 주로 하여 연지를 섞는다.】

肉[10]紅.【用粉爲主, 入胭脂合.】

측백나무 가지의 녹색과 같은 백지록색(柏枝綠色).[45]【지조록(枝條綠)[46]을 칠록(漆綠)[47]에 섞는다.】

柏枝[11]綠[12].【用枝條綠入漆綠合】

흑록색(黑綠色).【칠록을 나청과 섞는다.】

黑綠.【用漆綠入螺靑合】

버드나무의 녹색인 유록색(柳綠色).[48]【지조록

柳綠.【用枝條綠入槐花合】

---

41 화한삼재도회 : 일본 오사카의 의사였던 데라시마 료안(寺島良安)이 에도시대 중기 1712년에 편찬한 일본의 백과사전으로, 중국 명나라 왕기(王圻)가 편찬한 백과사전《삼재도회(三才圖會)》를 모본으로 삼아 대략 30여 년에 걸쳐 편찬했다. 전체가 105권 81책에 해당하는 방대한 분량이며, 각 항목에 일본의 사상(事象)을 천(天, 1~6권)·인(人, 7~54권)·지(地, 55~105권) 세 부분으로 나누어 고증하고, 삽화와 고지도를 첨가하였다. 조선 후기의 학자들에게 많이 읽혔다.

42 출처 확인 안 됨.

43 자화(紫花) : 자줏빛 꽃과 같은 엷은 자색.

44 육홍색(肉紅色) : 붉은색의 일종으로, 사람의 얼굴이 붉어질 때의 피부와 같은 담홍색(淡紅色)을 말한다.

45 백지록색(柏枝綠色) : 짙은 녹색의 일종으로, 백록(柏綠)이라고도 한다.

46 지조록(枝條綠) : 나뭇가지의 녹색.

47 칠록(漆綠) : 검은 녹색 일종.

48 유록색(柳綠色) : 청색과 황색의 중간색.

[9] 緋紅……花合 :《南村輟耕錄》에는 없음.

[10] 肉 : 저본에는 "玉".《南村輟耕錄》에 근거하여 수정.

[11] 枝 : 저본에는 없음.《南村輟耕錄》에 근거하여 보충.

[12] 綠 : 저본에는 "綵". 규장각본·오사카본·《南村輟耕錄》에 근거하여 수정. 이하 동일.

을 괴화(槐花)[49]와 섞는다.】

짙은 초록인 관록색(官綠色).【지조록이 이 색이다.】

官綠.【卽枝條綠是】

짙은 녹색의 일종인 압두록색(鴨頭綠色).[50]【지조록을 고칠록(高漆綠)[51]과 섞는다.】

鴨頭[13]綠.【用枝條綠入高漆綠[14]合】

청백색의 일종인 월하백색(月下白色).[52]【호분을 송연묵[京墨][53]에 넣어 섞는다.】

月下白.【用粉入京墨合】

노란색의 일종인 아황색(鵝黃色).[54]【호분을 괴화와 섞는다.】

鵝黃.【用粉入槐花合】

유황나무[55] 잎색과 같이 옅은 녹색의 일종인 유황색(柳黃色).【호분을 삼록(三綠)을 표시하는

柳黃.【用粉入三綠標, 幷小藤[15]黃合.】

49 괴화(槐花) : 회화나무 꽃의 노란색.

50 압두록색(鴨頭綠色) : 청둥오리의 머리털과 비슷한 색으로 짙은 녹색의 일종이다. 옛날에 목면이나 명주에 물을 들여 사용했다.

51 고칠록(高漆綠) : 검푸른 색의 일종.

52 월하백색(月下白色) : 월하백(月下白)은 국화꽃의 품종 중 하나로, 칠흑 같은 한밤중에 비치는 밝은 달빛과 같이 꽃색이 청백색의 느낌을 준다.

53 송연묵[京墨] : 소나무를 태워서 그 그을음으로 만든 송연묵(松煙墨)을 말한다. 먹으로 진하게 갈면 칠흑의 색이 되지만, 연하게 갈면 푸른빛을 낸다.

54 아황색(鵝黃色) : 새끼 거위의 색깔과 같은 노란색. 술, 국화, 버들 등의 노랗고 아름다운 색을 표현할 때 쓰인다.

55 유황나무 : 관목(灌木, 높이가 2m 이내이고 원줄기가 분명하지 않으며 밑동이나 땅속 부분에서부터 줄기가 갈라져 나는 나무)의 일종으로, 높이가 1~2m이고 줄기 껍질은 회백색이며 잎은 담녹색이다.

[13] 頭 : 저본에는 없음. 《南村輟耕錄》에 근거하여 보충.

[14] 綠 : 저본에는 없음. 《南村輟耕錄》에 근거하여 보충.

[15] 藤 : 저본에는 "滕". 《南村輟耕錄》에 근거하여 수정. 이하 동일.

색[三綠標][56]과 소량의 등황에 넣어 섞는다.】

벽돌색과 같이 갈색의 일종인 전갈색(磚褐色).【호분을 연묵(烟墨)[57]과 섞는다.】

磚褐.【用粉入烟墨⑯合】

가시나무색과 같은 갈색의 형갈색(荊褐色).【호분을 괴화·나청·토황(土黃)[58]·단자 등과 섞는다.】

荊褐.【用粉入槐花、螺靑、土黃、檀子合⑰】

송골매 등의 색과 같이 갈색의 일종인 응배갈색(鷹背褐色).【호분을 단자·연묵·토황 등과 섞는다.】

鷹背褐.【用粉入檀子、烟墨、土黃合】

은빛을 띤 갈색인 은갈색(銀褐色).【호분을 등황과 섞는다.】

銀褐.【用粉入藤黃合】

진줏빛을 띤 갈색인 주자갈색(珠子褐色).【호분을 등황·연지 등과 섞는다.】

珠子褐.【用粉入藤黃、胭脂合】

연뿌리에서 나는 실과 같은 갈색 일종인 우사갈색(藕絲褐色).【호분을 나청·연지 등과 섞는다.】

藕絲褐.【用粉入螺靑、胭脂合】

---

56 삼록(三綠)을……색[三綠標]：진한 초록의 천연 석채(石彩)인 석록(石綠)의 일종이다. 석록인 공작석(孔雀石, malachite)을 갈아 만든 가루에 아교 물을 데워 섞으면 그 비중에 따라, 가벼우며 흰색을 띤 것을 두록(頭綠), 백록(白綠), 이록(二綠), 삼록(三綠)으로 구분한다. 두록이 가장 짙고 삼록이 가장 옅다. 삼록은 광물성 녹색 안료 중 가장 엷은 녹색 안료에 해당한다.

57 연묵(烟墨)：그을음으로 만든 먹. 채자유(菜子油), 호마유(胡麻油), 춘유(椿油), 대두유(大豆油)에서 채취한 그을음이 좋고, 송진에서 채취한 송연묵은 가장 광택이 선명한 최상의 먹이다. 오늘날에는 중유(重油), 경유(輕油) 등 공업유를 사용하여 만든다.

58 토황(土黃)：땅빛과 같은 누런색의 일종.

⑯ 墨：《南村輟耕錄》에는 없음.

⑰ 合：《南村輟耕錄》에는 "標合".

노갈색(露褐色).[59]【호분을 소량의 토황 및 단자 등과 섞는다.】

露褐.【用粉入小土黃、檀子合】

조금 검은 빛을 띤 붉고 누른 빛깔인 다갈색(茶褐色).【토황을 위주로 하여 칠록·연묵·괴화 등과 섞는다.】

茶褐.【用土黃爲主, 入漆綠、烟墨、槐花合.】

사향노루 빛 갈색의 일종인 사향갈색(麝香褐色).【토황·단자를 연묵과 섞는다.】

麝香褐.【用土黃、檀子入烟墨合】

적갈색의 일종인 단갈색(檀褐色).【토황을 자화와 섞는다.】

檀褐.【用土黃入紫花合】

황갈색의 일종인 산곡갈색(山谷褐色).[60]【호분을 토황에 넣어 섞는다.】

山谷褐.【用粉入土黃標合】

마른 대나무 색과 같은 갈색의 일종인 고죽갈색(枯竹褐色).【호분·토황을 소량의 단자와 섞는다.】

枯竹褐.【用粉、土黃入檀子一點合】

호수의 색과 같이 갈녹색의 일종인 호수갈색(湖水褐色).【호분을 삼록과 섞는다.】

湖水褐.【用粉入三綠合】

파뿌리와 같이 아주 연한 갈색의 일종인 총백갈색(蔥白褐色).【호분을 삼록에 넣어 섞는다.】

蔥白褐.【用粉入三綠標合】

팥배나무 열매와 같이 주황색의 일종인 당리갈색(棠利褐色).【호분을 토황·은주와 섞는다.】

棠利褐.【用粉入土黃、銀朱合】

가을 차나무 색과 같이 갈색의 일종인 추다갈

秋茶褐.【用土黃入三綠、槐

59 노갈색(露褐色) : 갈색 안료의 일종. 이슬에 젖은 갈색 또는 이슬의 빛깔과 같은 갈색이라고 하는 해석이 있으나 명확하지 않다.

60 산곡갈색(山谷褐色) : 산곡(山谷)은 중국 북송(北宋) 때 사람인 황정견(黃庭堅)의 복식에 따라 만든 복장으로, 그의 호 산곡도인(山谷道人)에서 따온 이름이다. 도복(道服)의 일종으로, 황갈색이다.

색(秋茶褐色).【토황을 삼록·괴화와 섞는다.】	花合】
옥의 빛깔과 같은 흐린 초록색인 옥색(玉色).【호분을 고삼록(高三綠)[61]과 섞는다.】	玉色.【用粉入高三綠合】
모래무지의 색과 같은 타색(鮀色).【호분, 걸러낸 칠록·먹을 토황과 섞는다.】	鮀⑱色.【用粉、漆綠標、墨入土黃合】
금빛의 황색인 금황색(金黃色).【괴화와 호분을 연지와 섞는다.】	金黃.【用槐花、粉入胭脂合】
갈까마귀색과 같이 검푸른 빛의 아청색(鴉青色).【소청(蘇青)[62]을 나청과 섞는다.】	鴉青.【用蘇青襯螺青罩】
쥐 털과 같이 갈색의 일종인 서모갈색(鼠毛褐色).【토황·호분을 먹에 넣고 섞는다.】	鼠毛褐.【用土黃粉入墨合】
불로장생의 선도복숭아와 같이 홍색인 불로홍색(不老紅色).【자화(紫花)[63]와 은주를 섞는다.】	不老紅.【用紫花銀朱合】
포도색과 같이 갈색인 포도갈색(葡萄褐色).【호분을 삼록과 자화에 넣고 섞는다.】	葡⑲萄褐.【用粉入三綠紫花合】
정향나무의 꽃봉오리와 같이 분홍색인 정향갈색(丁香褐色).【육홍(肉紅)을 위주로 소량의 괴화와 섞는다.】	丁香褐.【用肉⑳紅爲主, 入少槐花合.】
살구나무 열매와 같이 황색 또는 황적색 융단색인 행자융색(杏子絨色).【호분·나청·먹 등을	杏子絨.【用粉、螺青、墨入檀子合】

61 고삼록(高三綠) : 밝은 녹색 안료인 삼록의 일종. 가장 옅고 밝은 녹색을 이른다.
62 소청(蘇青) : 차조기색과 같이 짙푸른 색.
63 자화(紫花) : 옅은 자주색 면화 빛의 색.
⑱ 鮀 : 저본에는 "駝".《南村輟耕錄》에는 "魼".《寫像秘訣》에 근거하여 수정.
⑲ 葡 :《南村輟耕錄》에는 "蒲".
⑳ 肉 : 저본에는 "玉".《南村輟耕錄》·《寫像秘訣》에 근거하여 수정.

단자에 넣어 섞는다.】

털비단이나 무늬비단과 같은 색인 모릉색(毷綾色).【자화를 바탕으로 칠하고 자분(紫粉)[64]으로 꽃 모양을 그린다.】

毷綾.【用紫花底, 紫粉搭花樣.】

토마토 껍질 색인 번피색(番皮色).【토황과 은주를 섞는다.】

番皮.【用土黃、銀朱合】

사슴 배 속의 새끼와 태반을 말린 것과 같은 색인 녹태색(鹿胎色).【호분으로 바탕을 칠하고 자화와 섞는다.】

鹿胎.【用粉底紫花合】

수달의 가죽으로 만든 담요의 색인 수달전색(水獺氈色).【호분을 토황과 섞는다.】

水獺氈.【用粉、土黃合】

상아나 무소뿔로 만든 홀(笏)의 색인 아홀색(牙笏色).【좋은 호분 소량과 토황 가루를 섞는다.】

牙笏.【用好粉一點、土黃粉凝】

검은 신발의 색인 조화색(皁韡色).【연묵을 사용한다.】

皁韡.【用烟墨標】

산뽕나무로 만든 의자와 같은 색인 자목교의색(柘木交倚色).【호분 · 단자 · 황토 · 연묵을 섞는다.】

柘木交倚.【用粉、檀子、土黃、烟墨合】

금색 실과 같은 색인 금사자색(金絲柘色).【위의 자목교의색과 같이 제조하나 먹을 넣지 않는다.】

金絲柘.【同上, 不入墨.】

고위 관리가 입는 자주색 조복의 색인 자포색

紫袍.【用三青、胭脂合】

64 자분(紫粉) : 분홍빛 자주색.

(紫袍色).【삼청과 연지를 섞는다.】

윤기가 나는 먹빛인 유리묵색(油裏墨色).【자화·토황·연묵과 섞는다.】

그 나머지는 일일이 갖추어 기록할 수 없으나, 사물을 보면서 색을 사용해야 한다. 일반적으로 색을 배합할 때 섬세한 색상으로 청색은 두청(頭青)·이청(二青)·삼청(三青)·심중청(深中青, 깊은 중간 청색)·천중청(淺中青, 옅은 중간 청색)·나청(螺青, 검푸른 색)·소청(蘇青, 짙은 청색)이 있고, 녹색은 이록(二綠)·삼록(三綠)·화엽록(花葉綠, 꽃잎의 녹색)·지조록(枝條綠)·남록(南綠, 남쪽을 향한 잎의 색)·유록(油綠, 윤기 있는 진초록)·칠록(漆綠)이 있으며, 붉은색은 황단(黃丹)[65]·비단(飛丹)[66]이 있다. 그리고 적색은 삼주(三硃)[67]·토주(土硃)[68]·은주(銀硃)[69]가 있고, 분홍색은 지홍(枝紅, 나뭇가지의 붉은색)·자화(紫花)가 있으며, 노란색은 등황(藤黃, 식물성 황색 안료)·괴화(槐花)·삭분(削粉)·석류과(石榴

油裏墨.【用紫花、土黃、烟墨合[21]】

其餘一一不能備載, 在對物用色可也. 凡合用顏色細色, 頭青、二青、三青、深中青、淺中青、螺青與蘇青, 二綠、三綠、花葉綠、枝條綠、南綠、油綠、漆綠, 黃丹、飛丹, 三硃、土硃、銀硃, 枝紅、紫花, 藤黃、槐花、削粉、石榴顆、綿胭脂、檀子. 其檀子用銀朱淺入老墨、胭脂合.《輟耕錄》

65 황단(黃丹):납과 유황(硫黃)을 섞어서 만든 약제의 색.

66 비단(飛丹):비홍(飛紅). 부끄러운 얼굴처럼 붉게 변하는 것 또는 그 색.

67 삼주(三硃):주사(朱砂)를 미세하게 갈고 다시 정제하면 주표(朱標), 이주(二朱), 삼주(三朱)로 구분된다. 이주는 선홍색이고 삼주는 약간 검은색을 띤다.

68 토주(土硃):산화철이 많이 들어 있는 붉은빛의 안료. 산수화나 도자기를 만들 때에 많이 쓰인다.

69 은주(銀硃):수은을 태워 만든 적색 안료. 주묵(朱墨)으로 쓰인다.

[21] 油裏……墨合:《南村輟耕錄》에는 없음.

纇)[70]·면연지(綿胭脂)[71]·단자(檀子)가 있다. 그 가운데 단자는 은주를 오래된 먹과 연지에 살짝 넣어 섞는다.《철경록(輟耕綠)[72]》[73]

대홍저사(大紅紵絲).【황단으로 바탕을 칠하고 연지로 그린 뒤, 그 바탕을 씻어 내고 주사를 칠한다.】

大紅紵絲.【黃丹打地, 胭脂畫出, 硃砂淘蓋之.】

대록저사(大綠紵絲).[74]【편록(片綠)으로 밑부분을 두드려 묻히고 고록(苦綠)[75]으로 그린 뒤, 그 밑부분을 씻어 내고 대록(大綠)을 칠한다.】

大綠[22]紵絲.【片綠打脚, 苦綠畫出, 大綠[23]淘脚蓋之.】

대황저사(大黃紵絲).【석황(石黃)으로 바탕을 두드려 묻히고, 수분(水粉)으로 그려 그곳에 등황을 칠한다.】

大黃紵絲.【石黃打地, 水粉畫出, 藤[24]黃蓋之.】

침향저사(沈香紵絲).【연지로 바탕을 그리고, 토주·먹·등황을 섞어 칠한다.】

沈香紵絲.【用胭脂畫地, 土硃、墨、藤[25]黃合蓋之.】

---

70 석류과(石榴顆): 석류 알맹이와 같은 주홍색.

71 면연지(綿胭脂): 솜에 물들인 연지색.

72 철경록(輟耕綠): 중국 원나라 말기에 도종의(陶宗儀)가 1366년에 편찬한 수필로, 전 30권이다. 원나라의 법률 제도와 지정(至正) 말년의 동남(東南) 여러 지방의 반란에 관하여 잘 기술하고 있고, 원나라의 사회·법제·경제·문학·예술 따위의 연구 사료로서 가치가 높다.

73 《南村輟耕錄》卷11;《寫像秘訣》.

74 대록저사(大綠紵絲): 대록으로 염색한 모시실. 대록은 청자의 색을 내는 푸른 잿물.

75 고록(苦綠): 도자기에 문양을 그릴 때 사용하는 안료. 26%의 대록과 74%의 노황(老黃)을 섞어 만든다. 투명한 초록색이며 배색에 많이 사용한다.

[22] 綠: 저본에는 "絲". 오사카본에 근거하여 수정.

[23] 綠: 저본에는 "絲". 오사카본에 근거하여 수정.

[24] 藤: 저본에는 "膝". 일반적인 용례에 근거하여 수정.

[25] 藤: 저본에는 "膝". 일반적인 용례에 근거하여 수정.

대홍색(大紅色).【황단으로 밑부분을 두드려 묻히고 주사로 밑부분을 씻어 내고 그 부분을 칠한 뒤 연지로 옷주름을 그린다.】

大紅.【黃丹打脚, 硃砂淘脚蓋, 用胭脂畫衣褶.】

대황색(大黃色).【정화(靜花)를 합성하여 사용한다.】

大黃.【兼靜花合成用】

대록색(大綠色).【편록으로 밑부분을 두드려 묻히고 칠하는데, 또는 대록으로 윗면을 두드리거나 이록으로 밑부분을 두드려 칠하며, 석록으로 옷주름을 그린다.】

大綠.【片綠打脚蓋之, 或用大綠擂上面, 二綠打脚, 石綠畫衣褶.】

연리색(烟裏色).【담묵으로 밑부분을 두드려 묻히고 연지로 그 윗면을 칠하며, 토주로 옷주름을 그린다.】

烟裏.【淡墨打脚, 用胭脂蓋面, 土硃畫衣褶.】

도홍색(桃紅色).【호분을 연지와 섞고, 연지로 옷주름을 그린다.】

桃紅.【粉合胭脂, 用胭脂畫衣褶】

연화색(烟火色).【농묵으로 밑부분을 두드려 묻히고 연지를 칠하며, 만년청(萬年青)[76]으로 옷주름을 그린다.】

烟火.【濃墨打脚, 胭脂蓋, 用萬年青畫衣褶.】

아청색(鴉青色).【좋은 건청(建青)과 간 만년청으로 옷주름을 그린다.】

鴉青.【好建青、研萬年青畫衣褶】

교의색(交倚色).【토주를 먹과 섞는다.】《만가휘요》[77]

交倚.【用土硃合墨】《萬家彙要》

76 만년청(萬年青): 백합과(百合科)의 늘푸른여러해살이풀을 이용한 안료.

77 출처 확인 안 됨.

7. 낙관[1]　落款

1) 옛 그림에는 낙관을 쓰지 않았다　論古畫不用款

원나라 이전에는 낙관을 사용하지 않는 경우가 많았다. 사용하였다 하더라도 낙관을 간혹 바위틈에 숨겼는데, 아마도 글씨가 정밀하지 못해 그림 전체를 손상시킬까 걱정했기 때문이다. 이후에는 글씨와 그림이 아울러 뛰어나서 서로 어울려 함께[2] 감상하게 되었다.《화주》[3]

元以前多不用款, 款或隱之石隙, 恐書不精, 有傷畫局. 後來書繪并工, 附麗成觀.《畫麈》

2) 그림에는 자연스레 낙관할 곳이 생긴다　論畫有天生款處

한 폭의 그림에는 자연스럽게 낙관할 곳이 생긴다. 낙관을 잘못하면 그림 전체를 손상시킨다.《화주》[4]

一幅中有天然候款處, 失之則傷局.《畫麈》

---

1 낙관 : 서화에 필자의 이름을 쓰고 도장을 찍는 것.

2 서로……함께 : 원문의 "附麗"를 풀이한 것으로, 여기에서는 글씨와 그림이 서로 조화를 이룬다는 의미로 사용하였다.

3 《畫麈》〈落款〉(《中國書畫全書》 4, 815쪽).

4 《畫麈》〈落款〉(《中國書畫全書》 4, 815쪽).

옛날 그림에는 낙관이라고 부르지 않았다. 낙관이 있는 경우에는 또한 나무 구멍이나 바위 모서리에 이름을 썼을 뿐이다.

古畫不名款. 有款者, 亦於樹腔石角題名而已.

범관(范寬)의 《계산행려도(溪山行旅圖)》(타이베이 고궁박물원). 낙관이 있는 범관의 유일한 작품으로 깊은 계곡 나그네의 행렬을 그렸다. 근경은 부감법(俯瞰法)으로 위에서 아래로 내려다보면서 작게 그리고, 중경에는 공기원근법을 사용하여 축지법적 깊이의 효과를 내었으며, 원경은 아래에서 위를 쳐다보는 고원법(高遠法)으로 매우 크게 그렸다. 구도는 작품 한가운데 마치 큰 비석이 우뚝 서 있는 것 같은 거비파(巨碑派) 구도를 사용하여 고원의 산세를 매우 위압적이며 당당한 모습으로 그렸다. 근경 오른쪽 아래 나무숲 잎사귀 사이로 '范寬'이란 낙관을 사람들이 발견할 수 없도록 썼다. 이는 글씨가 정밀하지 못하여 그림 전체를 손상시킬까 봐 그랬다기보다 화원 화가로서 자신을 함부로 드러내지 못한 사회제도 때문일 수 있다.

후세에는 작품에 낙관과 제발(題跋)이 많다. 그러나 낙관과 제발은 또한 하기가 매우 어렵다. 그림 하나에는 낙관과 제발을 할 만한 곳이 반드시 한 곳 있다. 제발이 알맞은 곳에 있으면 작품과 조화되고, 제발이 알맞은 곳이 아니면 작품과 조화되지 않는다. 그러므로 제발 때문에 오묘해지는 작품이 있고, 또 제발 때문에 잘못되는 작품이 있다.《산정거화론》[5]

後世多款題, 然款題甚不易也. 一圖必有一款題處, 題是其處則稱, 題非其處則不稱. 畫故有由題而妙, 亦有由題而敗者.《山靜居畫論》

3) 낙관과 제발은 작품에 도움이 된다

款題有助

그림에 낙관과 제발을 하는 것은 소식(蘇軾)[6]과 미불(米芾)에서 시작하였는데, 원나라를 거쳐 명나라에 이르러서, 마침내 제발의 글로 그림의 의경(意境)을 구상하는 경우가 많았으며, 그림 또한 제발 때문에 더욱 오묘해졌다. 고상한 감정과 뛰어난 생각이 그림으로 표현하기 부족할 경우, 제발로 표현하였다. 소식과 미불은 후세에 바

款題圖畫, 始自蘇、米, 至元、明而遂多以題語位置畫境者, 畫亦由題益妙. 高情逸思, 畫之不足, 題以發之, 後世乃爲濫觴.《山靜居畫論》

5 《山靜居畫論》下(《叢書集成初編》1644, 26쪽).

6 소식(蘇軾) : 1037~1101. 중국 북송의 문장가이자 서예가, 화가. 자는 자첨(子瞻)이고, 호는 동파거사(東坡居士)이며 사천성 미산(眉山) 사람으로, 소순(蘇洵)의 둘째 아들이다. 인종 가우(嘉祐) 2년(1057)에 진사가 되었다. 부친 순(洵), 동생 철(轍)과 함께 '삼소(三蘇)'라고 칭해지며, 이들 모두 '당송팔대가'에 속한다. 서예는 행서·해서에 뛰어났으며, 황정견(黃庭堅)·미불(米芾)·채양(蔡襄)과 더불어 '송사가(宋四家)'라고 한다. 대나무 그림을 잘 그렸는데, 문동(文同)을 배워 호주죽파(湖州竹派)의 한 사람이 되었다.

로 그 기원[濫觴][7]이 된다.《산정거화론》[8]

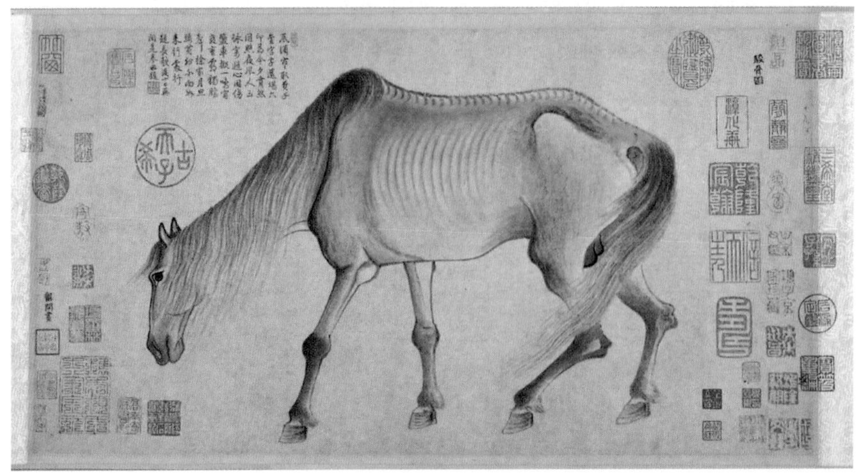

공개(龔開)의 《수마도(瘦馬圖)》(일본 오사카시립미술관). 원대 초기 몽고족에 나라를 빼앗긴 울분을 그림을 빌려 표현한 유민화가(遺民畫家)들은 마음을 그림으로 표현할 수 없을 경우 시를 보충하여 표현하였다. 유민화가인 공개가 그린 이 그림은, 기량을 마음껏 펼치게 하는 주인을 잃어버려 마침내 천자 마구간에서 뛰쳐나와 황량한 들판에서 수척한 모습으로 외롭게 서 있는 천리마를 통해 나라를 잃어버린 유민들을 표현한 것이다. 공개는 이 그림 앞에 "한결같이 구름을 따라 하늘의 관문에서 내려와, 단지 선조의 천자 마구간 열두 칸을 채웠지. 지금은 누가 준마의 기골을 애달파 하리. 석양이 비친 물가의 그림자 산처럼 고요하구나.(一從雲霧降天關, 空盡先朝十二閑, 今日有雖憐駿骨, 夕陽沙岸影如山.)"라고 제발을 썼다. 원대 유민화가의 그림에서 제발은 그림의 중요한 요소로 등장하였음을 알 수 있다.

---

7 기원[濫觴] : '濫觴'은 양자강 같은 큰 강도 그 기원은 잔을 띄울 정도의 작은 물줄기라는 뜻으로, 사물의 처음, 근원을 의미한다.

8 《山靜居畫論》 下(《叢書集成初編》 1644, 26쪽).

조맹부(趙孟頫)의 《이양도(二羊圖)》(미국 프리어미술관). 두 마리 양을 통해 조맹부 자신의 마음을 표현하였다. 조맹부는 처음에는 송을 멸망시킨 몽고족에 저항하여 자연에 은거하였지만, 이후 원나라 세조 쿠빌라이 칸의 부름에 응하여 원나라 조정에 봉사하였는데, 이러한 변절에 대한 자신의 입장을 두 마리 양을 통해 표현하였다. 한 마리는 곧바른 자세로 서 있고 다른 한 마리는 고개를 숙이며 풀을 뜯고 있는데, 두 마리 모두 매우 사실적으로 섬세하게 그렸다. 작품 왼쪽에는 조맹부가 "나는 말을 그린 적은 있어도 양을 그린 적은 없었다. 중신이라는 사람이 양의 그림을 요구하기 때문에, 나는 고의로 장난삼아 그렸다. 이 그림은 비록 옛사람의 경지에 꼭 들어맞을 수 없다 하더라도, 기운에 있어서는 상당히 성취한 바가 있다.(余嘗畫馬, 未嘗畫羊, 因仲信求畫, 余故戲爲寫生, 雖不能逼近古人, 頗於氣韻有得.)"라고 제발을 썼는데, 자신의 원나라 조정 출사는 일종의 자기희생적인 의미를 담고 있음을 보여 준다. 이는 그림으로 표현하기 부족한 생각을 제발로 표현한 좋은 예이다.

심주(沈周)의 《야좌도(夜坐圖)》와 부분도(타이베이 고궁미술원). 심주가 한밤중 주변의 소란에 잠을 깨었지만 이내 잠에 들지 못하고 밤을 지새우다가 마침내 마음의 평정을 얻어 새벽을 맞는 순간을 묘사하였다. 그림 중경 계곡에는 가옥이 자욱한 새벽안개를 등지고 있는데, 가옥 양쪽의 큰 나무들과 근경 언덕 위 왼쪽으로 가로누운 두 나무들에 에워싸인 듯하여, 보는 사람의 시선을 작품 가운데 가옥으로 집중하게 한다. 가옥 안에는 책상다리를 하고 허공을 쳐다보는 심주 자신이 있다. 작품의 반 이상은 제발로 차 있는데, 이는 심주가 새벽을 맞이하는 동안의 과정과 생각을 기록한 것이다. 제발의 문장이 그림의 동기가 되었는지, 그림이 시흥을 일으켰는지 구별할 수 없을 정도로 시와 그림이 서로 조화를 이루고 있다. 제발은 그림을 더욱 오묘해지게 한다.

8. 인물 人物

1) 인물은 잘 그리기 어렵다 論人物難工

인물은 그림에서 잘 그리기가 가장 어렵다. 왜냐하면 대개 형사(形似)[1]와 위치에 얽매이면 정신과 기상을 잃기 때문이다. 탕후《화설》[2]

人物於畫最爲難工. 蓋拘於形似、位置, 則失神韻、氣象. 湯氏《畫說》

2) 인물을 그릴 때 기운과 모습을 분명하게 표현해야 한다 論人物必分氣貌

인물을 그리는 사람은 귀하고 천한 기운과 모습을 분명하게 표현해야 한다. 불교의 인물화에는 훌륭한 가르침으로 중생을 인도하는[善功方便][3] 모습이 있어야 하며, 도교에 관한 인물화는 참된 도를 닦아 속세를 초월한 모습을 갖추어야 한다.

畫人物者, 必分貴賤氣貌. 釋門則有善功方便之顏, 道像必具修眞度世之範.

---

1 형사(形似) : 동양화에서 대상의 형태를 닮게 그리는 것. 대상의 정신을 닮게 그리는 신사(神似)와 대립되는 말로, 화육법(畫六法) 중 응물상형(應物象形)과 수류부채(隨類賦彩)가 여기에 해당한다.

2 《古今畫鑑》(《中國書畫全書》 2 〈古今畫鑑〉, 901쪽).

3 훌륭한……인도하는[善功方便] : 본문의 '善功方便'은 '善巧方便'과 동일한 의미이다. '선교방편'은 사람의 타고난 재능이나 덕성에 따라 여러 가지 방법을 써서 중생을 인도한다는 뜻이다.

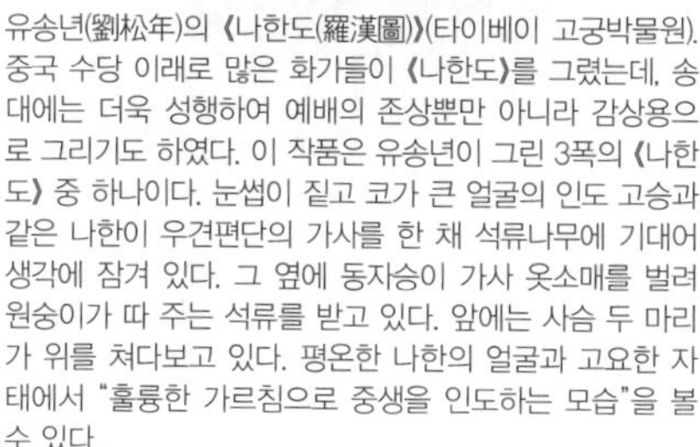

유송년(劉松年)의 《나한도(羅漢圖)》(타이베이 고궁박물원). 중국 수당 이래로 많은 화가들이 《나한도》를 그렸는데, 송대에는 더욱 성행하여 예배의 존상뿐만 아니라 감상용으로 그리기도 하였다. 이 작품은 유송년이 그린 3폭의 《나한도》 중 하나이다. 눈썹이 짙고 코가 큰 얼굴의 인도 고승과 같은 나한이 우견편단의 가사를 한 채 석류나무에 기대어 생각에 잠겨 있다. 그 옆에 동자승이 가사 옷소매를 벌려 원숭이가 따 주는 석류를 받고 있다. 앞에는 사슴 두 마리가 위를 쳐다보고 있다. 평온한 나한의 얼굴과 고요한 자태에서 "훌륭한 가르침으로 중생을 인도하는 모습"을 볼 수 있다.

마린(馬麟)의 《정청송풍도(靜聽松風圖)》(타이베이 고궁박물원). 중국 청대 고종의 제화시에 따르면, "특히 소나무 바람을 좋아하고 매번 그 메아리를 들으며 흔연히 기뻐하였다.(特爱松風, 每聞其響, 欣然爲樂)"고 한 남조 양나라 도사(道士) 도홍경(陶弘景)을 그린 것이다. 전경에는 옷고름을 풀어 가슴을 보인 채 소나무에 걸터앉은 고사(高士)가 오른손으로 허리띠를 가볍게 잡고 먼지를 땅에 털면서 고요히 소나무 소리를 듣고 있다. 솔잎과 덩굴은 바람에 따라 나부끼며, 소나무 물결 소리는 굽이굽이 흐르는 물줄기와 원경 산봉우리를 둘러싼 하늘에 울려 퍼지는 듯하다. 고사는 "참된 도를 닦아 속세를 초월한 모습"을 갖추고 있다.

제왕에 관한 인물화는 성스러운 임금의 모습[4]을 숭상하도록 해야 하고, 외국의 오랑캐를 그린 그림은 중국의 문화를 사모하고 공경하여 순종하는 감정을 느끼도록 해야 한다.

帝王當崇上聖天日之表, 外夷應得慕華欽順之情.

4 성스러운……모습 : 원문의 '天日之表'는 천하에 군림할 모습이란 뜻으로, 비범한 임금의 형상을 형용한 것이다.

제왕들의 모습을 그린 염립본(閻立本, ?~673)의 《역대제왕도(歷代帝王圖)》(미국 보스턴미술관). 진(陳) 폐제(廢帝) 백종(伯宗)을 그렸다. 제왕은 두 신하에 비해 몸체가 크고 위풍당당하게 그렸는데, 본문에서 언급된 "성스러운 임금의 모습을 숭상하도록 해야 함"을 알 수 있게 한다. 인물들은 굵고 가늘거나 힘이 있고 없거나 하는 변화 없는 철선묘(鐵線描)로 윤곽을 그리고 그 안에 채색을 고루 칠하였다. 풍성하고 화려한 복식은 검은색과 붉은색을 위주로 채색하고 옷주름에는 농담의 변화를 주어 입체적 효과를 일으켰다.

염립본의 《만이직공도(蠻夷職貢圖)》(타이베이 고궁박물원). 《만이직공도》는 고대에 중국의 주변국들이 중국에 조공을 바치는 그림이다. 이 그림은 당태종 때 동남아시아 파리(婆利, Brunei), 나찰(羅剎), 임읍국(林邑國, 베트남 중부) 등이 중국에 조공하며 각종 진귀한 물산을 바치는 경치를 그린 것이다. 총 27명의 사람이 퍼레이드 행렬처럼 오른쪽에서 왼쪽으로 진행한다. 가운데 산개를 받쳐 쓴 사신 한 사람이 말을 타고 가면서 존귀한 신분임을 나타내고 있다. 그림은 앵무새 괴석, 상아 등 다양한 조공물과 인물의 괴상한 모습으로 이국적 분위기를 잘 나타내고 있다. "외국의 오랑캐를 그린 그림은 중국의 문화를 사모하고 공경하여 순종하는 감정을 느끼도록 해야 한다"는 것에 충실한 작품이다.

유교의 현인을 그린 그림은 충성스럽고 신의가 있으며 예법과 도의를 갖춘 모습으로 나타내야 하며, 무사를 그린 그림에는 진실로 용맹스럽고 강하며 빼어나고 매서운 모습이 많아야 한다.

儒賢卽見忠信禮義之風, 武士固多勇悍英烈之貌.

작자 미상의 《주운절함도(朱雲折檻圖)》(타이베이 고궁박물원). 한나라 성제(成帝) 때 주운(朱雲)이 간신 장우(張禹)를 직간하다가 황제의 노여움을 사 참형에 처해지자, 주운이 어전의 난간을 붙잡고 끌려 내려가길 거부하면서 마지막까지 직간하여 황제를 마음을 돌이켰다고 하는 역사적 고사를 그린 것이다. 엄숙히 앉아 주운을 바라보는 성제와 그 뒤편에 웅크린 채 서 있는 장우, 그리고 소곤거리는 두 시녀가 있고, 맞은편에는 군사에 끌려가는 것을 완강히 저항하면서 난간에 매달려 충언을 하는 주운이 있다. 가운데에는 고개를 숙이며 주운의 처형을 만류하는 신경기(辛慶忌)가 있다. 세 인물을 중심으로 형성된 역삼각형 구도에서 서로의 시선이 겹치면서 작품에 긴장감을 주고 있다. "충성스럽고 신의가 있으며 예법과 도의를 갖춘 모습"으로 그려진 유교의 현인들의 모습이다.

유송년(劉松年)의 《중흥사장군(中興四將軍)》(중국역사박물관). 남송 중흥의 4명의 장군, 즉 악비(岳飛), 장준(張俊), 한세충(韓世忠), 유광세(劉光世)를 그린 남송 인물화의 걸작이다. 작품 중앙의 왼쪽에는 청나라 건륭황제의 제발이 있고, 각 인물의 얼굴 옆에는 오른쪽부터 "유부왕광세(劉鄜王光世)", "한기왕세충(韓蘄王世忠)", "장순왕준(張循王俊)", "악악왕비(岳鄂王飛)"의 글자가 있다. "부왕(鄜王)", "기왕(蘄王)", "순왕(循王)", "악왕(鄂王)"은 각각 후대 추숭된 왕의 작위이다. "진실로 용맹스럽고 강하며 빼어나고 매서운 모습"이 표현되어 있다.

은자를 그린 그림은 은둔하면서[5] 속세를 초월한 절개를 바로 알 수 있어야 한다. 귀족을 그린 그림은 대개 화려하고 사치스러운 모습이 표현되는 것을 높이 친다.

隱逸俄識肥遯高世之節, 貴戚蓋尙紛華侈靡之容.

손위(遜位)의 《고일도(高逸圖)》(중국 상하이박물관). 이 그림은 《죽림칠현도(竹林七賢圖)》의 잔결로, 산도(山濤), 왕융(王戎), 유령(劉伶), 완적(阮籍)만이 남아 있다. 오른쪽에는 노장 학설을 좋아하고 성격이 자유로운 산도와 옆에서 거문고를 받치는 동자가 있고, 다음에는 위의(威儀)를 갖추지 않고 산발하여 담론을 좋아한 왕융과 옆에 책을 안고 있는 동자가 있다. 그다음에는 《주덕송》을 지은 유령이 고개를 돌린 채로 있고 동자가 옆에서 침 뱉는 병을 들고 무릎을 꿇고 등을 두드리고 있다. 마지막에는 술을 마시며 방랑하며 습관적으로 주변의 악한 사람을 눈동자를 달리하며 쳐다보았던 완적과 옆에 방두(方斗)를 든 동자가 있다. 이들의 모습에서 자연에 "운둔하면서 속세를 초월한 절개를 바로 알 수 있다."

고굉중(顧宏中)의 《한희재야연도(韓熙載夜宴圖)》(타이베이 고궁박물원). 남당(南唐) 이욱(李煜)이 한희재(韓熙載)를 임명하려고 하자 그에 대해 지나치게 호화스럽고 향락적이라는 소문을 듣고 고굉중을 시켜 그 생활을 그려 오도록 하였다고 한다. 하나의 두루마리로 된 이 작품은 크게 다섯 부분으로 나뉘는데, 위 그림은 첫 번째에 해당한다. 오른쪽 침상에 올라앉은 사람 중 흰옷을 입은 여인 옆 수염 난 사람이 한희재이다. 이 작품에 묘사된 실내 안의 장면과 병풍, 악기, 가구, 그릇, 의복 등은 당시의 생활상을 잘 보여 주는 자료적인 측면에서도 중요하다. 인물과 옷주름을 굵고 가는 변화가 없는 철선묘로 그렸으며, 붉은색, 녹색, 검은색 등의 조화가 잘 이루어졌다. "귀족을 그린 그림은 대개 화려하고 사치스러운 모습이 표현되는 것을 높이 친다."는 좋은 예로서 보인다.

---

5 은둔하면서 : '肥遯'은 부귀한 것을 피한다는 의미로 은둔하는 것을 말한다.

제석천(帝釋天)[6]을 그린 그림은 위엄이 있고 복을 주며 엄숙하고 정중한 모습을 분명히 해야 하며, 귀신을 그린 그림은 추차(醜䰩, 추악)하면서【'䰩'는 음이 '차'이다.】 치연(馳趡, 마구 날뛰)하는【'趡'은 음이 '연'이다.】 모습으로 그려야 한다. 궁정 여인을 그린 그림은 빼어난 미모와 유타(婑媠, 예쁜 모습)한【'婑'는 음이 '유'이고, '媠'는 음이 '타'이다.】[7] 자태가 많아야 하며, 농부를 그린 그림은 순수하고 몽매하며 질박하고 꾸밈없는 모습이 절로 있어야 한다. 이 밖에도 공손하거나 거만한 태도, 기뻐하거나 슬퍼하는 감정이 그 사이에 있어야 한다.《도화견문지》[8]

帝釋須明威福嚴重之儀, 鬼神乃作醜䰩【尺者切】馳趡【于見切】之狀. 士女宜當秀色婑【烏果切】媠【奴坐切】之態, 田家自有醇甿朴野之眞. 恭鶩愉慘, 又在其間矣.《圖畫見聞志》

6 제석천(帝釋天): 불가에서 말하는 수미산(須彌山) 도리천(忉利天)의 임금으로, 희견성(喜見城)에 거주하면서 사천왕과 32천(天)을 통솔하여, 불법과 불법에 귀의하는 사람을 보호하며 아수라(阿修羅)의 군대를 정벌한다는 신이다.

7 婑는……타이다: 원문에는 '婑'는 오(烏)와 과(果)의 반절로서 음이 '와'로, '媠'는 노(奴)와 좌(坐)의 반절로서 음이 '놔'로 되어 있지만, 우리나라의 음에 따라 각각 '유'와 '타'로 바로잡았다.

8 《圖畫見聞志》〈敍製作楷模〉(《中國書畫全書》 1 〈圖畫見聞志〉, 467쪽).

오도자(吳道子)의 《산귀도(山鬼圖)》[중국 허베이성 취양(曲陽) 북악묘(北岳廟)]. 오도자의 원작을 모각한 것으로, 역사가 거친 동작으로 사납게 소리치며 어깨에 긴 도끼창을 메고 공중으로 튀어 오르는, 즉 "추악하면서 마구 날뛰는 모습"을 그렸다. 이는 "구름처럼 빽빽하면서 높이 날리는 머리카락은 수척이나 나는 듯 움직이고, 모근은 살에서 솟아나와 힘이 넘치는 것 같다.(虯鬚雲鬢, 數尺飛動, 毛根出肉, 力健有餘.)"고 형용하였던 모습을 알 수 있게 한다. 오도자는 장욱(張旭)의 광초(狂草)의 필법을 배워 이를 그림에 적용하였기 때문에, 광초의 필치와 같이 형상을 그린 필치가 자유롭고 변화무쌍하며 힘 있고 활달하다.

주방(周昉)의 《잠화사녀도(簪花仕女圖)》(중국 랴오닝박물관). 주방의 대표적인 작품으로 알려져 있는 이 작품은 궁중의 여인들을 정교하고 관능적으로 그렸다. 진하게 분칠한 흰 얼굴에 조그만 앵두 입술과 당시에 유행한 누에나방 눈썹 같은 '아미(蛾眉)'를 그리고, 머리를 꽃과 보석으로 장식하면서 높게 꾸몄다. 그림은 크게 세 부분으로 나뉜다. 첫째 부분인 오른쪽에는 모란꽃 옆 섬세하고 화려한 자태의 여인이 달려오는 강아지를 응시하고 있고, 가운데에서는 학을 쫓아 시녀를 대동하고 걷고 있으며, 마지막 셋째 부분인 오른쪽 여인은 강아지를 길들이고 있다. 애완동물을 통해 여인의 섬세한 감성을 드러내면서 궁정 여인의 우아함과 화려함을 과시하고 있다. "빼어난 미모와 예쁜 모습의 자태가 많은" 궁정 여인을 그린 그림이다.

유리중(劉履中)의 《전준취귀도(田畯醉歸圖)》와 부분도(베이징 고궁박물원)
전준(田畯, 밭을 관장하는 관리)이 술을 마시고 집으로 돌아가는 모습을 그렸다. 왼쪽은 전준이 농부들에게 술을 얻어 마시는 장면이고, 중앙은 술에 취해 소 등에 올라타고 집으로 가는 장면이며, 오른쪽은 술에 취한 농민들이 소의 굴레를 끌고 가면서 즐거워하는 모습이다. 부분도에서 보듯, 농부는 "순수하고 몽매하며 질박하고 꾸밈없는 모습"이다.

옛날 사람의 모습을 그릴 때에는 근본으로 삼는 점이 있어야 하는데, 바로 자신의 생각대로 그리되 비범한 품격이 있다는 생각이 들게 해야 하는 것이다. 소박하고 거칠게 그릴지라도 평범하거나 세속적인 모습이 있게 해서는 안 되며, 가난하고 곤궁한 모습으로 그릴지라도 시정잡배와 같은 모습이 있게 해서는 안 된다.《산정거화론》[9]

寫古人面貌, 宜有所本[1], 卽隨意爲圖, 思有不凡之格. 寧樸野而不得有庸俗狀, 寧寒乞而不得有市井狀.《山靜居畫論》

3) 얼굴의 용필법

面部用筆法

눈썹·눈·코 등에 붓을 사용할 때에는 허(虛)와 실(實)로써 법을 취한다. 실(實)은 송곳으로 긋거나 칼날로 새기는 듯 세밀하게 하고, 허(虛)는 구름 그림자나 물 흔적과 같이 담백하면서 어슴푸레하게 한다.《산정거화론》[10]

眉目、鼻孔, 用筆虛實取法. 實如錐劃[2]、刃勒, 虛如雲影、水痕.《山靜居畫論》

옛날에 얼굴을 그릴 때는 눈자위·코·광대뼈·턱 등과 같이 튀어나와 밝은 부분을 호분으로 선염하고, 안으로 들어가 어두운 부위를 붉은색으로 선염하였기 때문에, 얼굴의 정신과 기운이 특

古畫面部, 用粉染其陽位; 眶、鼻、顴、頷等處, 赭染其陰位, 故神氣突兀. 同上

9 《山靜居畫論》上(《叢書集成初編》1644, 11쪽).

10 《山靜居畫論》上(《叢書集成初編》1644, 11쪽).

[1] 本: 저본에는 "分".《山靜居畫論》에 근거하여 수정.

[2] 劃: 저본에는 "刺".《山靜居畫論》에 근거하여 수정.

출하게 드러났다.[11] 《산정거화론》[12]

4) 부인의 형상

論婦人形相

옛 명사들이 그린 금동(金童)과 옥녀(玉女), 신선(神仙)과 성관(星官)[13] 가운데에 여인의 형상이 있는 것을 두루 살펴보니, 용모가 비록 단아하며 엄숙하더라도 정신이 반드시 맑고 고아하여, 절로 위엄이 있고 장중하며 엄숙한 모습이 있다. 따라서 사람들에게 보게 하면 엄숙하고 공손해져, 따르고 우러러보는 마음[14]을 갖도록 하게 하였다.

歷觀古名畫金童、玉女及神仙、星官中有婦人形相者, 貌雖端嚴, 神必淸古, 自有威重儼然之色, 使人見則肅恭, 有歸仰心.

11 특출하게 드러났다 : 원문의 '突兀'은 높이 솟은 모양. 여기에서는 강조하는 의미로 쓰였다.

12 《山靜居畫論》 上(《叢書集成初編》 1644, 11쪽).

13 금동(金童)과……성관(星官) : 도교에서 신선이 거처하는 곳의 밖에 어린 남자아이와 여자아이가 있는데, 남자아이를 금동(金童)이라 하고 여자아이를 옥녀(玉女)라 한다. 성관(星官)은 도교에서 받드는 성신(星神)의 총칭이다.

14 우러러보는 마음 : 원문의 '歸仰'은 경앙(敬仰)과 같은 뜻으로, 정중히 공경하는 것을 말한다.

장사공(張思恭)의 《후시수성신도(猴侍水星神圖)》(미국 보스턴박물관)
작품에 낙관은 없지만 예술적 풍격이 송대 유명한 불화가인 장사공과 비슷하여 오늘날 장사공 작품으로 보고 있다. 자태가 풍만하고 탁자에 기댄 미인은 중국 고대 신화에서의 수성신(水星神)이다. 그녀는 오른손으로 붓을 잡고 왼손으로 종이를 잡고 깊은 생각에 잠겼다. 수성신 오른쪽에는 원숭이가 힘써 돌벼루를 들고 수성신이 먹을 쓸 수 있게 돕고 있다. 그림 속 인물은 윤곽선으로 묘사하고 그 안에 채색을 하였는데, 조형이 정확하고 선묘는 오도자의 법을 배워 자유롭게 흐르며 기운생동한다. 모습이 "비록 단아하며 엄숙하더라도 정신이 반드시 맑고 고아하여, 절로 위엄이 있고 장중하며 엄숙하여" "따르고 우러러보는 마음을 갖도록 하게" 한다.

지금의 화가들은 단지 사치스럽고 아름다운 용모만을 귀중히 여기는데, 이는 사람들의 눈을 즐겁게 하려는 것일 뿐, 그림의 이치와 운치에 도달하지 못한 것이다.《도화견문지》[15]

今之畫者，但貴其姱麗之容，是取悅於衆目，不達畫之理趣也.《圖畫見聞志》

15 《圖畫見聞志》〈論婦人形相〉(《中國書畫全書》1〈圖畫見聞志〉, 469쪽).

5) 눈동자 그리는[16] 법 點睛法

인물과 귀신은 살아 움직이는 존재이기 때문에, 그것을 그리는 것은 전적으로 눈동자를 그리는 데에 달려 있다. 눈동자가 살아 있으면 생기[生意]가 있기 때문이다. 선화(宣和) 화원[17]의 화공이 생옻[生漆]으로 눈동자를 그렸으나 이는 비결이 아니다. 요컨대 먼저 눈동자를 동그랗게 그리고 등황(藤黄)으로 그 속을 채우되 등황에 먹을 칠하는데, 좋은 먹으로 점 하나를 진하게 찍어 눈동자를 그려야 한다. 그러나 들쑥날쑥하여 가지런하지 않아야 비로소 눈동자가 되고, 또 덩어리지게 해서는 안 된다. 이것이 묘법이다.《동천청록》[18]

人物鬼神, 生動之物, 全在點睛. 睛活則有生意. 宣和畫院工或以生漆點睛, 然非要訣. 要須先圈定目睛, 填以藤黄, 夾墨於藤黄中, 以佳墨濃加一點作瞳子. 然須要參差不齊, 方成瞳子, 又不可塊然. 此妙法也.《洞天清綠》

벽에 스님과 귀신을 그렸는데, 눈이 보는 사람을 따라 움직였다. 눈동자를 아주 정확하게 그리

壁畫僧及神鬼, 目隨人轉. 點眸子極正則爾.《酉陽雜俎》

16 눈동자 그리는 : 원문의 '點睛'은 점을 찍어 눈동자를 그린다는 뜻으로, 즉 눈을 그리는 것을 말한다.

17 선화(宣和) 화원 : 선화(1119~1125)는 북송 휘종 황제의 연호. 선화 화원은 휘종이 설치한 한림도화원을 말한다. 사실적 묘사와 시적 분위기를 강조하였다.

18 《洞天清綠》〈畫家點睛〉.

면 그러하다.《유양잡조(酉陽雜俎)[19]》[20]

근래의 불화 중에 천장보살(天藏菩薩)과 지장보살(地藏菩薩)을 그린 것이 있는데, 가까이 가 밝은 곳에서 자세히 관찰하니, 두 보살의 머리 위 둥근 광채[21]가 눈을 부시게 하면서 마치 몸에서 빛을 방사하면서 간혹 말하는 듯 생동하였다. 이는 층청(曾青)[22]을 벽어(壁魚)[23]와 섞어 채색하면 눈 가까이에서 빛이 나기 때문이다.《유양잡조》[24]

近佛畫中，有天藏菩薩、地藏菩薩, 近明諦觀之, 規彩鑠目, 若放光或言, 以曾青和壁魚設色, 則近目有光. 同上

6) 서양화

西洋畫

일반적으로 그림을 그릴 때 외형을 그리면서 안을 그릴 수 없는 것은 형세다. 사물에는 솟아오르거나 움푹 들어가거나, 작거나 크거나, 멀거나

凡爲畫圖者，畫外而不能畫裏者, 勢也. 物有隆坎、細大、遠近之勢，而工畫者不過略

19 유양잡조(酉陽雜俎) : 당나라 단성식의 수필집. 본집 20권, 속집 10권으로 신기하고도 괴이한 이야기를 기록한 책이다. 기록한 내용에는 황당무계한 것이 많으나, 옛날에 실전된 작품과 비밀스런 전적들이 간혹 수록되어 있었기에 평론가들은 비록 이 책의 허풍스러운 점을 결점으로 여기면서도 인용할 수밖에 없었다. 당나라 이후로 소설 중에서 뛰어난 작품이라고 치켜세웠다.[《사고전서간명목록(四庫全書簡明目錄)》卷14]

20 《酉陽雜俎》 권11.

21 머리……광채 : 원문의 '규채(規彩)'는 불교에서 불상의 머리에서 나는 둥근 모양의 광채를 말한다.

22 층청(曾青) : 광산물 이름. 켜켜이 푸른색이어서 붙여진 이름으로, 그림을 그리거나 금속을 변화시킬 때 쓴다.

23 벽어(壁魚) : 좀. 의어(衣魚).

24 《酉陽雜俎》 권11.

가까운 기세가 있으나, 그림을 잘 그리는 사람은 대략 그 사이에서 붓질 몇 번 한 것에 불과하여, 산에 주름이 없거나 강에 물결이 없거나 한다. 이것이 이른바 사의(寫意)[25]의 법이다.

用數筆於其間, 山或無皴, 水或無波, 是所謂寫意之法也.

나는 서양 사람이 벽에 구름과 인물을 그린 것을 본 적이 있는데, 이것은 마음이나 생각으로 헤아릴 수 있는 것이 아니었으며, 언어나 문자로 형용할 수 있는 것도 아니었다. 내가 눈으로 그것을 보려고 하자, 번개와 같이 번쩍 빛이 나 먼저 나의 눈을 빼앗는 듯하였는데, 나는 그림이 나의 마음을 꿰뚫어 보는 듯해서 싫었다. 내가 귀로 그림에서 말하는 것을 들으려고 하자, 그림이 굽어보고 쳐다보고 돌아보면서 먼저 나의 귀에 속삭이는 듯하였는데, 나는 그림이 내가 숨긴 것을 알아챌까 봐 부끄러웠다. 내가 입으로 말하려고 하자, 그림 또한 침묵하고 있다가 큰 소리를 지르려고 하는 듯하였다.

余嘗見西洋人壁畫雲氣人物, 有非心智思慮所可測度, 亦非言語文字所可形容. 吾目將視之, 而有赫赫如電先奪吾目者, 吾惡其將洞吾之胸臆也. 吾耳將聽之, 而有俯仰轉眄先屬吾耳者, 吾慚其將貫吾之隱蔽也. 吾口將言之, 則彼亦將淵黙而雷聲.

내가 가까이 다가가 보니, 거기에는 필과 먹이 거칠고 소략하였지만, 그림 속 인물의 이목구비 부위와 모발·피부 주변을 훈염하면서 경계를 그

逼而視之, 筆墨麤疏. 但其耳目口鼻之際, 毛髮腠理之間, 暈而界之, 較其毫分, 有若呼

25 사의(寫意) : 조필(粗筆)이라고도 하며 공필(工筆)과 대칭된다. 사물 외형을 기교적이며 섬세하게 묘사하는 것을 중시하는 것이 아니라, 대략적인 필묵으로 사물의 의태나 신운을 묘사하거나 화가의 정신을 표현하는 것을 말한다. 남송의 양해(梁楷) 법상(法尙), 명대 진순(陳淳) 서위(徐渭), 청초 팔대산인(八大山人) 등이 모두 이 법에 뛰어났다. 북송 한졸은 "용필에는 간략하게 하였어도 뜻이 완전한 것이 있고, 기교적으로 엄밀하고 정세하게 한 것이 있다."라 하였는데 전자가 사의(寫意)에 해당한다.

렸는데, 경계선의 미세한 부분도 바로잡아서 마치 그림 속 인물이 숨을 쉬고 돌아보며 움직이는 듯하였다. 이는 대개 음양과 향배를 통해서 자연스럽게 명암이 생겼기 때문이다.《열하일기(熱河日記)[26]》[27]

吸轉動. 蓋陰陽向背而自生顯晦耳.《熱河日記》

26 열하일기(熱河日記) : 조선 후기 정조 때에 박지원(朴趾源)이 청나라를 다녀와 기술한 연행일기(燕行日記)로, 전 26권 10책이다.

27 《燕巖集》卷15 〈別集〉"熱河日記" '皇圖紀略'.

9. 의관(衣冠)[1]

衣冠

1) 의관의 상이한 제도

論衣冠異制

고대로부터 의관의 제도는 거듭 변경되었기 때문에, 일을 가리키고[2] 형태를 그려 내는 그림에서는 반드시 시대를 구분해야 한다. 곤룡포(袞龍袍)[3]와 면류관(冕旒冠)[4]과 법복(法服)[5]에 대해서는 《의례(儀禮)》·《주례(周禮)》·《예기(禮記)》에 다 갖추어 보존되어 있지만, 법복의 형상이 실로 복잡하여 기록하기 어렵다.

自古衣冠之制, 荐有變更, 指事繪形, 必分時代. 袞冕、法服,《三禮》備存, 物狀寔繁, 難可得而載也.

---

1 의관(衣冠): 옷과 관. 여기서는 제도적인 복장을 가리킨다.

2 일을 가리키고: 일반적으로 '指事'는 '일을 가리키다.'는 뜻으로, 육서(六書)의 하나로서 '상(上)' '하(下)' 등의 추상적인 개념을 상징적으로 형상화한 글자를 말하지만, 여기서는 그림에서 묘사하는 사건, 즉 그림의 제재를 가리킨다.

3 곤룡포(袞龍袍): 제왕이 정무를 볼 때 주로 입던 옷. 노란색이나 붉은색 비단으로 만들고, 가슴과 등 및 어깨에 용무늬를 수놓았다. 군주의 경우는 가슴 쪽에 용 발톱 5개를 수놓았고, 그 외에 태자나 세자의 경우는 용 발톱 4개를 수놓았다.

4 면류관(冕旒冠): 제왕이 쓰던 모자로 면(冕)과 류(旒)로 구성되어 있다. 면은 넓은 판으로, 평천판(平天板)이라고 부르기도 한다. 류는 앞뒤에 드리워 얼굴을 가리는 구슬 꿴 발을 뜻한다. 중국 황제의 경우는 앞뒤에 드리우는 류가 12개이다. 조선의 경우, 왕은 류가 9개, 세자는 7개로 되어 있었다.

5 법복(法服): 왕과 왕비, 왕세자와 왕세자비의 대례복.

전(傳) 염립본, 《당태종화상입축(唐太宗畫像立軸)》(타이베이 고궁박물원)
가슴과 등 및 어깨에 용무늬를 수놓은 노란색 곤룡포를 입고 있는 당나라 태종(太宗) 이세민(李世民). 그는 머리에 검은 비단을 뒤로 향하면서 머리를 묶은 절상건(折上巾)을 쓰고, 가죽띠 위에 9개의 금장식을 한 구환대(九環帶)를 허리에 차고 두 손으로 잡고 있다.

전(傳) 염립본(閻立本), 《역대제왕도(歷代帝王圖)》(부분)(미국 보스턴미술관)
위진남북조 진(晉)나라 사마염(司馬炎)이 면류관을 쓰고 신하를 뒤에 대동하고 걷고 있다. 면류관은 평천판(平天板)이라고 불리는 면(冕) 앞뒤에 각각 12개의 류(旒)를 드리웠다.

한(漢)나라(BC 206~AD 220)와 위(魏)나라(220~265) 이전에는 폭건(幅巾)[6]을 처음 쓰다가 진(晉)나라(265~419)와 송(宋)나라(420~479) 때에 멱리(冪䍦)[7]를 비로소 사용하였다.

漢、魏已前, 始戴幅巾 ; 晉、宋之世, 方用冪䍦.

6 폭건(幅巾) : 고대 두건 중 하나. 비단으로 된 천으로 머리를 뒤로 싸 덮었으며 복건(幞巾)이라고도 한다. 한나라 말기 일반적인 귀족 사대부들에게 모두 이러한 두건이 유행하였다.

7 멱리(冪䍦) : 머리에 쓰는, 헝겊으로 된 복식을 말한다. 《당서(唐書)》에 "옛날의 관은 머리싸개를 하지 않았으나, 진나라와 송나라 때에 비로소 멱리를 사용하였다.(古冠而不幘, 晉、宋之世, 方用冪䍦.)"라 하였다.

폭건(幅巾)을 쓴 명나라 탕현조(湯顯祖) 초상(肖像)(출처 미상). 복건은 비단으로 된 천으로 머리를 뒤로 싸 덮은 두건을 말한다.

《수하미인도(樹下美人圖)》(일본 도쿄국립박물관)
무덤 주인공이 멱리(冪䍦)를 쓰고 시동의 도움을 받으며 나무 아래 서 있다. 멱리는 머리에 쓰는, 헝겊으로 된 복식을 말한다.

후주(後周, 557~581) 때에는 3척 길이의 검은 비단을 뒤로 향하면서 머리를 묶었는데, 이것을 '절상건(折上巾)'이라 이름하였고, 복두(幞頭)[8]라고 통칭하였다. 무제(武帝, 560~578) 때에는 이것에 네 다리를 만들었다.

後周以三尺皁絹, 向後幞髮, 名"折上巾", 通謂之"幞頭". 武帝時裁成四脚.

수(隋)나라(581~618)에서는 오직 지위가 높은 신하만이 황릉문포(黃綾紋袍)[9]·오사모(烏紗

隋朝惟貴臣服黃綾紋袍、烏紗帽、九環帶、六合靴.【起于

8 복두(幞頭) : 관모의 하나. 모부(帽部)가 2단으로 턱이 져 앞턱이 낮으며, 모두(帽頭)는 평평하고 네모지게 만들고 좌우에 각(角)을 부착하였다.

9 황릉문포(黃綾紋袍) : 황색 광택이 나고 꽃문양이 있는, 비단으로 된 긴 겉옷.

帽)[10]·구환대(九環帶)[11]·육합화(六合靴)[12] 등을 사용하였다.【이것은 북위(北魏, 386~534)에서 시작되었다.】

後魏】

오사모(烏紗帽)(중국 상하이박물관)
명나라 관리 반윤징(潘允徵)의 무덤에서 출토된 명대 오사모. 만당과 오대의 복두와 서로 비슷하며 흑색 비단으로 만들었다. 양쪽 변에는 40㎝ 정도의 각(角)이 펼쳐져 있다.

《내시상(內侍象)》[섬서성 건릉(乾陵) 의덕태자묘(懿德太子墓)]
측천무후에 의해 평민으로 강등되어 죽은 의덕태자를 위해 중종 때 다시 복권되어 만들어진 묘에는 당시 궁궐의 생활상이 많이 그려졌다. 위의 모습은 내시들이 예를 갖추고 있는데, 여섯 조각의 조피(鳥皮)를 봉합하여 만든 육합화(六合靴)를 착용하였다.

10 오사모(烏紗帽) : 흑색 비단으로 만든, 모정(帽頂)이 높고 둥근 모자.

11 구환대(九環帶) : 제왕과 지위가 높은 신하가 착용하는 요대(腰帶). 가죽으로 띠를 만들고 그 위에 금으로 만든 장식을 9개 박고 장식 아래마다 작은 금 고리를 달았다.

12 육합화(六合靴) : 제왕과 백관이 착용하던 신. 여섯 조각의 조피(鳥皮)를 봉합하여 만들었다. 육합은 천지사방(天地四方)의 의미에서 취한 것이다.

다음으로는 옻칠한 오동나무로 건자(巾子)[13]를 만들어 복두 안에 사용하였는데, 앞에는 두 각을 연결하고 뒤에는 다른 두 각을 아래로 늘어뜨렸다. 귀하거나 천하거나 모두 건자를 착용하면서, 오사모(烏紗帽)는 차츰 사라졌다.

次用桐木墨漆爲巾子，裹於幞頭之內，前繫二脚，後垂二脚．貴賤服之，而烏帽漸廢．

이공린(李公麟)의 《유마거사상(維摩居士像)》(부분)(일본 도쿄국립박물관)
《유마경(維摩經)》에서 문수보살(文殊菩薩)이 병에 걸린 유마거사를 방문하러 오자, 유마거사가 침상에서 일어나는 모습을 그린 것이다. 유마거사가 복두 안에 받쳐 쓰는 복식인 건자(巾子)를 쓰고 있다.

당(唐)나라(618~907) 태종(太宗, 599~649)은 일찍이 익선관(翼善冠)[14]을 쓰고, 지위가 높은 신

唐太宗嘗服翼善冠，貴臣服進德冠．

13 건자(巾子) : 복두 안에 받쳐 쓰는 복식. 오동나무와 대나무를 사용하여 그물모양으로 만들었으며 틀어 올린 머리에 끼우고 그 위에 복두를 썼다.

14 익선관(翼善冠) : 황제가 쓰는 관으로, 모양은 복두와 비슷하다.

하는 진덕관(進德冠)[15]을 썼다.

이공린(李公麟)의 《삼량진덕관(三樑進德冠)》[1971년 소릉(昭陵) 출토]
1971년 소릉 이적(李績)의 무덤에서 출토된 것으로, 매우 얇은 금도금 구리판의 골격에 가죽을 씌우고, 그 위에는 매우 엷은 덩굴, 풀꽃 문양을 새긴 가죽을 붙였다. 꼭대기에는 금도금한 구리로 만든 삼량(三樑)이 있고, 양쪽에는 가운데가 비어 있는 꽃받침이 있다.

신종(神宗)의 《금사반룡익선관(金絲蟠龍翼善冠)》[중국 딩링(定陵)박물관]
1957년 딩링에서 오사(烏紗)익선관을 쓴 신종황제 옆의 둥근 합(盒)에서 발견된 것으로, 매우 가는 금사(金絲)로 짜서 만들었다. 관 위쪽에는 좌우대칭으로 서려 있는 두 용이 입을 벌려 혀를 내밀고 있으며, 그 사이에는 둥근 화주(火珠)가 주변에 화염을 분사하고 있다.

측천무후(則天武后, 624~705) 때에는 비단과 갈포로 복두와 건자를 만들어 모든 관리에게 하

至則天朝, 以絲葛爲幞頭、巾子, 以賜百官. 開元間始易以

15 진덕관(進德冠): 당나라 때 황태자와 지위가 높은 신하가 착용하던 관모. 복두와 비슷하다. 진덕관이라는 명칭은 진수덕행(進修德行, 나아가 덕행을 닦다)의 의미에서 유래되었다. 《구당서》 卷45 〈여복지(輿服志)〉에 "정관 연간에 태종이 처음으로 익선관을 쓰고, 지위가 높은 신하에게 진덕관을 하사하여 쓰게 하였다. 임금 가까이 모시는 신하에게 '복두는 주 무제에서 시작되었는데 대개 군대의 몸차림에 편리하다. 지금은 세상에 걱정이 없고 전쟁도 그쳤다. 이 관은 옛 모양을 취했고 아울러 복두와 닮았으니 평상시 복장에 적당하며 고습(袴褶)과 통용할 수 있다.'고 말하였다.(貞觀中, 太宗初服翼善冠, 賜貴臣服進德冠. 因謂侍臣曰: '幞頭起自周 武帝, 蓋以便于軍容. 今四海無虞, 息武事, 此冠頗取古樣, 兼類幞頭, 乃宜常服, 可與袴褶通用.')"

사하였다. 개원(開元) 연간(713~741)에 비로소 복두와 건자를 비단 직물[羅][16]로 바꾸어 만들었으며, 또 공봉관(供奉官)[17] 및 내신(內臣, 군주 가까이서 모시는 신하)에게 둥근 형태의 궁궐 양식으로 만든 복건자(樸巾子)를 따로 하사하였다.[18] 당나라 말기에 이르러서 옻칠을 한 검은 비단으로 건자 속에 덧대었으니, 이것이 바로 지금의 복두이다.

羅, 又別賜供奉官及內臣圜頭宮[1]樣巾子. 至唐末, 方用漆紗裹之, 乃今幞頭也.

삼대(三代)[19]의 시기에는 모두 포의 일종인 난삼(襴衫)을 입었다. 진시황(秦始皇, BC 259~BC 210, 재위 BC 247~BC 210) 때에는 자포(紫袍)·비포(緋袍)·녹포(綠袍)로써 세 등급의 관복[20]을 삼았고, 하급 관리는 흰색을 사용하였다. 《국어(國語)》[21]에 "포(袍)라는 것은 조복(朝服)으로, 옛날 공경(公卿)[22]의 예복이다."라고 하였다. 북주(北周) 무제(武帝, 재위 BC 156~BC 87) 때에

三代之際, 皆衣襴衫. 秦始皇時, 以紫緋綠袍爲三等品服, 庶人以白. 《國語》曰:"袍者, 朝也. 古公卿上服也." 至周武帝時, 下加襴.

16 비단 직물[羅]: 원문의 '羅'는 성기면서 가볍고 부드러운, 비단으로 짠 직물을 말한다.

17 공봉관(供奉官): 황제를 호위하며 따르는 관리.

18 개원(開元)……하사하였다:《구당서》卷45 〈여복지〉에서 "현종 개원 19년(731) 10월, 공봉관 및 여러 관사의 장관들에게 나두건(羅頭巾)과 궁중 양식 건자를 하사하였는데, 지금까지 그 모자를 쓰고 있다.(玄宗開元十九年十月, 賜供奉官及諸司長官羅頭巾及官樣巾子, 迄今服之也.)"라 하였다.

19 삼대(三代): 중국 고대의 하(夏)·상(商)·주(周)를 말한다.

20 관복: 원문의 '品服'을 옮긴 것으로, 등급이 다르면 복장 색과 양식도 다르다.

21 국어(國語): 주(周)나라 좌구명(左丘明)의 저서로,《좌전(左傳)》은 노(魯)나라의 역사를 주로 기술하였는데, 이 책은 진초(晉楚)를 비롯한 춘추(春秋)시대 제후(諸候)의 여덟 나라 역사를 엮은 책이다. 21권으로 되어 있으며,《춘추국어(春秋國語)》·《춘추외전(春秋外傳)》이라고도 한다.

22 공경(公卿): 삼공구경(三公九卿)으로, 일반적으로 고위 관리를 말한다.

[1] 宮:《구당서·여복지》에는 "官".

이르러서는 아래쪽에 포의 일종인 난(襴)[23]을 덧붙였다.

당나라 고종(高宗, 628~683) 때에는 5품 이상의 관직에게 수신어(隨身魚)[24]를 주었다. 또 각 등급의 관원[25]에게 자복(紫服)[26]과 금옥대(金玉帶), 짙은 비복(緋服) 및 옅은 비복[27]과 금대(金帶), 짙은 녹복(綠服) 및 옅은 녹복[28]과 은대(銀帶), 짙은 청복(靑服)과 옅은 청복, 유석대(鍮石帶)[29]를 입고, 서인(庶人)은 황동철대(黃銅鐵帶)[30]를 입도록 조서를 내렸다. 1품 이하의 경우, 문관은 수건(手巾)·산대(算袋)·도자(刀子)[31]·여석(礪石)[32] 등을 허리에 차고, 무관도 이를 따

唐 高宗朝, 給五品已上隨身魚. 又勅品官紫服金玉帶, 深淺緋服並金帶, 深淺綠服並銀帶, 深淺靑服並鍮石帶. 庶人服黃銅鐵帶. 一品以下, 文官帶手巾、算袋、刀子、礪石, 武官亦聽.

23 난(襴) : 위아래가 붙은 옷.

24 수신어(隨身魚) : 조정 관리들이 허리에 차던 장식품. 궁정에 출입할 때의 증표가 되었다.

25 각 등급의 관원 : 일품관(一品官), 이품관(二品官)과 같이 등급이 있는 관리를 말한다.

26 자복(紫服) : 3품 이상의 복장 색. 《당서(唐書)》에는 "3품 이상은 자색의 복장을 입고, 4품 이상은 비색의 복장을 입고, 6품·7품은 녹색의 복장을 입고, 8품·9품은 청색의 복장을 입는다."라 하였다.

27 짙은……비복 : 비(緋)는 홍색. 당나라 품관복식에 따르면 4품은 짙은 비복을 입고, 5품은 옅은 비복을 입는다.

28 짙은……녹복 : 6품관과 7품관이 입는 복장을 말한다.

29 유석대(鍮石帶) : 유석(鍮石)은 동과 노감석(爐甘石)을 함께 제련하여 만든 황동. 유석대는 이러한 황동으로 장식한 허리띠. 《당회요(唐會要)》 권31에 허리띠 장식에 등급 구별이 있음을 기록하고 있다. "1품에서 5품까지 모두 금을 사용하고, 6품·7품은 모두 은을 사용하고, 8품과 9품은 똑같이 유석을 사용한다."

30 황동철대(黃銅鐵帶) : 황동이나 철로 장식을 한 허리띠.

31 도자(刀子) : 작은 칼, 단도. 순간적으로 분출하는 감정의 억제를 의미한다.

32 여석(礪石) : 칼을 가는 돌. 이 돌을 차고 다니면서 절차탁마하는 뜻을 보이는 것이다.

랐다.[33]

예종(睿宗, 662~716) 때의 제도에는 무관 중 5품 이상은 7가지 장식물을 허리에 차게 하였는데,【7가지 장식물이란 패도(佩刀)·도자(刀子)·마석(磨石)·계필진(契苾眞)[34]·홰궐(噦厥)[35]·침통(針筒)·화석대(火石袋)[36]이다.】 개원 연간 초기에 다시 그것을 폐지하였다.

睿宗朝制武官五品已上帶七事鞊鞢,【佩刀、刀子、磨石、契苾眞、噦厥、針筒、火石袋也】開元初復罷之.

진(晉)나라 처사 풍익(馮翼)[37]은 큰 소매의 베옷을 입고, 검은 비단으로 가선을 두르고, 아래에는 난삼(襴衫)을 덧붙였으며, 앞에는 두 개의 긴 띠를 달았다. 수나라와 당나라에서는 조정과 재야에서 그 옷을 입으면서 '풍익의 옷'이라 불렀는

晉處士馮翼衣布大袖, 周緣以皁, 下加襴, 前繫二長帶. 隋、唐朝野服之, 謂之"馮翼之衣", 今呼爲"直掇"【《禮記·儒行》篇:"魯哀公問於

33 고종(高宗)……따랐다:《구당서》卷45 〈여복지〉에 "상원 원년(674) 8월에 또 제서(制書)를 내리셔서 1품 이하는 수건과 산대를 착용하고서 도자와 여석을 허리에 차도록 하였으며, 무관 중에 이 도구를 착용하고 싶은 사람은 허락해 주었다. 그리고 문관과 무관 3품 이상은 자금옥대(紫金玉帶)를 착용하고, 4품은 짙은 비색 옷을 5품은 옅은 비색 옷을 입고서 모두 금대(金帶)를 착용하고, 6품은 짙은 녹색 옷을 7품은 옅은 녹색 옷을 입고서 모두 은대(銀帶)를 착용하고, 8품은 짙은 청색 옷을 9품은 옅은 청색 옷을 입고서 모두 유석대(鍮石帶)를 착용하고, 서인은 모두 동철대(銅鐵帶)를 착용하게 하였다. ……경운(景雲, 예종 2차 재위 연호) 연간에 또 상원 연간의 고사에 근거하여 1품 이하는 수건과 산대를 착용하되 단도와 여석은 착용하지 않는 것을 허락해 주고, 무관 5품 이상은 7가지 장식을 착용하도록 하는 제서를 내렸다. ……개원 초에 다시 폐지하였다.(上元元年八月, 又制一品已下帶手巾、算袋, 仍珮刀子、礪石, 武官欲帶者聽之. 文武三品已上, 服紫金玉帶, 四品服深緋, 五品服淺緋, 竝金帶. 六品服深緑, 七品服淺緑, 竝銀帶. 八品服深青, 九品服淺青, 竝鍮石帶. 庶人竝銅鐵帶. ……景雲中, 又制令依上元故事, 一品已下, 帶手巾、算袋, 其刀子、礪石等許不佩, 武官五品已上, 佩鞊韘七事. ……至開元初復罷之.)"라 하였다.

34 계필진(契苾眞): 새기고 뚫는 데 사용하는 쐐기.

35 홰궐(噦厥): 매듭을 푸는 데 사용하는 송곳.

36 화석대(火石袋): 부싯돌을 담는 주머니.

37 풍익(馮翼): 어떤 사람인지 알 수 없다. 덩바이(鄧白)는 아마 공자가 말한 "봉액지의(逢掖之衣)"의 봉액(逢掖)이 잘못 전해진 것일 수 있다고 주장하였다.(郭若虛 撰, 鄧白 注,《圖畫見聞志》, 1986, 四川美術出版社, 47쪽)

데, 지금은 '직철(直掇)'[38]이라고 부른다.【《예기(禮記)》·〈유행(儒行)〉 편에 "노나라 애공(哀公)이 공자에게 '선생님의 의복은 유가의 복장입니까?'라고 물으니, 공자께서 '저는 어려서 노나라에 살았을 때에는 봉액지의(逢掖之衣)[39]를 입었고, 어른이 되어서 송나라에서 살았을 때에는 장보관(章甫冠)[40]을 썼습니다.'라고 대답하였다."라 하였다. 주석에는 "'봉(逢)'은 '크다'는 의미로, '봉액(逢掖)'은 소매가 큰 홑옷이니, 스님의 옷이다."라 하였다.[41] 봉액(逢掖)과 풍익(馮翼)이 서로 비슷하다.】

孔子曰:'夫子之服, 其儒服與?' 孔子對曰:'丘少居魯, 衣逢掖之衣;長居宋, 冠章甫之冠.'" 注云:"逢, 大也, 逢[2]掖, 大袂禪衣也." 逢掖與馮翼, 音相近.】

38 직철(直掇):《고불고록(觚不觚錄)》에는 "직철(直掇)은 지금의 도포(道袍)다."라고 하였다. 도포는 통상 예복으로 입던 남자의 겉옷을 말한다. 직철(直裰)이라고도 쓴다.

39 봉액지의(逢掖之衣):'逢掖'의 봉(逢)은 대(大)의 의미이고 액(掖)은 액(腋)과 같다. 봉액지의(逢掖之衣)는 소매가 긴 유자의 옷을 말한다.

40 장보관(章甫冠):은(殷)나라 때 관(冠)의 이름. 주나라 때에는 위모관(委貌冠)이라 하였다. 공자가 이 관을 썼으므로 유학자(儒學者)의 관이란 뜻으로 쓴다.

41 《禮記正義》卷59〈儒行〉(《十三經注疏整理本》15, 1841쪽).

[2] 逢:《圖畫見聞志》에는 "大".

위모관(委貌冠)을 쓴 공자상(孔子象). 은(殷)나라 때에는 장보관(章甫冠)이라 하였으나, 주나라 때에는 위모관이라 하였다. 공자가 이 관을 썼으므로 유학자(儒學者)의 관이란 뜻으로 쓴다.

또 《양지(梁志)》[42]에는 고습(袴褶)[43]을 입고 전쟁에 나갔다는 기록이 있다. 삼대 이전에는 사람들이 모두 맨발이었고, 삼대 이후에야 비로소 나막신을 신었다. 이윤(伊尹)[44]은 풀로 신발을 만들고 이름을 '리(履)'라고 하였다. 진(秦)나라에서는 신발을 만들 때 명주와 가죽을 섞어서 사용하였다. 가죽신은 본래 오랑캐의 복식인데, 전국시대의 조(趙)나라 무령왕(武靈王, 재위 BC

又《梁志》有袴褶以從戎事. 三代已前, 人皆跣足, 三代已後, 始服木屐. 伊尹以草爲之, 名曰"履". 秦世參用絲革. 靴本胡服, 趙武靈王好之, 制有司衣袍者宜穿皁靴. 唐代宗朝, 令宮人、侍左右者穿紅錦靿靴.

42 《양지(梁志)》:《양서(梁書)》를 가리킨다.

43 고습(袴褶) : 기마복으로, 남북조시대에 유행하였다.

44 이윤(伊尹) : ?~?. 은나라의 유명한 재상. 이름은 지(摯)이다. 탕왕(湯王)을 도와 하(夏)나라 걸왕(桀王)을 무찔렀다. 탕왕이 죽은 후, 그의 손자인 태갑(太甲)이 무도하였기 때문에 이윤이 그를 동궁(東宮)으로 내쳤다가 그가 뉘우치는 것을 보고 3년이 지나서 다시 임금으로 세웠다.

325~BC 299)이 그 신발을 좋아하여, 도포(道袍)를 입은 관리들은 반드시 검은 비단신을 신도록 제도화하였다. 당나라 대종(代宗, 재위 762~779) 때에는 궁인(宮人)들과 시종들은 붉은 비단의 가죽신을 신도록 명령하였다.

일반적으로 그림을 구상하고 구도를 잡을 때에는 마땅히 시대를 상세하게 분별해야 한다. 예를 들어 염립본(閻立本)[45]이 그린 왕소군(王昭君)[46]이 오랑캐에게 시집가는【'妃'의 음은 배(配)이다】 장면에서 왕소군이 유모(帷帽)[47]를 쓰고 말안장에 걸터앉아 있다.[48]

凡在經營, 所宜詳辨. 至如閻立本圖昭君妃【音配】虜, 戴帷帽以據鞍.

45 염립본(閻立本): ?~673. 중국 당대의 화가. 시호는 문정(文貞), 옹주(雍州) 만년(萬年, 지금 섬서성 서안) 출신이다. 벼슬은 공부상서(工部尙書)·우상(右相)·중서령(中書令) 등을 지냈다. 부친인 염비(閻毗), 형인 염립덕(閻立德)도 그림을 잘 그렸다. 염립본은 장승요를 배우고, 도석인물·안마(鞍馬) 등에 뛰어났다.

46 왕소군(王昭君): BC 52~BC 20 추정. 이름은 장(嬙)이며, 전한(前漢) 효원제(孝元帝)의 궁녀(宮女)인데, 흉노(匈奴)의 단우(單于)에게 시집보내졌다. 명비(明妃)라고도 한다.

47 유모(帷帽): 궁녀들이 말을 탈 때 얼굴을 가리는 쓰개. 멱리(羃䍦)는 전신을 가리지만 유모는 가리개가 어깨까지 늘어져서 얼굴만을 가린다.

48 말안장에……있다: '據鞍'은 곧 거안고면(據鞍顧眄)이다. 즉 말안장에 걸터앉아서 전후좌우를 돌아보는 것으로, 위세가 어엿한 모양을 나타낸다.

《유모를 쓴 당삼채(唐三彩) 기마여용(騎馬女俑)》[신강성(新疆省) 투루판 아스타나 185호묘 출토, 신장위구르자치구박물관]
당삼채(唐三彩)는 당나라 때 만들어진 연질도기이자 다채도기의 하나로, 주로 녹색과 백색 그리고 갈색의 삼색의 유약으로 장식되었으며 명기(明器)로 사용되었다. 당삼채에서 말을 타고 있는 여인은 궁녀들이 말을 탈 때 얼굴을 가리는 쓰개인 유모(帷帽)를 쓰고 있다.

왕지신(王知愼)[49]은 양(梁)나라 무제(武帝)의 남교(南郊)[50]를 그렸는데, 양나라 무제가 의관을 갖추고 말에 걸터앉아 있다. 이러한 그림들은 유모가 수나라 때 만들어졌고, 헌거(軒車)[51]가 당나

王知愼畫梁武南郊, 有衣冠而跨馬, 殊不知帷帽創從隋代, 軒車廢自唐朝. 雖弗害爲名蹤, 亦丹青之病耳.【帷帽如

49 왕지신(王知愼) : ?~?. 당나라 화가. 《역대명화기》에 다음과 같이 기록되어 있다. "관직은 소부감(小府監)으로 마쳤다. 글씨와 그림을 잘하였고, 그 형 왕지경(王志慶)과 명성이 대등하였다. 승종은 '염립본을 배웠는데, 모습을 묘사하는 것 즉 인물화는 그에게 근접한다. 필력은 명쾌하고 예리하지만, 양식에서 풍겨 오는 분위기는 비범하다.'고 하면서 화품을 장효사(張孝師) 아래에 놓았다.(終少府監. 工書畫, 與兄知敬齊名. 僧悰云: '師於閻, 寫貌及之, 筆力爽利, 風采不凡', 在張孝師下.)"

50 남교(南郊) : 고대 제왕이 천지에게 제사 지내는 의식. 매년 동짓날 남교(南郊)에서 거행한다.

51 헌거(軒車) : 수레 끌채가 굽어 있고 유모가 설치되어 있는 것으로, 고대에는 대부 이상이 탔다. 그러나 당나라에 이르러 점차 도태되어 사용하지 않았다.

라 때부터 폐지되었다는 것을 모르는 것이다.[52] 이러한 실수는 기교 면에서는 훌륭한 작품이 되는 것을 해치지는 않지만, 또한 내용 면에서는 그림의 잘못이라 하겠다.【유모는 지금의 석모(席帽)와 같아서 주변에 망건(網巾)을 드리웠다.】《도화견문지》[53]

今之席帽, 周廻垂網也.】《圖畫見聞志》

2) 옷주름 그리기

論衣紋

옷주름을 그릴 때는 붓을 사용하는 방법이 글씨 쓸 때와 완전히 비슷하다. 옷주름을 그리는 데에는 필치를 엄중하고 거대하며 서로 조화를 이루면서 활달하게 그리는 방식이 있고, 또 조밀하고 가늘지만 힘차게 그리는 방식도 있다. 또한 옷주름을 급격히 꺾어지게 하거나 평평하면서 느긋하게 하거나, 밖으로 자유롭게 뻗게 하거나 안으로 끌어당길 경우, 필치를 이치에 맞게 함부로 사용하지 않으면서, 높게 비스듬하거나 깊게 안으로 기울거나 돌아 꺾어지거나 경쾌하게 나부

畫衣紋[3], 用筆全類於書. 畫[4]有重大而調暢者, 有縝細而勁健者, 句綽縱掣, 理無妄下, 以狀高側、深斜、卷摺、飄擧之勢.《圖畫見聞志》

52 헌거(軒車)가……것이다 : 헌거는 당나라 때부터 폐지되었기 때문에, 왕지신이 당나라 화가라고 하더라도 그런 양나라 무제는 의관을 갖추고 헌거를 타고 있는 것으로 그려야 했다는 의미이다.

53 《圖畫見聞志》〈論衣冠異制〉(《中國書畫全書》 1 〈圖畫見聞志〉, 468쪽).

[3] 畫衣紋 :《圖畫見聞志》에는 "畫衣紋林木".

[4] 畫 :《圖畫見聞志》에는 "畫衣紋".

끼는 기세를 형상화해야 한다.《도화견문지》[54]

그림은 도장을 찍듯이 그리는 것을 피해야 한다. 오도자(吳道子)[55]는 옷주름을 그릴 때 순채(蓴菜)[56]의 줄기와 같이 빨리 붓을 움직여[57] 바로 이 잘못을 피했다.

畫忌如印. 吳道子作衣紋, 或揮霍如蓴菜條, 正避此病耳.

전(傳) 오도자(吳道子), 《팔십칠신선권(八十七神仙卷)》(부분)[쉬페이홍기념관(徐悲鴻紀念館)]
역대 도석화 중에서 가장 고전적인 작품으로, 오도자의 작품으로 전해진다. 87명의 신선이 하늘에서 내려오면서 줄을 지어 행진하는 광경으로 자태가 풍만하고 우아하다. 신선들의 소매, 바람에 날리는 허리띠, 옷주름, 나부끼는 깃발 등을 그린 백묘(白描)의 묵선이 서로 교차하고 선회하면서 음악적 율동을 느끼게 하고 작품에 생동감을 준다.

54 《圖畫見聞志》〈論衣冠異制〉(《中國書畫全書》 1 〈圖畫見聞志〉, 467쪽).

55 오도자(吳道子) : 680~759. 당대의 화가. 처음의 이름은 도자(道子)였지만, 현종 때 도현(道玄)으로 고쳤다. 또한 오생(吳生)이라고도 한다. 양적[陽翟, 지금 하남성 우현(禹縣)] 출신이다. 벼슬은 현종 때 궁중의 내교박사(內教博士)를 지냈다. 그림은 산수·인물·귀신·조수·초목·누각 등을 잘하였다. 젊어서는 섬세하고 정치한 필치였지만, 중년 이후에는 자유분방해졌다. 초묵으로 윤곽선 안에 담채를 그린 인물화는 오장(吳裝)이라 칭해졌다.

56 순채(蓴菜) : 수련과의 다년생 수초. 연못 등에서 나며, 어린잎은 식용으로 사용한다.

57 순채(蓴菜)의……움직여 : 이러한 오도자의 필법을 순채묘(蓴菜描)라고 한다.

작자 미상의 《유마경변상도(維摩經變相圖)》 중 《유마거사상(維摩居士像)》(간쑤성 둔황 제103굴)
오도자 화풍으로 가장 많이 거론되는 둔황 벽화의 작품이다. 침상에서 일어나는 유마거사의 모습을 백묘법으로 단숨에 그린 듯하다. 직각자나 컴퍼스를 사용하지 않고 마음의 움직임에 따라 손이 반응하여 자유롭고 활달하게 그렸어도, 원과 수직선이 법도에 맞듯 정확하다. 필선이 바람에 나부끼는 난초 잎과 같으며 순채처럼 힘이 있는데, 이는 장욱(張旭)의 광초(狂草)의 영향을 받은 것이다.

이로 말미암아, 이공린(李公麟)[58]과 손지미(孫知微)[59]는 유사묘(游絲描)[60]만으로 그린 것이 오

由是知李伯時、孫太古專作游絲, 猶未盡善.《洞天淸錄》

58 이공린(李公麟) : 1049~1106. 중국 북송대의 화가. 자는 백시(伯時)이고, 원부(元符) 3년(1100)에 관직을 그만두고 용면산(龍眠山)에 은거하였기 때문에 호를 용면거사(龍眠居士)라 하였다. 서주[舒州, 지금 안휘성 서성(舒城)] 사람이다. 신종(神宗) 희녕(熙寧) 3년(1070)에 진사가 되었고 관직이 조봉랑(朝奉郎)에 이르렀다. 소식 · 황정견 · 미불과 친교가 있었다. 그림을 잘 그렸는데, 인물 · 안마(鞍馬) · 역사 · 고사화에 뛰어났다. 고개지 · 오도자의 법도를 취해 스스로 일가를 이루었다.

59 손지미(孫知微) : ?~?. 중국 오대 말 북송 초의 화가. 자는 태고(太古)이고, 미주(眉州) 팽산(彭山, 지금 사천성에 속함) 사람이며, 미양(眉陽) 사람이라고도 한다. 만년에 청성(靑城) 백후파(白候壩) 조촌(趙村)에 살았다. 본래 농부의 아들로 황로학(黃老學)에 통달하였고, 도교에 심취했으며 화양진인(華陽眞人)이라 불렸다. 그림을 잘 그렸다.

60 유사묘(游絲描) : 필법의 한 종류. 자유롭게 흐르는 실과 같은 필법을 말한다.

히려 완전함을 다하지 못하였음을 알았다.《동천청록》[61]

이공린의 《오마도(五馬圖)》(부분)(개인 소장)
이공린의 대표작으로 변방에서 수입한 다섯 종류의 말과 마부를 그렸다. 신체적 특징을 나타내도록 말을 묘사하고, 마부들의 얼굴과 표정, 의복을 다양한 필선을 구사하여 세밀하게 그렸으며, 백묘법과 함께 옅은 선염을 사용하여 효과를 내었다. 직선적이고 강한 선, 섬세하고 가는 선, 날카롭고 탄력 있는 선, 부드럽고 유연한 선 등을 사용하였는데, 그것이 마치 자유롭게 흐르는 실과 같아 유사묘(游絲描)라고 하였다.

옷주름은 바위의 윤곽을 그리는 필의(筆意)를 활용해야 한다. 붓질이 많은 곳에서는 번잡하다고 느껴지지 않게 하고, 붓질이 적은 곳에서는 간략하다고 느껴지지 않게 해야 한다. 바위를 주름으로 표현하는 준법(皴法)은 어지러운 것 같으면서 어지럽지 않게 하는 것을 귀중히 여기는데, 옷주름을 그릴 때도 역시 이 뜻을 오묘함으로 생

衣褶紋, 當以畫石鉤勒筆意參之. 多筆不覺其繁, 少筆不覺其簡, 皴石貴乎似亂非亂, 衣紋亦以此意爲妙. 曾見陸探微天王, 衣褶如草篆, 一抽六七折, 却是一筆出之, 氣勢不斷. 後世無此手筆.《山靜

61 확인 안 됨.

각한다. 일찍이 육탐미(陸探微)의 《천왕도(天王圖)》[62]를 보니 옷주름이 초서 기운이 있는 전서[草篆][63]로 된 것 같았고, 한번 쭉 뽑으면 6~7번 방향이 꺾어지는데도 오히려 일필로 그린 듯이 기세가 끊어지지 않았다.[64] 후세에는 더 이상 이와 같은 필치가 없었다.《산정거화론》[65]

居畫論》

오도자의 난엽문(蘭葉紋),[66] 위흡(衛洽)[67]의 전필문(顫筆紋),[68] 주방(周昉)[69]의 철선문(鐵線

衣褶紋如吳生之蘭葉紋、衛洽之顫筆紋、周昉之鐵線紋、

62 천왕도(天王圖) : 천왕은 천자 또는 황제를 가리키지만, 《선화화보》 〈도석 1(道釋一)〉 '육탐미'에 《천왕도》 한 폭이 기록되어 있기 때문에, 불교의 사천왕을 그린 것으로 보인다. 《산정거화론》에는 "일찍이 해창 진씨가 소장한 육탐미의 《천왕》을 보았다.(曾見海昌陳氏陸探微天王)"로 되어 있어 《천왕도》는 해창(海昌) 진씨(陳氏)가 소장한 작품인 듯하다.

63 초서……전서[草篆] : '草篆'에는 초서와 전서라는 뜻도 있다.

64 일필로……않았다 : 육탐미의 일필화(一筆畫)를 말한다. 이것은 《역대명화기》 〈논고육장오용필(論顧陸張吳用筆)〉에 "육탐미가 또한 일필화를 만들었는데, 그 필치가 끊임없이 변화하면서 연결되었다.(陸探微亦作一筆畫, 連綿不斷.)"라고 한 평가와 상통한다.

65 《山靜居畫論》 上(《叢書集成初編》 1644, 12쪽).

66 난엽문(蘭葉紋) : 오도자의 필법인 순채묘를 말한다. 필치가 난의 잎이 나부끼는 모양을 하고 있다고 해서 붙인 명칭이다. 난엽묘는 남송 마화지(馬和之)가 이름이 났다.

67 위흡(衛洽) : 미상. 《산정거화론》의 원문에도 '衛洽'으로 되어 있으나 위협(衛協, 3세기 말~4세기 초)으로 추정된다. 그는 진(晉)나라의 유명한 화가로 조불흥(曹不興)에게 배웠으며 당시 장묵(張墨)과 더불어 화성(畫聖)으로 병칭되었다. 특히 도석인물화에 가장 뛰어나 고개지도 그를 따를 수 없었다고 하는데, 사혁(謝赫)은 그가 육법을 겸비하였다고 높이 평가하여 1품에 넣었다.

68 전필문(顫筆紋) : 용필이 물결 모양처럼 떨리며 움직이는 문양으로, 전필묘를 가리킨다. 전필(顫筆)은 전필(戰筆)이라고도 한다.

69 주방(周昉) : ?~?. 중국 당대의 화가. 자는 중랑(仲朗), 일설에는 경현(景玄)이다. 장안(섬서 서안) 출신이다. 관직은 선주장사(宣州長史)에 이르렀다. 부친 주경원(周慶元)은 감찰어사, 형 주호(周皓)는 집금오(執金吾)를 지낸 명족 출신이다. 문장·글씨·그림에 뛰어났다. 그림은 장훤(張萱)을 배웠고 도석인물화를 잘하였으며 특히 사녀(士女)를 그리는 데에는 지금까지 가장 뛰어났다고 평가된다. 그 화풍은 주가양(周家樣)이라 칭해진다.

紋),[70] 이공린의 유사문(游絲紋)[71] 등과 같은 옷주름이 각각 그 극치를 다하였다.

李公麟之游絲紋, 各極其致.

주문구(周文矩)의 《유리당인물도(琉璃堂人物圖)》(뉴욕 메트로폴리탄미술관)
위흡(衛洽)의 전필문(顫筆紋)이 어떤 것인지 정확히 알 수 없지만, 전필(顫筆)은 주문구의 《유리당인물도》에서 확인할 수 있다. 《유리당인물도》는 성당(盛唐)의 시인 왕창령(王昌齡)이 강녕승(江寧丞)이 되어 부임하였을 때 강녕[지금의 난징(南京)]의 관사에 있던 유리당(琉璃堂)에 모인 문사 8명을 그린 것이다. 주문구는 남당(南堂) 후주(後主) 이욱(李煜)의 금착도(金錯刀)라는 서체의 영향을 받아 인물을 묘사할 때 떠는 듯한 전필을 사용하였다. 유리당에 모인 문사들의 옷주름을 그린 가늘게 연결된 선에서 가늘게 떠는 듯한 전필을 확인할 수 있다.

70 철선문(鐵線紋) : 필선이 철사처럼 굵고 가는 것이 일정하고 힘이 있는 문양으로, 철선묘를 가리킨다.

71 유사문(游絲紋) : 자유롭게 흐르는 실과 같은 문양으로, 유사묘를 가리킨다.

전(傳) 주방(周昉)의 《쌍육도(雙六圖)》(미국 워싱턴 프리어미술관)
여인들의 옷주름 표현에 철선묘가 나타난다. 당나라 복장을 한 귀족 부인들이 바둑을 두며 소일하는 모습을 그렸다. 중앙에 화려한 복장을 한 귀족 부인이 마주 보며 바둑을 두고 있고, 좌우에는 이를 지켜보는 귀족들이 서 있는데, 귀족 부인들의 화려하고 풍만한 자태와 가늘고 부드러운 피부 등의 특징이 잘 나타나 있다. 채색은 짙고 화려하며, 선묘는 가늘고 힘차면서 율동감이 넘치는데, 이렇게 철사처럼 굵고 가늘며 일정하게 힘이 있는 필선을 철선문이라 한다.

용필은 허와 실, 돌리고 꺾는 것을 법칙으로 삼은 것에 지나지 않으니, 이를 깊이 익혀 깨달으면 용필이 저절로 변화하면서 생동할 수 있다. 옛날 사람이 "조중달(曹仲達)[72]이 그린 인물의 옷주름은 물에서 나온 것 같고, 오도자가 그린 인물의 허리띠는 바람을 맞아 나부끼는 듯하다."[73]라 했으니, 그들의 옷주름 용필법을 생각해 볼 수 있다. 《산정거화론》[74]

用筆不過虛實、轉折爲法, 熟習參悟之, 自能變化生動. 昔人云 "曹衣出水, 吳帶當風", 可想見矣. 同上

72 조중달(曹仲達) : ?~?. 중국 북제(北齊)의 화가. 본디 조국(曹國) 출신인데 북제에 와서 조산대부(朝散大夫)까지 이르렀다. 불상 그림을 가장 잘하였다. 당나라 장언원의 《역대명화기》에 따르면 남조 송나라 원천(袁倩)을 배웠지만 그를 능가하였다고 한다.

73 조중달(曹仲達)이……듯하다 : 곽약허의 《도화견문지》 〈논조오체법(論曹吾體法)〉에 나온다.

74 《山靜居畫論》 上(《叢書集成初編》 1644, 12쪽).

작자 미상의 《불입상》[중국 간쑤성 린샤(臨夏)의 빙링사(炳靈寺)]
조의출수(曹衣出水), 즉 조중달(曹仲達)이 그린 인물의 옷주름이 물에서 나온 것 같다는 것은 그의 현존하는 작품이 없어 자세히 알 수 없지만, 빙링사 169굴의 《불입상》의 마투라 양식에서 이를 유추할 수 있다. 마투라 양식은 옷주름이 강하게 표현되어 신체의 표현이 약화된 것과 달리, 엷은 가사가 몸에 밀착됨으로써 인체 표현이 강화되어 매우 관능적으로 나타난다. 이는 조중달이 인물을 마치 물에서 빠져나온 것같이 옷이 몸에 밀착되게 표현한 것을 설명하는 듯하다.

10. 산수, 숲과 나무　　山水、林木

1) 산수는 모사하기 쉽지 않다　　論山水未易摹寫

산수라고 하는 것은 자연 조화의 빼어남을 품수(稟受)하였다. 음과 양, 흐림과 캄캄함, 맑은 날과 비 오는 날, 추위와 더위, 아침과 저녁, 낮과 밤 등이 형태에 따라 변하여 무궁한 정취가 있다. 스스로 흉중구학(胸中邱壑)[1]이 수없는 바다 물결처럼 넓고 풍요로운 사람이 아니면 쉽게 모사하기 어렵다. 탕후《화론》[2]

山水之爲物, 稟造化之秀. 陰陽晦冥、晴雨寒暑、朝昏晝夜, 隨形改步, 有無窮之趣. 自非胸中邱壑, 汪洋如萬頃波者, 未易摹寫. 湯氏《畫論》

대체로 소나 말과 인물은 한번 모사하기만 하면 바로 비슷하지만, 산수는 모사한다고 해서 다 이루어지진 못한다. 산수 그림은 마음으로 구상하고 스스로 깨달은 경지가 높기 때문이다.《화

大抵牛馬、人物, 一摸便似, 山水摹皆不成. 山水心匠自得處高也.《畫史》

---

1 흉중구학(胸中邱壑) : 화가가 산수화를 그리기 전에 마음속에 형성된 자연의 세계를 말한다. 소식이 대나무를 잘 그리는 문동(文同)에 대해 "흉중성죽(胸中成竹)"이라 말하면서 '구학' 대신에 '성죽(成竹)'을 사용한 것도 같은 맥락이다. 중국 명대 말기 동기창은 이 흉중구학을 화가 자신과 작품의 기운생동(氣韻生動)과 관련하여 설명하면서 기운생동은 선천적으로 타고나지만 후천적으로 배울 수 있는 길이 있는데, "만권의 책을 읽고 만 리 길의 여행을 하면 마음속에 속기가 제거되어 자연스럽게 구학이 형성되면서 자연의 경계가 만들어진다.(讀萬卷書, 行萬里路, 胸中奪去塵濁, 自然邱壑內營, 成立鄞鄂.《御定佩文齋書畫譜》卷十六〈論畫〉六"畫學"下'明董其昌畫旨'.)"라 하였는데, 이는 흉중구학에 대한 구체적인 설명이 될 수 있을 것 같다.

2 《古今畫鑒》(《中國書畵全書》2〈古今畫鑒〉, 903쪽);《畫鑒》〈雜論〉(欽定四庫全書).

사(畫史)[3]》[4]

2) 산수의 배치[鋪置][5]

山水鋪置

처음, 물가를 그릴 때 둥둥 떠 있는 산이 되어서는 안 되지. 다음, 갈라진 길을 배치할 때 줄줄이 이어진 길로 만들지 말아야 하네.

初鋪水際, 忌爲浮泛之山 ; 次布路①岐, 莫作連綿之道.

주봉(主峰)은 높게 솟아야 가장 좋고, 객산(客山)은 주봉에게 달려가는 듯해야 하지.

主峯最宜高聳, 客山須是奔趨.

산이 돌아서 감싸고 있는 곳에는 사찰 앉힐 만하고, 강과 땅의 경계에는 인가 둘 만하네.

迴②抱處, 僧舍可安 ; 水陸邊, 人家可置.

시골 별장에는 여러 나무를 심어 숲을 이루되, 가지가 집 형체를 안고 있어야 하고, 반면 산 절벽에는 물이 하나로 합쳐져 폭포가 쏟아지되, 샘이 어지럽게 흘러서는 안 되지.

村莊著數樹以成③林, 枝須抱體 ; 山崖合一水而瀑瀉, 泉不亂流.

---

3 화사(畫史) : 중국 북송(北宋)의 뛰어난 서화가이며 감식가인 미불(米芾, 1051~1107)이 찬한 화론서 1권. 미불이 평생 보아 온 그림을 진화(晉畫)·육조화(六朝畫)·당화(唐畫)로 나누어 기술하는데, 작품평과 표구 등의 작품 관리, 벼루와 종이 등의 그림 재료, 감상과 보관에 이르기까지 다양한 범위를 포괄했다.

4 《畫史》(《中國書畫全書》 1 〈畫史〉, 979쪽) ; 《畫史》 〈唐畫〉(欽定四庫全書).

5 배치[鋪置] : 화육법(畵六法)에서의 경영위치(經營位置)를 말한다.

① 路 : 저본에는 없음. 《山水訣》에 근거하여 보충. 서유구가 의도적으로 삭제한 것이 분명하나 가결(歌訣)의 구조와 의미의 완결성을 위해서 필요하므로 보충하였다. 이하 동일함.

② 迴 : 저본에는 없음. 《山水訣》에 근거하여 보충.

③ 成 : 저본에는 없음. 《山水訣》에 근거하여 보충.

나루터 어귀는 고요해야 하고, 사람의 행렬은 드문드문해야 하네.

渡口只[4]宜寂寂，人行須是[5]疏疏.

큰 배 지나가는 다리는 높게 솟아 있어야 하지만, 어부를 태운 고깃배는 낮아도 상관없네.

泛舟楫之橋梁, 此宜高[6]聳；著[7]漁人之釣艇, 低乃無妨.

낭떠러지 험준한 곳에는 기괴한 나무를 그려도 좋고, 가파른 절벽 험준한 곳에는 길을 통하게 해서는 안 되지.

懸崖險峻之間, 好安怪木；峭[8]壁巉巖之處, 莫可通途.

먼 산굴은 구름 모습과 서로 이어지고, 아득한 하늘은 물과 서로 빛을 내게 하네.

遠岫與雲容相接, 遙天共水色交光.

산이 굽어 폐쇄된 곳에서는 흐르는 물이 그 가운데에서 가장 많이 나오고, 길이 위급한 곳과 이어질 때에는 다리를 여기에 안치시킬 만하지.

山鉤鎖處, 沿流最出其中；路接危時, 棧道可[9]安於此.

평지의 누각(樓閣)과 대사(臺榭)에는 한쪽에 큰 버드나무가 인가를 비추어야 하고, 반면에 명산의 사찰과 도관(道觀, 도교 사원)에는 우아하고 기이한 삼나무가 누각에 가까이 있어야 하네.

平地樓臺, 偏宜高柳映人家；名山寺觀, 雅稱[10]奇杉襯樓閣.

먼 경치는 안개가 감싸고, 깊은 바위에는 구름이 자욱하네.

遠景煙籠, 深巖雲鎖.

술집 깃발은 길 높이 매달려 있어야 하고, 객의

酒旗則當路高懸[11], 客帆宜遇

---

[4] 只 : 저본에는 없음. 《山水訣》에 근거하여 보충.

[5] 是 : 저본에는 "足". 오사카본·규장각본에 근거하여 수정.

[6] 此宜高 : 저본에는 없음. 《山水訣》에 근거하여 보충.

[7] 著 : 저본에는 없음. 《山水訣》에 근거하여 보충.

[8] 峭 : 저본에는 없음. 《山水訣》에 근거하여 보충.

[9] 可 : 저본에는 없음. 《山水訣》에 근거하여 보충.

[10] 稱 : 저본에는 없음. 《山水訣》에 근거하여 보충.

[11] 懸 : 저본에는 없음. 《山水訣》에 근거하여 보충.

나룻배는 강 아래에 걸려 있어야 하지.

水低掛.

먼 산은 낮게 배열되어야 하고, 가까운 나무만은 우뚝 솟아야 하네.《화학비결(畫學秘訣)[6]》[7]

遠山須宜⑫低排, 近樹惟宜拔迸.《畫學⑬秘訣》

일반적으로 산수를 그릴 경우, 산의 형태가 뾰족하고 가파르면 산봉우리이고, 평평하면 고개이며, 가파른 벽이면 절벽이고, 산에 동굴이 있으면 산동굴이며, 바위가 걸려 있으면 낭떠러지이고, 산 형태가 원만하면 산등성이이다. 길이 통하면 내이고, 두 산이 길을 끼고 있으면 계곡이고, 두 산이 강을 끼고 있으면 산물골이고, 물이 흐르면 개울이고, 샘이 통하면 골짜기이다. 길 아래 작은 땅이면 언덕이고, 끝없이 평평하면 비탈이다. 이러한 종류를 분별할 수 있다면 그림이 실제 산수와 비슷함을 대략적으로 알게 된다.

凡畫山水, 尖峭者峯, 平夷者嶺, 峭壁者崖, 有穴者岫, 懸石者巖, 形圓者巒. 路通者川, 兩山夾路者壑, 兩山夾水者澗, 注水者溪, 泉通者谷. 路下小土者坡, 極目而平者坂. 若能辨別此類, 則粗知山水之彷彿也.

감상하는 사람은 먼저 그림 전체의 기세와 형상을 보고 뒤에 그림의 청탁(清濁)을 분별한다. 주봉(主峰)과 객봉(客峰)이 서로 인사하는 듯한 산의 형세를 분간하고, 권위와 품위가 있는 여러

觀者先看氣象, 後辨清濁. 分賓主之朝揖, 列群峯之威儀. 多則亂, 少則慢, 不多不少. 要分遠近, 遠山不得連近山,

---

6 화학비결(畫學秘訣) : 왕유가 지었다고 전하는《산수결(山水訣)》을 말한다. 원대 도종의(陶宗儀)의《설부(說郛)》권91에 왕유의 저서로《화학비결》이 소개되고 있는데, 이는《산수결》과 내용이 대동소이하다. 산수를 배치하는 법을 말하면서 법도를 중시하였다. 후대의 위작으로 본다.

7 《說郛》卷91〈畫學秘訣〉(欽定四庫全書) ;《山水訣》(《中國書畫全書》1, 176쪽).

⑫ 宜 :《山水訣》에는 "要".

⑬ 畫學 : 저본에는 "學畫".《說郛 · 畫學秘訣》·《四庫全書總目提要》에 근거하여 수정. 이하 모든 "學畫秘訣"은 "畫學秘訣"로 고치며 교감기를 달지 않음.

산봉우리를 배열한다. 이때 산봉우리가 많으면 어지럽고 적으면 한산하기 때문에, 많아서도 안 되고 적어서도 안 된다. 또한 산수의 멀고 가까움을 분별해야 한다. 먼 산은 가까운 산과 연결될 수 없으며, 먼 강은 가까운 강과 이어져선 안 된다. 산기슭으로 둘러싸인 곳에는 사찰이나 도관을 안치할 만하며, 끊어진 언덕이나 물을 가로지르는 제방에는 작은 다리를 놓을 만하다.

遠水不得連近水. 山腰迴抱, 寺觀可安; 斷岸亂堤, 小橋可置.

길이 있는 곳에는 사람이 다니고, 길이 없는 곳에는 숲과 나무가 있다. 언덕이 끊어진 곳에는 옛 나루터가 있고, 산이 끊어진 곳에는 황량한 마을이 있다. 강이 광활한 곳에는 멀리 가는 배가 있고, 숲이 빽빽한 곳에는 노점과 숙소가 있다. 벼랑에 있는 오래된 나무는 뿌리를 드러내고 덩굴이 얽혀 있으며, 흐르는 강에 맞닿은 바위 언덕에는 움푹 패어 들어가면서 물이 차오른 흔적이 있다.

有路處人行, 無路處林木. 岸斷處古渡, 山斷處荒村. 水開[14]處征帆, 林密處店舍. 臨岸古木, 露根而藤纏; 臨流石岸, 嵌空而水痕.

일반적으로 숲과 나무를 그릴 때에는, 멀리 있는 것은 드문드문하면서 평평하게 해야 하며 가까이 있는 것은 높으면서 빽빽하게 해야 한다. 잎이 있는 나무는 가지가 부드러워야 하며, 잎이 없는 나무는 가지가 뻣뻣해야 한다. 소나무 껍질은 물고기 비늘 같고, 측백나무 껍질은 몸을 감고 있

凡作林木, 遠者疏平, 近者高密. 有葉者枝柔, 無葉者枝梗. 松皮如鱗, 柏皮纏身. 生於土者修長而淨直, 長於石者拳曲而伶仃. 古木節多而半死, 寒林扶疏而簫森.

[14] 開:《畫山水賦·山水賦》에는 "闊".

다. 흙에서 자라는 나무는 키가 크면서 깨끗하고 곧바르며, 바위에서 자라는 나무는 주먹처럼 굽어 있으면서 외롭고 쓸쓸하다. 오래된 나무는 마디가 많으면서 반쯤 죽었고, 겨울 숲은 가지가 벌어져 성글면서 적적하다.

이와 같은 종류의 그림은 화법과 배치가 더욱 시기에 맞아야 한다. 산의 형태는 중복시키지 말아야 하고, 나뭇가지 끝은 가지런해선 안 된다. 산은 나무에 의지하여 나무를 옷으로 삼고, 나무는 산에 의지하여 산을 골격으로 삼아야 한다. 나무는 복잡하게 그려서는 안 되는데 산의 수려함을 나타내야 하기 때문이다. 산은 어지럽게 그려서는 안 되는데 나무의 생기[精神]를 표현해야 하기 때문이다. 이러한 것에 관심을 가진 사람은 반드시 현묘하고 은미한 자연의 이치를 마음으로 깨달아야 한다. 형호(荊浩)[8]《산수부(山水賦)》[9]

如此之類, 須要筆法布置, 更看臨期. 山形不得犯重, 樹頭不得整齊. 山借樹爲衣, 樹借山爲骨. 樹不可繁, 要見山之秀麗；山不可亂, 要顯樹之精神. 若留意于此者, 須心會于玄微. 荊浩《山水賦》

산천의 기세와 형상은 혼윤함[渾][10]을 기본으

山川氣象, 以渾爲宗；林巒交

8 형호(荊浩) : ?~?. 중국 오대의 화가. 자를 호연(浩然)이라 하며 당말오대의 전란을 피하여 태항산(太行山)의 홍곡(洪谷)에 은거하면서 호를 홍곡자(洪谷子)라 하였다. 경서와 역사서에 널리 정통하고 문장을 잘하였다. 제자 관동(關同)과 합해서 형관(荊關)이라 병칭되며, 송대 북방산수의 한 유파를 이루었다. 《필법기(筆法記)》를 저술하였다.

9 산수부(山水賦) : 형호(荊浩)가 지은 화론서. 내용이 왕유의 《산수론(山水論)》과 중복되어 후대에 형호의 이름에 가탁하여 쓴 것으로 의심된다. 이것은 《왕씨서화원(王氏書畫苑)》·《패문재서화보(佩文齋書畫譜)》·《고금도서집성(古今圖書集成)》·《화학심인(畫學心印)》·《식고당서화휘고(式古堂書畫彙考)》 등에서는 왕유의 저서로 되어 있는 반면에, 《당육여화보(唐六如畫譜)》·《사고제요(四庫提要)》·《화원보익(畫苑補益)》에는 형호의 저술로 되어 있다. 서유구는 후자의 입장에 서 있다.

10 혼윤함[渾] : 산 전체가 혼윤하게 자연적으로 이루어진 모습을 말한다.

로 삼고, 숲과 산이 서로 만나고 갈라지는 곳은 분명함[淸][11]을 법도로 삼아야 한다.【평론 이것은 화가가 가장 중요시하는 구성법[章法]이다. 분명함과 혼윤함, 두 말은 그림의 전체와 부분 두 곳에서 비로소 터득해야 한다.】[12]

割, 以淸爲法.【評 畫家最重章法, 淸、渾二語, 通體、段落始兩得之.】

형세의 높고 낮음은 크기를 조절함으로써 나타내고, 경치의 멀고 가까움은 먹의 농도를 조절함으로써 나타낸다.[13] 주산(主山)이 정면을 마주보고 있으면 객산(客山)을 낮게 하고, 주산이 옆으로 비켜 있으면 객산을 멀리 있게 한다. 많은 산이 두 손을 맞잡고 엎드려야 주산(主山)이 비로소 존숭되며, 여러 산봉우리[衆峰]가 서로 서려 있어야 조봉(祖峰)[14]이 비로소 두꺼워진다. 흙과 바위를 교대로 중첩시켜 산의 높이를 올리고, 갈려 나온 구릉이 굽이져 연결되게 함으로써 산의 광활함을 이루도록 한다. 산 하나가 거두어지면 다시 하나가 뻗어 나가니, 산은 점차 광활해지

形勢崇卑, 權衡大小[15]; 景色遠近, 劑量淺深. 主山正者客山低, 主山側者客山遠. 衆山拱伏, 主山始尊; 群峯盤互, 祖峯乃厚. 土石交覆以增其高, 支隴句連以成其闊[16]. 一收復一放, 山漸開而勢轉; 一起又一伏, 山欲動而勢長.

---

11 분명함[淸] : 산이 서로 갈라지고 만나는 것이 분명한 모습을 말한다.

12 평론 : 명나라 말기 동기창(董其昌)의 이론을 추종한 청대 초기 화가 사왕오운[四王吳惲, 왕시민(王時敏)·왕감(王鑑)·왕원기(王原祁)·왕휘(王翬)를 4왕이라 하고, 오역(吳歷)·운수평(惲壽平)을 오운이라 한다.] 중 왕휘와 운수평이 붙인 평론이다. 서유구는 이 평론 중 몇 군데는 인용하지 않았다.

13 본문에서는 생략되었지만 달중광의 《화전》에는 다음의 문장이 있다. "산이 옆으로 비켜 있는 모습은 그리기 쉽지만, 앞으로 마주 보고 있는 모습은 잘 그리기 어렵다. 산의 기슭은 그리기 쉽지만, 산봉우리 정상은 바로 세우기 어렵다.(山之旁脇易寫, 正面難工, 山之腰脚易成, 峯頭難立.)"

14 조봉(祖峰) : 주산(主山)과 객산(客山), 조봉(祖逢)과 중봉(衆峰)의 관계에서 조봉은 주산에 상응하는 다른 표현이다.

[15] 大小 : 오사카본·《畫筌》에는 "小大".

[16] 闊 : 저본에는 "潤". 오사카본·《畫筌》에 근거하여 수정.

면서 형세가 전환되고, 산 하나가 일어나면 다시 하나가 엎어지니, 산이 움직이고자 하면서 기세가 확장된다.[15]

뒷모습은 볼 수 없기 때문에 산봉우리 기세를 비스듬히 하면 뒷면의 벼랑을 흐릿하게라도 바라볼 수 있게 하여야 한다. 마찬가지로 움푹 들어간 곳은 엿볼 수 없기 때문에 숲을 울창하게 하여 가옥이 숨어 있는 듯하여야 한다. 산이 두 기슭으로 나뉘면, 반은 고요하고 반은 인적으로 시끄러워야 한다. 또한 절벽이 우뚝 솟아 가슴을 드리우면 드러남이 있고 숨김이 있어야 한다.

背不可覩, 仄其峯勢, 恍面陰崖；坳不可窺, 鬱其林叢, 如藏屋宇. 山分兩麓, 半寂半喧；崖突垂膺, 有現有隱.

근경의 언덕은 아래에서 위를 받들도록 할 때, 신분이 높은 사람과 낮은 사람이 서로 돌아보는 실정이 있게 된다. 반면에 원경의 산은 낮은 위치에 두어서 높도록 할 때, 주인과 손님이 모습을 달리하는 형상이 있게 된다.【평론 산의 윗부분과 아랫부분이 서로 굽어보고 우러러보거나 비추고 돌아보는 모습에는 실정이 있으니, 근경의 산봉우리와 원경의 산봉우리에서 형세를 서로 범하게 해선 안 된다. 이것이 구구성법의 가장 중요한 부분이므로 배우는 사람은 가볍게 지나치지 마라.】

近阜下以承上, 有尊卑相顧之情；遠山低以爲高, 有主客異形之象.【評 山頭山足, 俯仰照顧有情, 近峯遠峯, 形狀勿令相犯. 此章法要緊處, 學者勿輕放過.】

뾰족한 바위가 가파르게 서 있는 모습은 먼 산 동굴에 전적으로 의지하여 병풍을 친 듯해야 하

危巖削立, 全依遠岫爲屛；巨嶺橫開, 還藉群峯揷笏. 一抹

15 본문에는 다음의 평론이 생략되었다. "평론 일어남과 엎어짐, 거두어짐과 뻗어 나감은 산을 종횡으로 운용하는 법을 개괄적으로 다 표현한 것이다.(評 起伏、收放, 括盡縱橫運用之法.)"

고, 거대한 고개가 가로로 펼쳐져 있는 모습은 여러 산봉우리에 다시 의지하여 홀(笏)[16]을 꽂아 놓은 듯해야 한다. 붓질 한 번으로 산세가 아득하게 하려면 산허리 안에는 언덕이 층층이 변화해야 하고, 산봉우리 하나를 그려 산세가 험준하게 하려면, 산 고개 주변에는 나무와 바위가 어지럽게 널려 있어야 한다.

而山勢迢遙, 貴腹內陵阿之層轉；一峯而山形崒嵂, 在嶺邊樹石之繽紛.

길 여러 개는 서로 통하면서도 어떤 것은 숨어 있고 어떤 것은 드러나 있으며, 여러 산봉우리는 서로 바라보면서도 어떤 것은 끊어져 있고 어떤 것은 연결되어 있다. 산봉우리는 우뚝 뛰어올라 위로 오르고자 하면서 허공을 우러러보고, 모래는 연이어 함께 달리는 듯하면서 굽어보며 땅으로 다가선다.

數逕相通, 或藏而或露；諸峯相望, 或斷而或連. 峯夭矯以欲上, 仰而瞰空；砂迤邐以同奔, 俯而薄地.

산이 끊어진 곳에서부터 구름이 생기고, 산이 교차하는 곳에 이르러서는 강 입구가 나온다. 산맥이 관통한 곳에서는 물길을 살필 수 있고, 물길이 도달하는 곳에서는 산의 형태를 헤아릴 수 있다.【평론 물길은 산의 혈맥이 관통하는 곳이다. 물길이 맑지 않으면 전체 화폭이 막히게 되니 명심해서 연구해야 할 바이다.】

山從斷處而雲氣生, 山到交時而水口出. 山脈之通, 按其水徑；水道之達, 理其山形.【評 水道乃山之血脈貫通處, 水道不淸, 則通幅滯塞, 所當刻意硏究.】

땅의 형세가 달라 길을 이룰 때 때때로 평이하다가도 험준해야 하며, 물의 성질이 잔잔하여 모

地勢異而成路, 時爲夷險；水性平而畫沙, 未許欹斜. 近

16 홀(笏) : 고대 대신들이 조회를 볼 때 손에 잡는 홀쭉하고 긴 나무판. '수판(手板)'이라고도 부른다. 여기에서는 산봉우리에 비유하였다.

래와 경계를 이룰 때 경사지도록 해선 안 된다. 근경의 산은 마을 주변 바위 기슭에서 매번 돌아가야 하고, 원경의 모래사장은 산봉우리와 산허리에서 아득하게 보여야 한다. 나무 가운데 집이 있고, 집 뒤에는 산이 있으며, 산의 모습은 때때로 침침하고 흐린 경우가 많다. 바위 옆에는 모래사장이 있고 그 주변에는 물이 있으며, 물의 빛깔은 저절로 흐릿하고 뿌연 것을 좋아한다.

山縈洄, 每於村邊石脚；遠沙迢遞, 見之峯巓山腰. 樹中有屋, 屋後有山, 山色時多沈靄；石傍有沙, 沙邊有水, 水光自愛空濛.

평원(平遠)[17]은 한 줄기라도 물과 육지에 구별이 있다. 강과 호수에는 모래언덕, 갈대 모래섬, 돛단배, 오리와 기러기, 찰간(刹竿),[18] 망루(望樓),[19] 보루(堡壘),[20] 어망 등을 조화롭게 배치시킨다.[21] 반면에 마을과 들에는 농가, 울타리 길, 줄[菰][22]이 나 있는 물가, 버드나무 있는 제방, 초가집, 나무다리, 안개 낀 폐허, 나룻배 등을 배치

平遠一派, 水陸有殊. 江湖以沙岸、蘆汀、帆檣、鳧鴈、刹竿、樓櫓、戍壘、漁罩爲映帶, 村野以田廬、籬徑、菰渚、柳堤、茅店、板橋、煙墟、渡艇爲鋪陳. 笪氏《畫筌》

17 평원(平遠) : 산수화에서 경치를 취하는 시점 중 하나. 약간 경사진 위쪽에서 아래로 내려다보면서 광대하게 펼쳐진 경치를 묘사하는 원근법을 가리킨다. 곽희《임천고치》에는 "가까운 산에서 먼 산을 바라보는 것을 평원이라 한다.(自近山而望遠山, 謂之平遠.)"이라 하였다.

18 찰간(刹竿) : 알림을 위해 나무나 쇠로 만들어 절 앞에 세우는 깃대 모양의 물건.

19 망루(望樓) : 적군의 동정을 망보기 위하여 성 위에 만든 누각. 성의 망루.

20 보루(堡壘) : 적군을 막기 위해 흙과 바위로 쌓은 작은 성.

21 조화롭게 배치시킨다 : 원문의 '영대(映帶)'를 해석한 것이다. 영대는 여러 구성 요소들이 서로 비추어 조화를 이루는 모습을 말한다.

22 줄[菰] : 볏과에 속하는 다년생 수초(水草). 잎은 자리를 만드는 데 쓰이고, 열매와 어린싹은 식용으로 쓰인다.

한다.[23] 달중광《화전》[24]

산등성마루는 바위가 산맥을 다스리는 벼리가 되도록 하고, 산허리는 나무가 몸을 감추는 휘장이 되도록 한다. 산에서 가득 찬 곳은 구름이나 안개를 그려 비게 하고, 산에서 텅 빈 곳은 정자나 누각을 그려 채운다. 산의 형태를 전환시키고자 한다면 기세를 거스른 뒤에 돌리며, 나무의 자태를 높게 하고자 한다면 나머지를 낮추어서 저절로 빼어나게 한다. 달중광《화전》[25]

山脊以石爲領脈之綱, 山腰用樹作藏身之幄. 山實, 虛之以煙靄; 山虛, 實之以亭臺. 山形欲轉, 逆其勢而後旋; 樹影欲高, 低其餘而自聳. 同上

여러 모래사장이 서로 모인 곳에는 많은 나무를 통해서 깊게 하고, 작은 길이 비스듬히 뚫린 곳에는 황량한 숲을 연이어서 저절로 멀게 한다. 표백한 비단과 같은 흰 모래사장은 강의 기세를 나누면서 다시 마을의 형세를 펼치고, 연이은 목책과 같은 줄지은 나무는 산기슭을 둘러싸면서 아울러 산등성이를 부각시킨다. 모래사장 주변에는 물이 요동하여 흐르면서 자연스럽게 바위로 막으며, 산봉우리 안에는 구름이 생기면서 또한 나무로 그늘을 드리운다.【평론 모래사장이 서로

衆沙交會, 借叢樹以爲深; 細路斜穿, 綴荒林而自遠. 沙如漂練, 分水勢而復羅村勢; 樹若連柵, 圍山足而兼襯山巒. 沙邊水蕩, 偶借石防; 峯裏雲生, 還容樹影.【評 沙之交揷處作樹有法, 惟癡翁最爲擅勝. 荒林、細路, 南宋諸公妙境也.】

23 배치한다: 원문의 '鋪陳'을 옮긴 것으로, 포진은 자리를 펼치고 물건을 진열하는 것을 말하는데, 여기서는 그림의 여러 구성 요소들이 잘 배치됨을 말한다.

24 《畫筌》(《中國書畫全書》 8, 692쪽).

25 《畫筌》(《中國書畫全書》 8, 692쪽).

교차하는 곳에 나무를 그리는 데에는 법칙이 있는데, 황공망(黃公望)[26]만이 이를 제일 잘하였다. 황량한 숲과 작은 길의 묘사는 남송시대 여러 화가들이 잘 그린 오묘한 경계이다.】

숲과 산기슭은 서로 교차되어 길이 산기슭에 어둡게 잠기고, 바위와 골짜기는 서로 가리고 감추어져서 그 경계가 나무 사이에 깊게 잠긴다. 달중광《화전》[27]

林麓互錯, 路暗藏於山根；巖谷遮藏, 境深隱於樹裏. 同上

황공망의《부춘산거도(富春山居圖)》(부분)(타이베이 고궁박물원)
황공망의《부춘산거도》에서 중심 산세가 누그러져 모래사장으로 이어지면서 강을 상하로 나눈 장면이다. 아래쪽 강 위에는 두 어부가 배를 타고 지나가고 있다. 여러 모래사장이 서로 모인 곳은 많은 나무를 통해서 깊게 하였고, 그 사이 작은 길이 비스듬히 뚫린 곳에는 황량한 숲이 연이어 있다. 모래사장이 서로 교차하는 곳에 나무를 그리는 것은 황공망이 제일 잘하였다는 평의 의미를 알 수 있게 한다.

26 황공망(黃公望) : 원문의 '癡翁'을 옮긴 것으로, 치옹은 만년에 호가 대치도인(大癡道人)이었던 황공망(黃公望)을 가리킨다.

27 《畫筌》(《中國書畫全書》 8, 693쪽).

산기슭이 모래사장을 끌어들이니 형세가 에워싼 듯하고, 산등성이가 나무를 숨기게 되니 경계가 깊은 듯하다. 폭포가 어지럽게 쏟아지는 이유는 근원이 길기 때문이고, 바위가 거꾸로 매달려 있는 이유는 뿌리가 안정되어 있기 때문이다. 들판과 산봉우리가 교차해 도는 곳에는 허공의 안개를 일으켜 기운이 광활하며, 구름과 바위가 솟아 무성한 곳에는 긴 비탈을 중첩시켜 기세가 요원하다. 산은 험준하고 산기슭은 멀지만 강은 산기슭에 다가가려는 마음이 없고, 땅은 크고 마을은 아득하지만, 나무에는 하늘에 맞닿으려는 기세가 적다. 산이 낮을 경우 폭포를 만들어서는 안 되며, 나무가 클 경우 높은 산을 그려서는 안 된다. 모래사장의 기세는 먼저 만들지 말고 산봉우리 정상을 배경으로 설정한 뒤에 정하며, 먼 들판은 먼저 만들지 말고 산의 허공을 생각한 뒤에 천천히 첨가한다. 달중광 《화전》[28]

麓拕沙而勢帀, 背隱樹而境深. 瀑亂瀉[17]者源長, 巖倒懸者脚穩. 原巘交廻, 起空嵐而氣豁; 雲巖聳矗, 互复[18]坂而勢悠. 山巍脚遠, 水無近麓之情; 地廓村遙, 樹少參天之勢. 山淺莫爲懸瀑, 樹大無作高山. 沙勢勿先成, 背峯頭而後定; 遠墅勿先作, 待山空而徐添. 同上

구도를 짤 때에는 화면을 관찰하고, 구상할 때에는 법도에 따라야 한다. 하나로 통일시키되 구성[29]이 어지럽지 않아야 되며, 뜻이 가는 바를 살

布局觀乎縑楮, 命意寓於規程. 統於一而締搆不棼, 審所之而開闔有準. 尺幅小, 山水

28 《畫筌》(《中國書畫全書》 8, 693쪽).

29 구성 : 원문의 '締搆'를 옮긴 것으로, 화육법 중 경영위치(經營位置)를 말한다.

[17] 瀉 : 저본에는 "鳴". 오사카본·《畫筌》에 근거하여 수정.

[18] 复 : 《畫筌》에는 "修".

피되 화면 구성 전개[30]에는 기준이 있어야 한다. 작품 크기가 작을 경우 산과 강의 형상이 넉넉해야 하고, 클 경우 언덕과 골짜기의 형상에 서로 짜임새가 있어야 한다. 작품의 위와 아래에는 산등성이와 산기슭을 숨겼다 끊어 내어야 하고, 화폭의 좌우에는 산봉우리와 숲을 삼켰다 토해 내어야 한다.[31] 종으로 횡으로 조화시키면서 산의 형태와 나무의 자태를 그려야 하고, 맺고 푸는[32] 가운데 경계가 열리고 정신이 활달해짐을 알아야 한다.[33] 정교함은 여지를 잘 남겨 놓는 데 있는데, 전체 형태를 모두 갖추면 조화에 방해가 되기 때문이다. 원만함은 의외성을 잘 쓰는 데 있는데, 규정적인 형세가 나열되면 그 변화 작용의 신묘함을 잃기 때문이다. 눈앞에 경치가 전개되면 재빨리 이를 좇아 그려야 하고, 붓 끝에서 뜻이 다 되면 다른 곳에서 끌어들여야 한다. 달중광《화전》[34]

宜寬；尺幅寬，邱壑宜緊. 卷之上下，隱截巒垠；幅之左右，吐吞巖樹. 一縱一橫，會取山形、樹影；有結有散，應知境闢、神開. 巧在善留，全形具而妨於湊合；圓因用閃，正勢列而失其機神. 眼中景現，要用急追；筆底意窮，須從別引. 同上

30 화면……전개 : 원문의 '開闔'을 옮긴 것으로, 산수화에서 경영위치의 법칙 중 하나이다. 한 폭 그림의 기세와 신운(神韻)에 관계되어 매우 중요하다.

31 작품의……한다 : 자연의 한 부분을 선택하여 그리되, 다른 부분을 상상할 수 있게 해야 한다는 뜻이다.

32 맺고 푸는 : 결(結)과 산(散)은 동기창의《화안(畫眼)》에서 합(合)과 분(分)에 해당할 수 있다.(能分能合) 이는 산수화의 구도를 잡을 때 산세가 모이고 흩어지는 것에 따라 밀(密)과 소(疏)를 이루면서 조화가 이루어지는 것을 말한다.

33 본문에서는 생략되었지만 달중광의《화전》에는 다음의 문장이 있다. "평론 화법은 종으로 하고, 횡으로 하고, 맺고, 푸는 네 가지를 벗어나지 않는다. 이것이《주역》에서 말하는 '한 번 음이 되고 한 번 양이 되는 것을 도라고 한다.'는 것이다.(評 畫法不離縱橫聚散四者, 所謂一陰一陽之謂道.)"

34《畫筌》(《中國書畫全書》8, 693쪽).

맑은 사유는 낮고 가까운 곳에서 높고 먼 곳으로 가고, 완비된 경치는 담백하고 간단한 곳에서 복잡한 곳으로 나아간다. 작은 것을 재서 큰 것을 이루려면 마음이 고요하고자 해야 하며, 적은 것을 완전하게 하여 많은 것을 펼칠 때에는 눈이 밝고자 해야 한다. 산을 그릴 때 먼저 길의 입구를 구하고, 물을 낼 때 수원지를 미리 정한다. 적절한 강을 선택하여 다리로 통하게 하며, 적절한 경계를 취해 길을 만든다. 달중광《화전》[35]

理路之淸, 由低近而高遠；景色之備, 從澹簡而綢繆. 絜小以成鉅, 心欲其靜；完少以布多, 眼欲其明. 作山, 先求入路；出水, 預定來源. 擇水通橋, 取境設路. 同上

전체 구도가 마음속에 펼쳐지면 기이한 자태들이 붓 아래에서 생긴다. 기세가 웅위하고 요원해야 비로소 대가라 부르고, 신운이 깊고 고요해야 일품(逸品)[36]이라 이른다. 달중광《화전》[37]

全局布於心中, 異態生於指下. 氣勢雄遠, 方號大家；神韻幽閒, 斯稱逸品. 同上

형상이 평평하고 옹색하면 언덕과 골짜기가 많다 할지라도 좋은 것이 될 수 없고, 보는 것이 깊고 진중하면 숲과 산이 적다 할지라도 즐길 만

狀成平褊, 雖多邱壑不爲工；看入深重, 卽少林巒而可玩. 眞境現時, 豈關多筆；眼光收

35 《畫筌》(《中國書畫全書》 8, 693쪽).

36 일품(逸品) : 세속을 초월한 자연의 경지에서 얻어지는 품격. 북송 초기의 황휴복(黃休復)은 《익주명화록(益州名畫錄)》에서 일격(逸格) · 신격(神格) · 묘격(妙格) · 능격(能格) 등 네 품격으로 나누었다. 그중 특히 일격에 대하여 "사각형과 원을 그리는 데 자나 컴퍼스 같은 도구를 사용한 것을 치졸하게 생각하고, 채색하는 데 정밀하고 자세하게 그리는 것을 비루하게 여긴다. 그리고 필선이 간략하여도 형체가 갖추어지며, 자연에서 얻어 아무도 모방할 수 없다. 이것은 생각 밖에서 나오기 때문에 이를 지목하여 일격이라 부를 뿐이다.(畫之逸格, 最難其儔, 拙規矩於方圓, 鄙精硏於彩繪, 筆簡形具, 得之自然, 莫可楷模, 由於意表, 故目之曰逸格爾.)"라 했다.

37 《畫筌》(《中國書畫全書》 8, 694쪽).

하다. 진경을 표현할 때 어찌 필치가 많을 필요가 있겠는가. 눈을 응시할 곳 그림 전체가 아니라네. 달중광《화전》[38]

處, 不在全圖. 同上

산이 두꺼운 곳이 바로 깊은 곳이고, 물이 고요한 때가 바로 움직일 때다. 숲 사이 그늘에 마음 쓰지 않는다면, 산 밖 맑은 빛을 무엇으로 표현하겠는가. 허공은 본디 그리기 어렵지만, 실경(實景)이 맑으면 공경(空景)이 나타나며, 정신은 그릴 수 없지만, 진경(眞境)이 다가오면 신경(神境)이 생겨난다. 위치가 서로 어긋나면 그려진 곳이 군더더기가 되는 경우가 많은 반면, 허(虛)와 실(實)이 서로 살려 주면 그려지지 않은 곳도 모두 묘경(妙境)을 이룬다.【평론 사람들은 그려진 곳만이 그림이라고 알고, 그려지지 않은 곳도 모두 그림이라는 것을 모른다. 그림에서 빈 곳은 작품 전체가 관계된 곳이다. 이것이 바로 허와 실이 서로 살려 준다는 법이다. 사람들은 빈 곳에 눈길을 주지 않는 경우가 많지만, 오묘함은 전체 작품 모두 신령스러워지는 데에 있기 때문에 이를 묘경이라고 하는 것이다.】

山之厚處卽深處, 水之靜時卽動時. 林間陰影, 無處營心, 山外淸光, 何從著筆? 空本難圖, 實景淸而空景現; 神無可繪, 眞境逼而神境生. 位置相戾, 有畫處多屬贅疣; 虛實相生, 無畫處皆成妙境.【評 人但知有畫處是畫, 不知無畫處皆畫. 畫之空處全局所關, 卽虛實相生法. 人多不著眼空處, 妙在通幅皆靈, 故云妙境也.】

기세를 얻으면 뜻대로 경영해도 작품의 한구석까지도 모두 옳지만, 기세를 잃으면 마음을 다

得勢則隨意經營, 一隅皆是; 失勢則盡心收拾, 滿幅都非.

38 《畫筌》(《中國書畫全書》 8, 694쪽).

하여 수습하여도 작품 전체가 모두 그릇된다. 기세의 밀고 당김은 미묘한 표현에 달려 있고, 기세가 모이고 흩어짐은 보는 사람이 그것을 보고 헤아리는 데에서 비롯한다. 달중광《화전》[39]

勢之推挽在於幾微, 勢之凝聚由乎相度. 同上

3) 산수화의 6가지 비결(육결)과 8가지 법식(팔법)[40]

六訣、八法

일반적으로 산수를 그릴 때에는 뜻이 붓보다 앞서 있어야 한다. ① 산이 1장(丈)이 되면 나무는 1척이 되고, ② 말이 1촌이 되면 사람은 1분이 된다. ③ 먼 곳의 사람은 눈이 없고, ④ 먼 곳의 나무는 가지가 없다. ⑤ 먼 곳의 산은 바위가 없고 어렴풋이 눈썹과 같으며, ⑥ 먼 곳의 강물은 물결이 없고 높이는 구름과 가지런하다. 이것이 6가지 비결이다.

凡畫山水, 意在筆先. 丈山尺樹, 寸馬分人. 遠人無目, 遠樹無枝. 遠山無石, 隱隱如眉；遠水無波, 高與雲齊. 此是訣也.

① 산허리는 구름이 가득 차야 하고, ② 바위벽은 샘이 가득 차야 한다. ③ 누대(樓臺)는 나무가 가득 차야 하고, ④ 길은 사람이 많아야 한다. ⑤ 바위는 삼면을 보여야 하며, ⑥ 길은 두 갈래를 보여야 한다. ⑦ 나무는 꼭대기를 보여야 하

山腰雲塞, 石壁泉塞. 樓臺樹塞, 道路人多. 石看三面, 路看兩頭. 樹看頂顊, 水看風脚. 此是法也.《畫學秘訣》

---

39 《畫筌》(《中國書畫全書》 8, 694쪽).

40 6가지……법식(팔법) : 육결(六訣)과 팔법(八法)은 서유구가 왕유의 《畫學秘訣》에 나오는 결(訣)과 법(法)의 내용을 정리하여 제시한 개념인 듯하다.

며, ⑧ 강은 바람결을 보여야 한다. 이것이 8가지 법식이다.《화학비결》[41]

4) 사찰·오두막·다리 그리는[點綴][42] 법

佛宇、廬、橋點綴法

사찰의 경우 탑 꼭대기가 하늘에 맞닿고 전각은 굳이 보이게 할 필요가 없으며, 있는 듯 없는 듯하면서, 어떤 것은 위에 있고 어떤 것은 아래에 있게 한다. 띠로 쌓인 언덕이나 흙으로 된 부두에는 반쯤 처마와 곳간을 드러내고, 초가집과 주막 및 정자에는 담장과 관목[43]을 살짝 드러낸다.《화학비결》[44]

塔頂參天, 不須見殿, 似有似無, 或上或下. 茆堆土阜, 半露簷廒; 草舍廬亭, 略呈檣檸.《畫學秘訣》

일반적으로 사찰이나 도관을 그려 안치시킬 때의 크기는 또한 산의 깊이와 숲의 두께를 보아야 한다. 다리를 그리는 것도 그러하다. 작은 다리와 널다리는 다만 평평한 여울이나 모래사장의 물 사이에 설치할 수 있다. 깊은 산이나 큰 못에는 돌다리를 사용해야 한다. 누대는 소나무나

凡安寺觀大小, 亦宜覗山之深淺、林之厚薄. 設橋亦然, 小橋、板橋止可設於平灘、沙水之際, 深山、大澤須用石橋. 樓臺宜聳出在松楸林木之外, 然亦須襯貼. 大石橋邊

41 《說郛》 卷91 〈畫學秘訣〉(欽定四庫全書);《山水論》(《中國書畫全書》 1, 177쪽).

42 그리는[點綴]: 원문의 '點綴'을 옮긴 것이다. 점철(點綴)은 점을 찍은 듯이 띄엄띄엄 여기저기 흩어져 있다는 뜻이다.

43 관목: 원문의 '檸'을 옮긴 것이다. 영몽(檸檬)으로, 운향과에 속하는 작은 상록관목. 여기서는 담장 곁에 자라는 관목으로 해석하였다.

44 《說郛》 卷91 〈畫學秘訣〉(欽定四庫全書);《山水訣》(《中國書畫全書》 1, 176쪽).

가래나무 숲 밖으로 높이 솟아나게 해야 한다. 그러나 또한 소나무나 가래나무 숲을 통해 잘 부각되게[45] 그려야 한다. 큰 돌다리 주변에는 오래된 절을 두어야 한다. 공현(龔賢)[46] 《화결(畫訣)[47]》[48]

必有古寺. 龔氏《畫訣》

대진(戴進)의 《춘유만귀도(春遊晩歸圖)》(부분)(타이베이 고궁박물원)
《춘유만귀도》의 원경과 중경 부분도로서, 봄에 놀러 갔다가 늦게 집으로 귀가할 때 주변 경치를 그린 것이다. 원경에는 저녁을 알리는 사찰이 있고, 중경에는 밭을 매고 귀가하는 농부들이 집으로 가는 다리를 건너려고 한다. 원경에 있는 사찰은 크기를 "산의 깊이와 숲의 두께를" 고려하면서 "소나무나 가래나무 숲 밖으로 높이 솟아나고" "소나무나 가래나무 숲을 통해 잘 부각되게" 그렸으며, 중경에 그린 작은 다리는 "평평한 여울이나 모래사장의 물 사이에 설치"하였다.

45 부각되게 : 원문의 '襯貼'을 '襯托'의 의미로 보고 옮겼다. 주요 사물을 강조하기 위해서 유사한 사물이나 반대의 사물 또는 차별되는 사물을 사용하여 부각시키는 '홍운탁월(烘雲托月)'의 수사법을 말한다.

46 공현(龔賢) : 1620~1689. 중국의 명말청초에 활약한 화가로, 금릉팔가(金陵八家) 중 한 사람이다. 자는 반천(半千), 호는 반묘(半畝)·야유(野遺)·시장인(柴丈人) 등이다. 그의 작품은 풍부한 먹색과 농담의 대조가 심한 먹의 조화에 기본하며, 산수화에 사람을 그리지 않았다. 《천암만학도(千巖萬壑圖)》가 그의 걸작품으로 알려져 있다.

47 화결(畫訣) : 산수화법을 구체적으로 기술한 화론서로, 문자가 간명하고 쉬워 초학자의 입문서로 좋다. 《공안절선생화결(龔安節先生畫訣)》이라고도 한다.

48 《畫訣》(《叢書集成初編》 1642 〈畫訣〉, 4~5쪽).

다리에는 앞으로 향한 것과 뒤로 향한 것이 있는데, 앞으로 향한 다리가 서쪽 위에 보이면 뒤로 향한 다리는 동쪽 아래에 보여야 한다. 종종 이와 반대로 그리는 경우가 있는데, 이는 큰 잘못이다. 작은 다리나 평평한 다리에는 굳이 난간을 그릴 필요는 없지만, 큰 다리나 높이 솟은 다리에는 난간을 그리지 않으면 안 된다. 공현《화결》[49]

橋有面背, 而⑲面見於西上, 則背見於東下. 往往有畫反者, 大謬也. 小橋、平橋不必著欄, 高橋、危橋不可不著欄. 同上

5) 구름과 안개 그리는 법

雲煙點綴法

한가로운 구름은 영지 모양으로 그리는 것을 반드시 피해야 한다.《화학비결》[50]

閒雲切忌芝草樣.《畫學秘訣》

화가 솜씨의 오묘함은 전적으로 안개와 구름이 변화하며 사라지는 모습을 표현하는 데에 있다. 미우인(米友仁)[51]은 "내가 왕유의 그림이라고 하는 것을 가장 많이 보았는데, 모두 판박이 그림

畫家之妙, 全在煙雲變滅中. 米虎兒謂"王維畫見之最多, 皆如刻畫, 不足學也. 惟以雲山爲墨戲." 此語雖似過正,

49 《畫訣》(《叢書集成初編》 1642 〈畫訣〉, 4쪽).

50 《說郛》 卷91 〈畫學秘訣〉(欽定四庫全書) ; 《山水訣》(《中國書畵全書》 1, 176쪽).

51 미우인(米友仁) : 1086~1165. 중국 남송의 화가로, 미불의 아들이다. 자는 원휘(元暉), 어린 시절의 자는 호아(虎兒), 만년에는 스스로 눈졸노인(嫩拙老人)이라 칭하였다. 그림을 잘하였고, 특히 산수에 뛰어났다. 미불을 대미(大米)라 부르는 것에 대해 그를 소미(小米)라 부른다. 미가산수(米家山水)를 창안하였다고 평가된다.

⑲ 而 : 《畫訣》에는 없음.

[刻畫][52]과 같아서 배울 가치가 없다. 다만 구름 낀 산은 묵희(墨戲)[53]로 삼을 만하다."라 하였다. 이 말은 지나칠 정도로 바른말인 듯하다. 그러나 산수에서는 생동하는 구름을 유념해야 하는데, 분염(粉染)을 사용해서는 안 된다. 마땅히 먹으로 배어 나오게 해서 기운이 뭉게뭉게 피어오르다가 떨어지려는 듯이 해야만 비로소 '생동하는 운치'라고 일컬을 수 있는 것이다.《논화쇄언》[54]

然山水中, 爲著意生雲, 不用粉[20]染. 當以墨漬出, 令如氣蒸冉冉欲墮, 乃可稱生動之韻.《論畫瑣言》

52 판박이 그림[刻畫] : 꼼꼼하고 세심하여 판에 박은 듯이 그리는 것이다. 이 글의 내용으로 보아 왕유의 그림을 모각한 많은 그림들을 가리키는 것으로 이해해도 크게 어긋나지는 않을 것이라 생각한다.

53 묵희(墨戲) : 먹 장난을 치다. 그러나《선화화보(宣和畫譜)》卷20〈墨竹〉에서 염사안(閻士安)을 "본성적으로 묵희 그리기를 좋아하였다.(性喜作墨戲)"라 평가한 기록에 근거해 볼 때, 송대 이후부터는 일반적으로 흥을 따라 그리는 사의화(寫意畫)를 가리킨 것으로 보인다.

54《畫禪室隨筆》卷2〈畫訣〉(欽定四庫全書);《畫禪室隨筆》卷2〈畫訣〉(《中國書畫全書》3, 1015쪽).

[20] 粉 : 저본에는 "描".《畫禪室隨筆·畫訣》에 근거하여 수정.

미우인(米友仁)의 《원수청운도(遠岫晴雲圖)》(일본 오사카시립미술관)
미불의 묵희를 계승한 작품으로 "원휘희작(元暉戲作)"이라는 낙관이 있다. 그 위 미우인의 제발에 따르면, 1134년 음력 정월 보름 전날 신창(新昌)에서 배를 타고 조정에 가는 길에 임안(臨安) 칠보산(七寶山)에 머물면서 장난삼아 그린 것이라고 하였다. 근경에서 중경으로 이어지는 강을 따라 흐르는 구름, 왼쪽 나무숲 뒤 자욱한 구름, 그리고 원경의 산에 낀 구름 등이 모였다 사라지는 변화를 오묘하게 표현하였다.

구름을 그릴 때 사람들은 모두 홍탁(烘托)[55]으로 그리거나, 윤곽을 그어 그리거나, 호분으로 색칠하여 그리는 것을 알 뿐이다. 옛날 사람에게 붓질하지 않은 곳에 안개가 자욱하여 왕성하게 일어나는 오묘함이 있음을 알지 못한다. 장언원(張彦遠)은 "옛사람이 구름을 그리는 데에는 오묘함을 다하지 못한 경우가 많다. 만약 흰 비단 화면

畫雲，人皆知烘熳爲之，鉤勒爲之，粉渲爲之而已，不知[21]古人有不著筆處空濛靉靆蓬勃之爲妙也. 張彦遠以爲"畫雲多未得臻妙，若能沾濕絹素，點綴輕粉，從口吹之，謂之'吹雲.'" 陳惟寅與王

55 홍탁(烘托) : 수묵이나 담채로 대상의 외곽에 선염함으로써 대상을 돋보이게 하여 그 대상을 명확하게 강조하는 동양화 기법 중 하나.

[21] 不知 : 《山靜居畫論》에는 없음.

을 물에 적시고 거기에 경분(輕粉)[56]을 여기저기 놓아서 입으로 불면 구름을 만들 수 있으니, 이를 '구름을 불었다'고 한다."라 했다.[57] 진여질(陳汝秩)[58]과 왕몽(王蒙)[59]은 이것을 참작하여 《대종밀설도(岱宗密雪圖)》를 그렸는데, 눈 오는 곳에 호분이 칠해진 붓을 작은 대나무에 끼워 털면서 눈 날리는 자태를 표현하였다.[60]

蒙斟酌畫《岱宗密雪圖》, 雪處以粉筆夾小竹彈之, 得飛舞之態.

56 경분(輕粉) : 염화수은을 한방에서 부르는 말로, 수은분(水銀粉)이라고도 한다.

57 장언원(張彦遠)은……했다 : 《歷代名畫記》 卷2 〈論畫體工用搨寫〉에 다음과 같은 내용이 나온다. "어떤 뛰어난 화가가 스스로 구름의 기운을 잘 그릴 수 있다고 말하였다. 그래서 나는 그에게 이렇게 말하였다. '옛사람이 구름을 그리는 데에는 아직 오묘함을 다하지 못하였다. 만약 비단 화면을 물에 적시고 거기에 경분을 여기저기 놓아서 입으로 불어 구름을 만들 수 있으니, 이를 '구름을 불었다'고 하고 이것으로 자연의 이치를 얻었다고 한다면, 이것은 옛사람이 풀지 못한, 구름 그리는 법을 오묘하게 해결하였다고 말할 수는 있을지라도 필치의 흔적을 볼 수 없기 때문에 그림이라 말할 수 없다. 산수화가가 사용하는 발묵 같은 것도 그림이라 말할 수 없으니, 본받을 것이 못 된다.'(有好手畫人, 自言能畫雲氣. 余謂曰 : '古人畫雲未爲臻妙. 若能沾濕綃素, 點綴輕粉, 縱口吹之, 謂之吹雲. 此得天理, 雖曰妙解, 不見筆蹤, 故不謂之畫. 如山水家有潑墨, 亦不謂之畫, 不堪倣効.')"

58 진여질(陳汝秩) : 1329~1385. 중국 원말명초의 화가. 자는 유인(惟寅)이며, 시와 그림을 잘하였다. 성격이 굳세어 구차하게 세상과 타협하지 않았다. 명나라 초기 관직에 나아갔지만 늙은 모친을 이유로 사직하고 돌아와 죽었다. 동생 진여언(陳汝言)과 명성을 나란히 했다. 왕몽·예찬(倪瓚)과 친구였다. 왕몽이 산동성 태안(泰安)의 지주(知州)로 있을 때 《대종밀설도》를 그린 것으로 추정된다.

59 왕몽(王蒙) : 1308~1385. 중국 원말명초의 화가로, 원말4대가의 한 사람. 자는 숙명(叔明), 호는 황학산초(黃鶴山樵)이며, 절강성(浙江省) 오흥(吳興) 사람이다. 조맹부의 외손이다. 원말에 이문(理問)의 벼슬에 있었지만, 병란이 일어나자 황학산(黃鶴山)에 은거하고, 명조(明朝)가 되어서부터는 산동성 태안(泰安)의 지주(知州)에 임명되었지만, 승상 호유용(胡儒庸)의 음모 사건에 연좌되어 투옥되고 옥중에서 죽었다.

60 진여질(陳汝秩)과……표현하였다 : 전겸익(錢謙益)의 《열조시집소전·진경력여언(列朝詩集小傳·陳經歷汝言)》에는 왕몽과 진여질의 동생 진여언과의 일화로 나온다. 왕몽은 산동성 태안(泰安)의 지주(知州)로 있을 때 태산(泰山)을 마주 보고 벽에다 비단을 걸어 놓고 홍이 일어날 때마다 수시로 가필하면서 3년에 걸쳐 작품 한 폭을 완성하였다. 진여언이 제남(濟南)에서 방문했을 때 마침 그림을 보고 있는데 큰 눈이 내려서 설경으로 바꾸고 싶었지만 채색하기가 어려웠다. 진여언은 깊이 오랫동안 생각하다가 "알았다!"라고 외치면서, 작은 활을 만들고 여기에 호분을 묻힌 붓을 끼워 그림 위에 털어서 마치 눈이 내리는 것처럼 하였다. 왕몽은 놀라면서 신기하다고 생각하고 마침내 《대종밀설도》라고 제목을 달았다. 이 작품은 불태워져 전해지지 않는다. 대종은 태산을 가리킨다.

왕몽의 《구구임옥도(具區林屋圖)》(타이베이 고궁박물원)
왕몽의 말년 작품으로 그의 화풍을 잘 보여 준다. 구구[具區, 태호(太湖)를 말함]의 동정서산(洞庭西山) 아래에 있는 임목동(林屋洞) 경치를 그린 것이다. 여백을 강조하는 일반적인 그림과 달리 화면 전체가 꽉 차게 그렸다. 이는 구멍이 뚫려 기묘하게 생긴 바위 모습, 꾸불꾸불 흐르는 강줄기와 반복적으로 촘촘하게 그린 물결, 산속에 숨어 있는 사잇길, 아래가 침식된 불안정한 절벽, 꾸불거리는 짧은 필선 등과 함께 환상적인 분위기를 자아낸다. 불안한 시대를 살았던 화가 자신의 암울하고 불안정한 심리 상태를 반영하는 듯하다.

내가 일찍이 내 뜻대로 그것을 그려 보았는데, 상당히 색다른 운치가 있었다. 그런 뒤에야 필묵 밖에 또 구름을 불고 눈을 터는 오묘함이 있음을 알았다.《산정거화론》[61]

僕曾以意爲之, 頗有別致, 然後知筆墨之外, 又有吹雲、彈雪之妙.《山靜居畫論》

구름을 그릴 때에는 물과 비슷하게 해서는 안 되고, 물을 그릴 때에는 구름과 비슷하게 해서는

畫雲, 不得似水 ; 畫水, 不得似雲. 同上

61 《山靜居畫論》上(《叢書集成初編》1644 〈山靜居畫論〉, 10쪽).

안 된다.《산정거화론》[62]

6) 크기

論大小

인물은 1촌 정도를 넘지 않고, 소나무와 측백나무는 땅 위로 2척 길이로 그려야 한다.《화학비결》[63]

人物不過一寸許, 松柏上現[22]二尺長.《畫學秘訣》

산수를 그리는 데에는 원칙이 있다. 산수를 펼쳐서 큰 그림을 그려도 남음이 없게 하고, 축소하여 작은 경치를 만들어도 적지 않게 해야 한다.《임천고치》[64]

畫山水有體. 鋪舒爲宏圖而無餘, 消縮爲小景而不少.《林泉高致》

7) 물 그리는 법

畫水法

물을 그리는 데는 1줄의 물결과 3겹의 풍랑[65]을 두는데, '지(之)' 자의 기세를 펼치고 호랑이

畫水者, 有一擺之波、三摺之浪, 布之字之勢, 分虎爪之

---

62 《山靜居畫論》上(《叢書集成初編》1644 〈山靜居畫論〉, 10쪽).

63 《說郛》卷91 〈畫學秘訣〉(欽定四庫全書);《山水訣》(《中國書畵全書》1, 176쪽).

64 《林泉高致》〈山水訓〉(《中國書畫全書》1, 497쪽).

65 1줄의……풍랑 : 서법에서 용필(用筆)에 관련된 '일파삼절법(一波三折法)'을 가리킨다. 그림 그릴 때의 용필도 '일파삼절법'이 요구된다. '파'는 기복의 형태이며, '절'은 붓을 사용할 때 변화의 방향이다. 이와 같이 붓을 사용하여 선으로 물결을 일으켰다 내렸다 하면서 순간순간 멈추거나 바뀌는 오묘함을 그려 낼 수 있다.

[22] 上現 : 저본에는 없음.《山水訣》에 근거하여 보충.

발톱 모양처럼 분명히 해서, 움직이듯 물결이 일게 한다. 보는 사람으로 하여금 강과 호수 가운데에 있다는 생각이 왕성하게 들게 하면 그 그림은 오묘한 것이다.《도화견문지》[66]

形, 湯湯若動, 使觀者浩然有江湖之思爲妙也.《圖畫見聞志》

마원(馬遠)의 《수도권(水圖卷)》 중 《파축금풍(波蹙金風)》(부분)과 《호광염염(湖光瀲灩)》(베이징 고궁박물원)
어떠한 경물도 없이 오직 물의 다양한 자태를 묘사함으로써 다양한 마음의 상태를 표현하였다. 왼쪽의 작품은 가을바람에 일어난 오므라든 물결을, 오른쪽 작품은 아침 햇살에 태호에 가득 차 출렁거리는 물결을 그렸다. 모두 근경은 명확하게 짙은 선으로 그리면서 점차 흐리게 하면서 빈 여백으로 이어지는 것은 강의 광활한 깊이와 넓이를 시사적으로 암시한다. 물결은 기본적으로 '지(之)' 자의 기세를 펼치고 호랑이 발톱 모양처럼 분명히 하면서 그 움직임을 그렸지만, 가을바람과 물이 가득 찬 태호라는 외부 환경과 기상에 따라 오므라들거나 넘쳐 출렁거리며 일어나는 물결의 변화를 자세히 관찰하여 그 특징을 개성적으로 그렸다.

66 《圖畫見聞志》 卷1 〈叙論〉 "叙製作楷模"(《中國書畫全書》 1, 467쪽).

샘을 그리는 데는 기세를 얻어야 하며, 들으면 샘물 소리가 나는 듯해야 한다. 이러한 경지는 바로 고인이 샘을 그린 작품을 감상하고 임모하는 것뿐만 아니라, 또한 진경(眞景)을 보아야만 비로소 얻을 수 있다. 공현《화결》[67]

畫泉宜得勢, 聞之似有聲. 卽在古人畫中見過, 摹臨過, 亦須看眞景始得. 龔氏《畫訣》

멀리 떨어진 평원에 바위를 쌓으면 산이 되고, 낮은 해안에 모래사장을 교차시키면 바로 나루터가 된다. 여울은 풍랑이 말리는 것처럼 여러 층으로 겹치고, 바위는 거품이 떠 있는 것처럼 물 위에 둥둥 떠 있다. 많은 물은 돌아 나가면서 못을 이루고, 두 벼랑은 서로 가까이 밀착되어 폭포를 만든다.

懸坪疊石, 卽作山巒; 低岸交沙, 便成津浦. 瀨層層如浪捲, 石泛泛似漚浮. 衆水匯而成潭, 兩崖逼而爲瀑.

67 《畫訣》(《叢書集成初編》 1642 〈畫訣〉, 5쪽).

관동(關同)의 《추산만취도(秋山晚翠圖)》(부분)(타이베이 고궁박물원)
화북산수 또는 북방산수를 개창한 형호의 제자 관동의 대표작 중 하나이다. 한가운데 위에 있는 주산(主山)을 중심으로 객산(客山)이 양쪽으로 대각선 방향으로 뻗어 나갔다가 다시 대각선 방향으로 교차하여 만남에 따라 각각 중경과 근경을 이룬다. 산 정상 왼쪽 두 산줄기가 겹치는 곳에서부터 폭포의 물줄기가 아래로 내려온다. 이러한 표현은 형호의 《광려도(匡廬圖)》나 북송 이성의 《청만소사도(淸巒蕭寺圖)》, 범관의 《계산행려도(谿山行旅圖)》에서도 볼 수 있다.

물이 광활하거나 좁은 것은 서덜[68]로 인하고, 평평하거나 험준한 것은 바위 계단으로 나타낸다. 바람이 없으면 산골물은 평평하고, 바위에 부딪치면 여울이 격렬해진다. 꺾여서 빨리 흐르는 물은 끓는 물을 기울여 쏟는 것 같고, 솟아오른 풍랑은 날뛰며 달리는 것 같다.

濶狹因乎石磧, 夷險視乎巖梯. 無風而澗平, 觸石而湍激. 折瀏如傾沸, 湧浪若騰驤.

68 서덜 : 바닥에 모래가 깔린 돌이 많은 여울.

이당(李唐)의 《만학송풍도(萬壑松風圖)》(타이베이 고궁박물원)
북송과 남송의 산수화 변천을 이어 주는 이당의 대표작 《만학송풍도》에 그려진 물 모습이다. 산의 지형에 따라 나타나는 물의 기세를 잘 표현하였다. 물길이 좁았다가 넓어지고, 바위 계단에 따라 험준했다가 평평해지고, 바위에 부딪쳐 격렬해지다가 바람 없는 넓은 곳에 이르러 물살이 잔잔해지고 있다.

갈라져 흐른 물길이 멀고 가까움은 끊어지거나 연결된 차이가 되며, 물결이 있고 없음은 일어났다가 사라지는 차이에서 비롯한다. 물이 광활하게 불어나면 모래언덕은 완전히 없어지고, 물에 안개가 떠 있으면 강과 호수는 반이 사라진다. 평평한 물결의 움직임에는 붓질이 여유롭고, 격렬하게 부딪치는 여울의 돌림에는 팔이 휘돌아 나간다. 풍랑이 빠르게 휘감길 때에는 필치가 복잡하고, 파도의 기세가 높이 치켜 들릴 때에는 필치가 격정적이다.【평론 오대(五代)와 북송의 여

派流遠近爲斷續之分，波紋有無由起滅之異．水漲濶而沙岸全無，水煙浮而江湖半失．平波之行筆容與，激湍之運腕回旋．浪花迅捲而筆繁，濤勢高掀而筆蕩．【評 五代、北宋諸公多工畫水，溪澗、江湖畫法逈異，玩此不特取勢之法明析無餘，而運筆之妙發揮略盡．】笪氏《畫筌》

러 화가는 물을 잘 그렸다. 시내·산골물과 강·호수의 화법은 매우 다른데, 이것에 익숙해지면 기세를 취하는 법을 명석하게 남김없이 다 알 수 있을 뿐만 아니라 붓을 부리는 오묘함을 거의 다 발휘할 수 있다.】 달중광《화전》[69]

조간(趙幹)의 《강행초설도(江行初雪圖)》(부분)(타이베이 고궁박물원)
남당의 궁정화가였던 조간이 양자강 유역 강남 지방의 강변에서 생활하는 어부들의 삶을 그렸다. 길게 전개되는 강과 강변의 길을 중심으로 나무와 갈대, 수초, 바위, 그리고 얇은 옷을 입고 추위에 떠는 아이들, 그물을 던지거나 배를 타고 가는 어부들, 걷거나 나귀를 타고 가는 여행객 등을 섬세하고 정확하게 표현하여 강남 지방 강변의 어부 생활을 잘 보여 주고 있다. 그림의 중심이 되는 강의 물결은 계절의 분위기를 반영하여 세밀한 필선으로 촘촘하면서도 잔잔하게 묘사하였는데, 물을 표현하는 조간의 기량이 뛰어났음을 알 수 있다.

곽희의 《조춘도》(부분)(타이베이 고궁박물원)
곽희의 대표작 《조춘도》 왼쪽 장면이다. 아래 어부가 배에서 내려 위에 있는 선관(仙館)을 향해 바라보는 시선에 따라 폭포를 그렸다. 선관 아래에서 내려오는 폭포의 흐름은 크게 3단계로 구성되었는데, 폭포의 높이, 폭포 밑 물웅덩이, 폭포 사이 바위와 같은 장애물에 따라 물세를 다르게 표현하였다. 웅장한 산의 숭고한 기세를 강조한 화북산수화에서 물 표현의 중요성을 볼 수 있다.

69 《畫筌》(《中國書畫全書》 8, 693쪽).

8) 배와 돛단배 그리는 법

畫船帆法

큰 배에서는 돛대를 한가운데에 놓아야 하고, 작은 배에서는 장대를 앞부분에 그려야 한다. 돛대를 뱃머리에 설치한 것으로 보이면 옳지 않다. 뜸[70]을 묶은 밧줄은 멀면 보이지 않지만, 그렇다고 그리지 않으면 또한 기세가 없기 때문에 단지 한 줄기만 그린다. 멀어서 사람이 손에 잡고 있는 곳을 보지 못하고, 그 사람은 선미의 뜸 안에 숨어 있어 보이지 않는다. 공현《화결》[71]

大船著桅宜在中, 小船著竿子在前半, 見有著於船頭者非是也. 篷索遠則不見, 然不畫出又無勢, 止得畫一根, 遠不見人手持之處, 其人隱於梢篷內卽不見也. 龔氏《畫訣》

예를 들어 배 3척이 함께 갈 때, 1척은 홀로 가도록 하고, 나머지 2척은 서로 약간 가깝게 둔다. 3척을 가지런히 배열해서 그리면 유치하다. 공현《화결》[72]

如三船同行, 一船獨, 二船稍近. 三船均停擺去, 可笑也. 同上

---

70 뜸 : 대나무, 갈대 거적, 범포 따위로 만들어 햇빛, 비, 바람을 막기 위해 배나 수레 등에 씌우는 덮개이다.

71 《畫訣》(《叢書集成初編》 1642 〈畫訣〉, 5쪽).

72 《畫訣》(《叢書集成初編》 1642 〈畫訣〉, 5쪽).

이당(李唐)의 《강산소경도(江山小景圖)》(부분)(타이베이 고궁박물원)
당나라 이사훈의 청록산수를 계승하여 북송 말기 휘종의 한림도화원에서 유행한 소경산수를 그린 작품이다. 근경에는 오른쪽 아래에서부터 왼쪽 위 대각선 방향으로 실경 산수의 산과 바위, 나무와 숲, 사원 등을 안치시키고, 중경에는 광활하게 비어 있는 원경의 산수를 분리시켰다. 근경의 산과 중경의 강이 실(實)과 허(虛)의 조화를 잘 이루고 있다. 근경 산봉우리 너머 강에는 바람에 따른 잔물결과 그 위로 떠다니는 배를 그렸다. 돛대가 앞부분에 그려져 있는 작은 배가 3척이 보이는데, 3척을 가지런히 배열하여 그리는 것을 피하기 위해, 가운데 산봉우리를 경계로 왼쪽에 1척이 홀로 가고, 오른쪽에 2척이 서로 약간 가깝게 가도록 하였다. 또한 배에는 선미 덮개가 보인다.

일반적으로 돛단배를 그릴 때 혹 그 아래 수초·갈대·버드나무 따위가 있을 경우 모두 바람이 부는 방향을 따라야 한다. 만약 돛은 동쪽으로 향하는데 풀 끝과 나뭇가지 끝이 모두 서쪽으로 향하면, 이치에 '어긋났다'고 말한다. 이것은 바로 화가가 매우 기피해야 하는 것이다. 공현 《화결》[73]

凡畫風帆, 或其下有水草、蘆葦、楊柳之屬, 皆宜順風. 若帆向東而草頭、樹杪皆向西, 謂之"背戾", 乃畫家大忌. 同上

73 《畫訣》(《叢書集成初編》 1642 〈畫訣〉, 5쪽).

조간(趙幹)의 《강행초설도(江行初雪圖)》(부분)(타이베이 고궁박물원)
강을 따라 전개되는 강변 경치에서 물결이나 수초·갈대·버드나무 따위가 바람이 부는 방향을 따라 움직이고 있다. 공현은 돛이 동쪽으로 향하는데 풀 끝이나 나뭇가지 끝이 서쪽으로 향하는 이치의 어긋남을 경계하였는데, 《강행초설도》는 바른 예로 볼 수 있다.

멀리 떨어진 배는 짧게 그려야 한다. 공현《화결》[74]

遠帆宜短. 同上

9) 산을 그릴 때 윤곽을 먼저 잡고 준법을 나중에 쓴다

論畫山先郭後皴

산의 윤곽을 먼저 정한 뒤에 거기에 준법을 쓴다. 오늘날 사람들은 자질구레한 곳부터 그려서 큰 산을 쌓아 올리는데, 이것이 가장 큰 병폐이다. 옛사람은 큰 화폭을 운용할 때, 화면을 3~4부분으로 크게 나누었다가 합치는 것[75]만으로 전

山之輪郭先定, 然後皴之. 今人從碎處, 積爲大山, 此最爲病. 古人運大軸, 只三四大分合, 所以成章. 雖其中細碎處甚多, 要之取勢爲主. 元人論

74 《畫訣》(《叢書集成初編》 1642 〈畫訣〉, 5쪽).

75 화면을……합치는 것 : 부분으로 나누었다가 전체적으로 합친다는 의미. 산수화 구도에서 구성의 묘미를 설명하는 것으로 이해할 수 있다.

체적인 구도를 완성했다. 그 가운데 자질구레한 곳이 매우 많다 하더라도, 전체적인 기세를 취함을 위주로 하는 것이 핵심이다. 나에게 원나라 사람이 미불과 고극공(高克恭)[76] 두 화가의 산 그림을 논한 글이 있는데, 이는 바로 이와 같은 나의 뜻을 미리 얻은 것이다.《논화쇄언》[77]

米、高二家畫, 正先得吾意.《論畫瑣言》

고극공(高克恭)의 《운횡수령도(雲橫秀嶺圖)》(타이베이 고궁박물원)
동원이나 거연의 준법과 선염법에 미가산수화법을 융합하여 일가를 이룬 고극공의 대표적인 작품이다. 중경의 구름을 경계로 원경과 근경이 나뉘며, 원경은 북송 화북산수에서처럼 웅장한 기세가 강조되지만 붓을 눕혀 쌀알처럼 점을 찍은 미점이 표현되어 있다. 근경과 중경의 언덕과 나무에는 실경 사생(寫生)과 관련 있는 소묘(素描) 기법을 사용하여 새로운 모습을 보이고 있다. 중경의 산허리를 감싼 구름과 이로 인해 흐릿하게 보일 듯 말 듯하는 경물에서 미불의 영향을 엿볼 수 있다.

---

76 고극공(高克恭) : 1248~1310. 원대의 화가. 자는 언경(彦敬), 호는 방산(房山)으로 북경 사람이다. 그의 선조는 서역인이라고 한다. 회화에서는 산수와 묵죽을 잘하였으며, 그중 산수는 처음에 미불·미우인을, 후에 동원·거연을 배웠다고 한다.

77 《畫禪室隨筆》 卷2 〈畫訣〉(欽定四庫全書) ; 《畫禪室隨筆》 卷2 〈畫訣〉(《中國書畵全書》 3, 1015쪽).

10) 먼 산 그리기

論畫遠山

그림을 그린 뒤 먼 산을 칠할 때 기세를 얻는 것이 제일 중요하다. 그림은 이미 훌륭한데 먼 산이 기세를 잃어버림으로 인해 작품 전체의 기세가 그 때문에 떨쳐지지 못한 경우가 있고, 또 그림에서 전적으로 먼 산이 중심이 되는 경우가 있다. 이것을 몰라서는 안 된다.《산정거화론》[78]

畫後塗遠山, 最要得勢. 有畫已佳, 以遠山失勢而通幅之勢爲之不振, 有畫全以遠山作主者, 不可不知.《山靜居畫論》

11) 산 정상의 흙과 바위를 분간해야 한다

論山頭宜分土石

산 정상에서는 흙과 바위를 분간해야 한다. 어떤 것은 바위가 흙을 이고 있고, 어떤 것은 흙이 바위를 이고 있다. 그래서 분간하고자 하는 까닭은 깊고 얕음을 판별하기 위함일 뿐이다. 깊은 산이나 큰 골짜기는 순전히 바위산을 그려도 괜찮다. 얕은 물이나 모래사장이 있는 여울의 경우라면 흙산을 사용해도 괜찮다. 흙산 아래에는 작은 바위로 산기슭을 만들어도 괜찮다. 큰 산 안에는 또한 흙산을 살결[肉]로 삼아야 한다. 순전히 바위를 사용하면 아마도 안개가 아득한 자태가 없을까 우려된다. 공현《화결》[79]

山頭宜分土石, 或石戴土, 或土戴石, 所以欲分者辨深淺耳. 深山、大壑純用石山不妨, 若淺水、沙灘, 不妨用土山耳. 土山下不妨用小石爲脚. 大山內亦宜用土山爲肉, 純用石恐無煙雲縹緲之態耳. 龔氏《畫訣》

78 《山靜居畫論》(《叢書集成初編》 1644, 13쪽).

79 《畫訣》(《叢書集成初編》 1642, 2쪽).

12) 이끼 그리는 법

點苔法

산 바위에는 이끼를 그리고, 물과 샘에는 선을 꼬아 그리는 것이 일상적인 법식이다. 왕몽(王蒙)이 이끼를 메마르게 그린 것과 오진(吳鎭)[80]이 이끼를 모아서 그린 것, 이것은 이끼를 그리는 두 화가의 한 가지 방식일 뿐이다. 그런데 오늘날에 이 두 화가를 배워 이끼를 똑같이 그리는 자는 미련한 사람이다. 옛날에는 이끼를 그리지 않은 경우가 많았으니, 아마도 산맥의 기묘함을 뒤엎고 준법의 오묘함을 방해할까 우려된다. 오늘날 사람들의 그림은 볼만한 곳이 없어 반드시 점을 무더기로 모아 찍어야 하는데, 이것은 못생긴 여자 얼굴에 딱지를 덧붙인 꼴이라는 비난을 피할 수 없다.《화주》[81]

山石點苔，水泉索線，常法也. 叔明之渴苔、仲圭之攢苔，是二氏之一種. 今之學二氏以苔取肖，鈍漢也. 古多有不用苔者，恐覆山脈之巧，障皴法之妙. 今人畫不成觀，必須叢點，不免媸女添痂之誚.《畫麈》

80 오진(吳鎭) : 1280~1354. 중국 원대의 화가. 자는 중규(仲圭), 호는 매화도인(梅花道人) 또는 매사미(梅沙彌)이며 절강성 가흥(嘉興) 사람이다. 원말의 문인들은 서로 긴밀한 교우관계를 맺고 문아(文雅)한 모임을 즐겼는데, 오진은 향리에 은거하여 다른 문인들과 사귀는 일이 거의 없었다. 관리가 되지 않았고, 원래 부유하지도 않았기 때문에 그림을 팔아 생활하였다고 한다. 그는 산수 외에 묵죽을 잘하였다. 묵죽은 글씨와 가장 밀접한 관계가 있고 문인이 좋아하는 주제이다. 그는 뛰어난 초서 작품을 남겼다. 그러나 글씨로써 독립된 작품은 드물고 자신의 작품의 제발 등에 쓴 글씨가 많다. 그것은 당나라 광초(狂草)를 배운 것 같은 광태(狂態)의 초서이다. 그의 화풍은 습윤한 먹을 사용하고 부드러운 피마준을 사용하는 등 동원과 거연의 화법에 영향을 받았다.

81 《畫麈》(《中國書畫全書》 4, 815쪽).

오진(吳鎭)의 《어부도(漁父圖)》(타이베이 고궁박물원)
문인화 작품 중 '평담(平淡)'과 '평정(平正)'을 대표하는 오진의 작품이다. 작품 전체는 안정감을 주는 수평선을 기본으로 하는 삼단 구도, 즉 근경의 언덕과 나무, 중경의 강, 원경의 산으로 구성되어 있는데, 곧게 뻗은 나무들과 수초들의 표현이 이러한 구도에 변화를 주고 있다. 왼쪽 근경과 오른쪽 원경의 관계에서, 근경 나무의 삼각 형태와 오른쪽 원경의 삼각산, 근경의 집과 원경의 집이 서로 대각선으로 화면을 가로질러 호응하면서 작품에 고적감을 더해 주고 있다. 산과 바위는 동원과 거연의 피마준법의 영향을 받았고, 필선은 서예적 중봉을 통한 원필(圓筆)을 사용하여 부드럽고 온화하면서 힘이 있다. 근경의 언덕과 바위, 원경의 산에 이끼를 그린 점들이 있다.

옛날 그림에는 이끼를 전혀 그리지 않은 경우도 있고, 이끼를 준법으로 생각하는 경우도 있다. 성긴 점·빽빽한 점·뾰쪽한 점·둥근 점·가로점·세로점과 개(介) 자 잎 모양의 점[82]·수조점

古畫有全不點苔者，有以苔爲皴者．疏點、密點、尖點、圓點、橫點、竪點及介[23]葉、水藻點之類，各有相宜，當斟

82 개(介)……점 : 동양화에서 나뭇잎을 그리는 기법인 개자점(介字點)을 말한다. 이는 네 개 정도의 작은 필치를 한 단위로 하여, 마치 한자(漢字)의 '介'와 같이 잎을 그리는 것이다.

[23] 介 : 저본에는 "个".《山靜居畫論》에 근거하여 수정.

(水藻點)[83] 등과 같은 종류는 각각 서로 어울리는 곳이 있으니, 마땅히 헤아려 사용해야지 경솔하게 써서는 안 된다. 《산정거화론》[84]

酌用之, 未可率意也.《山靜居畫論》

산수화에서 이끼를 점 찍어 그리고 풀을 갈고리처럼 그리는 것은 바로 산수의 눈썹과 눈에 해당하는 것이다. 왕왕 그림에는 이끼를 점 찍어 그리고 풀을 갈고리처럼 그리는 것으로 인해 좋은 그림이 되거나 나쁜 그림이 되는 경우가 있다. 《산정거화론》[85]

山水中點苔、鉤艸, 卽山水之眉目也. 往往畫有由點苔、鉤艸爲姸醜者. 同上

83 수조점(水藻點) : 동양화에서 나뭇잎을 그리는 기법으로, 물속에서 사는 조류(藻類) 식물 모양의 점태(點苔)를 말한다.

84 《山靜居畫論》(《叢書集成初編》 1644, 10쪽).

85 《山靜居畫論》(《叢書集成初編》 1644, 11쪽).

13) 금벽산수(金碧山水)[86]

당대의 소이장군(小李將軍)【안 《화감(畫鑑)》에서 "이사훈(李思訓)은 착색산수(著色山水)[87]를 그리면서 금벽의 화려함으로 일가의 화법을 만들었다. 그 아들 이소도(李昭道)[88]는 아버지의 기세를 변화시켰는데, 오묘함은 또한 아버지를 능가하였다. 당시 사람들은 이사훈을 대이장군(大李將軍), 이소도를 소이장군이라 불렀다. 오대에 이르러 촉(蜀)나라 사람 이승(李昇)[89]이 착색산수를 잘 그렸는데 또한 소이장군이라 불렀다."라

論金碧山水

唐小李將軍【案 《畫鑑》云："李思訓畫著色山水，用金碧輝暎爲一家法．其子昭道變父之勢，妙又過之，時人謂之[24]大李將軍、小李將軍．至五代蜀人李昇，工畫著色山水，亦呼爲小李將軍．"】始作金碧山水．其後王晉卿、趙大年，近日趙千里皆爲之．大抵

---

86 금벽산수(金碧山水) : 동양화 안료 중 이금(泥金)·석청(石青)·석록(石綠) 이 세 종류의 안료를 주요색으로 한 산수화. 이 세 안료를 금벽이라 한다. '청록산수'에 비해 이금이 많다. 이금은 일반적으로 산 윤곽, 바위 무늬, 언덕 기슭, 모래섬 중 불쑥 나온 부분, 화려한 노을 및 궁실 누각 등 건축물에 사용한다. 그러나 명대 당지계(唐志契)는 《회사미언(繪事微言)》에서 다른 주장을 하였다. "대개 금벽이란 것은 석청과 석록으로, 바로 청록산수를 말한다. 후대 사람이 이를 잘 관찰하지 못하고 이금을 첨가하여 금필산수(金筆山水)라고 하였다. 금벽이란 이름으로 하면서 또한 금필이란 이름으로 바꾸었으니 웃기는 일이다.(蓋金璧者, 石青石綠也, 卽青綠山水之謂也. 後人不察, 加以泥金, 謂之金筆山水, 夫以金碧之名而亦以金筆之名, 可笑也.)"

87 착색산수(著色山水) : 채색 산수. 금벽산수 또는 청록산수라고도 한다. 먹의 선염으로 그린 수묵산수와 달리 안료를 짙게 채색하여 그리며, 일반적으로 화려하고 장식적인 특징이 있다.

88 이소도(李昭道) : 713~741. 중국 당대의 화가. 이사훈의 아들로, 개원 연간(713~741) 태원부창조직집현원(太原府倉曹直集賢院)이 되었으며, 태자중사(太子中舍)에 이르렀다. 부친의 영향을 받아 금벽청록산수를 잘하였다. 대이장군(大李將軍)이라 불린 부친 이사훈과 대비되어 소이장군(小李將軍)이라 부른다.

89 이승(李昇) : ?~?. 중국 오대 전촉(前蜀)의 화가. 자는 금노(錦奴)이고 사천성(四川省) 성도(成都) 사람이다. 어려서 오로지 산수에 뜻을 두었으되 남에게 배우지 않았다. 처음 장조(張璪)의 산수 한 폭을 얻어 여러 날 감상하다가 "오묘함을 다하지 못하였다."고 생각하고 버렸다. 스스로 촉나라 산천평원을 그렸는데 몇 해 안 가서 새로운 화격을 창안하였다. 촉나라 사람들은 그가 이사훈의 화법을 터득하였다 하여 소이장군이라 불렀다.

[24] 謂之 : 오사카본과 《畫鑒·唐畫》에는 "號為".

했다.】[90]이 비로소 금벽산수를 그렸다. 그 후 왕선(王詵)[91]과 조영양(趙令穰), 오늘날 조백구(趙伯駒)[92] 등이 모두 금벽산수를 그렸다. 대체로 산수화에는 처음에 금벽과 수묵의 구별이 없었으며, 요컨대 그림의 구상과 배치가 어떠한지에 달려 있을 뿐이었다. 만약에 금벽을 너무 많이 사용한다면, 이는 오늘날 원색을 남용하여 이미 그려진 필획을 죽이는 형상과 같아 거의 풍운(風韻)이 없게 되는 것이니, 먹에서 무엇을 취하겠는가. 그 병폐가 됨은 금벽이 없는 것과 똑같을 뿐이다. 《동천청록》[93]

山水初無金碧、水[25]墨之分, 要在心匠布置如何耳. 若多用金碧, 如今生色罨畫之狀, 而略無風韻, 何取乎墨? 其爲病則均耳.《洞天淸錄》

---

90 《畫鑒》〈唐畫〉.

91 왕선(王詵): 1036~1093?, 또는 1048~1104. 중국 북송의 화가. 자는 진경(晉卿)이며, 태원(太原) 사람이다. 어려서 독서를 좋아하고, 성장하여서는 그 재주에 대해 찬양을 받았다. 신종의 촉국공주(蜀國公主)와 결혼하고 부마도위(駙馬都尉)와 정주관찰사(定州觀察使)가 되었다. 글씨와 그림을 좋아하였는데, 집에 보회당(寶繪堂)을 설치하고 광범위하게 법서와 명화를 수장하였으며, 소식이 거기에 글을 썼다. 아울러 황정견, 미불과 교류하였다. 이공린(李公麟)에게 집에 와서《서원아집도(西園雅集圖)》를 그려 달라고 요청하였다. 그는 "기름진 음식을 물리치고 성색(聲色)을 멀리하여 서화에 종사하겠다."고 한 말 때문에 신종과 촉국공주에게 미움을 샀다. 그의 산수는 가까이는 이성을, 멀리는 왕유를 배웠으며, 강 위의 운산(雲山), 깊은 계곡과 겨울 숲, 평원 풍경 등을 잘 그렸는데, 소식은 "파묵(破墨)의 삼매를 얻었다."고 찬양하였다.

92 조백구(趙伯駒): ?~?. 중국 남송의 화가. 자는 천리(千里)이며 태조의 7대손으로 조백숙(趙伯驌)의 형이다. 고조 조구(趙構) 때(1127~1162) 절동병마금할(浙東兵馬鈐轄)을 지냈다. 금벽산수(金碧山水)를 잘하였고, 당 이사훈 부자에게서 법을 취하여 더욱 정밀하게 하였다. 필법은 힘차고 빼어나며, 채색은 맑고 화려하며 생동감이 있어서 당대(唐代)의 농욱(濃郁)한 화풍을 변화시켰다. 아울러 인물화에도 정통하였는데, 주문구(周文矩)·이공린의 화법을 계승하였으며, 선이 면밀하고 조형이 고아하다. 화목(花木)·금수(禽獸)·주거(舟車)·누각(樓閣) 등도 잘 그렸고, 계화(界畵)에는 공교하고 세밀한 묘미를 다하였다.

93 《洞天淸錄》〈古畫辨〉.

[25] 水: 저본에는 "承".《洞天淸錄集·古畫辨》에 근거하여 수정.

왕선(王詵)의 《연강첩장도(煙江疊嶂圖)》(중국 상하이박물관)
왕선은 북송 영종(英宗)의 위국공주(魏國公主)와 결혼하여 왕족이 되었지만 신종 때 정치적 음모에 휘말려 수년간 유배를 갔다 왔다. 그의 산수화로 자신의 유배지 정서가 투영된 작품이 여러 점 있다. 이 작품도 그러한 작품 중 하나이다. 안개와 구름이 자욱하고 아득한 강이 펼쳐져 있고, 험준한 산들이 왼쪽 강 위에 중첩되며 우뚝 솟아 있으면서 투시도법적으로 멀리 사라진다. 중첩된 산들과 강은 실(實)과 허(虛)의 조화를 잘 이루고 있다. 등춘(鄧椿)이 "이성의 화법을 배우면서 청록으로 그려 예스럽다"고 한 것을 이 그림에서도 확인할 수 있다.

조영양(趙令穰)의 《산수인물도》(미국 보스턴미술관)
《호장청하도권》과 같이 잘 알려진 조영양의 작품은 호수와 강 주변에 거위와 기러기가 모여 있는 경치의 소경산수이지만, 그의 청록산수화풍을 이 《산수인물도》에서 확인할 수 있다. 우뚝 솟은 산봉우리와 굽이굽이 돌아가는 강줄기를 부감(俯瞰), 앙시(仰視), 평시(平視) 등 다양한 각도로 그려, 화면이 독특한 공간구조를 갖도록 표현하였다. 마른 붓으로 바위와 절벽의 윤곽을 그리면서 그 위에 다시 물기가 많은 필묵으로 선염하되, 청색과 녹색을 곁들임으로써, 수묵과 청록 채색이 잘 조화를 이루고 있다.

조백구(趙伯駒)의 《한궁도(漢宮圖)》(타이베이 고궁박물원)
조영양의 아들인 조백구는 특히 멀리 이사훈 부자를 배우며 금벽산수에 뛰어났다. 이러한 특징을 알 수 있는 《한궁도》는 한나라 궁궐의 궁녀가 칠월 칠석에 높은 건물에 올라가 직녀에게 제사 지내며 옷 짜는 기술을 구하는 칠석(七夕) 고사를 그린 것이다. 나무와 바위, 먼 산, 인물, 거마, 누각, 가구 등을 매우 자세하게 그렸으며, 특히 계화(界畵)로 그린 궁궐은 법식과 척도가 매우 엄중하고 정확하다. 그중에서 바위와 나무, 그리고 먼 산에는 남송시대 마원과 하규를 중심으로 하는 원체화풍의 특징이 나타나고 있다.

청록산수(青綠山水)[94]는 천강산수(淺絳山水)[95]와 다르다. 먹을 쓸 때에는 골격과 기운이 시원스럽고 분명하게 해야 한다. 골격과 기운이 이미 깨끗한 뒤에 청록을 쓰면 산의 모습에 남기(嵐氣, 안개 기운)가 자욱하게 된다. 송(宋)나라 사람들

青綠山水異乎淺色, 落墨務須骨氣爽朗. 骨氣既淨, 施之青綠, 山容嵐氣靄如也. 宋人青綠多重設, 元、明人皆用標青、頭綠, 此亦唐法耳.《山

94 청록산수(青綠山水): 청색과 녹색 등의 안료로 채색하는 산수화. 먼 산은 주로 군청색으로, 앞쪽의 산은 녹청색으로 채색하며, 금니(金泥)를 함께 사용하는 경우에는 금벽산수라고 부른다.

95 천강산수(淺絳山水): 산수화의 일종. 수묵의 구륵(鉤勒)과 준(皴) 및 선염을 한 기초 위에 자석(赭石)을 주색으로 채색한 담채산수화(淡彩山水畫). 오대 동원(董源)에서 시작하여 원대 황공망(黃公望)에서 왕성하였다.

은 청록을 무겁게 칠하는 경우가 많았고, 원(元)나라와 명(明)나라 사람들은 모두 표청(標青)과 두록(頭綠)[96]을 사용하였는데, 이것 또한 당(唐)나라의 방법일 뿐이다.《산정거화론》[97]

靜居畫論》

14) 산수를 그릴 때는 살 만한 곳의 품격을 취해야 한다

論畫山水必取可居品

세상의 확실한 논의에서 "산수에는 갈 만한 곳이 있고, 바라볼 만한 곳이 있고, 유람할 만한 곳이 있고, 살 만한 곳이 있다."고 말한다. 일반적으로 그림이 여기에 이르면 모두 묘품(妙品)에 들어간다. 그러나 갈 만한 곳과 바라볼 만한 곳은 유람할 만한 곳과 살 만한 곳에서 얻게 되는 것보다 못하다. 무엇 때문인가? 지금의 산천을 바라보면, 땅이 수백 리를 차지하고 있어도 유람할 만한 곳과 살 만한 곳은 10곳 가운데 3~4곳도 없으니 산수화에서는 이와 같이 반드시 유람할 만한 곳과 살 만한 곳의 품격을 취해야 하기 때문이다. 군자가 산천을 갈망하는 이유는 바로 이

世之篤論, 謂"山水有可行者, 有可望者, 有可遊者, 有可居者." 畫凡至此, 皆入妙品. 但可行、可望, 不如可居、可遊之爲得, 何者? 觀今山川, 地占數百里, 可游、可居之處十無三四, 而必取可居、可游之品. 君子之所以[26]渴慕林泉者, 正謂此佳處故也. 故畫者當以此意造而鑑者又當以此意窮之, 此之謂"不失其本意".《林泉高致》

96 표청(標青)과 두록(頭綠) : 색의 짙고 옅음에 따라 석청(石青)은 두청(頭青)·이청(二青)·삼청(三青)·사청(四青)으로, 석록(石綠)은 두록(頭綠)·이록(二綠)·삼록(三綠)·사록(四綠)으로 분류된다. 표청과 두록은 색이 가장 짙은 두청과 석록을 말한다.

97 《山靜居畫論》(《叢書集成初編》1644, 10쪽).

[26] 以 : 저본에는 없음.《林泉高致·山水訓》에 근거하여 보충.

러한 곳을 아름다운 곳이라고 말하기 때문이다. 그러므로 화가는 이러한 뜻으로 그려야 하고, 감상자는 또한 이러한 뜻으로 궁구해야 하니, 이렇게 하는 것을 "산수의 본뜻을 잃지 않는다."라고 말한다.《임천고치》[98]

15) 무너진 담장에 비단 펴고 그림 깨닫는 법 敗墻張絹悟畫法

송적(宋迪)[99]은 평원산수(平遠山水)를 잘 그렸다. 진용지(陳用之)[100]가 그린 산수를 보고 다음과 같이 말하였다. "너의 그림은 진실로 뛰어나지만 천연의 운치가 적다. 너는 먼저 무너진 담장 하나를 구해서 흰 비단을 펼쳐 무너진 담장 위에 걸쳐 놓고 아침저녁으로 이를 보아라. 오랫동안 보고 있노라면, 비단 너머로 무너진 담장 위에 높고 평평하고 굽고 꺾어진 곳이 모두 산수의 형상을 이루는 것을 볼 것이다. 이를 마음에 보존하고

宋迪善爲平遠山水. 見陳用之畫山水, 謂曰:"汝畫信工, 但少天趣. 汝先當[27]求一敗牆, 張絹素訖, 倚之敗墻之上, 朝夕觀之. 觀之既久, 隔素見敗牆之上, 高平曲折, 皆成山水之象. 心存目想, 高者爲山, 下者爲水;坎者爲谷, 缺者爲澗;顯者爲近, 晦

98 《林泉高致》〈山水訓〉(《中國書畫全書》1, 497쪽);《林泉高致集》〈山水訓〉(欽定四庫全書).

99 송적(宋迪):?~?. 중국 북송의 화가. 자는 복고(復古)이고 낙양 사람이다. 그림에 뛰어난 송도(宋道)의 동생이다. 진사에 급제하였고 사봉랑(司封郎)이 되었다. 사마광·문동(文同)·주돈이(周敦頤)·소식과 동시대 사람이다. 산수를 잘하였고, 이성을 배웠으며, 특히 평원산수에 뛰어났다. 또한《소상팔경도(瀟湘八景圖)》를 처음 그렸다고 전해진다.

100 진용지(陳用之):?~? 중국 북송의 화가. 이름을 용지(用志) 또는 용지(用智)라고도 한다. 영천(潁川) 언성[郾城, 지금 하남성 허창(許昌)] 사람으로, 소요촌(小窯村)에 살았기 때문에 사람들이 '소요진(小窯陳)'이라 불렀다. 도석(道釋)·인마(人馬) 산수를 잘 그렸는데, 정밀하고 섬세하였지만 맑은 정치가 부족하다. 인종 천성(天聖, 1023~1031) 연간에 도화원 지후(祗候)가 되었다.

[27] 先當: 저본에는 "當先".《夢溪筆談·書畫》에 근거하여 수정.

눈으로 상상하면, 높은 곳은 산이 되고 낮은 곳은 물이 되며, 파인 곳은 골짜기가 되고 떨어져 나간 곳은 개울이 되며, 밝게 드러난 곳은 근경이 되고 어두운 곳은 원경이 된다. 이어서 정신으로 깨닫고 구상을 완성한다면, 홀연히 사람과 들짐승, 풀과 나무 등이 날아 움직이고 왕래하는 형상이 눈에 분명하게 나타남을 볼 것이다. 그러면 뜻에 따라 붓을 사용하고 묵묵히 정신으로 이해하여 자연스럽게 경계가 모두 천연적으로 이루어지고 인위적인 것과 다르게 될 것이다. 이를 '살아 있는 그림'이라 한다." 진용지는 이때부터 그림의 품격이 발전할 수 있었다.《몽계필담(夢溪筆談)[101]》[102]

者爲遠. 神領意造, 怳然見其有人禽、草木飛動往來之象, 了然在目. 則隨意命筆, 默以神會, 自然境皆天就, 不類人爲, 是謂'活筆'." 用之自此畫格得進.《夢溪筆談》

16) 산과 나무의 긴밀한 관계

論山與樹相關捩

산꼭대기는 똑같을 수 없고, 나무 꼭대기는 한결같을 수 없네.

山頭不得一樣, 樹頭不得一般.

산은 나무에 의지하여 나무를 옷으로 삼고, 나무는 산에 의지하여 산을 골격으로 삼지.

山藉樹而爲衣, 樹藉山而爲骨.

나무는 번잡하게 그려서는 안 되고 산의 수려

樹不可繁, 要見山之秀麗；山

101 몽계필담(夢溪筆談) : 북송 시대 심괄이 문학·예술·역사·행정 분야뿐만 아니라, 수학·물리·동식물·약학·기술·천문학 등 자연과학의 모든 분야에 걸쳐 기술한 저서로, 송나라 과학사 연구에 중요한 자료이다.

102 《夢溪筆談》 卷17 〈書畫〉(《夢溪筆談》 上, 9~10쪽).

함을 나타내어야 하며, 산은 어지럽게 그려서는 안 되고 나무의 정신을 나타내어야 하네.《화학비결》[103]

不可亂, 須顯樹之精神.《畫學秘訣》[28]

17) 나무 그리는 여러 기법

畫樹雜法

나무를 그리는 요체는 오로지 굽은 곳을 많게 함에 달려 있다. 나무는 가지 하나, 마디 하나라도 곧바르게만 된 것이 없기 때문이다. 나뭇가지가 앞으로 향하거나 뒤로 향한 것, 위로 향하거나 아래로 향한 것 등은 모두 굽은 가운데에서 얻어진다. 어떤 사람은 "그렇다면 여러 화가의 그림에는 줄기가 곧은 나무가 없다는 것인가?"라 했다. 이에 대해 대답하자면 "나무가 곧다 하더라도 가지가 돋아나고 마디가 생겨나는 곳은 반드시 모두 곧은 것만은 아니다." 동원(董源)이 그린 나무는 힘차고 빼어난 모습으로 그려졌는데, 다만 굽은 곳을 간략히 했을 뿐이다. 이성(李成)이 그린 나무는 수없이 굽은 모습으로, 결코 곧은 필치가 없다.《논화쇄언》[104]

畫樹之竅, 只在多曲. 雖一枝一節, 無有可直者. 其向背俯仰, 全於曲中取之. 或曰:"然則諸家不有直樹乎?" 曰:"樹雖直, 而生枝發節處必不都直也." 董北苑樹作勁挺之狀, 特曲處簡耳. 李營丘則千屈萬曲, 無復直筆矣.《論畫瑣言》

103 《山水論》(《中國書畵全書》1, 177쪽);《說郛》卷91 〈畫學秘訣〉(欽定四庫全書).

104 《畫禪室隨筆》卷2 〈畫訣〉(《中國書畵全書》3, 1015쪽);《畫禪室隨筆》卷2 〈畫訣〉(欽定四庫全書).

[28] 論山……秘訣: 저본에는 이 55자 없음. 오사카본에 근거하여 추가.

마른 나무는 소홀히 그려서는 절대로 안 된다. 마른 나무가 때때로 무성한 숲에 나타나야 기이하고 예스럽다.《논화쇄언》[105]

枯樹最不可少, 時於茂林中間出[29], 乃奇[30]古. 同上

무성한 나무를 그릴 때는 오직 전나무·측백나무·갯버들·버드나무·참죽나무·회화나무 등만 빽빽하고 울창하게 그려야 한다. 그 묘처는, 나무 꼭대기와 사방의 가지가 울쑥불쑥하면서, 하나가 나오되 하나가 들어가고, 하나가 살찌되 하나가 마르게 그리는 데에 있다. 옛사람들이 목탄으로 윤곽을 그리고 그 윤곽에 따라 점을 연이어 찍은 것은 바로 나뭇가지가 들쑥날쑥한 모습을 나타내기 위함이다.《논화쇄언》[106]

茂樹惟[31]檜、柏、楊、柳、椿、槐要鬱森. 其妙處在樹頭與四面參差, 一出一入, 一肥一瘦處. 古人以木炭畫圈, 隨圈而點之, 正爲此也. 同上

숲과 나무를 그리는 데에는 늘어져 휜 가지나 곧은 줄기, 굽은 마디나 주름진 껍질, 갈라져 나간 여러 갈래, 수만 가지의 형상이 있다. 성난 용이나 놀란 뱀과 같은 나무의 기세를 만들고, 용과 뱀처럼 구름을 뚫고 해를 가로막는 나무의 자태를 뽐내려 할 때에는 마땅히 그리려는 나무가 뿌리를 내리고 있는 절벽과 언덕도 성대하게 그

畫林木者有樛枝、挺幹、屈節、皺皮、紐裂多端、分敷萬狀. 作怒龍、驚虺之勢, 聳凌雲、翳日之姿, 宜須崖岸豐隆, 方稱"蟠根老壯"也.《圖畫見聞志》

105 《畫禪室隨筆》卷2 〈畫訣〉(《中國書畵全書》3, 1014쪽);《畫禪室隨筆》卷2 〈畫訣〉(欽定四庫全書).

106 《畫禪室隨筆》卷2 〈畫訣〉(《中國書畵全書》3, 1014쪽);《畫禪室隨筆》卷2 〈畫訣〉(欽定四庫全書).

[29] 出: 저본에는 "見".《畫禪室隨筆·畫訣》에 근거하여 수정.

[30] 奇:《畫禪室隨筆·畫訣》에는 "見倉".

[31] 惟: 저본에는 "雖".《畫禪室隨筆·畫訣》에 근거하여 수정.

려야만, 비로소 '얽힌 뿌리가 오래도록 굳세다'고 일컬을 수 있다. 《도화견문지》[107]

그림을 배울 때 먼저 나무를 그리며 시작하고, 나무를 그릴 때에는 먼저 마른 나무를 그리며 시작한다. 나무줄기를 잘 그린 뒤에 점을 찍어 잎을 그린다. 공현《화결》[108]

學畫先畫樹起, 畫樹先畫枯樹起, 畫樹身好, 然後點葉. 龔氏《畫訣》

나무줄기 안에서 직준(直皴)[109]으로 그린 여러 필치를 '나무껍질'이라고 하고, 뿌리 아래 광활한 곳이나 빈 곳에 점 하나 또는 둘을 보충하여 그린 것을 '나무뿌리'라고 한다. 공현《화결》[110]

樹身中直皴數筆, 謂之"樹皮", 根下闊處、白處補一點、兩點, 謂之"樹根". 同上

4번의 필치로 바로 나무줄기를 이루고, 그 뒤에 바로 가지를 첨가한다. 줄기가 왼쪽으로 향하면 가지는 모두 왼쪽으로 향하고, 왼쪽 가지가 많으며 오른쪽 가지가 적다. 만약 오른쪽으로 향하는 나무라면 이와 반대로 그린다. 공현《화결》[111]

四筆卽成樹身, 以後卽添枝. 身向左則枝皆向左, 左枝多, 右枝少. 若向右樹反此. 同上

107 《圖畫見聞志》 卷1 〈敍製作楷模〉(《中國書畫全書》 1, 467쪽) ; 《圖畫見聞志》 卷1 〈敍製作楷模〉(欽定四庫全書).

108 《畫訣》(《叢書集成初編》 1642, 2쪽).

109 직준(直皴) : 직찰준(直擦皴). 수직으로 붓을 문지르듯 내리그은 준법. 거칠거칠한 바위 표면의 질감을 나타내는 데 사용하나, 여기서는 나무줄기 그리는 것을 설명하고 있다.

110 《畫訣》(《叢書集成初編》 1642, 2쪽).

111 《畫訣》(《叢書集成初編》 1642, 2쪽).

4번 필치의 굽고 바른 정도는 1번 필치의 굽고 바른 정도에 견줄 때 위가 좁고 아래가 약간 넓을 뿐이다. 공현《화결》[112]

四筆之曲直，視一筆之曲直，但上狹而下稍寬[32]耳. 同上

3번의 필치를 연결시켜 곧바로 내려오다가 1번의 필치와 합하여 나무줄기를 만든다. 공현《화결》[113]

續三筆而直下，合一筆爲樹身. 同上

2번 필치의 반을 합하여 위에서 아래로 내려와 오른쪽 가장귀를 그리고, 왼쪽에서 오른쪽으로 향하다가 바로 방향을 돌려 위로 향하면서 하나의 필치로 합쳐 그린다. 공현《화결》[114]

合二筆之半，自上而下爲右杈，自左而右卽轉而上，共一筆也. 同上

2번의 필치 중 왼쪽 반은 한 필치의 끝과 합해져 줄기의 왼쪽 가장귀를 그린다. 공현《화결》[115]

二筆左半，合一筆之杪爲左杈. 同上

위에서 아래로 붓을 내리그을 때, 위에는 예리하게 하고 아래는 줄기를 세워 그리되 중봉(中鋒)으로 붓을 돌려 꺾어 그려야 한다. 그러나 중간의 반 이상에서 돌려 꺾어 그릴 때에는 돌려 꺾는 곳에 모서리를 드러내서는 안 된다. 오직 중

自上而下，上銳下立，中宜轉折. 然轉折在中半之上，轉折處勿露稜角. 惟用中鋒，自無芒刺. 同上

---

112 《畫訣》(《叢書集成初編》 1642, 2쪽).

113 《畫訣》(《叢書集成初編》 1642, 2쪽).

114 《畫訣》(《叢書集成初編》 1642, 2쪽).

115 《畫訣》(《叢書集成初編》 1642, 2쪽).

[32] 寬 : 저본에는 "廣". 오사카본·《畫訣》에 근거하여 수정.

봉(中鋒)을 사용하여야만 저절로 가시와 같은 잔털의 흔적이 없게 된다. 공현《화결》[116]

일반적으로 왼쪽으로 향하는 나뭇가지는 모두 위에서 아래로 내려 그리고, 오른쪽으로 향하는 나뭇가지는 모두 아래에서 위로 향하게 그린다. 이것이 자연스러운 이치다. 이와 반대로 그리려고 해도 손이 따르지 못한다. 공현《화결》[117]

凡向左枝皆㉝自上而下, 向右枝皆自下而上, 此自然之理, 卽欲反畫, 亦不順手. 同上

오른쪽으로 향하는 나무를 그릴 때 첫째 필치는 위에서 아래로 내려오다가 다시 꺾어 위로 향하게 하는데, 꺾어 위로 향하는 필치를 '송(送)'이라 한다. 송필(送筆)은 원필(圓筆)로 해야 하며, 편봉(偏鋒)[118]으로 그리면 납작한 필치가 된다. 공현《화결》[119]

向右樹第一筆自上而下, 又折上, 折上謂之"送". 送筆宜圓, 若偏鋒卽扁筆矣. 同上

왼쪽으로 향하는 나무는 줄기를 먼저 그리고 가지를 뒤에 그린다. 반대로 오른쪽으로 향하는 나무는 가지를 먼저 그리고 줄기를 뒤에 그린다.

向左樹先身後枝, 向右樹先枝後身. 同上

116 《畫訣》(《叢書集成初編》 1642, 2쪽).

117 《畫訣》(《叢書集成初編》 1642, 3쪽).

118 편봉(偏鋒) : 한쪽으로 치우친 붓 끝으로 필세를 만든 것을 말한다. 여기서는 중봉(中鋒)이나 정봉(正鋒)에 대해서 말한 것이다.

119 《畫訣》(《叢書集成初編》 1642, 3쪽).

㉝ 皆 : 저본에는 없음. 《畫訣》에 근거하여 보충.

공현《화결》[120]

왼쪽으로 향하는 나무는 큰 가지를 오른쪽으로 향하게 그리고, 오른쪽으로 향하는 나무는 큰 가지를 왼쪽으로 향하게 그린다. 이렇게 그리는 데에도 변형된 형체가 있어야 함은 논할 필요가 없다. 공현《화결》[121]

向左樹大枝向右, 向右樹大枝向左, 亦有變體卽不論. 同上

오른쪽으로 향하는 나무에서 필치 하나는 丫 자 모양으로 나누되, 丫 자 모양으로 나눈 곳은 행필을 맺어 끝내서는 안 된다. 일반적으로 위에서 아래로 향하고, 왼쪽에서 오른쪽으로 향하여 그리는 필치를 주필(走筆)이라 한다. 공현《화결》[122]

向右樹一筆卽分丫[34], 分丫處勿結. 凡自上而下, 自左而右者, 謂之"走筆". 同上

나무 한 그루가 홀로 서 있을 때 그 나무는 반드시 자태를 이루어야 하는데, 아래로 가지가 뻗어 덮고 있는 방식으로 그린 모습이 대부분을 차지한다. 공현《화결》[123]

一樹獨立者, 其樹必作態, 下覆式居多. 同上

나무 2그루가 한 무리로 있을 때는, 반드시 1

二株一叢, 必一俯一仰, 一欹

120 《畫訣》(《叢書集成初編》 1642, 3쪽).

121 《畫訣》(《叢書集成初編》 1642, 3쪽).

122 《畫訣》(《叢書集成初編》 1642, 3쪽).

123 《畫訣》(《叢書集成初編》 1642, 3쪽).

[34] 丫 : 저본에는 "了". 《畫訣》에 근거하여 수정. 이하 모든 "了"는 "丫"로 고치며 교감기를 달지 않음.

그루는 아래를 굽어보게 그리고 다른 1그루는 올려다보도록 그린다. 나무 1그루가 기대어 있으면 다른 1그루는 바로 서 있고, 1그루가 왼쪽으로 향하면 다른 1그루는 오른쪽으로 향하고, 1그루가 뿌리가 땅 위로 나 있으면 다른 하나는 뿌리가 땅속에 숨어 밖으로 드러남이 없고, 1그루가 꼭대기가 평평하면 다른 1그루는 꼭대기가 예리하며, 땅 위로 드러난 2개의 경우 1그루는 높고 다른 1그루는 낮게 그린다. 공현《화결》[124]

一直, 一向左一向右, 一有根一無根, 一平頭一銳頭, 二根一高一下. 同上

옛날에 "나무 3그루가 한 무리로 있을 때는, 첫째 그루가 '중심적인 나무[主樹]'가 되고, 둘째 나무와 셋째 나무는 '부수적인 나무[客樹]'가 된다."고 하였다. 어떤 사람이 "무엇을 중심적인 나무로 삼는가?"라 묻자, "뿌리가 땅속에 있는 것이 중심적인 나무이다."라 했다.

古云 : "三樹一叢, 第一株[35]爲主樹, 第二樹、第三樹爲客樹." 或問 : "何以爲主樹?" 曰 : "根在下者爲主樹."

중심적인 나무는 가까이 있는 나무이다. 3그루 또는 4그루가 하나의 무리로 있을 때, 첫째 나무와 둘째 나무를 서로 가깝게 그리면, 셋째 나무와 넷째 나무는 약간 멀리 떨어지게 그려야 한다. 이것을 '파격적인 형식[破式]'이라 한다. 중심적인 나무를 기울여 그리면 부수적인 나무는 곧바르게 그려야 한다. 그런데 중심적인 나무를 곧바르

主樹近樹也. 三株或四株一叢, 一樹、二樹相近, 則三樹、四樹必稍遠, 謂之"破式". 主樹欹, 客樹直. 主樹直, 則客樹不得反欹矣. 同上

124 《畫訣》(《叢書集成初編》 1642, 3쪽).

㉟ 株 : 저본에는 "柱". 오사카본·《畫訣》에 근거하여 수정.

게 그리면 부수적인 나무는 반대로 기울게 그려선 안 된다. 공현《화결》[125]

중심적인 나무의 뿌리가 땅속에 있으면 나뭇가지 끝은 부수적인 나무 위보다 높게 그려서는 안 된다. 중심적인 나무가 기울도록 그리는 이유는 부수적인 나무에게 곧바름을 양보하기 위해서이다. 공현《화결》[126]

主樹根在下, 則樹杪不得高出客樹之上. 主樹多欹者, 所以讓客樹之直也. 同上

큰 나무들이 크게 무리를 이룬 곳에서는 작은 나무를 곧바르게 세워서 그려 넣어도 괜찮다. 이는 마치 공자(孔子) 문하의 제자들 중에서 어른들 속에 어린이가 섞여 서 있는 모습과 같다.[127] 공현《화결》[128]

大叢中不妨添小樹直立, 如孔門弟子, 冠者中雜立[36]童子也. 同上

첫째 나무와 둘째 나무가 서로 가깝게 곧바르게 서 있으면, 나뭇가지는 정상에서 옆으로 뻗어

一樹、二樹相近直立, 則枝宜橫出頂上. 同上

125 《畫訣》(《叢書集成初編》 1642, 3쪽).

126 《畫訣》(《叢書集成初編》 1642, 3쪽).

127 공자(孔子)……같다 : 이 내용은 공자가 제자들에게 자신의 포부를 묻자 증점(曾點)이 다음과 같이 말한 고사에서 근거하였다. "증점이 '늦은 봄에 봄옷이 완성되면 어른 5~6명과 어린이 6~7명과 함께 기수(沂水)에서 목욕하고 무악(舞雩)에서 바람을 쐬고 노래를 부르면서 돌아오겠습니다.'고 말했다. 이에 공자께서 한숨 쉬며 탄식하기를 '나도 증점과 함께하겠다.'라 하셨다.(曰 : "暮春者, 春服旣成, 冠者五六人、童子六七人, 浴乎沂, 風乎舞雩, 詠而歸." 夫子喟然歎曰 : "吾與點也.")" 《論語》 卷11 〈先進〉.

128 《畫訣》(《叢書集成初編》 1642, 3쪽).

[36] 立 : 저본에는 "入". 《畫訣》에 근거하여 수정.

나오도록 그려야 한다. 공현《화결》[129]

첫째 나무를 앞으로 향하게 그리면 둘째 나무는 뒤로 향하게 그린다. 가운데에 작은 나무들을 그려 넣으면 나무들이 앞과 뒤 양쪽으로 향하게 그린다. 앞으로 향하게 그린 나무일지라도 반드시 뒤로 돌아보게 그려야 하며, 뒤로 향하게 그린 나무라도 반드시 앞과 상응해서 대응하게 그려야 한다. 많은 나무들이 한 방향으로 쏠리는 경우도 있는데, 이를 정해진 격식에서 '변형된 모습[變體]'이라고 한다. 이것은 우연히 한번은 그릴 수 있으나, 많이 그려선 안 된다. 공현《화결》[130]

一樹向前, 則二樹向後. 中添小樹, 則兩向. 雖向前者必顧後, 向後者必應前. 亦有衆[37]樹一向謂之"變體", 偶一爲之, 不可多作也. 同上

잎을 그려 넣을 때는, 나무 1그루에 같은 색으로 그리지만, 잎사귀 모습은 똑같이 그려서는 안 된다. 5그루 이하인 경우에는 변형된 모습을 섞어 그려야 하지만, 10그루 이상인 경우에는 잎사귀 모습을 똑같이 그려도 괜찮다. 공현《화결》[131]

添葉一樹一色, 葉子不可雷同. 五樹之下, 雜以變體 ; 十樹之外, 不妨雷同. 同上

나무 4그루가 한 무리로 있을 때 잎을 그려 넣는 방식 : 나무 3그루는 서로 가깝게 그리고 나머

四樹一叢添葉式 : 三樹相近, 一樹稍遠. 添葉子最要濃濃

---

129 《畫訣》(《叢書集成初編》 1642, 3쪽).

130 《畫訣》(《叢書集成初編》 1642, 3쪽).

131 《畫訣》(《叢書集成初編》 1642, 4쪽).

[37] 衆 : 《畫訣》에는 "群".

지 한 그루 나무는 약간 멀리 떨어져 있게 그린다. 잎을 첨가하여 그려 넣을 경우, 무엇보다 짙은 잎은 짙게 그리고 옅은 잎은 옅게 그려야 하니, 그래야 비로소 분별이 있게 된다. 그리고 그 안에서는 하나는 가로로, 다른 하나는 세로로 그려 놓아야 한다. 납작한 점은 가로로 놓인 잎에 해당하고 아래로 드리워진 잎은 세로로 놓인 잎에 해당한다. 세로로 놓인 것은 곧바르게 한다는 것이다. '반쯤 핀 국화꽃[半菊頭]'[132] 모양의 잎은 세로로 찍어 그리는 유형이고, 소나무의 바늘 모양 잎은 가로로 찍어 그리는 유형이다. 가로로 찍지도 않고 세로로 찍지도 않은 잎은 쌍고리처럼 점을 찍고 그 주위에 둥글게 테두리를 하여 그린다.[133] 공현《화결》[134]

澹澹, 始有分別. 且其中要一縱一橫, 如扁點橫也, 下垂葉縱也, 縱者直也. 半菊頭縱之類, 松針葉橫之類, 不縱不橫, 夾圈圓點子也. 同上

나무 6그루가 한 무리로 있을 때는 큰 무리로 9그루를 그리고 작은 무리로 3그루를 그리며, 6그루는 중간 크기의 무리로 그린다. 이때 6그루는 6가지 모습으로 해야 하며, 잎사귀 모습은 똑

六樹一叢, 大叢九樹, 小叢三樹, 六樹中叢也. 六樹六色, 葉子不可雷同. 同上

132 반쯤 핀 국화꽃[半菊頭] : 국화점(菊花點)의 일종. 국화점은 수묵산수화에서 나뭇잎을 그리는 기법으로, 작은 필촉으로 8~9개 정도의 점을 찍어 국화가 핀 것처럼 그리는 것이다. 주로 근경의 나무를 그리는 데 사용된다. 국화점은 대략 원형으로 나타나는데, 이것이 반국두(半菊頭)이며, 종(縱)에 해당한다.

133 쌍고리처럼……그린다 : 원문 '夾圈圓點子'를 번역한 것이다. 협권은 쌍고리 ◎ 모양인데, 문장의 행간 빈 곳에 특별히 강조할 곳이나 사람의 주목을 끌 곳을 표시한다. 여기에서는 쌍고리처럼 점을 찍고 그 주위에 둥글게 테두리를 하여 나뭇잎을 그리는 것으로 보았다.

134 《畫訣》(《叢書集成初編》 1642, 4쪽).

같이 그려서는 안 된다. 공현《화결》[135]

공현(龔賢)의 《추수판교도(秋水板橋圖)》(안휘성박물관 소장)와 《오운결루도(五雲結樓圖)》(사천성박물관 소장)의 부분도에 그려진 나무 모습이다. 짙은 잎은 짙게, 옅은 잎은 옅게 그리고, 나뭇잎을 가로로 점을 찍거나 세로로 점을 내리찍어 그렸다. 《추수판교도》의 왼쪽 윗부분 나무와 《오운결루도》의 중간 부분 연분홍 잎과 같이, 가로 또는 세로로 점을 찍어 그리지 않은 잎은 점을 찍고 그 주위에 쌍고리처럼 둥글게 테두리를 쳤다.

잎이 없는 모습을 '겨울 숲[寒林]'이라 하고, 몇 개의 점을 찍어 잎을 그린 모습을 '초겨울[初冬]'이라 한다. 잎이 드문 모습을 '깊은 가을[深

無葉謂之"寒林", 數點謂之"初冬", 葉稀謂之"深秋", 一徧[38]點謂之"秋林", 積墨謂之

135 《畫訣》(《叢書集成初編》 1642, 4쪽).

[38] 徧 : 저본에는 "編". 《畫訣》에 근거하여 수정.

秋]'이라 하고, 한결같이 점이 이어져 있는 모습을 '가을 숲[秋林]'이라 한다. 먹을 쌓아 놓은 모습을 '무성한 숲[茂林]'이라 하고, 작은 점들이 나무 끝에 붙어 있는 모습을 '봄 숲[春林]'이라 한다. 공현《화결》[136]

"茂林", 小點著於樹杪謂之"春林". 同上

사마귀의 다리 모양과 같이 굽은 나뭇가지를 그릴 때는 가지마다 서로 비슷하게 그리는 것을 가장 피해야 한다. 이것을 범하는 것을 '판박이[刻板]'라 하는데, 오직 필법을 사용하면 이러한 잘못은 없어진다. 공현《화결》[137]

俯螳螂枝最忌枝枝相似, 犯此謂之"刻板", 惟用筆法卽無此病㊴. 同上

나무를 그리는 법은 사계절의 무성함과 쇠락에 관계없이 나무 1그루를 그리더라도 높낮이가 있어야 하고, 성김과 빽빽함이 있어야 한다. 점을 찍어 나뭇잎을 그린 필치가 위쪽에서 빽빽하면 아래에선 반드시 성겨야 하고, 왼쪽이 성기면 오른쪽이 반드시 빽빽해야 한다. 나무 1그루에서 들쑥날쑥한 기세를 얻고, 나무 2그루가 서로 교차하는 곳에서 자연스럽게 운치가 있으면, 여러 나무로 가득한 숲을 그리더라도 좋은 위치를 이

畫樹之法, 無論四時榮落, 畫一樹須高下、疏密. 點筆密於上, 必疏於下; 疏其左, 必密其右. 一樹得參差之勢, 兩樹交挿, 自然有致, 至數滿樹㊵林, 亦成好位置.《山靜居畫論》

136 《畫訣》(《叢書集成初編》 1642, 4쪽).

137 《畫訣》(《叢書集成初編》 1642, 6쪽).

㊴ 病 : 저본에는 "法".《畫訣》에 근거하여 수정.

㊵ 滿樹 : 저본에는 "樹滿".《山靜居畫論·上》에 근거하여 수정.

룰 수 있다.《산정거화론》[138]

나무를 그릴 때 사방을 풍성하게 그릴 경우, 한쪽 부분만이라도 나무의 허(虛)와 실(實)을 그리면 좋아 보이기는 하지만 한쪽만 그럴 뿐이다. 하지만 나무를 그릴 때 비울 곳은 비우고 채울 곳은 채운다면 사방에 형세가 있게 된다.《산정거화론》[139]

畫樹四圍滿, 雖好只一面 ; 畫樹虛實之, 四面有形勢. 同上

일반적으로 나무를 그릴 때 멀고 가까움, 크고 작음에 관계없이, 양쪽에서 서로 만나는 곳은 용필을 모호하게 해선 안 된다. 서로 만나는 곳은 용필과 정신이 정밀하게 표현될 경우 저절로 서로 구분된다.《산정거화론》[140]

凡寫樹無論遠近、大小, 兩邊交接處, 用筆模糊不得. 交接處, 用筆神彩精綻, 自分彼此. 同上

점을 찍어 나뭇잎을 그릴 때는 짙게 그렸다가 바로 옅게 그렸다가 하지만, 한 기운으로 그려야 한다. 한 기운으로 그린다면 먹의 기운이 부드럽고 광택이 나며 신묘한 변화가 생겨, 자연스럽게 생동할 것이다. 동기창은 "동원이 잡목을 그릴 때에는, 뿌리를 드러내고 점으로 잎을 찍어 나무의 높고 낮음과 살찌고 수척함을 표현함으로써만

點葉隨濃隨淡, 一氣落筆. 一氣落筆, 墨氣和澤, 有神妙, 自生動. 董思翁云 : "北苑畫雜樹, 但露根而以點葉高下、肥瘦, 取其成形. 此米畫之祖, 最爲高雅." 同上

138 《山靜居畫論》 上(《叢書集成初編》 1644, 7쪽).

139 《山靜居畫論》 上(《叢書集成初編》 1644, 7쪽).

140 《山靜居畫論》 上(《叢書集成初編》 1644, 7쪽).

나무의 온전한 형태를 만들었다. 이 방법이 바로 미불 그림의 선구이며 가장 고아한 것이다."고 말하였다. 《산정거화론》[141]

동기창(董其昌)의 《집고수석화고(集古樹石畫稿)》(부분)(베이징 고궁박물원)
이 그림은 자유롭게 그린 밑그림이다. 소나무와 측백나무, 잡목, 갈대와 억새, 수초, 그리고 언덕과 바위, 여울, 정자, 초가집 및 정원과 인물을 그렸고, 마지막에는 황공망과 예찬의 산수로 마무리하였다. 이 중 나무 그리는 법이 특히 다양하게 묘사되어 있어서, 동기창이 "동원이 잡목을 그릴 때에는, 뿌리를 드러내고 점으로 잎을 찍어 나무의 높고 낮음과 살찌고 수척함을 표현함으로써만 나무의 온전한 형태를 만들었다."고 한 수지법을 알 수 있다.

동기창은 "나무를 그릴 때에는 반드시 나무줄기를 위에서 아래로 그리되, 곳곳마다 굽고 꺾어지게 하여야 한다. 한 그루 나무에도 직필(直筆)을 하나라도 사용해선 안 된다. 나무를 그릴 때에는 허(虛)와 실(實)로만 기세를 취하면서 누르고 꺾는데, 붓을 사용하면서 곧바르게 해야 할 곳에서는 굽게 해선 안 되고, 굽게 해야 할 곳에선 곧

董思翁云 : "畫樹必使株幹自上至下, 處處曲折. 一樹之間, 不使一直筆. 畫樹只須虛實, 取勢頓挫, 涉筆應直處不可屈, 應屈處不可直. 法以巧拙參用, 乃得之." 同上

141 《山靜居畫論》上(《叢書集成初編》1644, 7쪽).

바르게 해선 안 된다. 이러한 화법은 기교의 뛰어남과 미숙함을 함께 사용해 얻을 수 있다."고 말하였다.《산정거화론》[142]

점을 찍어 나뭇잎을 그릴 때는 더욱 손에 익숙해지도록 해야, 나무에 잘 정돈된 곳이 있고 속기 없이 깨끗한 곳이 있게 된다. 붓을 사용할 때 붓을 거두어들이거나 펼치는 것이 합당해야 한다.《산정거화론》[143]

點葉尤須手熟, 有均整處, 有灑落處. 用筆時, 有收放得宜. 同上

마른 나무에는 아래로 드리운 가지와 위로 올려다보는 가지가 있는데, 올려다보는 가지는 사슴뿔 같고 드리운 가지는 바닷게의 발 같다.[144] 이성(李成)과 범관(范寬)은 위로 올려다보는 나뭇가지를 많이 그렸고, 곽희(郭熙)와 이당(李唐)[145]은 아래로 드리운 나뭇가지를 많이 그렸다.

枯樹有垂枝、仰枝, 仰爲鹿角, 垂爲蟹爪. 李成、范寬多作仰枝, 郭熙、李唐多作垂枝. 後人率變通爲之. 同上

---

142 《山靜居畫論》上(《叢書集成初編》1644, 7쪽).

143 《山靜居畫論》上(《叢書集成初編》1644, 7쪽).

144 올려다보는……같다 : 나무를 그릴 때 작은 나뭇가지가 모두 위로 향하면 그 형상이 사슴뿔과 같아서 '녹각수(鹿角樹)'라고 부르고, 작은 나뭇가지가 아래로 향하면 바닷게의 발과 같은 형상이어서 '해조수(蟹爪樹)'라고 부른다.

145 이당(李唐) : 1066~1150. 중국 남송의 화가. 자는 희고(晞古). 하양(河陽)의 삼성(三城) 사람이다. 휘종조 때 화원에 들어갔고, 고종이 남도하였을 때에는 이당도 유랑하다가 임안(臨安)에 도달하였다. 후에 성충랑(成忠郎)을 제수받고, 화원대조(畫院待詔)가 되었으며, 금대(金帶)를 하사받았다. 이때 나이는 이미 팔십에 가까웠다. 그림은 산수를 잘하였으며, 형호(荊浩)와 범관(范寬)의 법을 변화시켜 스스로 일가를 이루었다. 만년에는 대부벽준(大斧劈皴)이라는 용필법을 창시하였다. 이당을 배운 유력한 화가들에 의해 남송원체(南宋院體) 산수화가 형성되었다. 유공년·마원·하규와 함께 남송 4대화가로 불린다.

후세 화가들은 대체로 이 둘을 변통해서 사용하였다.《산정거화론》[146]

이성(李成)의 《청만소사도(晴巒蕭寺圖)》(위)와 곽희(郭熙)의 《계산추제도(溪山秋霽圖)》(아래)에 나오는 나무 모습이다. 곽희는 이성에게 배워 화북산수를 집대성하였고, 후대에는 이성의 '이'와 곽희의 '곽'를 합쳐 이곽파라 불렀다. 그들은 똑같이 겨울나무를 해조묘법으로 그렸지만, 그리는 방법에서는 서로 차이가 있다. 두 작품에서 보듯, 이성의 작품에는 위로 올려다보는 나뭇가지가 많고, 곽희의 작품에는 아래로 드리운 나뭇가지가 많다.

146 《山靜居畫論》上(《叢書集成初編》1644, 8쪽).

옛사람은 "무리를 이룬 나무를 그릴 때 반드시 마른 나무를 삽입하여 소통하도록 해야 한다."고 말하였는데, 이는 화폭을 숲과 나무로 가득 채우고 소통시키지 않으면 경치를 배치하기가 쉽지 않다는 의미일 것이다. 그러나 무리를 이룬 나무를 그릴 때에도 성기거나 빽빽한 형세를 교대로 삽입해야만, 산과 개울, 촌락도 쉽게 숨거나 드러나도록 표현할 수 있다.《산정거화론》[147]

昔人謂"畫叢樹, 必插枯枝以疏通之", 意謂㊶林木塞實, 不疏通不易佈景也. 然畫叢樹, 亦必須有交插疏密之勢, 山溪村落, 亦易於隱顯出之. 同上

언덕 사이의 나무는 가지와 잎이 무성하면서도 가지런하고, 바위 위의 가지는 기세가 성대하여 거만한 듯하다. 작은 나무는 들쑥날쑥하되 한쪽으로만 늘어세우기를 피하고, 빽빽한 숲은 무성하게 그리되 특히 가지를 교차시키는 것이 좋다. 빽빽한 잎에 마르고 크기가 엇비슷한 나뭇가지를 우연인 듯 끼워 놓아 문득 생동하는 정취를 더하게 하고, 얽혀 있는 나무줄기에 간혹 벗겨지고 깎여 나간 부분을 만들어 더욱 오래되어 푸르스름한 모습을 나타낸다.

坡間之樹扶疏, 石上之枝偃蹇. 短樹參差, 忌排一片；密林蓊翳, 尤喜交柯. 密葉偶間枯槎, 頓添生致；紐㊷幹或生剝蝕, 愈見蒼顔.

나뭇잎이 울창하거나 마른 이유는 잎이 일찍 생겼느냐 늦게 생겼느냐의 차이 때문이고, 나뭇가지가 쭉 뻗거나 굽은 이유는 대부분 줄기가 뻗

菀枯或因發葉之早遲, 舒屈多由引幹之老稚. 一本之穿插掩映, 還如一林；一林之

147 《山靜居畫論》上(《叢書集成初編》1644, 8쪽).

㊶ 謂 : 저본에는 "爲".《山靜居畫論 · 上》에 근거하여 수정.

㊷ 紐 : 저본에는 "細".《畫筌》에 근거하여 수정.

은 것이 오랜 기간 동안 뻗었느냐 아니냐의 차이 때문이다. 한 그루 나무에 나뭇가지들이 서로 교차하면서 가리기도 하고 드러내기도 하는 모습은 또한 한 숲에서의 모습과 같고, 한 숲에서 나무들이 서로 기대고 양보하면서 위에 있기도 하고 아래에서 떠받치기도 하는 모습은 완연히 나무 한 그루에서의 모습과 같다. 정면의 가지와 측면의 가지에는 기세가 통해야[透] 생동할 수 있고, 나뭇잎 아래와 꽃 사이에는 빛이 잘 스며들어야[漏] 공간이 확 트이게 된다. 기세가 통하면 모습이 자질구레하여도 긴 듯 보이고, 빛이 잘 스며들면 모습이 비대하여도 마른 듯 보인다.[148]【평론 나무 하나 숲 하나에서 나뭇가지를 통하게 하고 빛을 스며들게 하는 방식은 나무를 그리는 비결이며, 이전 사람들이 전하지 못한 것이다.】

倚讓乘承, 宛同一本. 正標側杪, 勢以能透而生 ; 葉底花間, 影以善漏而豁. 透則形脞而似長, 漏則體肥而若瘦.【評 一本一林, 透漏之法, 畫樹秘訣㊸, 前人所不傳.】

구름 속의 나무줄기는 그림자인 듯하고, 달 아래의 나뭇가지는 색이 없다. 빗속의 나뭇잎은 어두우면서도 빗물이 뚝뚝 떨어지고, 바람 속의 나뭇가지는 무리를 지어 바람에 흔들리면서 한쪽으로 쏠리는 듯하다. 봄 나뭇가지는 우뚝 빼어나

煙中之幹如影, 月下之枝無色. 雨葉暗而淋漓, 風枝亞而搖曳. 春條擢秀, 夏木垂陰 ; 霜枝葉零, 寒柯枝瑣. 幽巖古栟, 老狀離奇 ; 片石疏叢, 天

148 정면의……보인다 : 원문에서 '透'와 '漏'는, 동기창이 《화안(畫眼)》에서 "옛날 사람은 '투(透)'라고 하고 '누(漏)'라고 하면서 기이한 돌을 평하였다. 나는 이것이 돌을 그리는 비결임을 알았다.(昔人評石之奇, 曰透, 曰漏, 吾以知畫石之訣, 亦畫此矣.)"라고 하였듯이, 고대에 기괴한 바위를 묘사하는 용어로 사용되었다. 달중광은 바위에서 구멍이 뚫어진 곳[透]과 오랜 시간이 지나면서 바위에 흐른 듯한 물의 흔적[漏]으로, 나뭇가지에서 기세가 서로 통하여 생동하는 것과 잎과 꽃 사이로 빛이 스며들어 공간이 확 트여 보이는 효과를 내고 있다.

㊸ 訣 : 《畫筌》에는 "要".

고, 여름 나무는 그늘을 드리우고, 서리 맞은 가을의 나뭇가지에서는 잎이 떨어지며, 겨울의 나뭇가지는 자잘하다. 그윽한 바위 곁에 있는 오래된 그루터기는 늙은 형상을 하며 기이하고, 조각난 바위 주변의 성긴 나무 무리는 꾸밈이 없이 자연스럽다. 달중광《화전》[149]

眞爛漫. 笪氏《畫筌》㊹

나무를 그릴 때에는 나무마다 각각 구별하여 다르게 그려야 한다. 가령 소상도(瀟湘圖)[150]를 그리는 경우에는 의취가 아득히 멀어 보일 듯 말 듯하는 데에 있으므로, 큰 나무 및 근경의 나무 무리를 그려서는 안 된다.

畫樹木各有分別. 如畫瀟湘圖, 意在荒遠滅沒, 卽不當作大樹及近景叢木㊺.

149 《畫筌》(《中國書畵全書》 8, 692~693쪽).

150 소상도(瀟湘圖) : 중국의 호남성(湖南省) 동정호(洞庭湖)의 남쪽에 있는 소수(瀟水)와 상수(湘水)가 합류하는 주변을 소상(瀟湘)이라 한다. 이곳의 뛰어난 자연 경관을 주제로 그린 그림을 '소상도'라 하며, 그중에서 계절과 풍광에 따라 8개의 주제로 나누어 그린 그림은 '소상팔경도'라 한다. 이성(李成) 화파의 문인화가인 송적(宋迪)이 1063년[가우(嘉祐) 8년] 이곳을 방문하여 그림을 그린 이후 산수화의 주제가 되었다는 설과, 송적 이후 11세기 말에서 12세기 초에 나타난 회화 제재였다고 하는 설이 있다. 전해지는 작품으로는 남송 초기에 왕홍(王洪)이 그린《소상팔경도권(瀟湘八景圖卷)》(프린스턴대학 소장), 12세기 중반 동원·거연 화파의 무명 화가 이씨(李氏)가 그린《소상와유도권(瀟湘臥遊圖卷)》(도쿄국립박물관 소장), 목계(牧谿)가 그렸다고 전해지는《소상팔경도권》[도쿄 근진미술관(根津美術館) 소장]이 유명하다. 고려시대에 그리기 시작한《소상팔경도》는 조선 전 시기에 걸쳐 많이 그려졌는데, 안견이 그렸다고 전해지는 작품 말고도 많은 그림이 그려졌음을 문집에 남아 있는 글들을 통해 확인할 수 있다.《소상팔경도》의 제목은 ① 산시청람(山市晴嵐), ② 연사모종(煙寺暮鐘), ③ 원포귀범(遠浦歸帆), ④ 어촌석조(漁村夕照), ⑤ 소상야우(瀟湘夜雨), ⑥ 동정추월(洞庭秋月), ⑦ 평사낙안(平沙落雁), ⑧ 강천모설(江天暮雪) 이상 8가지이다.

㊹ 笪氏《畫筌》: 저본에는 "同上".《畫筌》에 근거하여 수정.

㊺ 木 : 저본에는 "本".《畫禪室隨筆·畫訣》에 근거하여 수정.

이씨(李氏)의 《소상와유도(瀟湘臥遊圖)》(부분)(일본 도쿄국립박물관)
소상(瀟湘)에 관련된 그림은 오대 동원의 《소상도(瀟湘圖)》 이후 송적의 《소상팔경도》, 소식의 《소상죽석도(瀟湘竹石圖)》를 거쳐 남송 시대에 많이 그려진다. 이 그림은 운곡(雲谷)이라는 노승이 30여 년간 여러 산을 여행한 끝에 오흥(吳興) 금두산(金斗山)에 은거하였지만, 소상 지역을 방문하지 못한 것이 아쉬워 서성(舒城) 출신의 무명 화가 이씨에게 그려 달라고 한 것이다. 산과 강이 얽힌 소상의 경치를 높은 데서 내려다보는 부감법으로 그렸는데, 물기가 풍부한 구름이 이어지고 산과 나무는 윤택한 먹으로 윤곽 없이 그렸다. 아득히 멀어 보일 듯 말 듯하는 데에 소상의 의취가 있기 때문에 큰 나무 및 근경의 나무 무리를 그리지 않았다.

또 가령 정자가 있는 정원의 경치를 그리는 경우에는, 갯버들·버드나무·오동나무·대나무 및 오래된 전나무와 푸른 소나무를 그릴 수 있다. 그러나 정자가 있는 정원의 이런 나무를 산속의 거처로 옮겨 놓는다면 당장 어울리지 않을 것이다.

如園亭景, 可作楊、柳、梧、竹及古檜、青松. 若以園亭樹木移之山居, 便不稱矣.

'연이은 깊은 산과 층층으로 높다란 봉우리들[重山複嶂]'[151]의 나무를 그린다면 또한 곧은 나뭇가지와 곧은 나무줄기에 찬점(攢點)[152]을 많이

若重山複嶂樹木, 又別當直枝、直幹, 多用攢點. 彼此相籍, 望之模糊鬱蔥, 有猿啼虎

151 연이은……봉우리들[重山複嶂] : 중산첩장(重山疊嶂)이라고도 한다. 왕유와 동기창은 모두 《중산첩장도》를 그렸다.

152 찬점(攢點) : 태점(苔點)처럼 점을 찍는 기법의 하나로서, 나무를 그릴 때 많이 사용하는 방법이다.

사용해야 한다. 나무들이 서로 의지하여, 그것을 바라볼 때에 모습이 모호하면서 울창하여, 숲에 들어가면 마치 '원숭이의 울부짖음과 호랑이의 포효[猿啼虎嘷]'[153]가 들리는 듯하게 해야 어울린다. 봄·여름·가을·겨울 및 바람 불 때와 맑게 개었을 때, 비 올 때와 눈 내릴 때의 경우도 상황에 어울리게 그려야 함은 말할 나위가 없다.《논화쇄언》[154]

嘷之狀[46], 乃稱. 至如春夏秋冬, 風晴、雨雪, 又不待言也.《論畫瑣言》[47]

동원이 나무를 그릴 때 작은 나무는 그리지 않은 경우가 많은데,《추산행려도(秋山行旅圖)》[155] 같은 그림이 그것이다.

董北苑畫樹, 都有不作小樹者, 如《秋山行旅》是也.

153 원숭이의……포효[猿啼虎嘷] : 원제호소(猿啼虎嘯)라고도 한다. 북송 범중엄(范仲淹, 989~1052)의《악양루기(岳陽樓記)》에 "날이 저물어 어둑어둑해지면 호랑이가 포효하고 원숭이가 울부짖는다.(薄暮冥冥, 虎嘯猿啼.)"라는 구절이 있다.

154 《畫禪室隨筆》 卷2 〈畫訣〉(《中國書畵全書》 3, 1014쪽) ; 《畫禪室隨筆》 卷2 〈畫訣〉(欽定四庫全書).

155 추산행려도(秋山行旅圖) : 동기창이 소장한 동원의 작품. 《도화견문지》나 《선화화보》의 동원 작품 목록에는 기록되어 있지 않다. 동기창은 원말 왕몽의 《방동원추산행려도(倣董源秋山行旅圖)》에 "동원의 《추산행려도》는 먼저 내가 소장한 것인데, 이 작품을 보니 완전히 동원에서 비롯된 것이며, 확실히 본 학파의 준법을 변화시키지 않은 왕몽의 걸작이다. 정묘년(1627) 음력 동짓달 19일, 동기창 쓰다.(黃鶴山樵倣董源秋山行旅圖. 秋山行旅圖, 先在余收藏, 及觀此筆, 全從北苑出, 實叔明未變本家皴時傑作也. 丁卯子月十九日, 其昌.)"라 썼다.

[46] 之狀 : 《畫禪室隨筆·畫訣》에는 "者".

[47] 論畫瑣言 : 저본에는 "同上". 《畫禪室隨筆·畫訣》에 근거하여 수정.

왕몽의 《방동원추산행려도(倣董源秋山行旅圖)》(타이베이 고궁박물원)
이 작품이 실려 있는 《소중현대》에는 12명의 송원시대 유명 화가의 작품을 임모한 22작품과 이에 대한 동기창의 제발이 있다. 이 작품에 대한 동기창의 제발에는 동기창 자신이 동원의 《추산행려도(秋山行旅圖)》를 가지고 있었는데, 이 작품은 동원의 작품에서 나왔다고 확증하였다. 왕몽이 모작한 동원의 《계안도》와 유사한 형식으로 그렸고, 이끼를 그린 점점과 산과 바위의 피마준법 등 동원의 화법이 보이며, 원경의 산 정상에 거연이 즐겨 사용한 반두준도 있다.

또 작은 나무를 그릴 때도 있는데, 그것은 다만 멀리서 바라보면 나무와 흡사하지만 실제는 연이어 찍은 점에 의지하여 형태를 만든 것이다. 나는 이것이 곧 미불이 만든 낙가법(落茄法)[156]의

又有作小樹，但只遠望之似樹，其實憑點綴以成形者．余謂"此卽米氏落茄之源委．" 蓋小樹最要淋漓約略，簡於枝

156 낙가법(落茄法) : 채소의 하나인 가지를 떨어뜨리듯이 먹을 찍는 기법을 말하며, 미불의 미점준(米點皴)을 가리키는 것으로 여겨진다.

기원이라고 생각한다. 대개 작은 나무는 먹이 진하여 생기가 있으면서 간략하게 그려야 한다. 이때 나뭇가지는 간결하게 하면서 전체적인 모양새는 무성하게 해야 한다. 탁문군(卓文君)[157]과 같은 아름다운 여인의 눈썹과 검은 눈썹 화장의 색[158]이 서로 조화를 이루는 것처럼 한다면 뛰어난 솜씨라 할 수 있다.《논화쇄언》[159]

柯[48]而繁於形影. 欲如文君之眉, 與黛色[49]相參合, 則是高手也. 同上

구름 낀 숲과 평원의 묘미는 이성(李成)으로부터 시작되었다. 솔잎을 그린 것은 '찬침(攢針)'[160]이라고 하는데, 붓질은 선염을 하지 않아 담백하여, 저절로 무성한 모습이 있었다. 관(關)【안 관동(關同)을 가리킨다.】이 나뭇잎을 그릴 때, 간간이 먹을 사용하여 차츰차츰 물들이면서, 때때로 마른 나무의 끝을 그렸는데, 마른 나무를 그린 필치가 힘이 있고 날카로웠다. 이러한 경지는 배우는 자가 도달하기 어렵다. 범(范)【안 범관(范寬)

煙林、平遠之妙, 始自營邱. 畫松葉謂之攢針, 筆不染淡, 自有榮茂之色. 關【案 指關同.】畫[50]木葉, 間用墨揾, 時出枯梢, 筆蹤勁利, 學者難到. 范【案 指范寬.】畫林木, 或側或欹[51], 形如偃蓋, 別是一種風規.《圖畫見聞志》

---

157 탁문군(卓文君) : ?~?. 한대(漢代)의 부호(富豪)인 탁왕손(卓王孫)의 딸로, 유명한 문장가인 사마상여(司馬相如)의 부인이 되었다. 작품으로는《백두금(白頭吟)》과《수자시(數字詩)》가 전해진다.

158 검은……색 : 원문의 '黛'는 눈썹을 그리는 청흑색 먹이나 청흑색 먹으로 그린 눈썹을 말한다. 여기에서는 눈썹 그리는 먹을 의미한다.

159《畫禪室隨筆》卷2〈畫訣〉(《中國書畫全書》3, 1014쪽) ;《畫禪室隨筆》卷2〈畫訣〉(欽定四庫全書).

160 찬침(攢針) : 이성의 소나무 그림에서 솔잎을 가는 바늘을 모아 놓은 듯 촘촘하게 그리는 화법을 말한다.

[48] 柯 : 저본에는 "杪".《畫禪室隨筆 · 畫訣》에 근거하여 수정.

[49] 色 : 저본에는 "也".《畫禪室隨筆 · 畫訣》에 근거하여 수정.

[50] 畫 : 저본에는 앞 안설의 "指"와 "關" 사이에 적혀 있음.《圖畫見聞志 · 論三家山水》에 근거하여 수정.

[51] 或欹 : 저본에는 없음.《圖畫見聞志 · 論三家山水》에 근거하여 보충.

을 가리킨다.】이 숲과 나무를 그릴 때 어떤 것은 치우치고 어떤 것은 기울어져서 형상이 우산을 펼친 것 같았는데, 뭇 화가들의 화풍과 다른 일종의 뛰어난 풍격이었다.《도화견문지》[161]

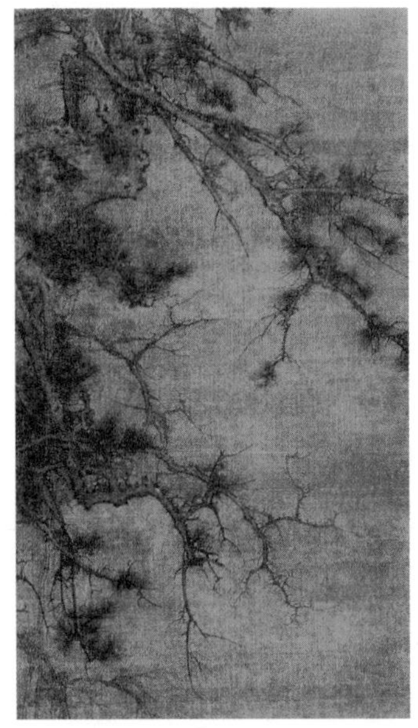

이성(李成)의 《한림기려도(寒林騎驢圖)》와 부분도(미국 뉴욕 메트로폴리탄미술관)
근경에 높은 소나무가 하늘 높이 솟아 있고 그 밑에 문인이 나귀를 타고 가며 앞뒤로 시동이 따르고 있다. 평원이 전개되는 중경과 원경은 공기원근법으로 흐릿하게 표현하여 깊이를 더하고 있다. 이렇게 "구름 낀 숲과 평원의 묘미는 이성으로부터 시작되었다." 예리한 선으로 섬세하게 그린 오래된 소나무는 덩굴이 감겨 올라가고 솔잎은 찬침법으로 무성하게 그렸다. 본문에는 "붓질은 선염을 하지 않아 담백하여, 저절로 무성한 모습이 있었다."고 하였는데, 담채를 살짝 하여 더욱 무성하게 보인다.

161 《圖畫見聞志》 卷1 〈論三家山水〉(《中國書畫全書》 1, 469~470쪽);《圖畫見聞志》 卷1 〈論三家山水〉(欽定四庫全書).

18) 잘못된 그림들 論疵病

나무에 겉과 속이 없으면 나무를 숨기거나 드러내는 방법을 알지 못하는 것이다. 또 산에 음과 양의 표현이 적으면 어찌 '바림과 준법[皴擦]'[162]의 비결을 알겠는가? 물은 완만하게 흐르도록 하면 세차게 흐르도록 그리기 어렵고, 나무는 뿌리를 너무 일찍 그리면 나중에 방향을 수정하여 변화시킬 방도가 없게 된다. 폭포는 처마의 낙수와 같이 그리면 곧바로 쏟아져 정취가 없어지고, 바윗덩어리는 하나같이 흙더미와 같이 그리면 형태가 모호하여 골법(骨法)이 적어진다. 언덕이 넓게 펼쳐져 있는데 바위를 거대하게 그리면 높은 산은 도리어 작은 언덕과 같이 되고, 길이 곧바른데 모래섬을 거칠게 그리면 먼 땅은 오히려 가깝게 있는 것처럼 된다.

樹無表裏, 不知隱見之方；山少陰陽, 豈識渲皴之訣? 水遲引導, 難以奔流；樹早生根, 無從轉換. 瀑水若同簷溜, 直瀉無情；石塊一似土坏, 摸稜少骨. 坡寬石巨, 崇山翻似培塿；道直沙纚, 遠地猶同咫尺.

평평한 지형은 원통형의 책상과 같은 모양을 싫어하고, 산은 참외처럼 굴곡이 생긴 형상을 꺼린다. 땅이 얇은데 절벽이 위태로우면 안정감 있지 못하고, 산봉우리가 높은데 나무가 웅장하면 잘 어울리지 않는다. 산 가까이의 평평한 밭은 절

坪憎桶案之形, 山厭瓜稜之狀. 地薄崖危未帖, 峯高樹壯非宜. 近山平田, 患其壁立；離村列樹, 勿似籬橫. 挺然者樹容, 木本毋同草本[52]；油然

---

162 바림과 준법[皴擦] : 《임천고치》에 "수묵으로 두세 번 적시는 것을 바림이라 하고(以水墨再三而淋之謂之渲)" "예리한 붓으로 옆으로 눕혀 끌 듯하여 취하는 것을 준찰이라 한다.(以銳筆橫臥惹惹而取之謂之皴擦)"라고 정의하였다. 준찰은 산수와 바위를 표현하는 필법으로, 일반적으로 준법이라 한다.

[52] 本 : 저본에는 "木". 《畫筌》에 근거하여 수정.

벽처럼 서 있게 그릴까 걱정하고, 마을 멀리 줄지은 나무들은 울타리처럼 늘어지게 그리지 마라. 우뚝 솟은 것이 나무의 모습이니 나무를 풀처럼 그려선 안 되며, 쑥쑥 자란 것도 나무의 모습이니 자라나는 나뭇가지를 벌목한 나뭇가지처럼 그려선 안 된다. 산봉우리가 웅장하며 빼어나면 숲과 나무를 성기게 그려선 잘 어울리지 않는다. 섬이 고적하고 맑으면 집을 어찌 뒤섞여 그릴 수 있겠는가. 달중광《화전》[163]

者樹色, 生枝休似伐[53]枝. 峯巒雄秀, 林木不合蕭疏; 島嶼孤淸, 屋舍豈宜叢雜? 笪氏《畫筌》

19) 소나무 그리는 법

畫松法

솔잎은 두꺼워야 한다. 공현《화결》[164]

松葉宜厚. 龔氏《畫訣》

소나무를 그릴 때는 곧바른 산 정상보다 평평한 산 정상에 많이 그린다. 공현《화결》[165]

畫松, 平頂多於直頂. 同上

소나무는 버드나무와 서로 정반대가 되게 그린다. 버드나무는 아래에서 나뭇가지가 나뉘도록 그리지만, 소나무는 나무 끝에 가지를 그린다. 버

畫松正與畫柳相反, 畫柳從下分枝, 畫松枝在樹杪. 柳枝向上, 松枝兩分. 畫柳根多,

163 《畫筌》(《中國書畫全書》 8, 693쪽).

164 《畫訣》(《叢書集成初編》 1642, 5쪽).

165 《畫訣》(《叢書集成初編》 1642, 6쪽).

[53] 伐 : 저본에는 "代". 《畫筌》에 근거하여 수정.

드나무 가지는 위로 향하지만, 소나무 가지는 양쪽으로 나뉜다. 버드나무는 뿌리를 많이 그리지만, 소나무는 뿌리를 적게 그린다. 소나무는 곧바르게 그려야 하지만, 버드나무는 기울게 그려야 한다. 솔잎은 평평하게 그려야 한다. 공현《화결》[166]

畫松根少. 松宜直, 柳宜欹, 松針宜平. 同上

소나무·삼나무·전나무·측백나무를 그릴 때는 형세를 대략 서로 비슷하게 그리고, 나뭇가지와 껍질을 그릴 때 사용하는 필치가 다를 뿐이다. 붓을 사용하면 기교적으로 서툴게 한 곳도 있어야 하고 완숙하게 한 곳도 있어야 한다. 만약 한결같이 굽고 휘고 두르고 돌려서 형세를 취하기만 한다면, 이는 바로 속된 격식으로 빠져들게 된다. 당연히 기교적으로 완숙하게 하면서 기묘함을 얻어야 하고, 서툴게 하면서 예스러운 기운에 들어서야 한다.《산정거화론》[167]

畫松、杉、檜、柏, 立勢大約相類, 枝皮用筆不同耳. 涉筆須要有拙處, 有巧處. 若一味屈曲、蟠旋取勢, 便入俗格. 當思巧以取奇, 拙以入古.《山靜居畫論》

소나무를 그릴 때, 옛사람은 형세를 만들 경우에는 평평하고 바르게 많이 그리고, 법도를 취할 경우 기이한 것을 숭상하지 않았다. 나뭇가지를 그릴 때에도 나뭇가지의 위와 아래, 허와 실이 적절함을 얻도록 해야 한다. 나무의 주요한 기세에

畫松古人立勢率多平正, 取法不以奇怪爲尙. 發枝亦須上下、虛實得宜. 主樹勢有虛實, 襯樹隨處生發位置. 同上

166 《畫訣》(《叢書集成初編》 1642, 6쪽).

167 《山靜居畫論》 上(《叢書集成初編》 1644, 8쪽).

는 허와 실이 있어야 하고, 주변의 가까운 나무도 장소에 따라 위치를 생동적으로 그려야 한다.《산정거화론》[168]

옛사람이 소나무와 측백나무를 그릴 때는 많은 경우 모두 평평하고 바른 기세를 취하고, 숲 사이에 가옥·다리·정자를 배치하여 위치를 변화시켰다. 기이하게 꼬불꼬불 얽힌 형세를 그릴 경우에는 다만 기이한 돌을 옆에 놓고 급히 흐르는 여울을 굽어보도록 할 수 있을 뿐이다.《산정거화론》[169]

古人畫松、柏, 多者皆取平正之勢, 以林間可佈屋宇、橋、亭, 曲折位置也. 如作離奇盤曲[54]之勢者, 只可傍以奇石, 俯以湍流而已. 同上

솔잎을 그리는 법은 한결같지 않은데, 대체로 어지러운 것 같으면서도 어지럽지 않도록 그려야 한다. 필력은 시원스럽게 펼쳐지도록 오묘하게 하면서, 솔잎의 형태를 세밀하고 분명하게 그리려 애쓰지 않는다.《산정거화론》[170]

松針法不一, 總須似亂非亂. 筆力爽朗爲妙, 不難於刻畫分明也. 同上

168 《山靜居畫論》上(《叢書集成初編》1644, 8쪽).

169 《山靜居畫論》上(《叢書集成初編》1644, 8쪽).

170 《山靜居畫論》上(《叢書集成初編》1644, 8쪽).

[54] 曲 : 저본에는 "谷".《山靜居畫論·上》에 근거하여 수정.

20) 버드나무 그리는 법

송나라 사람들은 늘어진 버드나무를 많이 그렸고, 또 그들 작품에는 잎을 점으로 처리한 버드나무도 있다. 늘어진 버드나무는 그리기 어렵지 않지만, 다만 나뭇가지 끝을 나누어서 기세를 얻어야만 한다. 버드나무 잎을 점으로 그리는 오묘함은 나무 끝부분의 둥글게 펼쳐지는 곳에 달려 있다. 다만 녹색 물감으로 살짝 물들게 하고, 또 한쪽으로 쏠리면서 흩어지게 그려 바람을 맞아 흔들리거나 흩날리는 느낌이 있어야 한다. 가지는 절반은 밝고 절반은 어두워야 한다.[171] 또 2월(음력)의 버드나무는 가지를 드리우지 말아야 한다. 9월(음력)의 버드나무는 시들어 잎이 떨어지게 그려야 한다. 이러한 것들은 모두 혼동해서는 안 되는 것이다. 채색할 때도 이러한 뜻을 알아야 한다.《논화쇄언》[172]

寫柳法

宋人多寫垂柳, 又有點葉柳. 垂柳不難畫, 只要分枝頭[55]得勢耳. 點柳葉[56]之妙, 在樹頭圓鋪處, 只以汁綠漬出, 又要森蕭[57], 有迎風搖颺[58]之意. 其枝須半明半暗. 又春二[59]月柳[60]未垂條, 秋九月柳已衰颯, 俱不可混. 設色亦須體此意也.《論畫瑣言》

171 절반은……한다 : 원문의 '明'과 '暗'은 빛에 의한 명암을 말하는 것이 아니다. 동기창의 경우 명은 용필에 의해 형상을 분명하게 나타내는 것이고, 암은 용묵에 의해 형상을 불분명하게 표현하는 것을 가리킨다.

172 《畫禪室隨筆》卷2 〈畫訣〉(《中國書畵全書》3, 1014~1015쪽) ;《畫禪室隨筆》卷2 〈畫訣〉(欽定四庫全書).

[55] 頭 : 저본에는 없음.《畫禪室隨筆·畫訣》에 근거하여 보충.

[56] 柳葉 : 저본에는 "葉柳".《畫禪室隨筆·畫訣》에 근거하여 수정.

[57] 蕭 : 저본에는 "梢".《畫禪室隨筆·畫訣》에 근거하여 수정.

[58] 颺 :《畫禪室隨筆·畫訣》에는 "揚".

[59] 二 : 저본에는 "三".《畫禪室隨筆·畫訣》에 근거하여 수정.

[60] 柳 : 저본에는 "樹".《畫禪室隨筆·畫訣》에 근거하여 수정.

관동(關同)의 《관산행려도(關山行旅圖)》(위)와 범관의 《계산행려도(谿山行旅圖)》(아래)의 나무와 숲을 그린 부분도이다. 관동은 둥근 모양으로 나뭇잎을 그리면서 간간이 먹을 사용하여 차츰차츰 물들이면서, 때때로 마른 나무의 끝을 그렸는데, 마른 나무를 그린 필치가 힘이 있고 날카롭다. 이에 반해 범관이 그린 숲과 나무는 치우치거나 기울어져 우산을 펼친 모양과 같다. 곽약허는 이 두 화가의 나무 그리는 법은 다른 화가들이 따라갈 수 없는 뛰어난 경지라고 하였다.

버드나무는 몸통은 짧으면서도 줄기는 길게 늘어지고, 뿌리는 멀리서 끌어오되 땅에서 나오도록 그려야 한다. 공현《화결》[173]

柳欲身短而幹長, 根宜遠引, 宜出土. 龔氏《畫訣》

버드나무 그리기가 가장 어려운데, 나는 이것을 이유방(李流芳)[174]에게 배웠다.[175] 버드나무를 그릴 때 마음속에 오로지 버드나무를 그린다고 생각하면 버드나무를 완성할 수 없다. 무엇 때문인가? 줄기는 위로 향하지도 않았는데 나뭇가지가 이미 아래로 드리워진 것이 첫째 잘못이다. 몸통 전체에 모두 작은 나뭇가지를 그린 것이 둘째 잘못이다. 줄기가 예스럽지 못하고 나뭇가지가 부드럽지 못한 것이 셋째 잘못이다. 오직 마음속에 버드나무를 그린다고 먼저 생각하지 않아야, 오래된 나무를 그릴 수 있고, 뜻대로 여러 필치를 그어도 바로 그 뜻을 얻을 수 있다. 공현《화

畫柳最不易, 余得之李長蘅. 畫柳, 若胸中存一畫柳想, 便不成柳. 何也? 幹未上而枝已垂, 一病也; 滿身皆小枝, 二病也; 幹不古而枝不弱, 三病也. 惟胸中先不著[61]畫柳想, 畫成老樹, 隨意句下數筆, 便得之矣. 同上

173 《畫訣》(《叢書集成初編》 1642, 6쪽).

174 이유방(李流芳): 1575~1629. 명나라 문학가이자 서화가. 자는 장형(長蘅)이고 호는 포암(泡庵)·단원(檀園)·신오거사(愼娛居士)이다. 흡현(歙縣, 지금 안휘성) 사람으로 가정(嘉定, 지금 상하이)에 살았다. 신종(神宗) 만력(萬歷) 34년(1606)에 거인(擧人)이 되었다. 시문은 경치를 묘사하여 주고받은 작품이 많고 풍격은 맑고 깨끗하며 자연스러웠다. 당시승(唐時升)·누견(婁堅)·정가수(程嘉燧)와 함께 '가정4선생'이라 칭하였다. 산수를 잘 그렸는데, 오진(吳鎭)과 황공망(黃公望)을 배워 풍격이 험준하고 시원스러우며 필력이 유창하였다.

175 버드나무……배웠다: 본문에서는 생략되었지만 공현의 《화결》에는 이 문장 뒤에 다음의 문장이 있다. "나를 따라 배운 사람이 매우 많아도, 나는 일찍이 이것을 남에게 말한 적이 없는데 지금 분명하게 다음과 같이 말한다.(從余學者甚多, 余曾未以此道示人. 今告昭昭曰.)"

[61] 著: 저본에는 "若". 《畫訣》에 근거하여 수정.

결》[176]

세상 사람들이 버드나무를 그릴 때, 나뭇가지가 그리기 어렵다는 것을 알지만, 버드나무의 형세가 몸통과 줄기를 그린 데서 결정됨을 모른다.[177] 몸통과 줄기를 그릴 때에는 똑같이 가지런하게 그려선 안 되며, 텅 비거나 가득 채우거나 들쑥날쑥하게 그려야 한다. 특히 몸통을 따라 줄기를 만들고 줄기를 따라 나뭇가지를 그리는 것을 차례대로 첨가해야 하는데, 많이 그려야 할지 적게 그려야 할지는 형세로 헤아려야만 비로소 그 오묘함을 얻을 수 있다.《산정거화론》[178]

世人畫柳, 知難於枝條, 不知勢在株幹. 發株出幹, 不宜均整, 要虛實、參差爲之. 尤宜隨株出幹, 隨幹發條, 次第添補, 宜多宜少, 以勢度之, 方得其妙.《山靜居畫論》

21) 바위 그리는 여러 기법

畫石雜法

바위를 그릴 경우 바위 외곽에는 윤곽선을 만들고 그 안에는 바위 무늬를 그리며, 바위 무늬를 그린 뒤에 비로소 준법을 사용한다. 바위 무늬라는 것은 주름을 나타낸 것이며, 준법이라는 것은

畫石, 外爲輪廓, 內爲石紋, 石紋之後, 方用皴法. 石紋者, 皴之現者也；皴法者, 石紋之渾者也. 龔氏《畫訣》

176 《畫訣》(《叢書集成初編》 1642, 6쪽).

177 세상……모른다 : 본문에서는 생략되었지만 방훈(芳薰)의 《산정거화론》에는 이 문장 앞에 다음의 문장이 있다. "버드나무를 그릴 때 잎이 성기냐 빽빽하냐에 관계없이 또 용필은 부드러운가 강경한가에 관계없이, 다만 자연스러워야 한다. 자연스러움의 오묘함은 완숙한 습득에서 얻어지는 것이지 다른 비법이 없다.(畵柳不論疏密, 用筆不論柔勁, 只要自然. 自然之妙, 得之熟習, 無他秘也.)"

178 《山靜居畫論》 上(《叢書集成初編》 1644, 8쪽).

바위 무늬가 서로 뒤섞여 하나가 된 것이다. 공현《화결》[179]

바위는 반드시 여러 덩어리가 하나의 무리가 되도록 그리는데, 큰 바위에 작은 바위를 끼워 그릴 수 있으나, 서로 연결되어야 한다. 앞면은 한 방향으로 향하여야 하지만 바로 한 방향으로 하지 않으며, 또한 크고 작은 바위가 서로 돌아보는 것처럼 조응해야 한다. 공현《화결》[180]

石必一叢數塊, 大石間小石, 然須聯絡. 面宜一向, 卽不一向, 亦宜大小顧眄. 同上

바위 아래는 평평해야 하는데, 어떤 것은 물속에 있고, 어떤 것은 흙에서 나오지만, 모두 의지할 수 있는 토대가 있어야 한다. 오늘날 사람들이 바위를 그린 것은 모두 거꾸로 매달려 있는 듯 위태로우니, 우습구나 우서워. 공현《화결》[181]

石下宜平, 或在水中, 或從土出, 要有著落. 今人畫石, 皆若倒懸, 可笑! 可笑! 同上

바위에는 얼굴이 있고 어깨가 있고 다리가 있고 배가 있으니, 이것 또한 사람이 아래로 굽어보고 위로 올려다보고 앉아 있고 누워 있는 것과 같다. 공현《화결》[182]

石有面有肩, 有足有腹, 亦如人之俯仰坐臥. 同上

179 《畫訣》(《叢書集成初編》 1642 〈畫訣〉, 1쪽).
180 《畫訣》(《叢書集成初編》 1642 〈畫訣〉, 1쪽).
181 《畫訣》(《叢書集成初編》 1642 〈畫訣〉, 1쪽).
182 《畫訣》(《叢書集成初編》 1642 〈畫訣〉, 1쪽).

바위에는 뒷면과 앞면이 있다. 앞면에는 준(皴)을 많이 해도 뒷면에는 준을 많이 해선 안 되며, 집 또한 그러하다. 집이 있는 경물이 화면 아래에 그려져 있으면 집의 앞면이 나에게로 향하고, 경물이 위에 그려져 있으면 집의 앞면이 밖을 향하게 하는데, 바위 또한 그러하다. 공현《화결》[183]

石有背、面. 面多皴, 背不宜多皴, 惟屋亦然. 景在下, 面朝我, 景在上, 面朝外, 石亦然. 同上

바위의 앞면에는 높고 반듯한 평대(平臺)와 같은 곳이 있는데, 평대라는 것은 산이 무너져 내린 곳이다. 산이 한쪽으로 무너져 내리면 평대처럼 된다. 그러므로 평대의 무너져 내린 바위의 정면을 색칠할 때에는 녹색으로 선염하는데, 이것은 이끼나 풀을 나타내는 색이다. 녹색 곁에 선염한 붉은색은 무너져 내린 모래섬이나 흙을 나타내는 색이다. 공현《화결》[184]

石面有似平臺者, 然平臺者卽破山也. 山倒去半邊卽成平臺. 故作色平臺面染綠, 苔、草色也. 傍染赭色, 倒去沙土色也. 同上

큰 바위에 작은 바위를 끼워 그린다. 먹을 선염할 때 작은 바위는 검게 해야 하고 큰 바위는 희게 해야 한다. 공현《화결》[185]

大石間小石, 染墨小石宜黑, 大石宜白. 同上

183 《畫訣》(《叢書集成初編》 1642 〈畫訣〉, 1쪽).
184 《畫訣》(《叢書集成初編》 1642 〈畫訣〉, 2쪽).
185 《畫訣》(《叢書集成初編》 1642 〈畫訣〉, 5쪽).

정교하고 세밀한 바위는 세세한 것까지 일일이 그리기를 가장 금한다. 세세한 것까지 일일이 그리는 것은 미인도 속에 있는 물체를 그릴 때나 쓰는 방법이다. 공현《화결》[186]

玲瓏石最忌瑣碎, 瑣碎(62), 美人圖中物也. 同上

바위를 그리는 필법 또한 나무 그리는 필법과 같다. 바위 그리는 필법 가운데에는 돌리면서 꺾는 곳이 있는데 여기에서도 모가 드러나서는 안 된다. 공현《화결》[187]

畫石筆法亦與畫樹同, 中有轉折處, 勿露稜角. 同上

바윗덩어리를 그리는 경우, 위는 희게, 아래는 검게 해야 한다. 흰 부분은 햇빛을 받는 부분이고 검은 부분은 그늘진 부분이다. 바위 앞면은 평평한 부분이 많기 때문에 희게 하고, 윗부분은 해와 달을 이고 빛을 받기 때문에 희게 한다. 바위 옆은 주름이 많으며, 어떤 것은 풀과 이끼에 덮여 있고, 어떤 것은 해와 달을 보지 못해 숨겨져 그늘이 져 있기 때문에 검게 한다. 공현《화결》[188]

畫石塊, 上白下黑. 白者, 陽也 ; 黑者, 陰也. 石面多平, 故白 ; 上承日月照臨, 故白. 石傍多紋, 或草苔所積, 或不見日月爲伏陰, 故黑. 同上

바위는 함부로 거칠게 그리는 일[189]을 가장 금해야 하지만, 기교 있게 그리는 일도 옳지 않다.

石最忌蠻, 亦不宜巧. 巧近小方, 蠻無所取. 同上

---

186 《畫訣》(《叢書集成初編》 1642 〈畫訣〉, 6쪽).

187 《畫訣》(《叢書集成初編》 1642 〈畫訣〉, 1쪽).

188 《畫訣》(《叢書集成初編》 1642 〈畫訣〉, 1쪽).

189 함부로……일 : 원문의 '蠻'을 풀이한 것으로, 여기서는 법도 없이 함부로 거칠게 그리는 일을 말한다.

(62) 瑣碎 : 저본에는 없음. 《畫訣》에 근거하여 보충.

기교 있게 그리는 것은 옹졸함[190]에 가깝고, 함부로 거칠게 그리는 것은 취할 바가 없다. 공현《화결》[191]

바위는 네모나게 그려서는 안 되는데, 네모나면 널빤지 모양에 가깝기 때문이다. 특히 둥글게 그려서도 안 되는데, 둥글게 그리면 어떤 물체가 되겠는가? 바위 그리는 오묘함은 네모나지 않고 둥글지 않은 가운데에 있다. 공현《화결》[192]

石不宜方, 方近板；更不宜圓, 圓爲何物? 妙在不方不圓之間. 同上

바위를 그릴 때의 용필법은 글씨를 쓸 때의 용필법과 완전히 비슷하다. 곽약허《화론》[193]

畫石[63]用筆, 全類於書. 郭氏《畫論》

산에 있는 바위를 그릴 때는 반두(礬頭)[194]를 많이 쓰고, 각이 진 면을 만들기도 한다. 여기서 붓을 사용하여 견고하고 묵직한 바위의 특성을 나타내며, 준을 옅게 표현하여 움푹 파이거나 볼록하게 튀어나온 바위의 형상을 만든다. 매번 비

畫山石者, 多作礬頭, 亦爲淩面, 落筆便見堅重之性, 皴淡卽生窊凸之形. 每留素以成雲, 或借地而爲雪, 其破墨之功, 尤爲難也. 同上

190 옹졸함 : 원문의 '小方'을 풀이한 것으로, 여기서는 '옹졸함', '대범하지 못함'을 말한다.

191 《畫訣》(《叢書集成初編》 1642 〈畫訣〉, 1쪽).

192 《畫訣》(《叢書集成初編》 1642 〈畫訣〉, 1쪽).

193 《圖畫見聞志》 卷1 〈論製作楷模〉(《叢書集成初編》 1648 〈圖畫見聞志〉, 20쪽).

194 반두(礬頭) : 산수화 기법 이름. 산꼭대기에 표현된 돌 뭉텅이가 반석(磐石) 윗부분의 결정과 같은 모양이라 해서 이렇게 불렸다. 오대 거연(巨然)의 작품에 많이 나타난다.

[63] 畫石 : 《圖畫見聞志·論製作楷模》에는 "畫衣紋林石".

단에 흰 바탕[195]을 남겨서 구름을 표현하거나, 흰 화면을 이용하여 눈을 표현하기도 하는데, 이는 파묵(破墨)[196]을 사용하여 표현하는 것이 특히 어렵기 때문이다. 곽약허《화론》[197]

황공망의 《쾌설시청도(快雪時晴圖)》(베이징 고궁박물원)
황공망이 조맹부가 왕희지의 《쾌설시청첩(快雪時晴帖)》을 임모하여 보내 준 글씨를 보고 그린 작품이다. 겨울의 붉은 해를 제외하고 먹으로만 그렸는데, 매우 부드러운 필치로 거대한 바위산을 단단하고 명료하게 묘사하였다.

22) 나무와 바위를 함께 논한다　合論樹石

나무는 오직 뿌리가 갈라지는 부분을 잘 표현　樹惟巧於分根, 卽數株而地

---

195 흰 바탕 : 원문의 '素'를 풀이한 것으로, 당시에는 대부분이 흰 비단에 그림을 그렸기 때문에 흰 화면 바탕을 가리킨다.

196 파묵(破墨) : 용묵 기법 중 하나이다. 당나라 왕유(王維)나 장조(張璪)가 단조로운 선으로 밋밋하게 칠하는 화법을 먹색에 짙고 옅은 층차의 변화가 있도록 바꾸었는데, 이를 '파묵산수(破墨山水)'라 하였다. 그러나 이후 말하는 파묵법은 이미 칠한 먹이 아직 마르기 전에 다른 먹을 그 위에 칠하여 이전의 먹을 깨트려서 먹이 서로 침투하여 변화가 생기는 효과를 추구하는 것이다. 여기에는 일반적으로 네 종류가 있다. 농묵이 담묵을 깨트리는 것, 담묵이 농묵을 깨트리는 것, 먹이 채색을 깨트리는 것, 채색이 먹을 깨트리는 것 등이다.

197 《圖畫見聞志》 卷1 〈論製作楷模〉(《叢書集成初編》 1648 〈圖畫見聞志〉, 21쪽).

해야 하는데, 여러 그루를 그리면 땅이 나무와 동떨어지기 때문이다. 바위에서 그 갈라지는 면을 오묘하게 표현한다면, 여러 홀(笏)[198]과 같이 그 모습이 똑같다고 할지라도 경치가 달라진다.【평론 이러한 오묘함은 마음으로 전하는 데 달려 있지, 말로 설명할 수 있는 일이 아니다.】

隔；石若妙於劈面，雖百笏而景殊.【評 妙在心傳，非能口授.】

바위는 세 면을 보아야 하는데,[199] 홀[圭][200] 끝, 도착(刀錯),[201] 옥척(玉尺),[202] 은병(銀甁),[203]

石看三面，有圭端、刀錯、玉尺、銀甁、香案、琴墩、蟲窠、

---

198 홀(笏) : 천자 이하 공경·사대부가 조복(朝服)을 입었을 때 띠에 끼고 다니는 것으로, 군명을 받았을 때 이것에 기록해 둔다. 옥, 상아, 대나무 등으로 만들었다. 여기에서는 바위가 솟아 있는 모습이 조정의 홀과 같음을 가리킨다.

199 바위는……하는데 : 왕유의 《산수론(山水論)》, 황공망의 《산수론(山水論)》 등에서 나오며, 명청 시대에 일반화되었다. 산수화를 부감법(俯瞰法)으로 위에서 아래로 내려다보며 그릴 경우, 바위가 삼면(三面) 즉 윗면과 양 측면 또는 정면과 좌우 양 측면으로 보인다.

200 홀[圭] : 고대에 제후가 조회·회동할 때 손에 쥐던, 위가 둥글고 아래가 모진 길쭉한 옥. 천자가 제후를 봉할 때 제후에게 하사한다.

201 도착(刀錯) : 착도(錯刀). 한(漢)나라 때의 화폐로, 칼과 비슷한 모양이다. 《임원경제지(林園經濟志)》〈본리지(本利志)〉에 실린 착도의 모습은 다음과 같다.

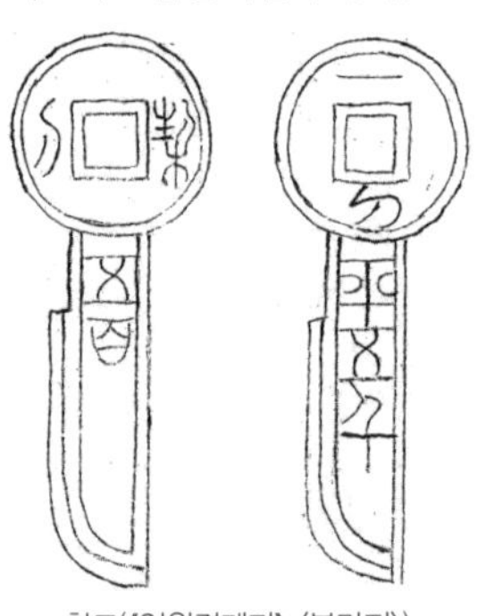

착도(《임원경제지》〈본리지〉)

202 옥척(玉尺) : 옥으로 만든 자[尺].

203 은병(銀甁) : 은으로 만든 술병.

향안(香案),[204] 금돈(琴墩),[205] 벌레 집[蟲窠], 물고기 모양의 섬돌[魚砌], 엎어진 사발[覆盂], 기울어진 모자[欹帽], 깨진 도끼[缺斯], 웅크린 짐승[蹲獸], 조개껍질[蚌殼], 소라껍질[螺軀], 새 그물[鳥罩], 무소 머리[犀首] 등과 같은 특이한 모습이 있다. 이러한 것은 바위의 형상을 구별하면서 그려야 한다.

魚砌、覆盂、攲帽、缺斨[64]、蹲獸、蚌殼、螺軀、鳥罩、犀首之異狀, 須離象而求.

나무는 혼자 있는 형태와 여러 나무에 끼어 있는 형태로 나누는데, 흩어지는 나비 모양, 모여드는 벌 모양, 뱀이 놀란 모양, 까마귀가 모인 모양, 닭 깃 모양, 제비 꼬리[燕翦][206] 모양, 구슬이 꿰매진 모양, 얼음 모양, 대나무 잎 모양, 종려나무가 모인 모양, 발이 드리워진 모양, 이삭이 맺힌 모양, 나부끼는 실오라기 모양, 화살촉 모서리 모양, 모여 있는 바늘 모양, 쌓여 있는 비단 모양 등과 같은 특이한 형태가 있다. 이러한 것은 기미를 보고 그리는[207] 것을 중요시해야 한다. 달중광《화전》[208]

樹分單夾, 有散蝶、聚蜂、蛇驚、鴉集、鷄翎、燕翦、珠綴、氷凌、竹个、椶團、簾垂、穗結、飄縷、簇角、攢針、疊紈之殊形, 貴相機而作. 笪氏《畫筌》

204 향안(香案) : 사찰 불상 앞에 향로, 촛대 등을 놓는 데 사용하는 긴 탁자.

205 금돈(琴墩) : 미상

206 제비 꼬리[燕翦] : 제비 꼬리가 가위와 비슷하기 때문에 연전(燕翦)을 제비 꼬리라 한다.

207 기미를……그리는 : 원문의 '相機而作'을 풀이한 것으로, 기미를 보고 그린다는 말이다. 즉 당시의 정황을 관찰하여 그린다는 의미이다.

208 《畫筌》(《中國書畫全書》 8, 693쪽).

64 斨 : 저본에는 "所". 《畫筌》에 근거하여 수정.

23) 준법

皴法

바위에 준(皴)을 하는 법에는 12가지가 있다. 직찰준(直擦皴)[209]【관동(關同)[210]·이성(李成)이 주로 사용하였다.】, 마피준(麻皮皴)[211]【동원이 주로 사용하였

皴石法有十二等：直擦皴[65]【關同、李成】、麻皮皴【董源】、樹皮皴、芝蔴皴【范寬雖

---

209 직찰준(直擦皴):수직으로 붓을 문지르듯 내리그은 준법. 거칠거칠한 바위 표면의 질감을 나타내는 데 사용한다.

직찰준(《삼재도회》)

210 관동(關同):?~?. 오대 후량의 화가. 이름은 동(仝)·동(童)·당(幢)이라고도 한다. 그림을 잘하였고, 특히 산수에 뛰어났다. 형호를 배웠지만 스승보다 앞섰다는 평을 받았으며, 그의 산수는 관가산수(關家山水)라 일컬어진다. 형호와 합해서 형관(荊關)이라 일컬어지기도 했으며, 송대 북방산수의 한 유파를 이루었다.

211 마피준(麻皮皴):마의 올이 얽힌 것 같은 준법. 다소 거친 느낌을 준다. 피마준(披麻皴)이라고도 한다.

마피준(《삼재도회》)

[65] 擦皴:저본에는 "皴擦". 일반적인 용례에 근거하여 수정.

다.】, 수피준(樹皮皴), 지마준(芝麻皴)[212]【범관(范寬)은 지마준이라고 말했지만, 여러 화가들의 준법이 다 갖추어져 있는데, 뇌두준(籟頭皴)·산정준(山丁皴)·향수준(香樹皴)·지마준(芝麻皴)·점철준(點綴皴)이라고도 한다.】, 소부벽준(小斧壁皴)[213]

曰[66]芝麻, 諸家皴法俱備, 籟頭、山丁、香樹、芝麻、點綴皴.】、小斧劈【劉松年】·大斧劈【馬遠、夏圭】·長斧劈【許道寧、顏輝是也, 名曰"雨淋

212 지마준(芝麻皴): 참깨 모양처럼 한쪽 끝을 뾰족하게 찍는 준법.

皴麻芝

지마준(《삼재도회》)

213 소부벽준(小斧壁皴): 붓을 옆으로 비스듬히 눕혀 낚아채듯 끌어서 생긴 준법. 작은 도끼로 찍었을 때 생기는 단면과 같은 모습이다. 단층이 모난 바위의 질감을 표현하는 데 사용한다.

劈斧小

소부벽준(《삼재도회》)

[66] 雖曰:《珊瑚網·皴石法》에는 "俗名".

【유송년(劉松年)[214]이 주로 사용하였다.】, 대　墻頭[67]".】· 雨點【似芝麻皴】·

214 유송년(劉松年) : ?~?. 중국 남송(南宋)의 화가. 전당(절강성 항주) 사람이다. 청파문(淸波門)에 거주하였기에 암문(暗門)의 유(劉)라 불렀다. 그림에 뛰어났으며, 장돈례(張敦禮)를 배웠고, 인물과 산수를 잘하였다. 순희(淳熙) 연간(1174~1189) 초에 화원의 학생이 되었고, 소희(紹熙) 연간(1190~1194)에 화원의 대조(待詔)가 되었다. 영종(寧宗) 때 《경직도(耕織圖)》를 그려 바쳤는데, 영종이 흡족하게 여겨 금대(金帶)를 하사하였다. 이당(李唐)·마원(馬遠)·하규(夏珪)와 함께 '남송4대가'라 부른다.

유송년의 《사계산수도(四季山水圖)》

[67] 名……頭 : 저본에는 "名淋曰雨墻頭". 《三才圖會·人事·皴石法圖》에 근거하여 수정.

부벽준(大斧壁皴)[215]【마원(馬遠)[216]·하규(夏 礬頭皴【董源】、卷雲皴【如郭

215 대부벽준(大斧壁皴) : 붓을 기울인 자세로 쥐고 폭넓게 끌어당겨 생긴 준법. 큰 도끼로 찍었을 때 생기는 단면과 같은 모습이다.

대부벽준(《삼재도회》)

216 마원(馬遠) : 1160?~1225?. 중국 남송(南宋)의 화가. 자는 요보(遙父), 호는 흠산(欽山), 원적은 하중[河中, 지금 산서성 영제(永濟)]이지만 전당(錢塘)에서 출생하였다. 증조 분(賁), 조부 홍조(興祖), 부친 세영(世榮), 백부 공현(公顯), 형 규(逵) 등이 화원의 대조(待詔)였다. 마원은 산수를 잘 그려 가학(家學)을 계승하면서 후에 이당(李唐)을 배워 자기의 화풍을 형성하였다. 그의 그림은 필치가 힘이 있고 채색이 맑고 윤택하다. 먼 산은 기괴하고 가파르게, 근경의 바위는 방형으로 강직하게 그렸다. 일각(一角) 구도를 많이 사용하여 후대 사람이 '마일각(馬一角)'이라 불렀으며 하규와 함께 '마하(馬夏)'라 불리기도 하였다. 이당·유송년·하규와 더불어 남송4대가라 부른다.

마원의 《답가도(踏歌圖)》

圭)[217]가 주로 사용하였다.】, 장부벽준(長斧壁皴)[218]　熙】、馬牙句【如李將軍、趙千

217 하규(夏圭) : 1023~1085. 중국 남송(南宋)의 화가. 자는 우옥(禹玉), 전당 사람이다. 영종(寧宗, 1195~1224) 때에 화원의 대조(待詔)가 되어 금대(金帶)를 하사받았다. 남송의 산수화는 경치를 화면의 한쪽에 작게 묘사하고 나머지 부분은 여백으로 남겨 두어 서정적 묘미를 나타내었는데, 이러한 하규의 작품은 '하일변(夏一邊)'이라고 칭해진다. 이당 · 마원 · 유송년과 함께 남송4대가라 불렀으며, 동시대의 마원과 함께 남송의 독자적인 산수 양식을 성립하여 특히 마하(馬夏)라고 불리기도 했다. 그러나 마원은 인물도 잘 그렸으며 묵법보다 필법의 묘미에 중점을 두어 장식적인 반면에, 하규는 산수만을 그리고 묵법에 중점을 두어 서정적이다.

하규의 《장강만리도(長江萬里圖)》

218 장부벽준(長斧壁皴) : 허도녕의 《어부도(漁父圖)》에서처럼 높은 산의 윤곽을 짙게 그리고 그 안을 직준(直皴)으로 길게 내리쳐 표현한 준법인 것 같다. 우리나라에선 고려시대 노영(魯英)이 그린 《지장보살도(地藏菩薩圖)》 원경에 그려진 금강산의 높은 수직 봉우리 표현에서 그 예가 보인다.

장부벽준(《삼재도회》)

【허도녕(許道寧)[219]·안휘(顔輝)[220]가 사용한 준법이 이것인데, 우림장두준(雨淋墻頭皴)[221]이라

里, 先句勒描成山, 却以大青綠著色, 方用螺青·苔[68]綠著

219 허도녕(許道寧) : ?~?. 중국 북송(北宋)의 화가. 장안 사람으로, 이성과 범관 이후 산수화의 제일인자로서, 장안을 중심으로 변경(汴京) 등에서 활약하였다. 황정견의 부친인 황서(黃庶)의《벌단집(伐檀集)》에 의하여 황우(皇祐) 4년(1052)경 80세로 죽은 사실이 판명되어, 종래의 설보다도 한 세대 앞서는 사실이 밝혀졌다. 산수화는 이성을 배워, 처음에는 충실하게 그 화풍을 추종하였는데, 차차로 필묵이 간략하고 자유로워져 독자적인 양식을 확립하였다고 한다. 아마 이 양식 확립에는 당대 이래의 회화 전통과 오대(五代)의 관동(關同) 양식 등이 영향을 준 것으로 생각된다.《추산소사도(秋山蕭寺圖)》와《추강어정도(秋江漁艇圖)》등이 그의 작품으로 전해지고 있다.

허도녕의《어부도(漁夫圖)》

220 안휘(顔輝) : ?~?. 중국 원(元)대의 화가. 그의 생몰년과 활약기는 명확하지 않지만 대덕(大德) 연간(1297~1307)에 궁정화가로 활약하였다. 자는 추월(秋月)이고, 절강성 강산(江山) 사람이다. 도교와 불교 관련 인물화인 도석인물화에 뛰어났으며, 귀신을 가장 잘 그렸는데, 사실에 근거하면서 옷 주름선 등에 굵고 가는 격렬한 묵선을 사용하여 주제의 기괴함을 표현하였다. 또한 대덕 연간에 보순궁(輔順宮)의 벽화를 제작한 사실이 알려져 있다. 대표작으로《하마철괴도(蝦蟆鐵拐圖)》가 있다.

221 우림장두준(雨淋墻頭皴) : 비가 담 위에서 자유롭게 흘러내리는 모양의 준법. 어떤 곳은 특히 습하고 진 곳이 있고, 어떤 곳은 물기가 젖지 않은 마른 곳이 남아 있기도 하는데, 담을 따라 흐르는 물길이 서예의 '옥루흔(屋漏痕)'과 비슷하다.

[68] 苔 :《三才圖會·人事·皴石法圖》에는 "苦".

고도 한다.】, 우점준(雨點皴)[222]【지마준과 비슷하다.】, 반두준(礬頭皴)[223]【동원이 주로 사용하였

色, 染兼以[69]金石脚.】· 鑿痕皴.《三才圖會》

222 우점준(雨點皴): 아주 작은 타원형으로 찍힌 붓자국이 빗방울과 같이 생긴 준법. 산의 밑부분에서는 크게 나타나며 위로 올라갈수록 작게 한다. 북송대 범관의 《계산행려도(谿山行旅圖)》에 잘 나타나 있다.

雨點皴

우점준(《삼재도회》)

223 반두준(礬頭皴): 백반 덩어리나 둥근 찐빵 모양의 많은 덩어리가 모여서 이루어진 산 정상의 모습을 묘사한 준법. 침식이 심한 지형을 나타낸다. 오대의 거연(巨然)에서 시작되어 원 사대가 가운데 오진(吳鎭)과 황공망(黃公望)의 산수화에서 많이 나타난다.

礬頭皴

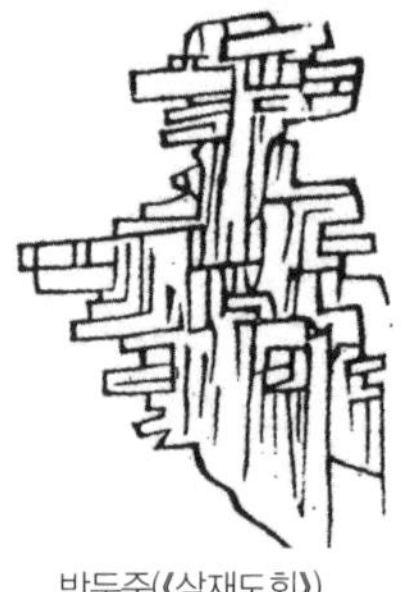

반두준(《삼재도회》)

[69] 以:《珊瑚網·皴石法》에는 "泥".

다.】, 권운준(卷雲皴)[224]【곽희의 작품에서 사용한 준법과 같다.】, 마아구준(馬牙句皴)[225]【이사훈(李思訓) · 조백구(趙伯駒)와 같이 먼저 윤곽선으로 산을 묘사하지만, 오히려 대청록색(大青綠色)으로 채색한 뒤 나청색(螺青色) · 태록색(苔綠色)

224 권운준(卷雲皴) : 뭉게구름과 비슷한 모습의 준법. 기다란 곡선으로 침식된 산이나 바위의 표면 질감을 나타내는 데 사용한다. 운두준(雲頭皴)이라고도 한다.

卷雲皴

권운준(《삼재도회》)

225 마아구준(馬牙句皴) : 말의 이처럼 생긴 바위 모양을 묘사한 준법. 마아준(馬牙皴)이라고도 한다. 수직으로 내리그은 필선을 사용하여 바위들이 수직으로 연결된 모양을 묘사하는 데 사용한다. 당대의 이사훈(李思訓)이나 송대 조백구(趙伯駒) 등이 많이 사용하였다.

馬牙句

마아구준(《삼재도회》)

으로 채색하면서 금으로 바위 밑을 함께 칠한다.】, 착흔준(鑿痕皴).[226] 《삼재도회》[227]

준법의 명칭은 매우 많다. 그중 오직 피마준(披麻皴)[228]·두판준(豆瓣皴)[229]·소부벽준이 기본적인 준법이고, 나머지 권운준·우모준(牛毛皴)[230]·철선준(鐵線皴)[231]·귀면준(鬼面皴)[232]·

皴法名色甚多, 惟披麻、豆瓣、小斧劈爲正經, 其餘卷雲、牛毛、鐵線、鬼面、解索, 皆旁門外道耳.

---

226 착흔준(鑿痕皴) : 부착흔준(斧鑿痕皴). 도끼로 찍거나 끌로 파낸 흔적을 나타내는 준법으로, 부벽준의 일종으로 보인다.

착흔준(《삼재도회》)

227 《三才圖會》〈人事〉 卷5 "皴石法圖"(《續修四庫全書》〈子部〉 "類書類" '三才圖會', 50쪽) ;《珊瑚網》 卷48 〈皴石法〉(《中國書畫全書》 5冊 〈珊瑚網〉, 1238~1239쪽).

228 피마준(披麻皴) : 앞의 마피준(麻皮皴) 주석 참조.

229 두판준(豆瓣皴) : 콩의 두 쪽처럼 생긴 필선의 준법. 짤막하고 두꺼운 필선을 거의 수직으로 긋는 방법으로, 대개 쌍으로 짝지어 긋는다. 북송대 산수화에 많이 보이며, 풍화작용으로 부식된 바위의 표면 질감을 표현하는 데 사용한다.

230 우모준(牛毛皴) : 소의 털과 같이 짧고 가느다란 필선의 준법. 화성암(火成巖)의 표면 질감을 나타내는 데 사용한다. 원대 왕몽의 작품에서 보이며, 피마준보다 짧고 가늘다.

231 철선준(鐵線皴) : 철사와 같은 곧은 필선의 준법. 수직으로 연결된 바위를 나타내는 데 사용한다.

232 귀면준(鬼面皴) : 귀신의 얼굴 주름살 같은 모양의 준법. 북송대 이성의 작품에서 보이며, 거칠고 불규칙한 바위 표면의 질감을 나타내는 데 사용한다.

해삭준(解索皴)[233] 등은 모두 부수적인 준법[234] 일 뿐이다.

피마준(披麻皴)
황공망의 《부춘산거도》에 표현된 피마준이다. 마치 마의 올을 풀어서 늘어놓은 듯 실 같은 모습을 하고 있다.

권운준(卷雲皴)
곽희의 《조춘도》의 바위와 산에 권운준이 표현되어 있다. 뭉게구름과 비슷한 모습이며, 침식된 산이나 바위의 표면 질감을 표현한다.

부벽준(斧壁皴)
이당의 《만학송풍도》에 표현된 부벽준이다. 붓을 옆으로 비스듬히 눕혀 낚아채듯 끌어서 작은 도끼로 찍었을 때 생기는 단면과 같은 모양을 나타낸다.

우점준(雨點皴)
범관의 《설경한림도》에서 산과 바위에 표현된 우점준이다. 산 표면에 아주 작은 타원형의 점을 찍어 표현한 것이 빗방울과 같아 붙인 말이다. 주로 바위산보다 흙산의 표면을 표현하는 데 적절하다.

하엽준(荷葉皴)
조맹부의 《작화추색도(鵲華秋色圖)》에서 화부주산(華不注山)을 표현한 하엽준이다. 삼각형 모양의 화부산 꼭대기에서 잎맥을 그리며 내려오면서 양쪽 아래로 향하고 있는 것이 연잎의 잎맥처럼 생겼다.

귀면준(鬼面皴)
청대 원강(袁江)의 《양원비설도(梁園飛雪圖)》에서 한대(漢代) 양효왕(梁孝王) 유무(劉武)의 양원(梁園) 안에 설치된 괴이한 바위를 표현한 귀면준이다. 바위를 귀신의 얼굴과 주름살같이 기이하게 표현했다.

---

233 해삭준(解索皴) : 밧줄이 풀린 것 같은 모양의 준법. 선 하나하나는 약간의 꼬임을 나타내며, 주로 침식된 화강암 바위 표면을 나타내는 데 사용한다.

234 부수적인 준법 : 원문의 '旁門外道'를 풀이한 것이다. 방문은 곁문, 외도는 불교에서 말하는 것으로 불법 이외의 교법, 전하여 이단사설을 말한다. 방문이나 외도 모두 정도가 아님을 뜻한다.

절대준(折帶皴)
예찬의 《용슬재도》에 표현된 절대준이다. 직각으로 꺾인 띠 모양의 준법. 바위 묘사가 붓을 약간 눕혀 수평으로 움직이다가 갑자기 방향을 꺾어 붓털의 측면을 사용하여 수직으로 획을 내리그은 것처럼 보인다.

두판준(豆瓣皴)
범관(范寬)의 《설경한림도(雪景寒林圖)》에 표현된 두판준이다. 산의 표면에 짤막하고 두꺼운 필선을 거의 수직으로 점과 같이 그은 것이 콩의 두 쪽처럼 생겼다.

해삭준(解索皴)
동기창의 《방고산수책(倣古山水冊)》에 표현된 해삭준이다. 중첩된 산의 윤곽을 처리한 것이 밧줄이 풀린 것 같은 모양을 하고 있다.

미점준(米點皴)
미불(米芾)의 《춘산서송도(春山瑞松圖)》에 표현된 미점준이다. 붓을 옆으로 눕혀 횡으로 점을 찍어 마치 쌀알처럼 녹음이 무성한 산을 표현하였다.

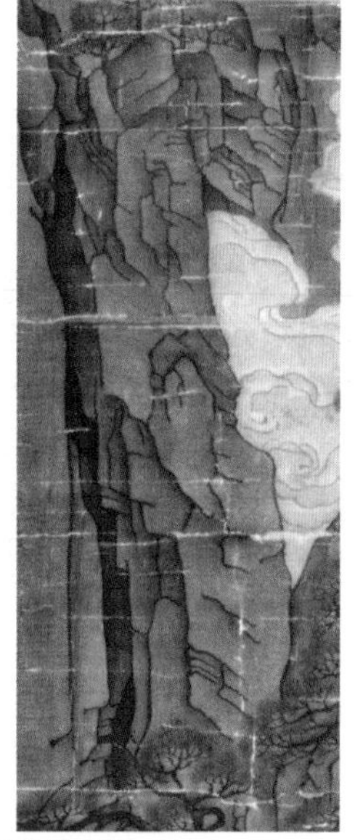

마아준(馬牙皴)
당대의 이소도의 《명화행촉도》에 표현된 마아준이다. 이사훈(李思訓)이나 송대 조백구(趙伯駒) 등 청록산수 계통에서 많이 사용한 마아준은 산과 바위를 말의 이처럼 그린 준법이다.

정두준(釘頭皴)
부벽준법처럼 붓을 눕혀 무겁게 눌렀다가 점차 힘을 빼서 들어 올리면서 바위를 그렸다. 시작하는 필선은 못 머리와 같고 필선의 끝은 쥐 꼬리처럼 가늘다. 정두서미준(釘頭鼠尾皴)이라고도 한다.

준법의 종류

대부벽준은 북파(北派)[235]의 대진(戴進)[236]·오위(吳偉)[237]·장숭(蔣嵩)[238]이 많이 사용하였는데, 오파(吳派)의 사람[239]들은 모두 감상할 만하지 않다고 말한다. 자리준(刺梨皴)[240]은 바로 두판준의 변형으로, 거연(巨然)이 항상 이 준법을 사용하였다. 공현《화결》[241]

大斧劈是北派, 戴文進、吳小僊、蔣三松多用之[70], 吳人皆謂不入賞鑑. 刺梨皴卽豆瓣皴之變, 巨然常[71]用此法. 龔氏《畫訣》

235 북파(北派) : 북종화(北宗畫) 중 대진(戴進)을 중심으로 일어난 절파(浙派)를 말한다.

236 대진(戴進) : 1388~1462. 중국 명(明)대의 화가. 자는 문진(文進), 호는 정암(靜庵) 또는 옥천산인(玉泉山人)이며, 전당(절강성 항주) 사람이다. 어려서 엽징(葉澄)에게서 그림을 배웠고, 영락 말에 부친을 따라 서울로 올라왔다. 선덕(宣德, 1426~1435) 연간에 화가로 명성이 자자하여 선종에 의해 궁정에 들어가, 사괴(謝瓌)·이재(李在)·주문정(周文靖) 등과 함께 인지전(仁智殿)에 있었다. 산수화는 마원·하규를 배웠고 아울러 곽희·이당의 법을 취하였다. 인물화는 잠두서미법(蠶頭鼠尾法)을 많이 사용하였고, 불상을 그릴 때에는 철선묘(鐵線描)·난엽묘(蘭葉描)를 많이 사용하였다. 그의 화풍은 명대 중기에 큰 영향을 미쳤고, 후세에는 절파의 창시자로 추숭되었다.

237 오위(吳偉) : 1459~1508. 중국 명(明)대의 화가. 자는 차옹(次翁), 호는 소선(小仙)·노천(魯天). 호북성 강하(江夏) 사람이다. 헌종의 부름을 받아 금의진무(金衣鎭撫)가 되었고 인지전(仁智殿)에 있었다. 술을 좋아해 자주 취하였으며, 어떤 때에는 취한 와중에 송풍도(松風圖) 그리는 일을 명받아 손이 가는 대로 그려서 황제가 선인(仙人)의 필치라고 감탄하였다. 후에 효종의 부름을 받아 금의위백호(金衣衛百戶)를 제수받고, 화장원(畫壯元)이라는 도장을 사사받았다. 병을 구실로 남경으로 돌아왔지만 술로 인해 죽었다. 그는 대진을 계승하여 절파의 맹주가 되었다.

238 장숭(蔣嵩) : ?~?. 중국 명(明)대의 화가. 자는 삼송(三松)이며, 강녕(江寧, 강소성 남경) 사람이다. 오위를 배워 산수화를 잘 그렸으며. 인물도 잘 그렸다. 등문림(鄧文林)·종례(鍾禮)·장로(蔣路) 등과 함께 절파 말기의 화가이다. 그들은 필치가 호방하여 오위와 함께 '광태사학파(狂態邪學派)'라고 불렸다.

239 오파(吳派)의 사람 : 앞에서 대진·오위·장숭과 대립되는 심주·문징명 등 강소성 오흥(吳興)을 중심으로 활동한 오파(吳派)를 말한다.

240 자리준(刺梨皴) : 가시처럼 뾰족뾰족한 필선으로 된 준법. 유년(幼年) 지형의 바위산 질감을 표현하는 데 사용한다. 북송 연문귀(燕文貴)의 작품에서 보인다.

241 《畫訣》(《叢書集成初編》 1642 〈畫訣〉, 2쪽).

[70] 之 : 저본에는 "人". 《畫訣》에 근거하여 수정

[71] 常 : 저본에는 "當". 오사카본·《畫訣》에 근거하여 수정.

대진(戴進)의 《춘유만귀도(春遊晩歸圖)》(타이베이 고궁박물원)
절파의 시조인 대진의 대표작으로, 봄에 나들이 갔다가 늦게 집으로 돌아온 장면을 그렸다. 화면 아래에는 늦게 돌아온 주인이 문을 두드리고, 집 안에서는 시동이 등불을 밝혀 나오고 있다. 전반적으로 남송 마원(馬遠)과 하규(夏珪)의 화풍을 잇고 있으면서, 원경에는 북송 범관(范寬)을 연상케 하는 숭고한 기세의 산이 놓여 있다. 안개가 자욱한 사이로 사찰, 촌가와 오솔길이 보이는 중경은 근경과 원경을 양분하고 있다.

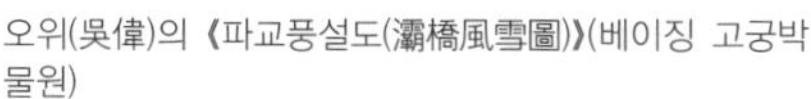

오위(吳偉)의 《파교풍설도(灞橋風雪圖)》(베이징 고궁박물원)
파교(灞橋)는 섬서성 서안(西安) 동쪽에 있는데, 당나라 사람들은 이곳에서 이별을 많이 하였다. 또한 눈보라 치는 파교를 나귀 타고 건너가면서 시상에 잠긴다는 고사가 있어서, 화가들은 이것을 언제나 화제(畵題)로 삼았다. 이 그림에서도 근경 왼쪽 고목이 엄동설한의 바람에 오른쪽으로 쏠리고 있고, 오른쪽에서는 한 노학자가 나귀 타고 시상에 잠기면서 파교를 건너오며, 뒤에는 두 시동이 행낭을 들고 따라오고 있다. 화풍은 스승 대진(戴進)의 영향을 받았으나, 필치가 거칠고 과격하며 먹이 짙어 광태사학파적인 분위기를 자아내고 있다.

장숭(蔣嵩)의 《어주독서도(漁舟讀書圖)》(베이징 고궁박물원)
작은 고깃배 한 척이 뭇 산으로 둘러싸인 광활한 호수를 건너고, 배 안에는 한 학자가 책을 읽고 시동이 노를 젓고 있는 한적한 정경을 그렸다. 이러한 분위기와는 다르게 근경과 중경의 바위와 절벽은 부벽준법으로 처리하면서 가장자리 부분을 초묵(焦墨)으로 강하게 처리하여 입체적인 효과를 나타내었다. 발묵(潑墨)을 사용한 것이 매우 거칠고 과격한데, 광태사학파의 특징이라 할 수 있다.

준법은 짙음과 옅음, 성김과 빽빽함 등과 관계없이 붓이 이르면 필의(筆意)가 풍족해야 할 뿐이다. 먹이 진하고 붓질이 면밀하여도 필의가 부족한 것이 있고, 붓질이 성기고 먹이 엷어도 필의

皴之爲法, 無濃淡、疏密, 筆到意足而已. 有濃密而筆意未足, 疏淡而已足者.《山靜居畫論》

가 이미 풍족한 것이 있다.《산정거화론》[242]

준(皴)에는 짙음과 옅음, 복잡함과 간결함, 젖음과 건조함 등의 필법이 있는데, 각각 법도에 맞아야 한다. 가령 준에서 짙은 필치는 분명해야 하고, 옅은 필치는 골력이 있어야 하고, 복잡한 필치는 신중하며 고요해야 하고, 간결한 필치는 침착해야 하고, 젖은 필치는 시원하고 명랑해야 하며, 건조한 필치는 윤택이 있어야 한다.【이는 바로 송나라 유도순(劉道醇)의 여섯 가지 장점 중에서 "먹이 없는 데에서 선염을 찾는다."는 의미이다.】《산정거화론》[243]

皴之有濃淡、繁簡、濕燥等筆法, 各宜合度. 如皴濃筆宜分明, 淡筆宜骨力, 繁筆宜檢靜, 簡筆宜沈著, 濕筆宜爽朗, 燥筆宜潤澤.【卽六長[72]中"無墨求染"之意.】同上

준법은 그림 한 폭 안에서 텅 빈 곳[虛]과 꽉 찬 곳[實]에서도 용필을 사용해야 한다. 그래서 준법에 용필이 조밀하고 착실한 곳이 있고, 기세를 취하고 빈 곳의 허령함을 끌어들인 곳이 있으며, 뜻이 이르러도 붓이 이르지 못한 곳이 있으면, 비로소 오묘해진다.《산정거화론》[244]

皴法, 一圖之中亦須在虛實涉筆, 有稠密實落處, 有取勢虛引處, 有意到筆不到處, 乃妙. 同上

242 《山靜居畫論》上(《叢書集成初編》1644 〈山靜居畫論〉 上, 9쪽).
243 《山靜居畫論》上(《叢書集成初編》1644 〈山靜居畫論〉 上, 9쪽).
244 《山靜居畫論》上(《叢書集成初編》1644 〈山靜居畫論〉 上, 9쪽).
[72] 長: 저본에는 "要".《繪妙·六長》에 근거하여 수정.

준법에서 하엽준(荷葉皴)[245]·해삭준·벽부준(劈斧皴)[246]·권운준·우점준·파망준(破網皴)[247]·절대준(折帶皴)[248]·난시준(亂柴皴)[249]·난마준(亂麻皴)[250]·귀면준·미점준(米點皴)[251] 등과 같은 여러 준법은 모두 마피준법에서 변화되었기 때문에, 준법을 시작하려면 반드시 마피준에서 시작하여야 한다.《산정거화론》[252]

皴法如荷葉、解索、劈斧、卷雲、雨點、破網、折帶、亂柴、亂麻、鬼面、米點諸法, 皆從麻皮皴法化來, 故入手必自麻皮皴始. 同上

해삭준은 움직이는 듯하고 마피준은 고요한 듯하다. 난초준(爛草皴)[253]은 질박하고 우모준은 장식적이다. 정두준(釘頭皴)[254]은 목시준(木柹

解索動而麻皮靜, 爛草質而牛毛文. 釘頭莽於木柹, 長短同施 ; 豆瓣潑於芝麻, 小大

245 하엽준(荷葉皴) : 연잎의 잎맥 모양의 준법. 산봉우리의 표면 묘사에 주로 사용한다. 물이 흘러내려 고랑이 생긴 산비탈 같은 모습을 표현하기도 한다. 조맹부가 창안한 후 남종화가들이 종종 사용하였다.

246 벽부준(劈斧皴) : 부벽준(斧劈皴)과 같다.

247 파망준(破網皴) : 찢어진 망과 같은 모양의 준법. 깊게 침식되지 않은 불규칙한 화강암의 표면을 묘사하는 데 사용한다.

248 절대준(折帶皴) : 직각으로 꺾인 띠 모양의 준법. 처음에 붓을 약간 눕혀 수평으로 움직이다가 갑자기 방향을 꺾어 붓털의 측면을 사용하여 수직으로 획을 내리긋는다. 수평지층에 수평단층이 보이는 바위산의 모습을 묘사한다. 원대 예찬(倪瓚)이 즐겨 사용하였다.

249 난시준(亂柴皴) : 어지럽게 뒤엉킨 섶나무 모양의 준법.

250 난마준(亂麻皴) : 서로 뒤엉킨 마 줄기줄기 모양의 준법. 피마준보다는 직선에 가까운 필선들이며 불규칙하게 침식된 바위 표면 묘사에 사용한다.

251 미점준(米點皴) : 붓을 옆으로 눕혀 횡으로 찍는 준법. 그 모양이 쌀알처럼 생겨서 미점이라 하였다. 이와 달리 북송의 문인화가 미불이 창안한 데에서 그의 성을 따 붙였다고도 한다. 녹음이 무성하고 습윤한 여름 산이나 숲을 그릴 때 많이 사용한다.

252 《山靜居畫論》上(《叢書集成初編》1644〈山靜居畫論〉上, 9쪽).

253 난초준(爛草皴) : 풀이 문드러진 모양의 준법. 해삭준, 피마준, 우모준과 함께 열거한 것을 보면, 문인들이 즐겨 사용한 것 같다.

254 정두준(釘頭皴) : 필치의 처음은 무겁지만 끝이 가벼워 그 모양이 못 머리와 같은 모양의 준법.

皴)[255]보다 거칠지만, 길고 짧은 필치를 함께 쓴다. 두판준은 지마준보다 대담하여 작거나 큰 필치를 쉽게 처리한다. 권운준과 우점준은 각각 자태가 있고, 난시준과 하엽준도 자태가 구분된다.

易置. 卷雲、雨點各態, 亂柴、荷葉分姿.

벽부준은 직업 화가의 기운에 가깝지만 문인이 이 준법을 쓰면 작품이 빼어나고, 귀검준(鬼臉皴)[256]은 세속적인 기운이 생기기 쉽지만 훌륭한 화가가 이 준법을 쓰면 오히려 작품이 힘차다. 대부벽준 안에는 착흔준을 띠고 있고, 소부벽준 안에는 수적준(鏽跡皴)[257]을 담고 있다.

劈斧近於作家, 文人出之而峭; 鬼臉易生習氣, 名手爲之而遒. 大劈內帶鑿痕, 小劈中含鏽跡.

바위는 면에 모가 남으로써 수많은 층으로 포개진 것을 숨기고 있고, 산은 골격이 없지만 융성하게 한 조각을 이룬다. 회퇴준(灰堆皴)[258]은 바로 반두준이 변한 모습이고, 첩고준(疊餻皴)[259]은 바로 부벽준을 본뜬 것이다. 달중광《화전》[260]

石淩面而隱疊千層, 山沒骨而融成一片. 灰堆乃礬頭之變境, 疊糕卽斧劈之後塵[73]. 笪氏《畫筌》

255 목시준(木柹皴) : 도끼머리로 찍은 나뭇조각[木柹]과 같은 모양의 준법.

256 귀검준(鬼臉皴) : 귀면준(鬼面皴)과 같다. 앞의 귀면준 주석 참조.

257 수적준(鏽跡皴) : 녹슨 흔적 모양의 준법. 부벽준의 일종이다.

258 회퇴준(灰堆皴) : 흙먼지가 쌓인 언덕 모양의 준법. 반두준의 변종이다.

259 첩고준(疊餻皴) : 경단이 겹쳐진 모양의 준법. 방절준이라고도 하는데, 용필이 네모나게 꺾이면서 푸석푸석하고 편봉(偏鋒)이 많다. 부벽준에서 나왔다.

260 《畫筌》(《中國書畫全書》 8, 695쪽).

[73] 塵 : 저본에는 "莊". 《畫筌》에 근거하여 수정.

24) 구륵법(鉤勒法)[261] 鉤勒法

조맹부와 왕몽은 간혹 구륵법을 사용하면서 비백서(飛白書)[262]와 같이 하였다. 붓 자국이 묻지 않은 텅 빈 곳에서 오히려 붓질이 꽉 찬 것을 취하되, 이러한 것을 기세로써 표현하였다.

趙松雪、王叔明間作鉤勒一法, 如飛帛書者, 虛中取實, 以勢爲之.

조맹부(趙孟頫)의 《수석소림도(秀石疏林圖)》(부분)(베이징 고궁박물원)
소식의 《고목괴석도》의 영향을 받아 그린 이 작품은 문인화의 서화일체(書畵一體) 사상이 잘 드러난다. 조맹부는 이 작품의 제발에서 스스로 "바위는 비백(飛白)처럼 나무는 주서(籒書)같이, 대나무를 그릴 때에는 또한 팔법(八法)에 통해야 하지. 이것을 알 수 있는 사람이 있다면, 글씨와 그림이 본래 같음을 알 것이네.(石如飛白木如籒, 寫竹還應八法通. 若還有人能會此, 須知書畵本來同.)"라고 썼다. 이 작품에서 한가운데 바위의 윤곽은 서예의 비백서로 처리하였다. 전체 바위의 윤곽선이 하나의 기세를 이루면서, 윤곽선 가운데 붓질이 묻은 곳과 묻지 않은 곳이 서로 조화를 이루고 있다.

---

261 구륵법(鉤勒法) : 윤곽선을 그려서 대상의 형태를 그리는 화법. 용필의 순세(順勢)를 '구(鉤)'라 하고 역세(逆勢)를 '륵(勒)'이라 하거나, 단필(單筆)을 '구(鉤)'라 하고 복필(複筆)을 '륵(勒)'이라 하거나, 좌변을 '구(鉤)'라 하고 우변을 '륵(勒)'이라고도 한다. 통상 선으로 대상의 윤곽을 그리는데, 순세와 역세, 단필과 복필, 좌변과 우변을 나누지 않고 '쌍구(雙鉤)'라고 칭하기도 한다. 대체로 구륵을 한 뒤 안쪽을 채색하여 '몰골법'과 상대가 되는 기법이다. 일반적으로 정밀하고 세밀한 화조화에 사용한다.

262 비백서(飛白書) : 굵은 필획을 그을 때 운필의 속도와 먹의 분량에 따라서 그 획의 일부가 먹으로 채워지지 않은 채 불규칙한 형태로 흰 부분을 드러내게 하는 글씨. 후한의 채옹(蔡邕)이 창안하였다고 한다.

구륵법은 본래 당나라 화가의 청록법(青綠法)[263]에서 나왔다. 진순(陳淳)[264]이 준을 할 수 없었다는 말은 바로 이 뜻이다.[265] 《산정거화론》[266]

本自唐人青綠法. 陳道復之不耐皴, 卽此意. 《山靜居畫論》

진순(陳淳)의 《방미산수도(倣米山水圖)》(베이징 고궁박물원)
매우 개성적이고 기발한 그림을 그린 진순의 작품은 그의 스승이면서 오파(吳派)의 영수인 문징명(文徵明)의 것과 종종 비교된다. 명나라 전윤치(錢允治)는 이 두 화가의 작품 세계를 "문징명의 작품은 바르고[正], 진순의 작품은 기이하다[奇]. 문징명의 작품은 고아하지만[雅], 진순의 작품은 드높다[高]. 둘 다 최고의 경지에 이르렀다."고 평하였다. 진순은 개방적인 자유분방한 성격에 파격적인 그림을 그렸다고 할 수 있다. 이 작품은 송대 미불(米芾)의 산수를 임모하여 그린 것인데, 단순히 미불의 화법을 그대로 따른 것이 아니라 다양한 기법을 응용하였다. 바위와 산에 명암과 질감을 나타내기 위한 미점준, 마른 붓으로 문지르는 찰(擦), 점(點), 발묵, 그리고 구름을 표현하기 위한 홍탁법 등을 구사함으로써 색다른 분위기를 연출하였다. 무엇보다 무겁고 비장한 분위기가 감돈다.

263 청록법(青綠法): 청록산수 기법 또는 금벽산수 기법을 말한다. 청록산수 또는 금벽산수 주석 참조.

264 진순(陳淳): 1478~1544. 중국 명(明)대의 화가. 자는 도복(道復), 후에 자로 통용되었기 때문에 다시 자를 복보(復甫)라 하였다. 호는 백양산인(白陽山人)이며 강소성 소주 사람이다. 부도어사(副都御使) 진경(陳璚)의 손자로 태학생(太學生)이 되었다. 문징명에게 배워서 시문을 잘하였고 초서에 뛰어났다. 중년이 되어 산수를 그렸으며 미불·미우인·고극공의 법을 취해서 그의 그림에는 요원한 풍취가 있었다.

265 진순(陳淳)이……뜻이다: 진순은 자유분방한 성격으로 격식에 얽매이지 않고 사의(寫意) 화조화나 미불(米芾)의 무희(墨戲)를 즐겨 그렸기 때문에, 격식이나 정묘한 묘사, 화려한 분위기를 강조하는 구륵법과 청록화를 그리는 것을 달갑게 생각하지 않은 듯하다.

266 《山靜居畫論》上(《叢書集成初編》1644 〈山靜居畫論〉上, 9쪽).

바위를 그릴 때는 크고 작은 돌무더기가 쌓여 있도록 하고, 산을 그릴 때는 산맥의 연결과 갈래를 분명히 한 뒤에 준을 한다. 바위를 쌓거나 산을 가래로 나누면서 그 가장자리를 한 기세로 이어 그린 필치[267]를 '구륵(鉤勒)'이라 말한다. 구륵을 하면 바위와 산 하나하나의 기세가 정해지고, 바위와 산 하나하나의 아름다움과 추함 또한 기세에 따라 정해진다. 그러므로 옛사람은 바위를 그릴 때 구륵에 신경을 쓰고 준법은 그다음에 하였다. 구륵법에는 붓을 누르고 꺾고 굴리고 방향을 꺾는 변화가 있어야, 모와 원, 타원 및 모서리 등의 기세와, 종횡으로 달리고 흩어졌다 만나는 법도를 얻을 수 있다. 따라서 옛사람이 바위를 그릴 때 구륵만 하고 준을 하지 않는 경우가 있었다.《산정거화론》[268]

畫石則大小磊疊, 山則絡脈分支而後皴之也. 疊石分山, 在周邊一筆, 謂之"鉤勒". 鉤勒之則一石一山之勢定, 一石一山妍醜亦隨勢而定. 故古人畫石, 用意鉤勒, 皴法次之. 鉤勒之法, 一頓一挫, 一轉一折, 而方圓·壍角之勢、縱横·離合之法, 盡得之矣. 古人畫石有鉤勒而不設皴者. 同上

25) 구륵법·준법·점법·선염법을 함께 논한다 合論鉤、皴、點、染

윤곽이 표현되고 안 되고 하는 것은 산 기세가 일어나거나 엎드러져 있는 것이고, 준이 시행된 것은 흙과 바위 무늬의 자취이다. 붓을 깨트리고

鉤之行止, 卽峯巒之起趺 ; 皴之分搭, 卽土石之紋痕. 頓挫乃鉤劈之流行, 淺深爲渲

267 필치 : 원문의 '一筆'을 풀이한 것으로, 한 기세로 이어져 단번에 그리는 것[一筆畫]을 말한다. 앞의 일필서(一筆書), 일필화(一筆畫)의 주석 참조.

268 《山靜居畫論》上(《叢書集成初編》1644 〈山靜居畫論〉 上, 9쪽).

꿔는 것은 구벽(鉤劈)[269]이 널리 행해지는 것이고, 먹을 얕고 깊게 하는 것은 선염의 변화이다. 붓질 없이 텅 비어 흰 곳은 양이 되고, 붓질로 꽉 차게 선염된 곳은 음이 된다. 산의 우묵하게 파인 곳을 거듭 칠한 것은 바로 음영이 드리워 서로 가리고 있기 때문이고, 산의 표면에 준이 없는 것은 대부분 햇빛이 멀리서 비추고 있기 때문이다. 산은 기세를 가르고 누르면서 등마루가 생기도록 하고, 바위는 윤곽을 중첩시켜서 바위 표면이 나오도록 한다. 산기슭이 엎드러져 있으면 준은 기울게 나타내고, 언덕 등마루가 일어나 있으면 준은 원만하게 표현한다.

染之變化. 虛白爲陽, 實染爲陰. 山坳染重, 端因陰影相遮；山面皴空, 多是陽光遠映. 山以分按脊生, 石用重鉤面出；山脚伏而皴側, 坡脊起而皴圓.

마피준(痲披皴)으로 산기슭을 비게 하니 산이 고요하고, 아울러 무성한 숲이 운치가 있다. 정두준(釘頭皴)으로 산 정상을 드러내니 산 바위가 펼쳐지고, 또한 잡목에 뿌리를 붙게 한다. 먹은 마른 기운을 띠어 푸르고 준은 찰(擦)[270]을 겸비하며, 붓은 물기에 젖어 윤기가 있고 선염은 간간

痲皮虛脚而山空, 兼謙[74]長林之得致. 釘頭露額而石豁, 又資叢樹以託根. 墨帶燥而蒼, 皴兼於擦；筆濡水而潤, 渲間以烘. 劈[75]複而內暈, 鉤簡而外工.

---

269 구벽(鉤劈) : 산이나 바위의 윤곽을 필선으로 먼저 정하고, 내면의 질감을 표현하기 위해 붓을 눕혀 도끼로 찍은 듯한 자국을 내는 기법. 구작(鉤斫)이라고도 한다. 산과 바위를 그릴 때 먼저 윤곽의 외형을 그리는 것을 '구(鉤)'라 하고, 부벽준이나 정두준과 같은 준으로 산과 바위의 무늬를 그려 명암과 요철을 표현하는 것을 '벽(劈)'이라 한다.

270 찰(擦) : 일반적으로 산수화를 그릴 때 입체감을 주도록 주름을 그리는 준찰(皴擦)을 말하는데, 여기서는 준(皴)과 찰(擦)을 구별하였다. 찰은 붓으로 화면을 문질러 칠하는 것을 말한다.

[74] 謙 : 《畫筌》에는 "讓".

[75] 劈 : 저본에는 "襯". 문맥에 근거하여 수정.

이 홍탁(烘托)[271]을 사용한다. 바깥쪽에서 홍탁을 반복적으로 하고 안쪽에서는 점점 짙게 물들이며, 윤곽을 간략하게 하고 바깥쪽은 정교하게 그린다.

윤곽이 영묘하게 사용되면 준과 같고, 준이 세밀하게 부서지면 찰(擦)과 같다. 바위의 무늬를 그리되 준을 하지 않는 것은 홍탁과 선염에 법이 있음을 아는 것이며, 준을 하되 선염을 하지 않는 것은 구벽(鉤劈)의 뜻을 완전하게 아는 것이다. 붓질을 하면서 준을 할 때 빈 흔적을 남겨 윤곽으로 만들고, 먹을 사용하면서 선염을 할 때 옹적(滃跡)[272]을 간혹 남겨 윤곽을 생략한다. 점(點)이 원활하면 준과 다름이 없고, 준이 유창하고 명쾌하면[273] 선염과 차이가 없다. 윤곽이 모호한 곳은 선염으로 보완할 수 있고, 선염이 분명한 곳은 준으로 대신한다. 윤곽 안에서 선염을 여러 번 되풀이하면 바위 면에 모가 나고, 윤곽 밖에서 선염을 계속하면 바위 등마루가 은은해진다. 준이 부족하면 선염을 계속 되풀이하여 선염의 화려함

鉤靈動似乎皴, 皴細碎同於擦. 劈而不皴, 知烘、染之有法 ; 皴而不染, 知鉤劈之意全. 著筆爲皴, 留空痕以成廓 ; 運墨爲染, 間滃跡以省鉤. 點之圓活, 與皴無殊 ; 皴之沈酣, 視染匪異. 鉤之漫處可以資染, 染之著處卽以代皴. 複染於鉤內而石面稜稜, 增染於廓外而石脊隱隱. 皴未[76]足, 重染以發其華 ; 皴已足, 輕染以生其韻. 笪氏《畫筌》

271 홍탁(烘托) : 그림에서 표현하려는 대상을 부각시키는 기법. 돌·나무 등 형체 주변을 묵이나 엷은 색으로 칠해서 형체를 두드러지게 한다. 일반적으로 홍운탁월법(烘雲托月法, 수묵으로 달을 그릴 때 달 주변을 검게 칠함으로써 달을 드러내는 동양화 화법)으로 많이 알려져 있다. 앞에서 나온 홍만(烘熳), 친첩(襯貼) 등도 같은 의미로 사용된다.

272 옹적(滃跡) : 선염한 후 화면에 남아 있는 필치를 말한다.

273 명쾌하면 : 원문의 '沈酣'을 풀이한 것으로, 매우 유창하고 명쾌한 것을 의미한다.(吳思雷 注, 《畫筌》, 四川人民出版社, 1982, 27쪽)

[76] 未 : 저본에는 "木". 규장각본·오사카본·《畫筌》에 근거하여 수정.

을 살리고, 준이 이미 넉넉하면 선염을 가볍게 하여 선염의 운치를 살린다. 달중광《화전》[274]

윤곽에 모서리가 많으면 세속적인 자태가 생기고, 준이 둥근 모양[275]이면 맑은 운치가 적다. 준의 여러 모습[276]에서, 준이 옆으로 펼쳐진 모습은 바람 맞은 초가집과 같고, 아래로 드리워진 모습은 이슬 맞은 풀과 같다. 준이 세밀한 경우, 옥루흔(屋漏痕)[277]과 같이 분명하고, 면사포로 덮어 놓은 귀인들의 필적[278]처럼 은은하구나. 윤곽을 이으면서 선염을 할 때는 마음이 이르면 붓이 따라 움직인다.[279] 바위 같기도 하고 산과 같기도 하나, 형태를 잊고 마음속으로 깨달아야 한다. 점은 여러 종류로 나뉘지만, 법도에 맞게 사용해야 한다. 둥근 점은 점이 모여 있는 곳에서 많이 사

鉤多圭角而俗態生, 皴若團欒而淸韻少. 皴之俯仰, 披似風蘆而垂如露草; 皴之縝密, 明同屋漏而隱若紗籠. 連鉤帶染, 機到筆隨. 似石如山, 形忘意會. 點分多種, 用在合宜. 圓多用攢, 側多用疊; 禿鋒用衄, 破筆用[77]鬆. 擲筆者芒, 按筆者銳; 含潤若滴, 帶渴爲焦; 細等纖塵, 麤同墜石. 淡以破濃, 聚而隨散. 繁簡恰[78]有定形, 整亂因乎興

274 《畫筌》(《中國書畫全書》 8, 695쪽).

275 둥근 모양 : 원문의 '단란(團欒)'은 곡식 가루를 둥글게 빚어서 고물을 묻힌 떡으로, 모양이 둥글다.

276 여러 모습 : 원문의 '俯仰'을 풀이한 것으로, 고개를 숙임과 쳐듦 또는 기거동작을 의미하는데, 여기에서는 준의 여러 가지 형태로 해석하였다.

277 옥루흔(屋漏痕) : 서예 필법의 하나. 여기에서는 용필이 폐허의 집 벽에 비가 새어 스며들어 가 자연스럽게 이루어진 흔적과 같음을 비유한 것이다.

278 면사포로……필적 : 사농(紗籠). 귀인이나 명사들이 벽 위에 남겨 놓은 필적을 면사포로 덮어 놓은 것. 존경과 귀중함을 나타낸다.

279 마음이…움직인다 : 원문의 '기(機)'는 심의(心意)를 의미한다. 형호의 《필법기(筆法記)》에서 "마음이 따르고 붓이 움직인다(心隨筆運)."라 한 말과 같이 마음과 붓이 일체가 되어 마음이 이르면 붓이 움직이는 것을 의미한다.

[77] 用 : 저본에는 "同". 《畫筌》에 근거하여 수정.

[78] 恰 : 저본에는 "洽". 오사카본·《畫筌》에 근거하여 수정.

용하고, 측면으로 찍은 점은 겹겹이 쌓여 있는 곳에서 많이 사용한다. 붓 끝이 뭉당한 것은 눌러 꺾는 데 사용하고, 붓 끝이 깨진 것은 거칠고 성긴 곳에 사용한다. 붓을 던져 찍은 점은 재빠르게 하고, 붓을 눌러 찍은 점은 예리하게 한다. 윤기를 머금은 점은 물방울과 같고, 마른 기운을 띤 점은 그을음과 같다. 세밀한 점은 가벼운 먼지와 같고, 거친 점은 추락하는 바위와 같다. 담묵으로 농묵을 깨트리니,[280] 점이 모였다가 함께 흩어진다. 점을 복잡하거나 간단하게 하는 것에는 정해진 틀이 있는 듯하지만, 가지런하거나 어지럽게 하는 것은 흥취를 따른다.【평론 짙음과 옅음, 모임과 흩어짐에 대한 점법의 비결은 각 명가(名家)의 법으로 참조해야 한다.】 달중광 《화전》[281]

會.【評 濃淡、聚散點法要訣, 更須以各家法參之.】 同上

26) 평원(平遠)의 경치

論平遠景

강남(江南) 중주(中主)[282] 때, 북원(北苑)[283]의 부사(副使)를 지낸 동원(董源)은 그림을 잘 그렸고 특히 가을 안개 낀 먼 경치에 뛰어났는데, 강

江南 中主時, 有北苑使董源善畫, 尤工秋嵐遠景, 多寫江南眞山, 不爲奇峭之筆. 其後

280 담묵으로……깨트리니 : 파묵법(破墨法)의 한 기법을 말한다. 파묵(破墨)의 주석 참조.

281 《畫筌》(《中國書畫全書》 8, 695쪽).

282 강남(江南) 중주(中主) : 강남은 중국 오대(五代)시대 남당(南唐)이 금릉(金陵)에 수도를 정한 시기이며, 중주는 남당의 2대 황제였던 이경(李景, 915~961)이다.

283 북원(北苑) : 중국 오대시대 송(宋)나라의 명차 생산지. 지금의 복건성(福建省) 건구현(建甌縣) 일대.

남의 실경을 많이 그리면서 기이하고 험준한 필치를 쓰지 않았다. 그 후 건업(建業)[284]의 승려 거연(巨然)이 동원의 화법을 따라 배웠는데 모두 오묘한 이치에 이르렀다.

建業僧巨然祖述源法, 皆臻妙理.

거연(巨然)의 《소익잠난정도(蕭翼賺蘭亭圖)》(타이베이 고궁박물원)
거연의 화풍을 알 수 있는 대표작 중 하나이다. 제목으로 보면 당 태종이 왕희지의 진적을 좋아하자, 감찰어사(監察御史) 소익이 승려 변재(辨才)를 속여 그가 소장하였던 왕희지의 《난정서(蘭亭序)》를 구하여 바친 일화를 그린 것이지만, 내용으로 보면 중경에 느긋하게 말(일설에는 소라고 함)을 타고 산속으로 들어가는 장면의 분위기와 다르다. 거연 화풍의 특징인 백반 덩어리와 같은 반두준(礬頭皴)이 원경의 산 정상에 그려져 있고, 수지법이나 산과 바위의 피마준법 등은 동원(董源)의 영향을 받았다.

284 건업(建業) : 건강(建康)의 옛 지명. 지금의 강소성(江蘇省) 강녕현(江寧縣) 일대.

대체로 동원과 거연의 그림 필치는 모두 멀리서 보아야 한다. 그 용필이 매우 대충대충 거칠어 가까이에서 보면 거의 사물의 형상을 닮지 않았지만 멀리서 보면 경치와 사물이 선명하게 보인다.	大體源及巨然畫筆皆宜遠觀. 其用筆甚草草, 近視之幾不類物象, 遠觀則景物粲然.

동원(董源)의 《하산도(夏山圖)》와 부분도(중국 상하이박물관)
양자강과 동정호 근처로 흘러들어 가는 많은 물길로 이루어진 넓고 잔잔한 강물과 호수를 묘사하였다. 자유롭게 찍은 습윤한 먹점과 넓고 부드럽게 흐르는 선염(渲染)이 어지럽게 뒤엉킨 준선과 어우러져 있는데, 특히 모래사장과 모래섬은 "대충대충 용필로 거칠게 그려, 가까이에서 보면 필선이 서로 얽혀 사물의 형상을 분간할 수 없지만 멀리서 보면 그 경물이 선명하게 보인다."

그윽한 감정과 심원한 생각은 마치 기이한 경지를 보는 것과 같았다. 동원이 그린 《낙조도(落照圖)》[285] 같은 경우, 가까이에서 보면 공들여 그린 것 같지 않지만, 멀리서 보면 마을이 아득히 깊고 요원한데 모두 해 질 녘 경치였다. 먼 산의 정상에는 완연히 석양의 모습이 있으니, 이것이 오묘한 곳이다. 《몽계필담》[286]

幽情遠思, 如睹異境. 如源畫《落照圖》, 近視無功, 遠觀村落杳然深遠, 悉是晚景, 遠峰之頂宛有反照之色, 此妙處也. 《夢溪筆談》

동원(董源), 《계안도(溪岸圖)》와 부분도(미국 뉴욕 메트로폴리탄미술관)
동원의 《낙조도(落照圖)》라고 주장되는 이 작품은 산속 물가의 은거지를 그린 것이다. 상단에 높이 솟은 산이 있고 산 입구 사이로 계곡물이 굽이굽이 내려오다가 폭포로 쏟아져 산 아래에 고여 있다. 근경의 오른쪽에는 선비가 정자의 난간에 기대어 자연의 변화를 응시하고 있다. 원경에는 양쪽의 산줄기가 내려와 만나는 곳에 평원의 경치가 보인다. 이는 심괄이 "가까이에서 보면 공들여 그린 것 같지 않지만, 멀리서 보면 마을이 아득히 깊고 요원한데 모두 해 질 녘 경치였다. 먼 산의 정상에는 완연히 석양의 모습이 있으니, 이것이 오묘한 곳이다."라고 말한 것과 유사하다.

---

285 낙조도(落照圖) : 심괄이 《몽계필담》에서 동원의 작품으로 말한 《낙조도》는 《몽계필담》 이후 거론된 기록이 없고 또한 그러한 제목으로 현재 전해지는 작품이 없다. 다만 일설에 《선화화보》의 동원 작품 목록에 나오는 《강제만경도(江堤晚景圖)》가 《낙조도》를 말하며, 현재 미국 뉴욕 메트로폴리탄미술관에 소장된 《계안도(溪岸圖)》라고 하는 주장이 있다. 《계안도》는 오른쪽 아래에 "후원부사 신 동원이 그리다.(後苑副使臣董元畫)"라는 낙관이 있어 동원의 진품에 가장 가깝다.

286 《夢溪筆談》 卷17 〈書畫〉(《夢溪筆談》, 19쪽).

27) 바람 불고 비 오는 경치

論風雨景

바람이 불고 비가 오면 하늘과 땅을 분간하지 못하고 동서의 방향을 분별하지 못한다. 바람만 불고 비가 오지 않으면 나뭇가지만 보이고, 비만 내리고 바람이 불지 않으면 나무 끝이 아래로 눌려 있다. 행인은 우산과 삿갓을 쓰고 어부는 도롱이를 입는다. 비가 개면, 구름이 하늘에서 걷히고, 하늘이 푸른빛을 띠고 옅은 안개가 자욱하며, 산은 푸름과 윤택함을 더하고 해는 석양에 가깝다.《화학비결》[287]

風雨不分天地, 不辨東西. 有風無雨, 只看樹枝；有雨無風, 樹頭低壓. 行人傘笠, 漁父蓑衣. 雨霽則雲收天碧(79), 薄霧霏微, 山添翠潤, 日近斜暉.《畫學秘訣》

28) 아침과 저녁 경치

論早晚景

아침 경치는 뭇 산들이 밝아 오려 하고, 안개가 그윽하고, 새벽달이 흐릿하며, 날씨와 경치가 어렴풋하다. 저녁 경치는 산은 저녁놀을 머금고, 배는 강가에 정박해 있고, 길을 가는 행인은 발길을 재촉하며, 사립문은 반쯤 닫혀 있다.《화학비결》[288]

早景則千山欲曉, 霧(80)靄微微, 朦朧殘月, 氣色昏迷；晚景則山銜紅日, 帆依江渚, 路行人急, 半掩柴扉.《畫學秘訣》

---

287 《山水論》(《中國書畫全書》 1冊 〈山水論〉, 177쪽).

288 《山水論》(《中國書畫全書》 1冊 〈山水論〉, 177쪽).

(79) 碧 : 저본에는 없음. 《山水論》에 근거하여 보충.

(80) 霧 : 저본에는 없음. 《山水論》에 근거하여 보충.

29) 사계절의 경치

論四時景

봄 경치는 안개와 구름이 자욱하고, 긴 구름이 끌어당긴 비단과 같고, 물이 남색으로 물들인 것 같으며, 산의 모습이 점차로 푸르다. 여름 경치는 고목이 하늘을 가리고, 녹색 빛의 물에 물결이 없고, 폭포가 구름을 뚫고 내리며, 물가 가까이에 정자가 고요하다. 가을 경치는 하늘이 물빛과 같고, 고요한 숲이 빽빽하고, 가을 강에 기러기가 날며, 갈대 섬과 모래섬이 있다. 겨울 경치는 화면의 바탕을 이용하여 눈을 그리고, 땔나무꾼이 나무를 지고, 고깃배가 해안에 정박해 있으며, 강이 낮고 모래섬이 평평하다.

春景則霧鎖[81]煙籠, 長煙引[82]素, 水如藍染, 山色漸青；夏景則古木蔽天, 綠水無波, 穿雲瀑布, 近水幽亭；秋景則天如水色, 簇簇幽林, 雁[83]鴻秋水, 蘆島沙汀；冬景則借地爲雪, 樵者負薪, 漁舟依岸, 水淺沙平.

일반적으로 산수를 그릴 때는 사계절을 살펴야 한다. 어떤 그림은 "구름과 안개가 자욱하게 깔린다."라 하고, 어떤 그림은 "초나라 산으로 구름이 돌아간다."라 하고, 어떤 그림은 "가을 하늘이 밝게 갠다."라 하고, 어떤 그림은 "옛 무덤에 비석이 절단되었다."라 하고, 어떤 그림은 "동정호(洞庭湖)[289]의 봄 경치"라 하고, 어떤 그림은

凡畫山水, 須按四時. 或曰"煙籠霧鎖[84]", 或曰"楚岫雲歸", 或曰"秋天曉霽", 或曰"古塚斷碑", 或曰"洞庭春色", 或曰"路荒人迷", 如此之類, 謂之"畫題".《畫學秘訣》

289 동정호(洞庭湖) : 현재 중국의 호남성(湖南省) 북부에 있는 중국 제2의 담수호. 상수(湘水) 등 주위의 하천을 수용하고, 장강(長江)에 이어져 있다. 호수 속에 섬이 많고 악양루(岳陽樓)와 소상팔경(瀟湘八景) 등의 명승이 있다.

[81] 鎖 : 저본에는 "瑣".《山水論》에 근거하여 수정.

[82] 引 : 저본에는 없음.《山水論》에 근거하여 보충.

[83] 雁 : 저본에는 없음.《山水論》에 근거하여 보충.

[84] 鎖 : 저본에는 없음.《山水論》에 근거하여 보충.

"길이 황량하여 사람이 길을 잃는다."라 하는데, 이러한 종류를 '화제(畵題)'라 한다. 《화학비결》[290]

곽희는 하양(河陽)[291] 사람이다. 화법은 이성(李成)을 배웠으며, 안개와 구름이 나타났다가 사라지고, 산봉우리와 산등성이가 숨었다가 나타나는 자태를 잘 그렸다. 그가 일찍이 산 그리기를 논하였는데, "봄 산은 담백하게 꾸미며 웃는 듯하고, 여름 산은 녹음이 가득하여 하늘의 빛에 젖은 듯하고, 가을 산은 맑고 깨끗하여 목욕하는 듯하며, 겨울 산은 어둡고 쓸쓸하여 잠에 든 듯하다."[292]라 하였다. 《고금화감》[293]

郭熙, 河陽人, 宗李成, 善得煙雲出沒、峯巒隱顯之態. 嘗論畫山曰: "春山淡冶而如笑, 夏山蒼翠而如滴, 秋山明淨而如沐, 冬山慘淡而如睡." 《畫鑑》

290 《山水論》(《中國書畫全書》 1冊 〈山水論〉, 177쪽).

291 하양(河陽): 현재 중국의 하남성 맹현(孟縣). 곽희를 곽하영(郭河陽)이라고도 부른다.

292 봄……듯하다: 《林泉高致》 〈山水訓〉에 나온다.

293 《古今畫鑑》(《中國書畫全書》 2冊 〈古今畫鑑〉, 898쪽).

11. 꽃과 열매, 새와 짐승　花果、鳥獸

1) 꽃과 열매, 풀과 나무 그리기　論畫花果、草木

꽃과 열매, 풀과 나무를 그릴 때에는 자연스럽게 사계절의 절기, 음양의 향배, 대나무 순의 시든 것과 새싹, 덤불과 꽃받침의 뒷면과 앞면이 있어야 하고, 정원의 여러 푸성귀와 들풀의 경우에는 모두 땅에서 자라는 성질을 띠어야 한다. 반드시 이를 깨달아서 어느 하나라도 빠뜨려서는 안 된다.《도화견문지》[1]

畫花果草木, 自有四時景候, 陰陽向背, 筍[①]條老嫩, 苞萼後先, 逮諸園蔬野草, 咸有出土體性. 必須融會, 闕一不可.《圖畫見聞志》

2) 꽃과 풀 채색하는 법　花卉設色法

꽃과 풀을 채색하는 법은 먹으로 꽃을 그리는 법을 참고해야만 오묘한 경지에 들어갈 수 있다.

設色花卉法, 須于墨花之法參之, 乃入妙. 唐、宋多院體,

1 《圖畫見聞志》卷1〈叙論〉"叙製作楷模"(《中國書畫全書》1, 467~468쪽).

① 筍:《圖畫見聞志·叙論·叙製作楷模》에는 "笋".

당(唐)·송(宋) 시대에는 대부분이 원체(院體)[2] 였는데, 모두 채색을 정교하고 세밀하게 하여 먹으로 그린 작품이 드물었다.

皆工細設色而少墨本.

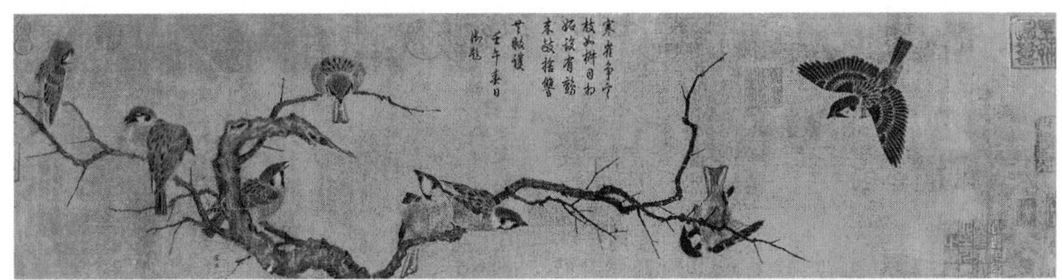

최백(崔白)의 《한작도(寒雀圖)》(위)와 부분도(아래)(베이징 고궁박물원)
한겨울 저녁 참새들이 고목에서 쉬며 잠자는 풍경을 그린 작품이다. 전체적으로 구도는 세 부분으로 나뉜다. 맨 왼쪽 한 마리는 이미 쉬면서 편히 잠자는 모습이고, 오른쪽 두 마리는 늦게 도착하여 움직이는 모습이고, 본 작품의 중심에 해당하는 중간의 네 마리는 위·아래·왼쪽·오른쪽이 서로 호응하되 정적인 분위기로 접어들려고 하는 순간이다. 오른쪽의 동적인 모습이 점차 정적인 모습으로 옮겨 가는 단계를 그렸다. 부분도에서 보듯, 참새의 본성과 그 자태를 가는 붓으로 매우 정교하고 사실적으로 그리면서도 작품 전체에 서정성을 띤 시적 분위기가 물씬 풍기고 있다. 이는 이전 황전(黃筌) 일파의 화려하고 장식적인 화풍에서 벗어나 있음을 보여 준다.

2 원체(院體): 화원(畫院)의 양식. 당대(唐代)에 이미 대조(待詔), 공봉(供奉) 등의 화관(畫官)이 설치되었지만, 화원은 오대(五代) 서촉(西蜀)과 남당(南唐) 시대에 와서야 설치되었다. 송대(宋代)에는 한림도화원(翰林圖畫院)을 설치하고 우수한 화가들을 선발하여 대조(待詔)·지후(祗候)·예학(藝學)·화학생(畫學生)·학생(學生)·공봉(供奉) 등의 관직을 수여하였고, 남종 시대 고종은 이를 계승하여 설치하였다. 일반적으로 화원의 양식은 기교적이고 섬세하며 화려한데, 남송 시대 원체화풍이 특히 유명하다.

원(元)·명(明) 시대에 와서야 마침내 먹을 사용하는 일이 많아졌으며, 그림들의 풍치가 세속을 초월하였다. 그러나 뜻을 표현하면서 채색하는 일은 특히 잘하기 어려웠다.《산정거화론》[3]

元、明之間, 遂多用墨之法, 風致絶俗, 然寫意而設色者, 尤難能.《山靜居畫論》

황거채(黃居寀)의 《산자극작도(山鷓棘雀圖)》(타이베이 고궁박물원)
황전(黃筌)의 구륵전채법(鉤勒塡彩法)을 계승하여 송대 화원에서 황씨체를 정착시킨 황거채의 대표적인 작품이다. 물가 바위 위에 산까치 1마리가 앉아 있고, 뒤로는 큰 바위 옆에 대나무, 가시나무, 작은 관목 등으로 된 나무들을 배치하였으며, 참새 7마리가 노닐고 있다. 가시나무 끝 가지를 중심으로 삼각형의 안정된 구도를 취하고 있으며, 바위는 아직 준법이 행해지지 않아 평평한 면을 이루고 있다. 가시나무 줄기, 대나무와 풀의 잎에는 구륵전채법이, 산까치 부리와 발톱에는 선명한 빛깔의 주사가 사용되었는데, 작품이 전반적으로 정적이면서 장식적인 느낌을 준다.

서위(徐渭)의 《묵포도도(墨葡萄圖)》(베이징 고궁박물원)
서위는 스스로 글씨가 첫 번째, 시가 두 번째, 문장이 세 번째, 그림이 네 번째로 뛰어나다고 평가하였지만, 세상에서는 그의 그림이 가장 뛰어나다고 평가하고 있다. 그가 주로 시든 국화나 연꽃 등의 화조를 수묵으로 그리면서 기존 화법에 구속되지 않고 자유롭게 표현한 작품에는 고담한 가운데 풍치가 넘쳤으며, 자신의 감정이 투영된 개성적인 작품을 그렸다. 《묵포도도》는 이러한 화풍을 잘 보여 준다. 이 그림의 제발에 "붓끝의 명주(明珠)를 팔 곳이 없어, 들판의 칡덩굴 속으로 한가롭게 내던진다.(筆底明珠無賣處, 閑抛閑擲野藤中.)"라고 한 말은 그의 뛰어난 재주가 화조화나 그리면서 무색하게 된 시대를 한탄하는 표현이다.

3 《山靜居畫論》下(《叢書集成總編》1644〈山靜居畫論〉下, 18쪽).

꽃과 풀을 채색할 때, 세상에서는 색을 엷게 반복적으로 칠하면서 윤색하는 것[4]을 귀중히 여기는 경우가 많은데, 이것은 잘못된 것이다. 옛 그림에는 모두 색을 칠할 때, 색을 묻힌 붓으로 꽃잎 모양부터 선염하였다. 한 번 칠해서 두껍게 윤택이 나거나 조화롭게 되지 않으면, 다시 한 차례 보충적으로 선염하여 충족시킨다. 그러므로 꽃머리를 둥글게 틔워 너무 납작하거나 엷지 않게 한 뒤에 연지로 꽃잎 밑부분부터 선염하면, 연지 안료 또한 두꺼운 안료 가루로 인해 더욱 선명해진다.《산정거화론》[5]

設色花卉, 世多以薄施粉澤爲貴, 此妄也. 古畫皆重設粉, 粉筆從瓣尖染入, 一次未盡腴澤匀和, 再次補染足之, 故花頭圓綻不扁薄, 然後以脂自瓣根染出, 卽脂汁亦由粉之厚而增色. 同上

4 색을……것 : 원문의 '박시분택(薄施粉澤)'을 옮긴 것이다. 여기서 분(粉)은 안료 가루이지만, 옛날에는 자연적인 광물성 안료를 갈아 고운 가루로 만들어 아교에 섞어 색을 칠했기 때문에 일반적으로 안료, 채색, 또는 채색하는 것을 의미한다. 안료 가루를 아교에 섞으면 아교에 녹은 것은 위에 뜨고 녹지 않은 가루는 아래에 가라앉는다. 채색할 때에는 위에 뜬 것을 붓에 묻혀 그리는데, 이때의 색이 너무 담백하여 반복적으로 칠하여 윤색한다. 이를 박시분택(薄施粉澤)이라고 하는 것 같다.

5 《山靜居畫論》下(《叢書集成總編》1644 〈山靜居畫論〉下, 19쪽).

운수평(惲壽平)[6]은 점을 찍어 꽃을 그릴 때 붓에 안료 가루를 묻히면서 연지를 곁들였는데, 꽃을 그린 뒤엔 다시 선염한 필치로 보충하였다. 점을 찍는 것과 색을 선염하는 것이 동시에 이루어지는 기법은 이전 사람들이 전하지 않았으니, 운수평이 독창적으로 만든 것이다.

南田 惲氏點花, 粉筆帶脂, 點後復以染筆足之. 點染同用, 前人未傳此法, 是其獨造.

6 운수평(惲壽平): 1633~1690. 중국 청대(淸代)의 서화가. 이름은 격(格)이고 자(字)는 수평(壽平)인데, 훗날 자로 이름을 대신하고 자를 정숙(正叔)이라 고쳤다. 호는 남전(南田) 또는 운계외사(雲溪外史)이며, 강소성(江蘇省) 무진(武進) 사람이다. 만년에 성동(城東)에 살면서 호를 동원객(東園客) 또는 초의생(草衣生)이라 하였고, 백운도(白雲渡)로 거처를 옮긴 뒤에는 호를 또 백운외사(白雲外史)라 하였다. 그의 부친 운일초(惲日初, 1601~1678)는 명말 국란에서 절개를 지켜 벼슬을 하지 않았다. 운수평 또한 시종 평민으로서 곤궁하게 생애를 마쳤다. 그는 어려서 가난하였지만, 선천적으로 총명하고 지혜로웠으며, 시를 잘 지었다. 글씨는 해서와 행서에 정통하였는데, 저수량(褚遂良, 596~658)을 배워 글씨가 곱게 단장한 미인과 같았다. 처음에 산수를 잘 그렸지만 후에 왕휘와 교류하면서 화조화를 많이 그렸다. 북송 서숭사의 몰골법을 기본으로 하였으며, 당우광(唐于光) 등과 함께 운파(惲派)라고 칭한다. 또는 상주파(常州派) 또는 비릉파(毗陵派)라고도 칭한다. 산수화는 언덕과 골짜기 하나하나가 맑고 빼어나며 초일(超逸)하여, 실은 왕휘보다 나은 점이 있다. 왕시민(王時敏), 왕감(王鑒), 왕휘(王翬), 왕원기(王原祁), 오역(吳歷) 등과 함께 '청의 6대 화가' 중 한 사람이다.

운수평의 《산수화훼신품(山水花卉神品)》 중 모란의 부분도(베이징 고궁박물원)
중국 청나라 초기 남종정통파 화가인 사왕오운(四王吳惲) 중 한 사람인 운수평은 화조화에 특히 뛰어났으며, 북송 서숭사(徐崇嗣)의 몰골법을 계승, 발전시켰다. 이 작품은 만개한 모란의 모습을 윤곽선 없이 채색을 선염한 몰골법으로 그렸는데, 색의 농담 변화가 잘 구사되어 활짝 핀 풍성한 느낌이 잘 표현되었다. 겹겹이 중첩되게 묘사한 잎은 맑고 어두움이 잘 드러나 입체적인 느낌을 주며, 방향과 형태가 다양하게 표현되어 생동감을 준다. 전반적으로 작품 전체는 산뜻하면서도 우아하고, 화려하면서도 담백한 분위기를 연출하고 있다.

국화(菊花)·봉선화(鳳仙花)·산다화(山茶花)와 같은 여러 꽃의 경우, 운수평은 연지나 단사와 같은 붉은색을 칠할 때에 모두 꽃잎 머리 부분부터 선염하였는데, 이것은 역시 세상 사람들의 화법과 달랐다. 그 가지와 잎은 비록 사의(寫意)[7]로 그렸다 할지라도, 대부분 옅은 색으로 바탕을

如菊花、鳳仙、山茶諸花, 脂丹皆從瓣頭染入, 亦與世人畫法異. 其枝葉雖寫意, 亦多以淺色作地, 深色讓主筋分染之.【主筋, 葉中一筆也】同上

7 사의(寫意): 동양화 기법으로, 조필(粗筆)이라고도 칭하며 공필(工筆)과 대칭된다. 사물 외형을 기교적이며 섬세하게 묘사하는 것을 중시하는 것이 아니라, 대략적인 필묵으로 사물의 의태나 신운을 묘사하거나 화가의 정신을 표현하는 것을 말한다. 남송의 양해(梁楷)·법상(法尙), 명대 진순(陳淳)·서위(徐渭), 청초 팔대산인(八大山人) 등이 모두 이 법에 뛰어났다. 북송의 한졸(韓拙, ?~?)은 "용필에는 간략하게 하였어도 뜻이 완전한 것이 있고, 기교적으로 엄밀하고 정세(精細)하게 한 것이 있다."라 하였는데 전자가 사의(寫意)에 해당한다.

칠하고, 짙은 색을 주근(主筋)[8]과 구분되게 칠했다.【주근(主筋)은 잎 중앙에 하나의 필치로 그린 것이다.】《산정거화론》[9]

운수평의 《산수화훼도책신품(山水花卉圖冊神品)》 중 봉선화(鳳仙花)의 부분도(베이징 고궁박물원)
본문에서 운수평의 봉선화 그림은 꽃잎 머리 부분부터 선염하고, 가지와 잎의 경우 옅은 색으로 바탕을 칠하고, 짙은 색으로 잎맥을 처리하였다고 한 말을 이 그림에서 잘 확인할 수 있다. 그림 왼쪽에 서숭사(徐崇嗣)의 《춘풍도(春風圖)》를 임모하였다는 제발이 말해 주듯, 봉선화 꽃을 붉은색으로 옅고 짙게 변화를 주면서 몰골법으로 그렸다. 운수평의 화조화는 짙으면서 세속적이지 않고 화려하면서도 요염하지 않으며, 담백하고 경쾌하면서도 너무 지나치지 않게 잘 조화를 이루었다.

9 《山靜居畫論》 下(《叢書集成總編》 1644 〈山靜居畫論〉 下, 20쪽).

3) 점 찍어 꽃 그리는 법

點花法

연꽃·해바라기·모란·작약·부용·국화와 같은 꽃을 점을 찍어 그릴 때, 꽃 머리를 매우 정교하고 세밀하게 그린다 하더라도 꽃잎을 한결같은 모양으로 포개어서는 안 되며, 꽃잎의 빈 곳과 가득한 곳, 치우친 곳과 반대로 뒤집힌 곳 등을 포개지도록 그려야 한다. 모란과 같은 경우, 사람들은 모두 윗부분에는 가느다란 꽃잎을 모아 누각처럼 층층이 세우고 아래에는 한결같은 모양으로 큰 꽃잎을 그려 한 줄로 세우는데, 이러한 그림에는 바로 생동하는 운치가 없다. 반드시 방향에 얽매이지 않고 성긴 곳과 빽빽한 곳이 모이고 쌓여 들쑥날쑥하게 기세를 취하면서 제각각 꽃 모양을 드러내면 마침내 그림이 오묘해진다. 《산정거화론》[10]

點花如荷、葵、牡丹、芍藥、芙蓉、菊花, 花頭雖極工細, 不宜一勻疊瓣, 須要虛實偏反疊之. 如牡丹, 人皆上簇細瓣起樓, 下爲一勻大瓣, 朶朶一例, 便無生動之趣. 須不拘四面, 疏密簇疊, 參差取勢, 各 呈花樣乃妙.《山靜居畫論》

점을 찍어 꽃을 그릴 때에는 기세를 중요시해야 한다. 어떤 것은 먹으로 어떤 것은 채색으로 그리되, 기세를 따라 그리면서 꽃의 정신이 왕성하게 전달되면 바로 꽃의 생명이 약동하는 것이니, 꽃의 형태에 집착해선 안 된다. "꽃의 정신을 왕성하게 전달할 뿐 모습의 유사함을 구하지 않

點筆花以氣機爲主, 或墨或色, 隨機著筆, 意足而已, 乃得生動. 不可膠於形跡, "意足不求顏色似, 前生相馬九方皐", 又不獨畫梅也. 同上

10 《山靜居畫論》下(《叢書集成總編》1644〈山靜居畫論〉下, 17쪽).

으니, 전생에 말을 감별하는 구방고(九方皐)로다."[11]라고 한 것은 또한 매화를 그리는 데에만 적용되는 말이 아니다.《산정거화론》[12]

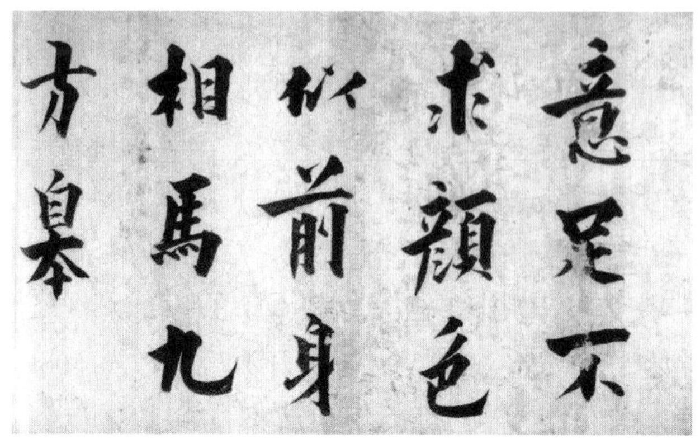

김정희(金正喜)의 《진거비(陳去非)》의 시구(詩句)[단계경독지당(丹溪耕讀之堂) 소장. 박철상, 《세한도》, 문학동네, 2010, 도판 인용]
조선 말기 김정희가 《진거비》의 시구를 쓴 것인데, 해서체 안에 강직한 금석(金石)의 필세가 느껴진다. 김정희가 이 구절을 글씨로 써 감상할 정도로, 이 시구절이 조선시대의 문인화에 큰 영향을 끼쳤음을 알 수 있다.

11 꽃의 정신을……구방고(九方皐)로다 : 이는 중국 송대 진여의(陳與義)의 《묵매시(墨梅詩)》에 나오는 구절이다. 구방고(九方皐)는 춘추시대에 말을 잘 감별하기로 유명했던 백락(伯樂)이 진(秦)나라 목공(穆公)에게 자신의 후임으로 추천한 인물이다. 구방고가 말을 감별할 때 말의 신기(神氣)를 취할 뿐 털의 색이나 말의 성별 등을 중시하지 않았던 것처럼, 그림 속에 담긴 대상의 정신을 표현하는 것이 중요하다는 뜻이다.

12 《山靜居畫論》 下(《叢書集成總編》 1644 〈山靜居畫論〉 下, 13쪽).

4) 꽃과 잎 그리는 법

寫花葉法

일반적으로 꽃을 그릴 때에는 반드시 꽃잎을 크고 작게 그려야 한다. 꽃잎을 크고 작게 그리면, 꽃의 앞면[13]·옆면·아래로 굽은 모습·위로 향하는 모습 등의 자태가 모두 나타난다. 꽃을 그리는 사람들은 종종 배꽃·매화·도화·살구 등을 따지지 않고 꽃잎 5장을 똑같이 그리는데, 이것은 바로 한 면만으로 그린 꽃일 뿐이다. 이렇게 되면 꽃을 생동감 있게 하려고 해도 어렵지 않겠는가?《산정거화론》[14]

凡寫花朶, 須大小爲瓣, 大小爲瓣, 則花之偏側、俛仰之態俱出. 寫花者往往不論梨、梅、桃、杏, 一匀五瓣, 乃是一面花. 欲其生動, 不亦難歟?《山靜居畫論》

꽃 머리를 그릴 때에는 세밀하게 나뉘면서도 영롱하게 해야[破碎玲瓏][15] 하고, 잎을 윤곽 짓고 꽃술을 점으로 그릴 때는 꽃의 정신을 원만하게 펼쳐야만 바로 활력 있는 운치가 있게 된다.《산정거화론》[16]

寫花頭須要破碎玲瓏, 鉤葉點心, 須要精神圓綻, 便有活致. 同上

잎을 그리는 법은 잎이 뒤집히고 바른 것처럼

寫葉之法, 不在反正取巧, 貴

13 앞면 : 원문의 '偏'을 옮긴 것으로, 앞의 한 방향으로 치우친 것. 즉 정면.

14 《山靜居畫論》下(《叢書集成總編》1644〈山靜居畫論〉下, 17쪽).

15 세밀하게……해야[破碎玲瓏] : 파쇄(破碎)는 본래 깨뜨리어 부스러뜨린다는 뜻으로, 꽃잎을 하나하나 세밀하게 나누어 그리는 것이 아닌가 한다. 영롱(玲瓏)은 팔방의 어느 방향으로 비추어도 또렷하게 보이는 것을 말한다. 여기에서는 크고 작은 꽃잎이 들쑥날쑥하면서 서로 조화를 이루는 것이 아닌가 한다.

16 《山靜居畫論》下(《叢書集成總編》1644〈山靜居畫論〉下, 17쪽).

외형을 정교하게 그리는 것에 있는 것이 아니라, 그림 전체가 기세를 얻는 것을 귀중하게 여긴다. 가지가 생기고 줄기가 세워지는 것도 이 방법과 같다.《산정거화론》[17]

乎全圖得勢, 發枝立幹, 亦同此法. 同上

잎을 윤곽 짓고 꽃술을 점으로 그리는 것은 그림 전체의 눈썹과 눈에 해당한다. 잎을 그리고 꽃술을 점으로 그리는 것이 밋밋하더라도, 윤곽을 만들고 점을 찍어 그리는 것이 법도가 있으면 곧 새롭게 보게 한다. 그러나 잎을 그리고 꽃을 점으로 그리는 것이 이미 오묘하여도, 윤곽 짓고 점을 찍는 것이 법도가 없으면 그림 전체를 망친다는 사실을 몰라서는 안 된다.《산정거화론》[18]

鉤葉點心, 乃是全幅之眉目. 有搨葉點花平平, 而鉤點有法, 便爲改觀; 有搨葉點花已妙, 鉤點無法而敗之者, 不可不知. 同上

먹으로 꽃을 그릴 때, 축축한 상태를 이용해서 꽃술을 점으로 찍고 잎을 그리면 가장 고의(古意)를 얻을 수 있다. 비록 채색으로 점족(點簇)[19]을 하여 그리더라도, 먹으로 꽃술을 점으로 찍고 잎을 윤곽 지으면 저절로 오묘한 이치를 갖게 한다.《산정거화론》[20]

畫墨花, 趁濕點心鉤葉, 最得古意. 雖設色點簇, 以墨點心鉤葉, 自具妙理. 同上

---

17 《山靜居畫論》下(《叢書集成總編》 1644 〈山靜居畫論〉 下, 17쪽).

18 《山靜居畫論》下(《叢書集成總編》 1644 〈山靜居畫論〉 下, 17쪽).

19 점족(點簇): 용필법의 한 종류로, 점과 획을 만들어 이를 모아 사물의 형태를 완성하는 기법을 말한다. 당나라 때 위언(韋偃)이 점족(點簇)으로 말 그림을 그렸지만, 이후에는 구륵(鉤勒)을 사용하지 않고 점으로 그린 화조화(花鳥畫)를 가리키는 경우가 많다.

20 《山靜居畫論》下(《叢書集成總編》 1644 〈山靜居畫論〉 下, 17쪽).

5) 사의(寫意)와 사생(寫生)[21]을 함께 논한다　合論寫意、寫生

세상에서는 채소와 과일, 꽃과 풀을 그릴 때 손 가는 대로 점족(點簇)으로 그리는 것을 사의(寫意)라 하며, 세필로 윤곽을 긋고 선염을 하는 것을 사생(寫生)이라 하는데, 사의가 뜻을 따라 그리고 사생이 생물을 형상하고 사물을 닮게 그리는 것으로 생각하기 때문이다. 그러나 옛사람의 사생은 바로 사물의 생동적인 의취를 그리는 것으로, 처음부터 사의와 사생을 둘로 나누어 말한 것이 아님을 모르는 것이다. 기교적으로 세밀하게 그리는 것과 점족은 화법이 다르다 할지라도 사물의 이치는 같은 것이다.《산정거화론》[22]

世以畫蔬果、花草, 隨手點簇者, 謂之"寫意", 細筆鉤染者, 謂之"寫生". 以爲意乃隨意爲之, 生乃像生肖物, 不知古人寫生卽寫物之生意, 初非兩稱之也. 工細、點簇, 畫法雖殊, 物理一也.《山靜居畫論》

21 사생(寫生) : 사물의 생의(生意)를 묘사한다는 의미이다. 북송 화조화가 조창(趙昌)은 새벽마다 아침 이슬을 맞으며 화원을 배회하고 꽃과 나무를 관찰하면서 색을 조화시켜 묘사하고, 스스로 '사생조창(寫生趙昌)'이라 불렀다. 사생(寫生)이란 말은 여기에 근거한다. 현재에는 정물사생(靜物寫生), 풍경사생(風景寫生), 인체사생(人體寫生)처럼 경물을 마주 보고 그 형상을 묘사하는 기법을 모두 사생이라 한다.

22 《山靜居畫論》 下(《叢書集成總編》 1644 〈山靜居畫論〉 下, 18쪽).

조창(趙昌)의 《사생협접도(寫生蛺蝶圖)》(베이징 고궁박물원)
북송 초기 도화원의 화조화는 화려하고 장식적인 황씨체가 우세를 점유한 분위기에서 새롭게 대상의 본성과 자태를 생동적으로 묘사한 것으로 전화되었는데, 조창은 스스로를 '사생조창(寫生趙昌)'이라 부르면서 사생화법을 창안하였다. 이 그림은 날아다니는 생동적인 나비를 그린 것으로, 아래에는 낙엽, 국화, 가을 풀, 그리고 그늘 속에 숨어 있는 메뚜기를 사실적으로 그려 가을 정취가 물씬 풍긴다. 나비는 세밀하고 정치하게 그리고 화초는 묵선으로 윤곽선을 변화 있게 사용하였는데, 채색은 묵선을 가리지 않고 서로 조화를 이루고 있다. 본문에서 언급된, 세필로 윤곽을 긋고 선염을 하는 사생(寫生)은 조창에게서 유래했다.

6) 영모(翎毛, 조류) 그리기

論畫翎毛

영모를 그릴 때에는 반드시 여러 조류의 형체와 각 부위의 이름을 알아야 한다. 부리와 입에서부터 눈꺼풀과 눈 가장자리[眼緣][23]【연(緣)은 거성(去聲)이다.】에는 총림뇌모(叢林腦毛)[24]와 피사모(披蓑毛)[25]가 있다. 날개에는 초시(梢翅)[26]

畫翎毛者, 必須知識諸禽形體名件. 自嘴喙、口臉、眼緣【去聲】, 叢林腦毛、披蓑毛. 翅有梢【去聲】翅, 有蛤翅. 翅邦【去聲】上有大節小節、大

23 눈 가장자리[眼緣] : 눈의 가장자리. 연(緣)은 거성으로 '가장자리'를 의미한다.

24 총림뇌모(叢林腦毛) : 잡목이 우거진 숲과 같이 머리에 난 덥수룩한 털.

25 피사모(披蓑毛) : 작은 새 등의 깃털인데 깃 조각을 형성하지 않았다. 세밀한 털로 되어 있기 때문에 대략 도롱이[蓑]와 같아서 피사모라고 한다. 왕개(王槪)의 《개자원화전(芥子園畫傳)》에 "영모는 먼저 부리를 그리고, 다음으로 머리를 그리며, 그다음으로 등 위의 피사모와 날개를 그린다.(翎毛先畫嘴, 其次畫頭與腦, 又次畫背上披蓑毛及翅膀.)"라 하였다.

26 초시(梢翅) : 새의 날개 하반부의 길고 큰 깃털을 가리킨다. 나뭇가지 끝[梢]과 같은 모양이다.

【초(梢)는 거성이다.】와 합시(蛤翅)[27]가 있다. 날개[翅邦][28]【방(邦)은 거성이다.】에는 큰 관절과 작은 관절, 크고 작은 와령(窩翎)[29]이 있고, 다음으로 육초(六梢)[30]에 이른다. 또 요풍(料風)[31]【요(料)는 거성이다.】과 약초(掠草)[32]【날개와 가슴 사이에 있다.】, 산미(散尾),[33] 압점미(壓磹尾),[34] 두모(肚毛),[35] 퇴고(腿袴),[36] 미추(尾錐)[37]가 있다.

小窩翎, 次及六梢, 又有料【去聲】風、掠草【彌縫翅胸之間】、散尾[2]、壓磹尾、肚毛、腿袴、尾錐.

다리에는 탐조(探爪)[38]【관절이 3개】·식조(食爪)[39]【관절이 3개】, 요조(撩爪)[40]【관절이 4개】·

脚有探爪【三節】、食爪【三節】、撩爪【四節】、托爪【一

27 합시(蛤翅) : 새의 날개 상반부에 비늘 조각 모양으로 난 부드러운 깃털을 가리킨다. 양 날개가 접혀 새 몸을 싸고 있는 모습이 조개[蛤]와 비슷해서 이렇게 부른 것이다.

28 날개[翅邦] : 방(邦)은 거성이며 방(膀) 또는 방(髈)이라고도 하며, 옆구리를 뜻한다. 시방(翅邦)은 날개 옆구리를 말하나 일반적으로 날개를 통칭한다.

29 와령(窩翎) : 복우(復羽) 아래 나열되어 있는 깃털로 요풍우(料風羽) 뒤에 통상 8~10개가 있다. 날개 외층의 일부분 명칭으로 와우(窩羽)라고도 한다.(郭若虛, 鄧白 注,《圖畫見聞志》, 四川美術出版社, 1988, 23쪽)

30 육초(六梢) : 새의 날개 깃털을 가리킨다. 즉 초시(梢翅).

31 요풍(料風) : 새의 날개 외층의 깃털로, 와령(窩翎) 앞에 있다. 요풍우(料風羽) 또는 발풍우(撥風羽)라고도 한다.

32 약초(掠草) : 날개의 가장 바깥에 있는 긴 깃털로서 약초우(掠草羽)라고 한다.

33 산미(散尾) : 밖으로 흩어져 열린 꼬리털.

34 압점미(壓磹尾) : 안으로 한데 합쳐진 꼬리털.

35 두모(肚毛) : 새의 배 부분에 있는 털.

36 퇴고(腿袴) : 새의 다리와 사타구니의 털.

37 미추(尾錐) : 새의 꽁무니 부분.

38 탐조(探爪) : 새의 더듬는 발톱.

39 식조(食爪) : 새의 먹는 발톱.

40 요조(撩爪) : 새의 싸우는 발톱.

[2] 尾 : 저본에는 "毛".《圖畫見聞志·叙論·叙製作楷模》에 근거하여 수정.

탁조(托爪)[41]【관절이 1개】·선황팔갑(宣黃八甲)[42]이 있다. 사나운 새의 눈 윗부분을 간붕(看棚)[43]【일명 간첨(看簷)이라고 한다.】이라 하고, 등의 깃털 사이를 합류(合溜)[44]라고 한다.

節】、宣黃八甲. 鷙鳥眼上, 謂之"看[3]棚"【一名看簷】, 背毛之間, 謂之"合溜".

산까치와 닭 종류에는 각각 계절과 나이, 가죽·털·눈·발톱 등의 차이가 있다. 집거위와 집오리는 배가 나와 있고, 들새와 물새는 자연스럽게 꼬리[梢]【초(梢)는 거성이다.】가 날렵하다. 이와 같은 종류는 어떤 것은 소리 내며 모이되 깃털과 날개가 조밀하고, 어떤 것은 겨울에 둥지에 서식하는데 깃털이 엉클어지고 무성하다[鬆泡].【포(泡)는 거성이다.】 이상에서 열거한 내용에는 모두 이름·형태·위치가 있으니 반드시 잘 이해하여 어느 하나라도 빠뜨려서는 안 된다. 《도화견문지》[45]

山鵲、鷄類, 各有歲時蒼嫩皮毛眼爪之異. 家鵝、鴨卽有子肚, 野飛水禽自然輕梢【去聲】. 如此之類, 或鳴集而羽翮緊戢, 或寒棲而毛葉鬆泡【去聲】. 已上具有名體、處所, 必須融會, 闕一不可.《圖畫見聞志》

41 탁조(托爪): 새의 한쪽으로 밀어붙이는 발톱.

42 선황팔갑(宣黃八甲): 새의 발등과 발바닥을 가리키며, 외피는 비늘 조각과 각질, 단단한 피부로 되어 있다.

43 간붕(看棚): 매나 독수리와 같이 사나운 새에서 눈 위의 눈썹 선이 융기한 곳.

44 합류(合溜): 양쪽 날개 사이 등의 털.

45 《圖畫見聞志》 卷1 〈叙論〉 "叙製作楷模"(《中國書畫全書》 1, 467~468쪽).

[3] 看: 저본에는 "有". 《圖畫見聞志》에 근거하여 수정.

송 휘종(徽宗) 조길(趙佶)의 《홍료백아도(紅蓼白鵝圖)》(타이베이 고궁박물원)
최백(崔白)이 창안한 사실적이고 서정적인 표현은 휘종에 와서 더 높은 경지에 도달하였는데, 이를 확인할 수 있는 작품이다. 한 마리의 흰 거위가 홍료화(紅蓼花) 아래 언덕에서 한적한 강가 풍경을 배경으로 조용히 자신의 깃털을 다듬고 있다. 오리의 특성을 정확히 파악하여 통통하고 넉넉한 몸짓, 부리, 목의 자연스러운 움직임, 눈동자의 방향, 위로 뻗은 꽁지 깃털, 몸을 감싼 날개 등을 사실적으로 묘사하였다. 또한 S자로 굽은 홍료의 줄기, 뒤집히거나 바로 된 잎, 호분으로 칠한 꽃 등은 필치가 정밀하다. 무엇보다 황량한 강가를 배경으로 홍료화와 흰 거위의 관계가 오묘하면서도 깊은 서정적 분위기를 자아내고 있다. 이는 휘종이 이끈 한림도화원(翰林圖畫院)의 주된 경향이다.

7) 가축과 짐승 그리기

論畫畜獸

가축과 짐승을 그릴 때에는 모두 전체 비율[停分][46]과 앞면·뒷면, 근력과 정신, 포동포동하게 살찐 살집, 숨어 있거나 겉으로 드러난 털과 뼈 등을 나타내어 여러 가축과 짐승이 타고난 행동의 특성을 분명히 해야 한다.【네발 달린 동물 중 토끼만 발바닥 밑에 털이 있는데, 이것을 '건모(建毛)'라고 한다.】《도화견문지》[47]

畫畜獸者, 全要停分向背、筋力精神、肉分肥圓、毛骨隱起, 仍分諸物所稟動止之性.【四足惟兎掌底有毛, 謂之"建毛".】《圖畫見聞志》

한황(韓滉)의 《오우도권(五牛圖卷)》(부분)(베이징 고궁박물원)
동아시아에서 종이 위에 그린 작품 중 가장 이른 것으로, 5마리의 소를 그렸다. 5마리 소는 어떤 것은 단독으로 어떤 것은 나무를 배경으로 그렸는데, 그 모습이나 자태가 모두 다르다. 어떤 것은 걸어가고, 어떤 것은 서 있고, 어떤 것은 머리를 숙이고, 어떤 것은 머리를 위로 향하고 있다. 간결한 필선으로 소의 골격을 묘사하고, 색을 밝거나 어둡게 선염하여 소의 입체적 표현을 시도하였다. 가축과 짐승이 타고난 행동의 특성을 잘 파악하여 그린 그림이다.

46 비율[停分] : 전체 수에서 일부분을 일정(一停)이라 한다. '停分'은 정(停)을 나누는 것, 즉 비율을 정하는 것이라 할 수 있다.

47 《圖畫見聞志》 卷1 〈敘論〉 "敘製作楷模"(《中國書畫全書》 1, 467쪽).

진거중(陳居中)의 《사양도(四羊圖)》(베이징 고궁박물원)
"가축과 짐승을 그릴 때에는 모두 전체 비율과 앞면·뒷면, 근력과 정신, 포동포동하게 살찐 살집, 숨어 있거나 겉으로 드러난 털과 뼈 등을 나타내어 여러 가축과 짐승이 타고난 행동의 특성을 분명히 해야 한다"는 원칙이 잘 드러난 그림으로, 양 4마리를 그린 작품이다. 작품은 왼쪽 위에서 오른쪽 아래에 이르기까지 대각선 구도를 취하면서 3개의 언덕으로 구성되었다. 맨 위쪽 언덕에는 나무 3그루, 가운데 언덕에는 양 1마리가 아래를 내려다보고, 마지막 아래쪽에는 양 2마리가 서로 싸우는데, 그 뒤에 이를 바라보는 양이 있다. 양들 개개의 형태나 기질적 특성뿐만 아니라 싸움을 하거나 이를 바라보는 모습들이 서로 조화를 잘 이루면서 작품에 생동감을 자아내고 있다.

8) 짐승과 가축의 털 그리기 論獸畜畫毛

소와 호랑이를 그릴 때 모두 털을 그리지만 말만은 털을 그리지 않는다. 나는 일찍이 화공에게 이 이유를 물었는데, 화공은 "말의 털은 가늘어서 그릴 수 없습니다."라 했다. 내가 반론하여 "쥐 털이 더 가는데 무엇 때문에 오히려 그립니까?"라

畫牛、虎皆畫毛, 惟馬不畫毛[4]. 余嘗以問畫工, 工言:"馬毛細, 不可畫." 余難之曰:"鼠毛更細, 何故却畫?", 工[5]不能對.

---

[4] 毛:《夢溪筆談·書畫》에는 없음.

[5] 工: 저본에는 없음.《夢溪筆談》에 근거하여 보충.

말하니, 화공은 답변하지 못했다.

대체로 말을 그리면 그 크기가 1척을 넘지 않는데, 이것은 바로 큰 것을 축소시키는 것이기 때문에 털이 가늘어서 그릴 수 없는 이유이다. 쥐는 바로 본래의 크기대로 그리기 때문에 자연스럽게 털을 그려야 한다. 그러나 소나 호랑이도 큰 것을 축소하여 그린 것이어서 이치상 또한 털을 나타내면 안 되지만, 소와 호랑이는 털이 깊고 말은 털이 얕으니 이치상 이를 구별해야 한다.

大凡畫馬, 其大不過盈尺, 此乃以大爲小, 所以毛細而不可畫. 鼠乃如其大, 自當畫毛. 然牛、虎亦是以大爲小, 理亦不應見毛, 但牛、虎深毛, 馬淺毛, 理須有別.

그러므로 유명한 화가들은 작은 소나 호랑이를 그릴 때 털을 그린다 할지라도 대략 생략하여 그릴 뿐이다. 만약 상세하고 정밀하게 그린다면 도리어 군짓거리가 된다. 간략하게 생략하여 그리면 저절로 신비로운 모습이 있게 되어 아득히 생동할 것이니, 이러한 경지는 세속적인 사람과 함께 논하기 어렵다. 만약 말을 소나 호랑이와 같은 크기로 그린다면 이치상 당연히 털을 그려야 한다. 일반적으로 어린 말에 털이 없을 경우만 봐서 마침내 또한 (말의 털을) 그리지 않는다면[遂亦不瀃],[48]【안 산(瀃)은《집운(集韻)》[49]에서 "음

故名輩爲小牛、小虎, 雖畫毛, 但略拂拭而已. 若務詳密, 翻成冗長. 約略拂拭, 自有神觀, 迥[6]然生動, 難可與俗人論也. 若畫馬如牛、虎之大者, 理當畫毛. 蓋見小馬無毛, 遂亦不瀃.【按 瀃,《集韻》"音孿, 洗馬也."】此庸人襲跡, 非可與論理也.《夢溪筆談》

48 마침내……않는다면[遂亦不瀃] : 원문의 '遂亦不瀃'을 옮긴 것이다. 유검화는《중국화론유편(中國畫論類編)》에서 '瀃'은 '畫' 자가 되어야 의미가 통한다고 하였다. 여기에서는 유검화의 견해에 따라 해석하였다.

49 집운(集韻) : 음운서(音韻書). 중국 송대의 학자인 정도(丁度, 990~1053) 등이 왕명을 받아 편찬한 것으로, 10권으로 되어 있다.

⑥ 迥 : 저본에는 "廻". 오사카본·《夢溪筆談》에 근거하여 수정.

이 연(攣)이며, 말을 씻는 것이다."라 했다.】 이것은 보통 화가가 법식을 답습하는 것이니, 이들과 함께 이치를 논할 수 있는 것이 아니다. 《몽계필담》[50]

9) 용 그리는 법

畫龍法

용을 그릴 때에는 3부분[三停][51]【머리에서 어깨까지, 어깨에서 허리까지, 허리에서 꼬리까지이다.】을 나누어 그리고, 9가지 닮은 부분【뿔은 사슴을 닮았고, 머리는 곱사등이를 닮았고, 눈은 귀신을 닮았고, 목덜미는 뱀을 닮았고, 배는 이무기를 닮았고, 비늘은 물고기를 닮았고, 발톱은 매를 닮았고, 발바닥은 호랑이를 닮았고, 귀는 소를 닮았다.】을 분명히 그려야 한다.

畫龍者折出三停,【自首至膊, 膊至腰, 腰至尾也.】 分成九似.【角似鹿, 頭似駝, 眼似鬼, 項似蛇, 腹似蜃, 鱗似魚, 爪似鷹, 掌似虎, 耳似牛.】

50 《夢溪筆談》 卷17 〈書畫〉(《夢溪筆談》 上, 6~7쪽).

51 3부분[三停] : 서예에서 글자의 구조를 상·중·하 3단으로 구성하는 것을 삼정(三停)이라 한다. 여기서는 용의 3부분, 머리 부분, 몸통 부분, 꼬리 부분을 말한다.

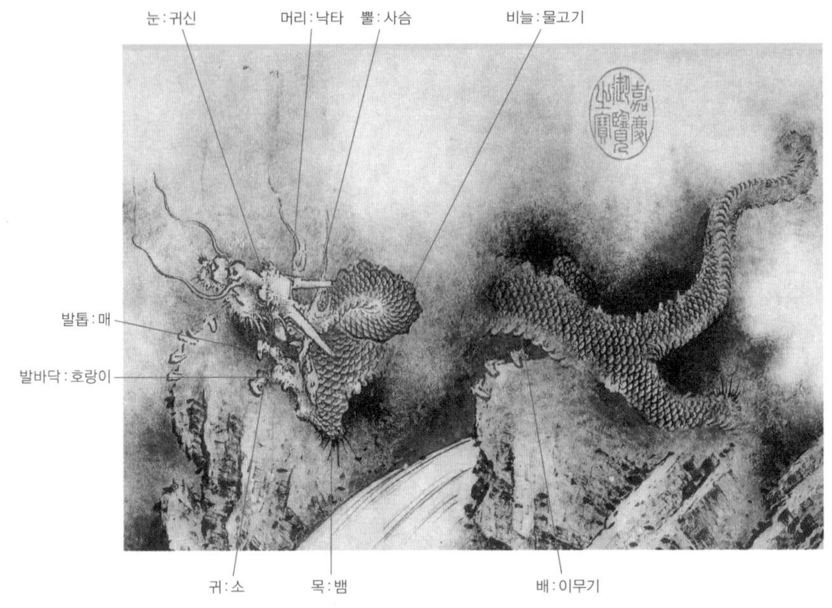

용의 구사(九似) : 뿔(사슴), 머리(낙타), 눈(귀신), 목(뱀), 배(이무기), 비늘(물고기), 발톱(매), 발바닥(호랑이), 귀(소).

또 헤엄치며 꿈틀거리는 용의 자태의 오묘함을 궁구해야 하며, 몸을 휘어 감고 하늘을 오르내리는 마땅함을 얻어야 한다. 이에 따라 갈기와 팔꿈치에 난 털은 필획을 힘차고 빠르게 하여 바로 몸에서 나온 것처럼 해야 좋다.【일반적으로 입을 벌리고 있는 용은 쉽게 잘 그릴 수 있지만, 입을 다물고 있는 용은 잘 그리기 어렵다. 입을 벌리고 있는 용과 입을 다물고 있는 용을 각각 가리켜 화가들은 '입을 벌리고 있는 새끼 고양이'와 '입을 다물고 있는 용'이라 일컫는데, 둘 다 그리기

窮游泳蜿蜒之妙, 得回蟠升降之宜. 仍要鬉鬣肘毛, 筆畫壯快, 直自肉中生出爲佳也.【凡畫龍開口者易爲巧, 合口者難爲功. 畫家稱"開口猫兒"、"合口龍", 言其兩難也.】《圖畫見聞志》

어렵다는 것을 말하는 것이다.】《도화견문지》[52]

진용(陳容)의 《구룡도(九龍圖)》(부분)(미국 보스턴미술관)
중국의 용 그림으로 가장 대표적이며 본문에 기록된 《도화견문지》의 연대와 가장 가까운 시대의 작품으로서, 그 당시 용 그림에 대한 생각을 이해할 수 있게 한다. 망망대해 위에서 보주(寶珠)를 움켜잡고 구름을 뚫고 서로 쫓고 쫓기면서 유희하는 9마리 용을 그렸는데, 여기에는 용의 구사(九似)뿐만 아니라, "헤엄치며 꿈틀거리는 용의 자태의 오묘함을 궁구해야 하며, 몸을 휘어 감고 하늘을 오르내리는 마땅함"을 잘 파악하여 표현하였다. 발묵으로 선염된 구름의 변화, 강직하고 변화 있게 용을 묘사한 필선, 그리고 용의 변화무쌍한 자태가 서로 어우러져 작품에 생동감을 준다.

52 《圖畫見聞志》 卷1 〈敘論〉 "敘製作楷模"(《中國書畫全書》 1, 467쪽).

10) 말 그리기

論畫馬

어떤 사람이 한간(韓幹)[53]에게 "말을 그릴 때 무엇에서 배웁니까?"라고 물으니, 한간이 "마구간의 말이 모두 나의 스승입니다."라고 말하였는데, 이 말은 매우 좋다. 말의 비상한 기상은 귀신이나 용과 벗으로 삼을 만큼 변화무쌍하다. 그 정신은 번개가 내리치고 바람이 치달리는 듯하여 거의 마음과 손으로 형용할 수 없다. 오직 본성이 자연스럽게 나타난 것을 고요히 관찰하면, 간혹 선천적으로 뛰어난 자태를 얻기도 하지만, 필묵의 사이에서 구차스럽게 구한다면, 그려진 말의 모습에는 이미 생기가 없어진다. 《우간(寓簡)[54]》[55]

或問韓幹"畫馬何所師?", 幹曰"內廐馬皆吾師也", 此語甚善. 夫馬之俶儻權奇, 化若鬼龍爲友者, 其精神如電走風馳, 殆不可以心手形容. 惟靜觀其天機自然處, 或有以得其生成駿逸之態. 若區區求之于筆墨之間, 所見已無生氣矣.《寓簡》

---

53 한간(韓幹) : 706~783. 중국 당대(唐代)의 화가. 경조(京兆)의 남전(藍田, 지금의 섬서성 서안) 출신, 혹은 하남(河南)의 대량(大梁, 지금의 개봉) 출신이라고도 한다. 어릴 적에 술집 점원으로 있을 때, 왕유의 집에 술값을 받으러 갔다가 장난삼아 땅에 사람과 말을 그렸는데, 왕유가 그 의취를 기특하게 여겨 10년간 해마다 20만 전을 주어 일가를 이루게 하였다고 한다. 천보(天寶, 742~755) 연간에 공봉(供奉, 당나라의 관직)에 들어갔고, 후에 태부사승(太府寺丞)이 되었다. 인물과 귀신 그림 등에 뛰어났으며, 말을 가장 잘 그렸다. 처음에 조패(曹霸, ?~?)를 배웠으나 사생을 중시하였다. 당(唐) 현종은 그에게 진굉(陳閎, ?~?)의 말 그림을 배우라고 하였는데, 그의 그림이 진굉의 그림과 비슷하지 않은 점을 괴이하게 여겨 꾸짖자, 한간은 "저는 저 나름대로 스승이 있는데, 폐하의 마구간의 말이 모두 저의 스승입니다."라고 말하였다고 한다. 그리하여 "이무기의 몸체나 용의 형상을 한" 진굉의 옛 형식을 버리고 풍채와 신태(神態)를 묘사할 수 있었다. 현재 《조야백도(照夜白圖)》가 남아 있다.

54 우간(寓簡) : 중국 송나라 심작((沈作, ?~?)이 편찬한, 매우 특징이 있는 필기류(筆記類) 저서이다. 저자의 생애, 학문과 사상을 이해할 수 있을 뿐 아니라 송대 사회를 포괄적으로 이해하는 데 도움을 준다. 심작은 북송 말기에서 남송 초기에 활동하였고, 자는 명원(明遠), 호는 우산(寓山)이다.

55 《寓簡》〈第6页〉.

한간(韓幹)의 《조야백도(照夜白圖)》(미국 메트로폴리탄미술관)
당나라 현종(玄宗)의 애마 조야백(照夜白)을 그린 것이다. 조야백은 쇠말뚝에 묶인 밧줄을 풀기 위해 말발굽을 구르고 머리를 쳐들고 울부짖으며 격정적으로 몸부림치고 있다. 중앙의 쇠말뚝은 이렇게 불안정한 조야백의 모습과 상반되게 작품에 안정감을 준다. 시인 두보(杜甫)는 한간의 스승 조패(曹覇)가 말의 골격을 그린 것과 달리 한간은 말의 살집만을 도드라지게 그렸다고 비판했다. 이에 대해 당나라 말기 미술비평가 장언원(張彦遠)은 이를 부정하면서 한간의 말은 살집 속에 골격이 숨어 있다고 하였다. 이와 같이 비대할 정도로 큰 몸통과 가늘고 짧은 다리의 외형은 오히려 조야백의 정신 기상과 힘을 드러내 주고 있다. 미묘한 먹색의 변화와 가늘면서 탄력 있고 강직한 필선은 이러한 조야백의 정신을 구현하는 데 일조한다. 당대 주경현(朱景玄)은 한간의 말을 신품(神品)에 올려놓았다.

12. 계화(界畫, 건축물을 자로 정교하게 그린 그림)[1]

界畫

1) 고금의 계화

論古今界畫

집과 나무를 그릴 때에는 수치계산[折算][2]에 오차가 없고, 필획이 고르고 힘차며, 깊고 멀리 전개되면서 공감감이 있어야 하며, 하나의 시점이 다양하게 뻗어 나가야 한다.[3]

畫屋木者, 折算無虧, 筆畫勻[1]壯, 深遠透空, 一去百斜.

1 계화(界畫) : 계화의 의미에는 두 가지 해석이 있다. 하나는 자[界尺]를 이용하여 정밀하게 사물의 윤곽선을 그리는 회화기법을 말하고, 다른 하나는 명대 도종의(陶宗儀)의《철경록(輟耕錄)》에 실려 있는 "화가십삼과(畫家十三科)" 중 하나인 "계화누대(界畫樓臺)"로서, 궁실, 누대, 가옥 등 건축물을 제재로 삼는 중국화 양식을 말한다. 그러나 일반적으로 계화를 말할 때, 이 두 가지를 합쳐 건물, 누각, 가옥을 계척을 사용하여 정밀하게 그리는 그림을 말한다.

2 수치계산[折算] : 절산(折算)은 건축을 축조할 때 수치를 계산하는 방법을 말한다. 대표적인 예로서 송대 이명중(李明仲)의《영조법식(營造法式)》에서 "한 자를 한 길로 생각하고, 한 치를 한 길로 삼고, 한 푼을 한 치로 삼고, 한 이(釐)을 한 푼으로 삼는다.(一尺爲丈, 一寸爲尺, 以分爲一寸, 以釐爲分.)"라 한 것을 들 수 있다.

3 하나의……한다 : '一去百斜'를 옮긴 것으로, 예를 들어 집을 그리는 성각투시(成角透視)는 사선을 사용하여 표현하였다.

[1] 勻 : 저본에는 "句".《圖畫見聞志·叙論·叙製作楷模》에 근거하여 수정.

원강(袁江)의 《양원비설도(梁園飛雪圖)》
(베이징 고궁박물원)

원강의 《양원비설도》(부분)

원강(袁江)은 그의 아들 원요(袁耀)와 함께 계화(界畵)로 누각을 잘 그린 직업화가로 알려져 있다. 이 작품은 그가 그린 계화의 특징을 잘 보여 준다. 양원(梁園)은 한대 양효왕(梁孝王) 유무(劉武)가 세운 정원으로, 토원(兔園)이라고도 한다. 원강은 겨울 눈 경치 속의 양원을 그렸는데, 화려한 연회, 집 안의 밝은 등불, 사람의 왕래, 술잔을 서로 건네는 모습 등을 정밀하게 묘사하면서도 특별한 정취를 자아내게 그렸다. 누각과 전각, 누대, 정원, 회랑, 나무 등을 조금도 법도에 어긋남 없이 자세하게 그려 계화의 면모를 잘 보여 주고 있다.

수와 당, 오대 이전 및 송대 초기의 곽충서(郭忠恕), 왕사원(王士元)[4]과 같은 화가들은 건축물을 그릴 때, 네 모서리를 많이 드러내고, 두공(斗

如隋、唐、五代已前, 洎國初郭忠恕、王士元之流, 畫樓閣多見四角, 其斗栱逐鋪作爲

4 왕사원(王士元) : ?~?. 중국 북송의 화가. 여남(汝南) 완구[宛丘, 지금의 하남 회양(淮陽)] 사람이다. 산수는 관동(關仝)을 배웠고 인물은 주방(周昉)을 배웠는데, 모두 오묘함에 이르렀다. 곽충서와는 친구이다. 곽충서는 스스로 집과 나무를 그리고 왕사원에게 인물을 그리도록 하였는데, 당시에 '합작(合作)'이라고 칭해졌다. 산수로는 누각과 정자, 가옥, 다리 등을 많이 그렸다.

栱)[5]을 포작(鋪作)[6]에 따라 하며, 앞면과 뒷면을 분명하게 하여 법도를 잃지 않았다. 그런데 지금의 화가는 곧은자를 많이 사용하면서 한결같이 계화를 그리면서도 두(斗)와 공(栱)을 나누고 필치를 번잡스럽게 표현하니, 마침내 웅장하고 수려하며 한가롭고 고아한 뜻이 없어졌다.《도화견문지》[7]

之, 向背分明, 不失繩墨. 今之畫者多用直尺, 一就界畫, 分成斗栱, 筆迹繁雜, 無壯麗閑雅之意.《圖畫見聞志》

곽충서의 《설제강행도(雪霽江行圖)》(타이베이 고궁박물원)

5 두공(斗栱): 동양 고대 건축의 독특한 형식으로, 들보[梁]와 마룻대[棟]를 지탱하는 구조물을 말한다. 그 모양이 네모라서 두(斗)라 하였다. 배 모양이나 팔꿈치 모양의 긴 나무를 공(栱)이라 한다.

6 포작(鋪作): 전통적인 목조건축 용어. 좁은 의미로 두공을 가리키고, 넓은 의미로는 두공이 있는 구조층을 말한다. 여기서는 후자의 의미로 쓰였다.

7 《圖畫見聞志》卷1 〈叙論〉"叙製作楷模"(《中國書畫全書》1, 467쪽).

곽충서의 《설제강행도》 부분 모사본
계화(界畵)를 언급할 때 항상 거론되는 곽충서(郭忠恕)의 작품이다. 물건을 가득 실은 배 2척이 겨울 강을 따라 나아가고 있고, 복잡하게 묘사된 선상 주위에는 여러 사람들이 추위에 떨거나 서로 담화를 나누면서도 바쁘게 움직이고 있다. 사람과 배, 선상 건물의 지붕과 벽, 돛대 등과 같은 여러 구조물은 상호 간의 비례가 정확하고, 선상의 집은 누각의 그림처럼 수치 계산에 조금도 오차가 없어 보이며, 고르고 힘찬 필선으로 섬세하게 그렸다. 고대 계화의 정형적 작품이라 할 수 있다.

옛 그림 속에 그려진 누대(樓臺), 누각과 전각, 탑이 있는 정원, 회랑 등은 위치가 서로 흩어져 산만하고 길이 구불구불하게 돌아가도록 애를 써 그렸어도, 오히려 저절로 예스럽고 우아하였다. 그러나 오늘날 사람이 그린 집은 평평하게 전개되면서 경계를 바로잡아 그렸어도 몇 칸짜리 집도 안치되기 어렵다. 옛날과 지금 화가의 작품은 기상이 저절로 구별되는데, 시험 삼아 집과 누대를 그린 것을 보아도 기상의 격차가 매우 큰 것을 알 수 있다.《산정거화론》[8]

古畫中樓觀、臺殿、塔院、房廊, 位置折落, 刻意紆曲, 却自古雅. 今人屋宇平鋪直界, 數椽便難安頓. 古今人畫, 氣象自別, 試從屋宇、樓觀看, 知大懸絶處.《山靜居畫論》

8 《山靜居畫論》上(《叢書集成總編》1644 〈山靜居畫論〉上, 10쪽).

2) 먼저 옛 궁전의 제도를 알아야 한다

論先識古殿制度

만약 한(漢)나라의 궁전과 오(吳)나라의 궁전, 들보와 기둥[梁柱],[9] 두공, 차수(叉手)[10]와 체목(替木),[11] 숙주(熟柱)[12]와 타봉(駝峯),[13] 방경(方莖)[14]과 액도(額道),[15] 포간(抱間)[16]과 앙두(昂

設或未識漢殿、吳殿、梁柱、斗栱、叉手、替木、熟柱、駝峯、方莖、額道、抱間、昂頭、羅花、羅幔、暗制、綽幕、猢

---

9 들보와 기둥[梁柱] : 일반적으로 집의 가로놓인 나무를 들보[梁]라 하고, 이 들보를 받치는 것을 기둥이라 한다.

10 차수(叉手) : 경사진 기둥 두 개를 두 손이 서로 교차된 것처럼 서로 교차하여 지붕의 무게를 지탱하는 구조물.

11 체목(替木) : 도리를 받치는 부재로, 원형 단면으로 이루어졌다.

12 숙주(熟柱) : 가로놓인 들보를 받치는 역할을 하는 짧은 기둥으로, '주유주(侏儒柱)', '촉주(蜀柱)'라고도 한다.

13 타봉(駝峯) : 들보에 도리를 올렸을 때 이들 상하 수평재 사이의 높이 차를 조절하면서 지탱하는 역할을 하는 기둥으로, 타돈(柁墩)이나 각배(角背)라고도 한다. 가운데 부분이 높이 솟아 모양이 낙타 봉우리와 같아서 이렇게 불렸다.

14 방경(方莖) : 목재 기둥의 일종으로, 방형(方桁)이라고도 한다. 기둥 위에 가로놓인 들보의 한 종류인 부(柎, 동자기둥 위의 가름대나무)를 말하는 것으로 추정된다.

15 액도(額道) : 기둥 상부에서 기둥과 기둥 사이를 횡으로 가로질러 사용하는 부재로, 우리나라의 창방(昌枋, 기둥을 고정시켜 주는 역할을 하는 수평 부재)에 해당한다. 《영조법식(營造法式)》에는 액도(額道)라는 명칭이 없다. 다만 액방(額枋)과 액두(額肚)가 있다. 여기에서 액도(額道)는 아마도 액두(額肚)가 잘못 쓰인 것이 아닌가 한다.

16 포간(抱間) : 기둥과 기둥 사이의 창방 위에 놓는 공포(栱包, 처마 끝의 무게를 받치기 위해 기둥머리에 짜 맞추어 댄 나무쪽)로, 우리나라의 주간포(柱間包)에 해당한다. 보간(補間)의 오기. 《영조법식》에 "무릇 난액(闌額)에 노두(櫨斗)를 안치시키고 포작(鋪作)을 안치시키는 것을 보간포작(補間鋪作)이라 한다. 지금 세상에서 보간(步間)이라고 하는 것은 잘못이다."라 하였다.

頭),[17] 나화(羅花)와 나만(羅幔),[18] 암제(暗制)[19]와 작막(綽幕),[20] 호손두(猢猻頭)[21]와 호박방(琥珀房),[22] 귀두(龜頭)[23]와 호좌(虎座),[24] 비첨(飛簷)[25]과 박수(撲水),[26] 박풍(膊風)[27]과 화폐(化

猻頭、琥珀房、龜頭、虎座、飛簷、撲水、膊風、化廢、垂魚、惹草、當鉤、曲脊之類, 憑何以畫屋木也?《圖畫見聞

17 앙두(昂頭) : 경사지게 놓인 대들보의 부재인 앙(昂)의 외부로 돌출된 머리 부분. 비앙(飛昂)이라고도 한다.《영조법식》에 "조앙(造昂)의 제작에는 두 가지가 있다. 하나는 하앙(下昂)으로, 위에서 한 재료를 아래로 뾰족하게 드리운 것이다. (중략) 두 번째는 상앙(上昂)이다. 끝을 위로 육분을 남겨두고 그 앙두(昂頭)는 밖으로 나오면서 앙신(昂身)을 안으로 비스듬히 거두어들인다. 아울러 주심(柱心)을 통과한다."라 하였다.

18 나화(羅花)와 나만(羅幔) : 지붕 위를 가로지르는 대들보 위에 드리워진 화려한 꽃문양 장식. 나화(羅花)는 낙화(絡花)의 오기이다.

19 암제(暗制) : 공포를 구성하는 부재의 일종으로, 소로 사이에 설치한다. 암계(暗契)의 오기.《영조법식》에 "공안(栱眼) 안에 양두(兩斗) 사이에 설치하는 것을 암계(暗契)라 한다."라 하였다.

20 작막(綽幕) : 들보나 방(枋)의 아랫면과 기둥이 서로 접하는 부분에 위치하는 짧은 부재.《영조법식》에 "첨액(簷額) 아래, 작막(綽幕)의 네모난 폭을 첨액(簷額)의 1/3로 줄인다."라 하였다.

21 호손두(猢猻頭) : 두공을 구성하는 부재인 작두(爵頭)의 명칭 중 하나이다. 작두(爵頭) 또는 연두(耍頭)라 한다. 형태는 대략 메뚜기 머리처럼 생겼다.《영조법식》에 "호손두는 영공(令栱)과 서로 교차하여 제심두(齊心頭) 아래에 설치한다."라 하였다.

22 호박방(琥珀房) : 기둥 상부를 연결하는 창방 위에 놓이는 방형의 부재로, 포작(鋪作)의 하중을 받아 하중을 창방과 기둥에 전달하는 역할을 한다. 보박방(普柏方)의 오기이다. 노두(櫨斗) 아래 난액(闌額) 위에 안치한다.

23 귀두(龜頭) : 기둥을 구성하는 거북 머리 모양의 부재.《영조법식》에서 건물을 조성한 것에 관하여 "전협(殿挾)과 용두(龍頭)는 똑같이 포작(鋪作)을 5개로 한다. 단초(單抄)와 단앙(單昂)의 경우 전협은 한 판이 길고, 용두는 두 판이 길다. 양 측면의 용두 등 제도는 모두 이것에 근거한다."라 하였다.

24 호좌(虎座) : 호랑이 모습으로 조각한 좌대로, 오좌(鰲座)와 서로 비슷하다.

25 비첨(飛簷) : 겹처마를 형성하기 위해 서까래에 덧대어 외부로 돌출시키는 부재인 비자(飛子)로 이루어진 처마.

26 박수(撲水) : 박수(搏水)의 오기로, 비가 들이치거나 빗물이 떨어지는 것을 방지하는 부재.

27 박풍(膊風) : 팔작지붕의 합각부나 맞배지붕의 박공(膊栱, 맞배지붕에 손바닥을 모은 모양으로 붙인 두꺼운 널 부분에서 내림마루의 경사에 따라 도리의 단부에 못으로 박아 고정시킨 판자). 박풍판(搏風版)이라고도 하며, 속명으로는 옥익(屋翼)이다.《영조법식》에 "박풍판을 만드는 제도는, 집 양 가장자리에 박두(搏斗)를 내미는 것 외에 박풍판을 설치한다."고 하였다.

廢),[28] 수어(垂魚)와 야초(惹草),[29] 당구(當鉤)[30]와 곡척(曲脊)[31] 등을 모른다면, 무엇에 근거하여 집과 나무를 그리겠는가?《도화견문지》[32]

志》

3) 계화는 잘 그리기 어렵다

論界畫難工

세속에서 그림을 논하는 경우, 반드시 "그림에는 13과(科)[33]가 있다."고 하면서 산수를 위에 놓고 계화를 아래에 놓았다. 그러므로 사람들은 계화를 그리기 쉬운 일이라고 생각하지만, 계화 속의 네모와 원, 곡선과 직선, 높고 낮음, 아래로 향

世俗論畫，必曰"畫有十三科"，山水打頭，界畫打底. 故人以界畫[2]爲易事，不知方圓、曲直、高下、低仰，遠近、凹凸，工拙、纖麗. 梓人、匠

28 화폐(化廢) : 기둥을 덮는 기와의 일종으로, 화폐(華廢)의 오기이다.《영조법식》에 "수척(垂脊) 외에 화두동와[華頭甋瓦, 즉 통와(筒瓦)와 중순판와(重唇版瓦)]를 가로로 설치하는 것을 화폐(華廢)라 한다."고 하였다.

29 수어(垂魚)와 야초(惹草) : 연못가의 물고기나 풀과 같은 모양을 만들어 박공에 늘어뜨려 장식하는 목조 장식물.《영조법식》에 "수어(垂魚)와 야초(惹草)를 만드는 제도는 어떤 것은 꽃판을 사용하고 어떤 것은 구름을 사용한다. (중략) 무릇 수어는 옥산(屋山)과 박풍판이 뾰족하게 합쳐진 곳 아래에 설치한다. 야초는 박풍판 아래, 박수 밖에 설치한다."라 하였다.

30 당구(當鉤) : 지붕을 덮는 기와의 일종으로, 당구(當溝)의 오기이다. 당구에는 대당구(大當溝)와 소당구(小當溝)가 있다.

31 곡척(曲脊) : 굽은 용마루[屋脊]를 말한다.

32 《圖畫見聞志》卷1〈叙論〉"叙製作楷模"(《中國書畫全書》1, 468쪽).

33 13과(科) : 중국화의 장르 분류. 원대 탕후(湯垕)의《화감(畫鑑)》에서 말하는 십삼과(十三科)가 정확히 어떤 것인지 알려져 있지 않다. 명대 도종의(陶宗儀)는《철경록(綴耕錄)》에서 화가의 13과를 "불보살상(佛菩薩相)·옥제군왕도상(玉帝君王道相)·금강귀신(金剛鬼神)·나한성승(羅漢聖僧)·풍운용호(風雲龍虎)·숙세인물(宿世人物)·전경산림(全境山林)·화죽영모(花竹翎毛)·야나주수(野騾走獸)·인간동용(人間動用)·계화누대(界畫樓臺)·일체방생(一切傍生)·경종기직(耕種機織)·조청감록(雕青嵌綠)이다."라 분류하였다.

[2] 畫 : 저본에는 "劃".《古今畫鑒·雜論》에 근거하여 수정.

함과 위로 향함, 멀고 가까움, 오목함과 볼록함, 공교함과 미숙함, 섬세함과 화려함 등을 모른다. 실제로 건물을 짓는 목수나 장인들 중에서도 그 오묘함을 다 표현할 수 없는 자가 있는데, 하물며 붓과 먹, 컴퍼스와 자를 가지고 화선지 위에서 상상을 하면서 그 법도와 기준에 합치하는 것을 구하는 것이야 말할 것까지 있는가? 이것은 지극히 어렵다.

氏有不能盡其妙者, 況筆墨、規[3]尺運思於縑楮之上, 求合其法度準繩? 此爲至難.

옛날 사람이 여러 화과(畫科)[34]를 그릴 때 각각 그것에 합당한 사람이 있었다. 계화는 당나라에서 그린 사람이 거의 없었고, 오대를 지나서 비로소 곽충서(郭忠恕) 한 사람을 얻었다. 그 밖에 왕사원(王士元)·조충의(趙忠義) 등 두세 사람뿐이었다. 근래에 조맹부(趙孟頫)가 그 아들[35]에게 계화를 그리는 것을 가르치면서 "모든 그림에서는 더러 함부로 그리며 사람을 속일 수 있지만, 계화의 경우 공교하면서 법도에 맞지 않는 것이 없다."고 한 것을 보았는데, 이것은 이치에 맞는 말이다. 탕후《화론》[36]

古人畫諸科, 各有其人. 界畫則唐絶[4]無作者, 歷五代始得郭忠恕一人, 其他如王士元、趙忠義輩三數人而已. 近見趙子昂, 教其子作界畫云"諸畫或可杜撰瞞人[5], 至界畫, 未有不用工合法度者", 此爲知言也. 湯氏《畫論》

34 화과(畫科): 인물도(人物圖), 화훼화(花卉畫), 산수도(山水圖) 등으로 그림을 주제에 따라 구분하는 종류.

35 아들: 조맹부의 아들인 조옹(趙雍, 1289~?)이다.

36 《古今畫鑒》〈雜論〉(《中國書畫全書》 3, 903쪽).

[3] 規: 저본에는 "硯".《古今畫鑒·雜論》에 근거하여 수정.

[4] 絶: 저본에는 "純".《古今畫鑒·雜論》에 근거하여 수정.

[5] 人: 저본에는 없음.《古今畫鑒·雜論》에 근거하여 보충.

4) 서양화

論泰西畫

서양화에서는 평평한 계단 윗면, 옥을 다듬어 놓은 듯한 담장, 높은 건물, 층계, 여러 겹의 방, 사방의 처마, 굽이진 골목길 등을 출입하면서 노닐고 살 수 있을 정도로 그렸다.

泰西畫, 平墀、琱牆、高堂、層階、複室、周軒、曲巷, 可出入游而居也.

낭세녕(郎世寧)의 《야시도(夜市圖)》(미국 샌프란시스코 스탠퍼드대학박물관)
이탈리아 출신 예수회 선교사인 낭세녕(郎世寧, Giuseoppe Castiglione, 1688~1766)이 서양화법으로 그린 중국 작품이다. 한여름 밤 자금성(紫禁城) 밖의 경치를 그렸는데, 우측에 관리의 배가 그려져 있고, 좌측에는 가옥과 주점 등이 등불을 밝히고 동판화처럼 표면에 떠 있는 듯하다. 투시도법과 명암법으로 그린 성곽, 정렬된 건물, 여러 겹의 방, 처마, 그리고 앞에 펼쳐진 길 등을 출입하면서 노닐고 살 수 있을 정도로 생생하고 현장감 있게 그렸다.

담에 밝고 어두움이 있고, 마당의 밝은 불빛이 밖으로 담을 비추고 안으로 창을 밝히고 있는 것은 특히 옛사람이 '묘사하기 어려운 경치'라고 말하는 것이다. 중국인에게는 예부터 이러한 표현이 없었다. 이것으로 서양의 측량학(測量學)은 따라갈 수 없다는 것을 알았다.《위숙자집발(魏叔子集跋)》[37]

至於牆有陰陽, 除之明光, 外達牆而內燭牖, 尤古人所謂"難狀之景". 中國人自古無有是. 此以知泰西測量之學爲不可及.《魏叔子集跋》

서양인은 작은 화폭에 여러 문을 활짝 열어서 공간을 곡절하게 표현할 수 있었다.《팽궁암위집평(彭躬菴魏集評)》[38]

泰西人能於尺幅洞開重門, 空明曲折.《彭躬菴魏集評》

서양의 여러 그림에는 원시화(遠視畫)·방시화(旁視畫)·경중화(鏡中畫)[39]가 있다. 관규경화

泰西諸畫有遠視畫、旁視畫、鏡中畫. 管窺鏡畫[6], 全不似

---

37 위숙자집발(魏叔子集跋): 명말청초 시대의 유명한 산문가 위희(魏禧, 1624~1680)의《위숙자집(魏叔子集)》〈跋〉. 위희는 자가 빙숙(冰叔) 또는 응숙(凝叔), 호가 유재(裕齋)이며, 형 위상(魏祥), 동생 위례(魏禮)와 함께 삼위(三魏)라 불린다.

38 팽궁암위집평(彭躬菴魏集評): 어떤 책인지 확실하지 않음. 팽궁암(彭躬菴)은 명말청초 시대의 시인 팽사망(彭士望, 1610~1683)을 가리킨다. 자가 궁암(躬庵) 또는 수려(樹廬)이고, 호는 회농(晦農)이며, 황도주(黃道周)에게 배웠다. 위희(魏禧) 등과 함께 영도(寧都) 취미봉(翠微峰) 역당(易堂)에서 강학하여 '역당구자(易堂九子)'로 일컬어졌다. 저서로《팽궁암시문집(彭躬菴詩文集)》이 있다.

39 원시화(遠視畫)……경중화(鏡中畫): 투시도법으로 그린 서양화를 부르는 말이지만 통일된 용어는 아닌 것 같다. 원시화는 원근법으로 바라보며 그린 그림, 방시화는 투시도법으로 사물의 측면이 소실점을 향해 수렴하도록 바라보며 그린 그림, 경중화는 사물을 거울로 비춰 거울에 비친 대로 그린 그림을 말하는 것 같다. 서양의 원근법을 사용한 구도로 그림이 떠 있는 것처럼 보이는 일본의 부회(浮繪)와 비슷하다.

[6] 管窺鏡畫: 저본에는 "管窺畫而鏡畫".《虞初新志·序》에 근거하여 수정.

(管窺鏡畫)[40]는 완전히 그림 같지 않지만, 통으로 그것을 보면 진짜같이 생동한다. 위와 아래 두 화면의 그림은 원래는 하나의 그림인데 위와 아래로 보아 두 개의 그림으로 나타나기 때문이며, 세 화면의 그림은 원래는 하나의 그림인데 세 방향에서 보아 세 그림으로 나타나기 때문이다. 일반적으로 서양화법에서는 어떤 것은 평면이지만 깊이 있게 보이고, 어떤 것은 일면이지만 다면으로 보인다. 또한 작은 것을 크게 그리거나 큰 것을 작게 그리는 것도 있다.《우초신지(虞初新志)[41]》[42]

畫, 以管窺之則生動如眞. 上下畫, 一畫上下觀之, 則成二畫 ; 三面畫, 一畫三面觀之, 則成三畫. 大抵西洋畫法, 或平面而見爲深遠, 或一面而見爲多面, 且有就小畫大, 就大畫小.《虞初新志》

40 관규경화(管窺鏡畫) : '들여다보는 상자[覗機械]' 안에 그린 그림, 즉 안경회(眼鏡繪)를 말하는 것 같다. 이 그림은 서양의 음영법과 투시법을 이용해 그리고 실물처럼 보이도록 렌즈를 확대시킨 이국적인 풍경화들이 많았다.

41 우초신지(虞初新志) : 중국 청대의 문인인 장조(張潮, 1659~?)가 편찬한 문집으로, 필기(筆記) 속에 근 100여 편의 명청 시대의 전기(傳奇)가 실려 있어 고사집(故事集)으로서 자료적 가치가 높다.

42 《虞初新志》卷1〈序〉.

13. 이격(異格, 특이한 화법으로 그린 그림)

異格

1) 몰골도(沒骨圖, 윤곽을 그리지 않고 선염으로 그린 그림)

沒骨圖

강남의 서희(徐熙)[1]와 촉의 황전(黃筌)[2]은 모두 꽃과 대나무를 잘 그렸다. 황전이 그린 꽃에는 채색을 오묘하게 하였고, 용필은 매우 참신하며 섬세하였으며, 먹의 흔적이 거의 나타나지 않았다. 다만 가벼운 색으로 선염을 하였는데, 이를 '사생(寫生)'이라 하였다. 서희는 먹을 묻힌 붓으로 그렸는데, 특히 소략하게 그리면서 붉은 분을 대략 칠하였을 뿐이지만 그림에는 신비한 기운이 아득히 뿜어 나와, 특별히 생동하는 뜻이 있었

江南徐熙、蜀黃筌, 皆善畫花竹. 黃畫花, 妙在賦色, 用筆極新細, 殆不見墨跡, 但以輕色染成謂之"寫生". 徐熙以墨筆畫之, 殊草草, 略施丹粉而已, 神氣迥出, 別有生動之意. 熙之子效黃筌之格, 不用墨筆, 直以彩①色圖之, 謂之"沒骨圖".《夢溪筆談》

---

1 서희(徐熙) : ?~975. 중국 오대(五代) 남당(南唐)의 화가. 강녕[江寧, 지금의 남경(南京)] 사람으로, 일설에는 종릉[鍾陵, 지금의 강서성 진현(進縣) 일대] 사람이라 한다. 대대로 남당에서 벼슬한 남당의 명문가였다. 그림에 뛰어났으며, 수조(水鳥)·충어(蟲魚)·소과(蔬果) 등을 잘하였다. 윤곽선을 사용하지 않고 수묵으로 간략하게 묘사한 꽃은 송의 소식에 의해 "낙묵화(落墨花)"라 칭해졌다. 황전과 함께 황서(黃徐)라 병칭되며, 황전은 구륵(鉤勒), 서희는 몰골(沒骨)에 특색이 있다.

2 황전(黃筌) : 903~965. 오대 후촉(後蜀)의 화가. 자는 요숙(要叔)이고, 성도(成都) 출신이다. 촉의 후주(後主) 왕연(王衍) 때 대조(待詔)가 되고, 후당(後唐) 때에는 한림대조(翰林待詔)가 되었으며, 자금어대(紫金御帶)를 하사받았다. 그림은 화조에 뛰어났으며, 적광윤(刁光胤)과 등창우(滕昌祐)를 배워 일가를 이루었다. 윤곽선을 사용한 착색사생화를 잘하였고, 몰골수묵의 서희(徐熙)와 함께 황서(黃徐)로 병칭되면서 "황씨 양식은 부귀스럽고 서희의 작품은 소박하다(黃家富貴, 徐熙野逸)."라 평가되었다.

① 彩 : 저본에는 "粉".《夢溪筆談·書畫》에 근거하여 수정.

다. 서희의 아들 서숭사(徐崇嗣)[3]가 황전의 화격을 배워 먹을 묻힌 붓을 사용하지 않고 채색만으로 선염하여 그렸는데, 이를 '몰골도'라 하였다. 《몽계필담》[4]

그림을 그릴 때, 먹을 묻힌 붓을 사용하지 않고 채색만으로 그림을 그리는 기법을 '몰골법(沒骨法)'이라 한다. (몰골법으로 그리는) 산수화는 왕진경(王晉卿)과 조승(趙昇)[5]에게서 유래했고 근래에 와서 동기창(董其昌)[6]이 많이 그렸으며, 화훼화는 서희에게서 유래했다. 그러나 《선화화보

畫不用墨筆，惟以彩色圖者，謂之"沒骨法"．山水起於王晉卿、趙昇，近代董思白多畫之．花卉始於徐熙，然《宣和譜》云："畫花者，往往以色暈淡而成，獨熙落墨以寫其

---

3 서숭사(徐崇嗣) : ?~?. 중국 송나라 초기의 화가로, 서희의 아들이다. 서희의 손자라는 설도 있다. 초충(草蟲)·금어(禽魚)·소과(蔬果)·화목(花木) 등을 잘 그렸다. 그는 처음에는 가학을 이어받았지만 당시 도화원의 법식과 풍격에 맞지 않아 마침내 황전과 황거채 부자의 화법을 배웠으며, 이후 자신의 화법을 창안하였다. 묵필(墨筆)을 사용하여 윤곽선을 그리지 않고 직접 채색으로 선염을 하였는데, 이를 몰골도(沒骨圖) 또는 '몰골화(沒骨花)'라고 부른다.

4 《夢溪筆談》 卷17 〈書畫〉(《夢溪筆談》 上, 14~15쪽).

5 조승(趙昇) : ?~?. 중국 송나라 사람으로, 자는 향신(向晨)이다. 그의 저서 《조야유요(朝野類要)》는 당시 조정의 고사를 조사하여 분류한 것으로, 고증이 뛰어나다. 그러나 조승이 화가로서 몰골법의 산수화를 그렸다는 것은 알려져 있지 않다.

6 동기창(董其昌) : 1556~1637. 명대의 화가. 자는 현재(玄宰), 호는 사백(思白) 또는 향광(香光)이며, 강소성 송강(松江) 화정(華亭) 출신이다. 만력 17년(1589)에 진사가 되어, 한림원서길사(翰林院庶吉士)와 편수(編修)를 거쳐 동궁강관(東宮講官)에 이르렀다. 벼슬길은 불우하여 집에 거처하면서 서화에 탐닉하는 경우가 많았지만, 중년 이후 다시 출사하여 예부우시랑(禮部右侍郎)을 거쳐 남경예부상서(南京禮部尙書)에 이르렀다. 그는 유영술(遊泳術)에 뛰어나 격렬한 당쟁에 연계되지 않고 예술 활동에 전념하였으며 서화의 평론을 시도하였다. 한편, 산수화에 관해 막시룡(莫是龍)의 남북종론(南北宗論)을 다시 전개하여 북종화에 대한 남종화(南宗畫)의 우위를 결정짓는 등 이론 면에서의 공헌도 적지 않으며 예림백세(藝林百世)의 스승으로 우러러 받들어졌다. 저서로 《화선실수필(畫禪室隨筆)》·《용대집(容臺集)》이 있다.

(宣和畫譜)》[7]에는 "꽃을 그릴 때에는 종종 채색으로 훈염하여 완성하는데, 서희만이 먹을 떨어트려 가지·잎·꽃술·꽃받침을 묘사한 뒤에 채색을 하였다. 그러므로 골격과 기운 및 정신이 있어 고금에 빼어난 작품이 되었다."라 하였다. 이것으로 볼 때, "몰골(沒骨)"은 아마 "묵골(墨骨)"의 잘못일 것이다.《산정거화론》[8]

枝葉蕊萼, 然後傅色, 故骨氣風神爲古今絶筆." 由此觀之, 沒恐墨之訛也.《山靜居畫論》

2) 점족화(點簇畫, 점으로 그린 산수화)

點簇畫

점족화는 당나라 위언(韋偃)에게서 유래했다. 위언은 항상 빼어난 필치로 말을 탄 인물과, 구름이 자욱한 산수를 점을 찍어 그렸다. 작품은 변화가 무쌍하여, 어떤 말은 비등하고, 어떤 말은 기대고 있고, 어떤 말은 발돋움하며, 어떤 말은 오르고 있다. 그중에 작은 말인 경우에, 어떤 말은 점 하나로 머리를 그리고, 어떤 말은 붓질 한 번으로 꼬리를 그렸다. 산수를 그린 경우에는 먹으로 물을 돌려 칠하고 손으로 문질러 그려 그 오

點簇畫始於唐韋偃. 偃常以逸筆點簇鞍馬人物、山水雲烟, 千變萬態, 或騰或倚, 或翹或跂, 其小者頭一點, 尾一抹而已. 山水以墨斡, 水 以手擦之, 曲盡其妙.

---

7 선화화보(宣和畫譜) : 중국회화에 관한 저서. 10권으로 되어 있다. 편찬자의 이름은 없으나 송나라 휘종(徽宗) 조길(趙佶)이 선화 2년(1120)에 쓴 〈어제서(御制序)〉가 있다. 휘종이 소장한 역대 화가 231명의 작품 6,396점을 기록하였는데, 열 개의 장르[十門]로 나누어 도석(道釋) 49명, 인물(人物) 33명, 궁실(宮室) 4명, 번족(番族) 5명, 용어(龍魚) 8명, 산수(山水) 41명, 축수(畜獸) 27명, 화조(花鳥) 46명, 묵죽(墨竹) 12명, 소과(蔬果) 6명을 기록하였다. 각 장르마다 먼저 서론을 짓고, 다음으로 화가 평전을 기술하고, 그다음으로 제목과 작품 수를 열거하였다.

8 《山靜居畫論》下(《叢書集成總編》1644 〈山靜居畫論〉下, 19쪽).

묘함을 다하였다.[9]

이공린(李公麟)의 《임위언방목도(臨韋偃放牧圖)》(부분)(베이징 고궁박물원)
당(唐)대 말 그림으로 이름난 위언(韋偃)의 작품은 오늘날 전해지는 것이 없고, 북송 이공린이 임모한 이 작품이 전해진다. 이 작품은 궁정 관리들이 황궁의 준마를 방목하는 장관을 그렸는데, 4미터가 넘는 크기에 1,286필의 말과 143명의 관리를 그려 당나라 제국의 강성함을 보여 주고 있다. 당대 주경현(朱景玄)의 《당조명화록(唐朝名畫錄)》에서는 "어떤 말은 도약하고 있고 어떤 말은 기대어 있으며, 어떤 말은 씹고 있고 어떤 말은 마시고 있으며, 어떤 말은 놀라고 있고 어떤 말은 정지하여 있으며, 어떤 말은 달리고 있고 어떤 말은 일어서고 있으며, 어떤 말은 위를 향해 일어서고 있고 어떤 말은 걸터앉아 있다. 그중에 작은 말인 경우에, 어떤 말은 점 하나로 머리를 찍고 어떤 말은 필치 하나로 꼬리를 그렸다."라 묘사했는데, 이는 이 작품을 통해 충분히 유추할 수 있다.

---

9 점족화는……다하였다 : 당대 주경현(朱景玄, ?~?)의 《당조명화록(唐朝名畫錄)》의 기록을 요약한 것이다. 원문은 다음과 같다. "한가할 때에는 월필(월주에서 생산된 붓)로 점을 찍어 안마·인물·산수·구름을 그린 적이 있는데, (그것은) 변화가 무쌍하여, 어떤 말은 도약하고 있고 어떤 말은 기대어 있으며, 어떤 말은 씹고 있고 어떤 말은 마시고 있으며, 어떤 말은 놀라고 있고 어떤 말은 정지하여 있으며, 어떤 말은 달리고 있고 어떤 말은 일어서고 있으며, 어떤 말은 위를 향해 일어서고 있고 어떤 말은 걸터앉아 있다. 그중에 작은 말인 경우에, 어떤 말은 점 하나로 머리를 찍고 어떤 말은 필치하나로 꼬리를 그렸다. 산은 먹으로 돌려 그리고 물은 손으로 문질러 그 오묘함을 다 표현하여 완연히 진짜와 같았다.(居閑嘗以越筆點簇鞍馬人物山水雲烟, 千變萬態, 或騰或倚, 或齕或飲, 或驚或止, 或走或起, 或翹或跂, 其小者或頭一點, 或尾一抹. 山以墨斡, 水以手擦, 曲盡其妙, 宛然如眞.)" 본문에서 "산수를 그린 경우에는 먹으로 물을 돌려 칠하고 손으로 문질러 그려"가 《당조명화록》에는 "산은 먹으로 돌려 그리고 물은 손으로 문질러 그려"로 기술되어 있어 약간 차이를 보이고 있다.

송나라 석각(石恪)[10]의 사의(寫意) 인물화는 머리와 얼굴, 손과 발, 옷과 무늬 등이 붓을 잡고 손을 따라 완성된 것이다.

宋石恪寫意人物, 頭面、手足、衣紋, 捉筆隨手成之.

석각(石恪)의 《이조조심도(二祖調心圖)》(부분)(일본 도쿄국립박물관)
《이조조심도》는 선종의 혜가(慧可)와 풍간(豊干) 두 조사가 마음을 조절하며 선을 수양하는 모습을 그린 것이다. 이 작품은 고양이처럼 묘사된 호랑이의 등에 기대어 술에 취한 풍간 조사를 그린 것이다. 거칠면서 강직하게 약동하는 필세와 소쇄하고 자유분방한 발묵이 조화되면서 고승의 깊은 선(禪)의 경지를 잘 보여 주고 있다. 이는 전통적인 화육법(畫六法)의 수류부채(隨類賦彩)나 경영위치(經營位置)에 따라 그렸다기보다 구상 없이 무심코 붓을 던져 필선의 이미지에 따른 연상을 좇아 순간적으로 그린 것으로, 전통적인 화육법에서 벗어난 일품(逸品) 화풍에 속한다.

10 석각(石恪) : ?~?. 중국 오대(五代) 송초(宋初)의 화가. 자는 자전(子專)이며, 성도(成都) 비현(郫縣, 지금의 사천성 일대) 사람이다. 성격이 익살스러웠고 구변이 좋았으며, 도석인물화를 잘 그렸다고 한다. 처음에 장남본(張南本, ?~?)을 배워 고사화(故事畫)를 그리기 좋아하였지만, 후에는 법도에서 벗어나 필묵이 자유분방하고 격조가 뛰어났고, 형상을 심하게 과장하고 괴상하게 그렸다. 후촉(後蜀)이 망한 후 변경(汴京)에 가 상국사(相國寺)의 벽화를 묘사한 일이 있다.

무악(武岳)[11]은《오제조원도(五帝朝元圖)》[12]를 그렸는데, 인물과 황제의 의장(儀仗), 등과 목이 서로 기댄 것이 대체로 모두 광초(狂草)[13]의 서법과 같이 그렸다.《산정거화론》[14]

武岳作《武帝朝元》, 人物仙仗, 背項相倚, 大低皆如狂草書法也.《山静居畫論》

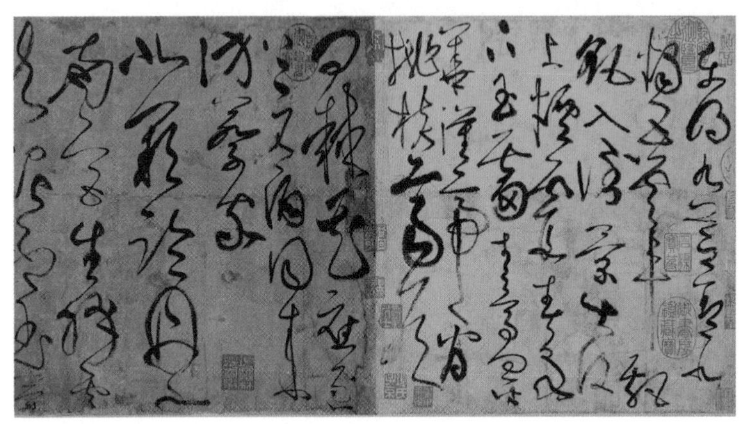

장욱(張旭), 《초서고시4첩(草書古詩四帖)》(부분)[랴오닝성박물관(遼寧省博物館)]
광초(狂草)의 대표적인 서예가 장욱이 쓴 고시 4수이다. 장욱은 성격이 자유분방하고 술을 자주 마셔 취한 채로 글을 썼으며, 공손대랑(公孫大娘)의 칼춤을 보고 붓을 쓰는 참뜻을 깨달았다고 한다. 당대 한유(韓愈)는 장욱의 글씨에 대해 "기쁨·분노·고통·곤궁함·걱정·슬픔·기쁨·편안함, 원한과 그리움, 술 취함과 불평을 가슴에 담고 있다가 더는 담을 수 없을 때 이것이 밖으로 뿜어져 나온" 것이라고 평하였다. 이렇듯 복합적인 감정들이 강함과 부드러움, 굵음과 가늚, 힘을 줌과 뺌, 눌림과 들어 올림, 빠름과 느림 등의 필획에 반영되어 작품에 감정을 충만케 한다. 특히 작품 전체에서 기세의 웅건함을 느낄 수 있다.

---

11 무악(武岳) : ?~?. 중국 송대의 화가로서, 장사(長沙) 사람이며, 특히 천신상(天神象)이나 성상(星象)을 잘 그렸다. 오도자(吳道子)를 배웠다.

12 오제조원도(五帝朝元圖) : 원문에는 무제조원(武帝朝元)으로 되어 있지만《산정거화론》에는 오제조원(五帝朝元)으로 되어 있어 오제조원(五帝朝元)이 되어야 한다.《오제조원도》는 오제가 노자를 조회하는 것을 그린 그림이다. 오제는 삼황(三皇) 다음으로 대를 이은 다섯 사람의 성천자(聖天子). 곧 소호(少昊)·전욱(顓頊)·제곡(帝嚳)·요(堯)·순(舜), 또는 황제(皇帝)·전욱(顓頊)·제곡(帝嚳)·요(堯)·순(舜)이며, 원(元)은 현원(玄元), 곧 노자를 가리킨다.

13 광초(狂草) : 초서 중 가장 자유분방한 필체로, 대초(大草)라고도 부른다. 중국 당대(唐代)의 장욱(張旭)과 회소(懷素)가 광초의 대표적인 인물이다.

14 《山静居畫論》上(《叢書集成總編》1644〈山静居畫論〉上, 12쪽).

3) 나선 문양 지문의 지두화(指頭畫)[15]

螺紋指頭畫

(청나라) 세조 순치제(順治帝)[16]가 그린 《도수우도(渡水牛圖)》는 바로 혁제지(赫蹏紙, 얇고 작은 종이)에 손가락의 나선 문양 지문을 찍어 완성하였는데, 마음의 세계[意態]가 생동적으로 표현되었다.

世祖畫《渡水牛》, 乃赫蹏紙上, 用指上螺紋印成之, 意態生動.

최북(崔北)의 《지두게도(指頭蟹圖)》(선문대학교박물관)
지두화로 게와 갈대를 그린 것이다. 지두화는 조선시대 후기 조선에 들어오면서 문인화가들을 비롯하여 많은 이들이 그렸다. 왼쪽 위에 "손가락으로 그렸다. 호생관(指頭作 毫生館)"이라는 글을 통해 최북이 지두화로 그렸음을 밝히고 있다. 지두화는 손가락으로 그린 것을 총칭하는 것이지만 그중에서 지문과 손톱이 중요한 작용을 한다. 이 작품에서 손가락과 손톱의 교묘한 사용으로 게와 갈대에 먹의 농담 변화와 필선의 예리한 변화가 잘 나타나고 있다.

---

15 지두화(指頭畫) : 일반적으로 손으로 그린 그림을 총칭하는 말이다. 그러나 여기서는 단순히 손으로만 그린 것이 아니라, 주먹, 손가락, 손바닥, 손등, 손톱, 지문 등을 다양하게 활용하여 그린 것을 포함한다. 소재, 화면의 재질과 크기, 손톱의 상태 등에 따라 다양한 변화를 추구할 수 있다.

16 순치제(順治帝) : 1638~1661. 청나라의 제3대 황제. 영명왕을 윈난에서 미얀마로 내몰아 명나라의 잔존 세력을 대부분 평정하였다. 명나라의 정치체제를 계승하고 한인을 등용하였으며, 명나라 말기의 폐정을 바로잡아 인심의 안정에 힘을 기울여 중국 지배의 기초를 닦았다.

그가 그린《풍죽도(風竹圖)》한 폭에는 '광운지보(廣運之寶)'[17]라는 어보가 찍혀 있다.《지북우담(池北偶談)[18]》[19]

又《風竹》一幅上有"廣運之寶".《池北偶談》

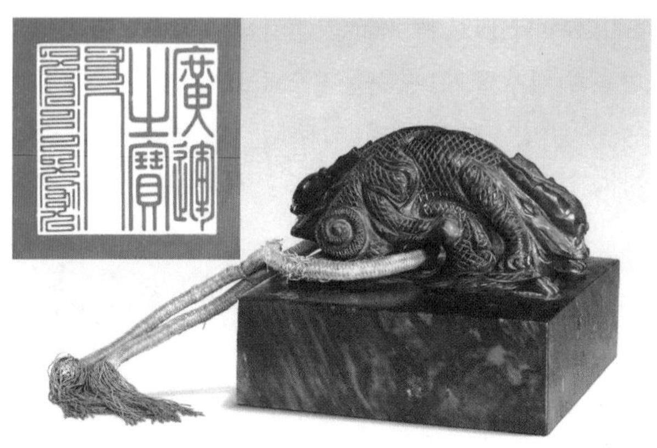

《광운지보(廣運之寶)》(소장처 미상)
청(淸)대 25개 옥쇄 중 마지막 25번째에 해당하는 것으로, 청대 옥새를 보관한 《교태전보보(交泰殿寶譜)》에 따르면, "근봉(謹封, 삼가 봉한다는 뜻으로 편지 겉봉의 봉한 자리에 쓰는 말)을 기록하는(以謹封誌)" 용도로 만들었다고 한다.

17 광운지보(廣運之寶) : 중국 청나라 25보새(寶璽) 중 하나. 청나라 25보새는 건륭(乾隆)황제가 지정한, 국가 정권을 상징하는 25개의 어보(御寶)를 총칭하는 것이다.

18 지북우담(池北偶談) : 중국 청대의 문인 왕사정(王士禎, 1634~1711)이 편찬한 수필집으로, 총 26권으로 구성되어 있다.

19 《池北偶談》卷13〈御畫牛〉.

봉신(奉新)[20] 출신 수념조(帥念祖)[21]는 자가 종덕(宗德)이고, 기예를 잘하였으며, 주종건(周宗健)[22]과 명성을 나란히 하며 그림을 잘 그렸다. 진한 먹을 묻힌 손으로 화초를 그리고 간혹 산수를 묘사하였는데, 모두 뛰어난 운치가 있었다. 《담묵록(淡墨錄)[23]》[24]

奉新帥念祖, 字宗德工制藝, 與周宗健齊名工畫, 以指頭醮墨作花草, 間寫山水, 俱有逸趣.《淡墨錄》

최북(崔北)[25]은 자가 칠칠(七七)이고, 호는 호생관(毫生館)이며, 화사(畫史)[26]이다. 진한 먹을 묻힌 손으로 그림을 잘 그렸는데, 여러 화법들이 모두 오묘함을 갖추었다.《국사소지》[27]

崔北, 字七七, 號毫生館, 畫史也. 醮墨指頭善畫, 諸法俱妙.《菊史小識》

20 봉신(奉新) : 한(漢)나라의 해혼현(海昏縣), 후한(後漢)의 신오현(新吳縣) 지역으로, 지금의 강서성(江西省) 남창시(南昌市) 서쪽 일대. 오대 남당 때 설치되었다.

21 수념조(帥念祖) : ?~?. 청나라 화가. 봉신(奉新) 사람으로 자는 종덕(宗德)이고 호는 난고(蘭皐)이다. 옹정(雍正, 1723~1735) 연간에 진사가 되었고 관직은 편수(編修)를 지냈다.《일통지(一統志)》 편집에 참여하였고, 이윽고 섬서(陝西) 포정사(布政司)로 전임하였다. 지두화에 뛰어났다. 서실(書室)을 수인당(樹人堂)이라 하였다. 저서로《수인당시(樹人堂詩)》가 있다.

22 주종건(周宗健) : 1582~1627. 자는 계후(季侯), 호는 래옥(来玉). 중국 명대의 관리. 동림당인(東林黨人, 사대부는 조정에 있을 때는 백성을, 조정에서 떨어져 있을 때는 왕을 근심해야 한다는 왕학의 유파)이다. 만력(萬曆) 41년(1613) 진사(進士) 출신으로 벼슬은 무강지현(武康知縣), 지인화(知仁和), 복건도어사(福建道御史), 순안호광(巡按湖廣) 등을 역임했다. 시호는 충의(忠毅)이다.《노자해(老子解)》를 편찬했다.

23 담묵록(淡墨錄) : 중국 청대의 학자 이조원(李調元, 1734~1803)이 편찬한 수필집.

24 출전 확인 안 됨.

25 최북(崔北) : 1712~1786. 조선 후기의 화가. 자는 성기(聖器), 칠칠, 호는 월성(月城), 성재(星齋), 호생관 등이 있다. 산수, 인물, 영모를 잘 그렸다.

26 화사(畫史) : 조선시대 도화서(圖畫署)의 잡직(雜職)인 종8품(從八品) 벼슬에 해당하나, 여기서는 '화사(畵師)'와 같이 그림을 전문적으로 그려 생활하는 직업 화가를 부른 말인 듯하다.

27 출전 확인 안 됨.

4) 공화(挐畫, 손톱이나 침으로 그린 그림)[28]

挐畫

일반적으로 인물·누대·산수·화목(花木)은 모두 종이 위에 손톱과 가느다란 침을 사용하여 그렸는데, 채색을 짙고 엷게 하고, 경치를 열고 깊게 배치한 것이 한결같이 옛 명화를 본받았다. 유수(钮琇)[29]는 "왕추산(王秋山)[30]이란 사람이 공화(挐畫)를 잘 그렸다."라 했다.【안 공(挐)은 공(巩)이 되어야 한다. 음은 축(築)이다. 자서(字書)[31]에는 "손으로 사물을 그리는 것이다."라 하였다.】《향조필기(香祖筆記)[32]》[33]

凡人物、樓臺、山水、花木, 皆于紙上用指甲及細針挐出, 設色濃淡, 布境淺深, 一法古名畫. 玉樵云:"有王秋山者, 工爲挐畫."【按 挐當作巩, 音築, 字書"以手挐物也."】《香祖筆記》

28 공화(挐畫): 손톱과 가느다란 침을 사용하여 종이 위에 인물이나 꽃과 나무, 산수를 그리는 그림을 말한다.

29 유수(钮琇): 1644~1704. 옥초(玉樵)는 그의 자로. 청나라 학자이자 문학가이다. 저서로 《고승(觚賸)》, 《고승속편(觚賸續编)》, 《고잉(觚剩)》 등이 있으며, 명말청초 단편소설집인 《우초신지(虞初新志)》에 그의 작품이 실려 있다.

30 왕추산(王秋山): 청나라 화가로 자세한 행적은 알 수 없으며, 《향조필기》와 유수(钮琇)의 《고승(觚賸)》에 기록되어 있다.

31 자서(字書): 육서(六書)에 근거하여 문자를 분석하고 해석한 책으로, 《설문(說文)》이나 《옥편(玉篇)》과 같은 책을 말한다.

32 향조필기(香祖筆記): 청대 초기 왕사정(王士禎)이 《거이록(居易錄)》·《지북우담(池北偶談)》·《황화기문(皇華紀聞)》 등에 이어서 쓴 필기(笔记) 저서. 1702~1704년에 걸쳐 저술하였다.

33 《香祖筆記》 卷2.

5) 발묵화(潑墨畫, 먹을 뿌려 그린 그림)

潑墨畫

왕묵(王黙) 또는 왕흡(王洽)[34]은 발묵(潑墨) 산수를 잘 그려 당시에 '왕묵(王墨)'이라 불렸다. 그는 그림을 그리려고 하면 먼저 술에 취하고 바로 먹을 뿌리면서 웃기도 하고 노래하기도 하면서 다리로 문지르고 손으로 칠하였다. 혹은 먹을 휘두르고 혹은 비로 쓸어 내렸고, 혹은 담백하게 혹은 진하게 하였는데, 그 우연한 형상에 따라 산이 되고 바위가 되고 구름이 되고 강이 되었다. 혹은 머리카락에 먹을 묻혀 비단 화면에 대고 그렸다.《역대명화기》[35]

王黙王洽, 善潑墨畫山水, 時謂王墨. 欲畫先酣, 卽以墨潑, 或笑或吟, 脚蹙手抹. 或揮或掃, 或淡或濃, 隨其形狀, 爲山爲石, 爲雲爲水. 或以頭髻取墨, 抵於絹以畫之.《名畫記》

---

34 왕흡(王洽) : ?~804. 당대의 화가. 왕묵(王黙)이라고도 한다. 평소에 자연과 벗하여 살았다. 어려서 정건(鄭虔)에게서 필법을 전수받았고 후에 항용에게서 그림을 배웠다. 산수·송석(松石)·잡수(雜樹)를 잘 그렸다. '발묵법'은 왕흡에게서 유래하였다. 이로 인해 '왕묵(王墨)'이라는 별호를 가지게 되었다. 윤주[潤州, 지금 강소성 진강(鎭江)]에서 죽었다. 주경현(朱景玄)은《당조명화록(唐朝名畫錄)》에 "구름과 노을을 그리니 완연히 귀신의 솜씨와 같았으며 일품에 올려놓는다."고 평하였다. 송원대(宋元代)에 와서 미불(米芾) 부자·목계(牧溪)·고극공(高克恭)·방종의(方從義) 등과 같은 화가들이 그 법을 전수하였다.

35 역대명화기 : 본문의 '명화기(名畫記)'를 옮긴 것이다. '명화기'는 일반적으로 당대(唐代) 장언원(張彦遠)의《역대명화기(歷代名畫記)》를 가리키는데, 본문에서《역대명화기》에 기록된 왕묵에 관한 문장은 "王黙……或以頭髻取墨, 抵於絹以畫之."뿐이다. 이 문장 앞에 있는 "王墨者, 不知何許人, 亦不知其名, 善潑墨畫山水, 時人故謂之王墨. 多游江湖間, 常畫山水松石雜樹, 性多疏野, 好酒凡欲畫圖障, 先飮醺之後, 卽以墨潑, 或笑或吟, 脚蹙手抹, 或揮或掃, 或淡或濃, 隨其形狀, 爲山爲石, 爲雲爲水."는 당대(唐代) 주경현(朱景玄)의《당조명화록(唐朝名畫錄)》에 나온다.《유예지》〈화전〉에는《역대명화기》의 간접 인용은 여러 번 나오나 직접 인용은 이곳이 유일한데,《당조명화록》의 문장이 혼용되어 기재된 것을 보면 서유구가《역대명화기》를 직접 확인하여 발췌한 것은 아닌 듯하다.

공개(龔開)[36]는 자가 성여(聖予)로, 짙은 먹으로 그림을 그렸으며 조백구(趙伯駒)의 《정향귀(丁香鬼)》[37]를 배웠다. 형상이 기괴하고 필묵이 변화무쌍하여, 스스로 서예가의 초성(草聖)[38]에 비유하였다.《서명사고(書名俟考)》[39]

龔開, 字聖予, 以深墨繪畫, 師趙千里《丁香鬼》離奇變化, 自比書家草聖.《書名俟考》

36 공개(龔開) : 1222~1304. 송말 원초의 화가. 자는 성여(聖予), 호는 취암(翠岩)으로, 회음(淮陰) 사람이다. 중국 남송 이종(理宗) 경정(景定, 1260~1264) 연간에 양회제치사감직(兩淮制置司監職)을 역임하였고, 이정지(李庭芝)의 막부와 육수부(陸秀夫)의 공사(共事)에 있었다. 상흥(祥興) 2년(1279) 육수부가 황제 조병(趙昺)을 업고 바다에 투신하여 죽자, 비분강개하여 원에서는 벼슬을 하지 않고 그림을 팔아 생계를 유지하였다. 인물화는 용필이 웅건하고 중후하였으며, 특히 종규[鐘馗, 중국에서 역귀나 마귀를 쫓는다는 신(神)]의 그림으로 유명한데, 그것은 형상이 기괴하고 "흉악을 쓸어버리는 뜻"이 있었다. 말 그림은 조패(曹覇)를 사숙하였는데, 수척하고 마른 말을 그려 그 자신이 늙어서 쓸데없다는 느낌을 의탁하였다. 산수는 미불과 미우인을 사숙하였다.

37 조백구(趙伯駒)의《정향귀(丁香鬼)》: 조백구가 그린《정향귀》가 어떤 그림인지 확실하지 않다. 다만 공개(龔開)가 이를 배워 그린 것이《중산출유도(中山出遊圖)》여서, 이를 통해 어느 정도 유추할 수 있을 것 같다.《중산출유도》는 전설에 나온 악귀를 물리친 종규(鐘馗)를 그린 것이며 이 그림에는 많은 악귀가 나오기 때문에, 아마《정향귀》도 이와 같이 악귀가 출몰하는 그림인 듯하다. 향료로 악귀를 쫓는 전설이 있듯이,《정향귀》도 향료 정향으로 악귀를 물리치는 그림이 아닐까 추측해 본다.

38 초성(草聖) : 초서의 성인. 초서를 새로운 경지로 끌어올려 일가를 이룬 사람에 대한 찬양이다. 삼국시대의 위나라 위탄(衛誕)은 장지(張芝)를 초성이라 하였으며, 당나라 장욱(張旭) 역시 당시에 초성으로 칭송받았다.

39 서명사고(書名俟考) :《서명사고》는 책 이름이 아니라 글자의 해석대로 한다면 "책 이름은 확인을 기다린다"이기 때문에 '출전 미상'의 의미로 볼 수 있다. 이와 유사한 문장이 명대 주이준(朱彛尊)이 편찬한《명시종(明詩綜)》권15에 다음과 같이 나온다. "龔高士聖予, 易以深墨, 其法師趙千里丁香鬼, 離奇變化, 自比書家草聖."

공개(龔開)의 《중산출유도(中山出遊圖)》(부분)(미국 워싱턴 프리어미술관)
원대 초기 유민화가(遺民畫家) 공개가 남송 조백구(趙伯駒)의 《정향귀(丁香鬼)》 화풍을 본받아 그린 작품으로, 종규(鍾馗)가 자신의 누이와 함께 악귀를 대동하고 외출하는 장면을 그렸다. 종규는 민간신앙에서 역병과 악귀를 쫓는다는 신을 말한다. 당나라 현종(玄宗)이 꿈에 본 종규의 모습을 오도자(吳道子)에게 그리게 하였다. 그림에는 종규, 누이동생, 시녀, 악귀 등 모두 22명을 제외하고, 별도로 묵선으로 표현한 악귀 7명이 있다. 작품은 크게 보면 그네를 타고 뒤의 누이동생을 돌아보는 종규와 악귀들이 종규를 보면서 서로 이야기하는 장면과, 누이동생이 그네를 타고 종규를 바라보고 있고 그 뒤로 시종들이 뒤따라오는 장면으로 구성되어 있다. 종규와 누이동생이 서로 마주 보는 시선의 교차, 악귀들이 이를 의식하면서 서로 쳐다보는 표정들이 매우 인상적이다. 종규의 옷과 윤곽을 갈필로 그리되 수염은 매우 섬세하게 표출하였으며, 악귀의 몸은 선염의 미묘한 변화를 통해 입체감을 드러내 주고 있다. 이 그림은 악귀로 상징되는 이방인들을 중국 땅에서 몰아내 주었으면 하는 강력한 갈망을 표출한 것이라는 주장도 있다.

6) 백묘화(白描畫, 필선으로만 그린 그림)[40] 白描畫

당나라 왕유는 백묘법으로 산수를 그렸고, 송나라 조맹견(趙孟堅)[41]은 수선화·매화·난·산반(山礬)[42]·대나무·바위 등을 백묘법으로 그렸다. 《서화보(書畫譜)[43]》[44]

唐王摩詰畫白描山水, 宋趙孟堅白描水仙、梅、蘭、山礬、竹、石.《書畫譜》

40 백묘화(白描畫): 동양화 화법의 일종으로, 고대의 백화(白畫)에 근원한다. 묵선으로만 물상을 묘사하고 채색하지 않는 기법으로 그린 그림이다. 당대 오도자(吳道子), 북송 이공린(李公麟), 원대 조맹부(趙孟頫) 등이 백묘화의 대표적인 화가이다.

41 조맹견(趙孟堅): 1199~1267. 중국 남송 시대의 화가. 자는 자고(子固)이고, 호는 이재거사(彝齋居士)이며 해염(海鹽, 지금 절강성 일대) 사람이다. 만년에 수주[秀州, 지금 절강성 가흥(嘉興) 일대] 광진진(廣陳鎭)에 은거하였다. 종실로서 송나라 태조 11세손이다. 이종(理宗) 보경(寶慶) 2년(1226)에 진사가 되어 여러 관직을 거쳤다. 시를 잘 짓고 글씨를 잘 썼으며 수묵으로 매화·난초·대나무·바위 등을 잘 그렸다. 특히 백묘법으로 그리는 수선화에 정통하였다.

42 산반(山礬): 심정화(沈丁花) 종류에 속하는 관목(灌木). 잎은 타원형으로 광택이 있고 가장자리에 드문드문 톱니바퀴가 있다. 겨울에 시들지 않고 봄에 흰 꽃이 피며 맑은 향이 있다. 열매 크기는 산초와 같고 황색이며 염료로 사용된다.

43 서화보(書畫譜): 《서화보》는 명말청초에 호정언(胡正言)이 편찬한 《십죽재서화보(十竹齋書畫譜)》와 청대 1708년 왕원기(王原祁) 등이 중심이 되어 편찬한 《패문재서화보(佩文齋書畫譜)》가 유명하나, 서유구가 구체적으로 어느 책을 참고했는지 확인할 수 없다.

44 출전 확인 안 됨.

조맹견(趙孟堅)의 《수선(水仙)》(부분)(미국 워싱턴 프리어미술관)
백묘법으로 그리는 수선화에 특히 뛰어난 조맹견의 작품이다. 강 속의 선녀가 변신한 것으로 전해지는 수선은, 고결하고 세속을 초월하며 맑고 뛰어나 능파선자(凌波仙子)라고 칭해지면서 역대 문인과 화가들이 소재로 삼아 시와 그림을 그렸다. 조맹견의 대표작 중 하나인 이 작품은 윤곽을 백묘법의 선으로 그리는 것을 중심으로 삼았는데, 가늘고 길면서 유연하고 맑고 힘찬 선으로 꽃과 잎을 그리고, 담묵으로 음양과 앞면, 뒷면을 선염함으로써 수선의 맑고 뛰어난 자태를 표현하였다.

명나라 형자정(邢慈靜)[45]과 형동(邢侗)[46] 남매는 백묘법으로 대사(大士)[47]를 잘 그렸다. 《지북우담》

明 邢慈靜、侗妹, 善畫白描大士. 《池北偶談》

---

45 형자정(邢慈靜) : 1573~1640. 여류 화가. 임읍[臨邑, 지금의 산동성 임청(臨淸) 일대] 사람이다. 형동(邢侗)의 누나이며, 대동지부(大同知部) 마증(馬拯)의 처이다. 시를 잘 지었다. 글씨는 이위(李衛)를 배웠지만 형동과 상당히 비슷하다. 그림으로 죽석(竹石)을 그렸다. 특히 불상인물을 잘 그렸는데, 조맹부의 처 관도승(管道昇)을 배웠고, 그 화품은 맑고 우아하다. 그녀의 작품이라 전하는《관음대사상(觀音大士像)》이 베이징 고궁박물원에 소장되어 있다.

46 형동(邢侗) : 명대 서화가. 임읍(臨邑) 사람으로 형자정(邢慈靜)의 남동생이다. 자는 자원(子愿)이고 만력(萬曆, 1573~1619) 연간에 진사를 지냈다. 그림을 잘 그렸고, 시문을 잘하였으며, 글씨도 뛰어나 동기창(董其昌)·미만종(米萬鐘)·장서도(張瑞圖)와 함께 '형동미장(邢董米張)'이라 불렀다. 고려구(古犂丘)에 내금관(來禽館)을 세웠다. 저서로《내금관집(來禽館集)》이 있고, 자신이 소장한 범첩과 명첩을 선별적으로 임모하여 전각의 명수 오홍기(吴应祈)와 오사서(吴士瑞) 부자에게 새기게 하여 만든《내금관첩(來禽館帖)》이 전해진다.

47 대사(大士) : 불교에서 부처와 보살을 달리 부르는 말이다.

7) 후필(朽筆)로 그린 밑그림

論朽筆粉本

오늘날 사람이 그림을 그릴 때, 버드나무목탄으로 초고를 그리는 것을 '후필(朽筆)'이라 한다. 옛날에는 구후일파(九朽一罷)[48]라는 화법이 있었는데, 대개 토필(土筆)[49]로 그렸다. 흰 진흙을 물에 맑게 개어 붓에 묻히는데, 사용할 때 차례에 따라 형태를 고쳐 그릴 수 있으며, 아홉 차례가 되어 초고의 윤곽이 정해진다. (이것을 구후라 한다. 이렇게 한 뒤에) 바로 담묵으로 (흙으로 그린) 흔적을 따라 묘사하고 그 흙의 흔적을 털어 제거하기 때문에 '일파(一罷)'라 한다.《산정거화론》[50]

今人作畫, 用柳木炭起稿, 謂之"朽筆". 古有九朽一罷之法, 蓋用土筆爲之. 以白色土淘澄之, 裹作筆頭, 用時可逐次改易, 數至九而朽定, 乃以淡墨就痕描出, 拂去土跡, 故曰"一罷".《山靜居畫論》

지금은 그림을 그릴 때 후필(朽筆)을 사용하는데, 옛날 사람은 사용한 경우도 있고 사용하지 않은 경우도 있다. 일반적으로 완벽한 기교로 섬세

作畫用朽, 古人有用有不用. 大都工緻爲圖用之, 點簇寫意不[2]用朽. 同上

48 구후일파(九朽一罷): 중국 남송의 화가 등춘(鄧椿, ?~?)의 《화계(畫繼)·三·암혈상사(巖穴上士)》에는 "화가는 인물을 그릴 때 반드시 구후일파를 한다. 이것은 먼저 토필로 형상을 보충하면서 여러 차례에 걸쳐 고치기 때문에 '구후(九朽)'라고 한다. 계속해서 담묵으로 한 번에 묘사하여 완성하기 때문에 '일파(一罷)'라 한다. '파'라는 말은 일을 끝낸다는 뜻이다.(畫家于人物, 必九朽一罷. 謂先以土筆撲取形似, 數次修改, 故曰"九朽". 繼以淡墨一描而成, 故曰"一罷", 罷者, 畢事也.)"라 하였다. 구후일파법은 등춘이 제시한 인물화 창작 방식의 이론이지만, 이후 그림뿐만 아니라 문학이나 예술 창작에서 엄숙하고 진지한 창작 태도를 가리킨다.

49 토필(土筆): 정제된 흰색의 흙으로 붓 끝을 둘러싼 붓. 소필(燒筆, 나무 끝을 태워 만든 목탄의 붓)과 같이 밑그림을 그릴 때 사용한다.

50 《山靜居畫論》上(《叢書集成總編》 1644 〈山靜居畫論〉 上, 5쪽).

[2] 不:《山靜居畫論》에는 "可不".

하고 정교하게 그린 그림에서는 사용했지만, 점족(點簇)법으로 그린 사의화(寫意畫)에서는 후필을 사용하지 않았다.《산정거화론》[51]

유예지 권제4 끝　　　　遊藝志卷第四

51 《山靜居畫論》上(《叢書集成總編》1644〈山靜居畫論〉上, 6쪽).

임원경제지 97

유예지 권제5

遊藝志 卷第五

그림(화전)【하】

畫筌【下】

1. 매보(梅譜)[1]·죽보(竹譜)[2]·난보(蘭譜)[3] 【부록 묵으로 묘사하는 여러 방법】

梅、竹、蘭譜 【附 描墨諸法】

1-1. 대나무 치기[4]

寫竹

1) 총론

總論

줄기·마디·가지·잎 4가지는 정해진 법칙을 따르지 않으면 공부만 허비하고 끝내 그림을 완성할 수 없다. 일반적으로 먹을 적실 때는 깊고 얕음의 차이가 있고 붓질을 할 때는 가볍고 무거움의 차이가 있으니, 붓을 거꾸로 긋거나 바로 긋고 밀거나 당기는 것으로는 반드시 진퇴(進退)를 알게 해야 하고, 먹을 짙게 하거나 옅게 하고 거

幹、節、枝、葉四者, 若不由規矩, 徒費工夫[1], 終不能成畫. 凡濡墨有深淺, 下筆有輕重, 逆順、往來, 須知去就, 濃淡、麤細, 便見榮枯, 乃要葉葉著枝, 枝枝著節.

---

1 매보(梅譜): 매화에 대한 전문지식을 정리한 책 혹은 매화 그림을 모은 화보(畫譜). 전자로는 중국 송대 범성대(范成大)의 《범촌매보(范村梅譜)》, 후자로는 석중인(釋仲仁)의 《화광매보(華光梅譜)》가 저명하다.

2 죽보(竹譜): 대나무에 대한 전문지식을 정리한 책 혹은 대나무 그림을 모은 화보. 전자로는 중국 진(晉) 나라 대개지(戴凱之)의 《죽보(竹譜)》, 후자로는 이간(李衎)의 《죽보상록(竹譜詳錄)》이 저명하다.

3 난보(蘭譜): 난초에 대한 전문지식을 정리한 책 혹은 난초 그림을 모은 화보. 전자로는 중국 남송 조시경(趙時庚)의 《금장난보(金障蘭譜)》와 왕귀학(王貴學)의 《왕씨난보(王氏蘭譜)》가 저명하고, 후자는 청대의 《개자원화전(芥子園畫傳)》에 이르러 정리된다.

4 치기: 매화·대나무·난초는 '그리다[畫]'라 하지 않고 '베끼다[寫]'라 한다. 19세기의 문인 김정희는 그리는 법[畫法]으로 난을 치는 것[寫蘭]을 꾸짖었다. 우리말로 '치다'라는 표현은 '그리다[畫]'와 구별되는 '寫'의 번역이라고 보았다.

[1] 徒……夫: 저본에는 없음. 오사카본·《墨竹譜》에 근거하여 보충.

칠게 하거나 세밀하게 하는 것으로는 바로 대나무가 무성한지 시들었는지를 드러낸다. 그러면서 잎들은 가지에서 나고 가지들은 마디에서 나게끔 그려야 한다.

황정견(黃庭堅)[5]이 "생겨난 가지 마디에 붙어 있지 않으니, 어지러운 잎 돌아갈 곳 없어라!"[6]라 했다. 붓질 하나하나에 모두 생기가 있고 또한 화면 하나하나가 모두 자연스러움의 경지를 얻어서, 어느 쪽에서 보아도 아름답고 가지와 잎이 생동하여야 대나무가 이루어진다.《묵죽보(墨竹譜)[7]》[8]

山谷云:"生枝不應節, 亂葉無所歸!" 須一筆筆有生意, 一面面得自然, 四面團欒, 枝葉活動, 方爲成竹.《墨竹譜》

2) 마음속으로 대나무를 그리다

胸中成竹

문동(文同)[9]이 소식(蘇軾)[10]에게 비결을 전수

文湖州授東坡訣云:"竹之始

---

5 황정견(黃庭堅):1045~1105. 북송의 시인. 호는 산곡(山谷). 소식(蘇軾)의 4대 문하생 중 한 명이며, 강서시파(江西詩派)의 비조라 불린다. 저서로《산곡내집(山谷內集)》·《외집(外集)》·《별집(別集)》·《간척(簡尺)》·《연보(年譜)》등이 전한다.

6《山谷集》卷7〈古詩五十二首〉"次前韻謝與迪惠所作竹五幅"(欽定四庫全書).

7 묵죽보(墨竹譜):조맹부(趙孟頫, 1254~1322)의 처인 남송의 관도승(管道昇, 1262~1319)이 대나무 그림 그리기를 줄기·마디·가지·잎으로 나눠서 설명한 책.

8《墨竹譜》(《中國書畫全書》2, 761쪽).

9 문동(文同):1018~1099. 중국 북송의 문인화가. 자는 여가(與可), 호주태수(湖州太守)를 지냈으므로 문호주(文湖州)라 불린다. 묵죽(墨竹)으로 유명하며, 호주죽파(湖州竹派)를 형성했다. 저서로는《단연집(丹淵集)》이 있다.

10 소식(蘇軾):1036~1101. 중국 북송의 문인. 호는 동파(東坡). 아버지 소순(蘇洵), 동생 소철(蘇轍)과 함께 당송팔대가에 드는 문장가. 문동(文同)의 묵죽(墨竹)이 지닌 의미를 간파하고 이를 널리 유행시켜 호주죽파(湖州竹派)를 이끌었다.

하며 말했다. "대나무가 처음에 날 때는 1촌의 싹일 뿐이나 거기에 마디와 잎이 갖추어진다. 매미의 배나 뱀의 비늘 같은 죽순에서부터 칼을 뽑아내듯 10길의 대나무에 이르는 것은 대나무가 날 때부터 이런 속성을 가지고 있기 때문이다. 요즘 대나무를 그리는 사람들은 마디를 한 마디 한 마디 따로 그리고 댓잎을 그 위에 한 잎 한 잎 쌓듯이 그리니, 어찌 제대로 된 대나무를 얻을 수 있겠는가? 따라서 대나무를 그릴 때는 반드시 마음속으로 완성된 대나무를 먼저 얻어야 하네. 그러고서 붓을 잡아 지긋이 보다가, 그리고자 하는 것이 보이거든 급히 일어나 이를 좇고 붓을 놀리면서 곧장 대나무를 완성하여 그 보이는 바를 따라야 하지. 이는 마치 토끼가 일어나자 매가 토끼를 향해 내리꽂을 때 조금이라도 멈칫거리면 토끼가 달아나 버리는 것과 같네."

生, 一寸之萌耳, 而節葉具焉. 自蜩腹、蛇蚹至於劍拔十尋者, 生而有之也. 今畫竹者乃節節而爲之, 葉葉而累之, 豈復有竹乎? 故畫竹必先得成竹於胸中, 執筆熟視, 乃見其所欲畫者, 急起從之, 振筆直遂以追其所見, 如兎起鶻落, 少縱則逝矣."

소동파가 말했다. "문동 선생님께서 나를 이렇게 가르치셨는데 내가 그대로 하지 못했다. 무릇 마음으로는 그 까닭을 이미 깨달았건만 그대로 하지 못하는 이유는 나의 안팎이 같지 않고 마음과 손이 서로 응하지 못하기 때문이니, 제대로 배우지 않은 잘못이다."[11]

坡云 : "與可之教予如此, 予不能然也. 夫旣心識所以然而不能然者, 內外不一, 心手不相應, 不學之過也."

소동파마저 그대로 하지 못한 이유가 제대로

且坡公尙以爲不能然者, 不

11 이상은《東坡全集》卷36〈記十四首〉"文與可畫篔簹谷偃竹記"(欽定四庫全書)에 나온다.

배우지 않은 잘못 때문이라고 했거늘, 하물며 후세의 사람들이랴! 사람들은 대나무 그리기가 마디를 한 마디 한 마디 따로 그리고 댓잎을 그 위에 한 잎 한 잎 쌓듯이 그리는 데에 있지 않다는 사실만 알 뿐, 마음속으로 먼저 대나무를 그리는 단계는 생각하지 않으니 이런 태도가 도대체 어디에서 왔겠는가? 이런 태도를 지닌 사람들은 원대한 것만 동경하고 높은 경지만을 탐하여 자신의 수준이나 등급을 뛰어넘어, 감정과 마음을 제멋대로 부리면서 이쪽으로 칠하고 저쪽으로 문지르고는 필묵의 좁다란 법도에서 벗어나 자연스러움을 얻었노라고 한다.

學之過, 況後之人乎! 人徒知畫竹者不在節節而爲, 葉葉而累, 抑不思胸中成竹, 從何而來? 慕遠貪高, 踰級躐等, 放弛情性, 東抹西塗, 便爲脫去翰墨蹊徑, 得乎自然.

그러므로 마디 하나 잎 하나를 대할 때도 뜻을 법도의 가운데에 두고, 수시로 익히기를 게을리하지 말며, 진실하게 쌓기를 오랫동안 힘써야 한다. 그러고서 따로 배우지 않는 경지에 이르러 스스로 마음속에 진실로 완성된 대나무를 두었다고 확신한 후에야, 붓을 놀리면서 곧장 대나무를 완성하여 보이는 바를 따를 수 있을 것이다. 그러지 않고 그저 붓을 잡아 지긋이 보기만 한들 보이는 것을 무엇으로 따르겠는가. 정말로 규구승묵(規矩繩墨)[12]의 법도로 나아갈 수 있다면 자연히 결점들이 없어질 것이니, 어찌 이루지 못할 것

故當一節一葉, 措意於法度之中, 時習不倦, 眞積力久, 至於無學, 自信胸中眞有成竹, 而後可以振筆直遂以追其所見也. 不然, 徒執筆熟視, 將何所見而追之耶? 苟能就規矩繩墨, 則自無瑕累, 何患乎不至哉? 縱失於拘, 久之, 猶可達於規矩繩墨之外. 若遽放佚, 則恐不復可入規矩繩墨, 而無所成矣. 故學

12 규구승묵(規矩繩墨) : 곧은 자와 굽은 자 및 직선을 긋는 먹줄을 말하며, 법도를 뜻한다.

을 걱정하겠는가. 이렇게 하다가 설령 법도의 구애를 받는 데로 빠지더라도, 오래 지나면 오히려 규구승묵의 법도 밖에 도달할 수 있게 된다. 만약 갑자기 무턱대고 그려 댄다면 아마도 규구승묵의 법도로 다시는 들어갈 수 없고 아무것도 이루지 못할 것이다. 그러므로 배우는 이들은 반드시 법도 가운데서 시작해야 비로소 좋은 그림을 그릴 수 있다.《죽보상록(竹譜詳錄)[13]》[14]

者必自法度中來, 始[2]得之.《竹譜詳錄》

3) 위치

位置

비단 화폭의 가로와 세로에 대나무 몇 그루를 그릴 만한지를 반드시 살펴야 한다. 대나무의 뿌리와 줄기가 마주 보는지 등지는지, 가지와 잎이 먼지 가까운지, 혹은 무성한지 시들었는지, 그리고 흙둑·강어귀·지표면의 높이와 두께 등에 대해서는 자신의 뜻을 먼저 정한다. 그런 다음 후자(朽子)[15]를 이용해 밑그림을 그리되 다시 살펴봐서 뜻대로 그릴 수 없거든 붓을 대지 않는다. 다시 자세히 살펴서 후자로 그린 밑그림을 고친 다

須看絹幅寬窄橫竪, 可容幾竿. 根、梢向背, 枝、葉遠近, 或榮或枯, 及土坡、水口、地面高下厚薄, 自意先定, 然後用朽子朽下, 再看得不可意, 且勿着筆. 再審看改朽, 得可意方始落墨, 庶無後悔.

13 죽보상록(竹譜詳錄) : 중국 원나라 초기의 화가 이간(李衎, 1244~1320)이 대나무의 형태와 성질 및 그리는 방법을 화죽(畫竹)·묵죽(墨竹)·죽태(竹態)·죽품사보(竹品四譜)로 나누어 설명한 책.

14 《竹譜詳錄》卷第1〈畫竹譜〉(《中國書畫全書》2, 733쪽);《竹譜》卷1〈竹譜詳錄〉"畫竹譜"(欽定四庫全書).

15 후자(朽子) : 그림의 초를 잡는 토필(土筆)의 일종.

[2] 始 : 저본에는 "好".《竹譜詳錄·畫竹譜》에 근거하여 수정.

음 뜻대로 그릴 수 있다고 판단한 뒤에 비로소 먹으로 그려야 후회가 거의 없을 것이다.

그러나 화가들은 옛날부터 지금까지 위치 잡기가 가장 어렵다고 여겼다. 대개 사람들이 숭상하고 좋아하는 재능이나 기질이 제각기 다르기에 아버지와 아들같이 매우 친밀한 사이에서도 위치 잡는 방법을 전수할 수 없었다. 하물며 글이나 말로 어떻게 남김없이 다 전할 수 있겠는가? 다만 그림의 뜻(구상)에서 금하는 다음과 같은 사항을 몰라서는 안 될 것이다. 이른바 가지가 하늘을 찌르는 충천(衝天)과 땅에 부딪치는 당지(撞地), 한쪽이 무거운 편중(偏重)과 한쪽이 가벼운 편경(偏輕), 마디가 나란한 대절(對節)[16]과 줄

然畫家自來位置爲最難. 蓋凡人情尙好才品, 各各不同, 所以雖父子至親, 亦不能授受, 況筆舌之間, 豈能盡之? 惟畫意所忌, 不可不知. 所謂衝天·撞地、偏重·偏輕、對節·排竿、鼓架·勝眼、前枝·後葉, 此爲十病, 斷不可犯, 餘當各從己意.《竹譜詳錄》

16 마디가……대절(對節): 이를 표현한 원도는 다음과 같다.

〈원도 32〉 대절

기가 서로 밀치는 배간(排竿), 줄기가 북틀[17] 모양인 고가(鼓架)[18]와 잎이 그물코처럼 얽힌 승안(勝眼), 가지가 앞에 있는 전지(前枝)와 잎이 뒤로 가는 후엽(後葉)이다. 이는 '10가지 잘못[十病]'이니, 결코 범해서는 안 되는 것들이다. 그 나머지는 각각 자신의 뜻을 따르도록 한다. 《죽보상록》[19]

17 북틀 : 북을 칠 때 북을 올려놓는 틀.

18 줄기가……고가(鼓架) : 이를 표현한 원도는 다음과 같다.

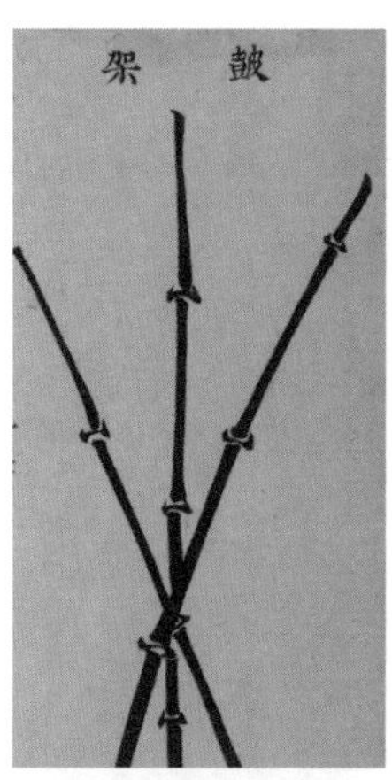

〈원도 32〉 고가

19 《竹譜詳錄》 卷第1 〈畫竹譜〉 "位置"(《中國書畵全書》 2, 734쪽) ; 《竹譜》 卷1 〈竹譜詳錄〉 "畫竹譜"(欽定四庫全書).

4) 댓줄기 그리기

만약 1~2줄기만을 그린다면 먹색은 편한 대로 하면 된다. 만약 3줄기 이상을 그린다면 앞의 줄기는 짙게 하고 뒤의 줄기는 점점 옅게 해야 한다. 만약 3줄기 이상을 한 가지 색으로 하면 앞뒤를 분별할 수 없게 된다. 그러나 줄기 끝에서 뿌리에 이르기까지 비록 마디마디 그려 가지만 붓이 가는 뜻에 일관성이 있어야 한다. 줄기 끝의 마디는 짧고, 내려올수록 점점 길어지다가 뿌리에 가까워지면 점점 짧아진다.[20] 줄기마다 반드시 먹색을 고르게 하고 붓질을 곧게 해 줄기의 양쪽 가를 경계를 그은 듯하도록 분명하게 그리

畫竿

若只畫一二竿, 則墨色且得從便. 若三③竿之上, 前者色濃, 後者漸淡. 若一色則不能分別前後矣. 然從梢至根, 雖一節節畫下, 要筆意貫串, 梢頭節短, 漸漸放長, 比至節根, 漸漸放短. 每竿須要墨色勻停, 行筆平直, 兩邊如界, 自然圓正.

20 줄기……짧아진다 : 이를 표현한 원도는 다음과 같다.

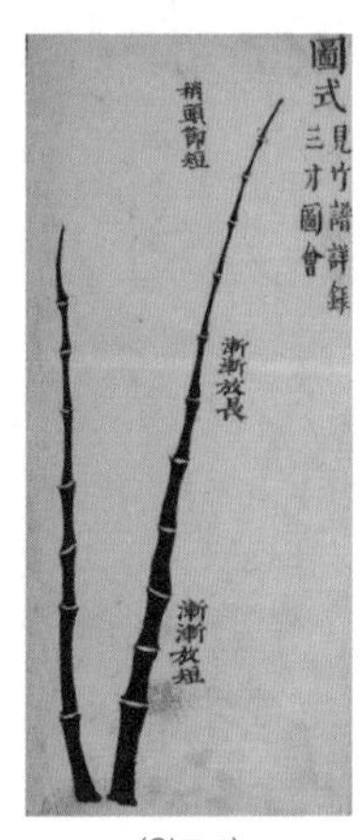

〈원도 1〉

③ 三 : 저본·《中國書畫全書》에는 "五". 《竹譜·竹譜詳錄·墨竹譜》에 근거하여 수정.

면, 줄기는 자연히 둥글고 반듯해진다.

만약 마디의 옹종(擁腫)이 한쪽으로 치우쳐 기울거나, 먹색이 고르지 않거나, 간간이 거칠다가 가늘어지거나, 간간이 말랐다가 짙어지거나, 혹은 마디들이 모두 똑같이 길거나 똑같이 짧거나 하는 화법은, 모두 문법(文法)【안 문법은 문동(文同)의 화법을 말한다.】에서 금하는 법들이니, 결코 범해서는 안 된다. 민간에서 부들묶음이나 회화나무껍질 혹은 종이를 겹쳐 그곳에 먹을 적신 다음 대나무를 그리는 것을 자주 보게 된다. 이렇게 하면 뿌리와 줄기 끝을 불문하고 한결같이 거칠거나 가늘고 게다가 평평하고 밋밋해 댓줄기의 둥근 감이 전혀 없으니, 다만 비웃음을 살 뿐이다. 배우는 이들은 결코 이리하지 말고, 흉내도 내서는 안 된다.《죽보상록》[21]

若擁腫偏邪, 墨色不勻, 間麤間細, 間枯間濃, 及節空勻長勻短, 皆文法【案 文法謂文湖州法.】所忌, 斷不可犯. 頗見世俗用蒲綎、槐皮或疊紙濡墨畫竿, 無問根、梢, 一樣麤細, 又且板平, 全無圓意, 但堪發笑. 學者切忌, 不宜倣傚.《竹譜詳錄》

5) 마디 그리기

畫節

대나무 줄기 세우기가 이미 정해지면, 마디 그리기가 가장 어렵다. 위의 한 마디가 아래 한 마디를 덮게 해야 하거나 아래의 한 마디가 위 한

立竿旣定, 畫節爲最難. 上一節要覆蓋下一節, 下一節要承接上一節. 中間雖是斷離,

21 《竹譜詳錄》卷第1〈墨竹譜〉"畫竿"(《中國書畫全書》2, 735쪽);《竹譜》卷2〈竹譜詳錄〉"墨竹譜"(欽定四庫全書).

마디를 이어받게 해야 한다.[22] 마디의 중간이 비록 끊어져서 떨어져 있어도 도리어 계속 이어지는 뜻이 있어야 한다. 위 마디의 한 획은 양 끝을 들어 올리고 중간의 획은 마치 달이 약간 굽은 듯이 아래로 내리그으면, 바로 하나의 줄기가 온전하게 보인다.[23] 아래의 한 획은 위의 획의 의도

却要有連屬意思. 上一筆[4]兩頭放起, 中間落下如月少彎, 則便見一竿圓混. 下一筆看上筆意趣, 承接不差, 自然有連屬意.

22 위의……한다 : 이를 표현한 원도는 다음과 같다.

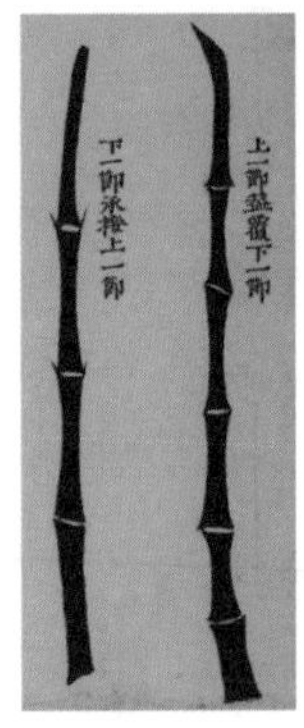

〈원도 2〉

23 위……보인다 : 이를 표현한 원도는 다음과 같다.

〈원도 2〉

[4] 筆 : 저본에는 "節".《竹譜詳錄·墨竹譜》에 근거하여 수정.

를 살펴서, 이어받아 그릴 때 어긋나지 않게 해야 줄기가 자연스럽게 계속 이어지는 뜻이 있게 된다.

마디를 똑같이 크게 그려도 안 되고, 똑같이 작게 그려도 안 된다. 똑같이 크게 그리면 둥근 고리같이 보이고, 똑같이 작게 그리면 인쇄에 쓰는 목판같이 보인다. 또 마디를 너무 굽게 그려도 안 되며, 마디 사이를 너무 멀게 그려도 안 된다. 마디를 너무 굽게 그리면 뼈마디처럼 보이고, 너무 멀게 그리면 서로 이어지지 않아서 다시는 생기가 없게 된다.《죽보상록》[24]

不可齊大, 不可齊小, 齊大則如旋環, 齊小則如墨板；不可太彎, 不可太遠, 太彎則如骨節, 太遠則不相連屬, 無復生意矣.《竹譜詳錄》

6) 가지 그리기

畫枝

가지 그림에는 각각 이름이 있다. 잎이 생겨나는 곳은 '정향두(丁香頭)'[25]라 하고, 서로 합해지는 곳은 '작조(雀爪, 참새 발톱)'라 하고, 곧게 뻗은 가지는 '차고(釵股, 비녀 다리)'라 하고, 바깥에서 그려 넣은 가지는 '타첩(垜疊)'[26]이라

各有名目, 生葉處謂之"丁香頭", 相合處謂之"雀爪"[5], 直枝謂之"釵股", 從外畫入謂之"垜疊", 從裏畫出謂之"迸跳".

24 《竹譜詳錄》 卷1 〈墨竹譜〉(《中國書畫全書》 2, 735쪽) ;《竹譜》 卷2 〈墨竹譜〉(欽定四庫全書).

25 정향두(丁香頭) : 정향두는 정향(丁香)의 머리이다. 정향은 정향나무의 꽃봉오리로, 생긴 것이 못과 비슷한데 향이 있어서 정향이라고 하며 약재나 향신료로 사용한다.

26 타첩(垜疊) : 그림을 그릴 때 윤곽선을 그리지 않는 회화기법. 축어적 의미로는 '쌓고 포갠다'는 뜻이다.

[5] 爪 : 저본에는 "瓜". 오사카본·《竹譜詳錄·墨竹譜》에 근거하여 수정.

하고, 안에서 그려 낸 가지는 '병도(迸跳)'[27]라 한다.[28]

붓을 그을 때는 반드시 씩씩하고 굳세면서도 윤기가 있도록 해야 하고, 생기가 끊임없이 이어지게 하며, 붓놀림은 빨라야지 느리게 해서는 안 된다. 늙은 가지는 두드러지게 서 있으면서 마디는 크지만 파리하게 그리고, 어린 가지는 부드러우면서도 예쁘고 순하면서 마디는 작지만 살찌고 매끄럽게 그려야 한다. 잎이 많으면 가지가 잎으로 덮이고, 잎이 적으면 가지가 위로 들린다.

下筆須要遒健圓勁[6], 生意連綿, 行筆疾速, 不可遲緩. 老枝則挺然而起, 節大而枯瘦; 嫩枝則和柔而婉順, 節小而肥滑. 葉多則枝覆, 葉少則枝昂.

바람 맞은 가지나 비 맞은 가지는 그 종류에 따라 길게 그리되, 또한 상황에 따라 변화를 주

風枝、雨枝觸類而長, 亦在臨時轉變, 不可拘於一律也. 尹

---

27 병도(迸跳): 달리듯이 빠르게 획을 긋는 회화기법. 축어적 의미로는 '빨리 달려간다'는 뜻이다.

28 잎이……한다: 정향두·작조·차고·타첩·병도의 예는 여기에서 소개하지 않았으나, 《죽보상록》에 수록되어 있는 다음 그림을 참조.

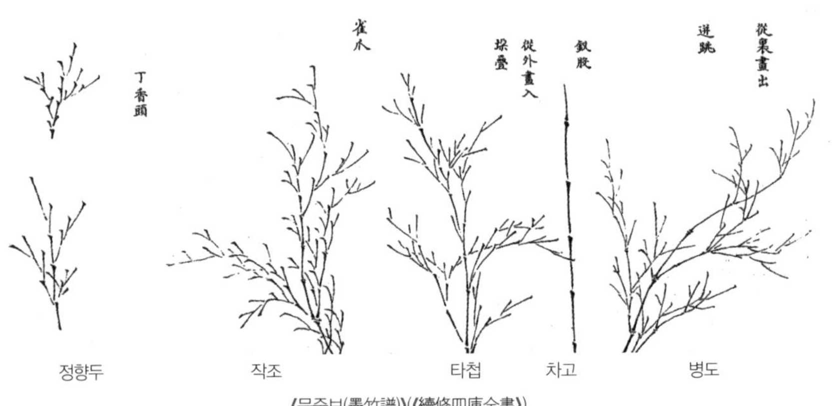

《묵죽보(墨竹譜)》(《續修四庫全書》)

[6] 勁:《竹譜詳錄·墨竹譜》에는 "淨".

어야지 일률적인 법도에 구속되어서는 안 된다. 윤백(尹白)[29]과 조해(趙楷)[30]는 가지마다 마디를 끊어서 그렸으니, 이것은 이미 문동(文同)의 화법이 아니라서 지금은 함부로 취하지 않는다. 《죽보상록》[31]

白、鄆王隨枝畫斷節, 既非文法, 今不敢取.《竹譜詳錄》

7) 댓잎 그리기

畫葉

붓을 그을 때는 굳세면서 날카롭게 해야 하고, 충실하게 붓을 눌렀다가 힘을 비운 채로 시작해야 하고, 한번 그으면서 바로 지나가야 한다. 만약 붓을 조금이라도 머뭇거리면 둔하고 투박해져서 예리하지 못하게 된다. 그러나 대나무를 그리는 사람은 이것이 가장 어려우니, 이 한 가지 공력이 부족하면 다시는 묵죽(墨竹)을 그리지 못할 것이다.

下筆要勁利, 實按而虛起, 一抹便過, 少遲留則鈍厚不銛利矣. 然寫竹者此爲最難, 虧此一功, 則不復爲墨竹矣.

댓잎 그리는 법에 피해야 하는 사항이 있으니 배우는 사람은 이를 알아야만 한다. 너무 거칠게 그려서 복숭아잎과 같아지는 것을 피해야 하고, 너무 가늘게 그려서 버들잎과 같아지는 것을 피

法有所忌, 學者當知. 麤忌似桃, 細忌似柳. 一忌孤生, 二忌竝立, 三忌如乂, 四忌如井, 五忌如手指及似蜻蜓.

---

29 윤백(尹白) : ?~?. 중국 송(宋)나라의 화가. 대나무와 매화 등의 그림을 잘 그렸다. 작품으로 《도회보감(圖繪寶鑒)》과 《화계(畫繼)》가 전한다.

30 조해(趙楷) : 1101~1130. 중국 송(宋)나라의 화가. 휘종(徽宗, 재위 1100~1125)의 셋째 아들이며, 운왕(鄆王)은 그의 봉호(封號)이다. 화조(花鳥) 그림을 잘 그렸다.

31 《竹譜詳錄》 卷1 〈墨竹譜〉(《中國書畫全書》 2, 735쪽) ; 《竹譜》 卷2 〈墨竹譜〉(欽定四庫全書).

해야 한다. 하나를 그릴 때는 홀로 난 댓잎은 피해야 한다. 둘을 그릴 때는 나란히 서 있는 댓잎은 피해야 한다. 셋을 그릴 때는 '차(叉) 자'같이 갈라진 모양은 피해야 한다. 넷을 그릴 때는 '정(井)자' 같은 모양은 피해야 한다. 다섯을 그릴 때는 손가락 및 잠자리 같은 모양은 피해야 한다.[32]

정면이 뒤집어진 잎, 뒤로 향한 잎, 비스듬히 돌아간 잎, 아래나 위로 향한 잎, 비 맞은 잎, 바람에 뒤집어진 잎 등에는 각기 다른 자태가 있으므로, 마치 검은 비단을 물들여서 그 전후가 아무런 차이가 없는 것처럼 한 가지 방법으로 칠해서는 안 된다.《죽보상록》[33]

翻正、向背、轉側、低昂、雨打、風翻, 各有態度, 不可一例抹去, 如染皁絹無異也.《竹譜詳錄》

32 너무 거칠게……한다 : 이 설명에 대해서는 〈원도 33~34〉 참조.

〈원도 33〉

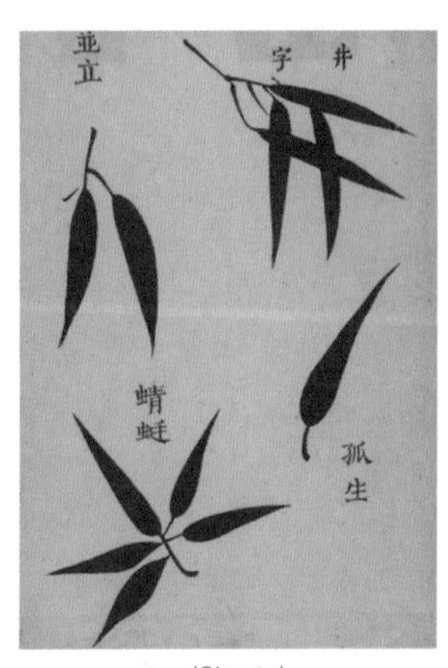

〈원도 34〉

33 《竹譜詳錄》卷1 〈墨竹譜〉(《中國書畫全書》2, 735쪽) ;《竹譜》卷2 〈墨竹譜〉(欽定四庫全書).

8) 묘묵(描墨, 먹으로 묘사하기)　描墨

붓을 잡을 때에는 마음을 맑게 하고 생각을 고요하게 하며, 그리려는 뜻을 붓보다 먼저 둔다. 정신과 생각을 하나로 집중하여, 복잡하거나 어지럽지 않도록 한 다음에 붓을 대야 한다. 반드시 윤기가 있으면서도 예리하게 그려야 하지만 너무 빠르게 하여서는 안 되니, 빠르면 형세를 잃게 된다. 그렇다고 너무 느리게 그려서도 안 되니, 느리면 둔하고 탁해진다. 또 너무 살지게 그려서도 안 되니, 살지면 속되고 추하다. 또한 너무 야위게 그려서도 안 되니, 야위면 마르고 연약하다. 붓을 시작하고 그칠 때는 준칙이 있고, 붓이 오고 갈 때에도 역순(逆順)의 방향이 있으니, 이들을 잘 살피지 않으면 안 된다.

握筆時, 澄心靜[7]慮, 意在筆先, 神思專一, 不雜[8]不亂, 然後落筆. 須要圓勁決利, 仍不可太速, 速則失勢 ; 亦不可太緩, 緩則癡濁 ; 復不可太肥, 肥則俗惡 ; 又不可太瘦, 瘦則枯弱. 起落有準的, 來去有逆順, 不可不察也.

가령 잎을 묘사할 때는 힘차고 날카롭게 하면서도 부드러움과 유순함을 구해야 하고, 줄기를 묘사할 때는 아리따운 가운데 강함과 바름을 구해야 하고, 마디를 묘사할 때는 끊어진 곳에서 계속 이어지도록 해야 하고, 가지를 묘사할 때는 부드럽고 온화한 가운데 골력(骨力)이 있어야 한다. 사계절에 따른 영고(榮枯)와 성쇠를 자세히 살펴서 뜻대로 붓을 움직이면, 자연스럽게 가지

如描葉則勁利中求柔和, 描竿則婉媚中求剛正, 描節則分斷處要連屬, 描枝則柔和中要骨力. 詳審四時榮枯老嫩, 隨意下筆, 自然枝葉活動, 生意俱[9]足. 若待設色而後成竹, 則無復有畫矣.《竹譜詳錄》

---

[7] 靜 :《竹譜詳錄·畫竹譜》에는 "淨".

[8] 雜 : 저본에는 "離".《竹譜詳錄·畫竹譜》에 근거하여 수정.

[9] 俱 : 저본에는 "具".《竹譜詳錄·畫竹譜》에 근거하여 수정.

와 잎이 살아 움직이고 생기가 모두 충분해질 것이다. 만약 채색한 다음에야 대나무를 완성하려 한다면 다시는 대나무 그림이 없을 것이다.《죽보상록》[34]

9) 승염(承染, 염색하듯 색 들이기)

承染

【안 만약 묵죽(墨竹)을 그린다면 승염(承染)[35]·채색[設色][36]·농투(籠套)[37]라는 3가지 일은 없다.】 승염은 가장 중요한 단계이니, 반드시 깊은 곳과 얕은 곳, 뒤집어진 것과 바른 것, 짙은 것과 옅은 것을 구별하고, 물 묻은 붓으로 물들여 나갈 때는 흔적이 보이는 것을 피하여 한 번에 이루어진 듯이 해야 한다. 붓질을 발휘하는 공력은 전적으로 여기에 있다. 만약 주의하지 않고 그리다가 조금이라도 착오가 있으면 이전의 공력마저 모두 무너질 것이다.

【案 若作墨竹, 則無承染、設色、籠套三事.】承染最是緊要處, 須分[10]別淺深、翻正、濃淡, 用水筆破開時, 忌見痕跡, 要如一段生成. 發揮畫筆之功, 全在於此. 若不加意, 稍有差池, 卽前功俱廢矣.

34 《竹譜詳錄》卷1〈畫竹譜〉(《中國書畫全書》2, 734쪽);《竹譜》卷1〈畫竹譜〉(欽定四庫全書).

35 승염(承染): 천에 염색하듯이 그림에 색을 들이는 과정.

36 채색[設色]: 색을 칠할 때 종이 위에 직접 칠하지 않고 색이 스며들게 칠하는 과정.

37 농투(籠套): 승염과 채색을 한 다음 다듬고 덧칠하는 마지막 단계.

[10] 分: 저본에는 "是".《竹譜·畫竹譜》에 근거하여 수정.

그리는 방법으로는 번(番)[38]에서 나는 청대(青黛)[39] 혹은 복건(福建)[40]에서 나는 나청(螺青)[41]을 잔 안에 넣고 여기에 진한 아교를 섞은 다음 녹여서, 약한 불에 쬐어 말린다. 이어서 다시 맑은 물방울을 점점이 떨어뜨려 손가락 끝마디 안쪽으로 물방울을 따라 문질러 녹이되 여러 번 문지르기를 귀찮아하지 않아야 녹이면 녹일수록 물감이 더욱 맑고 깨끗해진다. 물에 물감이 잘 녹아들었으면 붓을 담가서 승염을 한다. 이때 댓잎이 어린잎이라면 열게 물들이고 오래된 잎이라면 짙게 물들인다. 가지와 마디 사이의 깊은 곳이라면 짙게 물들이고 얕은 곳이라면 열게 물들이되, 다시 상황에 따라 그 경중을 헤아리도록 한다.《죽보상록》[42]

法用番中青黛或福建螺青放盞內，入稠膠殺開，慢火上焙乾，再用指面旋點淸水，隨點隨殺，不厭多時，愈殺則愈明淨．看得水脈着中，醮筆承染．嫩葉則淡染，老葉則濃染，枝節間深處則濃染，淺處則淡染，更在臨時相度輕重．《竹譜詳錄》

38 번(番) : 소수민족이 사는 중국 외의 지역.

39 청대(青黛) : 쪽잎[藍葉]으로 만든 짙은 청색 염료. 쪽물이라고도 한다.

40 복건(福建) : 중국의 남동부와 대만해협에 위치한 성(省). 줄여서 '민[閩]' 지역으로 부르기도 한다.

41 나청(螺青) : 흑청색(黑青色) 염료.

42 《竹譜詳錄》 卷1 〈畫竹譜〉(《中國書畫全書》 2, 734쪽) ; 《竹譜》 卷1 〈畫竹譜〉(欽定四庫全書).

10) 채색[設色]

設色

반드시 가장 좋은 석록(石綠)[43]을 써야 하는데, 법식대로 맑은 아교물에 넣고 갈아서 흔들고 가라앉혀 5등급의 층차로 나눈다. 거칠어서 쓸 수가 없는 두록(頭綠)은 제외하고, 이록(二綠)과 삼록(三綠)으로 댓잎의 표면을 물들인다.[44] 색이 옅은 것은 '지조록(枝條綠)'이라 하며, 잎의 뒷면 및 가지와 줄기를 물들이는 데 쓴다. 다시 한 등급 아래의 극히 옅은 것은 '녹화(綠花)'라 하며, 역시 잎의 뒷면 및 가지와 줄기를 물들이는 데 쓴다. 처음 죽순의 껍질을 벗고 나온 신죽(新竹)은 삼록으로 물들여야 한다. 마디 아래 흰 부분은 석청화(石青花)[45]로 물들이고, 오래된 대나무는 등황(籐黃, 황적색 염료)으로 물들이고, 마른 대나무의 가지와 줄기 및 잎의 끝부분과 죽순 껍질

須用上好[11]石綠, 如法入淸膠水硏淘分作五等. 除頭綠粗[12]惡不堪用外, 二[13]綠、三綠染葉面. 色淡者名"枝條綠", 染葉背及枝幹. 更下一等極淡者名"綠花", 亦可用染葉背、枝幹. 如初破籜新竹, 須用三綠染. 節下粉白用石靑花染, 老竹用藤黃染, 枯竹枝幹及葉梢、筍籜皆土黃染. 筍籜上斑花及葉梢上水痕, 用檀色點染. 此其大略也. 若夫對合淺深, 斟酌輕重, 更在臨時.

---

43 석록(石綠): 녹색 보석의 하나인 공작석(孔雀石)으로, 녹색 안료의 재료이다. 이에 대한 더 자세한 설명은, 서유구 지음, 임원경제연구소 옮김, 《임원경제지 섬용지》 2, 풍석문화재단, 2016, 298~299쪽을 참조 바람.

44 거칠어서……물들인다: 석록(石綠)은 두록(頭綠)·이록(二綠)·삼록(三綠)으로 분류한다. 석록을 그릇에 넣고 곱게 연마한 다음 그 가루와 아교 녹인 물을 천천히 섞으면 시간이 지나면서 농도에 따라 층차를 띠며 가루가 각기 분리된다. 두록은 입자가 가장 커서 윗면에 뜨며, 이록은 중간층에 위치하고, 삼록은 입자가 가장 작아서 맨 아래에 가라앉는다. 바닥에 가라앉은 가루로 만든 안료의 색이 가장 진하다.

45 석청화(石青花): 미상. 푸른색 안료인 석청(石青)이 아닌가 생각되나 확실하지는 않다.

[11] 好: 저본에는 "品". 오사카본·《竹譜詳錄·畫竹譜》에 근거하여 수정.

[12] 粗: 저본에는 "麁". 《竹譜詳錄·畫竹譜》에 근거하여 수정.

[13] 二: 저본에는 "平". 《竹譜·畫竹譜》에 근거하여 수정.

은 모두 토황(土黃, 황색 염료)으로 물들인다. 죽순 껍질 위의 얼룩과 잎 끝부분의 물 자국은 단색(檀色)[46]으로 점을 찍어 물들인다. 이것이 채색하는 방법의 대략이다. 만약 옅고 짙은 것을 배합할 때는 경중을 고려하여 다시 상황에 따라 그려야 한다.

【녹색 만드는 법은 먼저 진한 아교를 넣고 고르게 간 다음 회화나무꽃물을 따로 끓여 두었다가 경중을 고려하여 알맞게 섞는 것이다. 법식에 따라 붓을 적셔 칠하되 가볍고 엷게 칠해야만 하며, 무겁고 두껍게 칠하거나 흔적이 남기도록 칠해서는 안 된다. 또한 먹이 끊어진 곳을 채워야 하며, 출입이 가지런하도록 칠해야 하고, 더욱이 흰 부분이 드러나게 해서는 안 된다. 만약 밤이 되면 녹색 염료가 담긴 그릇을 깨끗한 물로 씻어 아교를 없애고 나서 말린 뒤 다음 날에 다시 앞의 방법대로 배합하여 사용한다. 만약 그대로 두고 하룻밤을 넘기면 사용할 수 없을 것이다.】《죽보상록》[47]

【調綠之法, 先入稠膠研均, 別煎槐花水, 相輕重和調得所. 依法濡筆, 須輕薄塗抹, 不要重厚[14]及有[15]痕迹. 亦須嵌墨道遏截, 勿使出入不齊, 尤不可露白. 若遇夜則將綠盞以淨水出膠了放乾, 明日更依前調用. 若只如此經宿, 則不可用矣.】《竹譜詳綠》

46 단색(檀色) : 미상. 붉은빛이 도는 고동색 계열로 추정되나 확실하지는 않다.

47 《竹譜詳錄》 卷1 〈畫竹譜〉(《中國書畫全書》 2, 734쪽) ; 《竹譜》 卷1 〈畫竹譜〉(欽定四庫全書).

⑭ 重厚 : 저본에는 "厚重". 《竹譜詳錄 · 畫竹譜》에 근거하여 수정.

⑮ 有 : 저본에는 "其". 《竹譜詳錄 · 畫竹譜》에 근거하여 수정.

11) 농투(籠套, 덧칠하기)

籠套

이것은 그림의 마지막 과정이므로, 더욱 꼼꼼하게 해야 한다. 채색이 다 마르기를 기다린 다음에 비어 있는 곳이나 색이 누락된 부분이 없는지 자세히 살펴보고, 마른 삼베나 깨끗한 수건으로 힘주어 털어 낸다. 아마도 색이 떨어져 나간 부분이 있을 수 있으니, 그때에는 바로 적절히 보완하여 전체적으로 좋게 만든다. 잎의 뒷면을 제외하고 모두 풀즙[草汁]으로 농투한다.

此是畫之結裹, 尤須縝密. 候設色乾了, 仔細看得無缺空漏落處, 用乾布、淨巾着力拂拭. 恐有色脫落處, 隨便補治均好. 除葉背外, 皆用草汁籠套.

【풀즙 사용하는 법은 먼저 좋은 등황을 가라앉힌 다음 여기에 나청즙(螺青汁)을 녹이되 옅고 짙은 배합을 잘 살피고서 고루 섞어 사용하는 것이다. 만약 밤을 넘기면 사용하지 못하고, 여름철이라면 반나절만 지나도 사용하지 못한다.】

【草汁之法, 先將好藤黃浸開, 却用殺開螺青汁, 看深淺對合調均便用. 若隔夜則不堪用, 若暑月則半日卽不堪用矣.】

잎의 뒷면을 처리할 때에는 오직 묽은 등황으로만 농투한다.《죽보상록》[48]

葉背只用澹藤黃籠套.《竹譜詳錄》

12) 대나무 치기 도식(圖式)

圖式

【《죽보상록》·《삼재도회》에 보인다.】[49]

【見《竹譜詳錄》、《三才圖會》.】

---

48 《竹譜詳錄》 卷1 〈畫竹譜〉(《中國書畫全書》 2, 734쪽) ; 《竹譜》 卷1 〈畫竹譜〉(欽定四庫全書).

49 《竹譜》 卷2 〈墨竹譜〉; 《三才圖會》 〈人事〉 卷5 "畫竹圖"(欽定四庫全書).

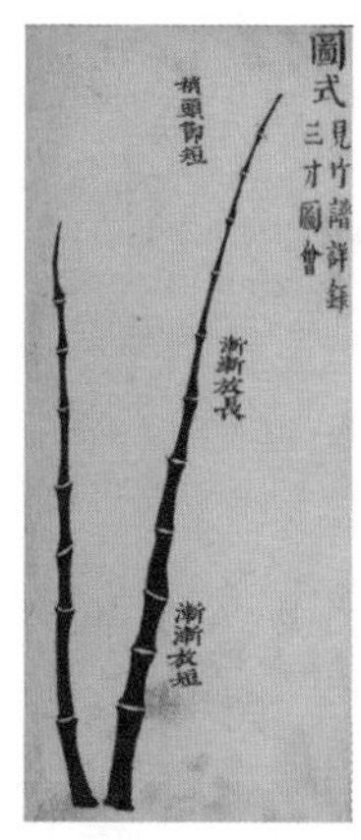

〈원도 1 – 도식의 첫 면〉

줄기 끝의 마디는 짧다 梢[16]頭節短

내려올수록 마디가 점점 길어진다 漸漸放長

뿌리에 가까워지면 마디가 점점 짧아진다[50] 漸漸放短[17]

---

50 원 출전에는 〈원도 1〉 다음에 아래 그림이 있지만, 여기에는 누락되어 있다. 원문과 번역문은 다음과 같다. "間麤間細(거친 마디 사이와 세밀한 마디 사이), 間枯間濃(메마른 마디 사이와 짙은 마디 사이), 勻長(고르게 긴 마디), 勻短(고르게 짧은 마디)."

《묵죽보(墨竹譜)》(《續修四庫全書》)

⑯ 梢 : 저본에는 "稍". 《竹譜 · 墨竹譜》에 근거하여 수정.

⑰ 漸漸放短 : 저본에는 없음. 오사카본 · 《竹譜 · 墨竹譜》에 근거하여 보충.

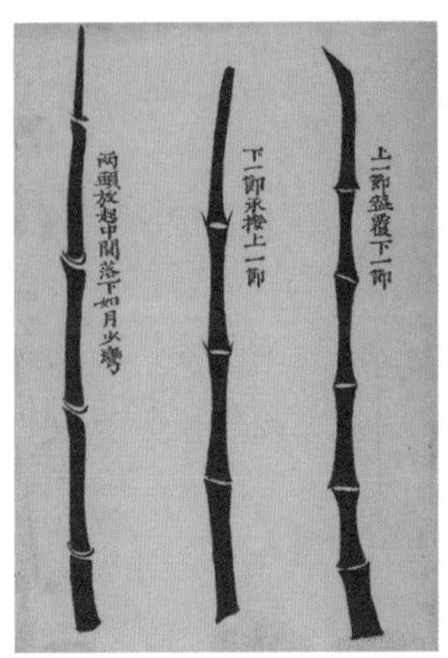

〈원도 2〉

위의 한 마디가 아래 한 마디를 덮게 한다	上一節蓋覆下一節
아래 한 마디가 위 한 마디를 이어받게 한다	下一節承接上一節
양 끝을 들어 올리고 중간의 획은 마치 달이 약간 굽은 듯이 아래로 내리긋는다	兩頭放起, 中間落下如月少彎

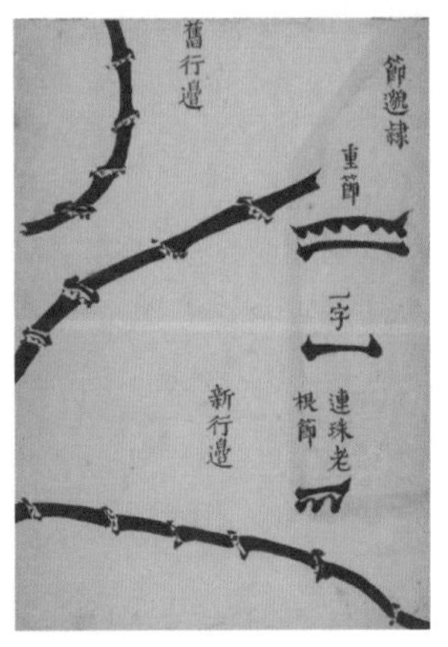

〈원도 3〉

마디가 멀리 떨어진 모양 節邈隸

겹쳐진 마디 重節[18]

일(一)자 모양 一字

구슬이 이어진 듯한 늙은 나무의 뿌리 쪽 마디 連珠老根節

새로 뻗은 마디 新行邊

예전에 뻗은 마디 舊行邊

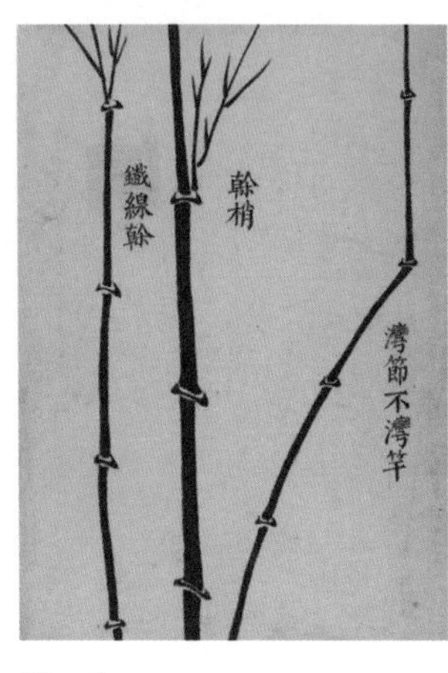

〈원도 4〉

굽이진 마디와 굽이지지 않은 대 灣節不灣竿

줄기의 끝부분 幹梢

철선 같은 줄기 鐵線幹

---

⑱ 重節: 저본에는 없음. 오사카본·《三才圖會·人事·畫竹圖》에 근거하여 보충.

〈원도 5〉

옛 전서체의 굵은 줄기 古篆大幹

옛 전서체의 작은 줄기 小幹

〈원도 6〉

민둥 가지 끝 禿梢

옥주전(玉柱篆)[51]

玉⑲柱篆

〈원도 7〉

양지에는 큰 줄기로

陽用大幹

음지에는 작은 줄기로

陰用小幹

호랑이 수염

虎鬚

51 옥주전(玉柱篆) : 석주(石柱) 혹은 옥으로 만든 기러기발[弦柱]에 쓰는 전서.

⑲ 玉 : 저본에는 "五". 오사카본·《三才圖會·人事·畫竹圖》에 근거하여 수정.

〈원도 8〉

2년 된 가지	兩年枝
1년 된 가지	一年枝

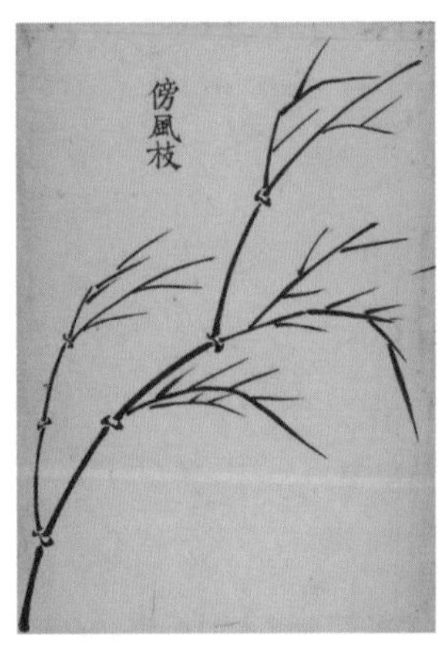

〈원도 9〉

바람이 스쳐 가는 가지	傍風枝

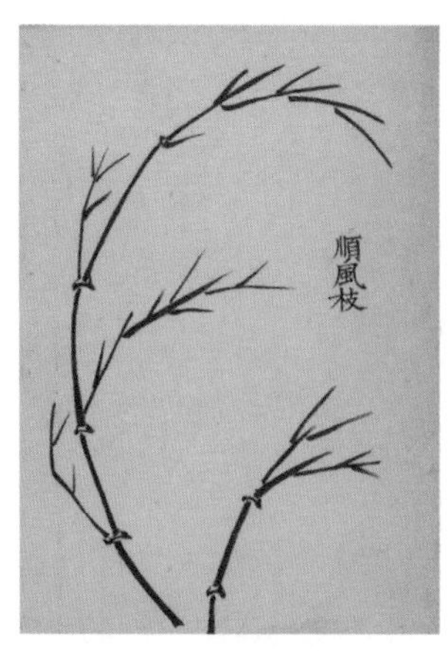

〈원도 10〉

순풍 맞은 가지 順風枝

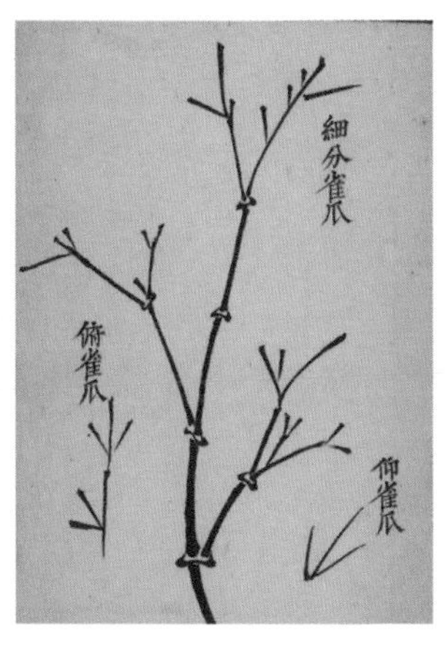

〈원도 11〉

치켜든 참새 발톱 仰雀爪

가는 참새 발톱 細分雀爪

수그린 참새 발톱 俯雀爪

〈원도 12〉

죽순　筍

〈원도 13〉

꺼풀을 벗고 나오다　解籜

〈원도 14〉

새로 완전히 피어나다　新全開

〈원도 15〉

어여쁜 잎들　巧葉

고졸한 잎　古拙

꾀꼬리 발톱 모양의 잎　鸎爪

까마귀 모양의 잎　烏鴉

〈원도 16〉

평평하며 뾰족함	平尖
홀로 뾰족함	單尖

〈원도 17〉

거듭된 인(人) 자 모양 맑은 날의 가지	重人晴枝
잎 끝을 드러냄	露頂[20]

[20] 露頂 : 저본에는 없음. 오사카본·《三才圖會·人事·畫竹圖》에 근거하여 보충.

〈원도 18〉

잎 끝에 부는 바람 頂風

바람 맞은 댓잎 風葉

〈원도 19〉

맑은 날 대 끝에 난 잎들 晴竹結頂

〈원도 20〉

떨어지는 제비	墮燕
바로 나는 제비	正飛燕
네 마리 물고기 아침을 두려워하다	四魚兢旦

〈원도 21〉

대나무 끝에 난 큰 잎들	結頂大葉
겹쳐진 어린잎	嫩疊
비녀 모양의 늙은 두 잎	老兩釵

〈원도 22〉

바람을 맞이하다 迎風

〈원도 23〉

분(分) 자 모양의 비 맞은 대나무 雨竹分字

작은 잎 부분 小段

큰 잎 부분 大段

비 내리는 잎의 거듭된 인(人) 자 모양 雨垂重人

〈원도 24〉

순풍 맞은 가지

順風枝

〈원도 25〉

까마귀 숲에서 나오다

烏鴉出林

〈원도 26〉

바람 맞은 가지의 천(川) 자 잎들　風枝一川

꼿꼿하게 서 있는 줄기　榦挺然

〈원도 27〉

비 맞은 가지의 끝부분　雨枝頂

〈원도 28〉

성겨야 할 곳은 성기도록　疏處疏
아래로 처져야 할 곳은 처지도록　墮處墮

〈원도 29〉

가지로 잘못을 보완한다　枝補過

〈원도 30〉

오래 비 맞은 가지 久雨枝

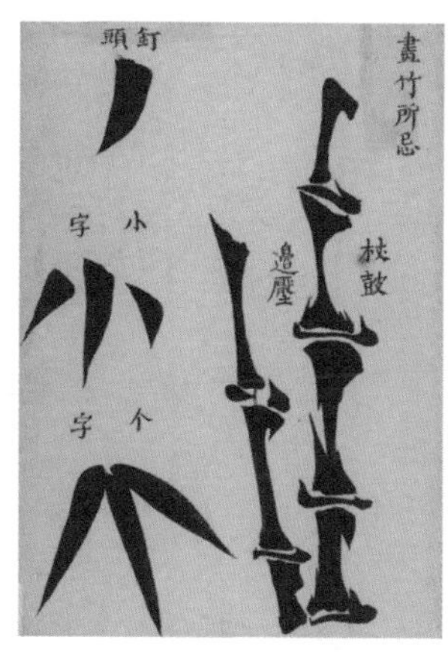

〈원도 31〉

대나무 그릴 때 금기(禁忌) 畫竹所忌

장구 모양의 줄기 杖鼓

가장자리를 누르는 모양의 줄기 邊壓

못 머리 모양의 잎 釘頭

소(小) 자 모양의 잎 小字

개(个) 자 모양의 잎 个字

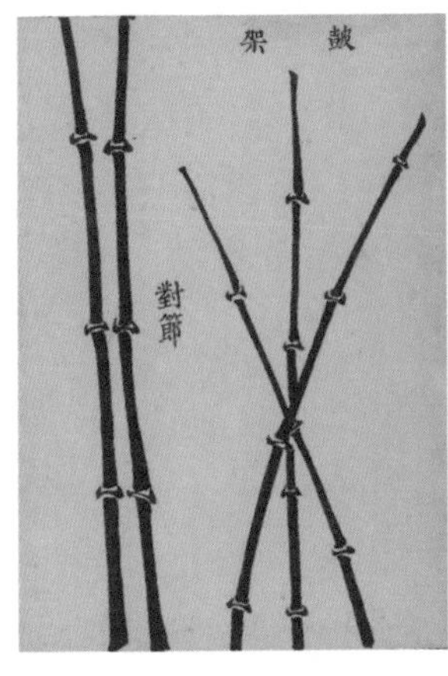

〈원도 32〉

북틀 鼓架

마주 보는 마디 對節

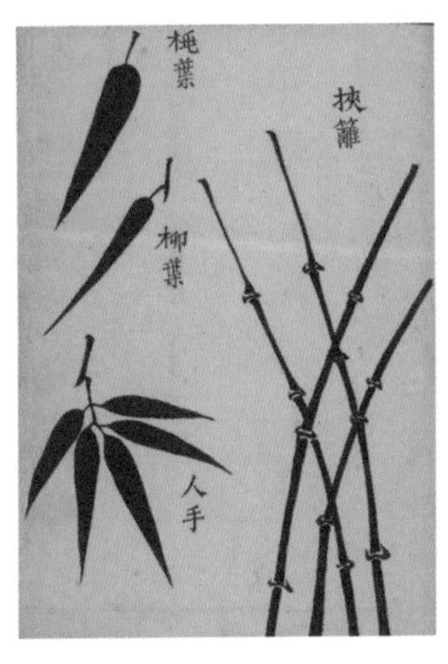

〈원도 33〉

얽어 짠 울타리 모양의 줄기 挾籬

복숭아잎 모양의 잎 桃葉

버들잎 모양의 잎 柳葉

사람 손 모양의 잎 人手

〈원도 34〉

정(井)자 모양의 잎 井字

홀로 난 잎 孤生

나란히 선 잎 竝立

잠자리 모양의 잎 蜻蜓

〈원도 35〉

갈대 모양의 잎	蘆葉
그물눈 모양의 잎	罾眼

1-2. 매화 치기 寫梅

1) 구전하는 비결 口訣

매화 치기에 구전하는 비결,	梅傳口訣,
매화 본성 천연스럽게 표현해야 하지.	本性天然.
붓을 댈 때 힘차게 하고,	下筆有力,
무엇보다 지체하지 말아야 하네.	最莫遷延.
먹물 묻혀 농담 표현할 때,	蘸[21]墨濃淡,

[21] 蘸: 저본에는 "醮".《華光梅譜·口訣》에 근거하여 수정.

제멋대로 해서는 안 되지.　不許浪傳[22].

붓 들어 자유롭게 그리되,　起筆縱逸,

굽어지는 부분에서는 돌리듯이 하지.　曲徑垂旋[23].

위로 향한 가지 가을 달과 같이,　仰如秋月,

굽은 가지 당긴 활과 비슷하게.　曲似彎弓.

감겨 돌아간 가지 굽은 팔꿈치와 같이,　轉如曲肘,

곧은 가지 화살대와 비슷하게.　直似箭邊.

늙은 가지 용의 뿔과 같이,　老如龍角,

어린 가지 낚싯대와 비슷하게.　嫩似釣竿.

뒤틀린 가지 정(丁)자로 꺾인 모양과 같이,　拈如丁折,

햇가지는 곧은 활시위와 비슷하게 그리네.　條似直弦.

어린 잔가지 버들가지처럼 휘게 그리길 금하고,　嫩梢忌柳,

오래된 잔가지 회초리처럼 곧게 그리네.　舊梢若鞭.

굽은 잔가지 사슴뿔처럼 그리되,　弓梢鹿角,

붓을 댈 때 번잡하게 그리길 금하지.　下筆忌繁.

가지는 십(十)자 꼴로 교차하지 않고,　枝無十字,

활짝 핀 꽃은 큰 동전처럼 그리네.　擧花大錢.

꽃 여러 송이 핀 곳이라도 복잡하기만 해서는 안 되고,　鬧處莫鬧,

꽃 성글게 핀 곳이라도 한가하기만 해서는 안 되지.　閑處莫閑.

늙은 가지와 어린 가지 그리는 법 따르고,　老嫩依法,

새 가지와 오래된 가지 햇수 구분하여 달리 그　新舊分年.

---

22 浪傳 : 《芥子園畫傳 · 梅譜 · 畫梅淺說》에는 "再塡".

23 旋 : 저본에는 "欺". 《華光梅譜 · 口訣》에 근거하여 수정.

리지.

햇가지[棄條]에 꽃봉오리 없지만,	棄條無萼,
여기서 나온 굳센 잔가지 하늘을 향하네.	勁梢指天.
마른 가지 창안(蒼眼)[52]과 같고,	枯如蒼眼[24],
하나의 가시 양쪽으로 이어지지.	一刺兩連[25].
마른 잔가지 가시가 많으니,	枯梢多刺,
검은 잔가지가 이것이네.	黎梢是焉[26].
잔가지 철극(鐵戟)[53]과 같고,	梢如鐵戟,
꽃 모두 만개해서는 안 되지.	花無十全.
꽃 거듭 겹치는 부분 있고,	花有重犯,
가지는 나중에 나온 것과 먼저 나온 것 구분하네.	枝分後先.

52 창안(蒼眼) : 미상.

53 철극(鐵戟) : 창의 가운데에 직각으로 날이 달려 있는 'ㅏ' 자 형태의 무기.

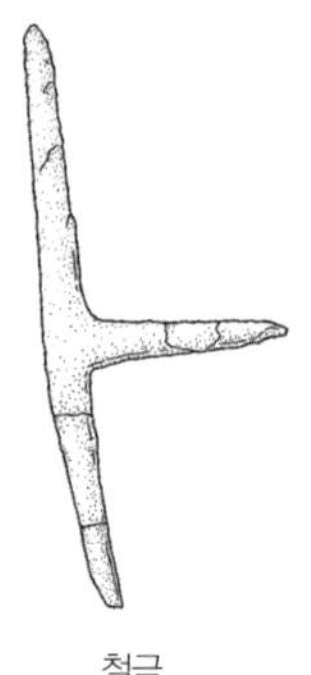

철극

[24] 勁梢……蒼眼 : 《芥子園畫傳 · 梅譜 · 畫梅淺說》에는 "根直指天, 枯宜突眼".

[25] 連 : 저본에는 "邊". 《華光梅譜 · 口訣》에 근거하여 수정.

[26] 枯梢……是焉 : 《芥子園畫傳 · 梅譜 · 畫梅淺說》에는 "梢鞭如刺, 枯宜突眼".

꽃에는 '꽃술 자리[錢眼]'[54] 구분해 놓아, 花分錢眼,

호랑이의 수염처럼 꽃술 그리지. 鬚是虎髯.

매화에는 36가지 모습 있으니, 花有六六,

이슬 맺힌 모습, 안개 머금은 모습. 泣露含煙.

근심하는 듯한 모습, 말하는 듯한 모습, 如愁如語,

눈[雪]에 꿋꿋한 모습, 추위에 꿋꿋한 모습. 傲雪凝寒.

활짝 핀 모습[大放],[55] 작게 핀 모습[小放],[56] 大放小放,

---

54 꽃술 자리[錢眼] : 5개의 원을 그려 매화의 꽃잎을 그리고 나면 중앙에 아래의 그림과 같이 5개의 원 사이에 빈 공간이 생긴다. 이 부분은 꽃술을 그려 넣는 부분으로, 마치 엽전 가운데의 구멍과 같다고 하여 꽃술 자리를 '錢眼'이라 하였다.

매화 꽃잎 그리는 방법 및 꽃술 자리

55 활짝……모습[大放] : 이를 표현한 원도는 다음과 같다. 뒤의 원도에서 보여 주지만 같은 곳에서 쉽게 확인할 수 있도록 주석에서 한 번 더 보여 주기로 한다. 이하 동일.

56 작게……모습[小放] : 이를 표현한 원도는 다음과 같다.

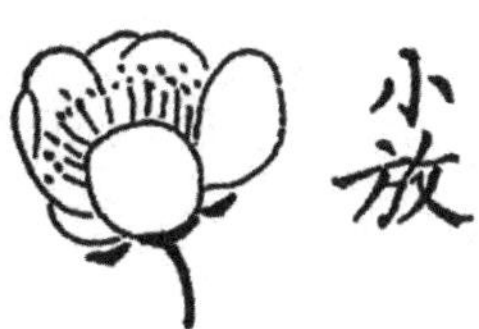

정면으로 기운 모습, 측면으로 기운 모습. 正偏側偏.

많이 기운 모습, 적게 기운 모습, 大偏少[27]偏,

봄을 옮겨 온 모습, 조원(朝元)[57]하는 모습. 移春朝元.

부끄러워하는 모습[羞容],[58] 해를 등진 모습[背日],[59] 羞容背日,

57 조원(朝元): 매년 새해 첫날 제후 이하의 신하들이 제왕을 뵙는 의례. 조원하는 모습을 표현한 원도는 다음과 같다. 가운데 우뚝 솟은 꽃술은 제왕을, 주변의 여러 꽃술은 신하를 상징한다.

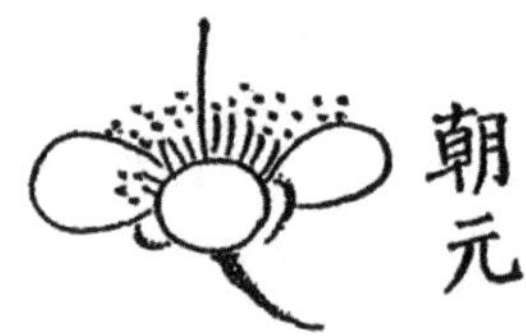

58 부끄러워하는 모습[羞容]: 이를 표현한 원도는 다음과 같다.

59 해를……모습[背日]: 이를 표현한 원도는 다음과 같다.

[27] 少: 저본에는 小. 《華光梅譜·口訣》에 근거하여 수정.

앙상한 모습[骷髏],[60] 미소 짓는 얼굴 모습.	骷髏笑顏.
활짝 핀 모습, 곁에서 시드는 모습,	離披側謝,
봄보다 앞서 핀 모습[先春],[61] 가장 먼저 피는 모습.	先春狀元.
등 돌려 핀 꽃의 꽃받침 점 5개로 그린 모습,[62]	背萼五點,
정면을 바라보는 꽃 한 번에 윤곽선을 그린 모	正萼一圈㉘.

60 앙상한 모습[骷髏] : 이를 표현한 원도는 다음과 같다.

61 봄보다……모습[先春] : 이를 표현한 원도는 다음과 같다.

62 등 돌려……모습 : 이를 표현한 원도는 다음과 같다.

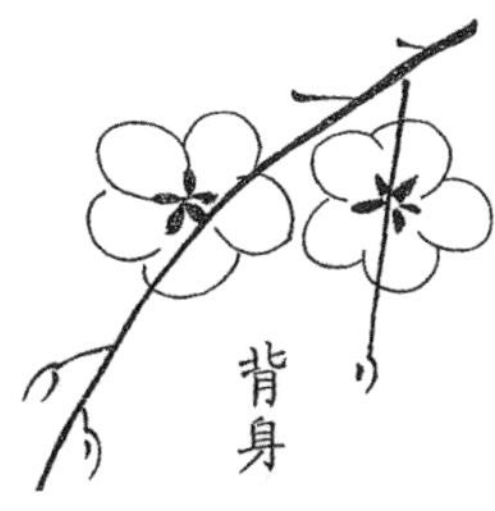

㉘ 背萼……一圈 :《芥子園畫傳·梅譜·畫梅淺說》에는 "正萼五點, 背萼圓圈". 이 부분의 내용이 잘못된 것으로 보고, 원문 교감 없이《芥子園畫傳·梅譜·畫梅淺說》의 내용에 맞게 번역하였다.

습.[63]

웃으며 봄 맞는 모습[笑春],[64] 해를 향한 모습 笑春向陽,
[向陽],[65]

---

63 정면을……모습 : 이를 표현한 원도는 다음과 같다.

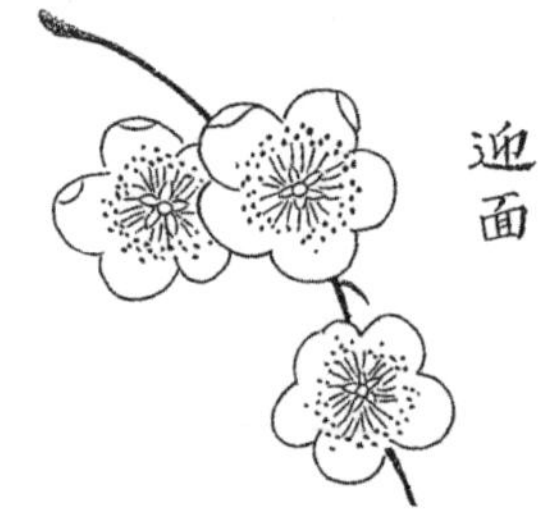

64 웃으며……모습[笑春] : 이를 표현한 원도는 다음과 같다.

65 해를……모습[向陽] : 이를 표현한 원도는 다음과 같다.

꽃봉오리 구슬 꿰어 놓은 모습.[66] 蓓蕾珠聯.

왼쪽으로 기운 모습[左偏],[67] 오른쪽으로 기운 모습[右偏],[68] 左偏右偏,

추위 이겨 내고 안개 헤치는 모습. 護寒衝煙.

봄기운 숨겨 두었다가 흰 꽃망울 터뜨리는 모습, 藏春放白,

나비와 벌 날아드는 모습. 蝴蝶蜂先.

바람을 막기 위해 꽃꼭지에 달려 있는 모습, 披風帶蔕,

---

66 꽃봉오리……모습 : 이를 표현한 원도는 다음과 같다.

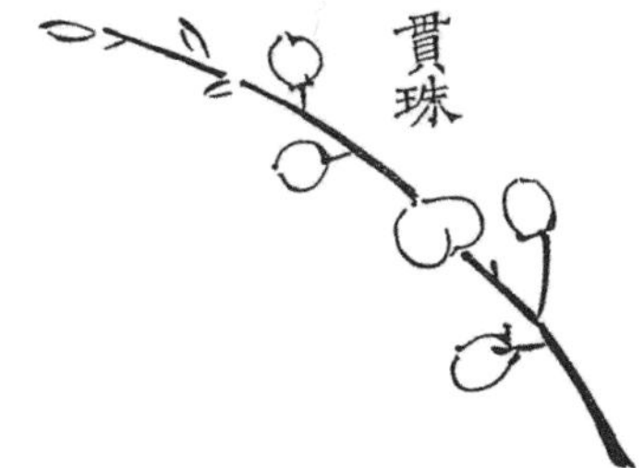

67 왼쪽으로……모습[左偏] : 이를 표현한 원도는 다음과 같다.

68 오른쪽으로……모습[右偏] : 이를 표현한 원도는 다음과 같다.

꽃잎[萼][69] 둥근 모습. 萼取其圓.

한쪽에는 핀 모습, 한쪽에는 꽃잎 떨어진 모습[70] 있으니, 一開一謝,

매화 대연(大然)하게[71] 그려야 하지. 花欲大然.

올바른 꽃술은 7개를 나란히, 正鬚排七,

저마다 길게 나오려 하듯 그리네. 一鬚爭先.

3개는 앞으로 4개는 뒤로 물러나듯 하여, 吐三背四,

번잡한 꽃술 선 절대 금해야지. 切忌圈繁.

매화의 조화는 화의(畫意)를 다 표현하는 데 있지 않고, 造無盡意,

정밀함과 엄격함에 있을 뿐. 只在精嚴.

이를 표준으로 삼아야 하니, 斯爲標格,

---

69 꽃잎[萼] : 매화에서 '악(萼)'이란 용어는 잘 이해해야 한다. 악은 '꽃이 나온 곳[花之所自起]', 즉 '꽃받침'이다. 꽃보다 먼저 생기니, 여기에서 꽃잎이 나오며 꽃이 핀다. 꽃이 피기 전 악은 꽃봉오리와 분리되지 않은 하나의 덩어리이다. 이후 꽃이 피면서 꽃은 꽃잎과 악으로 나뉜다. 《삼희당매화보(三希堂梅花譜)》에서 "악(萼)은 다섯 장의 꽃잎(五瓣)을 가지며, 화가들은 이것을 '출(出)'이라 한다."라 한 말을 보면 더욱 명확하게 악에 대해 알 수 있다. 다만 매화의 '악'이란 오히려 꽃잎이나 꽃송이 자체로 받아들여야 의미가 통하는 경우가 많다.

70 꽃잎……모습 : 이를 표현한 원도는 다음과 같다.

71 대연(大然)하게 : 미상. 천연(天然)의 오기로 보인다.

가볍게 전해서는 안 되리. 《화광매보(華光梅譜)[72]》[73]	不可輕傳[29].《畫梅譜》

매화 그리는 데 비결 있으니,	畫梅有訣,
뜻 세우는 일 우선이네.	立意爲先.
붓 들어 빠르게 그릴 때,	起筆捷[30]疾,
미친 듯 실성한 듯하지.	如狂如顚.
손은 번개와 같이 잽싸게 하니,	手如飛電,
멈추거나 머뭇거려서는 절대 안 되네.	切莫停延.
가지는 뒤틀리기도 하고 뻗어 나가기도 해서,	柯枝旋衍,
곧게 그리기도 하고 굽게 그리기도 해야지.	或直或彎.
먹물 묻혀 농담 표현할 때,	蘸墨濃淡,
덧칠해서는 안 되지.	不許再塡.
줄기 밑동은 거듭 꺾지 않고,	根無重折,
꽃 달린 잔가지 번잡하게 그리길 금하지.	花梢忌繁.
새 가지 버들가지와 비슷하게,[74]	新枝似柳,
오래된 가지 회초리처럼 곧게 그리네.	舊枝類鞭.
굽은 잔가지 사슴뿔처럼 그리고,	弓梢鹿角,

---

72 화광매보(華光梅譜) : 매화를 그리는 방법을 기술한 화보(畫譜)로, 매화를 그리는 뜻·매화를 그릴 때 먹과 붓을 쓰는 방법·전체와 세부를 그리는 방법 등을 상세하게 설명하였다. 중국 북송 말기 승려인 석중인(釋仲仁, ?~1123)이 편찬했다는 설과, 후대에 지어진 위작이라는 설이 있다.

73 《華光梅譜》〈口訣〉(《中國書畫全書》 2 〈華光梅譜〉, 676쪽).

74 새……비슷하게 : 《華光梅譜·口訣》에서는 이 부분과 유사한 원문을 "嫩梢忌柳"라 하여 의미가 정 반대이다.

[29] 傳 : 저본에는 "□". 글자가 들어가야 한다는 사실을 인지했으나 참고문헌에서 확인하지 못한 것으로 보인다. 이하 동일. 《華光梅譜·口訣》에 근거하여 보충.

[30] 捷 : 저본에는 "健". 《芥子園畫傳·梅譜·畫梅淺說》에 근거하여 수정.

곧은 가지 활시위와 같이 그려야 하지.　要直如弦.
위로 향한 가지 활 몸통처럼 되고,　仰成弓體,
아래로 굽은 가지 낚싯대라고 하네.　覆號釣竿.
햇가지[氣條][75]에는 꽃봉오리 없지만,　氣條無萼,
여기서 나온 잔가지는 곧장 하늘을 향하지.　梢[31]直指天.
마른 가지는 꽃눈 튀어나와야 하고,　枯宜突眼,
곁가지 하늘을 찌를 듯 길어서는 안 되네.　助條莫穿.
가지는 십(十)자 꼴로 교차하지 않고,　枝不十字,
꽃은 모두 만개하지는 않게 해야지.　華不盡全[32].
왼쪽 가지 그리기 쉽고,　左枝易布,
오른쪽 뻗은 가지 그리기 어렵네.　右去爲難.
온전히 새끼손가락에 의지해서,　全藉小指,
필획을 밀거나 당기지.　送陣引斑.
가지에 빈 꽃눈 남겨 두었다가,　枝留空眼,
꽃을 그 사이에 그려 넣네.　花着其間.
꽃을 짝지어 첨가해 넣으면,　添增其件[33],
꽃의 정신 절로 완전해지지.　花神自完.
어린 가지 꽃 홀로 그리고,　枝嫩花獨,
늙은 가지 꽃 아끼듯 그려라.　枝老花慳.
어리지도 늙지도 않은 가지,　不嫩不老,

75 햇가지[氣條] :《산림경제(山林經濟)》 권2 〈양화(養花)〉 "매(梅)"에서 "어린 가지가 곧게 뻗어 올라간 것을 기조라 한다.(其抽嫩枝直上者, 謂之氣條.)"라 하였다. 위의 기사에서는 '氣條'를 '棄條'라 했다. 음이 같아 같은 의미로 쓰인 것으로 보인다.

[31] 梢 : 저본에는 "根".《華光梅譜 · 口訣》에 근거하여 수정.

[32] 盡全 :《芥子園畫傳 · 梅譜 · 畫梅淺說》에는 "全兼".

[33] 件 :《芥子園畫傳 · 梅譜 · 畫梅淺說》에는 "半".

꽃의 화사함 가득하게 그려야지. 華意纏綿.

늙은 가지와 어린 가지 그리는 법 따르고, 老嫩依法,

새 가지와 오래된 가지 구분하여 그리지. 分新舊年.

학의 무릎 같은 가지 굽어서 들어 올라가고, 鶴膝屈揭,

용의 비늘 같은 가지 오래된 반점 있지. 龍鱗老斑.

가지는 줄기를 에워싸야 하고, 枝宜抱體,

잔가지는 원만하게 하네. 梢欲渾然[34].

꽃받침 3개의 점으로 그리고, 萼有三點,

꽃꼭지와 연결되게 해야 하지. 當[35]與蔕聯.

등 돌려 핀 꽃 꽃받침 다섯 점을 찍고, 正萼五點,

정면을 바라보며 핀 꽃 둥글게 권법(圈法)으로 그려 가네. 背萼圓圈.

마른 가지에 꽃눈 거듭 그리지 말고, 枯無重眼,

굽은 가지 너무 둥글게 그리면 안 되지. 屈莫太圓.

꽃은 8면으로 구분하니, 花分八面,

정면을 보는 꽃 있고 측면을 보는 꽃 있네. 有正有偏.

---

[34] 然 :《芥子園畫傳 · 梅譜 · 畫梅淺說》에는 "全".

[35] 當 : 저본에는 "常".《芥子園畫傳 · 梅譜 · 畫梅淺說》에 근거하여 수정.

위를 보는 꽃[仰][76]과 아래를 보는 꽃[覆],[77] 仰覆開謝,
핀 꽃과 지는 꽃 있고,

미소를 머금은 꽃과 시들어 가는 꽃 있지. 含笑將殘.

기울고 치우친 여러 꽃잎, 傾側㊱諸瓣,

바람 불면 떨어지겠지. 風梅棄捐.

꽃 여러 송이 핀 곳이라도 복잡하기만 해서는 안 되고, 鬧處莫冗,

꽃 성글게 핀 곳이라도 한가하기만 해서는 안 되네. 疏處莫閑.

매화가 다른 꽃과 달리 특별한 점은, 花中特異,

그윽한 향기에 옥같이 아름다운 자태로다. 幽馥玉顔.

두 송이는 외로우니, 二花惸獨,

---

76 위를……꽃[仰] : 이를 표현한 원도는 다음과 같다.

77 아래를……꽃[覆] : 이를 표현한 원도는 다음과 같다.

㊱ 側 : 저본에는 "則".《芥子園畫傳·梅譜·畫梅淺說》에 근거하여 수정.

높이 정상에 두었네.	高頂上安.
잔가지 가시처럼 뾰족하니,	梢鞭如刺,
검은 잔가지 이와 비슷하네.	黎[37]梢似焉[38].
꽃에서 꽃술 자리는	花中錢眼,
꽃을 그리는 발단이지.	畫花發端.
꽃술 7개 배열하며,	花鬚排七,
호랑이 수염같이 굳세게 그리네.	健如虎髥.
가운데 꽃술 길고 주변의 꽃술 짧게 하며,	中長邊短,
작은 점 이어 붙이듯 꽃술의 머리를 그리지.	碎點綴粘.
산초 열매[椒珠][78]나 게 눈[蟹眼][79] 같은 꽃눈,	椒珠蟹眼,

78 산초 열매[椒珠] : 이를 표현한 원도는 다음과 같다.

79 게 눈[蟹眼] : 이를 표현한 원도는 다음과 같다.

[37] 黎 : 저본에는 "梨". 앞의 기사에 근거하여 수정.

[38] 梢鞭……似焉 : 《華光梅譜 · 口訣》에는 "枯梢多刺, 黎梢是焉".

꽃이 아름답도록 적절히 배치하네.　映趁花姸.
붓질 가볍게 할 곳과 무겁게 할 곳 구분하고,　筆分輕重,
먹 다양하게 써야지.　墨用多般.
꽃꼭지와 꽃받침 짙은 먹으로 하고,　蒂萼深墨,
이끼는 짙은 안개와 함께 그리는 것이 좋네.　蘚[39]喜濃煙.
어린 가지 끝 담담하게 하고,　嫩枝梢澹,
오래 묵은 가지 붓 가볍게 깎은 듯이 그리지.　宿老輕刪.
마른 나무의 오래된 몸통,　枯樹古體,
붓의 반만 먹 묻혀 반은 마르게 하네.　半墨半乾.
가시로 빈 곳을 메우고,　莿塡缺處,
비늘 같은 껍질은 마디에 그리지.　鱗向節攤.
꽃봉오리 이름 다양하고,　苞有多名,
꽃의 품등 또한 그러하네.　花品亦然.
줄기는 여(女) 자 모양을 잃지 말고,　身莫失女,
굽은 모양 다양하게 그리네.　彎曲多端[40].
이 규범을 잘 따른다면　遵此模範,
훌륭한 매화의 모습 그려 낼 수 있으리.　應作奇觀.
양보지(楊補之) 《사매결(寫梅訣)[80]》[81]　楊補之《寫梅訣》

80 사매결(寫梅訣) : 중국 남송의 화가인 양보지(楊補之, 1097~1169)가 지은 화보(畫譜)로, 형식과 표현이 약간 다를 뿐 대체로 《화광매보(華光梅譜)》의 내용과 흡사하다. 《개자원화전(芥子園畫傳)》에는 '화매전결(畫梅全訣)'이라는 제목으로 수록되어 있다.

81 《芥子園畫傳》 2集 〈梅譜〉 "畫梅淺說" '畫梅全訣', 50쪽.

[39] 蘚 : 저본에는 "鮮". 《芥子園畫傳 · 梅譜 · 畫梅淺說》에 근거하여 수정.

[40] 多端 : 《芥子園畫傳 · 梅譜 · 畫梅淺說》에는 "折旋".

2) 매화나무 그림에서 상(象, 상징)을 취하다 取象

매화가 상을 갖는 일은 기운[氣]을 제재(制裁)함과 같다. 꽃은 양(陽)에 속하므로 하늘을 상징하고, 나무는 음(陰)에 속하므로 땅을 상징한다. 그러므로 꽃과 나무를 상징하는 숫자가 각각 5개 있는데, 이것이 기수(奇數, 홀수)와 우수(偶數, 짝수)를 분별하여 변화를 이루는 까닭이다.

梅之有象, 由制氣也, 花屬陽而象天, 木屬陰而象地, 而其故各有五, 所以別奇偶而成變化.

꼭지(꽃망울)는 꽃이 나오는 곳이니, 태극(太極)[82]을 상징한다. 그러므로 '1개의 꼭지[一丁]' 화법(畫法)이 있다. 방(房)[83]은 꽃이 피어나는 곳이니, 삼재(三才)[84]를 상징한다. 그러므로 '3개의 점[三點, 꽃자루와 꽃받침을 이루는 3개의 점]' 화법이 있다. 꽃받침[萼]은 꽃이 나오는 곳이니, 오행(五行)[85]을 상징한다. 그러므로 '5장의 꽃잎[五葉]' 화법이 있다. 꽃술은 꽃이 완성되는 곳이니, 칠정(七政)[86]을 상징한다. 그러므로 '7줄기의 꽃술[七莖]' 화법이 있다. 꽃이 시드는 일[謝]은 꽃의 수명이 다한 것이니, 극수(極數)[87]인 9로 돌아간다. 그러므로 '9가지의 꽃의 변화[九變]'

蔕者, 花之所自出, 象以太極, 故有一丁; 房者, 華之所自彰, 象以三才, 故有三點; 萼者, 花之所自出, 象以五行, 故有五葉; 鬚者, 花之所自成, 象以七政, 故有七莖; 謝者, 花之所自究, 復以極數, 故有九變. 此花之所自出皆陽, 而成數皆奇也.

---

82 태극(太極) : 우주 만물의 생성 근원이 되는 궁극적인 본질. 음양으로 분화되기 전의 상태이다.
83 방(房) : 화방(花房)으로, 꽃송이를 말한다. 여기에서는 꽃자루와 꽃송이를 가리킨다.
84 삼재(三才) : 우주 만물의 3가지 구성 요소. 천(天)·지(地)·인(人)을 가리킨다.
85 오행(五行) : 우주 만물을 구성하는 5가지 요소. 목(木)·화(火)·토(土)·금(金)·수(水)를 말한다.
86 칠정(七政) : 일정한 주기로 운행되는 7가지 행성. 해·달·목성·화성·토성·금성·수성을 가리킨다.
87 극수(極數) : 완성된 수를 의미한다. 9는 양(陽)의 극수이다.

화법이 있다. 이렇게 꽃이 나오는 현상이 모두 양(陽)이라서 이루어진 숫자도 모두 기수(奇數)이다.

뿌리는 매화나무가 자라기 시작하는 곳이니, 이의(二儀)[88]를 상징한다. 그러므로 '2개의 형체[二體]' 화법이 있다. 줄기는 매화 가지가 뻗어나가는 곳이니, 사계절을 상징한다. 그러므로 '4개의 방향[四向]' 화법이 있다. 가지는 매화가 이루어지는 곳이니, 육효(六爻)[89]를 상징한다. 그러므로 '6종류의 가지[六成]'[90] 화법이 있다. 잔가지는 매화가 갖춰지는 곳이니, 팔괘(八卦)[91]를 상징한다. 그러므로 '8가지의 끝가지 매듭[八結]' 화법이 있다. 나무[樹]는 매화가 완전해지는 곳이니, 족수(足數, 꽉 찬 수)인 10을 상징한다. 그러므로 '10가지의 나무 종류[十種]' 화법이 있다. 이렇게 나무가 자라는 현상이 모두 음(陰)이라서 이루어진 숫자도 모두 우수(偶數)이다.

根者, 梅之所自始, 象以二儀, 故有二體; 木者, 梅之所自放, 象以四時, 故有四向; 枝者, 梅之所自成, 象以六爻, 故有六成; 梢者, 梅之所自備, 象以八卦, 故有八結; 樹者, 梅之所自全, 象以足數, 故有十種. 此木之所自[41]皆陰, 而成數皆偶也.

이상과 같을 뿐만이 아니다. 꽃이 정면을 보고 피어 있는 모습은 그 형태가 둥근 모양으로, 지극

不惟如此, 花正開[42]者, 其形規, 有至圓之象; 花背開者,

88 이의(二儀) : 음과 양, 혹은 하늘과 땅.

89 육효(六爻) : 음효(陰爻, --)와 양효(陽爻, ㅡ) 6개의 효가 모여 만든 하나의 괘.

90 6종류의 가지[六成] : 뒤의 기사에서는 '六成'을 '六枝'라 표현해서 이와 일치시켜 옮겼다.

91 팔괘(八卦) : 음효와 양효 3개의 효가 모여 만든 소성괘(小成卦). 팔괘는 자연계 구성의 기본이 되는 하늘·땅·못·불·지진·바람·물·산 등을 상징한다.

[41] 自 : 문맥상 이 글자 뒤에 한 글자가 더 들어가야 할 것으로 보이나 저본에는 없다.

[42] 正開 : 저본에는 "開正".《華光梅譜·口訣》에 근거하여 수정.

히 둥근 하늘의 상이 있다. 꽃이 뒷면을 보고 피어 있는 모습은 그 형태가 네모난 모양으로, 지극히 네모난 땅의 상이 있다. 가지가 아래로 향한 모습은 그 형태가 둥근 모양으로, 굽어보면서 만물을 덮고 있는 상이 있다. 가지가 위로 향한 모습은 그 형태가 네모난 모양으로, 쳐다보면서 만물을 싣고 있는 상이 있다.

其形矩[43], 有至方之象；枝之向下, 其形規, 俯有覆器之象；枝之向上[44], 其形矩[45], 仰有載物之象.

꽃술 또한 마찬가지이다. 꽃이 정면을 보고 피어 있는 모습은 노양(老陽)의 상이 있어서 꽃술은 7개이다. 꽃이 시드는 모습은 노음(老陰)의 상이 있어서 꽃술은 6개이다. 꽃이 절반만 핀 모습은 소양(少陽)의 상이 있어서 꽃술은 3개이다. 꽃봉오리가 막 피려는 모습은 천지가 아직 분화되지 않은 상태의 상이 있어서 꽃잎과 꽃술이 아직 형체로 갖추어지지 않았지만 그 이치는 이미 나타나 있다. 그러므로 '1개의 꼭지' 화법이나 2개의 점을 찍는 화법이 있지만 '3개의 점' 화법을 더하지 않은 이유는 천(天)과 지(地)가 아직 분화되지 않아서 인(人)도 아직 서지 못했기 때문

于鬚亦然. 正開者, 有老陽之象, 其鬚七；謝者, 有老陰之象, 其鬚六；半開者, 有小陽之象, 其鬚三；蓓蕾者, 有天地未分之象, 體鬚未形, 其理已著. 故有一[46]丁、二點者, 而不加三點者, 天地未分而人極[47]未立也. 花蕚者, 天地始定之象, 故有所[48]自而取象[49]莫非自然而然也, 識者當以類推之.《畫梅譜》

[43] 矩 : 저본에는 "規".《華光梅譜 · 口訣》에 근거하여 수정.
[44] 上 : 저본에는 "上上".《華光梅譜 · 口訣》에 근거하여 삭제.
[45] 矩 : 저본에는 "規".《華光梅譜 · 口訣》에 근거하여 수정.
[46] 一 : 저본에는 "二".《華光梅譜 · 口訣》에 근거하여 수정.
[47] 極 : 저본에는 "□".《華光梅譜 · 口訣》에 근거하여 보충.
[48] 所 : 저본에는 "听".《華光梅譜 · 口訣》에 근거하여 수정.
[49] 取象 : 저본에는 "□□".《華光梅譜 · 口訣》에 근거하여 보충.

이다. 꽃과 꽃받침은 천지가 비로소 정해진 상이다. 그러므로 각각의 상이 유래된 바가 있어서 자연히 그렇게 되지 않은 경우가 없다. 견식을 갖춘 사람들은 매화나무가 갖는 상을 가지고 유추하여 적용해야 할 것이다. 《화광매보》[92]

3) 1개의 꽃꼭지

一丁

그 화법은 정향(丁香) 모양으로 그리는 것으로, 꼭지가 가지에 붙어서 나오는데 왼쪽에 하나, 오른쪽에 하나를 그리되 서로 나란히 두어서는 안 된다. 꼭지를 표현하는 점은 반드시 단정하고 힘이 있어야 하며, 치우치게 해서는 안 되니 꼭지를 표현하는 점이 치우치면 꽃도 치우치기 때문이다.

其法須是丁香之狀, 貼枝而生, 一左一右, 不可相竝. 丁點須要端楷[50]有力, 無令其偏, 丁偏卽花偏矣.

이런 까닭에 시에서 다음과 같이 읊었다.
"꼭지를 표현하는 점은 단정해야 하니,
배치할 때 치우쳐서는 안 되네.
꼭지가 치우치면 꽃이 바르지 않으니,
꽃잎을 엽전처럼 그리기 어렵다네." 《화광매

是故詩有曰:
"丁點須端楷[51],
安排不要偏.
丁偏花不正,
難使葉如錢." 《畫梅譜》

92 《華光梅譜》〈口訣〉(《中國書畫全書》 2 〈華光梅譜〉, 676쪽).

[50] 楷: 저본에는 "揩". 《華光梅譜·口訣》에 근거하여 수정.

[51] 楷: 저본에는 "揩". 《華光梅譜·口訣》에 근거하여 수정.

보》[93]

4) 매화 뿌리의 2가지 형체

二體

매화 밑동을 말한다. 그 화법은 뿌리가 홀로 나지 않고 반드시 둘로 나뉘는 모습을 그리는 것이다. 하나는 크고 하나는 작게 하여 음양을 구별하고, 하나는 왼쪽을 향하고 하나는 오른쪽을 향하게 하여 향배를 구별한다. 음이 양에 더해져서는 안 되고, 작은 것이 큰 것에 더해져서는 안 되니, 그런 뒤에야 형체가 얻어진다.

謂梅根也. 其法根不獨生, 須分爲二. 一大一小以別陰陽, 一左一右以分向背. 陰不可加陽, 小不可加大, 然後爲得體.

그러므로 시에서 다음과 같이 읊었다.
"뿌리는 하나만 나와서는 안 되니,
하나만 나온다면 외로워지네.
밑동의 형세를 억지로 같게 하면,
같은 뿌리에서 다른 꽃이 핀다네."《화광매보》[94]

故詩曰 :
"根莫與獨發,
獨發則成孤.
二體强同勢,
開原有放殊."《畫梅譜》

93 《華光梅譜》(《中國書畫全書》 2, 676쪽).
94 《華光梅譜》(《中國書畫全書》 2, 677쪽).

5) 꽃받침을 이루는 3개의 점[95]

三點

그 화법은 '정(丁)'자와 같이 그리는 것이 중요하다. 위는 넓고 아래는 좁게 하며, 좌우 양쪽의 점은 '丁'자 모양을 연결한 형상으로 양쪽 모퉁이를 향하고, 중간의 점은 가운데에서 일어난다. 꼭지와 꽃받침은 서로 이어져야지 떨어져서는 안 되며, 이어진 부분이 끊어졌다 이어져도 안 된다.

其法貴如丁[52]字. 上闊下狹, 兩邊者連丁之狀, 向兩角, 中間者, 據中而起. 蔕萼相接, 不可不相接, 接不可斷續也.

그러므로 시에서 다음과 같이 읊었다.
"3개의 점이 '丁'자 위에 더해져야,
여러 씨방들이 이로부터 온전해지네.
붓을 대어 끊어 버리면,
꼭지와 꽃받침이 이어지지 않네."《화광매보》[96]

故詩曰:
"三點加丁上,
擧房自此全.
落毛衝斷却,
蔕萼不相連."《畫梅譜》

95 꽃받침을……점:3개의 점을 丁자 형태로 찍고 그것을 토대로 하여 꽃받침을 그리는 것으로 보인다.

꽃받침을 이루는 3개의 점

96 《華光梅譜》(《中國書畫全書》 2, 677쪽).

[52] 丁:저본에는 "一". 문맥에 근거하여 수정. 3개의 점을 찍은 형상이다.

6) 줄기의 4가지 방향

四向

그 화법은 위에서 아래로 향하기, 아래에서 위로 향하기, 오른쪽에서 왼쪽으로 향하기, 왼쪽에서 오른쪽으로 향하기가 있다. 좌우상하에 배치하면서 이 화법을 취해야 한다.《화광매보》[97]

其法有自上而下者, 有自下而上者, 有自右而左者, 有自左而右者. 須布左右上下取焉.《畫梅譜》

7) 꽃잎 5장의 모양

五出

그 화법은 반드시 뾰족하게 만들거나 둥글게 만들지 않아야 하니, 필세를 따라 측면 부분을 돌려 그린다. 만일 꽃이 7/10 정도 피었다면 꽃잎을 전부 나타내고, 절반 정도 피었다면 꽃잎을 반만 보여 주며, 정면을 향해 피었다면 꽃잎을 전부 보여 주어야 하니, 이러한 구별이 없어서는 안 된다.《화광매보》[98]

其法須是不尖不圓, 隨筆而偏分折. 如花開[53]七分則全露, 如半開則見其半, 正開者則見其全, 不可無分別也.《畫梅譜》

97 《華光梅譜》(《中國書畫全書》 2, 677쪽).

98 《華光梅譜》(《中國書畫全書》 2, 677쪽).

[53] 開 : 저본에는 "□".《華光梅譜 · 口訣》에 근거하여 보충.

8) 꽃받침 5개의 모양

五萼

그 화법은 꽃받침을 분별하여 둥글고 뾰족한 부분이 꽃잎과 들어맞도록 해야 한다. 꽃에 따라 꽃잎과 꽃받침이 상하를 이루면서도, 가려서 서로 같아져서는 안 된다.《화광매보》[99]

其法須分別, 圓尖要識中. 隨花成上下, 掩映[54]莫相同.《畫梅譜》

9) 6종류의 가지 모양

六枝

그 화법에는 아래로 휜 가지, 위로 향한 가지, 내리덮은 가지, 갈라져 나온 가지, 갈라진 가지, 꺾어진 가지 등이 있다. 일반적으로 가지를 그릴 때 이들의 원근과 상하가 서로 뒤섞여 나오게 해야 생기를 지닐 수 있을 것이다.

其法有偃·仰枝、覆枝、從枝、分枝、折枝. 凡作爲之際, 須是遠近、上下相間而發, 庶有生意也.

그러므로 시에서 다음과 같이 읊었다.

"여섯 종류의 가지는 반드시 구별해야 하니,
같은 모습의 가지를 그려서는 안 된다.
사람들이 이를 알 수 있다면,
어찌 반드시 봄의 생동함만을 찾겠는가."《화광매보》[100]

故詩曰:

"六位須分別,
毋令寫處同.
有人能識此,
何必覓春工?"《畫梅譜》

---

99 《華光梅譜》(《中國書畫全書》 2, 677쪽).

100 《華光梅譜》(《中國書畫全書》 2, 677쪽).

[54] 下掩映 : 저본에는 "□□□".《華光梅譜 · 口訣》에 근거하여 보충.

10) 7대의 꽃술 모양

七鬚

그 화법은 굳세야 하니, 중앙에 있는 꽃술은 굳세고 길며 꽃밥이 없고, 옆에 있는 6줄기의 꽃술은 짧으면서 가지런하지 않다. 긴 꽃술은 씨를 맺는 꽃술인 까닭에 꽃밥을 그려 넣지 않는데, 씹으면 신맛이 난다. 짧은 꽃술은 긴 꽃술을 따라 난 꽃술인 까닭에 꽃밥을 그려 넣는데, 씹으면 쓴맛이 난다.

其法須是勁, 其中勁長而無英, 側六莖短而不齊. 長者乃結子之鬚, 故不加英, 嚙之味酸. 短者從者之鬚, 故加英點, 嚙之味苦.

시에서 다음과 같이 읊었다.
"여러 꽃술이 호랑이 수염 같은데,
7줄기의 꽃술은 등급이 다르다네.
가운데 꽃술은 푸른 열매를 맺지만,
나머지 6줄기의 짧은 꽃술은 열매를 맺지 못한다네."《화광매보》[101]

詩曰:
"擧鬚如虎鬚,
七莖有等殊,
中莖結青子,
六短就成虛."《畫梅譜》

11) 8가지의 끝가지 매듭 모양

八結

그 화법에는 긴 끝가지·짧은 끝가지·어린 끝가지·중첩된 끝가지·교차된 끝가지·홀로 난 끝가지·갈라진 끝가지·괴이한 끝가지 등이 있다. 줄기에서 생겨나 가지를 따라 맺히도록 해야 하

其法有長梢、短梢、嫩梢、疊梢、交梢、孤梢、分梢、怪梢. 須是用木而成, 隨枝而結, 若任意而成, 無體格[55]也.《畫

101 《華光梅譜》(《中國書畫全書》2, 677쪽).

55 格: 저본에는 없음.《華光梅譜·口訣》에 근거하여 보충.

니, 만약 임의대로 완성한다면 그 모양의 품격이 없어질 것이다.《화광매보》[102]

梅譜》

12) 꽃의 9가지 변화

九變

그 화법은 1개의 꼭지가 생겼다가 꽃봉오리가 맺히는 단계, 꽃봉오리가 맺혔다가 꽃받침이 생겨나는 단계, 꽃받침이 생겨났다가 꽃이 점점 피어나는 단계, 꽃이 점점 피어나 반 정도 피어나는 단계, 반 정도 피어났다가 활짝 피어나는 단계, 활짝 피어났다가 흐드러지게 피는 단계, 흐드러지게 피었다가 반쯤 지는 단계, 반쯤 졌다가 완전히 져 버리는 단계의 변화가 있다.

其法一丁而蓓蕾, 蓓蕾而萼, 萼而漸開, 漸開而半折, 半折而正放, 正放而爛漫, 爛漫而半謝, 半謝而薦酸.

시에서 다음과 같이 읊었다.

詩曰:

"9가지 변화는 꽃이 피었다가 지는 과정과 같으니,
꼭지에서부터 차례대로 피어나네.
활짝 피어나면 다시 시드는 줄 아니,
바람결에 꽃잎 떨어져 이끼 위에서 시드는도다."《화광매보》[103]

"九變如終始,
從丁次第開.
正開還識謝[56],
飄落委蒼苔."《畫梅譜》

102 《華光梅譜》(《中國書畫全書》 2, 677쪽).
103 《華光梅譜》(《中國書畫全書》 2, 677쪽).
[56] 謝:《華光梅譜·口訣》에 근거하여 보충.

13) 10가지 종류의 매화나무 十種

그 화법에는 고목·어린 나무·무성한 나무·산에 있는 나무·성긴 나무·들에 있는 나무·관청에 있는 나무·강변에 있는 나무·정원에 있는 나무·화분에 분재한 나무 등이 있다. 그 나무들이 같지 않으니, 구별하지 않으면 안 된다.

其法有枯梅、新梅、繁梅、山梅、疏梅、野梅、官[57]梅、江梅、園梅、盤梅, 其木不同[58], 不可無別也.

시에서 다음과 같이 읊었다.

"10가지 종류의 매화나무는,
먹색에 의지하여 구별해야 하네.
구별할 수 없게 그리면,
똑같은 봄 풍경이 되지."《화광매보》[104]

詩曰:

"十種梅[59]花木,
須憑墨色分.
莫令無辨別,
寫作一般春."《畫梅譜》

14) 매화 치기의 36가지 잘못 三十六病

가지가 손가락을 비튼 듯이 그려진 모습,
한 번 그린 데에 덧댄 모습,
붓을 멈추었다가 마디를 그린 모습,
붓을 돌리지 않고 그린 모습,
가지에 생동감이 없는 모습,

枝成指撚,
落筆再塡,
停筆作節,
起筆不顚[60],
枝無生意,

---

104 《華光梅譜》(《中國書畫全書》 2, 677쪽).

[57] 官 : 저본에는 "宮".《華光梅譜·口訣》에 근거하여 수정.

[58] 不同 : 저본에는 없음.《華光梅譜·口訣》에 근거하여 보충.

[59] 十種梅 :《華光梅譜·口訣》에 근거하여 보충함.

[60] 不顚 : 저본에는 "□枝".《華光梅譜·口訣》에 근거하여 수정.

가지에 개화 시기의 선후가 없는 모습, 枝無後先,
늙은 가지에 가시가 없는 모습, 枝老無刺,
어린 가지에 가시가 이어진 모습, 枝嫩刺連,
꽃이 떨어졌는데도 남은 꽃잎이 많은 모습, 落花多片[61],
꽃을 달처럼 둥근 모양으로 그린 모습, 畫月取圓,
늙은 나무에 꽃이 무성한 모습, 樹老花繁,
굽은 가지가 중첩된 모습, 曲枝重疊,
꽃의 향배에 구별이 없는 모습, 花無向背,
가지에 남북의 구별이 없는 모습, 枝無南北[62],
눈 속에 핀 꽃이 전부 드러난 모습, 雪花全露,
눈이 들쭉날쭉 쌓인 모습, 參差積雪,
경치를 그렸는데 경치가 드러나지 않는 모습, 寫景無景,
안개가 끼었는데도 달이 드러난 모습, 有煙有月,
늙은 줄기를 먹으로 짙게 그린 모습, 老幹墨濃[63],
새로 나온 가지를 먹으로 가볍게 그린 모습, 新[64]枝墨輕,
해 넘은 가지에 꽃이 없는 모습, 過枝無花,
마른 가지에 이끼가 없는 모습, 枯枝無蘚,
위를 향해 뻗어야 할 곳을 구부러지게 그린 모습, 挑處捲曲[65],
꽃의 윤곽이 너무 둥근 모습, 圈花太圓[66],
음과 양이 구분되지 않는 모습, 陰陽不分,

---

[61] 片 : 저본에는 없음. 《華光梅譜·口訣》에 근거하여 보충.
[62] 無南北 : 저본에는 없음. 《華光梅譜·口訣》에 근거하여 보충.
[63] 濃 : 저본에는 없음. 《華光梅譜·口訣》에 근거하여 보충.
[64] 新 : 저본에는 "親". 《華光梅譜·口訣》에 근거하여 수정.
[65] 曲 : 저본에는 "虽". 《華光梅譜·口訣》에 근거하여 수정.
[66] 圓 : 저본에는 "瘦". 《華光梅譜·口訣》에 근거하여 수정.

손님 꽃과 주인 꽃 사이에 정감이 없는 모습,	賓主無情,
꽃이 복숭아꽃처럼 큰 모습,	花大如桃,
꽃이 자두꽃처럼 작은 모습,	花小如李,
햇가지에 꽃을 그린 모습,	棄條寫花⑥⑦,
꽃의 가장귀에 꽃술을 그린 모습,	當枒起蕊,
나무 몸통은 가볍고 가지가 무거운 모습,	樹輕枝重,
꽃이 나란하여 금기를 범한 모습,	花併犯忌,
앞을 바라보는 꽃이 적어서는 안 된다는 금기를 범한 모습,	陽花犯少,
뒤를 바라보는 꽃이 너무 많은 모습,	陰花過取⑥⑧,
꽃 두 송이가 나란히 핀 모습,	雙⑥⑨花竝生,
뿌리 2개가 나란히 뻗은 모습.《화광매보》[105]	二本竝擧.《畫梅譜》

15) 매화나무 기품 있게 그리기　畫梅標格

매화나무가 말끔하면 꽃이 가냘프고, 끝가지가 여리면 꽃이 풍만하고, 가지를 교차시키면 꽃이 무성하여 겹겹이 쌓이며, 가지를 나누면 꽃받침과 꽃술이 성글어진다. 매화나무는 첫째로 나무를 그리고, 둘째로 뿌리[體]를 그리고, 셋째로

木清而花瘦, 梢嫩而花肥, 交枝而花繁疊疊, 分梢而蕚疏蕊疏⑦⓪. 一爲樹, 二爲體, 三爲梢, 長如箭, 短如戟. 宇宙高而結頂, 地步窄而無盡.

105 《華光梅譜》〈口訣〉(《中國書畫全書》 2, 677쪽).

⑥⑦ 花 : 저본에는 없음. 《華光梅譜·口訣》에 근거하여 보충.

⑥⑧ 取 : 저본에는 없음. 《華光梅譜·口訣》에 근거하여 보충.

⑥⑨ 雙 : 저본에는 奴. 문맥에 근거하여 수정.

⑦⓪ 蕚疏蕊疏 : 《華光梅譜·口訣》에는 "蕚蕊疏疏".

끝가지를 그리는데, 긴 끝가지의 모습은 화살과 같고 짧은 끝가지의 모습은 창과 같다. 매화나무의 위쪽 공간이 높으면 가지 윗부분까지 그리고, 아래쪽 공간이 좁으면 매화나무를 다 그리지 않는다.

만약 벼랑 곁에 매화나무 몇 가지를 그리려면 가지는 기괴하고 꽃은 성글어야 하니, 절반쯤 피려 하는 모습으로만 그려야 한다. 만약 바람에 쓸리고 비에 젖은 매화나무를 그리려면 가지는 한산하고 꽃은 무성해야 하니, 흐드러지게 활짝 핀 모습만을 보여야 한다. 만약 안개 자욱한 곳의 매화나무를 그리려면 가지는 여리고 꽃은 무성해야 하니, 미소를 머금은 꽃이 가지에 가득해야만 한다. 만약 바람을 맞거나 눈에 덮인 매화나무를 그리려면 줄기는 늙고 끝가지는 듬성듬성해야 하니, 먹의 농도를 엷게 하여 꽃이 한산하게만 그려야 한다. 만약 서리를 맞고 햇살에 비친 매화나무를 그리려면 강직하고 곧은 기상이 드러나야 하니, 꽃이 잘고 향기가 서리게만 그려야 한다. 매화 치기를 배우는 사람들은 반드시 이를 잘 살펴야 한다.

若作臨崖傍數枝, 枝怪花疏, 只欲半開; 若作疏風洗雨, 枝閑花茂, 只看離披爛熳; 若作披煙帶霧, 枝嫩花茂, 只要含笑盈枝; 若作臨風帶雪, 幹老枝稀, 只要墨撥, 淡蕩花[71]閑; 若作停[72]霜映日, 森空峭直, 只要花細香舒. 學者須要審此.

매화 치기에는 여러 대가들의 격조가 있다. 성

梅有數家之格, 或有疏而嬌,

---

[71] 花 : 저본에는 "態".《華光梅譜 · 口訣》에 근거하여 수정.

[72] 停 :《華光梅譜 · 口訣》에는 "渟".

글면서 아름답기도 하고, 번잡하면서 굳세기도 하고, 늙은 모습이면서 어여쁘기도 하고, 말끔하면서 건장하기도 하니, 어찌 일정한 종류가 있겠는가? 또 산봉우리에서 난 것, 산골짜기에서 난 것, 동네 울타리에 난 것, 강이나 호숫가에 난 것 등이 있다. 이와 같이 나뭇가지의 성글고 빽빽함과 길고 짧음이 다르니, 미루어 살피지 않을 수 없다.《화광매보》[106]

或有繁而勁[73], 或有老而媚, 或有淸而健, 豈有類哉? 有生山岑者, 有生山谷[74]者, 有生籬落者, 有生江湖者, 其枝疏密長短有[75]異[76], 不可不推.《畫梅譜》

16) 화광(華光) 선승(禪僧)의 지침

華[77]光指迷

일반적으로 꽃과 꽃받침을 그릴 때는 반드시 정(丁, 꼭지)과 점(點, 꽃받침)을 단정하게 묘사해야 하는데, 정은 길게 그리고, 점은 짧게 그리며, 꽃술은 굳세게 그리고 꽃받침은 뾰족하게 그리려 해야 한다. 정이 반듯하면 꽃도 반듯하고, 정이 치우치면 꽃도 치우친다.

凡作花蕚必丁、點端楷, 丁欲長而點欲短, 鬚欲勁而蕚欲尖. 丁正則花正, 丁偏則花偏.

가지를 마주나게 그려서는 안 되고, 꽃도 나란히 피어서는 안 된다. 꽃이 많더라도 번잡하지 않

枝不可對發, 花不可竝生. 多而不繁, 少而不虧. 枝枯則欲

106 《華光梅譜》〈口訣〉(《中國書畫全書》 2, 677쪽).

[73] 勁 : 저본에는 없음.《華光梅譜 · 口訣》에 근거하여 보충.

[74] 山谷 : 저본에는 없음.《華光梅譜 · 口訣》에 근거하여 보충.

[75] 有 : 저본에는 없음.《華光梅譜 · 口訣》에 근거하여 보충.

[76] 異 : 저본에는 "多".《華光梅譜 · 口訣》에 근거하여 수정.

[77] 華 : 저본에는 없음.《華光梅譜 · 口訣》에 근거하여 보충.

고, 적더라도 부족하지 않게 그린다. 메마른 가지를 그릴 때면 깐깐한 마음을 먹어야 하고, 굽은 가지를 그릴 때면 여유로운 마음을 먹어야 한다. 꽃은 서로 어울리게 해야 하고, 가지는 서로 의지하게 해야 한다.

其意稠, 枝曲則欲其意舒. 花須相合, 枝須相依.

마음은 느긋하면서도 손은 빨리 움직여야 하며, 먹은 묽게 쓰면서도 붓은 건조하게 써야 한다. 잎은 둥글어야 하지만 살구나무 잎처럼 되어서는 안 되고, 가지는 가냘퍼야 하지만 버들가지 잎처럼 그려서는 안 된다. 대나무처럼 말끔하고 소나무처럼 건실하면 매화나무가 될 것이다.《화광매보》[107]

心欲緩而手欲速, 墨須淡而筆欲乾. 葉須圓而不類杏, 枝欲瘦而不類柳. 似竹之淸, 如松之實, 斯成梅矣.《畫梅譜》

17) 매화 그리는 특별한 이치

畫梅別理

혹자가 물었다. "매화의 꽃술은 적어도 수십 줄기인데, 지금은 7줄기만을 그리는 이유는 무엇입니까?" 이에 다음과 같이 답했다. "꽃술이 적은 이유는 매화가 소양(少陽)의 기운을 받아 이루어졌기 때문으로, 서리와 이슬을 맞고도 피어나는 자태를 나타낼 때는 오직 7가닥만 그리는 것입니

或問之: "鬚不下數十莖, 今寫其七何也?" 答曰: "花鬚少者, 梅稟少陽之氣而成, 霜露之姿, 偶獨發其七耳."

107 《華光梅譜》〈口訣〉(《中國書畫全書》 2, 677쪽).

다."[108]

혹자가 또 물었다. "매화꽃에는 더러 6장 달린 꽃잎도 있습니다. 그런데 지금은 꽃잎을 5장만 그리니, 어떠한 정황이 있는 것입니까?" 이에 다음과 같이 답했다. "꽃잎이 4장이나 6장이 나는 매화는 소매(疏梅)[109]뿐인데, 이는 시골 사람들이 매화를 가시나무 위에 접붙인 것입니다.[110] 지금 간혹 소매가 가시나무의 잡스럽게 맑지 않은 기운을 받기도 하여 그렇게 된 것입니다. 꽃잎이 5장이 달린 매화만이 중화(中和)[111]의 기운을 받아 자연스러운 기품을 지녔기 때문에 매화를 치는 사람들이 매화 꽃잎을 5장으로 그리고, 4장이나 6장으로는 그리지 않는 것입니다."

或又曰:"花或有六出者, 今獨寫其五葉, 豈有況乎?" 答曰:"四出者, 六出者, 獨爲[78]疏梅, 乃村野人接之莉棘樹上, 今或雜而受氣不淸, 使其然乎. 獨五者, 稟中和之氣, 有自然之性, 故寫者取此棄彼."

혹자가 물었다. "맞습니다. 그렇다면 매화는 나무가 아닙니까?"[112] 이에 다음과 같이 답했다. "매화라는 나무는 길이가 적어도 1~2장(丈)

或曰:"信矣, 梅爲木不?" 答曰:"梅爲木[79]不下一二丈, 小者此類, 儘今人作圖障纔數

108 꽃술이……것입니다 : 낙서(洛書)의 수(數)를 배치한 주역의 사상(四象)에 따르면, 1부터 10까지의 수 가운데, 6은 태음(太陰), 7은 소양(少陽), 8은 소음(少陰), 9는 태양(太陽)에 해당한다.

109 소매(疏梅) : 꽃잎과 꽃망울이 성글게 달린 매화를 말한다. 김안로(金安老, 1481~1537)가 각양각태의 매화 그림에 대해 읊은 《매병십폭(梅甁十幅)》에 실린 10가지의 제화시(題畫詩) 가운데 하나가 그 예이다.

110 매화를……것입니다 : 매화나무를 접붙이는 나무는 복숭아나무, 살구나무, 오얏나무, 뽕나무라고 한 설명(《임원경제지》 〈만학지〉 권3 "과일류" '매화나무 · 접붙이기')과는 달리 여기서는 가시나무에 접붙인다고 했다.

111 중화(中和) : 중용(中庸)의 덕성(德性)을 잃지 않아 어느 한쪽으로 치우치지 않은 상태.

112 맞습니다……아닙니까 : 문장이 분명하지 않아서 옮긴 내용에 확신은 없음을 밝혀 둔다.

[78] 爲 : 《華光梅譜 · 口訣》에는 "謂".

[79] 木 : 저본의 두주(頭註)에는 "木以後疑脫誤, 更他本."이라는 해설이 있음.

은 되지만, 작은 품종은 이와 같습니다. 다만 요즘 사람들은 겨우 매화 몇 송이를 그려 넣으면서 산기슭·물·돌과 같은 종류를 매화나무에 첨가하기도 하니, 어찌 그 본래의 참모습을 잃은 것이 아니겠습니까?"《화광매보》[113]

花, 梢根皆具, 或有加山坡、水、石[80]之類, 豈不失其本眞乎?"《畫梅譜》

18) 매화에는 4개의 글자가 있다

梅有四字

겹친 꽃은 품(品)자 같고, 교차한 가지는 예(乂) 자 같고, 교차한 줄기는 아(椏) 자 같고, 끝이 맺힌 끝가지는 효(爻) 자 같다.

疊花如品字, 交枝如乂字, 交木如椏字, 結梢[81]如爻字.

가지가 작으면 꽃이 많고, 꽃이 적으면 나무가 무성하지 않지만, 가지가 가늘고 여려도 이상하지는 않다. 가지가 많고 꽃이 적으면 그 기운이 온전하다는 뜻이고, 가지가 늙고 꽃이 크면 그 기운이 장대하다는 뜻이고, 가지가 여리고 꽃이 작으면 그 기운이 미약하다는 뜻이다.

枝小有花多, 花少則不繁, 枝細嫩而不怪[82]. 枝多花少, 言其氣之全也; 枝老而花大, 言其氣之壯也; 枝嫩花細, 言其氣之微也.

매화에는 높거나 낮고 귀하거나 천한 구별이 있고, 크거나 작고 귀하거나 천한 분별이 있으며, 성기거나 빽빽하고 가볍거나 무거운 상징이 있

梅有高下、尊卑之別, 有大小、貴賤之辨, 有疏密、輕重之象, 有間闊、動靜之用. 枝

113 《華光梅譜》〈口訣〉(《中國書畫全書》 2, 677~678쪽).

[80] 石 : 저본에는 없음. 《華光梅譜·口訣》에 근거하여 보충.

[81] 結梢 : 저본에는 없음. 《華光梅譜·取象》에 근거하여 보충.

[82] 怪 : 저본에는 없음. 《華光梅譜·取象》에 근거하여 보충.

고, 좁거나 넓고 움직이거나 가만히 있는 쓰임이 있다. 가지는 나란히 나면 안 되고, 꽃도 나란히 피면 안 되고, 꽃눈도 나란히 찍으면 안 되고, 나무도 나란히 접하면 안 된다.

不得竝發, 花不得竝生, 眼不得竝點, 木不得竝接.

가지는 문신과 무신처럼 강함과 부드러움이 서로 어우러져야 하고, 꽃은 크고 작은 것이 임금과 신하가 서로 마주하듯 해야 하며, 가지는 아비와 자식처럼 길고 짧은 것이 같지 않아야 하고, 꽃술은 남편과 아내처럼 음양이 서로 응해야 한다. 매화나무는 다 똑같지 않으니, 나무의 형상을 가지고 유추하여 적용해야 할 것이다. 《화광매보》[114]

枝有文武剛柔相合, 花有大小君臣相對, 條有父子長短不同, 蕊有夫妻陰陽相應. 其木不一, 當以類推之.《畫梅譜》

19) 매화 치기의 전반적인 방법

寫梅總法

매화나무에는 줄기가 있고, 가지가 있고, 마디가 있고, 뿌리가 있고, 가시가 있고, 이끼가 있다. 동산이나 텃밭에 심거나, 바위에서 나거나, 울타리 사이에 있으니, 난 곳이 다르므로 가지와 몸통도 다르다.

梅有幹、有條、有節、有根、有莿、有蘚. 或植園圃中, 或生巖頭上, 或在籬落間, 生處旣殊, 故枝體亦異.

또 꽃잎이 5장이 나거나, 4장이 나거나, 6장이

又花[83]有五出、四出、六出之

114 《華光梅譜》〈取象〉(《中國書畫全書》 2, 678쪽).

[83] 花 : 저본에는 없음.《芥子園畫傳 · 花梅淺說 · 湯叔雅寫梅法》에 근거하여 보충.《중국고대화론유편》에 실린 텍스트로 교감. 이하 동일.

나는 차이가 있으니, 대개 5장이 나는 꽃잎이 정상이다. 4장이나 6장이 나는 꽃잎은 각각 가시나무에 접붙인 극매(棘梅)이니, 이는 타고난 성질의 조화가 지나치거나 모자람으로 인해 치우친 기운 때문이다.

不同, 大抵以五出爲正. 其四出、六出者, 各爲棘梅, 是稟造化過與不及之偏氣耳.

매화의 가지는 늙거나 어리고, 굽거나 곧고, 성글거나 빽빽하고, 고정되어 가지런하고, 오래되어 이상한 모양 등이 있다.

其爲枝也, 有老嫩、有曲直、有疏密、有停勻、有古怪.

끝가지는 북두칠성의 자루 같거나, 철편(鐵鞭)[115] 같거나, 학의 무릎 같거나, 용의 뿔 같거나, 사슴의 뿔 같거나, 활고자처럼 굽거나, 낚싯대 같은 모양 등이 있다.

其爲梢也, 有如斗柄者、有如鐵鞭者、有如鶴膝者、有如龍角者、有如鹿角者、有如弓梢者、有如釣竿者.

나무의 모양은 크거나 작고, 뒤를 향하거나 아래로 엎어지고, 치우치거나 바르고, 굽거나 곧은 등의 모습이 있다.

其爲形也, 有大有小、有背有覆、有偏有正、有彎有直.

매화는 후추 같거나, 게 눈 같거나, 미소를 머금었거나, 활짝 피었거나, 시들거나, 지는 모양 등이 있으니, 그 모양이 똑같지 않아 변화가 끝이 없다.

其爲花也, 有椒子、有蟹眼、有含笑、有開、有謝、有落英, 其形不一, 其變無窮.

115 철편(鐵鞭): 조선시대에 사용하던 무기로 고들개철편이라고도 한다. 긴 손잡이와 짧은 철추의 두 부분으로 나뉘어 있고, 철추로 적을 가격했다.

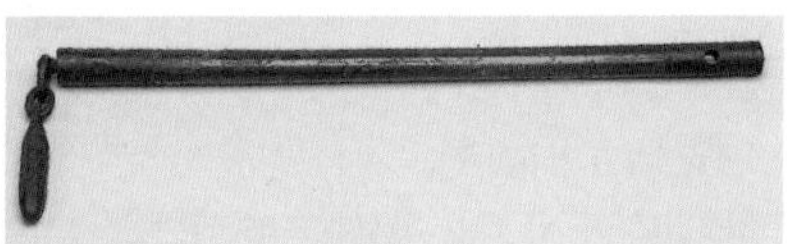

철편(국립민속박물관)

나는 붓과 먹 조금을 가지고서, 채색을 빌리지 않고 매화의 정신을 그리려 한다. 그렇게 하면 도리(道理)에 부합하면서도 스승이 전한 뜻을 가슴에 품고, 항상 필법을 연습하며, 가슴속에 정신을 집중할 수 있다. 매화의 형세를 생각하고, 매화나무의 몸통이 기이하게 굽은 것을 상상하며 필묵을 미친 듯이 움직여 뿌리와 가지를 구불구불하게 그린다.

吾欲以管筆寸墨, 不假色彩, 寫其精神, 然則合道理而可佩師傳法旨[84], 演筆法於常時, 凝神氣於胸襟, 思花之形勢, 想體之奇屈, 筆墨顚狂, 根柯旋播[85].

가지와 끝가지가 나온 모양은 깃털이 나는 듯이 그리고, 겹쳐진 꽃송이는 품(品)자처럼 그린다. 가지는 늙은 것과 어린 것을 분별하고, 꽃은 음과 양을 안배하고, 꽃술은 위와 아래를 의지하고, 끝가지는 긴 것과 짧은 것을 헤아린다. 꽃은 반드시 꽃자루에 붙어야 하고, 꽃자루는 반드시 가지에 이어져야 하고, 가지는 반드시 마른 나무를 안고 있어야 하고, 마른 나무에는 반드시 용의 비늘 모양의 나무껍질을 칠해야 하고, 나무껍질은 반드시 오래된 마디를 향해야 한다.

發枝梢如羽飛, 疊花頭似品字. 枝分老嫩, 花按陰陽, 蕋依上下, 梢度長短. 花[86]必粘一丁, 丁必綴枝上, 枝必抱枯木, 枯木必塗龍鱗, 龍鱗必向古[87]節.

2개의 가지는 가지런히 그리면 안 되고, 3송이의 꽃은 반드시 솥발처럼 그리되 꽃받침은 길게

兩枝不竝齊, 三花須鼎足, 發[88]丁長, 點鬚短[89]. 高梢、小

[84] 然則……法旨 : 《芥子園畫傳 · 花梅淺說 · 湯叔雅寫梅法》에는 "然在合乎道理, 以爲師承".

[85] 播 : 다른 기사의 용례로 보아 皤의 오자로 추정되나 확실하지 않음.

[86] 花 : 저본에는 없음. 《芥子園畫傳 · 花梅淺說 · 湯叔雅寫梅法》에 근거하여 보충.

[87] 古 : 저본에는 없음. 《芥子園畫傳 · 花梅淺說 · 湯叔雅寫梅法》에 근거하여 보충.

[88] 須鼎足發 : 저본에는 "鼎須發". 《芥子園畫傳 · 花梅淺說 · 湯叔雅寫梅法》에 근거하여 수정.

[89] 鬚短 : 저본에는 "短鬚". 《芥子園畫傳 · 花梅淺說 · 湯叔雅寫梅法》에 근거하여 수정.

나오도록 그리고 꽃술은 짧게 그린다. 높은 끝가지, 작은 꽃, 단단한 꽃받침은 끝의 여러 부분을 번잡하게 그리면 안 되고 꽃이 줄기를 감싸야 한다. 농도가 9/10인 먹으로는 가지와 끝가지를 그리고 농도가 1인 먹으로는 꽃받침을 그린다. 마른 줄기는 한산한 뜻이 담기도록 그리고, 가지가 굽은 곳은 고요한 뜻이 담기도록 그린다. 꽃은 깎은 구슬이나 새긴 옥처럼 나타내고, 줄기는 똬리 튼 용이나 춤추는 봉황처럼 표현한다.

花、勁蕚, 尖多處不冗, 花苞幹[90]. 九分墨爲枝梢, 十分墨爲蒂. 枯處令其意閑, 枝曲處令其意靜. 呈剪瓊、鏤玉之花, 現蟠龍、舞鳳之幹.

이와 같으면 마음이 곧 고산(孤山)[116]에 있고 유령(庾嶺)[117]에 있으니, 규룡(虯龍)[118] 같은 가지와 희미한 그림자가 모두 내가 휘두르는 붓과 먹에서 나올 것이다. 탕숙아《사매론》[119]

如是方寸卽孤山也, 庾嶺也, 虯枝瘦影, 皆自吾揮毫弄墨中出矣. 湯叔雅《寫梅論》

---

116 고산(孤山) : 지금 중국의 절강성(浙江省) 항주시(杭州市) 서호(西湖) 안쪽에 있는 자연 섬. 높이는 38m이다. 현재는 육지와 연결되어 있고 서호 10경의 명소로 꼽힌다.

117 유령(庾嶺) : 지금 중국의 강서성(江西省) 대유현(大庾縣) 남쪽의 고개. 매화가 많아서 매령(梅嶺)이라고도 한다.

118 규룡(虯龍) : 상상 속의 동물로 이무기에서 갓 뿔이 자란 상태의 새끼 용이다.

119 《芥子園畫傳》〈花梅淺說〉"湯叔雅畫梅法".

[90] 花苞幹 : 《芥子園畫傳·花梅淺說·湯叔雅寫梅法》에는 없음.

20) 매화 치기 도식

圖式

【《삼재도회》에 보인다.】[120]

【見《三才圖會》】

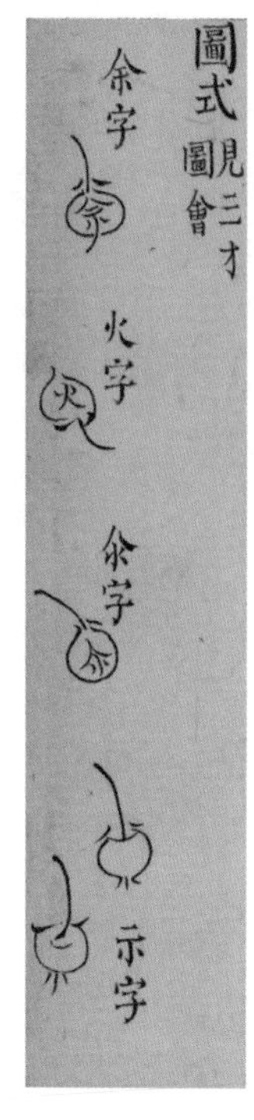

〈원도 36〉

여(余) 자

余字

화(火) 자

火字

이(尒) 자

尒字

시(示) 자

示字

120 《三才圖會》〈人事〉 卷5 "畫梅圖" '寫梅枝幹訣'(《續修四庫全書》〈子部〉 "類書類", 63~70쪽).

〈원도 37〉

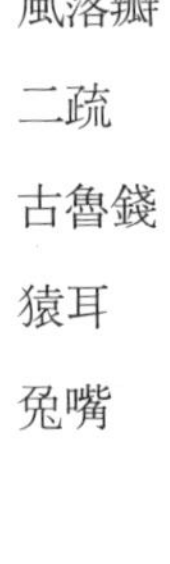

바람에 떨어지는 꽃잎	風落瓣
성긴 두 장의 꽃잎	二疏
고로전(옛 노나라 동전)	古魯錢
원숭이 귀	猿耳
토끼 주둥이	兎嘴

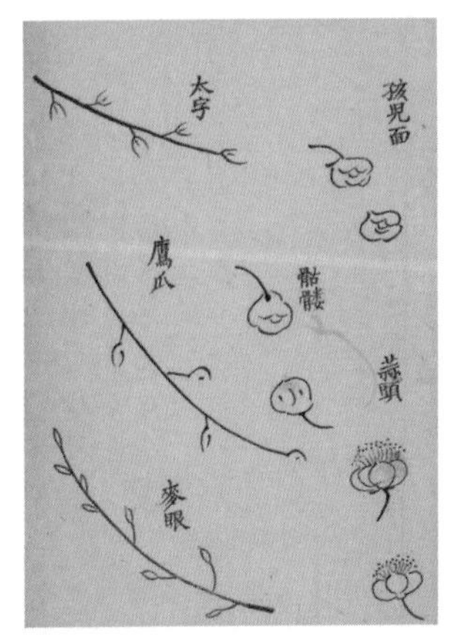

〈원도 38〉

어린아이 얼굴	孫兒面
앙상한 모습	骷髏
마늘쪽	蒜頭
태(太) 자	太字
매 발톱	鷹爪
보리 눈	麥眼

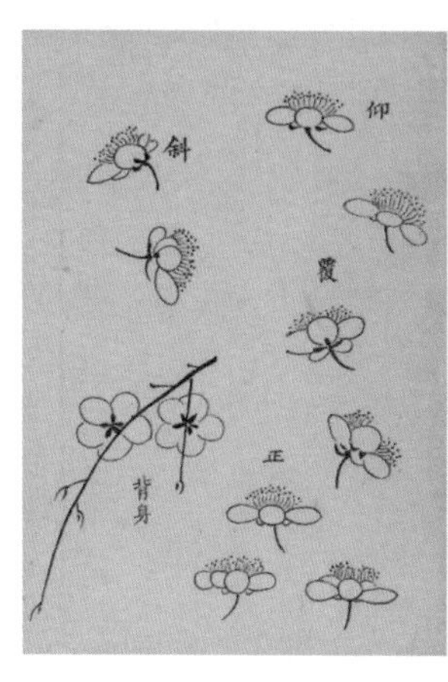

〈원도 39〉

위를 쳐다보다	仰
뒤집히다	覆
반듯하다	正
기울다	斜
뒤를 바라보다	背身

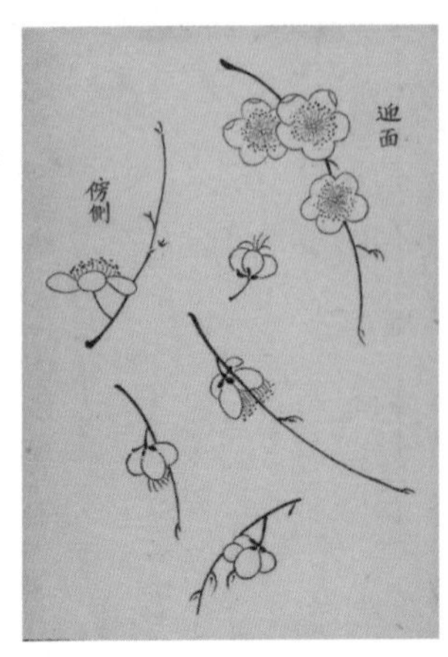

〈원도 40〉

정면	迎面
측면	傍側

〈원도 41〉

꽃송이와 꽃	苞花
비에 기울다	傾雨
왼쪽으로 기울다	左偏

오른쪽으로 기울다 右偏

3개로 이루어진 품(品)자가 원기를 조절하다 三品調元

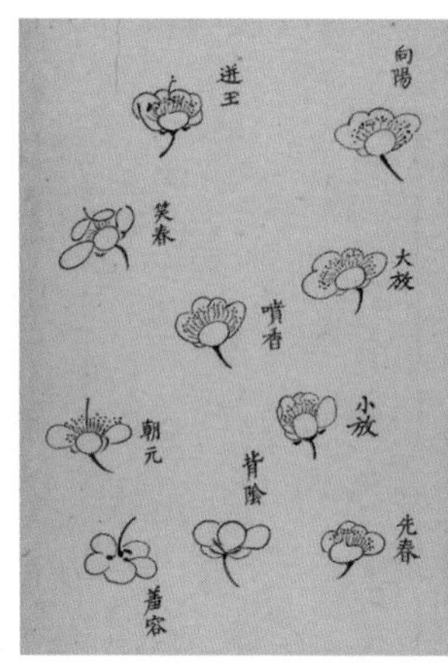

〈원도 42〉

해를 향하다 向陽

활짝 피다 大放

살짝 피다 小放

봄보다 앞서 피다 先春

옥을 내뱉다 迸玉

향기를 내뿜다 噴香

그늘을 등지다 背陰

봄 날씨에 미소 짓다 笑春

새해에 신하들이 왕에게 조회드리다 朝元

부끄러워하다 羞容

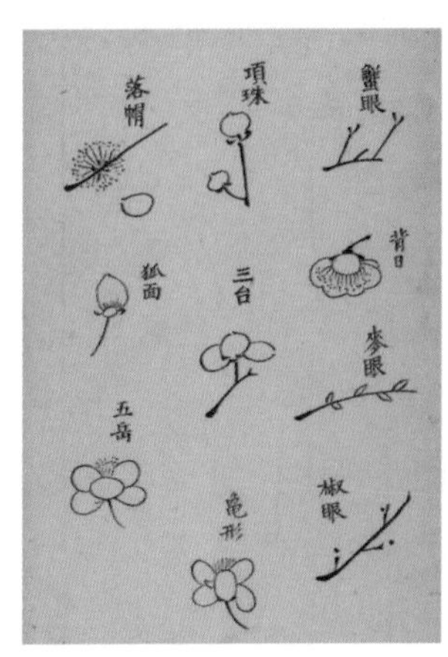

〈원도 43〉

게 눈 蟹眼

해를 등지다 背日

보리 눈 麥眼

산초 눈 椒眼

긴 목으로 받치고 있는 구슬 項珠

삼태성(三台星) 三台

거북 모양 龜形

떨어지는 모자 落帽

여우 얼굴 狐面

오악(五岳) 五岳

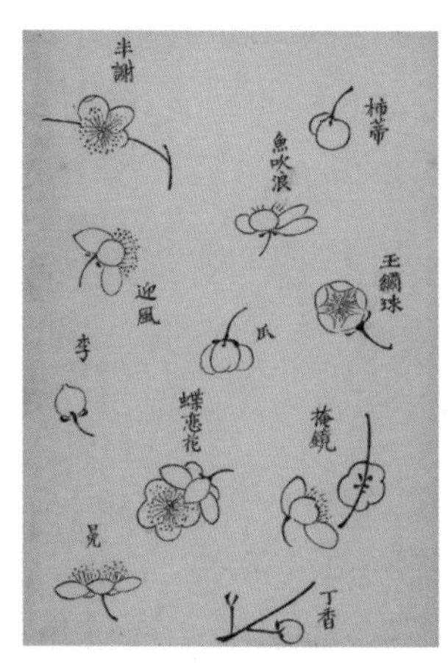

〈원도 44〉

감꼭지 柹蔕

곱게 수놓은 공 玉繡球

거울을 가리다 掩鏡

물고기가 입을 뻐끔거리다 魚吹浪

정향 丁香

참외 瓜

나비가 꽃을 연모하다 蝶戀花

절반 시들다 半謝

바람 맞다 迎風

오얏 李

면류관 冕

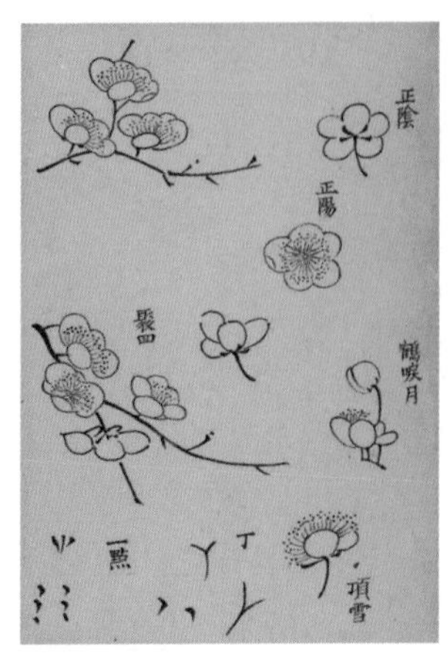

〈원도 45〉

후면	正陰
정면	正陽
학이 달을 보고 울다	鶴唳月
긴 목으로 받치고 있는, 눈처럼 쌓인 꽃술	項雪
4송이를 모으다[121]	聚四
정(丁)자	丁字
점 하나	一點

121 4송이를 모으다 : 이 부분에 해당하는 원도 위쪽에는 매화 3송이가 그려져 있다. 다음 원도의 "5송이를 얻다", "6송이가 무더기로 피다"라는 그림이 있는 것으로 볼 때, 매화 3송이 부분에도 해설이 들어가야 할 듯하다. 그러나 저본이나 원출전인 《삼재도회》에도 아무 표현이 없다. "3송이를 모으다" 정도의 내용이 아닌가 추측된다.

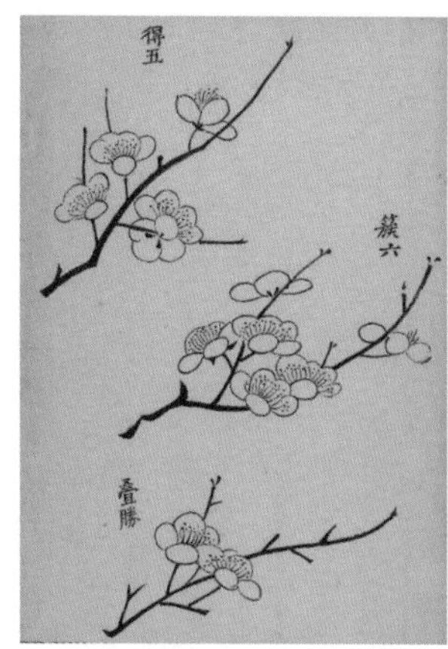

〈원도 46〉

5송이를 얻다	得五
6송이가 무더기로 피다	簇六
첩승 문양[疊勝][122]	疊勝

122 첩승 문양[疊勝] : 두 마름모꼴이 서로 엮인 형태로 이루어진 문양. 방승(方勝) 문양이라고도 한다. 첩승 문양의 예시는 다음 그림과 같다.

첩승 문양

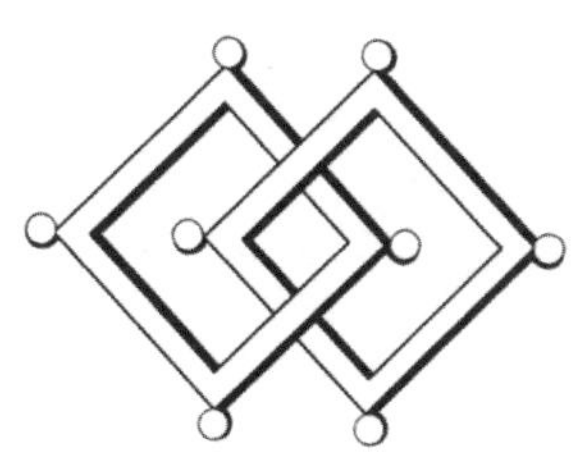

첩승 문양

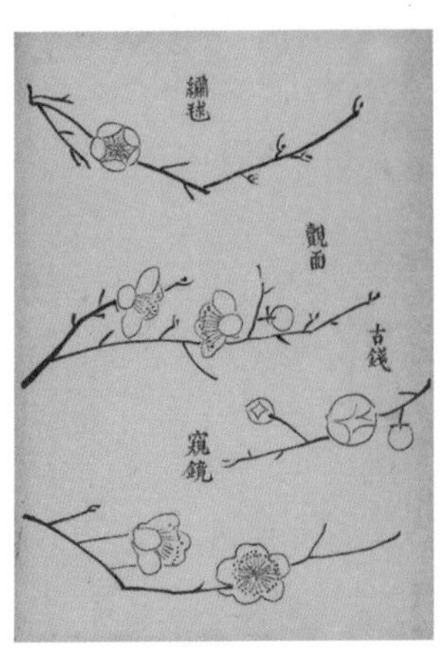

〈원도 47〉

수놓은 공	繡球
얼굴을 마주 보다	覿面
옛 엽전	古錢
거울을 보다	窺鏡

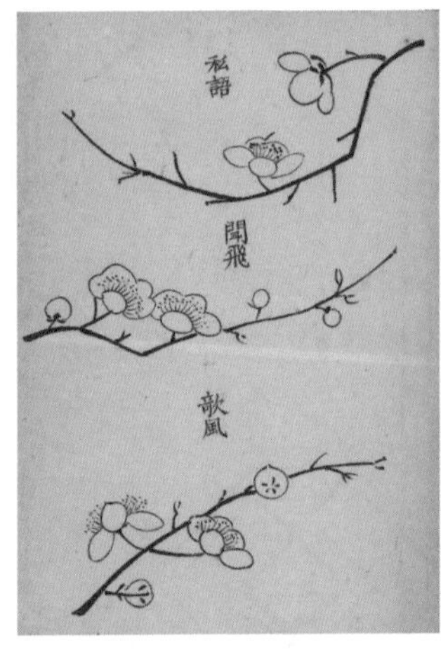

〈원도 48〉

속삭이다	私語

다투어 날려 가다 閗飛

바람에 기울어지다 欹風

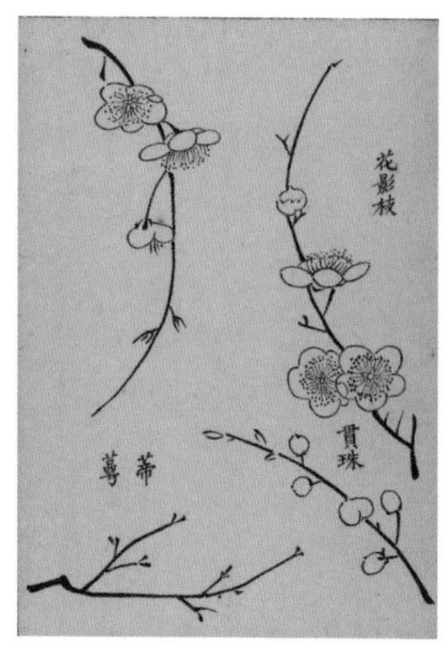

〈원도 49〉

꽃 그림자에 가린 가지 花影枝

구슬을 꿰다 貫珠

꽃꼭지와 꽃받침 蔕萼

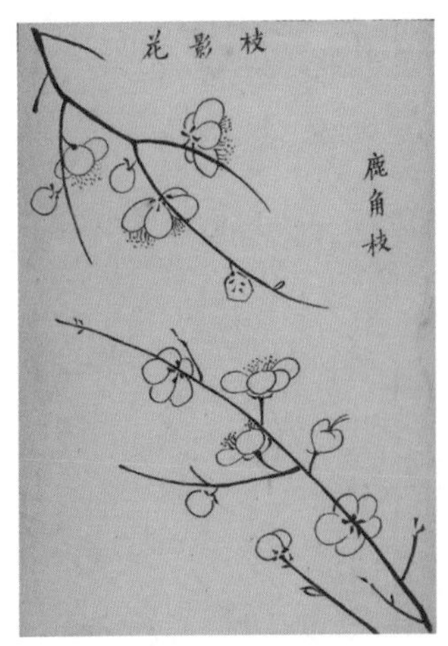

〈원도 50〉

가지 그림자에 가린 꽃　　枝影花

사슴뿔 모양 가지　　鹿角枝

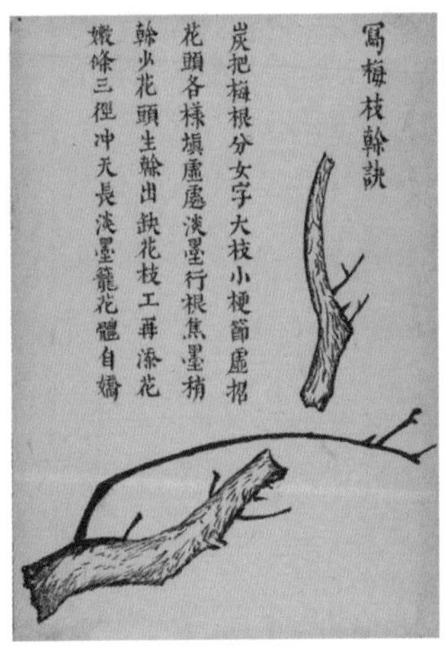

〈원도 51〉

21) 매화의 가지와 줄기 치기 가결 寫梅枝幹訣

숯으로 매화 밑동 여(女) 자 모양을 나누어 그리되,	炭把梅根分女字,
큰 가지와 작은 가지에는 매화 칠 곳 비워 두네.	大枝小梗節虛招.
꽃송이로 다양하게 빈 곳 채우고,	花頭各樣塡虛處,
옅은 먹으로 밑동을, 짙은 먹으로 끝가지 그리지.	淡墨行根焦墨梢.
줄기 어린 꽃송이 줄기에서도 나고,	幹少花頭生幹出,
꽃 없으면 가지 위에 다시 꽃 더하네.	缺花枝上再添花.
여린 가지 3줄기 하늘로 길게 뻗치고,	嫩條三徑冲天長,
옅은 먹으로 꽃 두르면 자태 절로 고와지지.	淡墨籠花體自嬌.

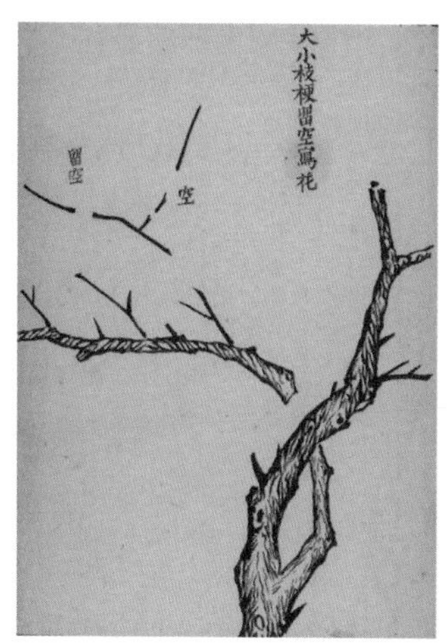

〈원도 52〉

크고 작은 가지에 빈 곳을 남겨 두었다가 꽃을 친다.	大小枝梗留空寫花
빈 곳	空
빈 곳을 남겨 둔다	留空

〈원도 53〉

빈 곳을 꽃으로 채운다. 虛處塡花

빈 곳 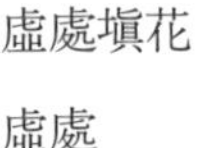

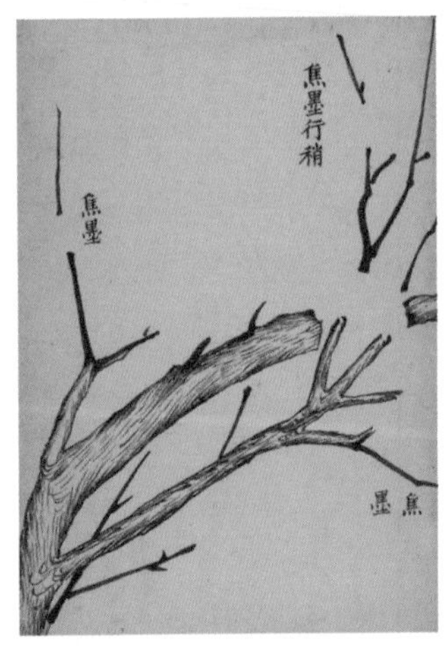

〈원도 54〉

짙은 먹으로 끝가지를 그린다. 焦墨行梢

짙은 먹 焦墨

짙은 먹　焦墨

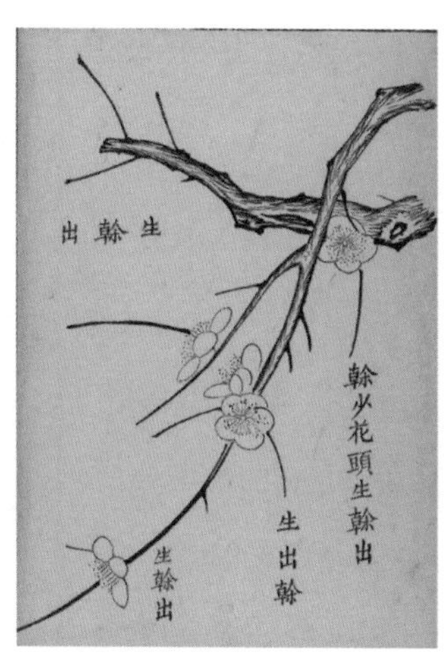

〈원도 55〉

줄기 어리면 꽃송이가 줄기에서도 난다.　幹少花頭生幹出

새로 난 줄기　生出幹

줄기에서 난다　生幹出

줄기에서 난다　生幹出

〈원도 56〉

꽃이 없으면 가지 위에 다시 꽃을 더한다. 缺花枝上再添花

꽃봉오리를 더한다 添苞

해당하는 곳에 꽃봉오리를 더한다 該添苞

꽃봉오리를 더한다 添苞

꽃봉오리를 더한다 添苞

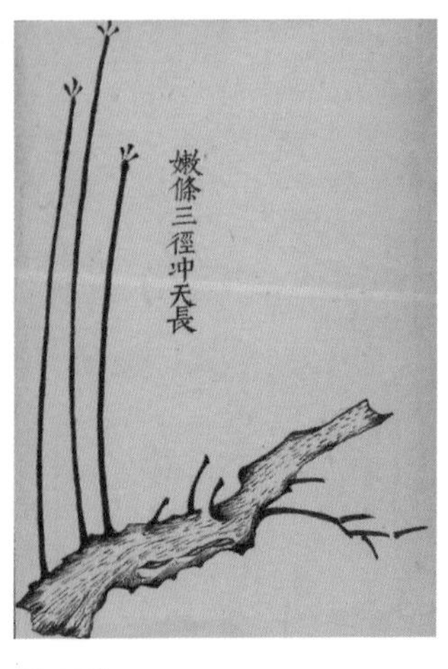

〈원도 57〉

여린 가지 3가닥을 하늘로 길게 뻗친다. 嫩條三徑冲天長

〈원도 58〉

혹은 옅은 먹으로 꽃을 두르면 자태가 절로 고와진다. 或用淡墨[91]籠花則體自嬌

[91] 墨 : 저본에는 "濃". 同一 기사에 근거하여 수정.

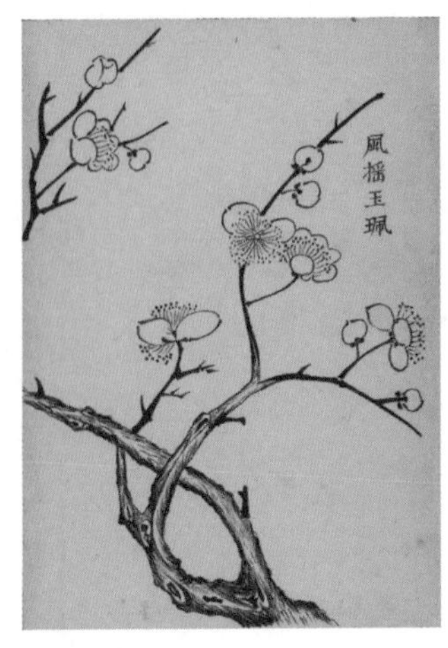

〈원도 59〉

바람이 옥 노리개를 흔들다. 風搖玉珮

〈원도 60〉

달 드리우니 드문드문 그림자가 진다. 月移疎影

〈원도 61〉

유령(庾嶺)에 눈 날리도다.

雪飛庾嶺

〈원도 62〉

매화나무의 몸통은 늙게 그리는 것이 중요한데, 늙게 그리면 자연스럽게 들쭉날쭉 굴곡지기 때문이다. 대개 바람과 눈에 손상을 입거나 도끼

梅身貴老, 老則自然槎牙屈曲. 蓋風雪所傷斧斤所伐, 而枯朽摧折之中, 自有勃然生

에 잘려, 마르거나 썩어 들며 잘리거나 꺾이는 과정 가운데 저절로 생동감이 넘치게 된다. 意也.

들쭉날쭉 굴곡지다.[123] 槎牙屈曲[92]

1-3. 난 치기 寫蘭

1) 전반적인 가결 總訣

난 치기의 오묘함은 寫蘭之妙,
기운(氣韻)을 우선으로 하네. 氣韻爲先.
먹은 좋은 품질을 써야 하고, 墨須精品,
물은 반드시 새로 길러 온 샘물을 써야 하네. 水必新泉.
벼루는 묵은 때를 씻어 내야 하고, 硯滌宿垢,
붓은 순모로 쓰되 뻣뻣한 털은 금해야 하네. 筆純忌堅.

먼저 잎 4개로 공간을 나누면서, 先分四葉,
길고 짧게 현(玄) 자 모양으로 그린다네. 長短爲玄.
잎 1개를 교차시켜 一葉交搭,
곱고 아름다운 자태를 드러내네. 取媚取姸.
서로 교차하는 잎 가에 各交葉畔,
잎 1개를 또 더하네. 一葉仍添.

---

123 《三才圖會》〈人事〉 卷5 "畫梅圖" '寫梅枝幹訣'(《續修四庫全書》〈子部〉 "類書類", 67~70쪽).
[92] 曲 : 저본에는 "王". 同一 기사에 근거하여 수정.

잎 3개 사이에 4번째 잎은 떨기[124]를 그리고, 三中四簇,
잎 4개 중 2개는 더욱 둥글게 친다네. 兩葉增圓.
먹은 2가지 색으로 하여, 墨須二色,
묵은 잎과 여린 잎이 어우러지게 한다네. 老嫩盤旋.
꽃잎은 반드시 옅은 먹으로 그리고, 瓣須墨淡,
짙은 먹으로는 꽃받침을 선명하게 그리네. 焦墨萼鮮.

잎을 칠 때는 손을 번개 치듯 빠르게 움직여야지, 手如掣電,
지체하고 머물러서는 안 되네. 忌用遲延.
오로지 난 치는 기세에 의지하여, 全憑寫勢,
바르거나 등지거나 기울거나 치우치게 잎을 친다네. 正背欹偏.
난 그림을 제대로 그리려면, 欲其合宜[93],
잎의 분포가 자연스러워야 하네. 分布自然.
잎 3개를 오므리거나 잎 5개를 펼치거나 간에, 含三開五,
전체적으로는 자연스러움 하나로 귀결되어야 하네. 總歸一焉.

바람 맞거나 햇살에 비치면, 迎風映日,
꽃받침은 하늘하늘 곱네. 花萼娟娟.
찬 서리 매서운 눈에도, 凝霜傲雪,
잎을 반 늘어뜨리고 잠을 잔다네. 葉半垂眠.
가지와 잎의 흩날림은, 枝葉運用,

124 떨기 : 식물의 한 뿌리에서 여러 개의 줄기가 나와 더부룩하게 된 무더기.
[93] 宜 : 저본에는 "意". 《三才圖會·人事·墨蘭花》에 근거하여 수정.

봉황이 훨훨 나는 듯하네.	如鳳翩翩.
꽃과 꽃받침의 나부낌은,	葩萼飄逸,
나비가 사뿐히 날아오르는 듯하네.	似蝶飛遷.
견고한 줄기 단단히 모여 섰고,	殼皮裝束,
작은 잎들은 여기저기 모여 있네.	碎葉亂攢.
바위는 반드시 비백(飛白)[125]으로 그려,	石須飛白,
난 곁에 한두 개 두른다네.	一二[94]傍盤.
질경이 등의 풀은	車前等草,
난을 언덕에 그릴 때 넣어 주면 좋다네.	地坡可安.
푸른 대나무를 더하려면,	或增翠竹,
한두 줄기만을 그린다네.	一竿兩竿.
가시나무의 가지들도,	荊棘枝枝,
멋진 경관에 도움이 된다네.	能助奇觀.
《삼재도회》[126]	《三才圖會》

2) 난 치기 도식 圖式

【《삼재도회》[127]에 보인다.】 【見《三才圖會》】

125 비백(飛白): 서예기법의 하나로, 마른 먹으로 빨리 그을 때 획 중에 절로 빈 부분이 생기는 것을 말한다.

126 《三才圖會》〈人事〉 卷6 "墨蘭花"(《續修四庫全書》〈子部〉 "類書類", 81쪽).

127 《三才圖會》〈人事〉 卷6 "墨蘭花"(《續修四庫全書》〈子部〉 "類書類", 72~81쪽).

[94] 二: 저본에는 "一". 《三才圖會·人事·墨蘭花》에 근거하여 수정.

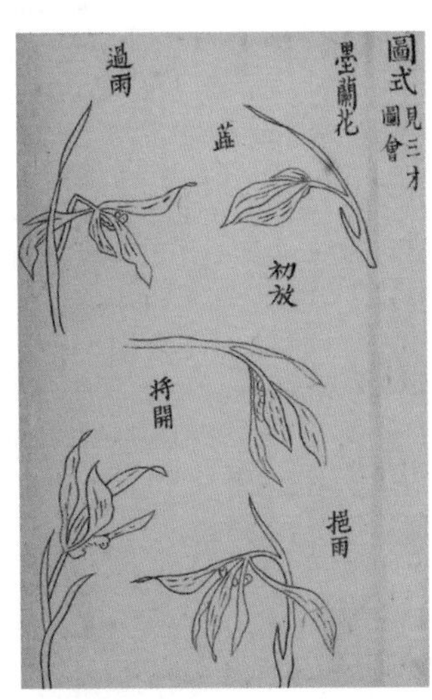

〈원도 63〉

수묵으로 그린 난꽃　墨蘭花

꽃술　蕋

처음 벌어지다　初放

비에 젖다　挹雨

비가 지나가다　過雨

곧 피려 하다　將開

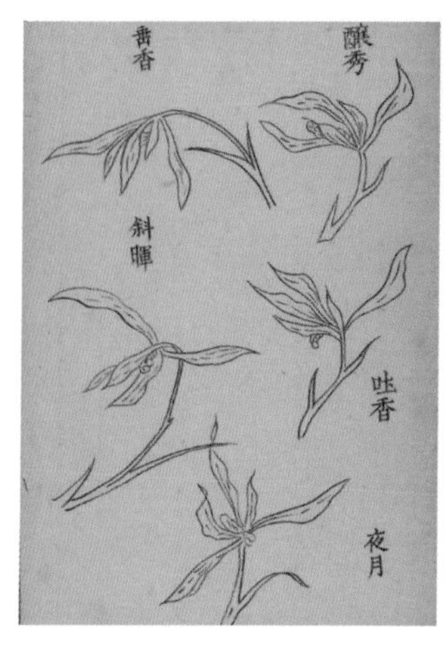

〈원도 64〉

아름다운 꽃을 피우다	釀秀
향기를 뿜다	吐香
향기를 드리우다	垂香
저물녘에 비스듬히 비추는 햇빛	斜暉
밤에 뜬 달	夜月

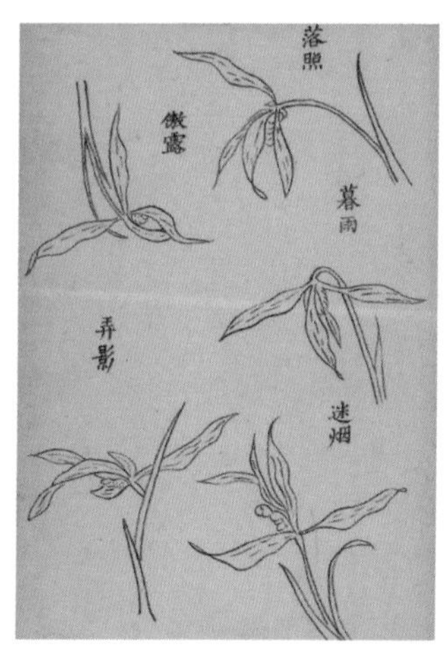

〈원도 65〉

저녁에 지는 햇빛 落照

저물녘에 내리는 비 暮雨

자욱한 안개 迷煙

찬 이슬에 꼿꼿하다 傲露

그림자를 희롱하다 弄影

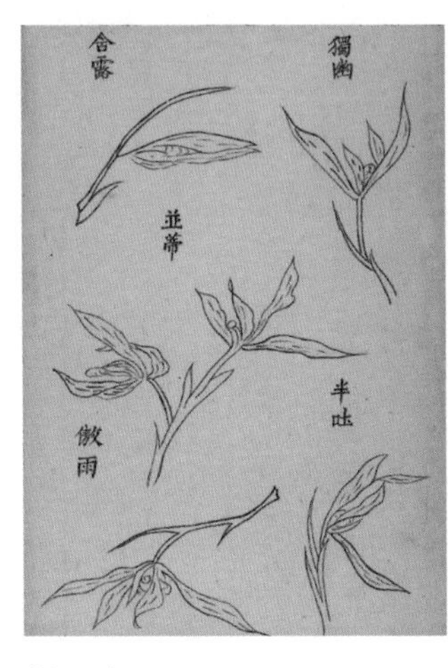

〈원도 66〉

홀로 그윽하다 獨幽

반만 뿜다 半吐

이슬을 머금다 含露

두 개의 꽃받침 竝蒂

빗속에 꼿꼿하다 傲雨

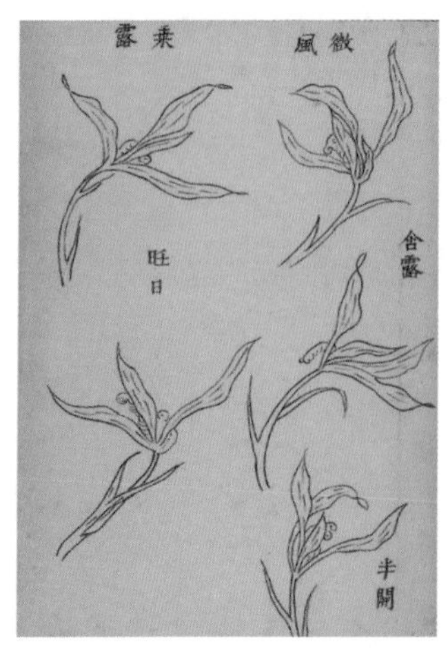

〈원도 67〉

산들바람 微風

이슬을 머금다 含露

반만 피다 半開

이슬을 얹다 乘露

강한 햇빛 旺日

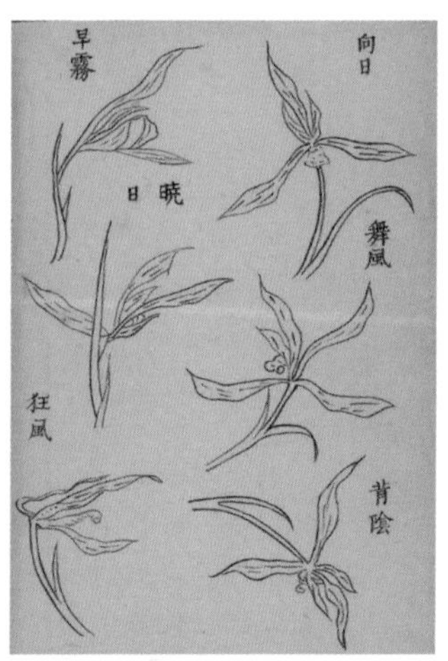

〈원도 68〉

해를 향하다	向日
바람과 춤추다	舞風
등지다	背陰
새벽녘 안개	早霧
새벽에 뜨는 해	曉日
사나운 바람	狂風

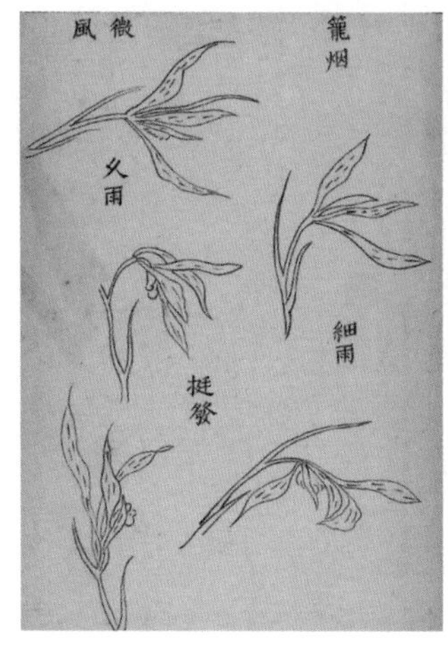

〈원도 69〉

자욱한 안개	籠煙
가랑비	細雨
산들바람	微風
오래 내린 비	久雨
꼿꼿이 피어나다	挺發

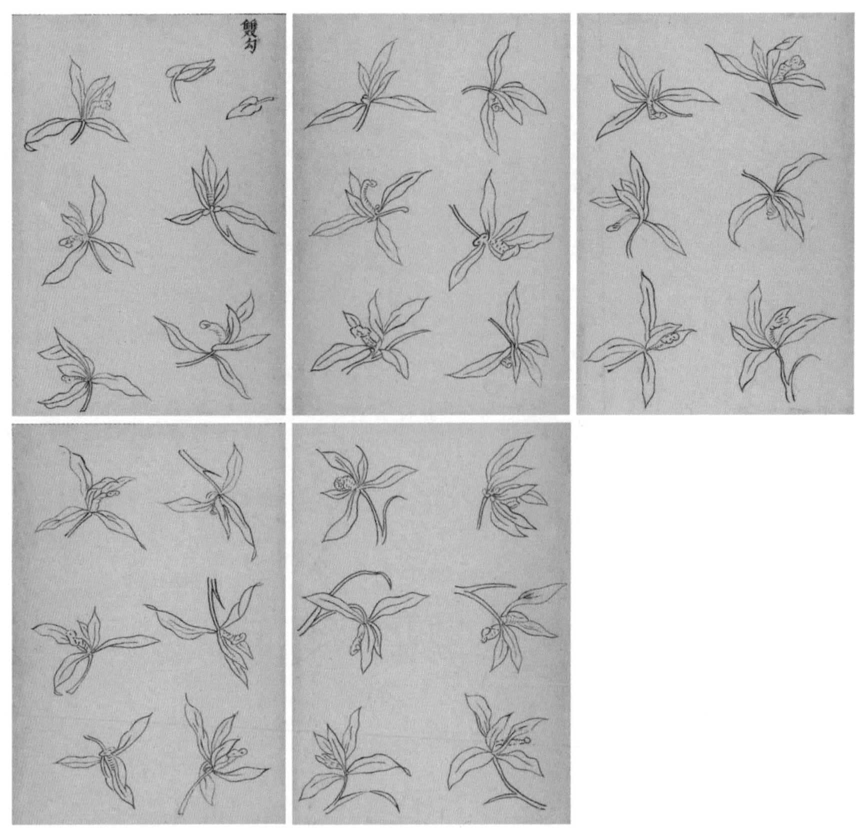

〈원도 70~74〉

쌍구법(雙鉤法)[128]으로 그리기(31종)　　雙鉤[95]

128 쌍구법(雙鉤法) : 구륵법으로, 선으로 사물의 윤곽을 표현하는 기법이다. 쌍구법(雙句法)이라고도 한다. 자세한 내용은 《유예지》 권4 〈그림〉 "산수와 임목" '구륵법' 참조.

[95] 鉤 : 저본에는 "句". 일반적인 용례에 근거하여 수정.

〈원도 75〉

혜란꽃[129] 蕙花

〈원도 76〉

건란꽃[130] 建蘭花

129 혜란꽃 : 난초의 한 종류인 혜란에서 핀 꽃. 한 줄기에 한 송이의 꽃이 피는 난과 달리 혜란은 한 줄기에 여러 송이의 꽃이 핀다.

130 건란꽃 : 난초의 한 종류인 건란에서 핀 꽃. 건란은 잎이 굵고 빳빳하며 힘차다.

〈원도 77〉

먹으로 잎을 그리기(7종) 墨葉起手

오른쪽으로 右

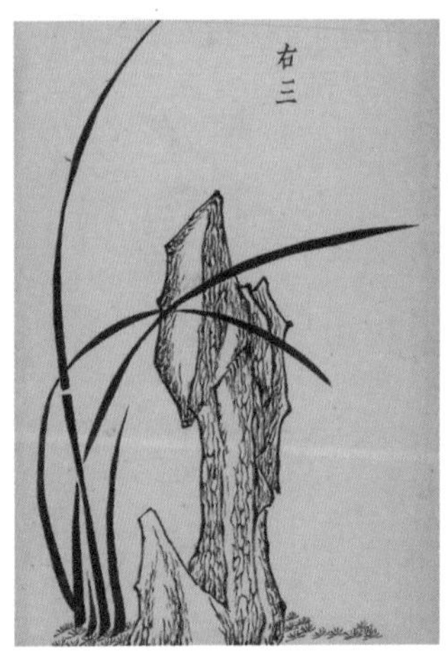

〈원도 78〉

오른쪽으로 3잎 右三

〈원도 79〉

오른쪽으로 4잎

右四

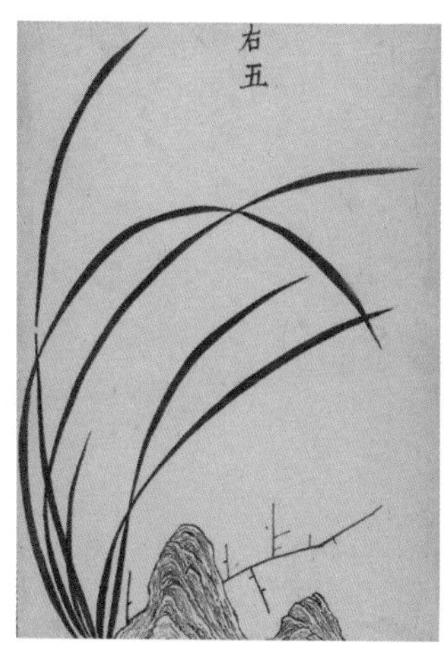

〈원도 80〉

오른쪽으로 5잎

右五

〈원도 81〉

왼쪽으로 3잎 左三

〈원도 82〉

왼쪽으로 4잎 左四

〈원도 83〉

왼쪽으로 5잎

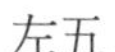
左五

〈원도 84〉

꽃·꽃술과 함께

花、蕊

〈원도 85〉

홀로 그윽하다 獨幽

〈원도 86〉

곧 벌어지려 하다 將放

〈원도 87〉

이슬비

微雨

〈원도 88〉

바람을 맞다

迎風

〈원도 89~90〉

거꾸로 매달려 자라다　　倒懸

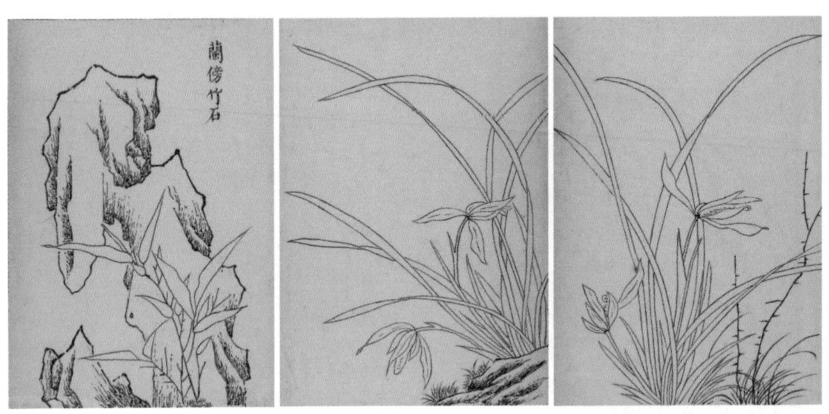

〈원도 91~93〉

난 곁의 대나무와 바위　　蘭傍竹、石

〈원도 94〉

난 곁의 대나무　　蘭傍竹

〈원도 95~96〉

난 곁의 가시나무　　棘

〈원도 97〉

쌍구법으로 그린 난 雙句蘭

〈원도 98〉

건란 建蘭

유예지 권제5 끝

遊藝志卷第五[96]

[96] 遊藝志卷第五 : 저본에는 없음. 일반적인 용례에 근거하여 보충.

임원경제연구소

임원경제연구소는 고전 연구와 번역, 출판을 주요 목적으로 하는 사단법인이다. 문사철수(文史哲數)와 의농공상(醫農工商) 등 다양한 전공 분야의 소장학자 40여 명이 회원 및 번역자로 참여하여, 풍석 서유구의 《임원경제지》를 완역하고 있다. 또한 번역 사업을 진행하면서 축적한 노하우와 번역 결과물을 대중과 공유하기 위해 관련 전문가 및 단체들과 교류하고 있다. 연구소에서는 번역 과정과 결과를 통하여 '임원경제학'을 정립하고 우리 문명의 수준을 제고하여 우리 학문과 우리의 삶을 소통시키고자 노력한다. 임원경제학은 시골 살림의 규모와 운영에 관한 모든 것의 학문이며, 경국제세(經國濟世)의 실천적 방책이다.

번역, 교열, 교감, 표점, 감수자 소개

번역

심영환

강원대 국어국문학과를 졸업하고, 한림대 태동고전연구소(지곡서당)를 수료하고, 국사편찬위원회에서 국내초서과정을 이수하였다. 한국학중앙연구원에서 고문서학을 전공하였으며 박사학위 논문은 〈조선시대 고문서의 초서체 연구〉이다. 저서로는 《조선시대 고문서 초서체 연구》, 《고려시대 중서문하교첩》, 《변화와 정착 : 여말선초의 조사문서》(공저) 등이 있고, 주로 한국 고문서의 연원에 관한 논문을 다수 집필하였다. 현재 한국학중앙연구원 장서각 고문서연구실의 책임연구원으로 재직 중이다.

조송식

홍익대 미술대학 서양화과를 졸업하고, 서울대 대학원 미학과에서 동양미학으로 박사학위를 받았다. 태동고전연구소(지곡서당)에서 한학을 연수하고, 현재 조선대 미술대학 미술학과 시각문화큐레이터 전공교수로 재직하고 있다. 주요 저서로는《산수화의 미학》,《중국 옛 그림 산책》,《상상력과 지식의 도약》(이하 공저),《한국의 미술과 산림문화》,《아시아 실크로드 문화접변》,《미학의 역사》 등이 있고, 주요 역서로는《화하미학 : 중국의 전통미학》,《역대명화기(상, 하)》,《표암유고》(이하 공역),《동기창 화안》 등이 있다.

고연희

이화여대 국문학과를 졸업하고, 한국고등교육재단에서 한학을 공부했다. 이화여대 대학원에서 한문학과 박사와 미술사학과 박사를 하였다. 석사 논문은 〈몽유도원도 제찬연구〉와 〈명말청초 황산파 연구〉이고, 박사 논문은 〈조선후기 산수기행문학과 기유도 비교 연구〉와 〈한중 영모화초화의 정치적 성격〉이다. 저서로는《조선후기 산수기행예술 연구》,《조선시대 산수화》,《그림, 문학에 취하다》,《화상찬으로 본 사대부 초상화》 등이 있다. 고려대 민족문화연구원, 이화여대 한국문화연구원, 시카고대 동아시아미술연구원, 서울대 규장각한국학연구원 등에서 연구하였고, 현재 성균관대 동아시아학술원 조교수이다.

정명현

고려대 유전공학과를 졸업하고, 도올서원과 한림대 태동고전연구소에서 한학을 공부했다. 서울대 대학원 '과학사 및 과학철학 협동과정'에서 전통 과학기술사를 전공하여 석사와 박사를 마쳤다. 석사와 박사 논문은 각각 〈정약전의《자산어보》에 담긴 해양박물학의 성격〉과《서유구의 선진농법 제도화를 통한 국부창출론》이다.《본리지》를 김정기와 함께 번역했고,《섬용지》를 이동인 등과 번역했으며, 또 다른 역주서로《자산어보 : 우리나라 최초의 해양생물 백과사전》이 있고,《임원경제지 : 조선 최대의 실용백과사전》을 민철기 등과 옮기고 썼다. 현재 임원경제연구소 소장으로《인제지》 번역 사업에 참여하고 있으며, 청명문화재단 태동고전연구소에 출강 중이다.

교감·표점·교열·자료조사

민철기(임원경제연구소 선임연구원, 연세대 철학과, 동 대학원 석사)

정정기(임원경제연구소 번역팀장, 서울대 소비자아동학과, 동 대학원 석·박사)

김현진(임원경제연구소 연구원, 공주대 한문교육학과, 성균관대 한문학과 석사 수료, 태동고전연구소 한학연수과정 수료)

김수연(임원경제연구소 연구원, 한국전통문화학교 전통조경학과, 태동고전연구소 한학연수과정 수료)

강민우(한남대 사학과, 태동고전연구소 한학연수과정 수료, 성균관대 사학과 석사과정 수료)

이유찬(경상대 사학과, 성균관대 대학원 한문고전번역협동과정 수료. 한국고전번역원 문집번역위원)

황현이(임원경제연구소 연구원, 중앙대 역사학과, 태동고전연구소 한학연수과정 수료)

유석종(인하대 국문학과 석사, 태동고전연구소 한학연수과정 수료, 고려대 국문학과 박사과정 수료)

최시남(성균관대 유학과 학사 및 석사, 동 대학원 박사과정 수료, 성균관 한림원과 도올서원에서 한학 수학)

김광명(전주대 한문교육과, 성균관대 대학원 한문고전번역협동과정 수료)

교정 및 윤문

박정진(서울대 중어중문학과 문학석사, 현 풍석문화재단 과장)

자료 정리

고윤주(숙명여대 경제학부 재학 중)

감수

정선용(한국고전번역원 선임연구원)

최원경(이아서실)

서진희(서울대 미학과 강사)

풍석문화재단

㈜풍석문화재단은《임원경제지》등 풍석 서유구 선생의 저술을 번역 출판하는 것을 토대로 전통문화 콘텐츠를 현대에 되살려 창조적으로 진흥시키고 한국의 학술 및 문화 발전에 기여함을 목적으로 하여 2015년 4월 28일 설립하였습니다.
재단은 현재 ①《임원경제지》의 완역 지원 및 간행(출판 및 온라인, 총 67권 예상), ②《완영일록》,《풍석고협집》,《금화지비집》,《번계시고》,《금화경독기》등 선생의 저술·번역·출간, ③ 풍석학술대회 개최 및 풍석학회 지원, ④ 풍석디지털기념관 구축 등 풍석학술진흥 및 연구기반 조성에 필요한 사업을 중점적으로 추진 중입니다.
재단은 또한 출판물, 드라마, 웹툰, 영화 등 다양한 풍석 서유구 선생 관련 콘텐츠 개발을 추진하는 한편, 우석대학교와 함께 풍석문화재단 음식연구소를 설립하여《임원경제지》기반 전통음식문화의 복원 및 현대화 사업 등도 진행 중입니다.
풍석문화재단의 사업 내용, 구성원 등에 대한 자세한 소개는 풍석문화재단 홈페이지(www.pungseok.net)를 참조하여 주시기 바랍니다.

풍석학술진흥및연구기반조성위원회

㈜풍석문화재단은《임원경제지》의 완역완간 사업 등의 추진을 총괄하고 예산 집행의 투명성을 기하기 위해 풍석학술진흥및연구기반조성위원회를 두고 있습니다.
풍석학술진흥및연구기반조성위원회는 사업 및 예산계획의 수립 및 연도별 관리, 지출 관리, 사업 수익 관리 등을 담당하며 위원은 아래와 같습니다.

위원장 : 신정수(풍석문화재단 이사장)
위　원 : 서정문(한국고전번역원 고전번역연구소장),
안대회(성균관대학교 한문학과 교수, 대동문화연구원장),
유대기(활기찬인생2막 회장), 정명현(임원경제연구소 소장)

《임원경제지·유예지》 완역 출판을 후원해 주신 분들

㈜ DYB교육 ㈜ 우리문화 ㈜ 벽제외식산업개발 ㈜ 청운산업 ㈔ 인문학문화포럼
대구서씨대종회 강흡모 고관순 고유돈 곽미경 곽의종 곽중섭 구자민 권희재
김경용 김동범 김동섭 김문자 김병돈 김상철 김석기 김성규 김영환 김용도
김유혁 김익래 김일웅 김정기 김정연 김종보 김종호 김지연 김창욱 김춘수
김태빈 김현수 김후경 김 훈 김흥룡 나윤호 류충수 민승현 박낙규 박동식
박미현 박보영 박상준 박용희 박재정 박종규 박찬교 박춘일 박현출 백노현
변흥섭 서국모 서봉석 서영석 서정표 서청원 송은정 송형록 신영수 신응수
신종출 신태복 안순철 안영준 안철환 양덕기 양태건 양휘웅 오미환 오성열
오영록 오영복 오인섭 용남곤 유종숙 윤남철 윤정호 이건호 이경근 이근영
이기웅 이기희 이동규 이동호 이득수 이봉규 이세훈 이순례 이순영 이승무
이영진 이우성 이재용 이정언 이진영 이 철 이태인 이태희 이현식 이효지
임각수 임승윤 임종훈 장상무 장우석 전종욱 정갑환 정 극 정금자 정명섭
정상현 정소성 정연순 정용수 정우일 정연순 정지섭 정진성 조규식 조문경
조재현 조창록 주석원 진병춘 진선미 진성환 차영익 차흥복 최경수 최경식
최광현 최승복 최연우 최정원 최진욱 최필수 태의경 하영휘 허영일 홍미숙
홍수표 황재운 황재호 황정주 황창연

※ 지금까지 오랫동안 후원을 통해 《유예지》 번역 출판을 함께해 주신 여러분께 진심으로 감사드립니다.